肥东年鉴

FEIDONG YEARBOOK

中共肥东县委　肥东县人民政府　主办
肥 东 县 地 方 志 办 公 室　编纂

庐阳八景　四顶朝霞

《肥东年鉴》编纂委员会

主　　任：孙良鸿

副 主 任：宋　琪　张道德　杨文保　李继海

委　　员：（按姓氏笔画排序）

丁必会　王文祥　马　越　马莉莉　王家华　王汝辉　王汝光
王贤虎　文冰清　文金明　宁向东　丛成德　米常胜　许泽夫
孙　浩　陈剑波　陈　鹏　宋启军　杨华友　张昌雷　张　骏
张义明　张传根　何长卫　李光玲　李光中　李定国　郑仕新
吴志田　苏修刚　朱明瀚　郑顺新　周玉章　茆建斌　范育科
赵国银　徐　斌　夏家洪　唐永龙　梁建文　黄在元　崔益平
程道行　韩有胜　各乡镇人民政府主要负责人

《肥东年鉴》编辑部

主　　编：李继海

副 主 编：汪本炎

执行主编：盛诗鸣

执行副主编：李曙光

编　　辑：李丽丽　唐邦祝

编　　务：金小妹

图书在版编目（CIP）数据

肥东年鉴.2015/肥东县地方志办公室编纂.—北京：方志出版社，2015.12

ISBN 978-7-5144-1904-7

I.①肥… II.①肥… III.①肥东县-2015-年鉴IV.①Z525.44

中国版本图书馆CIP数据核字（2015）第320221号

肥东年鉴　2015

编　　者：肥东县地方志办公室
责任编辑：刘珊　陈箐
出 版 人：冀祥德

出 版 者：方志出版社
　　　　　地址　北京市朝阳区潘家园东里 9 号（国家方志馆 4 层）
　　　　　邮编　100021
　　　　　网址　http//.www.fzph.org
发　　行：方志出版社发行中心
　　　　　电话　（010）67110500
经　　销：各地新华书店
印　　刷：安徽省新华印刷股份有限公司印刷
开　　本：889mm×1194mm　1/16
印　　张：23.875
字　　数：679千字
版　　次：2015年12月第1版
印　　次：2015年12月第1次印刷
印　　数：0001~600册
ISBN 978-7-5144-1904-7　　定　价　280.00元

时政要闻
Shizheng Yaowen

2014年6月10日，国家卫计委主任李斌（左一）在肥东调研

2014年3月15日，省委书记张宝顺（前排中），省委常委、市委书记吴存荣（前排右一）在肥东义务植树

2015年2月12日，副省长花建慧(前排左二)在长临河镇调研特色街区建设

2014年8月8日，省人大常委会副主任陈先森（右三）在肥东县人民检察院调研

2014年7月8日，省委常委、市委书记吴存荣（前排左二）在陈集镇调研美好乡村

2014年1月26日，县委书记杨宏星（左二）慰问教育系统拔尖人才

2014年12月26日，县长路军（左一）到敬老院慰问

2014年8月26日，团中央书记处书记徐晓（中）在肥东调研

2014年8月18日，最高人民检察院监所厅厅长袁其国（前排右二）在肥东县人民检察院检查指导工作

大美肥东
Damei Feidong

全县非公经济发展座谈会

肥东县第三届道德模范

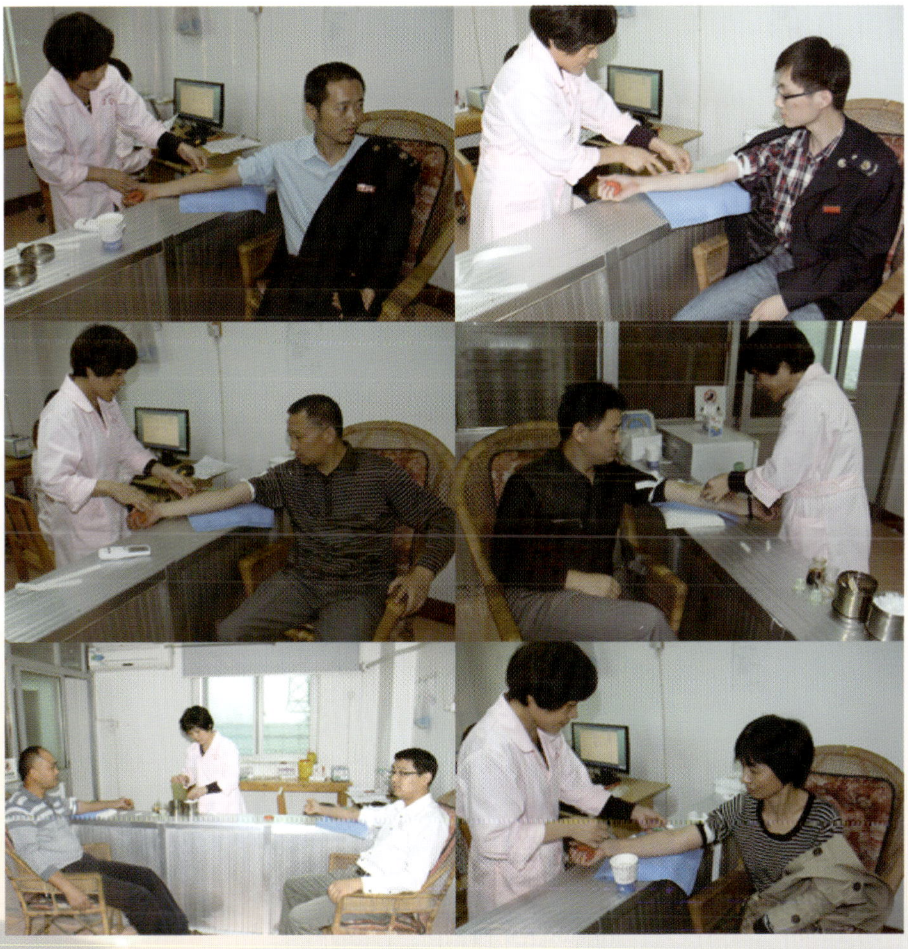

无偿献血传递正能量

宋巨友（右一）陈浩（右二）王德后（左一）阚剑（左二）获全省见义勇为奖

刘玉成家庭获市“最美家庭”称号

肥东县职工技术创新成果奖励表彰会

2014年金秋助学、爱心照亮求学路助学金发放仪式

循环经济示范园区航拍图

牛关堡舞狮

牌坊乡牌坊社区牌坊中心村

桥头集镇首届农民书画展

举办留守儿童小队成立暨关爱项目基地揭牌仪式

组织留守儿童参观夏令营

举办“真心相对 缘来是你”单身青年联谊会

县妇联举办家庭趣味运动会

振湖塔

长临古街

包公镇文集社区文集中心村

岱山湖一角——一苇渡江

白马山旅游度假村桃花盛开

新的起点——部分奖牌展示

Xingdeqidian——Bufenjiangpaizhanshi

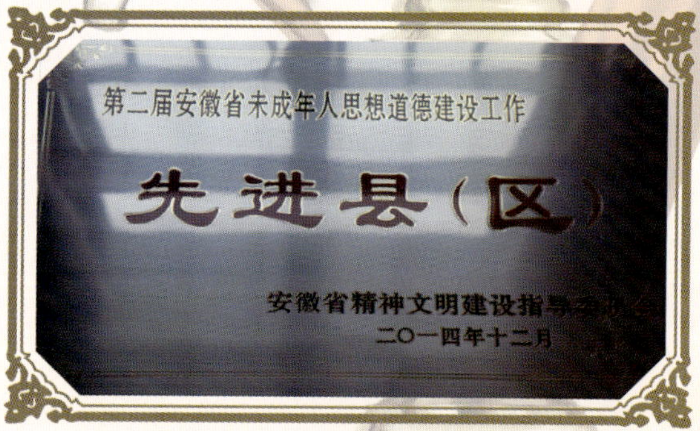

2014-2016年度
安徽民间文化艺术之乡
安徽省文化厅
二〇一四年九月

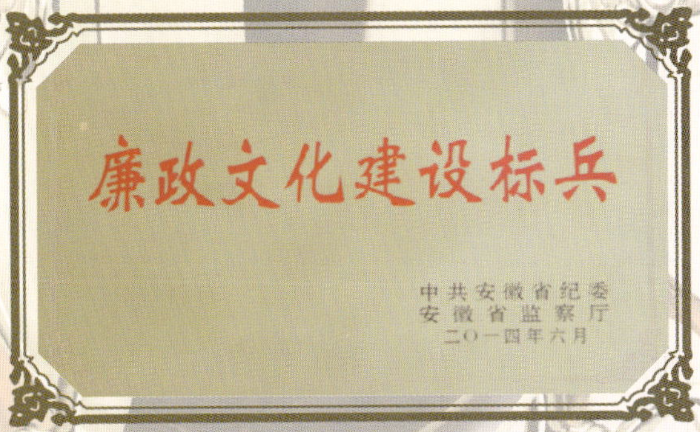
廉政文化建设标兵
中共安徽省纪委
安徽省监察厅
二〇一四年六月

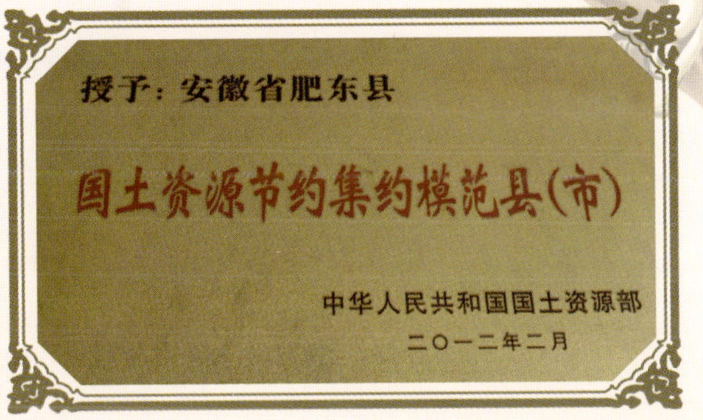
授予：安徽省肥东县
国土资源节约集约模范县(市)
中华人民共和国国土资源部
二〇一二年二月

关爱明天·普法先行
青少年普法教育活动
全国青少年普法教育
先进单位
中国关心下一代工作委员会 中华人民共和国司法部 中央社会管理综合治理委员会办公室
二〇一四年八月四日

法治肥东

Fazhi Feidong

守护平安

出动客运整治执法人员

开展市场检查

开展送法下乡活动

开展防止传销进校园宣传活动

"六五"普法第四期骨干培训班

进校园讲安全

与法同行法治灯谜竞猜活动

广场法治文艺演出

市县人大调研安全饮水工程

百姓送锦旗感谢信

开展古树保护——石塘镇61号黄连木

野生动物放归自然

编辑说明
Bianjishuoming

一、《肥东年鉴》是中共肥东县委、肥东县人民政府主办，县地方志办公室负责编辑出版的综合性资料工具书。旨在全面、系统、翔实地载录肥东县政治、经济、社会的基本面貌和发展状况，为各级领导决策提供参考依据，为社会各界了解肥东、建设肥东提供真实、可靠的基础性资料。

二、本年鉴采用分类编辑，设类目、分目、条目三个层次，条目为记述的基本单元。全书类目标题加淡化图片背景，分目标题加底网，条目标题统一用黑体字加【 】。

三、本年鉴卷首设特载、大事记、肥东概况。主体部分涵盖政治、经济、文化、社会生活等内容。卷末设索引。

四、本年鉴主体部分文稿由县各有关单位（含三权在上单位）、各乡镇提供，各供稿单位主要负责人审稿。按规范格式统一编辑出版。所录资料主要是2014年发生或经历的事，个别图片和文稿延至2015年2月。

五、本年鉴所录领导班子以2014年底在职为准，前后变动者不录入。

六、《肥东年鉴》2011年创刊，每年出版一卷，2015年卷是连续公开出版的第五卷。

七、本年鉴主要数据由统计部门提供，统计部门未予统计和提供的，则以各单位提供的数据为准。领导人报告和原始性文献保持原样。

八、本年鉴的编辑出版得到全县各单位、各乡镇和社会各界的大力支持和帮助，在此深表感谢。

《肥东年鉴》编辑部

2015年9月1日

目 录

特 载

县委全委会工作报告……………………………………2
2014年12月28日在县委十一届八次全委（扩大）会议上的工作报告
县政府工作报告…………………………………… 10
2015年1月10日在肥东县第十六届人民代表大会第四次会议上

肥东概况

自然地理…………………………………………… 18
历史文化…………………………………………… 18
区划人口…………………………………………… 19
国民经济和社会发展……………………………… 19
综合
农业
工业、建筑业
固定资产投资
国内贸易
对外经济和旅游
交通和邮电通信
财政和金融
教育和科技
文化和卫生
人口、人民生活和社会保障
生态环保

大事记

1月 ………………………………………………… 25
2月 ………………………………………………… 26
3月 ………………………………………………… 27
4月 ………………………………………………… 28
5月 ………………………………………………… 31
6月 ………………………………………………… 32
7月 ………………………………………………… 33
8月 ………………………………………………… 35
9月 ………………………………………………… 37
10月 ……………………………………………… 38
11月 ……………………………………………… 39
12月 ……………………………………………… 40

中共肥东县委

县委工作概况……………………………………… 43
重要决策…………………………………………… 43
重要会议…………………………………………… 44
肥东县三级干部会议
中共肥东县委十一届七次全委（扩大）会议
中共肥东县委十一届八次全委（扩大）会议
县委办公室工作…………………………………… 44
概况
以文辅政
信息报送
督查督办
服务保障
纪检（监察）工作………………………………… 45
概况

“两个责任”落实
作风效能督查
问责追究
优化发展环境
反腐倡廉宣传教育
廉政文化建设
监督检查
专项治理行动
农村党风廉政建设
办信办案
自身建设
组织工作……………………………………………… 47
党的群众路线教育实践活动
村“两委”换届选举
离任村干部生活补助
社区党建
软弱涣散村党组织集中整顿
服务基层党组织
“访民情、解民忧、惠民生”活动
为民服务全程代理和村邮站
选派干部到村任职
选聘优秀高校毕业生到村任职
非公企业和社会组织党建
党员发展
党费收支
档案管理
干部工资审批
选调生管理
统计调查
公务员管理
党管人才
干部教育培训
干部监督
党员电教远教
自身建设
宣传工作……………………………………………… 52
概况
理论学习
新闻宣传
文化建设
精神文明创建
全民文化月
精神文明建设………………………………………… 54
概况
社会主义核心价值观宣传
道德模范评选
“中国好人榜”评选
中华经典诵读活动
未成年人思想道德建设
志愿服务工作
“讲文明树新风”公益广告宣传
“三线三边”环境治理
文明单位创建管理
统战工作……………………………………………… 57
党外人士
对台及海外统战
非公有制经济
民族宗教
为民服务
党校工作……………………………………………… 58
主体班培训
周六大课堂
联合办班
学历教育
教学科研
设施建设
师资培训
慰问帮扶
老干部工作…………………………………………… 59
概况
老干部政治待遇
老干部生活待遇
老干部信访接待工作
老干部党支部建设
老干部活动中心建设
发挥老干部作用
队伍建设
老年大学……………………………………………… 61
概况
课程
学员
教师
培训
比赛

书展
展演
出刊
体检
关工委……………………………………………… 62
关工宣传
组织指导学生朗诵征文比赛
青少年普法教育
编印通讯
报刊征订
党史研究……………………………………………… 63
党的群众路线教育实践活动
工作新常态
党史宣传
编研成果
政协议案
文明创建
廉政建设
县直机关党建工作………………………………… 64
概况
思想政治建设
党组织建设
党员队伍建设
党风廉政建设
活动载体
群团组织活动
武装
县新闻中心………………………………………… 66
概况
新闻报道
对外宣传

肥东县人民代表大会

人大常委会工作概况……………………………… 69
重要决定……………………………………………… 69
工作调研……………………………………………… 69
文化产业发展调研
拆迁安置房建设调研
“河长制”工作调研
刑事案件侦破工作调研
土地利用和土地执法工作调研
社会抚养费征收调研
农村道路建设调研
案件执行工作调研
反贪污贿赂工作调研
执法检查……………………………………………… 70
《食品安全法》执法检查
《防震减灾法》执法检查
人大常委会办公室工作…………………………… 70
发挥参谋助手作用
开展群众路线教育实践活动
宣传信息工作

肥东县人民政府

县政府工作概况…………………………………… 73
重要会议……………………………………………… 73
县政府全体会议
县政府常务会议
县长办公会
重要活动……………………………………………… 74
县政府办公室工作………………………………… 75
文务办理
门户网站
政务督查
建议与提案办理
机构编制工作………………………………………… 76
行政体制改革
事业单位分类改革
机构编制管理与服务
事业单位登记管理
信访工作……………………………………………… 77
概况
来信来访
领导接访阅信
化解信访积案
建设信访信息系统
宣传教育
业务培训
群众路线教育实践活动
档案管理……………………………………………… 78

干部培训
档案管理
依法治档
档案宣传
档案数字化建设
县直机关事务管理…… 79
接待工作
宾馆改造
综合管理
保卫工作
节能管理
物业管理
车辆淘汰

政协肥东县委员会

政协常委会工作概况…… 81
政协全体委员会议…… 81
政协常委会议…… 814
九届十次常委会议
九届十一次常委会议
九届十二次常委会议
九届十三次常委会议
九届十四次常委会议
九届十五次常委会议
协商议政…… 82
主席协商会
助推工业经济发展
聚焦生态文明建设
关注民生
专门委员会工作…… 83

人民团体 工商联

县总工会…… 85
概况
劳动竞赛
职工技术创新
劳模工作
建设职工书屋
“两个普遍”工作
“双亮”活动
职工民主管理
帮扶救助工作
金秋助学
职工文体活动
普法宣传
群众路线教育实践活动
工会干部队伍建设
县妇联…… 87
概况
寻找“最美家庭”
家庭教育专题培训
“三八”妇女节表彰会
妇联系统干部培训
登山比赛
女企业家协会召开会议
项目化运作助推发展
实施“两纲”
依法维权
“双五”争创
巾帼志愿活动
关爱妇女儿童
服务妇女就业创业
女干部队伍建设
团县委…… 90
概况
青少年思想引领
基层团组织建设
青春建功美好乡村建设行动
志愿服务活动
希望工程助学行动
推进青年就业创业
扶持大学生村官创业
重点青少年群体服务管理
拓展青年联谊交友平台
加强少先队建设
推进农村合作组织团建
培养农村青年致富“领头雁”
创建“青春引航大讲堂”
县文联…… 95
概况

文艺惠民活动
文艺赛事
文艺队伍建设
自办文艺刊物
社会主义核心价值观宣传
获奖作品
文艺创作
县工商联…………………………………………… 96
概况
十届三次执委（扩大）会议】
参政议政
群众路线教育实践活动
基层组织建设
银企对接会
贫困大学生助学资金
企业家培训
商会活动
送温暖
中小微企业监测点

法　　治

法治政府建设………………………………… 100
概况
业务培训
法制宣传
科学民主决策
行政审批制度改革
规范性文件制定清理
依法行政示范单位创建
政府信息公开
行政处罚案件群众公议
行政执法案卷评查
化解行政争议
行政复议和行政应诉
社会管理综合治理……………………………… 102
概况
综治基层基础不断夯实
平安建设
“法治肥东”创建
社会大局持续平稳
防范处理邪教
执法监督
政法队伍建设
审判………………………………………………… 106
概况
刑事审判
民商事审判
行政审判
案件执行
立案信访
司法为民
党的群众路线教育活动
干部队伍建设
党风廉政建设
司法民主建设
检察………………………………………………… 108
概况
查办职务犯罪
法律监督
诉讼监督
坚持惩防并举
年度报告获全国十佳荣誉
推进执法规范化
检务督察
公安………………………………………………… 110
概况
政治建警
群众路线教育实践活动
打击犯罪
治安管控
打击传销
“智慧110”系统启用和“天网工程”验收
道路交通安全源头管理
“一村一警”包村联系工作
提升群众安全感满意度
队伍建设
司法行政…………………………………………… 114
概况
普法宣传教育
人民调解
安置帮教
社区矫正

律师工作
法律援助
公共法律服务实体平台建设
队伍建设

国 防

人民武装 …… 118
概况
思想政治工作
民兵组织整顿
军事训练
基层武装规范化建设
征兵工作
武装工作会议
营院建设
人民武警 …… 119
概况
正规化建设
军事执勤
思想政治工作
后勤保障
部队管理
人民消防 …… 120
概况
战训
思想政治教育
后勤保障
消防监督
人防 民防 …… 122
疏散基地建设
专业队伍建设
人防宣传教育

工 业

工业综述 …… 125
概况
工业经济运行
工业投资
企业自主创新
“两化融合”工作
节能降耗
机械行业协会工作
电力设施和电能保护
企业改制
工业企业纳税及产值十强名单 …… 127
高新技术企业名单 …… 128

开发区

肥东经济开发区 …… 130
主要经济指标
招商引资
在建项目
经济普查
基础设施建设
土地报批
三边三线治理
查封7家隐患企业
拆迁安置
民生社保
计划生育
打击传销
社区换届
社区文化
合肥循环经济示范园 …… 133
概况
重点项目
招商引资
重点配套工程
拆迁安置
安全环保
民生工程
东城新市镇 …… 134
概况
路网建设
环巢湖生态示范区建设
民生工程
招商引资
土地管理

招商引资

招商工作…………………………………… 137
　　招商政策
　　招商活动
　　拜访企业
　　接待客商
　　综合实力
重大项目与成果……………………………… 137
　　重大项目
　　招商成果

农　　业

农业综述…………………………………… 140
　　概况
　　依法行政示范单位
　　惠农政策
　　农村土地确权登记颁证
　　扶贫开发
　　秸秆禁烧
　　美好乡村
种植业……………………………………… 140
　　概况
　　粮油高产创建
　　国家粮食丰产科技工程
　　测土配方施肥补贴项目
　　稻田秸秆旋耕腐熟还田技术
　　现代农业示范园区
蔬菜生产…………………………………… 141
　　概况
　　伏缺蔬菜
　　一村一品
　　特色园区
　　蔬菜产品质量安全
　　三品认证
农业机械…………………………………… 142
　　概况
　　农机作业水平
　　农机社会化服务
　　农机新机具新技术示范推广
　　农时农机化生产
　　农机市场
　　农机安全
　　农机购置补贴
农业产业化………………………………… 143
　　概况
　　新型农业经营主体
　　农产品电子商务
　　农业招商引资
林业………………………………………… 145
　　概况
　　植树造林
　　资源管理
　　林业执法
　　造林大户
　　苗木花卉产业
　　森林旅游业
　　经果林产业
　　植树周活动
　　优惠政策
　　机关建设
畜牧水产业………………………………… 146
　　概况
　　规模养殖
　　养殖业投入
　　渔业
　　养殖业污染治理
　　动物防疫
　　畜水产品安全
农村能源…………………………………… 148
　　太阳能示范建设
　　世行生态家园项目
　　沼渣沼液综合利用
　　国家绿色能源县项目
　　农村沼气服务网点项目
　　大型沼气工程项目
　　世行生态模式建设

水 利

综述…… 151
重点工程…… 151
水库除险加固工程
农村饮水安全工程
农田水利基本建设工作
国营危桥改造
三十埠河治理
滁河干渠水环境治理及生态修复
梁园河付店–南街段治理
抗旱规划工程建设项目
众兴泵站技改（二期）工程
防汛抗旱…… 152
落实责任制
汛前安全大检查
修订完善预案
保灌溉

商业 贸易

商务…… 154
概况
合肥商贸物流园
市场体系建设
市场监管
电子商务
劳务输出
市场运行监测
外向型经济
供销…… 155
概况
新网工程
再生资源回收
企业改制
撮镇片棚户区改造
盘活资产
改制企业移交社区管理
信访工作
文明创建
粮食…… 155
概况
粮食收购与存储
粮食生产加工
粮仓建设
食盐专卖…… 156
概况
食盐结构调整
盐政管理
盐业宣传
盐业专项整治
食品加工用盐管理
项目建设
烟草专卖…… 157
专卖执法主体建设
营销网络主体建设
企业管理
企业文化建设

建设 环保

城乡规划…… 162
概况
县域控规
交通规划
绿道规划
协编项目
法制宣传
法制监察
“一书三证”管理
测绘测量
规划管理
城市建设…… 163
概况
路网建设
繁华大道东延
撮镇物流园区路网
小街巷改造
园林绿化
灯饰亮化
污水治理

整治绿化专项行动
小城镇建设
公用事业……164
概况
肥东一中新校区
县医院新院
京福高铁长临河站前广场
城市供水
古城中心水厂配套管网工程
城市供气
拆迁恢复楼建设
建筑业……165
概况
工程质量管理
安全生产管理
市场行为监督
施工队伍管理培训
劳务输出
企业资质
从业人员资格申报
建筑项目合同备案管理
农民工维权
墙改及发展散装水泥工作
工程项目监理
城市管理……167
概况
市容市貌专项治理
环境卫生
县城管理
城管队伍建设
房地产业……169
概况
房地产投资
市场销售
商品房价格
住房保障
物业管理
物业专项维修资金管理
国有土地上房屋征收补偿
拆迁恢复楼建设统计
环境保护……173
生态肥东建设
政务信息及环境信访
污染物减排
“河长制”工作
环境影响评价制度
污染防治
秸秆禁烧
高中考禁噪
环境监测
环境宣传教育

通信　邮政

电信……176
概况
支撑市政工程
强化网络运行
夯实基础设施
保障重点工程
企业管理
移动……177
概况
网络建设
客户服务
联通……178
概况
集团客户中心
网格营服中心
邮政……180
概况
代理金融
函件
集邮
报刊
校园公益讲堂
电子商务
分销
包件
代理速递
日常营销积分制

交通 电力

交通运输…………………………………………… 183
概况
县道改建项目
通村公路项目
绿道项目
危桥改造项目
重点工程项目
公路养护
道路运输市场管理
安全生产监管
水运
公路…………………………………………………… 184
概况
公路养护
三线三边
路政管理
队伍建设
超限超载治理
道路建设
安全生产
文明创建
基层场所建设
铁路…………………………………………………… 186
合芜铁路
商合杭铁路
肥东火车站…………………………………………… 186
概况
春运
标准化班组创建
安全生产月活动
“7.1”调图
反恐防暴
电力…………………………………………………… 188
概况
安全生产
作风建设
生产管理
电网建设
经营管理
转变文风会风
优质服务
队伍建设

财政 税务

财政…………………………………………………… 192
概况
服务群众
保障民生
财政改革
财政监督
投融资管理…………………………………………… 194
开展融资
调度大建设资金
国有资产管理
国有资产处置
项目储备
债务还本付息
政府债务分类管理
做大做强融资平台公司
参与县城公交改制
金融管理……………………………………………… 194
信贷融资
资本市场
国有担保公司
金融监管
国家税务……………………………………………… 195
国税收入
申报审批
纳税评估
各税管理
车购税
落实税收优惠政策
税务稽查
发票管理
纳税服务
群众路线教育实践活动
基层建设
绩效管理

文明创建
党风廉政建设
地方税务…… 197
概况
清算清欠
征管水平
征收管理
信息平台
税政管理
税收宣传
落实惠民政策
丰富纳税服务外延内涵
教育培训
基础设施建设
廉政建设

银行　保险

人行…… 201
概况
执行货币政策
金融生态建设
维护金融稳定
金融服务
执法检查
班子建设
内部管理
党风廉政建设
工行…… 203
概况
经营亮点
服务立行
内控管理
队伍建设
市场拓展
农行…… 204
概况
个人存款
对公存款
调整资产结构
助农服务
建行…… 204
概况
多管齐下抢占市场
提升服务质量
安全管理
制定三年发展规划
“每周一课”学习制度
反洗钱工作
党建工作
卫生集中整治
金融知识普及宣传活动
关爱员工
中行…… 206
概况
“赛马”活动
助农取款点建设
金融服务进企业
11.7亿元境外人民币业务
支持城镇化建设
堵截假身份证开户
堵截电信诈骗
堵截伪造身份证件办理借记卡激活业务
堵截假美元结汇业务
农发行…… 208
支持粮食收储
支持农村基础设施建设
严控信贷风险
信贷基础管理年活动
党的群众路线教育实践活动
农商行…… 209
概况
存贷款营销
服务县域经济
手机银行业务
安全保障
改善金融生态环境
内审稽核
集中授权防范风险
培育服务理念
企业改制
邮政储蓄银行…… 211
概况

金融服务
产品开发
小额信贷
扶持小微企业
购房消费贷款
风险管理
优质服务
湖星村镇银行…… 212
概况
小额贷款
内控管理
进乡入村服务
总行办公大楼建成使用
员工培训
送温暖
首届湖星杯掼蛋大赛
财产保险…… 213
概况
主要工作
行业分析
人寿保险…… 213
概况
个险方面
团险
银保
队伍建设
企业文化建设

综合管理

发展计划管理…… 216
概况
编制年度发展计划
规划编制
项目建设
项目申报
项目资金争取和国债项目管理
环巢湖示范区治理
央企合作
统筹协调
国土资源管理…… 218
土地整治
耕地保护
执法监察
土地报批
规划修编
土地利用
土地交易
地籍管理
矿政管理
地质环境
市场监督管理…… 218
监管体制改革
机构设置与人员
调整部分市场监管职能
加挂食品药品监督管理牌子
组建投诉举报维权指挥中心
发展各类市场主体
实施品牌战略
拓宽企业融资渠道
“守合同重信用”单位评选
推进标准化战略
推进质量强县工作
重点产品质量提升活动
违法经营案件查办
食品安全整治
食品安全“五进”活动
药械化妆品市场整治
“安全用药月”宣传活动
安全生产监管
查处无证生产特种设备企业
打击非法传销
2014红盾网剑专项整治
开展“311”党建试点
开通市场监督管理局网站
民主考评百名科长及基层市场监管所
程斌获书法二等奖
价格监督管理…… 221
价格调控目标
临时价格补贴
用好县级定价权
落实价格改革措施
规范城市集贸市场价格行为

建立涉企收费清单制度
收费政策管理
民办学校收费管理
价格监督检查
价格认证
价格监测
惠民菜篮子工程
审计监督管理…………………………… 224
概况
财政预算执行审计
经济责任审计
固定资产投资审计
上级交办审计
优化审计环境
提升审计质量
审计项目质量评审
审计文化建设
安全生产监管…………………………… 225
概况
安全生产责任制
重点行业（领域）监管
职业卫生监管
安全文化建设
基层基础建设
六打六治专项行动
应急救援
劳动人事管理…………………………… 227
高校毕业生就业服务
职称评定
人才引智
收入分配制度改革
事业单位人才招聘
社会保障
劳动保障监察执法
就业再就业
行政审批服务…………………………… 228
概况
践行党的群众路线
争创群众满意服务窗口
注重细节便民
服务效果群众说了算
预约服务
免费复印
再造流程减环节
标准化建设
全程代理
“12345政府服务直通车”
公共资源交易监管……………………… 230
概况
制度建设
强化监督
电子平台建设
统计……………………………………… 231
第三次全国经济普查
开展群众路线教育实践活动
乡镇考核
统计服务
人口抽样调查
统计基层基础建设
推进企业申报工作
统计法制建设
气象服务………………………………… 232
气候概况
气候特征
极端天气
气象基础业务
气象汛期业务
气象基本建设
气象为农服务
文明创建
岱山湖避雷亭

教育　体育

教育……………………………………… 236
概况
项目建设
惠民资助
高中阶段教育
义务教育
学前教育
德育工作
艺体教育

学生竞赛成绩
师德教育
师资队伍
专业培训
干部队伍建设
平安校园建设
信访维稳工作
学校特色创建
教育科研
党风廉政工作
体育…………………………………………… 238
概况
公共体育设施
全民健身活动
体育成绩
体质监测
安全保障
全国体育场地普查
学校体育

科技 卫生

科技…………………………………………… 252
科技创新
服务农村
知识产权
防震减灾
科协…………………………………………… 253
概况
全民素质教育
“科普日”活动
科技“三下乡”活动
学雷锋志愿服务活动
阵地建设
社区科普益民计划
青少年科技创新
青少年机器人大赛
科普惠农
学术活动
科协组织建设
老科协
卫生…………………………………………… 256
概况
国家卫计委调研
推进医改
城乡居民合作医疗
重大传染病病人医疗救治
提高妇女儿童健康水平
基本公共卫生服务
开展三个创建
基础设施建设
人才队伍建设
卫生监督执法
卫生职业教育

文化 广电 旅游 方志

文化…………………………………………… 260
概况
图书馆
爱国主义教育基地
大型文化活动
公共文化服务信息化建设
农家书屋
文保工作
文化市场管理
文化馆
农村数字电影放映
文艺创作
剧场
广播电视……………………………………… 264
电视专题
广播宣传
电视新闻
广播电视设备安装
技术播出
有线电视
旅游…………………………………………… 267
概况
新增国家级水利风景区
旅游项目建设
农家乐创建

环巢湖旅游
宣传营销
行业管理
方志……………………………………………… 268
概况
地方志工作迈入新常态
党的群众路线教育实践活动
工作例会
地方志宣传
党史地方志年鉴工作会议
县志首发式
启动乡镇志编修
编研成果
政协议案办理
评选表彰

社会生活

人口与计划生育………………………………… 271
概况
人口动态
技术服务
流动人口
“两非”案件
“单独两孩”政策
信息管理
业务培训
督查指导
奖励扶助
综合治理
民政……………………………………………… 274
城乡低保
五保供养
敬老院管理
医疗救助
城市低收入家庭认定
艾滋病患者生活救助
救灾救济
临时救助
优抚安置
双拥工作
社会福利
老龄工作
社会事务管理
重点工程建设
残疾人工作……………………………………… 276
概况
残疾人基本情况
惠残民生工程
康复救助工程
就业教育
残疾人扶贫工程
康复、辅具中心建设
协同创建全国残疾人文化体育示范市
创建全省残疾人工作示范县
民族宗教和外事侨务工作……………………… 278
项目编报
民族体育
培训
宣传活动
服务与管理
特色产业
安全保障
宗教调查
侨务
美好乡村建设…………………………………… 279
概况
规划建设
资金保障
环境整治
村企一体为为民服务中心
文化惠民
广泛宣传

乡镇要览

陈集镇…………………………………………… 283
概况
基础设施建设
民生工程
丰富百姓文化生活
打造平安社区

党员三项教育
美好乡村建设
古城镇…… 284
概况
农业
千万亩森林增长工程
动物防疫
基础工程
秸秆禁烧
小农水项目
民生工程
名胜特产
马湖乡…… 287
概况
王沟村整村推进项目
美好乡村建设
民生工程
“三线三边”环境卫生整治
安全生产
计生工作
综治维稳
党风廉政建设
八斗镇…… 289
概况
农业产业
改善民生
社会事业
队伍建设
美好乡村
小讲坛
道德模范
响导乡…… 291
概况
农业
民生工程
环境整治
响导农贸城
土地复垦
招商引资
社会事业
杨店乡…… 294
概况
土地流转
绿化工程
美好乡村建设
环境整治
民生工程
综治维稳
白龙镇…… 295
概况
现代农业
集镇升级改造
植树造林
美好乡村建设
环境综合整治
改善民生
元疃镇…… 297
概况
基层党建
工业经济
农业产业化
水利兴修
丰宝生态农业示范园
美好乡村建设
农村环境综合整治
秸秆禁烧
社会保障
综治维稳
文明创建
计生工作
张集乡…… 299
概况
农业
基础设施建设
项目投资
生态文明建设
自身建设
社会事业
梁园镇…… 301
概况
招商引资
农业现代化
土地流转
植树造林

粮食储备库复建
民生工作
维稳工作
计划生育
安全生产
保护耕地
基础设施建设
文化建设
教育投资
扶贫工作
金融利民服务
市委书记吴存荣到梁园调研
包公镇…………………………………………… 304
概况
农业
农村环境整治
文化事业
综治维稳
民生工程
特产
石塘镇…………………………………………… 306
概况
农业
招商引资
美好乡村建设
基础设施建设
环境整治
污染治理
社会保障
教育教学
平安石塘建设
土地承包经营权确权登记颁证
店埠镇…………………………………………… 309
概况
招商引资
社区建设
产业结构调整
重点项目推进
林业
动物防疫
美好乡村建设
水利
安全生产
"河长制"
文明创建
人口与计划生育
社会事业
恢复楼建设
牌坊乡…………………………………………… 313
概况
产业发展
乡容村貌
民生工程
生态建设
社会事业
基层党组织建设
重点项目建设
众兴乡…………………………………………… 315
概况
现代农业
乡村面貌
社会事业
民生工程
队伍建设
农村环境综合整治
党的群众路线教育实践活动
桥头集镇………………………………………… 317
概况
重点工程
民生工程
文化事业
农业发展
镇域环境综合整治
打击非法开采加工砂石
创新社会管理
刘玉成家庭获合肥市"最美家庭"称号
撮镇镇…………………………………………… 319
概况
工业经济
项目投资
三产服务业
现代农业
基础设施建设
征迁安置

美好乡村建设
环境整治
民生工程
社会事业
长临河镇……………………………………………… 322
概况
经济建设
产业结构
民生工程
党组建设
综治维稳
文明创建
文化建设
计划生育
重大项目
旅游景点

文件选编

2014年县委重要文件目录 …………………… 327
2014年县委重要文件选登 …………………… 327
2014年县政府重要文件目录 ……………… 340
2014年县政府重要文件选登 ……………… 341

凡人善举

最美村妇程银舍命救下两少年……………… 349
七旬翁徐民强孝敬岳母半个世纪…………… 349
坚守职业操守的好税官许俊武……………… 349
勇于创新的梁大伟…………………………… 350
优秀环卫工管德豹…………………………… 350
爱岗敬业的周朝云…………………………… 350
好药师程仁云………………………………… 351

索 引

特载

□县委全委会工作报告
□县政府工作报告

团结一致向前　勠力同心冲刺
坚决打好“十二五”收官之年攻坚战

——在县委十一届八次全委（扩大）会议上的工作报告
（2014年12月28日）

杨宏星

同志们：

下面，我受县委常委会委托，向全委会报告工作。

一、攻坚克难，主动作为，经济社会平稳有序发展

2014年是实现“十二五”规划目标的关键一年，也是全面深化改革的开局之年。在国内外经济形势复杂多变的环境下，县委团结带领全县广大干群，以深入开展党的群众路线教育实践活动为动力，克难奋进，锐意进取，全力保持经济社会平稳有序发展。全县呈现出干部作风持续好转、发展韧劲持续增强、民生幸福持续提升、党的建设持续加强的良好局面，位列“2014年度中国科学发展百强县”第82位，向着与市同步率先全面建成小康社会目标迈出了坚实的步伐。

（一）教育实践活动成效显著。县委以高度的政治自觉，坚持严肃认真，践行“三严三实”，深入开展党的群众路线教育实践活动，取得了一系列实践成果和制度成果。活动开展中，县委常委会坚持以身作则、率先垂范，先行一步深入学习，敞开大门征求意见，真刀真枪开展批评，项目管理推进整改，注重长效建章立制，引领和推动了活动的深入开展。坚持正风肃纪，认真实施“四个专项行动”，大力整治“四风”积弊，集中解决了一批群众反映强烈的突出问题。坚持标本兼治，不断加强制度建设，完善了干部住乡、公务接待、在职党员到社区报到等一系列规章制度。作为全省唯一的中央巡回督导组直接联系县，我们县的教育实践活动得到了中央巡回督导组的高度评价。

（二）各项改革全面深化。我们始终把全面深化改革作为破解发展难题的“关键一招”。强化组织推动。成立了全面深化改革领导小组，9名县委常委分别担任专项小组组长，研究出台了关于全面深化改革的实施意见，制定了一系列工作规则，强化了组织和制度保障。坚持问题导向。县委常委会深入研究、统筹谋划，严把改革方案质量关，努力使各项方案既兼顾当前更惠及长远，力争干一件成一件，让肥东人民尽快共享改革发展成果。突破重点领域。深入实施了基层医改和县级公立医院综合改革、县城地区客运公交化改造、九年一贯制学校建设、农村土地确权登记颁证试点等一系列事关群众切身利益的改革；推进行政审批制度改革，完成市场监管体制改革，深化公共资源交易管理改革，加强政务服务标准化建设，启动政府向社会力量购买服务，实行工商登记制度改革，最大限度地释放了市场活力。

（三）经济发展稳中有进。县委始终保持发展如“逆水行舟”的危机感和紧迫感，努力推动县域经济持续健康发展。预计实现地区生产总值445亿元，同比增长10%；财政收入32亿元，增长0.5%；农民人均纯收入12693元，增长13%；城镇居民人均可支配收入20451元，增长11.5%。工业经济稳步增长。认真落实省市稳定工业增长的扶持政策，全力保障重点产业、重点企业发展，预计完成规模以上工业总产值840亿元，规上工业增加值202亿元；产业结构不断优化，预计完成战略性新兴产业产值235亿元，增长19.8%。项目投资高位运行。完成固定资产投资457亿元，增长20.1%，其中工业投资226亿元，增长13.8%；我们县连续三年获得全省实施“861”项目突出贡献奖。农业生产形势良好。全县粮食总产72.2万吨，增长6.1%；规模以上农产品加工企业产值突破240亿元。第三产业繁荣发展。完成社会消费品零售总额74.2亿元，增长17.2%；普洛斯物流园、浙商城一期项目投入运营，迅捷物流合肥公路港综合物流项目开工建设，现代服务业聚集区初具规模。开放合作成效显著。引进上海宇培、宝湾物流等一批超5亿元的大项目，到位县外资金265亿元，其中省外资金198亿元；外经外贸保持高位增长，直接利用外资7044万美元，外贸进出口总额2.8亿美元，再次进入全省外贸进出口十强县行列。

（四）城乡面貌加快改变。县委始终把促进城乡统筹发展作为重要着力点，高强度推进城乡建设。城市功能日益完善。合马路改造工程主体基本完工，繁华大道东延、包公大道改造等连接市区道路工程加快推进，东城新市镇主干路网一期、安徽合肥商贸物流开发区路网基本建成；星光国际广场城市综合体投入经营，肥东一中新校区、县医院新院、合肥客运东站等公共项目加快推进。乡村面貌日新月异。19个美好乡村重点示范中心村建设进展良好，响导龚集等14个中心村基本完成建设任务；马湖王沟、杨店跃进两个整村推进项目基本完工；启动21座小型水库除险加固工程，解决了2.2万人的饮水安全问题；改建县乡道路25公里，完成“村村通水泥路”延伸工程127公里。环境保护取得成效。造林绿化工作被评为全市一等奖，秸秆焚烧得到有效遏制，扬尘污染治理成果显著；严格落实“河长制”，加大水污染治理力度，县污水处理厂三期工程和8个乡镇污水处理厂全面开工建设；环巢湖生态示范区建设、马桥河综合治理二期项目进展顺利。

（五）民生事业稳步提升。县委始终认为，让人民群众过上更好生活，是我们一切工作的出发点和落脚点。竭尽全力改善民生。牢固树立“民生财政”理念，全年投入11.2亿元实施40项民生工程；对农村低保等5项民生工程进一步提标扩面，开展社区养老服务站试点，建成14个农村幸福院和 22个“老少活动家园”。社会事业齐头并进。深入推进文明创建，被评为“安徽省文明县”；成功举办首届“全民文化月”活动，荣获“安徽省民间文化艺术之乡”称号；《肥东县志（1986—2005）》编纂出版；完成育红小学扩建工程，开工建设城关二小，改扩建5所乡镇公办幼儿园，推动教育资源进一步均衡发展；成功通过省级卫生应急综合示范县、慢性病综合防控示范区验收；计生工作基础不断夯实，总体形势稳中向好。社会大局安定有序。“天网”工程建设加快，治安防控水平有效提升；完成乡村综治维稳信访工作中心（站）建设，深入开展矛盾隐患排查活动，化解了一批信访积案；开展“打非治违”专项行动，有力维护了人民群众生命财产安全。

（六）党的建设持续加强。县委始终按照“党要管党、从严治党”方针，加强和改进党的建设。坚持把理论学习作为重中之重。严格落实县、乡党委（党组）中心组理论学习制度，依托“周六大课堂”等有效载体，采取集中培训、专家讲座等形式，突出抓好理论学习，党员干部的综合素质有效提高。持续加强干部队伍建设。认真学习贯彻新修订的《干部任用条例》，进一步规范了干部选拔任用工作程序；完成党政领导干部在企业兼职清理工作；建立年轻干部“122”培养锻炼机制，选派12名年轻干部到市直经济主管部门和城区街道挂职锻炼。不断加强基层组织建设。落实党建工作责任，健全基层党建工作三级联述联评联考机制；村“两委”换届选举顺利完成，整顿软弱涣散村党组织33个，向7754名离任村干部发放生活补助；建立县直单位党组织联系服务基层党组织工作制度，7000多名机关在职党员到社区报到；选派工作成效突出，被评为“全省选派工作先进集体”。深入推进反腐倡廉建设。严格落实党委主体责任和纪委监督责任，开展廉政集体谈话；建立反腐倡廉建设巡查机制，推行乡镇办信办案协作区制度；坚持以“零容忍”的态度惩治腐败，立案查处各类违纪违法行为125起，108名党员干部受到党政纪处分，促进了全县党风、政风进一步好转。

以上成绩的取得，是县几个班子同心同德、密切配合的结果，是社会各界热情关注、支持帮助的结果，更是全县各级党组织和广大干部群众团结拼搏、艰苦创业的结果。在此，我代表县委，向为肥东的发展进步付出辛劳、作出贡献的各级组织、全体共产党员、广大干部群众和社会各界人士，表示衷心的感谢!

二、突破重点，加速提效，瞄准“十二五”目标奋力冲刺

2015年是全面深化改革的关键之年，是全面推进依法治县的开局之年，也是全面完成“十二五”规划的收官之年。做好2015年工作，不仅对实现“十二五”目标具有决定性意义，更能为实施“十三五”规划奠定良好基础。中央经济工作会议强调：坚持稳中求进工作总基调，主动适应经济发展新常态，狠抓改革攻坚，突出创新驱动，强化风险防控，加强民生保障，促进经济平稳健康发展和社会和谐稳定。在当前“三期”叠加、经济发展进入新常态的情况下，我们作为一个尚不发达的县份，更要坚持稳中求进，强化进取意识，拉高标杆、争先进位，以更大的信心和决心推动新常态下的新发展。为此，县委建议2015年全县经济社会发展主要目标为：地区生产总值增长10.5%，财政收入增长10.5%，规上工业增加值增长12.5%，全社会固定资产投资增长16.5%，社会消费品零售总额增长15%，农村和城镇居民人均可支配收入分别增长11.5%和10.5%，人口自然增长率控制在6‰以内。重点抓好以下八个方面的工作：

*（一）要坚定不移推动产业转型升级。*稳中求进，稳是基础，进是关键，这就要求我们必须把主要精力集中到发展实体经济上来，全面落实中央和省、市稳增长的政策措施，坚定不移地推动产业转型升级，带动县域经济稳步增长。要改造提升传统产业。大力开展技术改造，鼓励企业加强科技研发，力争突破一批关键技术，形成一批技术专利，提高传统产业核心竞争力；要加快企业技术中心建设，积极推进省2015年技术改造“百千工程”，力争省市级工程技术研究中心达到24家、企业技术中心达到38家。要培育壮大新兴产业。着眼未来产业发展趋势，重点围绕智能装备制造、新材料和光伏电力等，适时启动战略性新兴产业基地建设，推动新兴产业集群发展；要加强政策扶持，努力推动各方面优质资源和生产要素向新兴产业集聚，让新兴产业早日成为新的增长极。要优化园区产业布局。肥东经济开发区要以扩区升级为动力，不断提高家用电器、食品加工、机械装备、新能源等主导产业集聚度，向着国家级经济开发区奋力迈进；安徽合肥商贸物流开发区要充分发挥区位优势，围绕电子商务、物流配送纵向培育一批上下游关联产业，横向推进物流产业集群发展，着力打造安徽领先、华东一流的物流产业集散地；合肥循环经济示范园要在成功跻身安徽省新型工业化产业示范基地的基础上，围绕新材料、智能装备制造等主导产业，谋划建设特色产业基地。

*（二）要坚定不移抓好项目投资工作。*经济发展，项目为纲，“纲举”才能“目张”。要超前谋划争项目。中央经济工作会议明确指出，要把扩大投入的重点放在基础设施、生态环保、社会事业等领域。各地各部门要立足当前需要、着眼未来发展，紧扣国家和省市方针政策，紧盯国家和省市投入重点，精心做好项目包装和谋划，全力赢得中央和省市更多的政策支持。要强化招商引项目。前不久，国务院出台专项文件，全面清理规范税收优惠、财政补贴等招商优惠政策，将给招商工作带来新的挑战。我们要主动适应新的形势，积极采取有效措施，不断改善政务环境，营造良好市场环境，形成优质服务的“洼地”效应，使企业“愿意来、留得下”。要抢抓长江经济带产业梯度转移的机遇，整合资源，发挥优势，围绕智能装备制造、新材料、现代服务业等产业，着力引进一批行业领军企业，带动全产业链招商，力争引进5亿元以上大项目5个。要快速高效建项目。目前，我们县很多项目存在落地难、开工难、推进难的问题，严重制约了经济发展。要进一步优化行政审批流程，特别是对重大项目，要在合法合规的前提下开辟“绿色通道”，争取第一时间落地开工。要强化要素保障，及时清理低效闲置土地，不断提高土地供给水平。要严格落实重大项目包保联系制度，建立项目台账，列出问题清单，点对点研究解决，确保通过预审会的项目尽快落地、开工、投产。

*（三）要坚定不移加快推进城市建设。*今年9月，国务院出台了《关于依托黄金水道推动长江经济带发展的指导意见》，把合肥提升到长三角城市群副中心的战略地位。肥东作为合肥未来中心城区的重要组成部分，我们既要明确自己的城市建设目标，更要看清自己肩负的重要责任。要切实加快城区建设。全力推进“三区协同、三镇融合”，确保繁华大道东延、包公大道改造等重点路网工程全部完工，推进店忠路南段、桥头集南路、新安江路县城段、横大路、沙河路、太子山南路等城区路网工程，不断提高

道路通达水平；坚持超前谋划，抓住新一轮穿境高速公路、铁路建设的契机，主动加强与上级部门的对接，做好我县道路等基础设施的规划衔接，打破阻碍发展的瓶颈制约,打造区域性交通枢纽；积极推动文化社会事业向东城新市镇布局，提高产业和人气吸引力，不断增强东城新市镇的“造血功能”，打造产城融合示范区；高标准推进撮镇镇区规划建设，切实发挥其率先融入合肥主城区“桥头堡”的作用。要完善公共服务设施。加快推进县医院新院、肥东一中新校区、城关二小、肥东五中、城东小学等工程，建设体育公园等4座城市特色公园；加快天然气配套工程建设，强化供电、供水服务保障。要不断提高城市管理水平。坚持“疏堵结合、软硬并举”的方针，深化文明县城创建工作，努力为市民创造洁净、有序的生活环境；继续推进亮化、美化、绿化工程，实施小街巷、停车场等改造建设，进一步方便群众生活；完善商业网点布局，积极推进城市综合体建设，不断满足群众消费需求。

（四）要坚定不移促进城乡统筹发展。城乡统筹发展是缩小城乡差距的关键之举，也是破解“三农”难题的重要途径。正因为几年来我们始终坚持城乡统筹发展战略，才有了乡镇经济实力的持续提升、农村面貌的大幅改观。我们要坚持用好城乡统筹这把“金钥匙”，打开乡村发展的“活力之门”。要全面提升城镇建设水平。长临河、梁园、石塘等乡镇要按照“新市镇”的标准做好中长期发展规划，坚持镇当城建，进一步优化空间布局，努力打造环境优美、功能齐全、产业发展的现代化“新市镇”；八斗、古城、白龙等乡镇要加快特色产业发展，早日成为具有较强带动力的区域中心镇；其他乡镇要充分利用县财政切块资金，加快集镇基础设施建设，改善集镇面貌，提高承载能力。要继续推进美好乡村建设。全面完成19个中心村建设后续工作，强力推进2015年度17个中心村建设；加快完善农村路网格局，实施梁界路至刘桥等县乡道路工程，完成100公里“村村通水泥路”延伸工程；大力开展水利兴修，继续实施小型水库除险加固，不断改善农村生产生活条件。要加快转变农业发展方式。认真贯彻中央农村工作会议精神，严禁耕地“非农化”、产业“非粮化”，在稳定粮食生产的基础上，推进产业结构调整，不断提高农业竞争力；按照依法自愿原则，积极稳妥推动土地经营权流转，力争新增规模土地流转2万亩；加速构建新型农业经营主体，力争新增农民专业合作社20家、家庭农场30家。

（五）要坚定不移实现民生持续改善。悠悠万事，民生为大。我们要继续坚持民本理念，拿出抓经济建设的劲头来抓好民生改善，确保改革发展红利更多惠及广大人民群众。要搞好基本民生。继续推进民生工程，强化资金监管，严格组织实施，将民生工程办成群众满意工程；要认真落实就业政策，加快完善就业服务平台，做好高校毕业生就业扶持工作，努力提升社会就业率；要继续加大公共服务投入，推进城乡公共文化设施建设，促进教育、医疗队伍城乡交流，不断提高城乡基本公共服务均等化水平；加快店埠、撮镇、长临河拆迁安置楼建设进度，推进桥头集片区和撮镇片区国有工矿棚户区改造，让群众早日迁入新居。要保障底线民生。加快完善城乡社会保障体系，加大资金保障力度，确保城乡参保居民按时领取养老金；完善低收入群众生活保障、五保供养、特困救助保障体系，推行医疗救助“一站式”异地即时结算机制，适时提高临时救助标准，努力让困难群众生活得更有尊严。要关注民生热点问题。民生热点问题反映的往往是人民群众最为关注的现实问题，比如社会治安、环境污染、食品安全问题等，各地各单位一定要时刻保持对热点民生问题的关注度，做到及时发现、有效解决，确保人民群众的合理诉求得到及时满足。

（六）要坚定不移优化发展环境。市场经济条件下，好的发展环境就是引来“金凤凰”的“梧桐树”，我们必须下更大力气优化发展环境。要切实优化政务环境。按照合法高效的原则，继续深化效能建设，进一步优化审批流程，简化办事程序，推进政务公开；继续开展民主考评百名科长活动，严格落实《肥东县机关作风效能建设问责办法》、《肥东县损害经济发展环境行为有奖举报暂行办法》，切实提高服务效能。要持续改善社会环境。继续深化精神文明建设，加强社会主义核心价值观宣传教育，推进诚信建设，努力营造包容、诚信、开明、向上的社会氛围；深入开展平安肥东创建，积极构建立体化、数字化治安防控体系，严厉打击违法犯罪行为，严格落实安全生产责任制，保障人民群众生命财产安全；深入学习“枫桥经验”，推进信访稳定工作关口前移、重心下移，积极发挥司法调解、行政调解、人民调解作用，就地化解矛盾纠纷。要大力保护生态环境。统筹推进城乡绿化，深入开展绿化大会战，全力保障生态建设成果；强力抓好“三线三边”环境整治工作，持续改善城乡人居环境；严格落实“河长制”工作机制，加强水环境综合治理；积极推进大气污染防治，认真开展燃煤锅炉淘汰，狠抓扬尘污染治理，努力把肥东打造成山青水秀天蓝、宜居宜业宜游的生态园林城市。

（七）要坚定不移全面深化改革。新的发展形势下，唯改革者进，唯创新者强，唯改革创新者胜。我们要认真落实各项改革部署，蹄疾步稳，敢闯敢试，以改革争先实现发展领先。要统筹谋划各项改革。党的十八届三中全会以来，中央和省市相继出台了一系列改革措施，我们要加强政策研究，结合县域实际，及时出台实施细则，推动改革措施尽快落地；要根据《中共肥东县委关于贯彻落实中央和省委、市委部署全面深化改革的实施意见》要求，系统谋划、统筹推进经济体制、行政管理、党的建设等9大类专项改革，确保各项改革取得实质性进展。要攻坚突破重点领域。全面推行政府权力清单、责任清单和涉企收费清单制度，着力促进显性权力规范化、隐性权力公开化；认真落实《政府向社会力量购买服务实施办法》，不断改进政府提供公共服务方式，加快政府职能转变，充分发挥市场机制作用；切实深化城市建设管理体制改革，大力推进城市建设“六分开”制度；加强投融资体制改革，在基础设施和公用事业领域引入社会资本，探索实行PPP等融资模式；全面推进农村综合改革，切实抓好土地确权登记颁证试点工作，扎实开展村级集体经济组织产权股份化改革。要群策群力务求实效。县委深化改革领导小组要加强统筹协调，加强调度督查，建立健全跟踪问效、督查考核、宣传引导等工作机制，确保各项改革措施顺利实施；各专项工作小组要发挥牵头作用，相关责任单位要承担落实责任，加大推进力度，努力形成共同为改革想招、一起为改革发力的良好态势。

（八）要坚定不移全面推进依法治县。党的十八届四中全会作出了全面推进依法治国的重要决定，开启了当代中国走向国家治理法治化的新时代。我们要认真学习、深刻领会、全面贯彻党的十八届四中全会精神，大力推进依法治县工作，为全面深化改革、建设更加美好肥东营造公平公正的法治生态。要狠抓普法教育。深化“六五”普法工作，通过群众喜闻乐见的方式，全面加强法治宣传教育，推动全社会树立法治意识，弘扬法治精神，引导全民自觉守法、遇事找法、解决问题靠法；坚持把法治教育纳入党员干部培训体系，常态长效推进党员干部带头学法守法尊法用法，牢记法律红线不可触、法律底线不可越。要严格依法行政。从依法决策抓起，完善重大决策公众参与、风险评估、合法性审查制度，确保决策制度科学、程序正当、过程公开、责任明确；严格执行《肥东县人民政府行政行为规范》，并根据需要及时修订，推进机构、职能、权限、程序、责任法定化，真正做到“法定职责必须为、法无授权不可为”；推行行政执法单位案件评审制和群众公议制，健全完善行政处罚自由裁量权基准制度；积极支持人大、政协对行政行为的监督，把依法行政作为衡量领导班子和领导干部工作实绩的重要内容、纳入目标管理考核体系，强化党员干部依法行政的自觉性。要维护司法公正。严格落实领导干部干预司法活动、插手具体案件的记录、通报和责任追究制度，确保司法人员不受人情、关系的干扰独立办案；坚持把审务公开和检务公开作为司法改革创新的重要内容，积极组织“两代表一委员”、干部群众参与庭审观摩、“法院开放日”等活动，不断增强案件审判的公开透明度，让公众在“阳光司法”中感受到公平正义。

三、强化责任，振奋精神，坚决打赢“十二五”收官之年攻坚战

办好肥东的事情，关键在党，关键在干部。我们要坚决贯彻落实中央“全面建成小康社会、全面深化改革、全面推进依法治国、全面从严治党”的战略部署，紧紧围绕与市同步率先全面建成小康社会的中心任务，坚持党要管党、从严治党，以改革精神和法治思维加强党的建设，推动广大党员干部自觉践行“三严三实”，进一步强化责任、振奋精神，坚决打赢“十二五”收官之年攻坚战，向全县人民交上一份满意的答卷。

（一）要进一步提振精神状态。当前，我国经济发展进入新常态，全面深化改革进入攻坚期，既带来了新的挑战，更蕴含着难得机遇。我们务必要发扬干部苦领苦带、群众苦干实干的优良传统，坚定发展信心，提振精神状态，顺势而为，乘势而上，努力开创发展新局面。

要用理论武装来提振精神状态。良好的精神状态，源于正确的思想观念。要继续强化理论武装，严格落实党委（党组）中心组理论学习、党员干部集中学习等制度，认真抓好中国特色社会主义理论体系的宣讲学习，坚定党员干部的理想信念。要继续推进解放思想，学习借鉴长三角发达地区的先进理念和成功经验，引导党员干部彻底涤荡头脑和行动中的惰气、暮气、小气，真正树立开放意识、赶超意识、创新意识，培育开放发展的新环境、新优势。要切实加强舆论引导，充分发掘并广泛宣传先进典型，引导党员干部见贤思齐、创先争优。

要用责任意识来支撑精神状态。责任胜于能力，责任重于一切。对于全体党员干部来说，把肥东发展好、建设好，让全县百万人民过上幸福美好生活，就是我们的应尽职责；对每一个党员干部来说，站好自己的岗、干好自己的事，就是自己的应尽义务。每位党员干部都要牢固树立“肥东发展我有责”的责任意识，都要拿出“我的岗位我负责，我的岗位请放心”的尽责态度，尽心尽力，勇于担当。各级领导干部要深知“为官一任，必须造福一方”，清醒认识发展上的差距和不足，切实牢记肩负的责任和重担，始终保持强烈的危机感和紧迫感，敢作敢为，奋勇争先，做到无愧于党、无愧于心、无愧于民。

要用苦干实干来彰显精神状态。新常态呼唤新状态，新常态需要新作为。我们必须深刻认识到，只有始终坚持苦干实干，始终保持良好精神状态，才能切实担负起推动转型升级的历史重任。要坚持实干当头。空谈误国、实干兴邦，这是千古良训。党员干部一定要少当“评论员”，争当“实干家”，始终做到潜心谋事不议论，埋头苦干不争论，把所有的心思和精力用到干事创业上来。要敢于迎难而上。敢于到矛盾多的地方去，到问题复杂的地方去，到工作推不开的地方去，不向困难屈服，不向压力低头，不向挑战认输，在攻坚克难中开创各项工作新局面。要做到持之以恒。对认准的事情定了就要做，做就做到底；要始终坚持正确政绩观念，多做一些打基础的工作，树立几年抓一件大事的恒心，真正通过长抓不懈、日积月累，创造一流业绩。

（二）要进一步加强干部队伍建设。干部是推进工作的中坚力量。我们要落实习近平总书记提出的新时期“好干部”标准，把它贯穿到干部队伍建设各个环节，进一步育好人、管好人、用好人。

学习实践是有效提升干部能力的必经途径。要着力构建集体学习、在线教育、外派学习、学历提升“四位一体”学习体系，推动党员干部夯实理论基础，提升业务水平。要围绕全面深化改革、融入长江经济带、推进新型城镇化建设等新的要求，依托“周六大课堂”、主体培训班等学习平台，开展有针对性的教育培训，为党员干部补齐能力“短板”。要注重实践锻炼，坚持把党员干部推向改革发展的主战场、维护稳定的第一线、服务群众的最前沿，砥砺品质、提高本领。

从严管理是打造过硬干部队伍的可靠保障。要按照“三严三实”要求，严格执行干部管理各项规定，发现问题该提醒的提醒、该教育的教育、该处理的处理，使干部心有所畏、言有所戒、行有所止。要严格执行问责制，对懒政怠政的干部决不姑息，对失职渎职的干部决不手软，坚决整治“庸懒散”和“为官不为”问题。要将党内监督与公众监督、网络监督、媒体监督相结合，形成监督合力，使干部处于全方位的监督之下，督促干部更好地履行岗位职责。当然，从严管理并不排斥人文关怀。近期，中央和省委相继下发了《关于加强乡镇干部队伍建设的意见》，我们要认真抓好贯彻落实，切实关心解决基层干部工作生活中的困难，让他们安心扎根基层，全心推动发展。

考核评价是选拔任用干部的重要依据。要落实好中组部《关于改进地方党政领导班子和领导干部政绩考核工作的通知》精神，在干部考核中突出科学发展导向，通过科学设置、合理调整指标体系，全面考核干部推进工作的能力水平、解决难题的实际成效。要加强对干部政绩的综合分析，既看发展成果，又看发展条件，既看现阶段的“显绩”，又看利长远的“潜绩”，并结合干部的德才素质、群众公认等情况，得出综合性的考核评价结果。要强化结果运用，充分发挥考核的导向作用，真正选拔任用那些坚持科学发展、工作业绩突出、群众认可满意的干部。

（三）要进一步加强基层组织建设。前不久，中办下发了巩固拓展教育实践活动成果的指导意见，明确指出要着力夯实基层基础，建强联系群众组织体系、服务体系、监督体系、保障体系，这为我们抓好基层组织建设指明了方向。各级党组织书记要认真履行党建工作“第一责任人”职责，切实种好“责任田”，筑牢基层战斗堡垒。

要提高“带头人”素质，增强基层党组织的带动力。一个高素质的“带头人”，可以有效引领一个地方、一个单位的发展。各地各单位党组织主要负责人要认真履行抓班子、带队伍的职责，既要管好自己，也要管好班子、带好队伍。县委将建立领导班子分析研判制度，对履行职责不到位，导致班子软弱涣散、不正之风滋生蔓延的，将严肃追究责任。要抓好村级党组织书记教育培训，全面提升村级党组织书记依法办事、民主管理、服务群众的能力素质。要按照落实待遇与强化责任相统一的原则，积极推进村级党组织书记职业化管理，通过健全完善薪酬待遇、社会保障和组织关爱等机制，激励其干事创业。

要加强村级制度建设，增强基层党组织的凝聚力。制度管根本、管长远。要进一步强化制度约束力，推动农村工作科学化、民主化、规范化。要深入推进阳光村务工程，健全完善村级议事决策程序，严格实行“四议两公开”民主管理制度。要继续加强村务监督委建设，不断提高村务监督水平，助推农村党风廉政建设。要完善村干部考核评价机制，充分激发村干部的工作积极性，引导他们把心思和精力集中到推动农村改革发展上来。

要强化为民服务，增强基层党组织的影响力。服务是基层党组织建设永恒的主题。要围绕基层服务型党组织建设，完善为民服务平台，推动“为民服务村企一体”扩面提质，通过在面上推进服务大厅建设，使群众享受到更加便捷的服务；通过延伸服务内容和规范服务质量，使群众享受到更加优质的服务。县直各单位要充分认识到，基层党组织是我们工作落实的主要实施者，要坚持人财物向基层倾斜，在资金、项目、信息和服务等方面给予全力支持，帮助基层党组织提高服务能力和水平。

（四）要进一步深入推进作风建设。作风建设没有休止符，永远在路上。党的群众路线教育实践活动虽然基本结束，但作风建设刚刚踏上新的征程。我们必须持续深入改进作风，以好作风树立好形象、展现新作为。

要坚持严字当头祛除作风顽疾。严是一种态度，一种责任。要严格党内政治生活，拿起批评和自我批评的有力武器，开展积极健康的思想斗争，形成严肃认真的党内政治生活环境。要巩固和拓展教育实践活动成果，紧盯作风领域出现的新情况新问题，及时跟进加以解决，持续推进整改落实，对于“四风”问题的反弹和变异，坚决露头就打，使“四风”丧失生存的空间。要加强制度建设，围绕对权力运行的制约和监督，在行政权力行使、干部选拔任用、公共资源交易、财政资金使用、廉政风险防控等重点领域和关键环节，定规矩、立制度，把权力关进制度的“笼子”。

要践行群众路线树立良好形象。群众路线是我们党的生命线和根本工作路线。广大党员干部要秉持为民的情怀，扑下身子、深入基层，主动倾听群众心声，关心群众冷暖疾苦，站在群众角度办事情、解难题。要严格落实县直单位党组织联系服务基层党组织工作制度，健全党员干部直接联系群众制度，全面推进在职党员到社区报到，积极开展扶志、扶困、扶技活动，帮助群众增强脱贫致富能力。要把群众得实惠作为一切工作的出发点和落脚点，对惠农的政策、拨付的资金、实施的项目，一定要及时落实、严格兑现，确保每一分钱、每一项政策都能不折不扣地造福群众。

要注重防惩结合狠抓反腐倡廉。要从源头上预防腐败。创新宣传教育方式，借助廉政短信、廉政家书等新载体，营造廉洁奉公的良好氛围；开展反腐倡廉建设巡查工作，切实加强对各级领导班子特别是党政主要负责人的监督。要继续保持查处腐败案件的高压态势。畅通信访举报渠道，严肃查处顶风作案的违法违纪案件；严格落实《农村基层干部廉洁履行职责若干规定》，继续实行农村党风廉政建设重点工作“五位一体”督查，切实解决发生在群众身边的腐败问题；认真落实“一案双查”制度，对发生违法违纪案件的地方和部门，既追究当事人的责任，也倒查追究相关人员的领导责任。各级党组织要切实履行抓党风廉政建设的主体责任，看好自家门、管好自家人，齐心协力营造廉洁从政的环境，在全县形成昂扬向上、公平高效的干事创业氛围。

同志们，困难和挑战考验着我们，责任和使命激励着我们。让我们在市委的坚强领导下，团结一致向前，勠力同心冲刺，坚决打好“十二五”收官之年攻坚战，向着与市同步率先全面建成小康社会目标奋力迈进！

长临河环巢湖旅游景点介绍

长临河镇位于合肥市区东南侧、肥东县最南端，濒临巢湖，距离滨湖新区车程15分钟，距离合肥市中心车程30分钟。16个村，4个社区，5.2万人。是全国重点镇、国家发展改革试点镇、安徽省十佳绿色生态乡镇、安徽省创建文明村镇工作先进乡镇、合肥市科学科学发展先进乡镇，进入全省200个中心镇行列、市级镇试点单位。肥东长临河镇总体规划已经通过合肥市规划委员会主任会议审定，这里将打造为有滨湖沙滩、最长环湖岸线的“国际慢城”，高端养老、生态旅游等产业为一体的“大城小镇”，成为因山水而造的“田园客厅”。

政府工作报告

——2015年1月10日在肥东县第十六届人民代表大会第四次会议上

县 长 路 军

各位代表：

现在，我代表县人民政府向大会报告工作，请予审议，并请政协委员和其他列席人员提出宝贵意见。

一、2014年工作回顾

2014年，我们深入贯彻落实党的十八届三中、四中全会精神，统筹稳增长、促改革、调结构、惠民生，克难攻坚求突破，凝心聚力促转型，保持了经济社会持续稳定发展，较好地完成了县十六届人大三次会议确定的目标任务。初步测算，全年实现地区生产总值448.5亿元，同比增长11%；财政收入32亿元，增长0.7%，其中地方财政收入23.3亿元；社会消费品零售总额73.6亿元，增长16.3%；城镇常住居民可支配收入24615元，增长9.8%；农村常住居民可支配收入14807元，增长12.3%。

——一年来，我们致力于调整转型，经济发展稳中提质。

工业经济加速转型。全年实现规上工业总产值852.5亿元；规上工业增加值205.3亿元，同比增长15.6%；新增规上工业企业13家，累计达343家，其中战略性新兴产业企业增加到57家。规上工业企业纳税14.2亿元，增长20.6%。新增企业技术中心和工程技术研究中心9家，累计达52家；“智慧企业”发展到160家；新增国家高新技术企业10家，总数达31家；“两化融合”示范企业增加到20家；申请发明专利552件，同比增 长3倍。合矿机械、久易农业2家企业成功挂牌“新三板”。建筑企业发展到172家，其中壹级总承包资质企业17家。县中小企业融资担保公司注册资本扩增至2亿元。外贸进出口总额2.8亿美元，再次进入全省外贸进出口十强县行列。

投资规模持续扩大。完成全社会固定资产投资458亿元，增长20.4%，其中工业投资230.3亿元，增长16.0%。新开工超亿元项目39个，有61个项目纳入省“861”行动计划，连续三年获得全省实施“861”项目突出贡献奖。荣电小家电一期、正帆特种电子材料等项目建成投产，中工科安数控系统研发基地、瑞联传动装置生产等一批项目开工。引进县外资金265亿元，其中省外资金198亿元，同比分别增长10%、15.8%；新引进超亿元项目34个，其中超5亿元项目7个；直接利用外资7044万美元；争取中央投资项目资金1.65 亿元。

现代农业稳步发展。实现粮食总产71.1万吨，增长4.4%，新建粮仓7万吨。蔬菜种植面积扩大到33万亩，国家级蔬菜标准园发展到5个。新增市级以上农业产业化龙头企业10家，总数达145家，规模以上农产品加工产值达240.6亿元。农民专业合作社、家庭农场分别发展到558家、241家。新增土地流转面积4.3万亩，总面积达55.3万亩。18个乡镇均建立一个3000亩以上的现代农业示范区；白龙省级现代农业示范区发展钢架大棚1万亩，建立优质粮油、玉米生产基地6.5万亩；元疃丰宝生态农业园成为全省最大的温控大棚基地。引进农业招商项目40个，总投资50亿元。推行动物免疫标识及产地检疫制度，国家级养殖示范场增至10家。

三产服务业蓄势崛起。服务业实现增加值91.9亿元，增长7.5%。全省首家快递产业园在安徽合肥商贸物流开发区挂牌运营。红星美凯龙家居生活广场、永辉华东物流园、申通快递项目顺利完工，宇培物流园、迅捷物流基地等项目开工建设。县城首个城市综合体——星光国际广场建成营业。电子商务迅速发展，实现网上销售12亿元。金融业健康发展，11家银行在我县设立分支机构，营业网点达88个；金融机构各项存款余额260亿元，增长17.1%，贷款余额183亿元，增长13.3%。

——一年来，我们强力推进新型城镇化建设，城乡统筹迈出新步伐。

城镇建设不断加快。店忠路改造、合马路二期、太子山路、桂王路建成通车。枣树路等5条道路下穿高铁南环线工程和岱山湖路、虎山路即将竣工。繁华大道东延、包公大道改造以及店忠路下穿京福高铁工程顺利实施。肥东一中新校区、县医院新院、合肥客运东站、县社保服务中心、县城污水处理厂三期等公共服务设施开工建设。实施县城及周边地区客运公交化改造，76台城市公交车投入运营。完成房地产开发投资55亿元，销售商品房105万平方米。新建续建拆迁恢复楼165万平方米，其中竣工32万平方米。新开工国有工矿棚户区改造安置房937套，竣工验收公租房1042套。中北部5个乡镇集镇基础设施建设项目全面实施。长临河镇总体规划获市批准，并被列为“中美低碳生态试点镇”。

园区承载功能拓展提升。肥东经济开发区扩区规划获省政府批准，面积由7平方公里扩大至14.26平方公里。合肥循环经济示范园新材料、新能源产业快速发展，被列为“安徽省新型工业化产业示范基地”。安徽合肥商贸物流开发区8条道路建成通车，入驻亿元以上项目48个，总投资156亿元。东城新市镇6条主干道路顺利建成，通车里程达10公里，马桥河综合治理工程、和睦湖公园即将竣工，新城区轮廓初步显现。

美好乡村建设示范引领。19个中心村纳入全省第二批美好乡村建设范围，其中14个中心村基本完成建设任务，包公岘山村、陈集中心村等一批具有鲜明特色的美好乡村初具规模，元疃塘西村和长临罗家疃中心村规划文本被省住建厅作为“典范文本”推广。在全省率先推行为民服务村企一体化，建成服务站点96个。改造农村危房1200户，实施了5个批次“增减挂”、8个市级土地整理项目，新增耕地4258亩，争取各类建设用地指标4600亩，马湖王沟、杨店跃进两个整村推进项目完成新村建设任务。

农村基础设施明显改善。改建永康至元疃、永安至众兴等县乡道路25公里，完成“村村通水泥路”延伸工程127公里，改造农村公路危桥8座。投入5亿元，实施了小型水利改造提升、引巢济滁、滁河干渠水环境治理及生态修复工程；解决了2.2万人饮水安全问题。10万亩高标准基本农田项目顺利推进，江淮分水岭综合治理工作获得省优。天然气“镇镇通”工程铺设9个乡镇，建成管网485公里。实施农村电网升级改造，解决了3万户低电压问题。

——一年来，我们大力开展生态文明建设，人居环境不断优化。

环境整治成效明显。深入开展“三线三边”环境整治和文明创建工作，被评为首届“安徽省文明县”，长临河镇、石塘镇、撮镇镇、八斗镇在“文明村镇创建”工作中成绩显著。植树造林9万亩，连续四年获得全市造林绿化先进县，有林地总面积突破47万亩，林木绿化率达29.2%。浮槎山晋升为“省级森林公园”。完成龙泉路立面整治及店招店牌改造，拆除违章建筑4.9万平方米。

治水治气治污力度加大。严格落实“河长制”，清淤沟渠341公里。关闭拆除禁养区内38家规模化畜禽养殖场，督促98家规模畜禽养殖企业建成污染物治理设施，取缔关闭工业污染企业5家。8个乡镇污水处理厂及配套污水管网工程即将完工。大气污染防治成效显著。308处建筑工地、8家搅拌站扬尘污染得到有效整治，首次在全县范围内实施午秋两季秸秆禁烧，淘汰禁燃区内燃煤锅炉133台，县城57家炭火烧烤改为无烟烧烤，80家大中型餐饮单位安装了油烟净化设施，公用黄标车淘汰率100%。加快环巢湖生态示范区建设，申请国开行贷款18亿元，一期项目基本完工，二期20个项目全部开工，三期10个项目正在推进前期工作。

资源节约持续推进。全县能源消费总量增幅、万元GDP能耗降幅保持在市控指标以内。合肥联合发电公司发电机组脱硫脱硝设施建成验收。800辆私家车完成“油改气”，新增LNG货运汽车35辆；开工建设光伏发电项目5个，推广太阳能光伏路灯1800盏。关闭4座24门以上轮窑企业。清理处置闲置土地460亩，提高全县工业用地出让最低价标准，实行建设项目开竣工履约保证金制度。

——一年来，我们着力保障改善民生，社会事业全面进步。

民生保障更加有力。40项民生工程顺利完成，累计投入11.2亿元。城市低保月标准由上年的360元提高到400元，农村低保年标准由1800元提高到2000元。对29208位80周岁以上老人发放高龄津贴1168万元。为7012名“七老人员”发放生活补助金1123万元。57.4万人纳入城乡居民养老保险，发放养老金1.5亿元。城乡合作医疗参合居民94.1万人，支付补偿金3.2亿元。发放中等职业学校和普通高中家庭经济困难学生资助金1088万元。

社会事业全面发展。新建8个农民文化乐园、96个农民体育健身工程；全县首个数字影院即将建成；《肥东县志（1986-2005）》出版发行；成功举办首届全民文化月活动；荣获“安徽省民间文化艺术之乡”称号。改扩建5所幼儿园，新建113套教师周转宿舍、17个标准化运动场、6所农村寄宿制学校学生宿舍和食堂；扩建肥东六中，开工建设城关二小，完成育红小学、白衣小学改扩建工程；顺利通过义务教育发展基本均衡县国家评估认定。人口计生工作健康发展，低生育水平保持稳定。巩固医改成果，卫生应急综合示范县和慢性病综合防控示范区创建工作通过省级验收。第三次全国经济普查工作顺利完成。县地震监测中心建成启用。荣获“2011—2015年度全国科普示范县”“全省残疾人工作示范县”称号。

社会治理不断深化。深入开展法制宣传教育，重点青少年群体服务管理和预防犯罪工作被中央综治办、团中央评为优秀等次，荣获“全省未成年人思想道德建设工作先进县”“全国青少年普法教育示范区”称号。综治维稳信访工作中心（站）全部建成，综治基础工作进一步夯实。天网工程一期投入使用，二期延伸覆盖工程顺利实施。建成22个“老少活动家园”和5个标准化示范社区。完成第九届村民委员会换届选举工作。组织开展第三届道德模范评选表彰活动，大力宣传身边的好人好事。关爱留守儿童，筑建“圆梦小屋”10所。扎实推进志愿者服务工作，2万多名志愿者登记注册。集中开展安全生产“打非治违”专项行动，取缔关闭非法生产经营单位21家。积极接访下访，化解信访积案，及时解决群众的合理诉求。

——一年来，我们深入推进各项改革，政府自身建设全面加强。

各项改革深入推进。进一步简政放权，清理行政审批事项，行政审批项目由193项减少到154项。整合工商、质监、食药监机构，组建县市场监督管理局。深化全口径预算，公开县直部门预决算，实现预算编制和国库集中支付全覆盖。深化招投标领域改革，在全省率先实现了市、县公共资源交易操作系统一体化。启动政府向社会购买服务工作。在石塘镇开展土地确权登记颁证试点工作。将41所农村学区中心校、初级中学整合为21所九年一贯制学校。实施工商登记制度改革，释放了市场活力，新登记企业1618户，同比增长38.7%。

作风廉政建设提速提效。深入开展了党的群众路线教育实践活动，严格执行八项规定,大力整治“四风”，全面清理整顿超标准办公用房，严格公务用车管理，全县党政机关会议费支出同比下降46.3%,“三公”经费支出下降16.1%,其中公务接待费下降22.3%。大力整治“吃拿卡要”,对损害投资环境的行为实行有奖举报。建立查处违法违纪案件与领导责任相结合的“一案双查”制度，加大审计惩戒问责力度，对发现严重违法违纪案件的单位实行“一票否决”。自觉接受县人大依法监督和县政协民主监督，主动向县人大报告工作、向县政协通报工作，全部办结人大代表议案、建议和政协委员提案。

各位代表！过去一年的成绩来之不易，这是县委统揽全局、正确领导的结果，这是县人大和县政协大力支持、有效监督的结果，这是全县上下同心同德、合力攻坚的结果。在此，我代表县人民政府，向全县广大干部群众，向关心、支持政府工作的人大代表、政协委员和社会各界人士表示衷心的感谢，并致以崇高的敬意!

在肯定成绩的同时，我们也清醒地认识到，发展中还面临诸多挑战和问题，主要表现在：经济下行压力增大，部分行业和企业生产经营困难，全县财政收入指标与预期目标尚有差距；社会事业发展相对不足，公共服务水平有待提高；信访维稳等领域矛盾纠纷增多，社会治理难度加大；环境保护形势依然严峻，生态文明建设任重道远；政府依法行政、职能转变、效能提升、作风建设等方面还存在薄弱环节。对于这些问题，我们将高度重视，认真剖析成因，积极探索破解之策，在突破难题中开拓前进，在不断创新中转型发展。

二、2015年工作安排

2015年是全面完成“十二五”规划的收官之年，是全面深化改革的攻坚之年，也是推进依法治国的开局之年，做好今年的工作意义重大。当前，国际环境基本稳定，全球经济仍将延续温和增长态势；我国仍处于发展的重要战略机遇期，但经济发展进入新常态，传统的粗放型增长方式难以为继，经济结构调整刻不容缓，转型发展尤为迫切。我们要认清新常态，适应新常态，引领新常态，强化发展意识，主动迈出转型升级新步伐。国家在推动长江经济带发展战略中，把合肥的位置提升到了前所未有的高度；合肥全力谋划建设长三角城市群副中心，与南京、杭州等大型城市“比肩”“共舞”，为我县提供了多重利好、政策叠加的难得机遇，我县有望在国家重大产业布局和区域基础设施建设方面获得更多支持。我们要以更加开放主动的姿态、更加务实有效的举措，把握大势，抢抓机遇，拉升标杆，等高对接，不断开创肥东科学发展的新局面！

2015年政府工作总体思路和目标：全面贯彻党的十八大和十八届三中、四中全会精神，紧紧围绕“与市同步率先全面建成小康社会”目标，坚持稳中求进的工作总基调，坚持以提高经济发展质量和效益为中心，突出结构调整，扩大有效投入，推进改革创新，统筹城乡发展，加强生态保护，保障和改善民生，全面完成“十二五”规划各项任务，促进经济持续健康发展、社会和谐稳定。主要指标建议为：地区生产总值增长10.5%；财政收入增长10.5%；全社会固定资产投资增长16.5%，其中工业投资增长10%；规上工业增加值增长12.5%；社会消费品零售总额增长15%；城镇居民人均可支配收入增长10.5%；农民人均纯收入增长11.5%；单位GDP能耗及主要污染物排放量保持在市控目标以内。重点抓好以下六个方面工作：

（一）更加注重转型升级，着力提高经济增长质量和效益

做大做强工业经济。进一步提高机械制造、家电、食品加工等优势产业集聚水平，引导新材料、新能源、高端装备制造等战略性新兴产业发展。鼓励企业自主创新，力争新建160家“智慧企业”、10家工程技术研究中心及企业技术中心、5家“两化融合”示范企业。建立政府质量奖励制度，全面实施质量强县战略。协调服务好市“121”重大工业项目、省技术改造“百千工程”项目建设。强力推进合肥智能产业化基地规划建设，先期完成2平方公里的基础设施平台建设，精选一批国际国内最先进的新材料、数控机床、刀刃模具等产业项目入驻。力促马钢连续镀锌线、建工集团住宅产业化、华业合成香料等项目开工，加快中盐基地二期、高档数控系统研发基地、真心食品基地等项目建设进度。排定超200个重点调度项目，力争有更多的项目挤入国家和省市计划。认真落实国家和省市稳增长调结构的各项政策，帮助企业争取好、利用好政策“红利”。加快建筑业发展，力争壹级总承包企业达19家，建筑业增加值60亿元。

发展壮大现代农业。推进粮油高产创建，实施千亿斤增粮工程，建好高标准基本农田，力争粮食总产72万吨。改造提升粮食库容，新建4个大型粮食烘干项目。加快建设蔬菜大县，打造“三路三带”特色蔬菜产业板块，新建规模蔬菜基地1万亩，新增农业标准化生产基地5个、无公害农产品5个。以白龙省级现代农业示范区和八斗大张、撮镇仙临、石塘包公3个市级现代农业示范区为引领，加快各类农业示范园建设。深入实施农业产业化转型倍增计划，力争新增市级农业产业化龙头企业5家，农产品加工产值超240亿元。着力转变农作物秸秆禁烧和综合利用方式，大力推广农业生产全程机械化。扶持家庭农场发展，培育职业农民，新增家庭农场30家、农民专业合作社20家，新增规模化土地流转面积2万亩以上。在5个乡镇开展土地承包经营权确权登记颁证工作。鼓励生态养殖，促进畜牧养殖业转型发展。

繁荣发展第三产业。大力推行电子商务，发展网商网店，健全商品物流配送体系，加快实现快递到乡镇、配送到村组。出台促进商贸服务业发展政策，丰富提升县城业态，发展特色街区经济。积极实施农贸市场升级改造与标准化菜市场建设。促进服务业与工业融合发展，加快圆通物流基地、宝湾电子商务中心等项目建设，力争深国际合肥现代物流港项目入驻安徽合肥商贸物流开发区。加快发展旅游休

闲、健康养老、家政服务、文化教育等生活性服务业，大力推进华东文博城、新华传媒图书影视城等项目建设。积极引进一批文化旅游养老项目落户长临河镇，启动长临古镇创建国家4A级旅游景区工作，着力打造环湖首镇。

（二）更加注重城乡统筹，着力推进新型城镇化建设

提升城市建管水平。编制完成肥东县总体规划、“三区三镇”融合发展规划，完善城市道路交通、供水、供电、环卫、排水等专项规划。全面完成包公大道改造、繁华大道东延工程，加快桥头集南路、横大路、古河路等续建道路建设，开工建设店忠路南段、瑶岗路、岱河路、和平路、新安江路县城段、太子山南路、沙河路等道路。建成肥东一中新校区、县医院新院、合肥客运东站、县城污水处理厂三期等重点工程。加大城市地下管网普查、整治和新建力度。完成天然气“镇镇通”工程。加大县城小街巷和老旧小区改造力度。深入开展城镇园林绿化提升行动，开工建设县体育公园、城南公园、定光河公园、城关公园，争创国家园林县城。推进“数字城管”“智慧城市”建设，实行网格化、精细化管理城市，加大违法建设查处力度。巩固全省文明县的创建成果，大力实施市容环境整治、建筑工地达标、交通秩序整治、文明素质提升工程。

推动园区转型升级。深化园区管理体制改革，增强园区招商职能和服务功能。优化园区空间布局，引导产业升级，推进集约节约发展，提高园区开发强度和税收贡献率。健全园区“腾笼换鸟”倒逼机制和落后产能退出机制。加大东城新市镇城市功能性项目引进，打造宜居宜人的环境。继续完善安徽合肥商贸物流开发区路网及配套设施建设，大力发展现代物流、楼宇经济、总部经济等新型业态。开工建设肥东经济开发区拓展区路网，同步开展扩区招商工作，推动肥东经济开发区争创国家级开发区。加快合肥循环经济示范园发展转型，严把项目准入关，积极打造新材料和高端智能制造产业基地。

加强小城镇和美好乡村建设。加快撮镇镇区、桥头集镇区改造和中北部集镇基础设施建设，开工建设古城区域中心水厂及配套管网，实施众兴、石塘、包公、白龙区域供水及农村饮水安全工程，解决7.22万人饮水安全问题。精心编制长临河镇控制性详规，进一步加强基础设施建设，完成玉带河公园、京福高铁长临河站前广场及30公里绿道建设。选择17个中心村，继续深入推进美好乡村建设。加强农田水利建设，完成21座小型水库除险加固、小型水利改造提升以及三十埠河、梁园大河、石塘河治理工程建设任务，实施好滁河干渠水环境治理及生态修复、众兴泵站更新改造二期工程。抓好土地整治工作，全面完成6个批次增减挂项目，争取建设用地增减挂钩指标3000亩。改善农村道路通行条件，开工建设长临至山口凌道路，完成合马路至山王、梁界路至刘桥等县乡公路建设，新建“村村通水泥路”延伸工程100公里，改造农村公路危桥13座。积极推进农村客运班车公交化改造，抓好农村公路日常管护，严厉打击超限超载运输。

（三）更加注重生态文明，着力打造天蓝地绿水清的美好家园

加强环境综合治理。深入开展施工、生产扬尘整治和有机废气治理等专项行动，严格实行午秋两季全县域秸秆禁烧，全面完成1539辆社会黄标车和燃煤锅炉淘汰工作，确保与市政府签订的《大气污染防治目标责任书》按期完成。强力推进环巢湖生态示范区建设，全面完成二期项目，开工建设三期项目，认真谋划四期项目。继续开展“三线三边”环境整治，着力抓好垃圾清理、污水处理、河渠治理、乡村绿化、集镇和村容村貌改造等工作；全面推行农村清洁工程市场化运营模式，建立县、乡、村、户四级投入机制。

加强生态环境保护。实行最严格的生态环境保护制度，充分利用视频监控、在线监测等手段强化环境监管，严厉打击偷排偷放污染物违法行为，依法取缔污染环境的“五小”企业。完成176家规模化畜禽养殖企业污染物治理设施建设，确保饮用水源保护区内的畜禽养殖场关闭到位，确保8个乡镇污水处理厂建成运营。建立“河长制”常态化管理机制，加大中小河流和水库治理力度，全方位改善水环境。实行最严格的水资源管理制度，执行取水许可制度，确保全县用水总量、万元工业增加值用水量、农田灌溉水有效利用系数达到省、市规定要求。植树造林4.2万亩，重点实施好村庄、路渠、水库、塘坝四旁绿

化；完成繁华大道、合马路2条省级森林生态长廊，店埠、撮镇、八斗3个省级森林城镇和10个省级森林村庄创建任务。

加强资源节约利用。围绕建设“两型社会”，积极发展绿色经济、循环经济、低碳经济，全面推广应用节能、节材、清洁生产等技术。积极建设光伏发电项目，大力实施“光伏下乡”“光伏扶贫”工程。严格落实节能减排责任，抓好重点企业节能降耗，坚决压缩“两高”行业和淘汰落后产能，严控氨氮等污染物排放。强化土地节约集约利用，严格供地准入和用地批后监管，加大闲置土地处置力度，推进低效用地再利用，健全节约集约用地考评体系。巩固矿山关闭和轮窑淘汰工作成果，重拳打击非法开采加工砂石行为，建立健全打击、预防和追责的长效机制，加快矿山治理和生态修复步伐。

（四）更加注重改革开放，着力增强经济社会发展活力

积极推进各项改革。深化行政体制改革，完善事中事后监管制度。继续清理规范行政审批事项，推行网上审批。扎实做好卫生、计生机构改革工作，加快事业单位分类改革，推动公车改革，加大政府购买公共服务力度。深化财政管理改革，推进国库集中支付电子化，全面公开部门预决算和“三公”经费支出；清理规范国有资产处置行为，盘活国有存量资产和财政存量资金，推进预算绩效管理，试行专项资金竞争性分配。深化投融资体制改革，推进投融资平台转型提升，完善政府债务管理制度体系，积极推广以PPP为主体的融资模式。深化城乡建设管理体制改革，推行政府重点工程建设“六分开”“代建制”。规范农村产权交易管理，促进公共资源市场化配置。实施小型水利工程建设管理体制改革，明晰水利工程产权，落实管护责任。深化教育综合改革，全面推进素质教育，释放学校办学活力。改革文化管理体制，加快实现由政府办文化向管文化转变。稳妥推进机关事业单位养老保险制度改革，加快建立与城镇职工统一的养老保险制度。深化基层医药卫生体制和县级公立医院综合改革，让人民群众享受到更多的医改成果。

不断提高开放水平。坚持“引进来”“走出去”，全面提升肥东外向型经济发展水平。积极承接产业转移，突出招大引强，制定招商引资考核激励办法，着力引进一批投资规模大、科技含量高、带动作用强的龙头项目。注重精准招商、产业招商、以商招商，组建新能源、新材料、高端装备、现代服务业等专业招商团队。规范项目准入流程，完善招商引资综合预审机制，落实招商项目全程跟踪服务责任制，切实提高招商项目的履约率、开工率。争取县外到位资金290亿元，其中省外到位资金216亿元；引进5亿元以上工业大项目4个、现代服务业大项目1个。打造优质劳务服务平台，规范出国劳务市场秩序。加快外贸发展方式转变，提高对外贸易质量和效益，实现外贸进出口总额3亿美元，直接利用外资9000万美元。

鼓励引导创新创业。认真实施注册登记制度改革，落实企业投资自主权，放宽经营条件，拓宽投资领域，创造公平竞争、平等准入的市场环境。积极推进个体工商户转企业及小微企业规范升级工作，着力培育壮大市场主体。大力发展中介组织，健全中小企业社会化服务体系。建成县社保服务中心，搭建城乡一体的公共就业创业服务平台。鼓励引导返乡农民工、高校毕业生、退伍军人创业就业。开辟高层次人才引进绿色通道，引进一批紧缺专业技术人才。扎实开展银企对接，建立全县中小企业资金需求信息库，鼓励金融机构创新金融产品，充分发挥融资担保机构作用，努力帮助企业解决融资难、融资贵问题。推进以企业为主体、市场为导向、产学研相结合的技术创新体系建设，提高企业竞争力和整体素质。

（五）更加注重社会建设，着力增加人民群众的幸福感

提高社会保障水平。继续排定民生工程，确保民生财政支出有增无减；加强民生工程调度，落实建后管养措施。完善社会保障体系，提高乡镇园区社保机构信息化管理水平，做好社会保险扩面征缴工作。加强城乡居民合作医疗基金管理，严控医疗机构医药费用不合理增长。进一步提高城乡低保和五保供养标准，及时开展各类救灾救济工作，深入开展志愿服务、爱心捐助活动。实施“到户到人的精准扶贫工程”，促进2.49万贫困人口早日脱贫增收。新建续建拆迁恢复楼150万平方米，完成937套工矿棚户

区改造，开工建设691套公租房。

加快发展社会事业。深入实施义务教育薄弱学校、师资队伍、素质教育“三大提升”工程，继续加大教育投入，新建扩建幼儿园2所，完成肥东六中扩建及城东小学、城关二小、肥东五中工程并投入使用。推进文化基础设施建设，积极筹建县博物馆、档案馆，开展乡镇志编纂工作，争创全省公共文化服务体系示范区。加强体育场馆和设施建设，广泛开展全民健身活动。应对人口老龄化趋势，引导民间资本兴办民营医院、养老机构。着力提升乡镇卫生院服务能力，争创国家级慢性病综合防控示范区。推动人口计生工作转型，促进人口长期均衡发展。启动创建“2016—2020年全国科普示范县”。开展第二次全国地名普查、第三次全国农业普查和人口抽样调查。高质量编制好“十三五”发展规划。

创新社会治理体系。大力弘扬法治精神，推动全民守法；加强社会信用体系建设，建立守信激励和失信惩戒机制；扎实做好“六五”普法验收工作。规范信访秩序，引导群众依法解决合理诉求，严格实行诉访分离，推行网上受理信访制度。扎实推进平安肥东建设，构建新型基层社会治理体系，努力实现民事民议、民事民办、民事民管。完善重大事项社会稳定风险评估机制，推进人民调解、行政调解、司法调解有效衔接。加强专职巡防工作，发挥社区警务、群防群治、视频监控等治安防控体系作用，大力压降四类可防性案件。建立健全最严格的安全生产制度，全面落实安全生产责任。完善应急工作体系，提高各类突发事件处置能力。推行联合执法、联合办案，严厉打击危害食品药品安全等各类违法犯罪行为。加快社区管理体制改革，适当调整县城社区区划，增强社区服务功能，抓好改制企业移交社区工作；完善物业管理工作机制，落实属地管理、行业监管责任。

（六）更加注重自身建设，着力塑造为民务实清廉的新形象

全面提高行政效能。深化“四风”整治，巩固和拓展党的群众路线教育实践活动成果，持续抓好整改落实，切实兑现承诺。完善12345政府服务直通车运行机制，全面实施政务服务标准化建设。强化目标管理考核，完善督查督办机制，加大对重点工作、重大项目的推进落实力度，切实增强政府执行力。坚决整治庸懒散、为官不为、推诿扯皮现象，力破“中梗阻”，严格问责问效，确保政令畅通、令行禁止。

全面推进依法行政。善于运用法治思维和法治方式推动改革、促进发展、维护稳定。大力推行政府权力清单、责任清单和涉企收费清单制度，开展“负面清单”试点，确保“行政权力进清单、清单之外无权力”。整合法律服务资源，普遍建立政府法律顾问制度。深化行政执法改革，规范执法行为，建立执法全过程记录制度；健全行政执法责任制和过错责任追究制，切实做到“法定职责必须为、法无授权不可为”。坚持科学民主依法决策，把公众参与、专家论证、风险评估、合法性审查、集体讨论决定作为重大行政决策法定程序。认真实施政府信息公开条例，全面推进政务公开。自觉接受县人大及其常委会的依法监督，认真执行各项决议、决定，坚持重大事项向县人大报告制度。自觉接受县政协民主监督，主动协商重要工作，积极支持政协履行职责。不断提高人大代表议案、建议和政协委员提案的办理质量。

全面加强廉政建设。加强对重点项目、重点领域、重要环节的行政监察、财政监管和审计监督，强化对工程经济签证、变更的刚性约束。健全网络举报和受理机制，建立重大项目廉政建设派驻监察工作制度。坚决纠正各种不正之风，严肃查处各类违法违纪案件。坚持从严从俭，全面落实厉行节约反对浪费各项规定，严控“三公”经费支出。认真落实廉政建设责任制，加大对权力运行的监督和制约力度，完善惩治和预防腐败体系，努力做到干部清正、政府清廉、政治清明。

各位代表！实干成就梦想，奋斗铸就辉煌。让我们在市委、市政府和县委的坚强领导下，紧紧依靠全县人民，凝心聚力，攻坚克难，勇于挑战，拼搏进取，为建设更加美好幸福的肥东而努力奋斗！

肥东概况

□自然地理

□历史文化

□区划人口

□国民经济和社会发展

自然地理

肥东县位于安徽省中部，南濒巢湖，东连巢湖市、滁州市南谯区、全椒县，西与瑶海区、包河区、长丰县、肥西县毗邻，北和定远县接壤。南北最大地理纵距84.8公里（长临河镇河口杨村至白龙镇俞小户村），东西最大地理横距53公里（马湖乡汤洼村至元疃镇前郢房村）。淮南铁路（淮南至裕溪口）、合宁高速铁路、合福高速铁路，合肥—南京、合肥—芜湖、合肥—徐州、合肥—六安高速公路和合肥—浦口、合肥—蚌埠、合肥—马鞍山公路贯穿县境，为合肥通南贯北、承东启西的交通要冲。

县内地势略呈倾斜，北高南低，江淮分水岭横贯于县境北部，形成长江、淮河两大水系，其中属长江流域1712平方公里，属淮河流域504平方公里。境内河、渠交错，主要河流有南淝河、店埠河、滁河、池河等。大别山余脉逶迤，主要有四顶山、白马山、青阳山、双山、龙泉山、浮槎山、太子山、棋盘山、凤凰山、小岘山、岱山、元祖山等。

地理坐标介于北纬31°34′—32°16′、东经117°19′—117°52′之间，属东八时区和北亚热带季风气候区，年平均气温1 5.5摄氏度，年降水量940毫米，年无霜期234天。气候温和，雨量适中，光照充足，四季分明，适宜多种动植物繁衍生长，为发展农业、养殖业生产提供优越自然环境。肥东已探明矿藏有石灰石、磷灰石、白云石、砂、花冈石、铁矿石、陶土、石英石、大理石、云母、地热等。

历史文化

肥东历史悠久，从已查明的古村落遗址看，早在新石器时期就有人类在此劳作生息。夏商时为淮夷之地。秦王政二十六年（公元前221年）废分封，立郡县，肥东地区属九江郡。西汉武帝时，肥东大部分地区为浚遒县境，县治在今石塘镇境内龙城集。三国时期浚遒属魏扬州淮南郡，后期撤浚遒。西晋武帝太康元年（280年），恢复浚遒县，改“浚”为“逡”，仍属扬州淮南郡。南朝宋武帝年间废逡遒。永初三年（422年），将颍上西北的慎县侨置于原逡遒境，县治在今梁园，属南豫州南汝阴郡。南宋绍兴三十二年（1162年），因避孝宗皇帝赵昚讳，慎县改为梁县。明洪武初年，梁县并入合肥县，属中书省直隶庐州府，合肥为府治。洪武十三年（1381年），合肥县改属南直隶庐州府。中华民国元年（1912年），废庐州府，合肥县直属安徽省。民国2 7年（1938年）5月，日本侵略军侵占合肥县城，县政府撤至大潜山北麓鸽子笼圩子（今肥西县铭传镇），在梁园设肥东办事处，辖今肥东县的全境。1949年1月21日，合肥县解放，2月1日析合肥县为合肥市和肥东、肥西两县，因本县位于合肥市之东，故名肥东，属江淮解放区第五行政区。中华人民共和国成立后肥东先后属皖北行署巢湖、滁县专区。1952年安徽省人民政府成立后，肥东先后属滁县专区和蚌埠专区及合肥市。1961年4月又先后属滁县和巢湖专区。1983年7月复归合肥市管辖。

肥东依山傍水，山河秀丽，全国著名五大淡水湖之一的巢湖，肥东占有水域66平方公里。湖上烟波浩渺，景色如画。四顶山的“四顶朝霞”素称“庐阳八景”之一，自唐代以来，无数骚人墨客、文人雅士漫游于此，写下许多酬咏诗篇，为千古所传诵。浮槎山海拔419米，为合肥地区最高峰，山上泉水汩汩，清冽甘美，欧阳修畅饮此泉后，曾挥笔写下《浮槎山水记》，誉为“天下第七泉”。此地昔为佛教胜地，号称北九华。从南朝梁代开始就有无数僧尼登跻建庙，鼎盛时期有“三百尼、六百僧，跑马关山门”之说。龙泉山的龙泉古寺，四周茂林修竹，一泉环寺而流，甘甜可口，醉翁品为“全国十三泉”。梁园的鲍明远读书台、古崊塔，包公镇的包拯故居，响导的享堂任吴复墓石雕群，长临河的余阙青阳书房，桥头集的徐子苓龙泉精舍等名胜古迹闻名遐迩，古城遗址、古村落遗址和古墓葬群遍及全县。有革命纪念地、全国重点文物保护单位、位于撮镇瑶岗的渡江战役总前委旧址。1949年春，邓小平、刘伯承、陈毅、粟裕、谭震林率总前委机关进驻瑶岗，以邓小平为书记的总前委在瑶岗运筹帷幄，指挥震惊中外的渡江战役。新四军第四支队东进抗日纪念馆位于白龙镇褚老圩。安徽省重点文物保护单位有新石器晚期的古村落遗址大城头（又名皇城）、大陈墩、包氏宗祠和历史名城逡遒县城龙城等。

在肥东这块丰蕴灵秀的土地上，孕育过无数的杰出人才，其中不少是名扬四海的人士。宋代有刚直不阿、执法严峻，被誉为清官典范的包拯；元代有治军严明、善诗能文，时称“贤吏良将”的余阙；明代有屡建战功，辅助朱元璋建立明王朝，官至安陆侯，死后追封黔国公的吴复；清代有任直隶总督兼北洋通商大臣，掌握清末外交、军事、经济大权，倡导洋务运动的李鸿章；现代有早年追随孙中山参加辛亥革命，积极反蒋抗日的王亚樵；有在1928年参加平江暴动后任红三军第一纵队司令，1930年在攻克湖南浏阳文家市战斗中壮烈牺牲的柯武东；有学生时代参加革命，原中共中央顾问委员会委员、国务委员张劲夫。有原中共中央政治局常委、全国人大常务委员会委员长吴邦国。

区划人口

2014年，肥东县国土面积2216平方公里，辖12个镇、6个乡，1个省级经济开发区，1个省级商贸物流开发区，1个合肥循环经济示范园，90个社区、241个村委会。全年出生人口12227人，死亡人口6813人。年末全县户籍人口105.5万人，其中城区户籍人口17.71万人,农村户籍人口87.79万人。

（盛诗鸣）

国民经济和社会发展

【综合】 初步核算，全年全县生产总值448.53亿元，按可比价格计算，比上年增长11%。其中第一产业增加值61.8亿元，增长5.7%；第二产业增加值294.84亿元，增长13.1%；第三产业增加值91.89亿元，增长7.5%。三次产业结构由上年的14.5：64.5：21调整为13.8:65.7:20.5。按户籍人口计算，人均生产总值达到42296元（折合6754美元），可比价增长11.4%。

2014年全县生产总值及其增长速度

单位：万元

指　标	绝对数	比上年增长%
生产总值	4485292	11.0
第一产业	618017	5.7
第二产业	2948385	13.1
工业	2504747	14.9
建筑业	443638	4.4
第三产业	918889	7.5
交通运输、仓储和邮政业	121837	8.7
批发和零售业	189618	9.1
住宿和餐饮业	66104	6.0
金融业	105270	12.9
房地产业	161210	2.4
营业性服务业	97568	11.4
非营业性服务业	177282	2.4

【农业】 全年粮食播种面积11.35万公顷，比上年增长2.7%。棉花播种面积0.56万公顷，增长1.8%；蔬菜播种面积2.14万公顷，增长4.4%；瓜果播种面积0.39万公顷，增长2.6%；油料播种面积4.07万公顷，下降1.9%。

全年粮食产量71.08万吨，比上年增加3万吨，增长4.4%。其中，稻谷产量53.68万吨，增长4.1%；小麦产量10.81万吨，增长4.6%。棉花产量

0.61万吨，增长5.2%。蔬菜产量48.2万吨，增长9%。瓜果产量10.81万吨，增长4.4%。油料产量11.93万吨，增长1.6%。

年末，全县生猪存栏量48.47万头、出栏量98.19万头，比上年分别增长1.8%、2.2%。全年肉类总产量11.93万吨，增长2.1%。禽蛋产量4.77万吨，增长2.4%。牛奶产量7.4万吨，增长3.2%。水产品产量5.94万吨，增长8.2%。

2014年主要农产品产量及其增长速度

单位：万吨

产品名称	绝对数	比上年增长%
粮食	71.08	4.4
油料	11.93	1.6
其中：油菜籽	9.1	0.7
棉花	0.61	5.2
蔬菜	48.2	9.0
瓜果	10.81	4.4
肉类	11.93	2.1
其中：猪牛羊肉	8.42	2.2
牛奶	7.4	3.2
蛋类	4.77	2.4
水产品	5.94	8.2

全年农林牧渔业总产值111.09亿元，按可比价计算增长5.5%。其中，农业产值50.1亿元，增长9.2%；林业产值3.2亿元，增长10.3%；牧业产值39.75亿元，增长7.6%；渔业产值16.41亿元，增长18.1%；农林牧渔服务业产值1.66亿元，增长11.4%。

【工业、建筑业】 全县规模以上工业企业完成总产值852.5亿元，实现工业增加值205.3亿元，按可比价格计算，比上年增长15.6%。规模以上工业企业中，轻工业实现增加值69亿元，增长15.4%；重工业实现增加值136.4亿元，增长14.8%。

国有企业实现增加值3.2亿元，比上年增长26.8%；集体企业实现增加值1.6亿元，增长24.5%；股份制企业实现增加值179.8亿元，增长15.4%；外商及港澳台投资企业实现增加值17.2亿元，增长9.9%；其它类型企业实现增加值3.5亿元，增长8.6%。

全年建筑业实现增加值44.4亿元，比上年增长4.4%。纳入统计范围的具有建筑业资质等级的总承包和专业承包建筑施工企业55户，比上年增加4户；实现利润总额6.4亿元，增长16.4%。全年房屋建筑施工面积 1333.9 万平方米，比上年增长4.5%。其中，新开工面积666.6万平方米，下降2.7%；房屋竣工面积701.2 万平方米，增长12.4%。年末建筑业从业人员 6.7万人，比上年增长2.1%。

【固定资产投资】 全年全社会固定资产投资458亿元，比上年增长20.4%。分产业看，第一产业投资16亿元，增长80.1%；第二产业投资231.1亿元，增长16.4%，其中工业投资230.3亿元，增长16%；第三产业投资210.9亿元，增长21.9%。

全年房地产开发投资47.7亿元，比上年增长16.6%。商品房施工面积369.6万平方米，增长5.3%。其中，新开工面积127.4万平方米，下降20.6%，竣工面积86.2万平方米，增长4.1%。商品房销售面积101.7万平方米，下降9.8%，其中住宅销售面积93.6万平方米，下降8.9%。商品房待售面积7.4万平方米，下降25.2%。

2014年全县房地产开发投资完成及其增长速度

单位：万平方米

指　标	绝对数	比上年增长%
商品房施工面积	369.6	5.3
其中：新开工	127.4	-20.6
房屋竣工面积	86.2	4.1
商品房销售面积	101.7	-9.8
其中：住宅	93.6	-8.9
商品房待售面积	7.4	-25.2

全年新开工项目543个，比上年增加68个，完成投资264.5亿元。其中工业项目245个，增加38个，完成投资154.9亿元。新开工亿元以上项目39个，减少9个，完成投资67.6亿元。

【国内贸易】 全年社会消费品零售总额73.6亿元，比上年增长16.3%。按销售单位所在地分，城镇零售额58.4亿元，增长16.1%；乡村零售额15.2亿元，增长16.8%。

2014年社会消费品零售总额及其增长速度

单位：亿元

指标名称	绝对数	比上年增长%
社会消费品零售总额	73.6	16.3
按销售单位所在地分		
1.城镇	58.4	16.1
2.乡村	15.2	16.8

【对外经济和旅游】 全年实现外贸进出口1.11亿美元，比上年增长22.8%；全年实现直接利用外资7044万美元，增长40.1%。

全县到位内资265亿元，比上年增长10%，其中省外资金198亿元，增长15.8%。

全县可统计旅游接待人数310万人次，比上年增长3.3%，旅游综合收入2.65亿元，增长1.9%。全县三星级以上农家乐点19个，比上年增加2个。

【交通和邮电通信】 全年交通运输、仓储和邮政业增加值12.2亿元，比上年增长8.7%。全年旅客运输量1638万人次，货物运输量3972万吨。

全年邮政业务总量5276.8万元，比上年增长23.3%。年末入户电话用户9.7万户，其中住宅电话用户6.5万户；移动电话用户71.8万户；互联网接入用户10.79万户，比上年增加3.19万户。

【财政和金融】 全年财政收入32亿元，比上年增长0.7%。其中地方财政收入23.3亿元，下降0.1%。财政支出44.2亿元，比上年增长1%。其中医疗卫生支出增长9.7%，社会保障和就业支出增长0.5%。

年末全县金融机构人民币各项存款余额260.9亿元，增长17.6%；其中城乡居民储蓄存款余额167.4亿元，增长13.2%。金融机构人民币各项贷款余额182.5亿元，增长12.9%。其中，短期贷款余额68.74亿元，增长6.2%；中长期贷款余额110.5亿元，增长25.1%，中长期贷款中个人贷款余额76.4亿元，增长42.3%。

2014年末金融机构人民币存贷款余额及其增长速度

单位：亿元

指　标	年末数	比上年末增长%
各项存款余额	260.9	17.6
其中：单位存款	84.1	25.7
个人存款	169.9	13.9
其中：储蓄存款	167.4	13.2
各项贷款余额	182.5	12.9
其中：短期贷款	67.3	–2.1
中长期贷款	110.5	25.1

【教育和科技】 全县各类中等职业院校5所，其中普通中专4所。普通高中16所，普通初中39所，小学64所。普通中小学专任教师9132人。中等职业教育在校生11809人，普通中学在校生68623人，小学在校生54876人，幼儿园在园幼儿19871人，特殊教育学校在校生129人。初中学龄人口毛入学率130.3%，小学学龄儿童毛入学率101%，学前教育毛入园率86.2%。

2014年全县各类教育发展情况

单位：人

指　标	招生数	在校生数	毕业生数
中等职业教育	3835	11809	3962
普通中学	20618	68623	24651
其中：普通高中	9423	32160	11584
其中：普通初中	11195	36463	13067
小学	8866	54876	8848
幼儿园	10108	22505	9122
特殊教育	30	129	18

全年实现专利申请979件，其中专利授权329件。全县共有52家企业科研所，新增省级高新技术企业10家，高新技术产品15项。

【文化和卫生】 年末全县共有文化馆1个，公共图书馆1个，文物所1个。市级非物质文化遗产名录13个。图书馆总藏量32.96万册（件），文艺调演5场。新增有线电视用户9312户，更新广播录制设备投资42万元。

年末全县共有卫生机构44个，其中医院6所，乡镇卫生院32所，妇幼保健院1个，卫生防疫和防治机构1个。医院、卫生院共有床位2304张。全县卫生机构人员共有2703人。卫生技术人员2317人，其中执业（助理）医师996人，注册护师、护士815人。婴儿死亡率3.89‰，产妇住院分娩率100%。大病住院及分娩补偿人数7.8万人，补偿金额3.04亿元。城乡居民新农合参合率达100%。

【人口、人民生活和社会保障】 年末全县户籍人口105.5万人，比上年减少2.04万人，其中城区户籍人口17.71万人。全年人口出生12227人，死亡人口6813人。

全年城镇常住居民可支配收入24615元，增长9.8%；农村常住居民可支配收入14807元，增长12.3%。

全年城镇新增就业岗位6700个，安置下岗失业人员2307人。年末全县城镇参加养老保险人员61.15万人；参加医疗保险人数5.74万人，增长4.7%；参加失业保险人数1.88万人，增长8.7%。参加农村养老保险人数57.4万人，农村养老保险基金支出1.4亿元。

城镇享受低保救济人员3678人，享受低保金2056万元；农村享受低保救济人员3.29万人，享受低保金7403万元；城镇社区服务设施205个，比上年增加20个，社区从业人员1750人，比上年增加520人，城镇便民、利民服务网点数410个，比上年增加10个。

【生态环保】 2014年末，全县共有垃圾处理站3座，污水处理厂4座。城镇生活污水处理率达88.5%。工业二氧化硫排放量达标率、工业废水排放量达标率、工业烟尘排放量达标率，分别为97.5%、99.1%、100%。环境污染治理本年完成投资3.34亿元。

桂花台

桂花台观景平台是古庐阳八景之一的“四顶朝霞”的最佳观景处，位于长临河镇罗洪村，紧邻环巢湖大道北岸，离南淝河大桥约1500米。该平台总投资95万元，建设停车场2300平方米、绿化14000 平方米，2012年9月建成。

大事记

□1月
□2月
□3月
□4月
□5月
□6月
□7月
□8月
□9月
□10月
□11月
□12月

1月

1日　县委、县政府决定为原民办教师发放教龄补助。发放对象为安徽省户籍，2002年12月31日前，曾在肥东县农村公办小学岗位上工作1年以上（含1年），离开教师岗位后再没有被企事业单位录用的原民办教师。发放每个教龄每月20元的补助，达到60周岁的从到龄次月享受教龄补助，补助标准按教龄计算。

5日～7日　县政协第九届委员会第三次会议召开。会议听取县政协九届常务委员会的工作报告和提案工作情况的报告；列席县第十六届人民代表大会第三次会议，听取和讨论县政府工作报告及其他有关报告；审议通过县政协第九届委员会第三次会议决议；审议通过县政协第九届委员会常委会工作报告和第三次会议提案审查情况报告；表彰县政协九届二次会议以来优秀提案。县委书记杨宏星出席会议并讲话。

6日～8日　县第十六届人民代表大会第三次会议召开。会议听取和审议关于政府工作报告；审议关于肥东县2013年国民经济和社会发展计划执行情况与2014年国民经济和社会发展计划报告；审议关于肥东县2013年财政预算执行情况和2014年财政预算报告；听取和审议关于肥东县人大常委会工作报告；听取和审议关于肥东县人民法院工作报告；听取和审议关于肥东县人民检察院工作报告。大会表决通过以上报告的决议。县委书记杨宏星出席会议并讲话。

7日　县政协九届十次常委会议召开。干文宏主持会议。会议听取各讨论组审议和讨论情况的综合汇报，通过县政协九届三次会议决议（草案）以及县政协九届三次会议关于提案审查情况报告（草案）。

10日　八斗镇王城社区的“中国好人”王邦贤以其诚实守信的感人事迹当选第十二届“合肥十大新闻人物”。王邦贤老人在老伴搭便车遭遇车祸不幸过世后，以德报德，坚决拒收事主王德芳的赔偿款，并承诺不追究王德芳的任何责任，以一句朴实无华的“决不能让好心人吃亏”感动社会。2013年7月，王邦贤当选“中国好人榜”诚实守信好人。

县江淮分水岭综合治理开发暨联络帮扶工作会议召开。县委副书记孙良鸿出席会议并讲话。会议总结2013年江淮分水岭综合治理开发暨联络帮扶工作，并对2014年工作进行安排部署。

县委书记杨宏星、县人大常委会主任阚延平到包公镇、马湖乡慰问敬老院五保老人。

11日　县长路军、县人大常委会主任阚延平到店埠镇、众兴乡慰问敬老院五保老人。

中旬　省政府下发《关于同意安徽肥东经济开发区扩区的批复》。肥东经济开发区总体规划面积由原来的7平方公里扩大至14.26平方公里。

19日　市委常委、副市长江洪到白龙镇慰问敬老院五保老人。

20日　副市长王翔到杨店乡慰问弱势群体。副县长顾义勇陪同慰问。

县离退休老干部迎新春茶话会举行。县长路军主持茶话会，县委书记杨宏星在会上致辞，常务副县长张红军介绍2013年全县经济社会发展情况。

21日　新兴际华集团公司总经理李学成率领考察团一行到肥东进行项目投资考察。县长路军会见考察团一行，县领导韩东亚陪同考察。

中共肥东县纪律检查委员会全会召开。会上通报全县2013年纪检监察工作开展情况，与会委员就如何更好地开展纪委工作作交流发言。县委常委、纪委书记宣丽玲出席会议。

市委常委、副市长周善武到古城镇古城社区、西庄村以及古城镇中心敬老院开展慰问活动。副县长张骏陪同慰问。

22日　副市长吴春梅到包公镇中心敬老院慰问五保老人，并向镇政府和敬老院捐献慰问金。同时走访慰问该镇4户特困群体家庭。

副市长吴春梅到肥东调研农村教师住房情况，并慰问部分乡村教师。县长路军陪同调研。

县领导路军、孙良鸿、张红军、姜伟到县军休所、县光荣院和驻军部队，慰问部分优抚对象和驻军官兵。

县领导路军、余永松到长临河镇敬老院慰问五保老人。

23～26日　县领导杨宏星、路军、许高彬、张翔、杨玉好、许忠杰、王盛水等分别慰问教育系统拔尖人才。

24日 县领导杨宏星、路军、吴文祥、姜伟到武警合肥支队九中队、73828部队和合肥警备区慰问部队官兵。

26日 县委副书记孙良鸿到撮镇镇督查指导美好乡村建设及“三线三边”整治工作。

28日 县委书记杨宏星慰问道德模范陈万霞、王邦贤。

县长路军视察岘山美好乡村建设、在地作物及三线三边农村环境整治工作。

合肥市客运东站东迁项目动工。该项目位于肥东火车站广场西侧、站北路南边，店埠镇中心社区境内。项目面积110亩，分两期实施。其中一期工程占地面积72.93亩，总建筑面积17575平方米，规划建设道路停车场47293平方米、站前广场7570平方米、绿化面积10428平方米，项目总概算5000万元。

29日 肥东县市场监督管理局挂牌仪式举行。县委常委、副县长韩东亚出席仪式，并为县市场监督管理局揭牌。

县委副书记孙良鸿，县委常委、常务副县长张红军看望慰问坚守在工作一线的县电信局、邮政局、城市执法局、县人民医院干部职工。

下旬 县政协主席干文宏看望慰问佳宝玩具厂困难职工朱桂良。

县领导干文宏、阚延长到梁园镇慰问中心敬老院老人和护城社区部分困难户、困难党员。

同月 肥东经开区派出所因公殉职民警陈彬入选敬业奉献好人候选人。陈彬，县公安局经济开发区派出所民警，从事公安工作20年来，多次受到市、县公安局嘉奖、记功，2006年，被市公安局评为优秀社区民警，2013年12月10日，因公殉职，年仅47岁。

2月

7日 县委书记杨宏星到响导乡调研指导农业农村工作。

9日 县党的群众路线教育实践活动动员部署会议召开。省委第一督导组副组长陈新，市委常委、市委秘书长杨思松出席会议并讲话。县委党的群众路线教育实践活动领导小组组长杨宏星作动员讲话。孙良鸿主持会议。会议就全县贯彻落实中央和省、市委关于党的群众路线教育实践活动及开展全县党的群众路线教育实践活动进行动员部署。会议还对县几个班子及县几个班子党员领导干部进行民主评议。

县第七届“中国光大银行杯”千人万米长跑比赛举行。县领导杨宏星、干文宏等出席长跑启动仪式。

16日 县三级干部会议召开。会议要求进一步贯彻落实党的十八届三中全会、中央经济工作会议、中央农村工作会议以及省市有关会议精神，动员全县各级各部门进一步凝心聚力、真抓实干、快速行动，努力开创各项工作新局面。杨宏星出席会议并讲话。路军主持会议。会上，县纪委、组织部、宣传部、统战部、政法委负责人就有关工作进行部署；县委县领导与部分乡镇代表签订相关责任书；县委、县政府对2013年度目标管理考核等项工作进行奖惩，并表彰十大工业纳税企业、十佳农业产业化龙头企业以及18名“优秀村级党组织书记标兵”。

17日 省委常委、市委书记吴存荣，市长张庆军率市四大班子党员负责同志到白龙镇参观合肥青龙厂新四军纪念园，回顾红色历史，缅怀革命先烈，接受革命传统教育。市人大常委会主任熊建辉、市政协主席董昭礼、市委副书记凌云，县领导杨宏星、路军等陪同参观。

21日 重庆市永川区副区长杨华一行到肥东考察农业产业化发展。副县长何斌陪同考察。

25日 县党的群众路线教育实践活动专题报告会举行。报告会特邀省政府副秘书长、省扶贫办主任刘奇作专题辅导报告。杨宏星主持报告会。

县农业工作会议召开。会议就2013年全县农业工作开展情况、2014年农业重点工作，以及当前有关工作分别作全面总结和统筹安排，提出2014年全县农业工作将重点实施“1688工程”，即坚持一条主线、突出六项重点，坚持八抓、打造八新，努力开创农业农村改革发展新局面。副县长何斌出席会议并讲话。

26日 县政协九届十二次常委会议召开。干文宏、刘正东、阚延长、孙仲华、赵荣出席会议，会议传达县委十一届六次全会精神等。会议审议通过县政协2014年工作要点。

27日 县领导杨宏星、阚延平、干文宏等县几个班子党员负责同志到凤阳县小岗村参观大包干纪念馆和沈浩同志先进事迹陈列馆，重温改革创举，缅怀沈浩事迹。凤阳县政协主席钱家广陪同参观。

县党史地方志暨年鉴编纂工作会议召开。会议总结2013年肥东党史地方志工作，表彰肥东党史、地方志、年鉴暨肥东大事记编纂工作先进单位和优秀撰稿人，安排部署2014年全县党史地方志及《肥东年鉴（2014）》编纂任务。副县长宋琪主持会议，县委副书记孙良鸿出席会议并讲话，市委党史研究室主任王家贵、市地方志办公室主任胡玉兰到会并讲话。

28日 县十六届人大常委会第十六次会议召开。阚延平主持会议。会议通过接受邓建胜辞去肥东县人民政府副县长职务的请求（挂职期满）；审议县政府关于提请审议将肥东县第一中学新校区等建设项目贷款本息及保费纳入财政预算的议案，听取上述《议案》的说明并作出决议；通过县人大常委会2014年工作要点；听取和审议县政府关于全县文化产业发展情况的报告。参会的县人大常委会人员等就相关议题反映的问题提出意见和建议。

县领导杨宏星、路军、孙良鸿会见马钢集团副总经理惠志刚一行。

同月 县政府决定提高五保、低保户标准。分散五保对象供养标准由上年的2200元提高到2440元，城市低保标准由上年的每月360元提高到400元，农村低保标准由上年的年1800元提高到2000元。

3月

1日 县委常委会群众路线教育实践活动集中学习交流会召开。集中学习贯彻党的十八大、十八届三中全会、省委九届九次全体（扩大）会议和市委十届五次全体（扩大）会议精神。省委督导组副组长陈新出席会议并讲话。杨宏星、路军、阚延平、干文宏等出席会议。

2日 县重点工程建设调度会召开。会议讨论研究县重点工程建设“六分开”、“三协同”制度以及工作流程，听取各有关乡镇、开发园区及县直单位关于重点工程建设项目进展情况和存在问题的汇报，并就解决方案及下一步工作进行安排。县长路军出席会议。

4日 县2014年民生工程调度会召开。张红军主持会议。会议通报2013年肥东县民生工程实施工作情况及存在问题，并对2014年民生工程提出要求。

5日 肥东县首届全民文化月启动仪式在众兴乡华光社区文化广场举行。市县领导林存安、杨宏星、干文宏等出席启动仪式并观看首场演出。县委书记杨宏星宣布首届全民文化月正式启动。3月30日，随着众兴乡花灯社区专场文艺演出结束，历时一个月的肥东县首届全民文化月活动落下帷幕。文化月期间，全县组织千余名文艺志愿者到331个村和社区，把5000多个文艺节目送到农民家门口。

10日 县政府印发关于《肥东县重污染天气应急处置预案》的通知。

11日 省政府参事一行到肥东调研合肥循环经济示范园建设，市委常委、副市长黄文涛，县长路军等陪同调研。

县委书记杨宏星，县长路军，县政协主席干文宏，县政协党组副书记王盛水和副主席刘正东、阚延长、赵荣，县政协委员企业家联谊会全体成员，部分县政协委员、县政协机关和东城新市镇干部职工200多人到“政协委员林”开展植树活动。

12日 县领导杨宏星、阚延平、干文宏等到县委党校观看党的群众路线教育实践活动廉政警示图片展。

市委常委、统战部长韦弋到牌坊乡调研指导牌坊社区少数民族特色村建设工作。县委书记杨宏星陪同调研。

13日 市委常委、秘书长杨思松一行到元疃镇塘西村开展党的群众路线教育实践活动。杨思松驻村蹲点走访调研，实地走访困难群众和党员群众，并和镇村干部进行座谈。县领导杨宏星、路军等陪同走访调研。

14日 共青团肥东县委十三届五次全委（扩大）会议召开。会议全面总结2013年共青团工作，研究部署2014年工作任务。孙良鸿出席会议并讲话。

15日 省委书记张宝顺、副书记李锦斌，省委常委、市委书记吴存荣，市长张庆军、市人大常委会主任熊建辉、市政协主席董昭礼、市委副书记凌云等省市几个班子领导及省市直机关干部和驻肥部队官兵到长临河镇茶山村义务植树基地，开展植树和春季造林活动。县领导杨宏星、路军、阚延平、干文宏等县几个班子领导也到长临河镇茶山村义务植树基地，与县直机关干部群众200多人一起开展义务植树和春季造林活动。

17日 县政府印发关于《肥东县扬尘污染防治实施细则》的通知。

18日 县总工会九届十四次全委（扩大）会议召开。会议学习宣传党的十八届三中全会、县委十一届六次全会精神，按照县委和市总工会十五届三次全委（扩大）会议的部署，回顾总结2013年工作，研究安排2014年任务，表彰2013年工会工作先进单位和优秀个人。孙良鸿出席会议并讲话。

19日 市委常委、市委秘书长杨思松到合肥循环经济示范园调研。县长路军陪同调研。

省地方志办公室主任朱文根一行，在市地方志办公室主任胡玉兰的陪同下，到肥东调研农村文化建设情况。县领导宋琪、王盛水等陪同调研。

省委政法委副书记、省综治办主任郑宏一行到肥东考核社会管理综合治理工作。市委常委、政法委书记张进，县领导杨宏星、路军、余永松陪同。

副市长倪胜如到肥东调研经济普查工作。县领导张红军陪同调研。

20日 巢湖市市委常委、副市长闫永华一行到肥东学习考察重点项目推进机制工作。县领导张红军陪同考察。

市人大常委会主任熊建辉到长临河镇开展党的群众路线教育实践走访调研活动。县领导杨宏星、阚延平等陪同调研。

21日 市委常委、市委秘书长杨思松率领考核组到肥东，对县委、县政府2013年度工作情况暨全县市管干部进行考核。县委书记杨宏星、县长路军分别代表县委、县政府班子向考核组进行总结汇报。

22日 县领导杨宏星、孙良鸿、殷宝平一行到庐江县考察学习美好乡村建设。庐江县委书记王民生等陪同考察。

东城新市镇马桥河二期（双桥河）治理工程项目动工。该项目位于马桥河流域范围，工程河段位于双桥河山水路至瑶岗路段，全长3.75千米。项目包括河道治理工程、排水工程、水环境治理工程、绿化工程、征迁安置工程等。总投资约3.23亿元，其中申请国开行贷款2.87亿元。

25日 县政府印发关于《肥东县大气污染防治目标阶段性工作方案》的通知。

26日 县政协主席干文宏到撮镇镇开展集中解决“四风”问题专项调研，并征求对县政协机关的意见建议。县委常委、撮镇镇党委书记吴立新陪同调研。

县党的群众路线教育实践活动推进会召开。县委教育实践活动领导小组组长杨宏星出席会议并讲话，路军主持会议，省委第一督导组李大进、查永胜应邀出席会议，孙良鸿传达学习省委书记张宝顺、市委书记吴存荣有关讲话精神和全市教育实践活动相关会议精神。宣丽玲宣读《“正风肃纪、惠民利民、除弊祛垢、固本强基”四个专项行动第一批任务分解表》的通知。

29日 县工商联十届三次执委（扩大）会议召开。会议回顾总结2013年工作，研究安排2014年任务。县领导孙良鸿、许忠杰、阚延长出席会议。

安徽省诗歌学会授予肥东县全省第一个“诗歌之乡”称号。

4月

2日 县中小学资源整合工作征求意见座谈会召开。县委在县教体局开展党的群众路线教育活动座谈会，征求全县中小学资源整合工作意见。

县委书记杨宏星出席座谈会。

3日 县大学生村官创业扶持行动座谈会在元疃镇塘西村召开。会议传达学习习近平总书记给大学生村官张广秀回信及省委常委、市委书记吴存荣给肥东大学生村官创业团队的回信精神。县委副书记孙良鸿出席座谈会。

市委常委、副市长江洪到肥东调研指导环巢湖生态示范区建设项目推进情况，并开展专题座谈。县领导孙良鸿、何斌陪同考察并出席座谈会。

县人口和计划生育工作调度会召开。县委书记杨宏星出席会议并讲话，县委常委、宣传部部长许高彬安排部署计生工作。与会人员收看全省人口和计划生育工作电视电话会议。

4日 县委印发《关于开展“三严三实”集中学习教育月活动的通知》。决定四月份在全县党员干部中开展“三严三实”集中学习教育月活动。

省总工会党组书记、常务副主席徐健到肥东检查指导基层工会组织建设。县领导孙良鸿陪同检查。

县政府印发《肥东县商品房预售资金监管实施细则》。

县委副书记孙良鸿、副县长何斌率队到庐江县考察学习美好乡村建设，庐江县相关领导陪同考察。

8日 省经信委主任牛弩韬到肥东调研工业经济情况。市县领导李海鹰、路军等陪同调研。

县人大常委会主任阚延平到撮镇镇旭光村走访调研美好乡村建设，践行党的群众路线教育，深入基层慰问困难党员和群众，切实倾听基层群众的心声。

9日 橙天娱乐集团（国际）控股有限公司首席执行官伊简梅一行到肥东考察，县领导韩东亚等陪同考察。

10日 市委常委、副市长江洪一行到肥东观摩环巢湖大道肥东段二期绿化工程。副县长张骏等陪同观摩。

省委教育实践活动第一督导组组长汪国才到元疃镇调研指导教育实践活动开展情况，县委书记杨宏星陪同调研。

15日 省委常委、市委书记吴存荣，市人大常委会主任、党组书记熊建辉，市委副书记凌云等到合肥循环经济示范园实地观摩重大项目，调研一季度工业经济运行情况。县领导杨宏星、路军等陪同调研。

16日 县召开发放农村教师岗位津贴实施方案征求意见座谈会。农村教师的岗位津贴将根据教师所在学校的交通、生活条件等艰苦程度，分三个等次发放不同补助金额。县领导许高彬、宋琪等出席座谈会。

17日 县委副书记孙良鸿主持召开认真践行群众路线，全面推动“三区三镇”招商引资工作推进会。县招商局、肥东经开区、合肥循环经济示范园、东城新市镇等单位分别汇报一季度招商引资工作开展情况、在谈招商线索以及下一步全面推动“三区三镇”融合发展，提升招商引资工作计划、建议。

县委书记杨宏星到六家畈古民居群调研。县领导许高彬、王盛水等陪同调研。

县政府决定全年实施40项民生工程，其中新增4项，分别为就业促进工程、城乡居民大病保险、小型农田水利设施改造提升工程、惠民菜篮子工程。提高6项民生工程标准，整合调整8项民生工程项目，退出2项，继续实施原有25项。40项民生工程涵盖住房、医疗、就业、养老、困难群体保障、农业和农村基础设施建设、保险、补助类、工程类等各方面。

18日 县反腐倡廉宣传教育联席会议暨包公廉政文化研究会年会召开。会议回顾总结去年全县反腐倡廉宣教工作，安排部署今年任务。宣丽玲出席会议并讲话。

市人大常委会主任熊建辉、副主任阚建华，市政府副市长吴春梅等到高升学校调研指导肥东教育工作。县领导杨宏星、阚延平等陪同调研。

21日 肥东六中及附小扩建项目主体工程举行开工仪式。副县长宋琪出席开工典礼。六中及附小扩建工程位于南环路与桂王路交叉口，总用地面积约9万平方米，建筑面积3万平方米，总投资1.082亿元。建设内容包括教学楼、宿舍楼、图书实验楼、行政办公楼、食堂、运动场、环境景观等。

22日 县政府印发《肥东县生活无着流浪乞讨人员社会救助实施办法》。

23日 县委常委会向全县人民作出九项公开承诺。县委常委会全体成员就贯彻中央和省、市委重大决策部署，深入开展党的群众路线教育实践活动，坚决克服“四风”，向全县人民公开承诺，请全县广大干部群众监督。1、带头遵守党的政治纪律；2、带头贯彻“三严三实”要求；3、带头践行党的群众路线；4、带头贯彻执行民主集中制；5、带头做到实干实效、创新创效；6、带头坚持正确用人导向；7、带头改进文风会风和调查研究；8、带头厉行勤俭节约、反对铺张浪费；9、带头做到清正廉洁、履行“一岗双责”。

县政府2014年度安委会第一次全体会议召开。县长路军出席会议并讲话，会议听取2013年全县安全生产工作报告，安排部署安全生产工作任务。

县政府第九次全体会议召开，会议回顾总结今年以来的工作，分析研判当前形势，安排部署二季度工作任务。路军出席会议并讲话，张红军主持会议。

24日 县离任村干部生活补助动员部署会召开。县委常委、组织部长曹怀红出席会议并讲话。会议部署对建国以来累计达到3年以上（含三年）任职年限且年满60周岁的正常离任村干部，按照任职年限，可享受每月30元～330元不等的生活补助。

25日 县人大常委会党组就认真贯彻落实中央和省、市、县委决策部署，深入开展党的群众路线教育实践活动，坚决反对“四风”，进一步加强作风建设，向全县人民作出公开承诺，并请广大党员干部群众监督。1、严格遵守党的政治纪律；2、自觉践行人民代表大会制度；3、深入贯彻党的群众路线；4、积极服务改革发展大局；5、努力推动人大工作与时俱进；6、切实改进学风文风会风；7、坚持艰苦奋斗厉行节约。

梁园镇残联协理员吴保刚通过第三届“合肥青年五四奖章”评审会初评。吴保刚是梁园镇残联协理员。15岁时因抢救2名小女孩被拖拉机撞断左腿而截肢，一级残疾。2007年考录为梁园镇残联协理员。7年来，他拖着残缺之躯奋战在基层岗位上，兢兢业业服务残疾人，及时传递政府温暖；他背负沉重的家庭负担仍乐观向上，尽心尽力照顾年迈的父母和植物人哥哥。

28日 县十六届人大常委会第十七次会议召开。会议通过有关人事任免事项，听取审议县政府关于“河长制”工作开展情况、关于全县拆迁安置房建设情况报告；听取县人大常委会关于开展拆行安置房建设专题询问有关情况的说明，并就拆迁安置工作进行面对面询问、回答。

县政府党组就深入开展党的群众路线教育实践活动，坚决克服“四风”，坚持做到“三严三实”，进一加强作风建设，向全县人民公开承诺，请全县广大干部群众监督。1、坚持政治坚定，严守党的政治纪律；2、坚持执政为民，践行党的群众路线；3、坚持求真务实，改进学风文风会风；4、坚持民主集中制，实施科学民主决策；5、坚持依法行政，保障权力公开透明；6、坚持改革创新，加快推进职能转变；7、坚持秉公用权，自觉接受各方监督；8、坚持勤俭节约，发扬艰苦奋斗作风；9、坚持廉洁从政，筑牢拒腐防变思想防线。

市委、市政府决定：授予国网安徽肥东县供电有限责任公司、安徽肥东农村合作银行、安徽华星智能停车设备有限公司、安徽省锦翔塑编包装实业有限公司、合肥艾普拉斯环保科技有限公司、合肥海银塔杆有限公司等单位“合肥市2011～2013年度先进单位”荣誉称号；授予肥东县公安局众兴派出所、肥东县人民医院普外科、中国邮政储蓄银行股份有限公司肥东县支行营业部、安徽江淮起重运输机械有限公司生产部、安徽省雄峰起重机械有限公司技术中心、合肥秋怡制衣有限公司生产部、合肥海源机械有限公司总成车间、安徽省佳宝玩具（集团）有限公司生产部等单位“合肥市2011～2013年度先进集体”荣誉称号；授予李正祥（合肥海源机械公司）、谢中平（中盐安徽红四方股份有限公司）、李宗琪（合肥中南光电有限公司）、李小莉（合肥丰华集团）、周义山（肥东县金土地水稻专业合作社）等同志“合肥市2011～2013年度劳动模范”荣誉称号；授予桑亚松（肥东县石塘农业技术推广区域中心站）、罗国访（肥东县水务局）等同志“合肥市2011～2013年度先进工作者”荣誉称号。

30日 县政协党组就深入开展党的群众路线教育实践活动，坚决克服“四风”，更好地发挥政协党组在政协组织中的领导核心作用，郑重向全县广大干部群众和社会各界承诺：1、坚持严守纪律；2、坚持深入基层；3、坚持发扬民主；4、坚持求真务实；5、坚持厉行节约：6、坚持廉洁自律。

同月 撮镇镇唐安社区被国家减灾委、民政部联合授予2013年“全国综合减灾示范社区”称号。

5月

1日 长临河镇民俗文化馆开馆。

2日 县长路军到合肥理工学校调研学校发展规划用地等工作。

4日 县委常委、副县长韩东亚到杨店乡黄栗民族村调研民族资金使用情况和民族项目建设情况。

县“心系群众跟党走、青春建功中国梦”主题演讲比赛决赛暨颁奖仪式在县文广大厦举行。县领导孙良鸿、曹怀红等出席活动并为获奖选手颁奖。

6日 全县秸秆禁烧和综合利用工作动员会议召开。孙良鸿出席会议并讲话，何斌主持会议。会议宣读《2014年度秸秆禁烧和综合利用工作方案》，县政府分别与市县重点禁烧区域代表乡镇签订目标管理责任书。

县综治委2014年全体（扩大）会议召开。路军出席会议并讲话，韩东亚主持会议。会议回顾总结上年社会管理综合治理工作，安排部署2014年综治工作。会议通报第一季度全县治安形势和1～4月份信访工作形势，表彰2013年市综治先进集体、先进个人及县综治先进乡镇。

县九年一贯制学校建设工作动员会召开。许高彬出席会议并讲话，宋琪主持会议。会议宣读关于印发《肥东县九年一贯制学校建设工作实施方案》的通知和关于严肃九年一贯制学校建设工作纪律的通知。

9日 县委党的群众路线教育实践活动领导小组（扩大）会议召开。省委第一督导组副组长陈新出席会议并提出要求。孙良鸿主持会议，杨宏星出席会议并讲话，宣丽玲带领学习上级有关会议精神，曹怀红传达全省部分市、县活动办负责同志会议精神，简要通报前一阶段工作开展情况，并对第二环节工作提出建议。县委12个督导组组长简要汇报所督导单位活动开展情况。会上讨论《关于做好查摆问题、开展批评环节工作的通知》和《关于开好专题民主生活会和组织生活会的通知》。肥东县是全省教育实践活动6个示范县之一，并且是中央巡回督导组直接督导的全省2个县之一。县领导阚延平、干文宏等出席会议。

天长市副市长刘正田一行到肥东考察学习秸秆禁烧与综合利用工作。副县长何斌陪同考察。

13日 县第三届道德模范评选表彰活动组委会第一次会议召开。孙良鸿出席会议并讲话，许高彬主持会议。会议通报县第三届道德模范评选表彰活动进展情况。

13～14日 县长路军一行到北京开展招商活动,在京期间分别拜访橙天嘉禾集团（国际）控股有限公司首席执行官伊简梅女士和中青旅股份有限公司副总裁刘广明。

公安部、团中央督导组在公安部三局副巡视员温忠民、团中央权益部协调督导处处长梅峰的带领下，到肥东督查调研重点青少年群体服务管理和预防犯罪工作。县领导余永松等陪同调研。

15日 省长王学军到肥东调研指导工作。省市县领导吴存荣、张庆军、杨宏星、路军等陪同调研。

县政府印发《肥东县规范农村土地承包经营权流转监督管理办法的通知》。

中共肥东县市场监督管理局委员会成立。

18日 县委书记杨宏星到牌坊乡、梁园镇、石塘镇、桥头集镇、长临河镇、撮镇镇巡视秸秆禁烧和综合利用工作。副县长何斌陪同巡视。

20日 众兴中学被合肥市教育局命名为“合肥市示范高中”。

国家卫生计生委人事司司长金小桃一行到肥东调研卫生计生工作。县委书记杨宏星陪同调研。

市委第二考核组对肥东2013年度落实党风廉政建设责任制、推进惩防体系建设和市管干部年度工作考核情况进行反馈。市委常委、秘书长杨思松出席会议并讲话。县领导杨宏星、路军出席会议。

22日 县委书记杨宏星到合徐高速公路两侧和白龙、元疃、杨店、响导、八斗等乡镇督查指导秸秆综合利用和助耕包户工作。

县长路军和常务副县长张红军到店埠镇、石塘镇、包公镇等乡镇巡视秸秆禁烧和综合利用工作。

上海安徽肥东商会企业家回乡考察座谈会召开。县长路军出席会议并讲话，韩东亚主持会议。

23日 省政协“大气污染防治”视察团到石塘镇火龙山矿山生态修复和地质环境治理项目点、长临河镇星二村秸秆禁烧三级网点进行实地视察。省政协副主席童怀伟团长听取相关情况汇报。市县领导许天锡、杨宏星、路军、干文宏等陪同视察。

25日 肥东县自行车运动协会举行成立仪式。

26日 安徽省第一个快递产业园在撮镇挂牌，7家快递企业率先进驻。

27日 市委常委、副市长江洪到撮镇镇旭光村、长乐社区检查秸秆禁烧工作。县委书记杨宏星陪同检查。

县长路军到经开区中心学校调研。

28日 县委书记杨宏星、县委副书记孙良鸿一行到古城镇，对该镇秸秆禁烧执行情况进行督查指导。

县十六届人大常委会第12次主任会议召开。阚延平主持会议。会议听取县政府关于国开行和亚行贷款使用情况的报告；听取县政府关于全县农业产业化龙头企业发展情况的报告；讨论通过关于“食品安全肥东行”方案。与会人员围绕县政府使用国开行和亚行贷款使用情况提出建议。

肥东经济开发区申报国家级经济技术开发区专项评审会在合肥召开，评审委员会听取肥东经济开发区申报国家级开发区情况汇报并通过省级评审。县领导路军、卫中出席评审会。

29日 合肥市企业联合会肥东分会成立。

县第八届少先队“十佳”表彰大会暨少儿文艺汇演在合肥通用技术学校乐炬堂举行。县领导杨宏星、许高彬等出席活动。

30日 县委书记杨宏星到陈集镇和梁园镇开展“六一”儿童节慰问活动。

县“四个专项行动”第一批任务整治工作推进会召开。路军出席会议并讲话，孙良鸿主持会议。为贯彻落实市委关于实施“正风肃纪、惠民利民、除弊祛垢、固本强基”四个专项行动的部署要求,县于3月份下达“四个专项行动”首批31项任务，印发第一批31项任务分解表,明确12位牵头县领导、15家牵头单位和50家责任单位。

县政府印发《重大行政决策实施效果评估办法（试行）的通知》、《重大行政决策风险评估办法（试行）的通知》、《重大行政决策听证办法（试行）的通知》。

定远县委书记郑斌率县党政代表团到肥东参观考察。县领导杨宏星、路军等陪同考察。

31日 许泽夫的散文集《牧人吟》获获第六届“冰心散文奖”。这是肥东文学史上的最高奖。6月6日,中共肥东县委给县文联发贺信,向县文联和许泽夫同志表示祝贺。

同月 肥东县2013年地方商务之窗工作受到国家商务部通报表扬。

肥东县连续三年获得全省实施“861”项目突出贡献表彰。

肥东县荣获2013年“安徽水产大县”荣誉称号。

6月

3日 省环保厅副厅长殷福才一行到撮镇污水处理厂调研，县长路军陪同调研。

5日 市委常委、副市长江洪到古城镇督查指导秸秆禁烧工作。副县长何斌陪同督查。

7日 一年一度的全国高考正式开考。县领导路军、许高彬等先后巡视锦弘中学、肥东一中考点，并看望慰问工作在高考一线的考务工作人员。

9日 县委副书记孙良鸿就行政审批工作专程到县政务服务中心调研。

10日 国家卫计委主任李斌到肥东县医院调研医改工作。省市县领导詹夏来、吴存荣、杨宏星、路军等陪同调研。

合肥高升学校市级示范高中揭牌暨合肥一中与高升学校共建班启动仪式举行。市人大常委会副主任陈栋等出席仪式。

11日　省教育厅副厅长金燕率调研组到肥东调研农村基础教育工作。县长路军出席调研座谈会。

县政协委员企业家联谊会会员大会召开。会议回顾总结联谊会成立以来的相关工作，安排部署今后工作。县政协领导干文宏、刘正东、阚延长出席会议。

13日　县“食品安全肥东行”宣传活动在县法治广场举行，县领导阚延平、孙良鸿等前往活动现场看望慰问工作人员。

17日　市教育督导委员会考核复查组对肥东党政领导干部2013年度教育工作督导考核进行复查。杨宏星出席复查汇报会并讲话。县领导路军、宋琪、王盛水等出席复查汇报会。

18日　县长路军到苏州瑞环化工有限公司考察。

省人大常委会副主任、省委第一督导组第一组长宋卫平一行到肥东督查指导党的群众路线教育实践活动，县委书记杨宏星就全县党的群众路线教育实践活动开展情况和县委常委班子专题民主生活会准备工作情况作专题汇报。

20日　县政协召开重点提案办理协商会，对政协5号提案——关于加快发展第三产业的建议进行协商办理。县政协主席干文宏、副主席孙仲华出席会议，县委常委、副县长韩东亚应邀列席会议。

21日　芜湖县委副书记刘见君一行到肥东学习考察美好乡村建设。县委常委、副县长殷宝平陪同考察。

25日　《肥东》报更名为《合肥晚报·肥东晨刊》。

县政府印发《肥东县营业税改征增值税试点改革过渡性财政扶持政策实施细则的通知》。

26日　县十六届人大常委会第十八次会议召开。阚延平主持会议。会议听取和审议县政府关于肥东县2013年财政决算的报告，审查批准2013年财政决算；听取和审议县政府关于2013年肥东县本级预算执行和其他财政收支情况审计工作的报告；听取和审议县政府关于刑事案件侦破工作情况的报告；任命9名人民陪审员。

市基层综治维稳信访工作中心暨行业性人民调解中心建设现场会在肥东召开。市委常委、政法委书记张进，市政协副主席满铭安等出席会议。县领导余永松、韩东亚等参加会议。

市委常委、政法委书记张进，市政协副主席满铭安到包公镇综治维稳信访工作中心、岘山社区综治维稳信访工作站调研。县领导余永松、韩东亚陪同调研。

27日　2014年肥东县征兵工作会议召开。县人武部部长姜伟、副县长顾义勇出席会议并讲话。

28日　县委常委班子党的群众路线教育实践活动专题民主生活会召开。中央第三巡回督导组副组长刘上洋出席会议并指导县委常委班子党的群众路线教育实践活动专题民主生活会，省委常委、市委书记吴存荣出席会议并讲话，省人大常委会副主任、省委督导组第一组长宋卫平对民主生活会进行点评。

30日　县乡镇科协换届暨第四届科技论文大赛评选活动动员会召开。会议安排部署全县乡镇科协换届和第四届科技论文评选工作。县领导杨玉好、顾义勇等出席会议。

同月　2014年，全县高考报名14312人，实考13632人，大学本科达线7842人，达线率57.53%。其中文理科本科6562人（含一本2102人，二本2766人，三本1694人）、艺术体育考生文化课达线1280人。本科达线率超出合肥市2个百分点。肥东一中宁林同学以647分获全县理科第一名。圣泉中学朱冬冬同学以628分获全县文科第一名。

7月

3日　省政法委副书记、维稳办主任时侠联到肥东调研指导基层维稳应急处置机制建设工作。市县领导张进、余永松陪同调研。

县委常委班子专题民主生活会情况通报会召开。会议传达6月28日县委常委班子召开的专题民主生活会情况。省委第一督导组副组长陈新出席会议。县长路军主持会议。

县文明县城创建暨“三线三边”环境整治工作会议召开。路军出席会议并讲话，孙良鸿主持会议。张红军宣读关于表彰肥东县2013年度文明创建工作先进集体和先进个人的决定、关于表彰肥东县2013年度未成年人思想道德建设工作先进单位和先进个人的决定、关于表彰肥东县2013年度志愿服务工作优秀集体和优秀个人的决定。许高彬就新一轮文明县城创建和“三线三边”环境整治工作提出意见。

县“村两委”换届选举工作会议召开。会议明确换届选举工作指导思想、换届范围、选配要求、时间安排和实施步骤、保障措施等方面内容。曹怀红主持会议，何斌宣读《关于全县村党组织委员会和第九届村民委员会换届选举工作若干问题的指导意见》。

6日 肥东县医院新区建设项目动工。路军宣布肥东县医院新区动工。顾义勇主持开工典礼。

8日 省委常委、市委书记吴存荣到杨店乡、梁园镇、八斗镇、陈集镇、古城镇、马湖乡、包公镇、石塘镇及石塘社区，调研指导乡村群众路线教育实践活动。市、县领导杨思松、杨宏星等陪同调研。

市委常委、副市长江洪到牌坊乡牌坊社区牌坊中心村、众兴乡华光社区胡大郢中心村和花灯社区花灯中心村调研指导美好乡村建设。县领导宣丽玲陪同调研。

县政府党组党的群众路线教育实践活动专题民主生活会召开。省委第一督导组副组长陈新出席会议。县长路军主持会议。会上，路军代表县政府党组班子作对照检查发言，县政府党组成员逐一进行剖析检查。陈新对肥东县政府党组教育实践活动开展情况和专题民主生活会给予充分肯定。路军代表县政府党组班子作表态发言。

县政协党组党的群众路线教育实践活动专题民主生活会召开。省委第一督导组副组长王永龙出席会议并作点评。县政协党组书记、主席干文宏主持会议。会上，干文宏代表县政协党组作对照检查发言，并带头作个人对照检查发言，党组班子成员分别作个人对照检查发言，开展批评和自我批评。干文宏代表县政协党组作表态性发言。

10日 县委副书记孙良鸿到农委调研农业工作，就肥东现代农业发展有关问题进行座谈。

2014第六届安徽·撮镇荷花文化旅游节在建华龙栖地湿地公园举行。活动期间，市民在观赏万亩荷花盛景绽放的同时，还可参加“魅动荷影”摄影大赛、龙栖地湿地公园诗歌、散文与主题曲征集、舌尖上的全藕宴、世界杯主题嘉年华、谁是掼蛋王、百对新人婚纱摄影等活动，体验荷花带来的各种乐趣。

上旬　县司法局荣获“全国青少年普法教育先进单位”称号。

15日 县人大常委会党组党的群众路线教育实践活动专题民主生活会情况通报会召开。县人大常委会党组书记、主任阚延平主持会议并讲话。县人大常委会副主任许忠杰通报专题民生生活会情况。

16日 县农村“五老”人员工龄补助发放工作会议召开。会议部署全县农村“五老”人员（老农机人员、老农技人员、老兽医、老公路养护工、老电影放映员）工龄补助发放工作。县领导路军、张红军等出席会议。

县政府第十次全体会议召开。会议全面总结上半年各项工作，安排部署下半年工作任务，确保完成全年各项目标任务。路军出席会议并讲话，张红军主持会议。

16～17日 “国家义务教育发展基本均衡县”省级督导评估专家组一行到肥东督导评估义务教育均衡发展工作。县领导杨宏星、路军陪同评估。

17日 县政协九届十三次常委会议召开。会议分别听取张骏代表县政府关于近年来全县生态文明建设情况的通报和表态发言及县政协各调研组的意见。干文宏出席会议并讲话。

莫丽克（女）挂职任中共肥东县委委员、常委。

19日 县委书记杨宏星出席并指导县教体局党委班子党的群众路线教育实践活动专题民主生活会。县委常委、宣传部长许高彬出席会议，县委第三督导组组长对民主生活会进行点评。

22日 市党风廉政宣传教育工作会议在肥东召开。县委常委、纪委书记宣丽玲出席会议并致辞。会上作廉政文化建设经验交流，并对受表彰单位进行授牌。会前，参会人员实地参观县公路分局、县国家税务局的廉政文化建设。

县委书记杨宏星到店埠镇调研城市建设和管理等工作。

市政协副主席王贤泰到撮镇镇调研新型城镇化建设。县领导干文宏、张骏等陪同调研。

23日 岱山湖水利风景区申报国家级水利风景区通过水利部专家组验收。

24日 县委书记杨宏星调研测土配方施肥工作。杨宏星到县农技中心土壤肥料化验室，听取化验室建设与运行情况的汇报；实地察看合肥福泉现代农业科技公司金针菇生产基地、八斗镇大张村高温堆肥点和响导乡响导社区测土配方与精准施肥信息智能服务触摸屏系统。

25日 00时48分，县（东经117.5度，北纬32.0度）发生3.2级地震,震源深度12公里。

30日 市委常委、副市长黄文涛到肥东调研指导环湖乡镇建设发展。县领导张红军陪同调研。

县领导杨宏星、路军、吴文祥、姜伟走访慰问合肥警备区官兵。

县领导路军、余永松、姜伟慰问驻军部队。县长路军一行先后到县人武部、县消防大队、武警县中队，73828部队和武警合肥支队九中队，看望慰问驻军部队、武警官兵和消防战士。

县领导孙良鸿、韩东亚、何斌到县军休所、县光荣院、92752部队、91006部队和92602部队，对部分优抚对象和驻军部队进行慰问。

县政协主席干文宏出席并指导县人社局党组党的群众路线教育实践活动专题民主生活会，并进行点评。

31日 县长路军出席并指导桥头集镇领导班子党的群众路线教育实践活动专题民主生活会，并进行点评。

8月

1日 县领导杨宏星、干文宏出席并指导店埠镇领导班子党的群众路线教育实践活动专题民主生活会。

安徽合矿机械股份有限公司新三板挂牌仪式在北京金阳大厦举行。合矿机械是肥东县首家在“新三板”挂牌的企业。副县长顾义勇出席仪式。

县委副书记孙良鸿出席并指导合肥东城新市镇指挥部办公室领导班子党的群众路线教育实践活动专题民主生活会。

2日 县委书记杨宏星出席并指导团县委领导班子党的群众路线教育实践活动专题民主生活会。

3日 县人大常委会主任阚延平出席并指导县规划局领导班子党的群众路线教育实践活动专题民主生活会。

4日 县委书记杨宏星出席并指导白龙镇领导班子党的群众路线教育实践活动专题民主生活会。

肥东县被中国关工委、司法部、中央综治办联合授予“全国青少年普法教育示范区”荣誉称号，县教体局、司法局、合肥市通用技术学校、合肥理工学校、县实验小学、响导学区中心学校、青龙中学、西山驿中学等单位荣获“全国青少年普法教育先进单位”称号。

5日 县委、县政府给安徽久易农业股份有限公司、安徽合矿机械股份有限公司发贺信，祝贺他们在全国中小企业股份转让系统（“新三板”）成功挂牌上市。

7日 县长路军出席并指导县城管局领导班子党的群众路线教育实践活动专题民主生活会。

县人大常委会主任阚延平出席并指导县检察院领导班子党的群众路线教育实践活动专题民主生活会。

8日 县人大常委会主任阚延平出席并指导县委党史研究室领导班子党的群众路线教育实践活动专题民主生活会。

县委副书记孙良鸿到元疃镇美好乡村建设点石湾中心村督察指导验收工作。

14～15日 全省美好乡村建设考核验收组到肥东考核验收2013年度美好乡村示范中心村建设工作。省考核验收组到长临河镇西胡、石塘镇晨光、陈集镇竹滩和包公镇岘山等示范中心村，就公共服务、基础设施建设、环境整治、产业发展、乡风文明和基层组织建设等内容，逐项审核验收。县领导杨宏星、孙良鸿等陪同考核验收。

14日 县国税局被省纪委、监察厅授予首批全省“廉政文化建设标兵”称号。

县政府印发《关于废止部分规范性文件的决定》。经县政府第16次常务会议研究通过，对2013年12月31日以前出台的县政府规范性文件进行清理。决定废止《关于印发肥东县生猪产品流通管理暂行办法的通知》等29件规范性文件；宣布《关于印发肥东县新型农村合作医疗实施方案的通知》等22件规范性文件失效。

县政府印发《关于规范性文件清理结果的通知》。县政府组织有关部门对2013年12月31日以前出台的县政府规范性文件进行清理。经县政府第16次常务会议研究，决定继续实施《关于促进民办教育规范健康发展的意见》等41件县政府规范性文件；未经确认并公布的2013年12月31以前制定的规范性文件，一律不得继续实施。

18日 副市长陈晓波到肥东调研县商贸物流业发展情况。县领导韩东亚陪同调研。

县政协主席干文宏出席并指导店埠镇马厂村两委班子党的群众路线教育实践活动专题组织生活会。

19日 县委全面深化改革领导小组第一次全体会议召开。杨宏星主持会议并讲话。会议审议通过《县委全面深化改革领导小组工作规则》、《县委全面深化改革领导小组专项小组工作规则》和《县委全面深化改革领导小组办公室工作细则》。县领导路军、记孙良鸿等出席会议。

20日 市政协副主席满铭安、王贤泰率视察组到肥东，就“森林增长工程”实施情况进行视察。

中旬 撮镇镇和长临河镇被国家住建部、发改委等6部委公布为新一轮3675个全国重点镇。合肥市10个乡镇入围。

21日 县政府印发《肥东县突发事件总体应急预案的通知》。

22日 县举行“金秋助学·爱心照亮求学路”助学金发放仪式。313名贫困家庭学子得到资助。县领导孙良鸿、许忠杰等出席捐赠仪式。

民建合肥市委、县工商联2014贫困大学生助学金发放仪式举行。韩东亚出席仪式并讲话。

市政协主席董昭礼率领市政协调研组到肥东调研养老服务体系建设。县领导杨宏星、路军陪同调研。

24日 省委常委、市委书记吴存荣到长临河镇调研污水处理及管网工程建设情况。市县领导杨思松、江洪、杨宏星、路军等陪同调研。

25日 县领导路军、韩东亚到牌坊乡调研特色村寨建设。

县委副书记孙良鸿到包公镇检查指导第九届村委会换届工作。

26日 国务委员、公安部部长郭声琨签发命令，追授陈彬为全国公安系统二级英雄模范。2013年12月10日下午，民警陈彬在派出所正处理当天的第9起警情突然晕倒，不幸殉职，年仅47岁。陈彬1984年参军，1993年从部队转业，先后在县公安局撮镇派出所、防暴（巡逻）警察大队等基层单位工作。2009年12月，担任肥东经开派出所北瑶岗社区民警，二级警督警衔。陈彬自参加公安工作以来，始终扎根基层一线，特别是担任社区民警4年来，常年深入辖区了解情况，先后采集人口、房屋、单位等信息5.3万余条，调解矛盾纠纷2000余起。陈彬生前曾立个人三等功1次，被合肥市公安局评为优秀社区民警。

安徽省暨合肥市村级团组织集中换届选举工作现场推进会在撮镇镇马桥社区召开。团中央书记处书记徐晓、市政府副市长吴春梅、县委书记杨宏星出席会议并讲话。

中国残联宣文部副主任邹柏林率队到县残联残疾人文体活动室和县盲人阅览室检查验收全国残疾人文化体育建设示范市创建活动。县领导路军、韩东亚等陪同检查验收。

28日 县十六届人大常委会第十九次会议举行。会议听取和审议县政府《关于肥东县2014年上半年国民经济和社会发展计划执行情况的报告》、《关于肥东县2014年上半年财政预算执行情况的报告》、《肥东县国民经济和社会发展第十二个五年规划纲要中期评估情况的报告》；县人大常委会执法检查组关于《食品安全法》执法检查情况的报告。通过《关于批准肥东县国民经济和社会发展第十二个五年规划纲要部分指标调整方案》的决议；通过相关人事任免事项。

莫丽克（女）任县政府副县长。

29日 县党的群众路线教育实践活动推进会召开。县委书记杨宏星主持会议并讲话。会议传达学习中央和省、市教育实践活动有关会议精神，总结回顾查摆问题、开展批评环节工作，安排部署整改落实、建章立制环节工作任务。

县委十一届七次全委（扩大）会议召开。会议总结今年以来的各项工作，安排部署下一阶段的工作任务，县委书记杨宏星代表县委常委会作《改进作风重实干，深化改革创实效，不断加快与市同步率先全面建成小康社会进程》的工作报告。县委副书记孙良鸿主持会议，对会议进行总结，并就重点工作进行安排部署。

31日 县委书记杨宏星出席并指导城关中学党总支、八斗镇胡祠村两委班子党的群众路线教育专题组织生活会。

下旬 肥东县被省农建指挥部评为第十九届“江淮杯”竞赛三等奖。

撮镇镇等11个乡镇被市委、市政府授予2013年度科学发展先进乡镇。一类乡镇撮镇镇，二类乡镇梁园镇和石塘镇，三类乡镇八斗镇、白龙镇、响导乡、包公镇、马湖乡、牌坊乡和杨店乡，四类乡镇长临河镇。为进一步强化分类指导，推动乡镇科学发展，加速镇域突破进程，市从2011年度开始对全市乡镇实行分类考核。2013年，全市表彰科学发展乡镇25个。

9月

2日 县美好乡村建设推进会召开。县委副书记孙良鸿出席会议并讲话。

3日 市人大常委会主任熊建辉到肥东开展走访市人大代表第一代表小组活动。市县领导张进、张海林、杨宏星、阚延平等以小组代表身份参加活动。熊建辉一行先后视察合肥循环经济示范园马钢（合肥）公司薄板深加工项目、合肥东城新市镇和睦湖公园、合肥荣电实业股份有限公司，实地考察肥东县经济社会发展情况。在座谈会上，听取代表小组建设及活动开展情况汇报，并与各位代表交流座谈，听取意见建议。

县委副书记孙良鸿、县人大常委会党组副书记黄永伦到民族乡、包公镇等乡镇调研养殖业发展情况。

4日 合肥地区四县一市老年书画联展在县老年大学展厅开展。县领导曹怀红、杨玉好等出席开展仪式。

6日 县委书记杨宏星出席并指导县公安局党委班子专题民主生活会。县委常委、政法委书记余永松出席会议。

9日 县委书记杨宏星到包公学校慰问谭海美（曾获得2005年全国“十佳”少先队员）、合肥市优秀教师代表、外出支教教师代表和乡村教师代表。

县长路军到梁园学区、梁园中学、肥东一中，慰问全国优秀教师宣沫、安徽省优秀教师代表、合肥市优秀教师、优秀教育工作者、支教教师。

县委常委、宣传部长许高彬到白龙学区、元疃学区、草庙学校、肥东三中慰问“2013年合肥市十大教育新闻人物”陈志严，市优秀教师许巧云、谢科，市优秀教育工作者宋汝明。

10日 县新兵欢送大会在县人武部举行。县领导路军、吴文祥等出席欢送仪式。

上旬 副市长、市公安局党委书记、局长姜明到肥东调研指导工作。县领导路军、孙良鸿陪同调研。

11日 县政府印发《肥东县政府投资项目工程变更管理实施细则》的通知。

14日 县委印发《关于落实党风廉政建设党委主体责任和纪委监督责任的实施意见》。

17～19日 县委副书记孙良鸿一行到江苏、上海等地开展招商活动。

19日 县十六届人大常委会第二十次会议召开。会议讨论通过许可对个别人大代表依法采取强制措施的决定。

20日 县落实党风廉政建设党委主体责任集体谈话会召开。杨宏星出席会议并讲话，路军主持会议，宣丽玲就反腐倡廉重点工作进行部署，张红军宣读2013年度民主考评百名科长活动考评结果的通报，许高彬宣读2013年度省市县廉政文化“六进”示范点单位表彰文件。

马钢（合肥）公司连续镀锌线项目开工。省委常委、市委书记吴存荣宣布项目开工，市委副书记、市长张庆军致辞。市县领导杨思松、韩冰、钟俊杰、周善武、孔向阳、华艾、路军、顾义勇等出席仪式。该项目计划投资13亿元，新建1条热镀锌—镀铝硅生产线、1条半自动化包装线及其公辅配套设施。产品定位在高档家电用镀锌板、汽车用高强镀铝硅钢板，设计规模为32万吨/年。

24日 县人大常委会主任阚延平带领部分常委会委员视察县城建设。视察组重点查看城区道路及公厕建设管理维护、县实验幼儿园御景部建设情况。县长路军陪同视察。

25日 县政协九届十四次常委会召开。县政协主席干文宏主持会议。会议听取县委常委、副县长殷宝平关于全县工业经济发展情况的通报。

26日 县党的群众路线教育实践活动测评会议召开。省委第一督导组副组长陈新出席会议。路军主持会议并讲话。各级党代表、人大代表、政协委员和基层群众代表，以及工作对象、服务对象对全县教育实践活动开展情况进行测评。

30日 县委、县政府在茶壶山烈士陵园举行烈士纪念日公祭活动。参加活动的有县四大班子成员，烈属代表，学校师生代表，长临河镇干群代表，92752部队、武警合肥支队九中队代表等。当天是全国首个烈士纪念日。

同月 肥东县以特色民间文化资源民间舞蹈——“大邵洋蛇灯”获“安徽民间文化艺术之乡”称号。

岱山湖被国家水利部命名为国家级水利风景区。这是合肥市唯一一个被命名为国家级水利风景区的单位。

包公镇竹塘村村民程银入选2014年9月份“中国好人榜”候选人。5月17日，在农田忙活的程银听到两个落水小孩的呼救声后，毅然跳入水塘营救，将两个小孩推上岸，而自己却因精疲力竭沉入水中，献出自己生命。

10月

8日 县设立分会场组织收看收听中央党的群众路线教育实践活动总结大会电视电话会议。会议对党的群众路线教育实践活动进行总结，对巩固和拓展教育实践活动成果、加强党的作风建设、全面推进从严治党进行部署。县领导路军、阚延平、干文宏、孙良鸿等出席会议。

市委常委、副市长江洪到包公镇、石塘镇督察秋季秸秆禁烧和综合利用工作。副县长何斌陪同督察。

9日 县委副书记孙良鸿到包公镇大孟村调研农村环境整治工作。

11日 湖南省委副秘书长李文才一行到肥东考察草食牧业。县委副书记孙良鸿陪同考察。

12日 县第三届道德模范表彰颁奖典礼暨合肥市中华经典诵读展演肥东专场在合肥市通用技术学校举行。县委书记杨宏星致辞。县委副书记孙良鸿宣读表彰决定。

13日 县长路军会见安徽敦厚堂文化发展有限公司董事长刘静一行。县委常委、副县长韩东亚陪同会见。

14日 庐阳区区委书记吴劲率区党政代表团到肥东考察。县领导路军、阚延平、干文宏等陪同考察。

省旅游局局长万以学到长临河镇考察调研环巢湖旅游建设情况。副市长吴春梅、县长路军陪同调研。

15日 县党的群众路线教育实践活动总结大会召开。省委第一督导组副组长陈新出席会议，并就巩固和扩大教育实践活动成效提出要求。县委书记杨宏星对全县党的群众路线教育实践活动进行全面总结。县委副书记孙良鸿主持会议。

县政府与深国际物流发展有限公司战略合作协议签约仪式在撮镇商贸物流开发区举行。县领导路军、韩东亚等出席签约仪式。

17日～18日 县科学技术协会第三次代表大会召开。杨宏星出席会议并讲话，曹怀红主持会议，并宣读关于肥东县科协科普先进单位、先进工作者表彰决定。县科协主要负责人作《凝心聚智开拓创新，动员全县广大科技工作者为建设幸福肥东贡献力量》的工作报告。大会审议通过肥东县科协第二届委员会工作报告；审议《〈中国科学技术协会章程〉肥东县科学技术协会实施细则》；大会选举产生县科协第三届委员会委员51名，选举崔礼报等同志为新一届科协主席、副主席。

20日 肥东县招标投标市场监督管理局更名

为肥东县公共资源交易监督管理局，肥东县招标投标中心更名为肥东县公共资源交易中心。更名后其机构编制性质不变。

21日 县政府安全生产委员会2014年度第三次全体会议暨“六打六治”专项行动推进会召开。路军出席会议并讲话。顾义勇主持会议。会议通报1～9月份全县安全生产情况，并对下一步工作进行安排部署。“六打六治”即打击矿山企业无证开采、超越批准的矿区范围采矿行为，整治图纸造假、图实不符问题；打击破坏损害油气管道行为，整治管道周边乱建乱挖乱钻问题；打击危化品非法运输行为，整治无证经营、充装、运输，非法改装、认证，违法挂靠、外包，违规装载等问题；打击无资质施工行为，整治层层转包、违法分包问题；打击客车客船非法营运行为，整治无证经营、超范围经营、挂靠经营及超速、超员、疲劳驾驶和长途客车夜间违规行驶等问题；打击“三合一”、“多合一”场所违法生产经营行为，整治违规住人、消防设施缺失损坏、安全出口疏散通道堵塞封闭等问题。

县政府第十一次全体会议召开。路军出席会议并讲话。张红军主持会议，并作关于1～9月份全县经济社会发展情况的通报。

22日～24日 县委副书记孙良鸿一行到东莞、中山、广州、深圳等地开展招商活动。孙良鸿先后到东莞东旭公司、徐福记食品国际集团、福田电器等企业了解生产工艺及管理模式，并与企业家们畅谈发展。通过推介，有4家企业与肥东达成投资意向。

28日 县十六届人大常委会第21次会议举行。会议听取和审议县政府关于土地利用和土地方面执法情况的报告；关于县2013年度财政同级审计所发现问题整改情况的报告;关于与中海工程建设总局基础设施合作项目变更情况的报告; 关于社会抚养费征收管理情况的报告。会议采用投票的方式任命11名县人民法院人民陪审员。

30日 省委第一督导组副组长陈新一行到肥东督查指导整改落实、建章立制、“回头看”工作。

同月 肥东县荣获“全国科普示范县”称号。

肥东县位列《2014年中国县域综合竞争力排行榜》第99位，排名最具幸福感的县级城市第18位。

肥东县荣登2014年度中国科学发展百强县。名列第82位。这是自2013年以来第二次入围全国科学发展百强，较上一年度提升3个位次。同时，再度上榜2014年度中国最具投资潜力中小城市百强县市。全国科学发展百强县评价体系包括经济发展、社会进步、环境友好和政府效率4个方面9大指标；最具投资潜力中小城市百强评价体系包括规模、基础条件、创新能力、政府效率4个方面13项指标。

合肥循环经济示范园被定为“安徽省新型工业化产业示范基地”。

11月

5日 市人大常委会副主任宋家伟、杜昌寿、陈葆华、张长淮一行到肥东视察民生工程推进情况。视察组一行实地视察长临河镇罗洪村美好乡村建设、长临河镇农村清洁工程、撮镇瑶岗公共文化馆和经济开发区省级职工书屋标准化建设情况。县领导路军、阚延平等陪同视察。

8日 辽宁省政府参事室专职副主任李鹏率队到肥东调研养老服务体系建设和美好乡村建设。县领导莫丽克等陪同调研。

12日 肥东县暨瑶海区省级文明单位结对帮扶农村文明创建活动启动仪式举行。县委常委、宣传部长许高彬主持仪式并讲话。

13日 市人大常委会副主任陈葆华率市人大调研组到长临河镇调研《旅游法》贯彻实施情况。县人大副主任杨玉好陪同调研。

14日 市县直单位党组织联系服务基层党组织暨在职党员到社区报到工作推进会在肥东召开。市委组织部副部长、市委非公经济和社会组织工委书记吴松保，县领导曹怀红、何斌出席会议。

国家督导检查组对肥东创建全国义务教育发展基本均衡县进行评估认定。县领导杨宏星、许高彬等陪同调研。

湖州市人大常委会副主任施荣耀一行到长临

河镇古街参观考察。市县领导杜昌寿、阚延平等陪同考察。

18日 《肥东县志（1986—2005）》首发式暨全县乡镇志编修动员会召开。县长路军出席会议并讲话。宋琪主持会议。会议宣读《关于开展乡镇志编修工作的通知》，并进行赠书活动。省地方志办公室主任朱文根、市地方志办公室主任胡玉兰出席会议。

市政协副主席满铭安率市政协视察组一行到肥东视察民生工程进展情况。县领导干文宏等陪同视察。

安徽迅捷物流合肥公路港综合物流项目在撮镇合肥商贸物流开发区正式开工建设。该项目总投资7.5亿元。

20日 全国散文学会秘书长工作会议在肥东召开。中国散文学会常务副会长红孩、中国散文学会常务副秘书长张立华、中国散文学会副秘书长董彩峰、省散文家协会主席徐子芳、省文联主席季宇、省作家协会主席许辉等出席会议。县委常委、宣传部长许高彬出席会议并致辞。

24日 县迎接合肥市争创全国文明城市工作推进会召开。会议动员部署全县迎接合肥市争创全国文明城市测评工作。县领导路军、许高彬等出席会议。

25日 县“加强大气污染防治”政协委员资政会召开。路军主持会议并讲话，干文宏出席会议并提出要求。会上，副县长张骏通报县大气污染防治情况，县政协委员分别围绕“加强大气污染防治”提出意见、建议。

副市长吴春梅一行到肥东调研教育工作开展情况。副县长宋琪陪同调研。

28日 贵州省湄潭县委书记魏在平一行到肥东参观考察美好乡村建设工作。魏在平一行到长临河镇罗家疃中心村和西湖中心村，现场察看美好乡村建设成效，听取县美好乡村建设情况介绍。县领导杨宏星、何斌陪同考察。

12月

1日 县城公交车正式开通。开通仪式由县委常委、副县长沈满祥主持。此次开通县城公交线路8条。首批投放公交客运车辆76台，其中10米豪华大型车辆30台，小型车辆46台。经营模式实行公车公营、员工化管理。公交车实行无人售票，全县居民均可享受城市公交优惠乘车待遇。

厦门曾厝垵文创会理事长宁军一行到长临河镇参观考察。县领导路军、许高彬陪同考察。

4日 县“12·4”国家宪法日暨全国法制宣传日广场法律咨询活动在县法治广场举行。县领导路军、阚延平等到现场，与广大群众一起了解法律知识，对活动进行指导。

县政协九届四次会议会前提案工作专题培训会召开。孙仲华作动员讲话。干文宏、王盛水、刘正东、阚延长、赵荣出席会议。

6日 中商国新集团副总裁、中商席勒通用航空有限公司董事长张广军一行到肥东考察。县长路军陪同考察。

9日 市委常委、副市长江洪到东城新市镇考察国开行一期项目马桥河改造工程。县长路军陪同考察。

合肥市秋冬农业农村工作现场会在肥东召开。市委常委、副市长江洪出席会议并讲话。县长路军参加会议。

10日 安徽省高速地产集团总经理高波一行到长临河镇考察，并就项目问题进行具体洽谈。副县长张骏陪同考察。

12日 县政协主席干文宏一行到县残疾人康复中心视察、调研惠残民生工作开展情况。

副市长刘晓平到肥东调研2014年自主创新工作。县委常委、副县长莫丽克陪同调研。

县农村合作组织团工委成立大会召开。副县长何斌出席成立大会。

16日 县市场监督管理局正式加挂食品药品监督管理局牌子。全县10个市场监管所也同时加挂食品药品监管所牌子。

18日 县十六届人大常委会第22次会议召开。阚延平主持会议。会议通过有关人事任免事项，听取并审议县政府关于2014年财政预算调整方案的议案说明，关于全县农村道路建设情况的报告，听取审议县人民法院关于案件执行情况的报告，县人民检察院关于反贪污贿赂工作开展情况的报告，县政府关于县十六届人大三次会议代表议案、建议办理情况的报告，听取县人大常委会代表资格审查委员会关于个别代表资格审查的报告，讨论县十六届人大四次会议议程、日程并作出决定，讨论县十六届人大四次会议各项建议名单、《县人大常委会工作报告》等。

19日 县人大常委会主任阚延平一行到六家畈古民居群修缮现场、蔡永祥纪念馆和撮镇综合文化站调研文化事业发展情况。

县组织收听收看全国机关事业单位“吃空饷”问题治理工作电视电话会议。会议贯彻落实党的十八届二中、三中、四中全会和国务院常务会议以及李克强总理关于清理“吃空饷”工作的重要批示精神，在全国范围部署开展机关事业单位“吃空饷”问题集中治理工作。县长路军出席会议。

县推行政府权力清单和责任清单制度动员会召开。县长路军出席会议并讲话。

21日 芜湖县委副书记刘见君一行到肥东参观考察美好乡村建设。县委常委、副县长殷宝平陪同参观考察。

25日 县人大常委会组织部分省、市、县人大代表开展集中视察活动。县领导路军、阚延平等先后参加视察。代表们先后到杨店学校、响导学校、陈集学校，了解学校办学情况，并听取相关负责人的工作介绍。

26日 县政协九届15次常委会议召开。干文宏、王盛水、刘正东、阚延长、孙仲华、赵荣及秘书长米常胜出席会议。阚延长就部分县政协委员调整情况作说明。

县政府工作务虚会召开。会议总结分析2014年政府工作，研究2015年政府工作思路和工作重点。路军出席会议并讲话，张红军主持会议。会上，与会副县长结合各自分管工作，围绕全县2014年经济运行情况及当前面临的形势，在产业发展、项目建设统筹城乡、改善民生等方面讨论交流，提出新的发展思路和举措。县发改委、经委、财政局等8个部门进行工作汇报。

县领导路军、阚延平等到桥头集镇敬老院看望慰问老人，为他们送上棉衣、蛋糕和节日的祝福。

27日 肥东农村商业银行股份有限公司开业暨捐资助学仪式举行。县领导路军、阚延平、干文宏等出席仪式。

28日 县委十一届八次全委（扩大）会议召开。会议回顾总结2014年工作，安排部署2015年任务。县委书记杨宏星代表县委常委会作题为《团结一致向前，勠力同心冲刺，坚决打好“十二五”收官之年攻坚战》的工作报告。县委副书记、县长路军对会议进行总结，并对重点工作进行部署安排。县委副书记孙良鸿主持会议。

28日 县领导杨宏星、阚延平等在张集敬老院慰问“五保”老人，为老人们送去棉衣和食品。

30日 县政府第十二次全体会议召开。会议讨论提请县人代会、政协会议审议的《政府工作报告（讨论稿）》。县长路军出席会议。

31日 县委副书记孙良鸿到古城镇慰问工作在第一线的社区（村）党员干部。

（李曙光）

中共肥东县委

- □县委工作概况
- □重要决策
- □重要会议
- □县委办公室工作
- □纪检（监察）工作
- □组织工作
- □宣传工作
- □精神文明建设
- □统战工作
- □党校工作
- □老干部工作
- □老年大学
- □关工委
- □党史研究
- □县直机关党建工作
- □新闻中心

县委工作概况

中共肥东县委领导名单

书　记	杨宏星
副书记	路　军　孙良鸿
常　委	余永松　宣丽玲　张红军 韩东亚　吴立新　许高彬 卫　中　曹怀红　吴文祥 殷宝平　沈满祥　莫丽克

2014年是实现“十二五”规划目标的关键一年，也是全面深化改革的开局之年。在国内外经济形势复杂多变的环境下，县委团结带领全县广大干群，以深入开展党的群众路线教育实践活动为动力，克难奋进，锐意进取，全力保持经济社会平稳有序发展。全县呈现出干部作风持续好转、发展韧劲持续增强、民生幸福持续提升、党的建设持续加强的良好局面。突出表现在：教育实践活动成效显著，取得一系列实践成果和制度成果。各项改革全面深化，市场活力得到最大限度地释放。经济发展稳中有进，全年实现地区生产总值448.5亿元，增长11%，完成财政收入32亿元，增长0.7%，农村常住居民可支配收入14807元，增长12.3%，农业基础不断巩固，工业支撑更加明显，三产繁荣发展成为县域经济新亮点。项目投资高位运行，完成固定资产投资458亿元，增长20.4%，开放合作成效显著，外经外贸保持高位增长。城乡面貌加快改变。路网格局初步构建，城市功能日益完善；美好乡村建设进展良好，乡村面貌日新月异；治污力度不断加大，环境保护取得成效。民生事业稳步提升，全年投入11.2亿元实施40项民生工程。社会事业齐头并进，被评为“安徽省文明县”，并成功举办首届“全民文化月”活动，文化、教育、卫生等社会事业协同并进，和谐社会加快构建，社会大局安定有序。党的建设持续加强，依托“周六大课堂”等有效载体紧抓理论学习，完成党政领导干部在企业兼职清理工作，建立年轻干部“122”培养锻炼机制，完成村“两委”换届选举，健全基层党建工作三级联述联评联考机制，严格落实党委主体责任和纪委监督责任，建立反腐倡廉建设巡查机制，全县党风、政风进一步好转。

重要决策

县委出台《关于深入开展党的群众路线教育实践活动的实施意见》，要求全县上下全面贯彻“照镜子、正衣冠、洗洗澡、治治病”总要求，以为民务实清廉为主要内容，突出作风建设，坚决反对形式主义、官僚主义、享乐主义和奢靡之风，为实现与市同步率先全面建成小康社会目标提供坚强保证。制定《关于印发<中共肥东县委常委会2014年工作要点>的通知》，为全县各地各部门提供工作指导，进一步提高工作的科学性，推进2014年各项重点工作落实，全面提升肥东发展整体水平。出台《关于贯彻落实中央和省委、市委部署全面深化改革的实施意见》，按照中央“六个围绕”和“四个坚持”的总体要求，以经济体制改革为重点，以促进社会公平正义、增进人民福祉为出发点和落脚点，着力抓好重要领域和关键环节的改革，为与市同步率先全面建成小康社会奠定坚实基础。出台《关于落实党风廉政建设党委主体责任和纪委监督责任的实施意见》，在准确把握、科学厘清党委主体责任和纪委监督责任的基础上，切实构建党风廉政建设权责对等的责任分解体系、严密规范的责任落实机制、科学公正的责任评价体系、完整闭合的责任追究链条，促进各级党委、纪委认真履行职责，推动党风廉政建设和反腐败工作不断取得新成效。制定《关于印发<肥东县反腐倡廉建设巡查工作实施办法（试行）>的通知》，深入推进全县党风廉政建设，切实加强对县管领导班子和领导干部的监督，促进领导干部勤政廉政，确保县委县政府重大决策部署的贯彻落实，为全县经济社会又好又快发展提供坚强保证。

重要会议

【肥东县三级干部会议】 2月16日，全县三级干部会议在县大会堂召开。会议认真贯彻落实中央经济工作会议、中央农村工作会议以及省市相关会议精神，回顾总结2013年工作，表彰先进，部署2014年工作任务，动员全县上下进一步解放思想、拉高标杆、改革创新、实干攻坚，推动各项工作再上新台阶，奋力加快与市同步率先全面建成小康社会进程。

【中共肥东县委十一届七次全委（扩大）会议】 8月29日，中国共产党肥东县第十一届七次全委（扩大）会议在安徽水利东方国际会议中心召开。县委书记杨宏星代表县委常委会作题为《改进作风重实干、深化改革创实效，不断加快与市同步率先全面建成小康社会进程》的工作报告，县委副书记、县长路军对会议进行总结，工作进行安排。会议号召全县上下坚定信心、振奋精神，改进作风、奋发有为，开拓创新、攻坚克难，不断加快与市同步率先全面建成小康社会进程，为建设幸福美好肥东而努力奋斗！

【中共肥东县委十一届八次全委（扩大）会议】 12月28日，中国共产党肥东县第十一届八次全委（扩大）会议在肥东宾馆召开。县委书记杨宏星代表县委常委会作《团结一致向前、勠力同心冲刺，坚决打好“十二五”收官之年攻坚战》的主题报告，县委副书记、县长路军对会议进行总结，工作进行安排。会议要求全县各级党组织和广大党员认清形势，主动作为，把思想统一到县委的决策部署上，提振信心，脚踏实地，真抓实干，努力开创肥东创新转型发展的新局面。

县委办公室工作

县委办公室正副职名单

主　任	张道德
副主任	阚金乐　李继海　陈爱国 康　鹏　高向峰　孙　琦

【概况】 坚持以打造“政治上先进型、作风上表率型、工作上示范型”三型机关为目标，以“强责提效重细节，勤学善思优服务”精神为引领，以提高“三办理、三服务”能力为主线，突出加强干部队伍建设，健全完善工作体制机制，推动办公室各项工作健康有序发展，充分发挥党办的“坚强前哨”和“巩固后院”作用，为县委工作的顺利开展、为全县经济社会快速健康发展作出应有贡献。

【以文辅政】 全年起草校对制发各类文件190余份，撰写各类讲话稿、报告、汇报材料等80篇、约50万字，在《领导科学》《中国环境报》《安徽日报》《合肥工作》《合肥宣传》等市级以上刊物上发表文章。撰写《农民收入调查》、《肥东县江淮分水岭综合治理和转型升级探索》等调研报告。

【信息报送】 围绕县委中心工作做好信息的采编和报送工作，增强主动服务和超前服务意识，狠抓信息质量，提高参谋服务水平。收集乡镇和县直单位上报的各类信息5136条，上报省委、市委办各类信息533条，采用率19%，在省市同类县区考核中均位列第二，为县委统揽全局提供有价值的参考信息。

【督查督办】 围绕县委中心工作和县委重大决策以及市委、市委办公厅、市委督查室立项督查的事项，开展督促检查工作。全年开展重要会议、重大决策、重点工作督查16次，督办县委常委会议决定事项102项，督办县委书记担任主要负责人的议事协调机构工作事项41项，督办县委书记批示人民来信信访件22件，办理领导批办、上级交办件45件，办理人民网网友给省委书记留言30条、给市委书记留言20条、给县委书记留言64条，编发《落实与反馈》17期，参与市委督查室复核市委领导批示办理事项13件。

【服务保障】 开展群众路线教育实践活动，对办公室存在的作风问题全面细致梳理，制定整改方案逐一整改落实。严格落实《肥东县党政机关国内公务接待管理细则》、《机关作风效能建设问责办法》等文件，规范接待标准，完善服务流程，树立党委形象。2014年，公务接待费用同比下降80%，公车购置和运行维护费用下降13%。改进文风会风，县级召开的会议和下发的文件同比大幅减少。严格执行全天候24小时值班制度，完成上级赋予的主渠道密码通信任务。文电办理程序规范，文电办理质量和效率提高。

2014年获县级以上荣誉称号先进集体

单　位	荣誉称号	授予单位
县委办公室	合肥市第十三届文明单位	市文明办
县委办公室	合肥市卫生先进单位	市爱卫会

2014年获县级以上荣誉称号先进个人

姓　名	荣誉称号	授予单位
陈爱国	合肥市2013-2014年度哲学社会科学规划项目优秀等次	市社科联
黄　敏	合肥市2013-2014年度哲学社会科学规划项目优秀等次	市社科联
李　鹏	合肥市2013-2014年度哲学社会科学规划项目优秀等次	市社科联

（王　飞）

纪检（监察）工作

纪律检查委员会正副职名单

书　记	宣丽玲
副书记	韦俊敏　朱仁民

监察局正副职名单

局　长	韦俊敏
副局长	李仁华　杨　锐

【概况】 2014年，县纪委监察局深入贯彻中央、省、市纪委全会以及国务院和省市廉政工作会议精神，聚焦中心任务，突出主业主责，全力协助县委落实党风廉政建设主体责任，认真履行纪委监督责任，深化纪检监察机关“转职能、转方式、转作风”，强化监督执纪问责，为肥东经济社会又好又快发展提供有力纪律保障。同年，县纪委监察局被合肥市纪委监察局授予纪检监察信息工作优秀单位。

【“两个责任”落实】 修订完善党风廉政建设责任制和惩防体系建设考核方案，由县委常委、党员副县长带队组建15个检查考核组，对全县45家重点考核单位落实党风廉政建设责任制和惩防体系建设情况进行考核，抓好述职述廉、民主评议、民意调查、个别谈话、反馈情况等重点环节，增强考核实际效果。制发《肥东县党风廉政暨惩防体系建设主要工作任务分解》，将党风廉政建设72项工作任务分解到责任单位，协助县委召开全县落实党风廉政建设党委主体责任集体谈话会，出台《关于落实党风廉政建设党委主体责任和纪委监督责任的实施意见》，要求各级党委及其主要负责人切实负起党风廉政建设主体责任。

【作风效能督查】 加强中央“八项规定”落实情况监督检查，实行单月明察双月暗访，开展11轮次明查暗访活动，对违反作风效能建设规定30家单位67名机关工作人员予以通报并严肃处理；对违反公务用车管理规定3家单位予以通报批评，对6名责任人予以处理。

【问责追究】 制定《关于对违反党风廉政建设责任制行为实行责任追究若干规定(暂行)》，对违反党风廉政建设责任制行为予以问责。对出现严重违纪违法案件4家单位“一票否决”，取消各类评先评优资格。约谈抓党风廉政建设责制落实不力4家单位党委主要负责人，并下发整改通知书要求作深刻书面检查；对推进民生工程不力5家单位通报批评，并责令向县委、县政府作书面检查，1名副科级领导干部被免职处理，6名单位主要负责人被通报批评，5名科室负责人停职检查，取消5家单位年度考核评先评优资格。全年对重点工作落实不力、违反公务用车管理规定和秸秆禁烧纪律 10 家单位和 27名责任人进行责任追究。

【优化发展环境】 制定《肥东县损害经济发展环境行为有奖举报暂行办法》，对到企业“吃拿卡要”、损害肥东经济发展环境行为实行有奖举报，最高奖励1万元。开展民主考评百名科长活动，严格民主考评百名科长结果运用，对参评16名优秀（科长）科室、站所负责人（站所）、2名不满意科长（科室）、11个重点管理科室（站所）通报并兑现奖惩。

【反腐倡廉宣传教育】 开展反腐倡廉暨作风建设集中巡回宣讲活动，宣讲60多场次，受教育党员干部近万人；组织党员干部参观“安徽省反腐倡廉警示教育图片展”，教育全县广大党员干部践行群众路线，做到为民务实清廉。元旦、春节期间，扎实开展“发送廉政短信、发放廉政围裙、寄出廉政书信、征集廉政作品、开展宣讲活动、创作廉政短剧、发布廉政广告、编发教育资料”等活动；“三八”、端午节期间，举办“廉洁心常有、幸福梦长存”全县干部职工廉政书画摄影大赛，开展“增强廉洁意识、共建和谐家庭”宣讲活动；中秋、国庆节前夕，县委书记在全委扩大会议上就贯彻落实中央八项规定专门作强调要求；县纪委下发通知要求全县党员干部严格执行中央和省、市有关规定，恪守“七个严禁”要求。

【廉政文化建设】 深入推进廉政文化“六进”活动，县国税局、石塘镇等18家单位被命名为第五批省、市、县级廉政文化建设示范点。发挥包公廉政文化研究会作用，创作推出《包公故事连环画》、《包公故事折子戏》、《廉政准则释义情景剧》、《新旧二十四孝图》等一批体现肥东地域特色的廉政文化新作，继续发挥好包公廉政文化品牌引领作用。

【监督检查】 以县纪委常委为组长、派驻纪工委及委局相关室负责人为成员组建3个督查组，对全县47家重点单位党风廉政建设责任制和八项规定落实情况进行全面督查，就发现问题及时向被督查单位反馈并限期整改到位。组织对乡镇党委（园区）主体责任和纪委监督责任落实情况监督检查，当面约谈乡镇党委主要负责人，纠正只重业务不重党风、只抓发展指标不抓反腐倡廉错误倾向，明确规定乡镇（园区）纪（工）委书记原则上不再参与与纪检监察无关工作。加强村“两委”换届纪律监督检查，从严查处村“两委”换届选举等问题的信访举报22件次，7人被取消候选人资格，9人被立案查处。

【专项治理行动】 开展个人住房问题专项清理，对党员干部个人住房问题进行甄别核实，对23人自建房面积和12人保障性住房问题进一步核实，查处8名党员干部违规建房1128平方米，收缴违规建房款25.52万元。开展整治检查考核评比表彰过多等问题专项行动，对全县检查、评比、达标、表彰项目全面登记，梳理项目57项。组织开展吃喝风、红包风、赌博风、走读风“小四风”专项整治，全县13867名党员干部按要求填写购物卡“零持有”承诺，查处9名党员干部参与赌博案；发出“移风易俗、党员先行”倡议书，倡导广大党员干部喜事廉办、丧事简办。

【农村党风廉政建设】 出台《关于进一步严肃村“两委”换届工作纪律的通知》，严明“十严禁”纪律要求；制定《关于认真做好村务监督委换届工作通知》，结合村“两委”换届，严把村务监督委成员候选人提名关和推选程序关，顺利完成村级监督委换届和培训工作。会同组织、财政、农委、民政等部门，组织开展农村党风廉政建设重点工作“五位一体”督查，针对发现问题及时发出通报并要求相关乡镇限期整改到位。9月，会同财政、农委等部门，在乡镇（园区）开展为期3个月农村集体田亩涉农补贴专项清理，规范农村集体田亩涉农补贴资金的管理和使用。

【办信办案】 落实全委办信办案制度，对重点难点问题，实行书记、常委包案。注重做好查办案件“后半篇”文章，健全完善“一案三报告”制度，认真做好典型案件剖析，强化警示教育，充分发挥办案治本功能，实现查处一案、教育一片、警示一方作用。建立“一案双查”制度，对肥东县经济开发区系列腐败窝案实行责任倒查，实施责任追究并通报全县。创新乡镇办信办案新机制，制定《肥东县乡镇办信办案协作区工作暂行办法》，整合乡镇办案力量，将20个乡镇（园区）划分5个办信办案协作区，对辖区内发生的信访举报、案件查办实施异地交叉办信办案，提高办信办案质量和效率。全县纪检监察组织受理信访举报449件（次），同比增长67.5%；立案137件，同比增长15.1%；123名党员干部受到党政纪处分，同比增长23%；移送司法机关9人，挽回经济损失300多万元。严肃查处县国土资源局负责人收受礼品案、县教育系统3起违反“八项规定”案、店埠镇镇村干部公款旅游案、古城镇郭阳村干部侵占惠农资金案等一批典型案件。

【自身建设】 开展纪检监察机关参与议事协调机构清理活动，清理原主办或参与各类议事协调机构123个，取消或不再参与108个，保留或继续参与15个，把不该管工作交还主责部门，切实减少职责不清和职能交叉。深入开展党的群众路线教育实践活动，认真解决“四风”方面存在突出问题，征集并整改社会各界对委局领导班子及其成员意见建议129条，修订完善委局机关10项内部管理制度。配备委局机关7名室副主任，选调2名乡镇纪委副书记和借调1名县直单位业务骨干进入县纪委机关或派驻机构，选派1名优秀年轻干部下村挂职锻炼。组织全县纪检监察干部30人次参加上级纪检组织专题培训班；邀请市纪委和合肥日报专业人员对委局机关干部进行网络舆情监管专题培训；实行跟班学习制度，分批抽调乡镇纪检监察干部到委局机关业务室跟班学习，全程参与办信办案。制定《肥东县纪检监察系统巡查工作实施办法（试行）》，加大巡查力度，坚决查处纪检监察干部违纪违法行为，着力解决和防范“灯下黑”问题。学习借鉴贵州遵义等地经验做法，修订完善纪检监察派驻相关制度，发挥派驻机构职能作用，全年派驻机构办理51件信访件，转立案12件。

2014年获县级以上荣誉称号先进集体

单　位	荣誉称号	授予单位
纪委监察局	合肥市纪检监察信息工作优秀单位	市纪委监察局
纪委监察局	合肥市卫生先进单位	市爱卫办
纪委监察局	政务公开工作先进单位	市政务公开办

2014年获县级以上荣誉称号先进个人

姓　名	荣誉称号	授予单位
朱含明	合肥市纪检监察信息工作优秀个人	市纪委监察局

(朱含明)

组织工作

组织部正副职名单

部　长	曹怀红
副部长	邹华球　张正余　夏家洪 孙　浩　蔚应顺　张昌雷

【党的群众路线教育实践活动】 2014年1月，全县党的群众路线启动教育实践活动，有1034个党组织、48903名党员参加活动。县委将4月份确定为“三严三实”集中学习教育月，开展“七个一”学习活动，重点学习习近平总书记在中央政治局第十六次集体学习时的重要讲话和张宝顺书记听取合肥市委和庐江县委教育实践活动情况汇报时的讲话，有效防止前紧后松、矛盾积压。先后下发《关于进一步聚焦“四风”深入听取意见的通知》等6个文件，县委常委采取蹲点调研和召开座谈会等形式，征求意见建议1398条，梳理出常委班子在“四风”方面的突出问题70

个，个人问题599个。全县各级党员干部通过开展“访民情、解民忧、惠民生”活动、召开专题座谈会、发放征求意见函、邀请合肥市城调队开展专题社会调查等形式，征求各方面意见建议10401条，其中，对领导班子意见建议2688条，对班子成员个人意见建议7713条。在学习教育、听取意见环节，县委常委之间开展第一轮谈心谈话，同时将谈心谈话范围进行延伸，县委主要负责同志与各乡镇党政正职和县直单位党组织主要负责人及部分干部职工进行谈心谈话，县委常委将谈心谈话范围延伸至部分老上访户。据统计，县委常委开展谈心谈话410余次，全县各级领导班子开展谈心谈话5248人次。县委主要负责同志带头开展自我批评，查摆“四风”方面存在的15个突出问题。班子成员查摆“四风”问题208个，提出互相批评意见199条。全县各乡镇、县直各单位共提出相互批评意见6200多条。精心抓好基层专题组织生活会，全县1034个基层党支部全部按照要求召开组织生活会，并开展民主评议党员工作。县委率先制定“两方案一计划”，县委常委班子整改方案明确30大项、79小项整改任务，县委专项整治方案明确58项专项整治任务。围绕中央提出的21项专项整治任务和省委“五整五建”要求，深入推进“四个专项行动”，扎实开展全县专项整治“集中推进月”活动，聚焦48项整治任务，集中解决群众反映强烈的突出问题。统筹推进各类规章制度的“废改立”工作，新建、修订全县性制度文件44项。

【村“两委”换届选举】 县成立村“两委”换届选举工作领导小组，乡镇（园区）成立领导机构和工作机构，形成县委领导、部门指导、乡镇主抓、村（社区）实施的工作局面。印发换届选举工作《指导意见》、《工作指南》及工作流程图等，确保换届工作依法、依规操作，体现和实现广大党员群众意愿。制发县领导“三保”责任制《通知》，19名县级党员领导干部与所联系乡镇党委书记同为村“两委”换届选举工作直接责任人；成立5个巡回督查组，不定期深入一线督导。编发《肥东县村“两委”换届选举工作警示教育案例汇编》3000册；参选党员、村民代表及候选人预备人选签订承诺书18935份；县纪委、县委组织部、县民政局和各乡镇（园区）均设举报电话，做到“有报必查、露头就打”。换届期间接到各类信访举报22件次，9人被立案查处，7人被取消候选人资格。县级层面培训新任村（社区）书记、主任133名，各乡镇（园区）组织全员培训1606名。

【离任村干部生活补助】 根据《关于认真做好离任村干部生活补助工作的实施意见》（皖组字〔2013〕22号）文件精神和省、市委组织部安排部署，印发《关于成立肥东县离任村干部生活补助工作领导小组的通知》、《关于印发<肥东县离任村干部生活补助工作实施方案>的通知》、《关于印发<肥东县离任村干部生活补助工作身份认定办法>的通知》等文件，专门召开离任村干部生活补助发放动员部署和业务培训会。全年办结两个批次共8121名离任村干部生活补助审核发放工作，含户籍在县外市内的174人，户籍在市外省内的33人，户籍在省外的12人，对户籍在县内和户籍在省外的7914名打卡发放完毕。

【社区党建】 全县有城市社区12个，全部位于店埠镇。在2014年社区党组织换届选举中，店埠镇有4名机关干部、1名后备干部、2名致富能人当选社区党组织书记；有64人当选社区党组织委员，其中35周岁以下16人，占25%；大专以上文化程度29人，占45.3%。设置兴趣党支部13个，楼栋党支部16个，在文明创建、小区治安防范、丰富群众文化生活等方面充分发挥社区党员作用。采取“上级支持一点、县财政拨付一点、党费补助一点、各社区自筹一点”的方式，统筹规划，优化功能，着力建设社区服务场所。办公服务场所面积达到1000平方米以上的6个，300平方米以上的6个，全部拥有自主产权；社区办公服务场所严格按照“一办四中心”建设，即社区办公用房和党群活动中心、便民服务中心、文体活动中心、医疗卫生服务中心。建立社区党建工作协调机制，统筹做好辖区内公有制经济单位、非公有制经济组织等各种组织的党建工作。依托网格设置党支部，实行网格化管理模式。12个社区共设立网格69个，设置党支部83个，使党的组织和工作有效延伸到网格。建立社区志愿服务者队伍12个，吸收辖区内在职党员、机关干部和社区群众参与社区建设。

【软弱涣散村党组织集中整顿】 年初，对照中组部界定的10个方面问题，全县摸排确定33个村（社区）党组织为软弱涣散村（社区）党组织，其中2个由市重点联系。印发集中整顿软弱涣散村（社区）党组织《实施方案》，建立“县乡联动、部门参与、乡镇主体、合力推进”的工作机制。26名县领导分别结对联系33个软弱涣散村（社区）党组织，深入开展调研指导，了解集中整顿情况，帮助协调解决困难，督促抓好整改落实。整顿期间新配11名村党组织书记、8名村党组织委员，培养村级后备干部44名，对工作不力、不胜任现职的10名村书记和11名其他村“两委”干部给予撤职或停职。对33个村（社区）开展财务审计，规范村级工作制度83项，改扩建村级活动场所7个，化解信访隐患97个，上级帮扶项目41个，扶持村级资金496.6万元。

【服务基层党组织】 印发县直单位党组织联系服务基层党组织工作《实施意见》，整合城乡基层党组织结对共建、党员群众“1+1结亲”、选派驻村党建指导员和驻企党建指导员工作载体，建立县直单位党组织联系服务基层党组织工作制度。印发在职党员到社区报到工作《实施意见》，明确机关和事业单位在职党员到所在单位联系的社区报到，开展服务群众工作。11月14日，召开市县直单位党组织联系服务基层党组织暨在职党员到社区报到工作推进会，市委组织部副部长吴松保出席会议并作讲话，30家市直单位及81家县直单位机关党组织负责同志参加会议，对这项工作进行再动员再部署再推进。有111家市、县直单位与全县331个村（社区）签定结对共建协议书，7892名在职党员到单位所在地社区或居住地所在社区报到，开展志愿服务8879人次，向社区提出意见建议13576条，帮扶困难群众1.3万户。

【“访民情、解民忧、惠民生”活动】 按照市委通知要求，抓住2014年春节期间外出务工人员集中返乡时机，组织开展“访民情、解民忧、惠民生”活动，坚持做到“五必访五必问”：必访困难户，必问衣食冷暖，为他们找脱贫路子；必访返乡农民，必问就业状况，给他们提供最新工作岗位信息；必访专业户，必问致富经验，请他们为本村发展和招商引资出谋划策；必访老党员老干部，必问发展良策，请他们为工作开展献计出力；必访上访户，必问事情原委，为他们解节顺气。全县乡镇、村3876名党员干部共走访基层单位、居民群众77732户，收集建议16975条，查找梳理问题2876件，解决问题4853个。

【为民服务全程代理和村邮站】 全县20个乡镇（开发园区）、331个村（社区）均设立为民服务全程代理中心（室），县、乡两级有代理员198人，村、社区“两委”干部1741人均是代理员。全县56个县直单位在县政务服务中心设立窗口，均设立AB岗制。全年代理事项99358件，办结97321件，办结率98%，群众满意率达100%。全县有为民服务村企一体站点96个，占全县村、社区总数29%。提供邮件收寄、报刊征订、水电缴费、票务代理以及农资配送等7大类24项公共服务。每个站点设村邮员2名，实行AB岗，全县有村邮员192名。先后举办村邮员业务培训班5期，培训村邮员240余人次。全年村企一体站点为基层群众代发各类邮件4.7万件、报刊3.5万份，代收各类费用340多万元，代发各类涉农资金1000多万元。

【选派干部到村任职】 选派村中新任党组织书记28名，45岁以下31名，高中以上学历38名，致富能手23名。调整村干部69名，换届后新进村“两委”干部54名。发展党员202名，培养后备干部70名，新建村级组织活动场所41个，有1132名党员参加“双培双带”先锋工程、982名党员参加“双向带动”、1763名党员参加设岗定责、4007名党员进行公开承诺，为民服务全程代理代办事项22543件。教育实践活动中48个选派村征求意见1894条，查摆“四风”方面突出问题678条，在专题组织生活会上提出批评意见769条，制定整改措施576条。全县48个选派村投入发展集体经济资金687万元，化解村级债务813万元，无债务选派村9个，引入项目136个，投资额12071万元。修建校舍4959平方米，新修村组道路429.2公里，疏浚沟渠323.5公里，修建桥涵241座，打机井75眼，新挖当家塘503口，投入资金总额达5774万元。选派单位帮助协调资金2078万元，慰问村困难群众3100多人次，支持钱物折合金额1095万元。县委组织部被表彰为全省选派工作先进集体。10月27日，召开第五批选派工作总结暨第六批选派工作动员会，正式启动第六批选派工作。

全县第六批46名选派干部全部到岗，正常开展工作。

【选聘优秀高校毕业生到村任职】 全县有大学生村官122名，其中任党组织书记、副书记72名。流出大学生村官85名，其中考取县直、乡镇领导岗位4名，考取公务员33名，考取选调生8名，考取事业单位16名，考取金融机构16名，考取研究生3名，进入国企3名，出国留学1名，回乡创业（甘肃籍）1名。印发在全县大学生村官中开展“践行党的群众路线‘五比五争先’活动”《实施方案》，积极组织大学生村官知识竞赛和演讲比赛，撰写学习心得体会130余篇。成立16个镇村宣讲团，开展专场宣讲176场次。召开大学生村官创业扶持行动座谈会，通过多种渠道为大学生村官创业园争取15万元塘坝、道路、沟渠等项目资金，4万元林业重点项目补贴资金及5万元小额担保无息贷款等。积极推荐大学生村官创业园带头人曹铮参加合肥市“七一”座谈会和合肥市“五四”青年座谈会，并荣获合肥市“五四”青年奖章。组织25名村官参加合肥市第七批大学生村官岗前培训班，并召开对接会落实好相关任职事项。举办全县大学生村官专题培训班，邀请省市县专家教授现场教学，提升大学生村官服务能力和水平；举办大学生村官联欢晚会，搭建村官展示平台，促进村官的交流与互动；组织大学生村官趣味运动会，加强村官沟通、交流；开展大学生村官公选9名担任村党组织第一书记工作；有序安排村官到县选聘办挂职锻炼，全年有3名村官到办挂职锻炼；推荐大学生村官担任省市县考察参观、重点工作现场会、廉政文化警示教育展等活动解说员，提升综合素质。

【非公企业和社会组织党建】 全县有非公企业和社会组织2836户；单独组建党组织394个；联合组建党组织420个，实现非公企业和社会组织党的组织和工作的双覆盖。同年，在非公企业中，单独组建党组织62个，同比增长21%；在社会组织中，单独组建党组织22个，联合组建党组织37个，社会组织专职人员当中有党员的全部组建党组织。发挥100名驻企党建指导员作用，全年党建指导员共为企业提出合理化建议227条，帮助企业争取项目31个，争取资金1068.2万元，引进人才65名，为职工群众办实事221件，指导帮助企业组建党组织64个，指导制定健全党建工作制度339项，新建扩建党组织活动场所73个。

【党员发展】 全年发展党员630名，其中女性377名，占59.8%；35岁及以下498名，占79%；大专及以上文化599名，占95.1%；工人230名，占36.5%；农民226名，占35.9%。全县新发展党员的年龄、性别和文化结构较上年都有所改善，农村发展能手、企事业单位技术骨干比例明显增长，整体素质有所提高。

【党费收支】 全年县管党费收入1657449.58元。县管党费支出1534449.25元，其中上缴市委组织部党费797736.25元，慰问生活困难党员等支出104620元，下拨党员教育和管理经费213064元，支付电教远程教育终端运行费21360元，征订《江淮》、《党建》及其他党报党刊391869元。

【档案管理】 全年接收干部人事档案386份，转出档案26份。收集并归档新交档材料8000多份。全年接待来室查借阅档案200多人次，提供档案查借阅400多卷。贯彻落实中组部《关于做好文件改版涉及干部人事档案有关工作的通知》要求，认真做好4000多份现职干部人事档案的二级分类、调整装订、目录编制、卷盒更换等工作。

【干部工资审批】 全年完成津补贴标准变动、晋升级别工资档次、晋升级别工资、晋升职务工资、退休待遇、军转干部工资核定、调入人员工资核定、退休待遇、生活困难补助核定、离退休工资核定、特岗津贴核定、新录用公务员转正定级等工资津贴审批7056人次。

【选调生管理】 完成2013届选调生初任培训和试用期满考核工作。按要求编制2014年选调生需求计划，积极做好2014年中央机关专门面向选调生遴选职位推荐报名工作和2014届选调生分配工作。出台《关于进一步加强我县公务员（选调生）管理的通知》文件。举办全县选调生培训班。

【统计调查】 根据市委办公厅、市政府办公厅《转发<关于进一步理顺党政机关和事业单位人员行政与工资关系的意见>的通知》要求，对全县各单位人员编制、工资情况进行梳理，对工作岗位变动后，未及时办理出入编手续及工资关系未随行政关系转移的人员进行清理，共有87名同志按要求清理到位。

根据中组部《关于进一步规范党政领导干部在企业兼职（任职）问题的意见、市委办公厅《关于认真做好党政领导干部在企业兼职（任职）清理规范工作的通知》精神，对全县党政领导干部在企业兼职（任职）情况进行排查摸底和清理规范。经排查摸底，全县共有49名干部在企业兼职，3名退休干部在企业任职，全部清理规范到位。

根据《安徽省关于从严控制和规范管理党政机关领导干部兼任社会组织领导职务的暂行规定》、《合肥市关于从严控制和规范管理党政机关领导干部兼任社会组织领导职务的实施办法》文件精神，对全县在职及离退休干部在社会团体兼职情况进行摸排清理，范围涵盖全县所有乡镇和县直单位及国有企事业单位，摸排在职干部4499名，离退休干部1995名。全县共有136名在职干部在社会团体中兼任174个领导职务；18名退离休干部在社会团体中兼任22个领导职务或其他职务。其中118名同志按规定辞去所兼任职务，36名同志因工作需要拟继续兼任社会团体职务，根据文件精神，按照干部管理权限完成相关审批手续。

【公务员管理】 全年招录乡镇公务员44名，招录法院、检察院系统公务员6名。完成2013年度公务员考核工作，全县公务员评为优秀等次379人、称职等次1810人、基本称职等次2人、不称职等次2人、不定等次84人。完成25名公务员转任手续办理；完成调任登记6名、调任备案1名。组织68名新录用公务员和选调生参加初任培训。先后抽调7名干部参加上级公务员主管部门组织的专题培训班。举办机关公务员能力提升培训班，培训公务员42名。安置军转干部4名。

【党管人才】 建立县领导联系优秀人才制度，联系优秀人才64名。做好各类人才登记摸底工作，对全县6万多名各类人才进行分门别类建档。做好县第三批拔尖人才评选工作，有30人荣获县第三批拔尖人才称号。做好全县农村实用人才认定工作，通过评审认定，确定高、中、初级农村实用人才270人。召开第三批拔尖人才座谈会，听取意见、建议；从中国人民大学引进一名博士生到肥东经开区担任管委会副主任；合肥中南光电成功入选2014年度市“228”产业创新团队；安徽环瑞电器董事长计成志、安徽江淮起重有限公司熊涛荣获“安徽省战略性新兴产业技术领军人才”称号。

【干部教育培训】 与县委党校、市行政学院、省委党校、杭州市委党校、复旦大学及上海交通大学、中南民族大学、重庆市委党校等合作，全年举办中青年干部、政法干部、选调生、基层公务员、新闻发言人和文化产业、规划建设、女干部.少数民族干部和党外干部培训班、组工干部培训班等11个主体班，培训各级干部近800人次。继续办好“周六大课堂”，邀请中科院遥感与数字地球研究所研究员王心源，上海财经大学教授丁健，省政府副秘书长刘琦等来县作辅导报告7讲，全年参训2400余人次。全县1533名学员参加干部教育在线学习，人均在线学时达75小时、人均学分为83.02分，所有学员在8月底提前完成全年学习任务。

【干部监督】 配合市委组织部完成42名市管领导干部个人有关事项报告的填报、审核、完善等工作，完成全县684名副科级以上领导干部填报工作。3月，在全县集中开展干部选拔任用政策法规宣传学习教育活动，对新修订的《党政领导干部选拔任用工作条例》《关于加强干部选拔任用工作监督的意见》等政策法规进行学习宣传。收到学习《干部任用条例》心得体会41篇。开展《干部任用工作条例》等政策法规知识测试活动，全县参与知识测试人员达750人。出台《肥东县进一步完善干部监督工作联席会议制度的意见》、《肥东县关于进一步规范选人用人问题查核工作的意见》、《关于拟提拔科级领导干部考察对象报告个人有关事项的意见》。根据省、市委组织部的有关文件要求,结合中组部下发的《关于职数界定若干问题的答复意见》，对全县各单位超职数配备干部问题逐人对照甄别，逐单位形成超配干部台账，进一步确定需要整改的超配干部基数，并通过市委组织部复查和省委组织部抽查检查。根据省委组织部要求制定并上报全县的整改消化超职数计划，预期在2016年9月前任务。做好群众信访举报问题的查核督办工作。全年共受理群众来信来访13件（次），均已办结。配合县审计局对元疃镇、白龙镇、响导乡、县林业局、县民政局、县法院等6个单位主要负责同志进行任期经济责任审计工作。在全县开展“裸官”摸底统计工作。按照市委组织部要求，对全县配偶移居国（境）外的国家工作人员进行摸底统计。

【党员电教远教】 在《肥东先锋网》开设群众路线教育实践活动专题网页，组织农村党员在终端站点集中收看学习和讨论交流。举办农村党员群众实用技术培训班。4～6月，组织开展农业科技专家和致富能手“进站点、讲致富”活动，举办农村党员群众实用技术培训班36期。11月，完成全县356个站点的设备更换工作。指导331个村（社区）完成先锋网的升级改版工作。《党旗飘飘》栏目组织拍摄“加强服务型基层党组织建设”、“深入开展党的群众路线教育实践活动”系列专题报道24期。

【自身建设】 高标准开展部机关群众路线教育实践活动，共征集意见建议212条，明确部领导班子整改任务42项、专项整治任务17项，新建和修订完善制度性文件22项。开展县直单位联系服务基层党组织和在职党员到社区报到工作，部机关27个在职党员为响导乡宋盛村、店埠镇赵岗村协调解决基础设施建设等相关资金10多万元，机关党员干部为结亲帮扶对象解决生产、生活方面等实际问题10余个，捐助帮扶救助资金9000余元。

2014年获县级以上荣誉称号先进集体

单　位	荣誉称号	授予单位
组织部	全省第五批选派工作成效明显的集体	省委组织部
组织部	合肥市卫生先进单位	市爱国卫生运动委员会
组织部	2014年组工信息工作开展较好单位	省委组织部
组织部	第十三届市级文明单位	市文明委

2014年获县级以上荣誉称号先进个人

姓　名	荣誉称号	授予单位
张昌雷	全省第五批选派工作成效明显的工作者	省委组织部
陈怀华	合肥市第五批选派工作先进工作者	市委组织部

（王　娅）

宣传工作

宣传部正副职名单

部　长	许高彬
副部长	许泽夫　孟祥生　王道玉 杨春岭　梁建文　程　浩

【概况】 2014年，围绕“与市同步率先全面建成小康社会”目标，肥东县宣传思想文化工作与全县经济社会发展同频共振、同步共进，各方面工作取得新成效，发挥思想引领、舆论推动、精神激励、文化支撑作用。

【理论学习】 以规范化促进制度化。建立健全中心组学习服务管理，县委常委中心组率先垂范，坚持以正在做的事情为中心，每月开展1次集中学习，固化于制。在全县大力推进学习型党组织建设，省、市级“优秀基层党校”达16所。“书记讲党课”连续12届获得省市表彰。以分众化实现大众化。以分层分众为原则，把宣讲对象划分为不同类别，组织各类理论宣讲团开展宣讲400余场，受众近10万人次。积极推广乡镇、机关特色“小讲坛”，鼓励机关领导干部自身带头宣讲，“东检公开课”、“桥头集镇小讲坛”等颇具特色的机关课堂如雨后春笋。促学术性变为实用性。围绕经济发展、城乡建设、科教文卫等主题，开展理论成果征集活动，全年收集理论文章100余篇。《肥东县乡风文明建设“十个一”工程》获全省思想政治研究论文一等奖。

【新闻宣传】 强化传统媒体舆论场。推进合肥晚报社与肥东报社战略合作，《合肥晚报·肥东晨刊》出版发行160余期，读者订阅份数过万份，成为具备公开发行资质的地方主流报刊。深化文化体制改革，广播电视采编质量提升，《天南地北肥东人》等电视专题片广受好评。打通民间草根舆论场。借助微发布，进行微观察，做好微引导，“肥东发布”发送微博3000余条，粉丝近万人，成为网民了解要闻、获知信息、互动交流的重要渠道。出台全县网络舆情处置管理办法，网络引导员队伍建立健全。亮化对外宣传形象。外宣稿件质、量同升，全年在人民日报等中央媒体刊发报道26条（头版头条1个），香港商报等境外媒体65条（头条1个），人民网、新华网近150条（头条1个），安徽日报44条（头版6条、专版1个），各级媒体宣传稿件7000余篇(条)，连续3年被评为全市外宣工作一类县（区）。

【文化建设】 善用核心价值观这一宣传工具。将“24”字精神与乡风文化、风土人情紧密结合，印制《新旧二十四孝连环画》等通俗易懂的宣传品，创编诗朗诵《老师妈妈陈万霞》、情景剧《陈彬的12·10》等反映核心价值观精神的节目作品。组织发动全县书法家通过写春联、印春联、送春联的方式，于春节前将10万幅核心价值观春联送到千家万户，有效提高“24字”普及知晓率。妙用文艺活动这一宣传载体。创新“全民文化月”平台，发动文化文艺志愿者近千人，采取“送”、“挖”、“凑”、“借”、“买”、“创”的方式，首次实现每个村（居、社区）一台文艺演出的“全覆盖”目标，全县331个村（居、社区）、60万群众在家门口欣赏到草根文化盛宴。“在水一方”视觉艺术展、“周末大舞台”、流动画廊、广场电影周、乡镇文艺调演等成为肥东百姓必不可少的文化“家常菜”。巧用地方文化这一宣传形式。围绕“包公故里”、“散文之乡”、“庐剧之乡”等文化名片，搭建宣传媒介，连续三年举办“中国包公散文奖”评选，创立“曹植诗歌奖”，举办全国散文学会年会，开展肥东民歌、门歌征集编演活动，实施“振兴庐剧计划”，新编庐剧《包公折子戏》搬上舞台荧幕。同年，肥东县荣获“安徽省诗歌之乡”、“安徽省民间艺术之乡”荣誉称号。活用地方干群这一宣传主体。强龙头，支持本土人才出精品力作，作家许泽夫荣获第六届冰心散文奖，书法家刘跟弟作品入选第三届中国书法兰亭奖，多人次举办个人艺术作品展。壮筋骨，培育壮大“村文联”组织和文化志愿者队伍，重点挖掘一批“宿根”型宣传文艺骨干。滚雪球，积极扶持民营团体、群众个人从事文艺活动，在全县形成百家民间文艺团体、千名民间文艺人才的规模，带动越来越多的干部群众成为文化活动的参与者、传播者。

【精神文明创建】 提高文明意识，当好肥东人。增强公民主人翁意识，大力推进志愿者到社区报到制度，开展“邻里守望、情暖肥东”、“为爱行动、圆梦江淮”——关爱贫困孤儿等志愿服务活动，全县注册志愿者达2万人，志愿服务活动参与达10万人次。深入推进“三线三边”整治，加强城乡文明创建，涌现出全国文明村镇2个，全国文明单位1个，省级文明单位6个，市级文明单位61个。肥东县荣获第一届“安徽省文明县（市）”荣誉称号。学习宣传道德模范，讲好肥东事。发挥先进典型的示范效应，将道德模范评选延伸到乡镇和村一级，注重发挥“道德讲堂”作用，以孝老敬亲模范徐民强为原型的微电影——《暖》深受好评，因公累倒在岗位上的民警陈彬当选“中国好人”，并被公安部追授全国“二级英模”称号。做好未成年人教育，传递家国情。举办“爱国情·中国梦”合肥市中华经典诵读展演（肥东专场）活动，“我们的节日”、“网上祭英烈”等活动扎实推进。连续21年举办爱国主义读书教育活动，有100多人荣获国家级表彰、200多人荣获省市级表彰。

【全民文化月】 全民文化月活动是由肥东县委、县政府组织实施的一项文化惠民工程。它以“为了中国梦、文艺惠万家”为主题，以宣传核心价值观、凝聚社会正能量为主基调，致力于满足人民群众个性化的文化需求，致力于建立“政府主导、市场运作、社会支持、群众参与”的基层文化活动组织模式。活动覆盖范围囊括全县所有331个村（居、社区），让全县各地群众特别是最偏远乡村的农民能够在“田间地头”享受到文化惠民成果，通过最便捷、最有效、最直接的方式占领农村文化阵地。活动采取“送”、“挖”、“凑”、“借”、“买”、“创”的方式，发动县、乡、村三级文化志愿者、文艺院团近千人，其中既有国家级、省级文艺协会会员，也有许多草根艺术家、民间艺人，吸引群众展各自所长，让每个人都能找到属于自己的“舞台”。活动涉及全县各乡镇、开发园区及全县文化系统40多个地方、部门和单位。各文艺协会、民间文艺院团、演奏队、舞蹈队、乡村中小学校艺术队等200多个团队参与其中，有效激活设施、人才、队伍，形成“十带百、百带千、千带万”的链式效应。在3月初到4月初的一个月时间内，有5000多个文艺节目在全县各地陆续上演，肥东门歌、民歌、庐剧、大鼓书等本土风味节目百家争鸣、灿若繁星，超60万群众在“家门口”就能享受可口的文化大餐。

2014年获县级以上荣誉称号先进集体

单　位	荣誉称号	授予单位
宣传部	市文明单位	市文明委
宣传部	市卫生先进单位	市爱国卫生运动委员会

2014年获县级以上荣誉称号先进个人

姓　名	荣誉称号	授予单位
许泽夫	第六届“冰心散文奖”散文集奖	中国散文学会

（康俊卿）

精神文明建设

文明办正副职名单

主　任	杨春岭
副主任	桑青年　黄丽丽

【概况】 2014年，全县精神文明建设工作以培育和践行社会主义核心价值观为主线，推进公民思想道德建设，加强未成年人思想道德建设，深化各类群众性精神文明创建活动，推动志愿服务制度化建设，开展“三线三边”环境治理，各项工作取得成果。肥东县获“第一届安徽省文明县”和“第二届安徽省未成年人思想道德建设工作先进县”两项荣誉称号；长临河镇被评为“第三届安徽省文明村镇”、“第四届全国文明村镇”，石塘镇蝉联“安徽省文明村镇”、“全国文明村镇”称号；县公路分局等6家单位被评为“第十届安徽省文明单位”；县国税局被评为“全国文明单位”；撮镇镇、八斗镇被评为“第三届安徽省创建文明村镇工作先进村镇”；店埠镇镇南社区被评为“第四届安徽省文明社区”；全县“三线三边”环境治理工作在合肥市2014年度考评中，综合成绩位居4县1市第二名。县文明办获合肥市学校少年宫工作先进单位、2014年度合肥市卫生先进单位等荣誉称号，先后被县委、县政府表彰为2013年度文明创建先进集体，2014年度目标管理考核优秀单位。

【社会主义核心价值观宣传】 通过社会宣传、文艺宣传、新闻宣传、网络宣传等途径和形式开展宣传。社会宣传方面：在机关、事业单位、学校内部以及县城交通出入口、公共场所，利用橱窗、电子屏、建筑工地围挡、广告牌、道路隔离栏和两侧护栏等载体设置“24字”社会主义核心价值观宣传内容。文艺宣传方面：结合肥东县首届“农民文化月”活动，在每场演出的内容、节目单和演出背景上，融入社会主义核心价值观元素；根据撮镇中学退休教师徐民强撰写的《新时代“二十四孝”》，编印2000册《新旧“二十四孝”图解》；邀请县内10位知名书法家书写社会主义核心价值观对联，批量印刷5万份散发到机关、学校和乡镇。新闻宣传方面：在《肥东晨刊》报眼、中缝位置刊登宣传标语；在肥东电视台黄金时段播放公益宣传片，以流动字幕的形式不间断滚动播出社会主义核心价值观内容。网络宣传方面：在中国·肥东门户网站、肥东宣传网、肥东文明网开办“社会主义核心价值观”宣传专栏。

【道德模范评选】 组织开展肥东县第三届道德模范评选表彰活动。全县共推荐道德模范候选人115人（团体），经评委会办公室初选、评委推选，产生正式候选人20人（团体），在公示、考核、征求相关部门意见后，利用纸质投票和网络投票的形式组织投票。共发放纸质选票5万张，报纸选票1万张，网络投票共有175344人参与，除合肥地区网民参与外，铜陵、宣城等安徽省其他8个地区和四川、内蒙古、重庆等24个省、市、自治区网民积极参与网络投票评选。最终评选出肥东县第三届道德模范10人（团体），道德模范提名奖10人（团体）。10月12日下午，在合肥市通用技术学校隆重举行肥东县第三届道德模范颁奖典礼，对当选的道德模范进行表彰。为扩大影响力，通过制作展板、印发宣传画、举办橱窗展等形式，利用报纸、网络等媒体，广泛宣传道德模范先进事迹，弘扬社会正能量。

【“中国好人榜”评选】 每月组织开展“中国好人榜”学习宣传和投票评选活动，积极推报身边的好人、道德典型参加“中国好人”评选，发动广大干部群众积极踊跃投票评选。全年共有2人入选“中国好人榜”好人候选人，1人当选“中国好人”。其中，陈彬先后于1月和4月两次入围“中国好人榜”敬业奉献好人候选人，程银入围并当选9月份“中国好人”见义勇为好人。

【中华经典诵读活动】 各地各单位通过诵读经典，传承弘扬中华民族传统文化，推进社会主义核心价值体系建设。10月10日，县委宣传部、县文明办、县教体局、县文广新局、县直机关工委、县总工会、县妇联共同举办肥东县2014年中华经典诵读展演赛，14个单位参加展演，共评选出展演赛一等奖2名，二等奖3名，三等奖4名，优秀奖5名，优秀组织奖2名。10月12日，县委宣传部、县文明办又以中华长歌行·包公故里月—“爱国情·中国梦”为主题承办合肥市中华经典诵读展演（肥东专场）活动，受到前来参加活动的省、市、县领导和现场观众的好评。

【未成年人思想道德建设】 组织开展“我的中国梦”主题教育实践活动，肥东县第八届“十佳少年队员”评选活动、“网上祭英烈”活动、“童心向党·唱响中国梦—肥东县庆祝建党93周年歌咏活动”以及优秀童谣征集传唱等一系列活动，部分节目在中国文明网、央视网开设的“童心向党”歌咏活动专栏展播。参评合肥市美德少年，1人获“美德少年标兵”称号，9人获“美德少年”称号。加强乡村学校少年宫管理。对全县19所乡村学校少年宫进行检查考评，指导督促少年宫发挥功能作用。举办肥东县第二届乡村学校少年宫成果展，全县19所乡村学校少年宫分三个片区分别举行不同主题的展示活动，成果展整理编印成画册。制定《肥东县健全完善学校、家庭、社会“三结合”教育网络实施方案》，在全县启动学校、家庭、社会“三结合”教育网络实施工程，挖掘学校、家庭、社区优质教育资源，形成全社会齐抓共管的工作格局。在全县开展2013年度未成年人思想道德先进集体和先进个人评选表彰活动，评选出2013年全县未成年人思想道德建设先进集体10家、先进个人20名。

【志愿服务工作】 利用雷锋纪念日、公民道德宣传日、国际志愿者日等重要节点，先后举办肥东县“邻里守望—情暖肥东”志愿服务活动启动仪式、“为爱行动 圆梦江淮”—关爱贫困孤儿志愿服务活动、“9.20”公民道德宣传日广场志愿活动以及肥东县“12.5”国际志愿者日暨在职党员到社区报到工作启动仪式等一系列志愿服务主题活动。积极参与合肥市星级志愿服务社区评选活动。在合肥市首批星级志愿服务社区评比中，有1家社区被评为四星级，1家被评为三星级，1家被评为二星级，2家被评为一星级。加强志愿者注册管理。下发《关于进一步做好全县社区志愿服务工作有关事项的通知》，印制2万多本志愿者注册证和2万多个志愿者胸徽，发放到各乡镇、园区，将志愿者全部纳入所在地社区进行注册管理，逐步推进志愿服务规范化。表彰志愿服务中涌现出的先进典型，开展2013年度全县志愿服务优秀典型评选推荐活动，评选出志愿服务优秀集体10家、优秀个人20名。在合肥市优秀志愿服务典型评选中，县供电公司“冬青树”青年志愿服务队获合肥市志愿服务工作优秀集体称号，3人获“合肥市志愿服务工作优秀个人”称号。

【“讲文明树新风”公益广告宣传】 印发《关于进一步深化“讲文明树新风”公益广告宣传工作的实施意见》、《关于进一步做好“图说我们的价值观”公益广告宣传工作的通知》、《“大湖名城，创新高地”宣传工作方案》等一系列文件通知，召开“讲文明树新风”公益广告推进会、肥东县“图说我们的价值观”公益广告暨“大湖名城，创新高地”户外宣传等相关工作会议，深入推进全县“讲文明树新风”公益广告宣传工作。重点加强公园、广场、旅游景点、建筑工地、公交站点、商场、小区、学校等公共场所“讲文明树新风”公益广告工作，逐步向乡镇、村（社区）延伸推进。发挥“讲文明树新风”公益广告宣传中国特色社会主义和“中国梦”、传播社会主义核心价值观的功能作用。

【“三线三边”环境治理】 出台《肥东县“三线三边”环境治理考评办法（试行）》和《肥东县城镇周边环境治理行动实施方案》。先后召开“三线三边”环境整治通报会、肥东县“三线三边”环境整治工作推进会、“三线三边”政协主席协商会、肥东县文明县城创建暨“三线三边”环境整治工作会议以及肥东县“三线三边”环境整治督查考评业务培训会进行布置推动。每月对全县20个乡镇（园区）进行全覆盖督查考评，对照考评标准进行打分排名，并将考评结果在《合肥晚报—肥东晨刊》、肥东电视台公布曝光，针对存在的问题，督促限期整改。各乡镇、园区立足主战场，全力抓整治，环境卫生面貌明显改观。兑现奖惩，县文明办、县财政局联合制定《肥东县“三线三边”环境治理资金奖补办法（暂行）》，县级财政投入专项资金900万元用于全县“三线三边”环境卫生治理及基础设施建设等投入。在合肥市2014年度“三线三边”环境综合考核评比中，肥东综合成绩在4县1市中位居第二。

【文明单位创建管理】 组织开展合肥市第13届文明单位申报推荐工作。全县49家单位申报，45家单位被推荐上报，县国税局参评“全国文明单位”通过验收命名。县公路分局等6单位被评为“第十届安徽省文明单位”。注重抓文明单位日常创建管理。利用肥东县文明传 播群，督促文明单位及时上传、更新文明单位动态管理系统内容，报送创建信息。组织开展文明单位与乡村学校少年宫结对帮扶活动，对原先第一批结对单位重新调整，扩大文明单位结对帮扶参与率和覆盖面，发挥文明单位在人、财、物等方面资源优势，实现文明单位与乡村学校少年宫互动双赢。组织文明单位参与各种志愿服务活动和重大创建活动，发挥文明单位的创建功能作用。

2014年获县级以上荣誉称号先进集体

单　位	荣誉称号	授予单位
肥东县	第一届安徽省文明县	省文明委
肥东县	第二届安徽省未成年人思想道德建设工作先进县	省文明委
肥东县	2014年度合肥市“三线三边”环境治理工作先进单位	市“三线三边”环境整治工作指挥部办公室
县文明办	合肥市学校少年宫工作先进单位	市教育局 市文明办
县文明办	2014年度合肥市卫生先进单位	市爱卫会
县文明办	2014年度目标管理考核优秀单位	县委 县政府
县文明办	2013年度文明创建工作先进集体	县委 县政府

2014年获县级以上荣誉称号先进个人

姓　名	荣誉称号	授予单位
杨春岭	2013年度考核优秀等次公务员	县委 县政府
薛华纯	2014年度合肥市志愿服务工作优秀推报员	市文明委
薛华纯	合肥市学校少年宫工作先进个人	市教育局 市文明办

（蔡宏明）

统战工作

统战部正副职名单

部　长	阚延长
副部长	马莉莉　罗　虎　高学东 黄在元　郑发社

【党外人士】 按照"充分尊重、广泛联系、加强团结、热情帮助、积极引导"的方针，认真做好党外人士工作，努力把他们的智慧和力量凝聚到肥东经济发展上来。进一步做好党外优秀知识分子的调查摸底工作，充实人才库，重点加强对党外知识分子和党外领导干部的动态管理和跟踪培养。通过定期走访和了解他们的学习、工作、生活情况，帮助他们解决各种实际问题，进一步增进感情、融洽关系。通过集中培训、学习参观等方式，让他们了解全县经济社会发展取得的显著成绩，引导他们为加快发展出谋划策、献计出力。5月，组织部分党外人士赴市社会主义学院参加为期四天的培训；11月4日～9日，组织全县副科级以上党外干部和12名少数民族干部到中南民族大学参加学习培训。

【对台及海外统战】 肥东县"三胞"资源得天独厚，优势明显。在"三胞"工作中，县对台、外事侨务部门深入开展宣传和涉台教育工作，充分利用广播、电视、报刊等形式向台胞台属和各界群众宣传党的对台方针政策，统一思想认识，进一步增强做台湾人民工作的自觉性和完成祖国统一大业的信心。积极做好对台经贸工作，结合县域优势和特色，拓宽招商引资渠道。做好台资台属企业的服务，切实维护台胞台资企业合法权益，如妥善处理安徽东隆新型建材有限公司反映的道路建设等问题。积极为侨乡服务，积极拓展与海外华人华侨的联系，宣传全县经济社会发展成就、引智引资，争取加拿大华侨陈沙立先生捐赠长临河卫生院救护车一辆。为出国务工人员提供帮助和服务。白龙、撮镇等地两名出国务工人员在安哥拉务工期间不幸死亡，县外事部门积极联系，在省市外事部门的帮助下，获得国家驻安哥拉大使馆的帮助。马航事件中，县外事部门积极安抚肥东一名受害者亲属，并提供力所能及的帮助。

【非公有制经济】 县工商联充分发挥其职能和桥梁纽带作用，努力创建"学习型、服务型、创新型、和谐型"机关，为非公企业排忧解难。深入会员企业帮助解决融资难问题。5月29日，组织50家企业负责人与肥东农村合作银行进行银企对接。6月，县农合行先后向安徽华星智能停车设备有限公司、合肥中南光电有限公司等16家企业发放贷款1.1亿元，为企业发展提供有力支撑。针对企业用工和全县合资企业发展的状况，4月，以开展非公经济发展政策集中宣传月活动为切入口，在调研后召开专题座谈会，非公经济人士积极建言献策，有的意见和建议被县相关部门采纳。提升企业学法用法水平，邀请安徽大森律师事务所蔡如堂主任，就"企业运营和管理中的一些问题"作专题法律辅导，120多位企业家参加专题讲座。积极发展会员，全年新发展吸收12家企业，与定远县、包河区等周边商会开展交流，继续开展"贫困大学生助学资金"发放活动，发放21万元资助2014年高考被录取的品学兼优贫困大学生。

【民族宗教】 着眼全县改革发展稳定大局，牢牢把握团结和谐的主旋律，年初，县民族部门人员深入民族乡村，编报民族发展资金项目库95个，经过筛选，向省、市民委和委员单位推荐项目18个，争取发展资金250多万元，这些项目的实施，为加速全县民族经济的发展注入了活力。在民族团结进步宣传月活动中，县统战、民族工作部门认真制定实施方案，在城乡安置8个电子屏播，悬挂条幅60条，制作宣传栏28个，分发民族知识读物800本，杨店乡黄栗村还筹集12万元资金建设民族文化广场，营造浓厚的民族团结氛围。县民族宗教和外事侨务局还在少数民族流动人口居住比较集中的店埠镇镇北、青春、定光3个社区，建立少数民族流动人口数据库及信息台帐，为流动少数民族人口在劳动就业、职业培训、子女入学、权益保障等方面提供帮助，对少数民族特困群众开展"民族一家亲"、"一对一"、"多助一"等进行帮扶。

在宗教工作中，县宗教工作部门强管理、

重引导、增力度、显成效。加强对教职人员的培训，扎实开展宗教政策法规集中学习月活动，印发宗教法规读本3000本，通过专门培训和活动，参训人员较好地了解和掌握党的宗教政策、法律法规、民主管理和财务知识，增强全县教职人员爱国守法意识。开展基督教私设聚会点排查，规范宗教活动，按照省、市宗教部门统一部署，全年先后两次开展专项治理活动。在专项治理活动中，充分发挥县、乡镇、村（居、社区）三级网络和县基督教“三自”爱国会的作用，各乡镇党政主要负责人非常重视，对非法聚会场所、活动地点和自封传道人逐一排查。对排查出的19处规模较大的非法聚会场所实施“四个一批”（即登记一批，合并一批，过渡一批，取缔一批）。协助完成中国宗教调查工作任务。根据国家宗教局宗教中心安排，肥东县是中国宗教调查工作合肥市唯一的调查样本点，调查组从全县93个场所中随机抽取31处，采取一对一方式调查各个场所的基本情况、场所的社会连接与社会服务以及宗教场所状况，县宗教工作部门按照要求，精心准备，积极配合，顺利完成调查任务，认真细致的工作得到调查组的充分肯定。加强“和谐寺观教堂”创建力度，注意和防范宗教大型活动的安全，在伊斯兰教开斋节和马政寺三月三庙会等重大宗教活动期间，县宗教部门制定应急预案，专人值守，密切配合，使全县宗教活动得到安全有效开展。

【为民服务】 按照全县统一部署，县委统战部将开展党的群众路线教育实践活动作为转变作风，求真务实，开拓创新的突破口，紧紧围绕“照镜子、正衣冠、洗洗澡、治治病”总要求，聚焦“四风”突出问题，深入开展学习实践活动。为确保学习实践活动取得实实在在的效果，根据统战部门工作职能，立足肥东经济发展和社会和谐稳定，全面梳理和完善各项制度，在为基层服务、为广大统一战线成员服务上查找问题，要求机关全体工作人员要察民情、纳民智、解民困、帮民富、聚民心。通过群众路线教育实践活动，树立机关干部的为民务实清廉形象，提升统战部门工作科学化水平。部机关工作人员努力转变工作作风，深入统一战线成员家中问寒问暖。5月12日，争取到市民建会和浙江贝因美安徽分公司的资金和物资支持，并及时将15万元和价值72万元的物资如数发放到贫困大学生和众兴、牌坊、包公等乡镇的贫困小学生手中。

（谭升光）

党校工作

党校正副职名单

校　长	孙良鸿
常务副校长	王源岳
副校长	葛圣伦　高玉业

【主体班培训】 举办全县政法干部、青年干部、新任村（居）书记、主任、大学生村官等10期培训班，培训1143人。

【周六大课堂】 举办6期“周六大课堂”，参学1070人次。

【联合办班】 县委党校先后与县委办、县政府办、经委、农委、县直工委、总工会、纪委、店埠镇等15个单位联合举办培训班36期，4350人次受训。

【学历教育】 从2011年开始，与安徽经济管理干部学院、安农大联合举办函授大专班。2014年，在读大专学员178人，毕业107人。新录取大专生62人，本科生24人。

【教学科研】 组织力量进行科研攻关，科研成果入课堂为干部培训服务、上讲台为理论宣讲服务、到案头为党委政府决策服务。教师撰写《王守森家庭农场案例分析》、《弘扬渡江精神，践行“三严三实”》、《肥东县美好乡村建设调查与思考》、《肥东县农村适度规模经营初探》、《家庭农场发展思考》等论文，其中《家庭农场发展思考》作为咨政文章送县领导审阅。党建课题组的党性教育课题《弘扬渡江精神》列为市委党校党性教育基地的现场教学课程。参加全县党的群众路线教育实践活动及“三严三实”和党史宣讲活动，宣讲18场次。在省级刊物上发表文章1篇；在市级刊物上发表论文6篇；在县级刊物发表论文5篇；范莉莉在全省党校系统教师教学竞讲中获得全省教学竞讲二等奖。

【设施建设】 新添课桌50张，实木座椅100张，配备投影等音响设备，总投资7万多元。

【师资培训】 选派3名同志参加市委党校组织的赴延安开展党性教育和现场教学培训；2名同志参加市行政学院组织的到武汉大学开展的师资研讨班；9名同志参加长春市委党校和蚌埠市委党校联合举办的第十期“党校课堂开发特训营”培训；组织教师参加市委党校和省委党校开展的教学观摩活动，专兼职教师基本上轮训一遍。

【慰问帮扶】 到联系的店埠镇塘林、定光、杨王、昂集、杨坝、建设、排头等村（社区）开展走访、帮扶活动，与村（社区）协调，解决6户困难群众低保问题，给困难群众送去价值5000元的粮、油和15000元慰问金。开展“慈善一日捐”活动，教职工捐款4400元，单位捐款3000元。到联系的佳宝集团公司走访，送去图书近四百册。端午节，青年志愿者到县光荣院给荣誉军人们送去价值500元爱心粽子，带去党校教职工对他们的敬意。获2014年度志愿者服务“先进集体称号”。

2014年获县级以上荣誉称号先进集体

单　位	荣誉称号	授予单位
党校	2014年目标考核良好	县政府
党校青年志愿者	先进集体	县委　县政府

2014年获县级以上荣誉称号先进个人

姓　名	荣誉称号	授予单位
范莉莉	全省党校系统教师教学竞讲二等奖	省委党校

（黄　振）

老干部工作

老干局正副职名单

局　长	张正余
副局长	孙台东　张红梅

【概况】 2014年末，有离休干部190人，分布在12个乡镇和36个县直单位。其中，机关离休81人，事业离休42人，企业离休67人。正县级1人。退休干部7789人，其中县处级退休干部61人，正科级退休干部414人，副科级退休干部576人。

【老干部政治待遇】 离休干部的政治待遇主要有慰问（包括茶话会、座谈会、联欢会）、参观工农业生产、听报告、参加重要会议，阅读文件、健康检查等。慰问方面，春节、七一期间，县委县政府的主要领导通过上门、召开座谈会、茶话会等形式向离退休老干部们表示慰问，向他们表达敬意、表示关心、征询意见。在日常工作中，对老干部局机关干部进行分组，由领导带队，遇有老干部生活遇到困难、生病住院等情况时，均组织人员带着慰问品慰问金登门走访，进行慰问，并把感情交流与解决问题结合起来；参观工农业生产方面，5月，县委老干部局组织全县离休干部就近参观安徽省非物质文化遗产园，各单位还分别根据各单位的实际情况组织离退休干部外出参观游览；听报告和参加重要会议方面，每有重要会议，均邀请离休干部代表参加会议，使老同志能积极参政议政，发挥经验优势，保障决策的全面性和正确性。每有老干部系统的重要会议，均由分管的县委副书记向老干部通报全县经济社会发展情况，使老同志了解全县发展基本情况及国内外基本形势，增强党性，在政治上、思想上、行动上与党中央保持一致，离休不褪色。坚持定期学习制度，每月25日，组织县城城关地区离休干部到县老干部活动中心进行一次政治学习，听取老干部对工作的意见和建议，解决老干部关心的一些热点问题；阅读文件方面，严格执行上级精神要求，做到“三有”（有一套专门文件、有固定的阅文室、有健全的阅文制度）；4月，县委老干部局组织全体离休干部、县处级退休干部和副团以上转业干部到合肥105医院进行健康检查，检查费用作为综合预算统一报销。

【老干部生活待遇】 主要包括离休费、生活补贴（含一次性生活补贴）、住房、用车、医疗保障、护理费、丧葬费、遗属生活困难补助费、交通费、通信费、探亲待遇、特需费等。根据"单位尽责，社会统筹，财政支持，加强管理"的原则建立起来的离休干部"三个机制"（离休费保障机制、医药费保障机制、财政支持机制），确保离休干部生活待遇全面落实。其中，离休费方面，行政机关和机关事业单位离休干部离休费由同级财政负担，企业离休干部离休费由社会保险经办机构确保足额按时社会化发放。1945年9月2日以前参加革命工作的离休干部按其本人标准工资，每年增发一至两个月的工资作为生活补贴。离休干部住房实行发放住房补贴的方式，补贴额为离休干部基本离休费的3%，机关、事业、企业单位的离休干部房贴均由县财政统筹解决，由县委老干部局统一发放；医药费方面，只要是离休干部在制度范围内发生的医疗费用，均实报实销。护理费方面，老红军享受每月1800元的护理费，因瘫痪等原因生活长期完全不能自理和年满85周岁的老干部，每月享受900元的护理费。1937年7月7日到1945年9月2日参加革命工作的离休干部每人每月发放1200元护理费，1945年9月3日到1949年9月30日参加革命工作的离休干部每人每月发放800元护理费；丧葬费为每人2000元，病故的，按其病故时上一年度全国城镇居民人均可支配收入的2倍加本人生前40个月的基本离休费发放一次性抚恤金；遗属生活困难补助标准是在执行皖人社发[2009]38号文件规定的基础上，每人每月增加300元；交通费县处级每人每月30元，其他人员每人每月20元；通信费县处级每人每月60元，其他人员每人每月30元；其他待遇均与在职同级干部一样对待，并优先照顾。

【老干部信访接待工作】 利用每月25日老干部政治学习日等途径，让老干部们畅所欲言，认真听取老干部的意见和建议，及时向老干部通报工作情况和县内重要会议精神与重大举措，让老干部了解情况。对老干部来局来电（来信）反映问题，热情接待，耐心听取并详细记录老干部所反映的问题。共性问题，及时全面地向县委、县政府领导汇报，限时向老干部作全面的通报和解释工作，争取老干部的理解和支持；个性的政策范围内的实际问题，认真了解核实，积极主动地与有关单位联系，做好协调工作，帮助解决落实到位，政策范围以外的问题，耐心细致地做好解释说服工作。对上级机关批转的信件，及时了解核实，做好落实工作，并按照要求报送处理结果。认真对待、慎重处理每一件信访，做到件件有着落，事事有结果，不拖延、不推透、不敷衍。全年无一例老干部集体访、越级访。

【老干部党支部建设】 完善离退休干部党支部的组织设置，创新组织活动方式，每一位老干部党员都编入党的一个基层组织，参加正常的组织生活。全县单设的离退休干部党支部有77个，其中机关单位43个，事业单位32个，企业单位2个，离退休干部党支部成为组织老干部学习、统一老干部思想、凝聚老干部力量的重要阵地。

【老干部活动中心建设】 为进一步加强老干部阵地建设，以县城沿河东路大拆迁为契机，争取县领导重视支持，重新规划设计建设新的老年大学、老干部活动中心。活动中心占地面积达10.26亩，建成综合楼建筑面积达10000平方米，另有地下车库约1000平方米。该中心为老干部和老年人群安享晚年快乐时光，发挥老干部作用，开展老年活动，做到"六个老有"提供良好的舞台和阵地。

【发挥老干部作用】 离休干部按照"三个有利于"的原则和宗旨，积极参与经济活动；党委、政府重视发挥高层次离退休老干部的作用，重大决策、重大会议、重大活动，如制定发展计划、重点课题调研、重大人事变动、党代会、人代会、政协会、招商引资等都请老领导参加，征求他们的意见建议，请他们出谋献策。

【队伍建设】 继续开展周一固定学习日活动、老干部系统"三心"主题教育实践活动和老干部系统"五大建设"，提高全体干部职工的政治理论水平和业务水平，提高为老干部服务的水平。

（薛尧兵）

老年大学

老年大学正副职名单

校　长	计国政
副校长	陈锦先　刘华胜　张华祥 张正余　程立才

【概况】　校园占地面积14.3亩，教学大楼主楼10层，附楼2层，建筑面积10800平方米，其中校舍面积8958平方米。主楼拥有大、中、小标准教室26个，有可藏书1万多册的图书阅览室1个，附楼一层为报告厅，二层为多功能厅，可容纳万名学员。教学功能齐全，设备现代。校园环境优美。校园环境、校舍面积、硬件设施为安徽省县级老年大学之最。现有教师29名，开设26门课，32个班，学员1120多名、3410多人次。

【课程】　学校因人施教，因需设课。开设的26门课程是：语文、保健卫生、摄影、绘画、音乐、庐剧、黄梅戏、腰鼓、保健操、太极拳、太极剑、太极柔力球、太极健身球、民族舞、秧歌舞、交谊舞、踢踏舞、楷书、隶书、二胡、葫芦丝、电脑、电子琴、乒乓球、象棋、历史文化。其中热门课为适合老年朋友强身健体、愉悦心身的文艺、文体类课，如音乐、庐剧、黄梅戏、民族舞、太极拳（剑）等，每门课学员达50人以上，有的达200人左右，需开两个以上班方能容纳。

【学员】　1000多名学员的身份为：机关县、局级离退休干部，一般退休干部职工，退休教师、工人，居民、农民。学员年龄大的80岁左右，小的50岁上下。男学员、女学员分别占30%和70%左右。学员多数来自县直机关、企事业单位和县城街道、社区；少数来自靠近县城的乡镇和合肥东郊，他（她）们乘公交车或驾车上学。学员中有老俩口子，也有一家两代一道参学。

【教师】　有的教师，如音乐、电脑、电子琴、语文、历史文化等课教师，是从中小学选聘的专业教师。有的教师，如庐剧、二胡、摄影等课教师，是从社会名流或文化部门退休的原专业干部和演员中选聘的。有的教师，如保健卫生课教师，是从县级医院选聘的主任医师。他们有丰富的教学经验和较强的教学能力。他们的教学受到学员们的好评。

【培训】　发挥师资力量雄厚的优势，继举办太极拳、太极剑、健身球、柔力球培训班之后，6月中旬举办第六套秧歌舞培训班，18乡镇和县城社区老年学校共选派80多人参训，为基层老年学校培训舞蹈课辅导教师。同时，带动一些乡镇也举办拳、剑、球、舞培训班，为村级老年学校培训辅导教师，解决基层老年学校相关师资紧缺问题。

【比赛】　6月下旬，举办全县健身球比赛，乡镇和县城社区老年学校组织20个队200多人参赛，既检验了上年培训的成果，又推动了全县乡村、社区老年教育和全民健身活动的开展。从合肥市请来的专业裁判称赞肥东老年大学之举在全市尚属第一家。

【书展】　9月上旬，与县老年书画研究会、县老龄办、县人社局联合举办合肥地区四县一市老年书画（摄影）联展肥东巡展。参展书画作品200多幅，摄影作品160多幅。此举，在合肥市五个县（市）老年大学中又属第一家。

【展演】　12月底秋季学期结束前，除了各班级组织一次教学总结、自娱自乐活动，校艺术团还组织两场展示教学成果文艺汇报演出。一场是校艺术团乐队器乐专场，另一场是各班级选送与本班级教学内容相关的节目汇演。节目有合唱、拳、剑、舞蹈、器乐独奏合奏、诗朗诵、戏剧、门歌等。所演节目都是各班教师、学员自己创作、编排的。

【出刊】　编印出版《老年园地》报刊4期，组织撰写有关老年教育的论文4篇，其中1篇获市一等奖。

【体检】　为学员办理校内学习期间的人身意外伤害保险，11月，为全校学员、教师进行免费体检，深受学员教师们欢迎。

（陈锦先）

关工委

关工委正副职名单

主　任	张昌柱
副主任	童宗海　郭道兴

【关工宣传】 先后在国家、省市媒体上发表文章77篇。其中，《中国火炬》1篇，中国关工委网站11篇，《全国家庭实验》3篇，《安徽关工通讯》8篇，《安徽教育关工通讯》3篇，《安徽老年报》2篇，《合肥关工通讯》及网站49篇。作党的十八大精神宣传和法制报告，抗日等报告宣传。先后撰写《践行核心价值观——以雷锋为镜》、《我们怎样培育和践行核心价值观》、《严格遵纪守法　做阳光青少年》、《抗日的烽火熊熊燃烧在肥东大地上》等报告稿，全年报告241场次，听众11万人次。

【组织指导学生朗诵征文比赛】 组织指导县中小学生开展“祖国颂”朗诵比赛。一中李文君获市二等奖；城关中学、撮镇中学获市优秀奖；县关工委获市组织奖。组织指导县中学生开展“我心中的伟大祖国”征文比赛，收到征文86篇，经县评选，报市关工委5篇，经市评选，二中马雪莲获二等奖；其余4人获优秀奖。

【青少年普法教育】 开展第二届“关爱明天·普法先行”教育活动，肥东获“全国青少年普法教育先进示范区”称号。县关工委主要负责人任县普法领导组副组长。县关工委副主任童宗海深入中小学作法制报告，成绩显著，被中国关工委、司法部、中央综治办联合授予全国法制宣传先进个人。

【编印通讯】 交流关工经验，沟通情况，县关工委自办《肥东关工通讯》，全年编6期，约10万字。

【报刊征订】 全年征订《人民日报》、《新华每日电讯》、《光明日报》、《经济日报》、《安徽日报》等各1份；征订业务刊物《中国火炬》446份、《少儿画王》2547份、《少儿科技》367份。

2014年获县级以上荣誉称号先进集体

单　位	荣誉称号	授予单位
县关工委	《中国火炬》征订发行先进单位	中国关工委
县关工委	2014年度全市关工刊物征订发行先进单位	市关工委
县关工委	全市中小学生《祖国颂》朗诵比赛组织奖	市关工委
撮镇中学	全市中小学生《祖国颂》朗诵比赛优秀奖	市关工委
城关中学	全市中小学生《祖国颂》朗诵比赛优秀奖	市关工委

2014年获县级以上荣誉称号先进个人

姓　名	荣誉称号	授予单位
童宗海	全国法制宣传先进个人	中国关工委 司法部 中央综治办
童宗海	全省离退休干部先进个人	省委组织部 省老干局
童宗海	《浅谈新型城镇化问题》全省二等奖	省老科协
童宗海	《为青少年放歌　替关工委立传》市优秀作品奖	市关工委
童宗海	《祖国　我爱你》全市离退休干部《歌颂祖国》征文一等奖	市委组织部 市老干局

单　位	荣誉称号	授予单位
许高森	市关爱留守儿童“五老”志愿者	市关工委
李晓霞	市“十佳”留守儿童	市关工委
王慧琴	市优秀留守儿童	市关工委
浦张婷	市优秀留守儿童	市关工委
葛书妍	市优秀留守儿童	市关工委
薛罗成	市优秀留守儿童	市关工委
赵东方	市优秀留守儿童	市关工委
李文君	市中小学生《祖国颂》朗诵比赛二等奖	市关工委
肖家阔	市中小学生《祖国颂》朗诵比赛辅导奖	市关工委
马雪莲	市中学生《我心中的伟大祖国》征文二等奖	市关工委
程蓓蓓	市中学生《我心中的伟大祖国》征文辅导奖	市关工委
张玉婷	市中学生《我心中的伟大祖国》征文优秀奖	市关工委
宣恒均	市中学生《我心中的伟大祖国》征文优秀奖	市关工委
方雅萍	市中学生《我心中的伟大祖国》征文优秀奖	市关工委
王　瑾	市中学生《我心中的伟大祖国》征文优秀奖	市关工委

（童宗海）

党史研究

党史研究室（地方志办公室）正副职名单

主　任	李继海
副主任	汪本炎

【党的群众路线教育实践活动】 两次开展“集中学习周活动”，对机关存在的“四风”问题征求各类意见24条，查摆问题，开专题民主生活会。班子成员撰写对照检查材料，开展批评与自我批评。制定领导班子整改方案和专项整治方案，健全财务制度，执行年初预算，实行财务公开；健全公务接待制度，按照规定标准接待；健全公车使用制度；健全文稿打印制度。控制“三公”经费支出。制定整改落实计划。明确责任人、责任科室、进展情况、完成时限。领导班子成员制订个人整改清单。活动结束后，进行“回头看”，巩固教育实践活动成果。

【工作新常态】 县委、县政府重视党史工作，县委常委会专题听取党史工作汇报，将党史工作纳入年度目标考核内容。乡镇和县直单位配齐配强党史联络员，党史工作网络健全，全县各级党史工作有人管、有人抓、有人做。各地各单位知晓党史单位性质、了解党史工作情况、支持党史部门工作、完成党史工作任务。

【党史宣传】 在中国日报网、人民网、新华网安徽频道、市地方志网、市党史简报、合肥晚报、肥东报、肥东手机报、肥东政府网、《江淮文史》、《党史纵览》等媒体发表新闻稿件20篇。开展建党九十三周年纪念活动，开展七·一“领导干部党史教育日活动”；在《合肥晚报·肥东晨刊》刊登“七·一”党史专版：肥东县历届人民代表大会巡礼，宣传肥东党史及重要党史人物；改进肥东史志网，将党史资料上传到网站，方便社会各界了解肥东的历史和现状，扩大包公故里魅力肥东的知名度和美誉度。

党史地方志暨年鉴编纂工作会议

【编研成果】 编辑出版2014年《肥东大事记》季刊4期。编写《包公故里·红色肥东》系列丛书——《红色肥东》、《历史印迹——中国共产党肥东历史大事记》、《辉煌历程——中国共产党肥东历史资料专题集》。编写《中国共产党肥东历史（第二卷）》编纂大纲。为编纂《安徽英烈》提供肥东部分烈士资料。

【政协议案】 对市政协第13届2次会议第151号“关于保护利用好淮军文化资源为‘大湖名城’增辉添彩的建议”，做出办理情况报告。

【文明创建】 探索城乡党组织结对共建工作新机制，丰富共建内容，深化活动载体。打造学习型清廉型务实型机关，创建“文明单位”，树立新形象。

【廉政建设】 围绕服务全县中心工作大局，努力建设“廉政型机关”，坚持教育、制度、监督并重，抓党风廉政建设，完成党风廉政建设和反腐败工作任务。

2014年获县级以上荣誉称号先进集体

单　位	荣誉称号	授予单位
党史研究室	2014年目标考核良好	县政府

2014年获县级以上荣誉称号先进个人

姓　名	荣誉称号	授予单位
唐邦祝	《肥东与渡江战役》获三等奖	市委党史研究室　市党史学会　渡江战役纪念馆

（金小妹）

县直机关党建工作

机关工委正副职名单

书　记	胡晓红
副书记	王茂勤

【概况】 2014年，工委紧紧围绕县委、县政府重大决策部署，以开展党的群众路线教育实践活动为主线，以建设为民、务实、清廉的机关为目标，以加强机关党员干部党性锻炼和改进机关作风为重点，把服务中心、建设队伍贯穿机关党组织活动始终，不断提高机关党的建设科学化水平。12月，工委辖6个直属党委，19个总支，199个党支部，其中直属党支部54个，党员总数4013名。全年收缴党费459554元。

【思想政治建设】 按照中央和省市县委的部署，从严从实抓好党的群众路线教育实践活动各个环节的工作，围绕“七个一”开展集中学习讨论，组织机关党员、退休干部到渡江战役纪念馆和安徽好人馆开展党日活动；认真抓好“四个专项”检查，以正风肃纪为重点，对工委的会风、文风、作风以及“三公经费”开展专项整治；以“五抓”促整改：抓理论学习、抓政治纪律、抓联系群众、抓措施落实、抓制度建设，制定整改措施，健全完善贯彻《条例》和机关党建工作制度、书记抓党建工作制度、工委委员会制度、机关党务干部培训和轮训等制度，教育实践活动取得实效；举办十八大和十八届三中、四中全会精神辅导报告会，组织机关200多名党员参加十八大报告理论测试；开展“书记讲党课”活动，推荐1名基层党组织书记参加合肥市“书记讲党课”竞赛活动，荣获三等奖；开设机关大讲堂，组织开讲8次，培训机关党员干部近1300人/次，进一步提高机关党务干部的政治理论素质、党建业务水平和服务经济发展能力。

【党组织建设】 年初，召开机关党的工作会议，部署机关基层党组织年度党建工作任务；七一期间，开展建党93周年系列纪念活动，举办迎“七一”党的知识竞赛，参加竞赛党员1500名；弘扬先进典型事迹，组织工委机关党员学习党史，进行革命传统教育，提炼党性修养；

开通肥东机关党建网站，宣传肥东机关党建工作动态，提高工委服务基层、服务党员的水平；认真开展结对共建活动，围绕创建服务型机关党组织，做好服务基层群众工作，争取资金帮助支持八斗镇富旺社区、塅谈村和九店村做好农村党建工作，积极服务企业，指导结对共建企业安徽金泰化工有限公司做好非公企业党建工作，帮助建成市级职工书屋，争取奖补资金4万元；抓好党组织设置和换届工作，完成34个基层党组织换届选举工作，新成立党总支1个、支部2个，整建转出党委1个、党支部2个。

【党员队伍建设】　严格执行发展党员计划，全年发展党员45名。认真做好军转干部和大中专毕业生党员组织关系接转工作，严格按照组织关系接转要求及时做好服务工作。在春节、七一等节日期间，走访慰问困难党员和群众66户，发放慰问金43800元，在镇南社区认领微心愿6个；举办2014年度建党对象培训班，培训建党对象62名，组织新党员参观红色教育基地——渡江战役纪念馆。

【党风廉政建设】　按照县委要求，深入机关、事业、企业党组织开展“下基层、接地气、找问题、转作风”活动，把中央改进工作作风八项规定和省市县委的各项要求落到实处；举办肥东县迎新春干部职工廉政书画摄影大赛；抓好省、市、县级廉政文化示范点的创建工作，创建省级示范点2个，市级示范点11个，县国税局荣获全省廉政文化建设示范点标兵，促进了县直机关党风廉政建设；深入推进党务公开，做到重大决策、目标任务常年公开，日常工作随时公开，做好“三重一大”工作，建立完善重大决策、重要工作部署征询党员意见机制。

【活动载体】　开展形式多样的活动，展现县直机关党员干部群众积极向上的精神风貌，提高机关干部职工身心素质。与相关单位共同主办肥东县第七届“中国光大银行杯”千人万米长跑比赛；5月14日，举办肥东县第二届县直机关职工拔河比赛，组织49个代表队参加；10月31日，举办“践行群众路线、建设幸福肥东”书画摄影展，收到书画摄影作品189件，鳞选120件优秀作品进行展出；11月15日，举办肥东县直机关干部职工首届登山比赛，856人参加比赛；积极开展文明交通引导活动，组织机关党员志愿者，在县城主要交通要道口，开展党员义务文明交通引导，树立党员良好形象；发挥党员志愿者作用，以“三走进、三服务”活动为载体，组织县直15个单位到桥头集镇，助推美好乡村建设，有效整合机关服务资源，搭建服务平台，使机关党员志愿服务活动务实有效、形成常态；共建“党员示范林”，组织机关党员志愿者近500名到牌坊乡和杨店乡开展义务植树活动；组织县书法家协会会员为美好乡村联系点建华社区义务写春联；与文明办等单位举办肥东县“12.5”国际志愿者日暨在职党员到社区报到工作启动仪式，400名党员志愿者参加启动仪式。

【群团组织活动】　发挥工会的职能作用，积极开展创建“职工之家”、“职工书屋”活动，丰富干群文体活动;加强共青团组织建设，6月7日，举办“真心相对　缘来是你”——肥东县首届单身青年联谊会，为平常工作忙碌、社交范围小的职场青年提供婚恋交友平台，关注年轻人成长,传递组织关爱，配合团县委积极开展青年岗位能手、青年志愿者行动、青年文明号活动，被团县委评为“五四”红旗团组织;发挥机关妇女组织作用，建强组织，健全机制，抓好培训，提升能力。

【武装】　抓好县直武装工作，扎实做好2014年夏季征兵工作和民兵预备役整组工作，按照县人武部的要求，组建医疗救护分队、气象水文分队、应急快反连、信息员等五支专业队伍，认真开展组织参加集训，积极做好夏季征兵工作，为部队输运合格新兵4名。

2014年获县级以上荣誉称号先进集体

单　位	荣誉称号	授予单位
机关工委	合肥市第十三届文明单位	市委　市政府

（薛敏杰）

新闻中心

新闻中心正副职名单

主　任	许泽夫
副主任	杨　梓　蔡兴乐

【概况】 8月8日，《合肥晚报·肥东晨刊》创刊。《肥东晨刊》凭借《合肥晚报》的品牌优势，全力打造“本土化”新闻，在保持党报属性的同时，以都市报的风格坚持贴近百姓，用百姓语音全方位解读肥东发展，用普通读者的视角诠释县域经济发展成果，受到广大干部群众支持和喜爱，成为肥东的政经大报。从周一到周五，每天8个版，各版面依次为头版为封面，二三版为时政新闻，四五版为社会新闻，上述为常设版，六版为基层或镜像，七版为浮槎山副刊或悦读，八版为专刊或广告。《肥东晨刊》不仅通过邮局进入全国征订系统（邮发代号：25-5015），还依托于合肥晚报的发行渠道，定向投送到市政务大楼、巢湖市、肥西县、长丰县、庐江县及全市各区委办局等。

《合肥晚报.肥东晨刊》揭牌仪式

【新闻报道】 中心紧紧围绕县委、县政府各阶段、各时期工作重点、大事大项，做到早策划、早准备、抓特色，出精品，深入挖掘主题，进行全面、充分、及时、深入的报道。在两会报道上实现重大突破，推出《人大代表 政协委员风采录》专访，当日新闻当日出版发行，经过事先的精心策划和记者的辛勤努力，全方位报道两会的盛况，并配发评论，收到预期效果；重点推出《贯彻县“两会”精神》、《贯彻学习县委十一届六次全会精神》、《深入开展党的群众路线教育实践活动》等栏目建设，进一步激发全县广大党员和干部群众干事创业热情，为加快“与市同步率先全面建成小康社会”进程营造舆论氛围；围绕《“三线三边”环境整治》、《创建全省文明县城在行动》、《美好乡村建设》等重点工作的开展，以头版头条的形式深度报道文明县城创建成果和举措。同时结合肥东手机报共同宣传党风廉政建设等内容，对招商引资、食品安全、非公企业、保障民生等进行及时准确报道，对重大选题都事先进行策划，及时配发本社评论，营造人人参与活动开展、人人关注的浓厚氛围。

加强报纸的品牌栏目、品牌版面和特色专刊的建设，是提升新闻报道高度与深度的重要举措。中心围绕文明县城创建活动、党的群众路线教育实践活动、美好乡村建设、民生工程建设等重点工作，以报纸为载体，开设《行走乡镇》、《我的中国梦——奋斗的青春最美丽》、《三线三边 环境整治》、《为了中国梦 文艺惠万家》等栏目营造浓厚的氛围。结合秸秆禁烧，开设《禁烧在行动》栏目，集中宣传禁烧期间全县工作进展。9～10月，以教师节为契机，新增《感谢恩师》栏目，用3个专版集中宣传报道3位乡村教师。依托肥东报自身特点，依托晨刊自身特点，开设《道德模范》专栏，宣传报道全县20名道德模范候选人，践行社会主义核心价值观，发挥道德模范的示范引领作用，大力弘扬社会正气，推动公民道德建设深入开展，努力在全社会形成知荣辱、讲道德、树新风、促和谐的文明风尚。开设《文化肥东百张名片》专栏，全面挖掘肥东历史文化内涵，人文精神，立体展现肥东的地理生态，提升文化的软实力，为肥东的文化、生态及旅游业提供展示平台和推介载体。利用《肥东手机报》新兴媒体，在第一时间为县内副科级以上及肥东籍在外知名人士、领导干部提供最新、最快的新闻和服务资讯，成功出刊660余期，其中与县纪委、团县委共同打造“肥东手机报廉政版、青年版”。加强新闻采编人员的思想教育，着重提高采编人员的业务水平。结合报社实际，进一步规范采、编、专题等方面工作流程、环节运行规定等。

【对外宣传】 全年在中央、境外媒体发稿

70余篇，其中在《香港文汇报》5篇、《香港大公报》3篇、《香港商报》60篇、《科技日报》1篇、《农民日报》1篇。在 省级媒体共发稿45篇，其中《安徽日报》17篇、《安徽商报》4篇、《安徽日报农村版》24篇。市级党报发稿100余篇，其中《合肥日报》71篇、《合肥晚报》33篇。在中央、省市网络发稿300多篇，含中新网、新华网、人民网、中国日报网等，大大提升肥东的对外形象和美誉度，为肥东的外宣做出应有的贡献。

读报

2014年《合肥晚报·肥东晨刊》编印一览表

项　目	单　位	2014年
出刊总期	期	186
其中：特刊数	期	3
印报总数	万份	189.8
全年投稿数	篇	71850
采用稿件数	篇	23740
刊用新闻照片数	张	3620
常用专栏数	栏	32

2014年获县级以上荣誉称号先进集体

单　位	荣誉称号	授予单位
县新闻中心	县级文明单位	县委　县政府
县新闻中心	合肥市卫生先进单位	市爱国卫生运动委员会
县新闻中心	创建第一届安徽省文明县工作先进集体	县委　县政府

2014年获县级以上荣誉称号先进个人

姓　名	荣誉称号	授予单位
蔡兴乐	未成年人思想道德建设先进个人	县委　县政府
张建军	创建第一届安徽省文明县工作先进个人	县委　县政府
肖劲松	创建第一届安徽省文明县工作先进个人	县委　县政府

（张建军）

肥东县人民代表大会

□人大常委会工作概况
□重要决定
□工作调研
□执法检查
□人大常委会办公室工作

人大常委会工作概况

县人大常委会正副职名单

主　任	阚延平
副书记	黄永伦　费瑞华
副主任	张　翔　杨玉好　王华波　许忠杰

2014年，召开常委会会议7次、主任会议5次，听取审议“一府两院”专项工作报告26项，组织开展执法检查4次、专题视察3次，发出审议意见书16份、主任会议纪要5份，首次开展专题询问，保障和促进全县经济社会又好又快发展。依法任免国家机关工作人员20人次，及时补选县人大代表4名。

重要决定

县十六届人大常委会第十六次会议通过关于接受邓建胜同志辞去肥东县人民政府副县长职务请求的决定；会议作出关于同意将肥东县第一中学新校区等建设项目贷款本息及保费纳入财政预算的决议。

县十六届人大常委会第十七次会议通过关于接受丁凌云同志辞去肥东县十六届人大常委会委员职务请求的决定；免去丁凌云同志的县人大常委会财政经济工作委员会副主任职务。

县十六届人大常委会第十八次会议任命：葛俊、史炳志、郭杏、关堂梅、童彩菊、黄永兰、韩永东、崔晓峰、柏培华同志为肥东县人民法院人民陪审员。

县十六届人大常委会第十九次会议决定任命：莫丽克同志为肥东县人民政府副县长；王文祥同志为肥东县市场监督管理局局长；会议任命：钟敏、袁静、黄丽丽、张宇萍、朱小龙、江山红、李旭、韦国庆、杨宇、陈镇、黄敏同志为肥东县人民法院人民陪审员；宋浩同志为肥东县人民检察院检查委员会委员；会议决定：接受陈常荣、罗胜利同志辞去县十六届人大常委会委员职务的请求；会议免去：陈常荣同志的县人大常委会人事代表选举工作委员会主任职务、罗胜利同志的县人大常委会财政经济工作委员会主任职务；会议通过《肥东县人民代表大会常务委员会关于批准肥东县国民经济和社会发展第十二个五年规划纲要部分指标调整方案的决议》。

县十六届人大常委会第二十一次会议任命：阚燕、孙雪洁、赵盛松、张铁斌、张开文、朱宝蓉、刘新华、蔡忆芬、席绪芳、宋静、郑莉同志为肥东县人民法院人民陪审员。

县十六届人大常委会第二十二次会议任命：鲁青、蔡为国、毕梅宝、施晓晖、章云华、项东同志为肥东县人民法院审判委员会委员；王炜、李冬、许长忠同志为肥东县人民法院审判员；张开富、陈大勇、刘恩静、邹群琼、杨业贵、高少清、于浩文、崔冠梅、葛菊、毕权胜、纪雪梅同志为肥东县人民法院人民陪审员；会议作出批准肥东县2014年预算调整方案的决议；会议通过关于召开县十六届人大四次会议的决定。

工作调研

【文化产业发展调研】 2月，县人大常委会对全县文化产业发展情况进行调研。建议县政府及其文化主管部门要提高认识，切实把文化产业发展摆到突出位置；理清思路，明确文化产业发展方向；完善机制，激发文化产业发展活力；拓宽渠道，加大文化产业资金投入；突出重点，提升文化产业发展水平。

【拆迁安置房建设调研】 4月，县人大常委会对全县拆迁安置房建设情况进行调研。建议县政府及其相关部门要切实把拆迁安置房建设摆上重要位置，优先保障项目建设用地指标，加大资金投入力度，加强审批工作研究，落实牵头部门和具体责任人，按照分类办法，积极推进安置房办证工作；出台相关办法措施，在做好房屋安置的同时，落实好物业管理，相关乡镇和园区要重视和关心拆迁户中的老人、病人居住生活，积极帮助解决租房难题。

【“河长制”工作调研】 4月，县人大常委会对“河长制”工作开展调研。建议县政府及其相关部门要强化组织领导，充分发挥“河长制”作用；加大宣传力度，努力营造良好社会氛围；提升工作质效，着力推进水环境治理；加强执法监管，切实解决排查发现问题。

【刑事案件侦破工作调研】 6月，县人大常委会对刑事案件侦破工作情况进行调研。建议政府及其公安主管部门要充实刑侦力量，提高队伍素质；加大保障力度，提高技防技侦水平；完善防控体系，加强群防群治，努力推动刑侦工作再上新台阶。

【土地利用和土地执法工作调研】 10月，县人大常委会对土地利用和土地执法情况进行调研。建议县政府及其国土主管部门要进一步开展土地法律法规宣传，积极营造保护耕地、依法用地的良好氛围；完善相关机制，提高土地利用率；加强联动配合，加大执法监察力度；规范征地行为，推进“净地”出让，确保科学合理利用土地。

【社会抚养费征收调研】 10月，县人大常委会对社会抚养费征收情况进行调研。建议县政府及其计生主管部门要进一步加强宣传，营造良好征收氛围；依法行政，规范征收执行程序；突出重点，加大征收执行力度；选准对象，强化非诉案件执行；加强领导，形成齐抓共管格局，推动人口计生工作持续健康发展。

【农村道路建设调研】 12月，县人大常委会对全县农村道路建设情况进行调研。建议县政府及其交通主管部门要加大投入，提高通达水平；消除隐患，确保交通安全；加快进度，确保工程质量；健全机制，强化养护管理。

【案件执行工作调研】 12月，县人大常委会对案件执行情况进行调研。建议县法院要加大宣传力度，营造良好氛围；完善执行机制，增强执行实效；加强队伍建设，提高干警素质。

【反贪污贿赂工作调研】 12月，县人大常委会对反贪污贿赂工作情况进行调研。建议县检察院要突出重点，加大工作力度；拓宽渠道，提高侦查技能；优化结构，加强队伍建设；惩防并举，抓好警示教育。

执法检查

【《食品安全法》执法检查】 8月，县人大常委会对《食品安全法》贯彻实施情况进行执法检查。督促县政府及其相关职能部门要深化监管体制改革，实现食品安全监管全覆盖；加大投入保障，提升监管能力；坚持从严执法，加大行政处罚；完善监管长效机制，预防遏制隐患发生；加强宣传教育，营造良好的社会氛围。

【《防震减灾法》执法检查】 11月，县人大常委会对《防震减灾法》贯彻实施情况进行执法检查。督促县政府及其相关职能部门要牢固树立防震减灾意识，大力宣传防震减灾知识，增加经费预算和人员编制，提高监测预报准确性，强化组织领导，明确部门责任，增强联动合力，确保将各项措施落到实处，不断提升防震减灾工作能力。

人大常委会办公室工作

人大常委会办公室正副职名单

主　任	陈剑波
副主任	薛文军　王顺成　吴　松

【发挥参谋助手作用】 根据县委工作重点和人大工作实际，起草常委会年度工作要点，围绕“三会”服务，就大会各项文字材料、会议安排、会务保障、宣传等工作进行筹备和协调，保证大会各项程序依法顺利进行。协助工作委员会做好会前调研，为常委会审议专项工作报告提供参考依据。围绕常委会监督工作提出的意见和建议，撰写审议意见书、会议纪要等文件，及时转交“一府两院”及相关部门贯彻落实。

【开展群众路线教育实践活动】 加强机关干部学习教育，全面查找作风方面的突出问题，认真落实整改措施。完善机关公务接待、车辆管理等制度，规范机关运行机制，开展省级文明单位创建，推进“志愿者服务”常态化，组织与联系村和社区党组织开展共建活动，发动募捐结对帮扶贫困户。主动服务老干部，组队参加全省法律知识竞赛和乒乓球、登山、长跑、拔河等比赛。

【宣传信息工作】 围绕人大工作重点，利用电视台、报刊和网站等宣传阵地，广泛宣传人大工作成效；以“代表风采基层行”为载体，宣传代表履职风采，通过省、市人大信息平台，积极反映人大工作亮点和代表之声。在全国、省、市人大媒体上刊载发表1000多篇（条）稿件，连续五年获全市人大系统信息工作优胜单位称号。

2014年获县级以上荣誉称号先进集体

单　位	荣誉称号	授予单位
人大办公室	第十届省级文明单位	省文明委
人大办公室	市级卫生单位	市爱卫会
人大办公室	全市人大信息工作优胜单位	市人大办公厅

2014年获县级以上荣誉称号先进个人

姓　名	荣誉称号	授予单位
吴　松	全市人大信息工作先进个人	市人大办公厅

（薛文军）

肥东县人民政府

□ 县政府工作概况
□ 重要会议
□ 重要活动
□ 县政府办公室工作
□ 机构编制工作
□ 信访工作
□ 档案管理
□ 县直机关事务管理

县政府工作概况

县政府正副职名单

县　长	路　军
副县长	张红军　韩东亚　殷宝平 沈满祥　莫丽克　宋　琪 何　斌　顾义勇　张　骏

2014年，县政府深入贯彻落实党的十八届三中、四中全会精神，统筹稳增长、促改革、调结构、惠民生，克难攻坚求突破，凝心聚力促转型，保持经济社会持续稳定发展，较好地完成县十六届人大三次会议确定的目标任务。全年实现地区生产总值448.5亿元，同比增长11%；财政收入32亿元，增长0.7%，其中地方财政收入23.3亿元；完成固定资产投资458亿元，增长20.4%；规上工业总产值852.5亿元，规上工业增加值205.3亿元，增长15.6%；社会消费品零售总额73.6亿元，增长16.3%；城镇常住居民人均可支配收入24615元，增长9.8%；农村常住居民可支配收入14807元，增长12.3%。排定40项民生工程，财政总投入11.2亿元。城市低保月标准由上年的360元提高到400元，农村低保年标准由1800元提高到2000元；对29208位80周岁以上老人发放高龄津贴1168万元。为7012名"七老人员"发放生活补助金1123万元。57.4万人纳入城乡居民养老保险，发放养老金1.5亿元；城乡合作医疗参合居民94.1万人，支付补偿金3.2亿元。

重要会议

【县政府全体会议】　4月23日，县政府召开第九次全体会议，回顾总结工作，分析研判经济形势，安排部署二季度工作任务。

7月16日，县政府召开第十次全体会议，全面总结上半年各项工作，安排部署下半年工作任务，进一步夯实工作作风，加强政府自身建设。

10月21日，县政府召开第十一次全体会议，分析1—9月份全县经济形势，安排部署工作。

12月26日，县政府召开工作务虚会，总结分析2014年政府工作，研究2015年政府工作思路和工作重点。

12月30日，县政府召开第十二次全体会议，讨论即将提交县人代会、政协会审议的《政府工作报告（讨论稿）》。

【县政府常务会议】　1月10日，县长路军主持召开县政府第9次常务会议。会议讨论研究并通过县监察局关于给予马宜玉开除公职处分的情况汇报和县公务员管理办公室关于2012年度公务员考核奖励的情况汇报。

2月7日，县长路军主持召开县政府第10次常务会议。会议讨论研究《关于2013年度目标管理考核情况的汇报》、《关于2013年度村（居、社区）社会管理综合治理考核情况的汇报》、《关于2013年度十大纳税工业企业和十佳农业产业化龙头企业的情况汇报》。

3月13日，县长路军主持召开县政府第11次常务会议。会议听取县监察局《关于我县2013年度民生工程绩效考评调查情况的汇报》，原则同意县监察局关于2013年度民生工程综合绩效考评的情况调查及处理意见，要求各地各部门在今后的民生工程实施过程中，进一步加强组织、协调、推进、宣传力度，对推进过程中出现的问题要及时协调解决。

4月8日，县长路军主持召开县政府第12次常务会议。会议讨论研究并原则同意县公安局《关于辞退县公安局法制大队民警吴鹏的情况汇报》和县财政局《关于2014年民生工程实施意见的情况汇报》。

5月26日，县长路军主持召开县政府第13次常务会议。会议讨论研究县政府法制办《关于规范性文件清理工作的情况汇报》，原则同意县政府法制办关于对2014年之前以县政府及县政府办公室名义颁布的规范性文件的清理意见。会议决定，机构合并调整后新成立的肥东县市场监督管理局由顾义勇副县长分管。

6月16日，县长路军主持召开县政府第14次常务会议。会议听取并原则同意县公务员管理办公室关于2013年度公务员考核奖励的意见，会议决定将考核意见提请县委常委会议研定。

7月29日，县长路军主持召开县政府第15次常务会议。会议听取县财政局《关于进一步扶持重点产业、壮大民营经济若干意见的情况汇报》，原则同意出台关于进一步扶持重点产业、壮大民营经济的政策文件。听取并原则同意《关于鼓励和支持返乡创业的若干意见》《关于肥东县政府投资项目工程量变更管理实施细则的情况汇报》《关于2013年县本级部门决算及“三公”经费决算公开的工作方案》《关于肥东县2014年县级公共资源集中交易目录的情况汇报》。听取《关于肥东县国民经济和社会发展第十二个五年规划纲要中期评估情况的汇报》，指出受宏观经济形势等影响，有必要对“十二五”规划目标进行中期评估和修订，要求将肥东县国民经济和社会发展第十二个五年规划纲要中期评估情况向县委常委会议汇报并同意后，提交县人大常委会审议。

8月11日，县长路军主持召开县政府第16次常务会议。会议听取并原则同意《关于肥东县突发事件总体应急预案的修订意见》《关于肥东县国民经济和社会发展第十二个五年规划纲要中期评估情况的汇报》。听取《关于规范性文件清理情况的汇报》，要求按照会议提出的意见对县政府及县政府办公室规范性文件清理结果进一步审核确认后，以县政府文件印发并在县政府网站上进行公开。

10月13日，路军县长主持召开县政府第17次常务会议。会议讨论研究《关于进一步加强城镇社区建设管理的情况汇报》；听取并原则同意《关于表彰全县科普工作先进集体和科普工作先进工作者的情况汇报》《关于调整县政府领导工作分工的情况汇报》。

11月10日，路军县长主持召开县政府第18次常务会议。会议讨论研究《关于肥东县“十三五”规划编制工作方案的情况汇报》《关于肥东县建设项目大配套费征收使用管理实施细则的情况汇报》《关于肥东县行政审批事项清理情况的汇报》《关于调整城镇土地使用税等级税额标准的情况汇报》《关于进一步巩固和提升人民群众安全感和满意度专项行动实施方案的情况汇报》。

【县长办公会】 县政府定期召开县长办公会议，落实“三重一大”集体决策制度。会议由县长召集主持，副县长、县政府办公室主任、县监察局局长组成；根据会议讨论研究事项的需要，涉及到的乡镇人民政府、县有关部门和单位主要负责人列席会议。每周召开一次县长办公会，一般安排在周一上午，集体讨论研究县政府日常工作中的重要事项，县直部门和乡镇（园区）请示的重要事项，研究部署重点工作。2014年，县政府共召开县长办公会议27次，制发《县长办公会议纪要》27期，共研究231个事项。

重要活动

2月17日，全国政协委员郭为、党彦宝、朱军、张风雷，团中央统战部巡视员达娃次仁、团中央统战部青联办公室干部沈亚峰一行，对肥东农村留守儿童生活和受教育现状进行专题调研，先后深入长临河镇罗洪村、撮镇中心学校及两名留守儿童住处，对留守儿童的学习生活、家庭教育和安全保护等工作进行现场调研。团省委书记李红参加座谈会，团省委副书记周密及团市委有关负责人陪同调研。

3月5日，住房和城乡建设部村镇司副司长赵宏彦一行到肥东调研小城镇及美好乡村建设。15日，张宝顺、李锦斌、吴存荣、张庆军、熊建辉、董昭礼、凌云等省市几个班子领导及省市直机关干部和驻肥部队官兵到长临河镇茶山村义务植树基地，开展植树和春季造林活动。

4月15日，省委常委、市委书记吴存荣，市人大常委会主任熊建辉，市委副书记凌云等率各县（市）区、开发区和市直有关部门负责人，到合肥循环经济示范园实地考察重大项目，调研一季度工业经济运行情况。

5月16日，省委副书记、省长王学军在省委常委、市委书记吴存荣，市委副书记、市长张庆军以及省市有关领导的陪同下到肥东调研指导工作，了解近年来经济社会发展情况，强调各级领导干部要保持良好的精神状态，以高昂的精神面貌狠抓经济社会建设，促进各项建设全面健康发展。

6月10日，国家卫计委主任李斌到肥东县医院调研医改工作，省市领导詹夏来、吴存荣、于德志、张晓庆等陪同调研。

7月12日，国家住建部传统民居保护专家委员会工作组贾东、王新征两位专家到肥东调研指导传统村落保护工作。

8月26日，中国残联宣文部副主任邹柏林率队来到肥东县盲人阅览室、县残联残疾人文体活动室检查验收全国残疾人文化体育建设示范市创建活动。

9月10日，团中央权益部副部长王锋率团中央调研组一行，在团省、市委相关负责人的陪同下，到肥东对青少年权益保护工作情况进行调研。

11月14日，国家督学、重庆市教委专职督学钟燕率国家督导检查组一行，对肥东创建全国义务教育发展基本均衡县进行评估认定。

12月6日，中商国新集团副总裁、中商席勒通用航空有限公司董事长张广军一行到肥东考察。

县政府办公室工作

县政府办公室正副职名单

主　任	杨文保
副主任	李　康　浦相木　石　磊　盛业波　孟永华　李光中　黄本年　阚金乐　陈邦章　杨华友

【文务办理】　完成县三级干部会议、县政府全体会议、县人代会等大型会议材料撰写任务，全年撰写各类讲话稿、报告、汇报材料等160多篇80余万字，编发县政府、县政府办公室文件103件，印发《县政府常务会议纪要》10期、《县长办公会议纪要》27期、《县政府专题会议纪要》32期。上报市政务信息721条，同比增加85条；市政府采用信息216条，同比增加21条，省政府采用信息9条，同比增加5条。

【门户网站】　完成“中国·肥东”门户网站改版升级工作，发布各类信息10210条，回复网民投诉、建议、咨询1098条，回复率100%；发布27条政策解读信息；在合肥市政府信息公开网上发布信息11500余条，其中公开政府文件29个、政府办公室文件54个。被省政府办公厅授予“2014年度全省优秀政府网站”称号。

【政务督查】　2014年，政府办将县政府常务会议、县长办公会议和县政府专题会议确定的决策事项，以及省、市领导批示和《政府工作报告》中确定的66项重点工作等事项作为政务督查的重点内容，列出任务进度表和完成进度反馈表，由相关责任单位按月报送实施进度。加强与有关部门的联系和沟通，不定期开展现场督查，确保政府中心工作顺利实施和领导决策贯彻落实。

【建议与提案办理】　2014年，县政府承办市县人大代表建议、政协委员提案193件。其中，市人大代表建议4件，市政协委员提案14件；县人大代表议案和建议87件，县政协提案78件。建议、提案办结率100%。

2014年获县级以上荣誉称号先进集体

单　位	荣誉称号	授予单位
县政府	义务教育发展基本均衡县	国务院
县政府	预防青少年违法犯罪优秀县	团中央　中央综治委
县政府	全国青少年普法教育示范区	中国关工委　司法部　中央综治办
县政府	2011-2015年度全国科普示范县（五年）	中国科协
县政府	国土资源节约集约模范县（三年）	国土资源部
县政府	2014年全省粮食生产先进县	省政府
县政府	第一届安徽省文明县	省文明委
县政府	第二届安徽省未成年人思想道德建设工作先进县	省文明委
县政府	全省人口与计生工作先进县	省计生工作领导小组

单　位	荣誉称号	授予单位
县政府	全省残疾人工作示范县	省政府残疾人工作委员会
县政府	省农田水利基本建设“江淮杯”三等奖	省农田水利基建指挥部
县政府办	合肥市中小学校舍安全工程先进单位	市中小学校舍安全工程领导小组
县政府办	合肥市卫生先进单位	市爱卫会
县政府办	主办的县政府网站获“2014年度全省优秀政府网站”	省政府办公厅

（刘培培）

机构编制工作

编办正副职名单

主　任	夏家洪
副主任	李金华　周爱兵

【行政体制改革】 2014年，县机构编制委员会围绕县委、县政府中心工作，深化行政体制改革。完成工商质监食品药品监管体制改革工作。在工商、质监行政管理体制调整的基础上，整合县食品安全委员会办公室、工商行政管理局、质量技术监督局的机构和职责，以及食品药品监督管理局的职责，完成肥东县市场监督管理局组建和“三定”规定的印发工作，并按照全省统一时间节点要求，实现班子、人员、职能、机构整合、财务资产划转“五到位”目标，全面完成改革各项工作。开展行政审批事项清理工作。联合县法制办、监察局、政务服务中心，对全县各相关单位保留、新增、承接、取消、调整、合并、暂停的行政许可和非许可审批项目在单位自行清理的基础上，进行集中审核。经清理，全县本级行政审批项目154项，其中保留138项、承接16项、取消8项、转变管理方式11项、合并14项、冻结35项，较2013年同比减少39项，并以《肥东县人民政府关于公布行政审批事项清理结果的通知》对外公布。

【事业单位分类改革】 按照中共中央 国务院《关于分类推进事业单位改革的指导意见》和省、市编办有关要求，结合肥东实际，将全县按社会功能实施分类的436个事业单位划分为承担行政职能、从事生产经营活动和从事公益服务的公益一类、公益二类事业单位，除7个事业单位暂未分类外，其他的均基本完成分类工作。配合财政部门积极探索公益二类事业单位经费补助与政府购买服务相结合的服务方式。

【机构编制管理与服务】 着力强化机构编制服务保障作用。为整合农村教育资源，撤销21所初级中学、19所学区中心学校和3所村小，成立22所九年一贯制学校，并对部分中小学教职工编制进行调整；为建立救助申请家庭经济状况核对机制和加强基层社会救助能力建设，在县民政局设立肥东县社会救助信息稽核中心，承担救助申请家庭经济状况信息平台、数据库建设和维护管理，开展信息查询、信息核对等职责；为加强和改进非公有制企业党的建设工作，设立中共肥东县委非公有制经济和社会组织工作委员会，负责全县非公有制经济组织和社会组织党建工作的综合协调、政策制定、监督检查，协调指导有关部门和单位抓好非公有制经济组织、社会组织和全县流动党组织党建工作；为贯彻人才强县战略，全年为文化、教育、民政、人社等部门引进专业技术人才11名，招考、录用专业技术人员50名。很好地发挥机构编制促进经济、服务发展、保障民生的作用。开展机构和人员编制核查工作。5月，县成立以常务副县长为组长，县组织、编办、财政、人社、审计、公务员办等部门为成员的核查工作领导小组，制定核查工作方案，在全县范围内进行机构和人员编制核查，全面推行机构编制实名制管理工作。严格按照省、市编办要求，完成全县523家单位的自查自纠、复查公示、检查验收、汇总整理等各阶段工作。通过此次核查，真正做到“四清”，即机构清、编制清、职数清、人员清，为有效盘活机构编制资源，控制财政供养人员增长奠定基础。为有效控制财政供养人员增加，县编委印发《关于加强编外工作人员管理的通知》，进一步加强对编外人员的管理。

【事业单位登记管理】 完成事业单位法人年检工作。全县应参加年检的事业单位250个，已检250个，年检率和合格率均为100%。全年办理设立登记1件、变更登记25件、注销登记4件，并在肥东机构编制网进行公告。继续开展事业单位年度报告公开试点工作，在教育、卫生、人社系统选择39家事业单位，将年度报告内容在肥东机构编制网公开。规范事业单位登记档案。按照登记、变更、年检、注销进行分类、排列、编制目录、统一立卷归档保存，实行专人负责，保证档案材料真实、有效、齐全。

2014年获县级以上荣誉称号先进集体

单　位	荣誉称号	授予单位
编办	合肥市“卫生先进单位”	市爱国卫生运动委员会

（张　莉）

信访工作

信访局正副职名单

局　长	阚金乐
副局长	许才扬　王拯民

【概况】 2014年，围绕“人不出去、事要解决，降量退位、创先争优”的工作目标，落实信访工作领导责任制和责任追究制，推进领导干部接访下访、信访积案化解、体制机制创新等重点工作，妥善处理群众反映的热点难点问题，没有发生群体性事件和信访恶性案件，肥东县被市政府授予“2014年度全市信访工作目标管理先进单位”称号。

【来信来访】 全年受理人民群众信访5455件次，与上年同比增加13.6%；其中，来信907件，同比减少16.8%；来访4548人次，同比增加22.6%；来访中集体访223批2935人次，同比批数、人次分别上升18.6%、4.6%。办理进京非正常上访案件32件，按期结案率100%。办理信访复查事项43件，终结备案1件。

【领导接访阅信】 开展县党政领导接访下访活动，实行“三定一公开”，县委、县政府领导每月安排一个工作日接访，提前在报纸、网站上公示，对群众做到来访必接、接必有果。全年开展领导接访活动192期，其中党政主要领导接访24期，接待来访群众291批1891人次，化解信访事项239件。按照“一岗双责”和包保联系原则对信访突出问题、疑难问题等重点事项实行主动约访、带案下访、阅批来信，全年县党政领导带案下访87件，阅批群众来信93件。

【化解信访积案】 开展“信访积案化解绩效年”活动，成立积案化解活动工作领导组，制定《肥东县开展“信访积案化解”活动实施意见》，召开“信访积案化解”工作会议，明确信访积案化解工作目标、步骤、方法，对省市交办的38件信访积案，逐案落实县包案领导、责任单位、承办单位和办结时限。县委县政府把化解信访积案作为践行党的群众路线活动专项举措，纳入信访工作年度目标考核，召开专题点评会、组织专项督查督办、实行月通报，推动工作。省市交办的信访积案件化解36件，化解率为94.7%。

【建设信访信息系统】 成立领导小组，抽调专人负责信访信息化建设，把乡镇、园区和县联席办成员单位列入首批网上信访信息系统建设范围，拨付资金增添设备，购置联网U盾接口、身份证读卡器、查询触摸屏等设备，信访信息系统延伸至乡镇和县直单位，实现来信、来访、来电网上投诉等不同信访形式的统一流转。

【宣传教育】 加大对《信访条例》和依法逐级走访的宣传，在县电视台滚动播放相关内容，印刷《依法逐级走访》宣传折页8000份发放，提高信访群众的知晓率和认同感。在县电视台转播中央电视台《法治在线》栏目10月23日节目《依法治访 破解“上访”难题》，营造良好的舆论氛围。

【业务培训】 邀请市信访局部分处室负责

人就如何做好信访工作做专题讲授，内容主要涉及《信访条例》相关规定，国家信访局、市信访局交办件、督办件及各类信访件的办理要求，信访事项及疑难信访案件的办理程序等业务知识，针对信访工作的新形势、新变化，用具体案例探讨如何做好信访工作。全县86名信访干部参加业务培训。

【群众路线教育实践活动】 开展以“为民、务实、清廉”为主题的群众路线教育实践活动，学习教育、听取意见，查摆问题、开展批评，整改落实、建章立制，领导班子征求到39条意见，班子成员征求到38条意见，分别制定整改方案和整改清单，立学立改、即知即改。一般工作人员立足岗位查找问题，以学习整改促作风改变，以作风改变促服务提升。

2014年获县级以上荣誉称号先进集体

单　位	荣誉称号	授予单位
肥东县	2014年度全市信访工作目标管理先进单位	市政府
信访局	2014年度全省信访工作优秀调研报告三等奖	省信访局

2014年获县级以上荣誉称号先进个人

姓　名	荣誉称号	授予单位
徐　英	2014年度全市信访工作先进个人	市政府

（李昌云）

档案管理

档案局正副职名单

局　长	程道行
副局长	黎　明　项　斌

举办全县档案人员培训班

【干部培训】 5月，举办2天全县档案人员业务培训班，培训130人。选派10人参加省市档案主管部门培训班。组织档案工作人员到合肥市档案馆、肥西县档案局、巢湖市档案局参观学习。

【档案管理】 增加档案馆容量，档案库房升级改造，新添100立方米的密集架。接收有关单位档案近10000件(卷），接收宗谱50卷。完善档案馆各项制度，加强档案库房“八防”措施，对各库房的安全全面清查，存在问题及时进行解决。

【依法治档】 加大档案执法监督指导力度，在全县抽取12个单位进行执法检查。对档案信息化建设、民生、重大建设项目、企业、社区等档案监督指导。全年有10个单位的档案目标管理工作晋升为省一级先进，经开区派出所档案目标管理晋升省一级，全县12个派出所档案目标管理全部晋升省一级水平。对全县乡镇的文件归档和不归档范围、文书档案的保管期限进行备案制，乡镇档案工作有序、规范。

【档案宣传】 在“国际档案日”和“合肥市档案宣传月”中，利用报刊、宣传栏、悬挂横幅、散发传单进行宣传。向省、市、县上报信息50条。

【档案数字化建设】 档案馆添置两台电子触摸屏查询系统，档案馆档案数字化升级改造，完成电子原文扫描3422186页，电子目录1632940条。全年提供档案服务4395人次，利用档案9742卷（件）。

档案数字化建设现场

（黎 明）

县直机关事务管理

县直机关事务管理局正副职名单

局 长	盛业波
副局长	崔建国

【接待工作】 执行《肥东县党政机关国内公务接待管理细则》，规范公务接待管理；完成全县性工作会议、县“两会”和各项公务接待任务。

【宾馆改造】 改善肥东宾馆接待环境，实施升级改造方案；拆除陈旧且功能不全的东楼、西楼及闲置的锅炉房和中央空调机房；改造迎宾楼、大门综合楼、老餐厅楼、商贸办公楼；对大门、道路、绿化、建筑等重新调整布局。

【综合管理】 维护保养办公用房、供电、供水等基础设施；修缮机关大院办公楼及附属设施的损坏部位；改造办公楼的4个男女卫生间；增加办公楼内消防疏散标识和应急灯84套；调剂解决6个单位的办公用房问题。

【保卫工作】 落实各项安全防范措施，定人定岗管理，实行24小时值班巡逻和智能监控；加强管辖区域车辆的出入停放，确保车辆停放有序，出入畅通；协助信访、公安部门做好无序上访人员劝导疏散工作，维护正常工作秩序。

【节能管理】 制定2014年肥东县公共机构节能工作计划，明确各项工作目标；落实《公共机构能源资源消耗统计制度》，抓能源消耗统计工作；开展公共机构节能宣传，抓日常节水节电工作；推进节约型公共机构示范单位创建工作。

【物业管理】 加强机关集中办公场所的物业管理，营造整洁、优美、怡人的办公环境；通过公开招投标方式，扩大向社会力量购买物业管理服务的范围；重新设计制作机关大院办公区指示牌；加强机关大院门面房管理及重新招租工作。

【车辆淘汰】 制定肥东县党政机关、事业单位淘汰黄标车工作方案；与黄标车产权单位、合肥市环保局、市机关事务管理局信息核实确认，按照“先淘汰公务车、后淘汰业务用车”的实施步骤，分4批完成22辆黄标车淘汰任务。

（吴明安）

政协肥东县委员会

□ 政协常委会工作概况
□ 政协全体委员会议
□ 政协常委会议
□ 协商议政
□ 专门委员会工作

政协常委会工作概况

政协肥东县委员会正副职名单

主　席	干文宏
党组副书记	王盛水
副主席	刘正东　阚延长 孙仲华　赵　荣

政协办公室正副职名单

秘书长	米常胜
副主任	施济农　万文红

县政协第九届肥东县委员会有委员215人，其中党外人士129人，占委员总数60%，中共委员86人，占委员总数40%，女委员61人，占委员总数28%。根据《政协章程》相关规定，鉴于人事调整，对第九届县政协委员进行协商调整：赵庆一、袁德勋、罗齐虎、杜从容、程道友、张昌雷、张其波、陈保健、包训松、张珍武等10名同志不再担任第九届县政协委员。按照委员推荐产生的程序、办法和条件，与以上同志所在的原任单位党组织进行协商，在界别不变的情况下，推荐提名补充张园园、王文祥、夏传乐、王建才、张建峰、张文峰、任家斌、牛张勇、许在刚等9名同志为第九届县政协委员。

县政协常委会坚持团结和民主两大主题，围绕县委、县政府中心工作，认真履行政治协商、民主监督、参政议政职能，充分发挥协调关系、汇聚力量、建言献策、服务大局重要作用，始终坚持把助推发展作为履行职能的重点，按照“少而精”的工作思路，从解决党政所思、部门所虑、群众所盼、政协所能的问题入手，精心选题，深入调研，努力做到协商商到点子上，议政议到关键处，为促进肥东经济社会发展作出积极贡献。

政协全体委员会议

1月5日～7日，县政协第九届委员会第三次会议在店埠召开。出席会议委员198人，列席32人。会议审议通过赵荣副主席代表县政协九届常务委员会所作的工作报告、孙仲华副主席代表常务委员会所作的提案工作情况的报告。列席县第十六届人民代表大会第三次会议，听取并讨论县政府工作报告及法院、检察院工作报告，讨论计划、财政工作报告。会议审议通过《政协肥东县第九届委员会第三次会议决议》。决议号召，全体政协委员和社会各界人士要更加紧密地团结起来，在中共肥东县委的坚强领导下，以更加饱满的政治热情和高昂的精神状态，同心协力，锐意进取，奋力开创全县政协工作新局面，为推动美好肥东建设，与市同步早日全面建成小康社会作出新的更大的贡献！

会议期间，委员共提交提案86件，经审查立案77件。

政协常委会议

【九届十次常委会议】　1月7日，县政协九届十次常委会议召开，应出席35名，实到31名，干文宏主持会议。会议听取各讨论组大会期间审议和讨论情况的综合汇报，审议通过《县政协九届三次会议决议（草案）》和《县政协九届三次会议关于提案审查情况的报告（草案）》。

【九届十一次常委会议】　1月10日，县政协九届十一次常委会议召开，应出席35名，实到31名，干文宏主持会议。会议审议通过《关于撤销马宜玉第九届县政协副主席职务和委员资格的决定》。

【九届十二次常委会议】　2月16日，县政协九届十二次常委会议召开，应出席34名，实到32名，干文宏主持会议。会议传达学习县委十一届六次全委（扩大）会议精神，审议通过九届县政协负责同志工作分工和《政协肥东县委员会2014

年工作要点》，干文宏就做好2014年度政协工作作重要讲话。

【九届十三次常委会议】 7月17日，县政协九届十三次常委会议召开，应出席34名，实到32名，干文宏主持会议。邀请县政府负责人及县政府办、发改委、经委、农委、城管局、林业局、国土资源局、畜牧水产局、环保局、水务局主要负责同志参加会议。会议听取副县长张骏同志关于近年来全县生态文明建设情况的通报；潘国元、王若男、马莉莉、徐忠心4位常委就全县生态文明建设情况发表意见和建议。干文宏就实施绿色发展、建设生态肥东发表重要讲话。

【九届十四次常委会议】 9月25日，县政协九届十四次常委会议召开，应出席34名，实到30名，干文宏主持会议。邀请县政府负责人及县政府办、发改委、经委、财政局、统计局、招商局主要负责同志参加会议。会议听取县委常委、副县长殷宝平关于今年以来全县工业经济发展情况的通报，多名常委围绕助推全县工业经济发展资政建言。干文宏指出要正确把握形势，正视发展差距，坚定发展信心；强调作为政协组织和政协委员要进一步围绕加快工业经济发展深入开展调查研究，为经济发展环境不断优化，为推进“工业立县”战略实施建诤言、献良策。

【九届十五次常委会议】 11月26日，县政协九届十五次常委会议召开，应出席34名，实到32名，干文宏主持会议。会议审议通过部分委员调整决定，审议通过九届四次全体委员会议相关事项。干文宏指出，2014年，县政协常委会认真贯彻落实中央和省、市、县委一系列重要决策部署，牢牢把握团结和民主两大主题，充分发挥协调关系、汇聚力量、建言献策、服务大局的作用，圆满地完成九届三次会议确定的各项工作任务；同时要求，要切实提高议政建言的质量和水平，做好全会协调服务和后勤保障工作，努力营造团结和谐的会议氛围，确保会议圆满成功。

协商议政

【主席协商会】 按照推进协商民主广泛、多层、制度化发展的要求，县政协探索协商议政新形式，建立主席专题协商会新平台。5月和12月，分别围绕全县“三线三边”环境整治、肥东经开区扩区升级两项议题举办两次主席专题协商会。县政协领导同县委、县政府分管领导和有关部门主要负责同志，面对面进行专题讨论，交流互动，增进共识，推动工作开展。主席专题协商会针对性强、影响力大，得到县委、县政府领导同志肯定，是县政协在新形势下充分发挥协商民主重要渠道作用的创新实践。

【助推工业经济发展】 9月，县政协就推动工业经济发展组织专题协商。县政协成立专题调研组，先后前往肥东经开区、撮镇镇、合肥循环经济示范园，通过现场察看、听取汇报和座谈交流等方式，详细了解全县工业经济发展情况，形成《关于加快推进我县工业经济发展的建议》调研报告，分别从改善投资环境、推进园区建设、加快自主创新、调整产业结构、完善政策体系等方面提出具体意见，得到县政府及有关部门的高度重视和充分肯定。

【聚焦生态文明建设】 县委十一届六次全会指出，要围绕天蓝、地绿、水净的目标，不断加强生态环境保护与建设，努力将肥东建设为江淮翡翠明珠、环湖生态屏障。县政协围绕这一重要部署的贯彻落实及时跟进工作。7月，县政协针对全县生态文明建设中存在的问题，积极建言献策。县政府分管领导和9个部门主要负责同志到会听取意见，认真回应常委们提出的意见建议，强调将高度重视，认真研究吸纳这次会议成果，着重从加大投入、节能减排、秸秆禁烧、整治环境、企业转型升级等方面入手，加大工作力度，进一步推动全县生态文明建设步伐。11月，县政协以“加强大气污染防治，努力改善空气质量”为主题，协助县政府召开政协委员资政会。先后两次召开主席会议，研究具体工作方案，成立3个专题调研组，集中一个多月时间组织委员深入调研，分别从加快污染企业转型升级和搬迁、建筑扬尘治理、加大环保执法力度、整治渣土运输、治理废气污染、发展清洁能源、加快造林绿化、秸秆禁烧、矿山扬尘治理等9个方面提出一系列建议，为全县大气污染防治工作提供许多有益参考。县政府主要负责同志给予高度评价，要求政府有关部门认真吸纳委员们的意见和建议，抓好会议成果转化和落实工作。这种专题资政，推动相关政策的宣传和落实，是一次重要的协商活动，也是一次具有典型意义的民主监督。

【关注民生】　围绕民生方面的一些重要问题，如城乡公共体育设施建设、农村环境综合治理等实施情况进行调研，开展视察，提出一系列意见建议，引起县委、县政府及有关部门的重视。12月，组织县政协常委会组成人员和在肥东的市政协委员就全县民生工程实施情况进行专题视察，实地察看梁园镇公办幼儿园建设、一事一议财政奖补水泥路工程、牌坊乡饮用水安全工程和县残疾人康复中心等项目，召开推进民生工程实施座谈会，提出民生工程不要搞“锦上添花”项目，要多做“雪中送炭”实事；把管养工作列入民生工程考核内容，做到建设和管养并重；引导社会资本进入，健全资金保障机制；探索项目公开征集办法，优化充实重点项目库等建议。

专门委员会工作

2014年，县政协提案委员会收到提案88件，立案交办78件，其中经济建设类41件，占立案总数的52.6%；科教文卫类14件，占17.9%；政法、社会保障类23件，占29.5%。这些提案分别送交35家单位办理，并全部办复。对未予立案的10件提案，县政协提案委按照有关规定，作为来信或社情民意转送有关单位参考。通过一系列加大提案办理力度的工作，推动一些群众普遍关注问题的解决，像城区公交化改造、实验小学附近路段机动车单向通行、开展乡村文艺巡演等民生提案都得到很好落实。同年，县政协经济委员会就全县农业产业化发展情况进行调研，提出要加大政策扶持力度、探索土地流转方式、拓宽企业融资渠道、加强人才引进工作等建议；组织委员视察财税工作、森林增长工程等。同年，县政协人口资源环境委员会通过对新型城镇化建设进行调研，提出明确城镇定位、增强城市文化魅力、加大旧城改造力度、加快城镇公共服务体系建设等建议。同年，县政协科教文卫委员会就职业教育发展情况进行调研，提出创新专业设置、搭建校企合作平台、健全督导评估机制、加强师资队伍建设等建议；专题视察义务教育均衡发展工作，助推肥东县顺利通过义务教育发展基本均衡国家认定。同年，县政协民族宗教委员会组织委员视察少数民族村寨建设和特色产业发展情况，提出加大基础设施投入、培育发展优势产业、提升村寨建设品味、发展民族特色旅游等建议。同年，县政协社会和法制委员会围绕养老保障体系建设，开展市、县政协联合调研，就体制机制方面存在的问题，提出很多争取市级层面支持的建议。组织委员视察“六五”普法开展情况并提出建议。同年，县政协港澳台侨联络委员会组织视察长临河镇六家畈古民居修复情况。同年，县政协文史资料委员会出版发行肥东文史资料第十辑《肥东历代人物》，该书共20万字，收录42位在政治、经济、军事、文化等领域有一定影响和成就的历代肥东籍人士，全面展示入编人物的高尚情怀和人生轨迹。至此，肥东人物系列丛书《肥东当代人物》、《肥东现代人物》、《肥东历代人物》全部编写完成。这套丛书全面展示和弘扬肥东人文精神，充分发挥文史资料“存史、资政、团结、育人”的社会功能。协助合肥市政协完成《合肥古镇》肥东篇的征集、编撰和出版发行工作。

2014年获县级以上荣誉称号先进集体

单　位	荣誉称号	授予单位
政协办公室	合肥市卫生先进单位	市爱卫会

（金志刚）

人民团体 工商联

□县总工会
□县妇联
□团县委
□县文联
□县工商联

县总工会

总工会正副职名单

主　席	宋启军
副主席	史炳志　梁发和

【概况】 围绕与市同步率先全面建成小康社会目标，以党的群众路线教育实践活动为契机，扎实开展“两个普遍”，切实帮扶困难职工，大力提升职工队伍素质，构建和谐稳定劳动关系，团结动员广大职工为推动经济社会又好又快发展发挥积极作用。

【劳动竞赛】 “建功十二五、创新促发展”劳动竞赛广泛开展，300多个企事业工会围绕中心，组织开展“小发明、小改造、小革新、小建议、小设计”的“五小”劳动竞赛和技术练兵、技术比武、合理化建议、节能减排等活动，涌现一批先进典型，7个单位(肥东一中、安徽汇中内燃机配件公司、合肥瀚坤机械有限公司、合肥银港大酒店、合肥美菱有色金属制品公司、合肥巍华钢结构公司、安徽金安管业集团公司）获合肥市五一劳动奖状，6人（唐本龙、刘成亮、张红翠、孙晓琼、干海章、李生茂）获合肥市五一劳动奖章，7个集体（县自来水厂安装公司、县城管局环卫作业车队、格瑞塑胶设备部、福门玻璃熔制工段、方圆机电销售部、肥东汽车站行政部、申皖纺织织准车间）获合肥市工人先锋号称号。“安康杯”竞赛，1009个单位参赛，涵盖3239个班组、44132名职工。

【职工技术创新】 鼓励、引导职工技术创新，组织职工申报合肥市第三届职工技术创新成果奖，全县申报56个项目，13个项目在合肥市评比中获奖，其中城关中学教师薛兆权的“电能与化学能转换”自制教具项目为三等奖，雷鸣化工、合矿机械、利都仪表、汉德贝尔、海源机械、四方磷复肥、丰宝公司、中南光电、日月净水、真心食品、山川电力等企业职工申报项目为参评奖。5月16日，召开肥东县职工技术创新成果奖奖励表彰会，对在合肥市获奖的项目予以表彰奖励，对所有申报项目给予补贴。

【劳模工作】 组织推荐申报合肥市2011—2013年度先进单位、先进集体、劳动模范（先进工作者），召开县劳动竞赛委员会成员单位会议，对照条件，自下而上摸底推荐，好中选优，确定候选名单，经县委常委会议研究后上报合肥市，6个单位（肥东供电公司、肥东农村合作银行、安徽华星智能停车设备有限公司、安徽锦翔塑编包装实业有限公司、合肥艾普拉环保科技有限公司、合肥海银塔杆有限公司）获合肥市先进单位称号、8个单位（众兴派出所、县医院普外科、邮政储蓄银行肥东县支行营业部、安徽江淮起重运输机械有限公司生产部、安徽雄蜂起重机械有限公司技术中心、合肥秋怡制衣有限公司生产部、合肥海源机械有限公司总成车间、安徽佳宝玩具（集团）有限公司生产部）获合肥市先进集体称号、7人（李正祥、谢中平（女）、李宗琪、李晓莉（女）、周义山、罗国访、桑亚松）当选合肥市劳动模范（先进工作者）。10月，组织全县96名劳动模范免费第五次健康体检。发放39名省部级困难劳模补助资金，在肥东一中和丰宝公司建成劳模创新工作室2个。

【建设职工书屋】 继续实施省级标准化职工书屋民生工程，选择15家规模以上企业布局，3月20日，在县电信公司召开省级标准化职工书屋建设现场会，观摩交流建设经验，会后，15家企业按照标准，认真实施，县总工会相关人员深入指导，15家省级标准化职工书屋全部建成，一次性通过验收，总投资82万多元，拥有图书1.5万多册、报刊240种，音像制品1000多盘、电脑20台，惠及职工3000多人。11月，佳宝公司职工书屋代表新建书屋接受市人大代表和政协委员视察。

【“两个普遍”工作】 依法推动企业普遍建立工会组织，依法推动企业普遍开展工资集体协商。健全和完善“实名制建会、台账式管理”建会模式，重点抓好企业，特别是生产经营正常的实体企业建会。以全总数据库提供的应该建会企业数据为依据，逐一核实企业详细信息。召开工会组建工作专题会议，明确任务，定期督查指导，新建工会 258

家，发展会员9260人。5月，开展工资集体协商签订集体合同集中行动，抓住重点乡镇、园区、重点行业和重点企业，围绕“内容具体、程序规范”要求，做到走访企业与开展党的群众路线教育实践活动相结合、示范引领与普遍开展相结合、新签与续签相结合、督促落实与深入指导相结合，维护职工权益，促进企业发展，构建和谐稳定劳动关系，145家企业新签集体合同。

【“双亮”活动】 按照“建起来、转起来、活起来、强起来”目标，在全县规模以上企业工会开展“双亮”（工会组织亮牌子、工会主席亮身份）工作和“会员评家”活动，明确活动内容，大部分企业实施“双亮”工作，达到“五子二证”要求，即有班子、有牌子、有章子、有房子（办公场地）、有票子（工会经费）以及会员证、工会社团法人资格证。

【职工民主管理】 贯彻落实《安徽省企业民主管理条例》和《合肥市职工民主管理条例》，参加并指导部分企事业单位教代会，不断推进职代会标准化、程序化、规范化建设。以非公有制企业为重点，推动成立工会1061家非公企业实行职代会制度，开展厂务公开工作，民主评议企事业领导人498名，371人优秀。

【帮扶救助工作】 以县困难职工帮扶中心建设为基础，构建制度化、常态化帮扶措施，乡镇、园区基本建成帮扶站。县总工会元旦春节期间，为460名困难职工送温暖。县级领导和县直机关党政正职158人与困难职工结成“1+1”帮扶对子，春节前深入帮扶对象家中走访，面对面倾听诉求，实打实解决困难，为每户送去不少于800元慰问款物。组织310名求职者参加全总在合肥举办的大型农民工就业专场招聘会。高温季节，县领导带队，深入供电、供水、环卫、企业车间等9家单位看望慰问一线职工，督促落实职工劳动保护措施，送去慰问金。

【金秋助学】 围绕减轻困难职工（农民工、困难劳模）子女教育费用负担，印发2014年金秋助学通知，明确救助对象条件、范围，开展特别救助（父母双亡和单亲困难家庭学生），全面开展摸底调查，做到全覆盖、不遗漏，对符合救助条件确需救助的，逐级审核上报，有186名大学新生得到40多万元资金帮助，其中6名孤儿每人救助1万元，23名单亲困难职工子女每人救助5千元。

【职工文体活动】 组织职工参加市总工会“中国梦.劳动我最美”摄影展，6人获得优秀奖。举办首届中老年职工羽毛球比赛，18支代表队112人参赛；迎五一“文一包河酒杯”职工男子篮球赛，20支代表队180多人参加；第六届鑫德杯职工乒乓球比赛，32支代表队参赛；“红柔和种子酒”第五届职工羽毛球比赛，25支代表队参加。肥东县首届单身青年职工联谊会，110多名企业青年职工参与。组织参加县第三届经典诵读展演活动，获得三等奖。

【普法宣传】 继续推进工会“六五”普法，印发2014年工会系统学法安排，突出宪法、工会法、社会保险法、安徽省企业民主管理条例的学习。继续开展法律进企业、廉政文化进企业活动，深入真心食品、瑞宏铸造、肥东汽车检测站等指导开展廉政文化活动。参加5月18日广场助残宣传、6月3日广场禁毒宣传、6月17日安全生产月活动宣传、6月26日广场禁毒宣传、12.4广场法制宣传，发放各类宣传资料1600多份。

【群众路线教育实践活动】 成立县总工会党的群众路线教育实践活动领导组，制定县总工会党的群众路线教育实践活动方案，印发学习教育安排表，集中学习习近平总书记关于“三严三实”重要讲话及有关论述。围绕“五个一”，开展“践行群众路线、服务职工群众”专题讨论，深入企业走访调研，广泛征求意见。组织干部职工接受廉政警示教育，集中观看警示片《四风之害》、《底线》，参观廉政教育图片展，到爱国主义教育基地接受光荣传统教育，重温党章，全体党员干部进行公开承诺，召开领导班子专题民主生活会，领导班子及成员分别制定整改任务书，明确时间表和路线图，按规定做好整改，3次走访联系村，为困难群众送去慰问金1万多元，支持联系村改造村办公室。

【工会干部队伍建设】

坚持抓好机关干部集中学习，按照缺什么补什么要求，加强工会法律法规和政策理论学习。在县委党校举办工会干部学习十八届三中全会精神辅导班，100多名工会干部参加。组织全县各级工会干部参加工会干部在线学习；选调47名同志分别参加省市总举办的工会干部培训班；举办新任工会干部培训班，110多人接受集体合同条例等培训。

2014年获县级以上荣誉称号先进集体

单　位	荣誉称号	授予单位
县总工会	2013年度工会财务工作先进单位	省总工会
县总工会	2013年度安康杯竞赛优秀组织单位	省总工会　省安监局
县总工会	合肥市第三届职工技术创新优秀组织奖	市总工会

（梁发和）

县妇联

妇联正副职名单

主　席	张永红
副主席	关堂梅　许苗苗

【概况】　全县村委会、社区（居委会）妇代会组织331个，乡镇妇联组织18个，经济开发区、循环经济园2个园区妇委会，县直单位及非公企业妇委会42个。县妇联把联系和服务妇女作为工作生命线，围绕中心、服务大局，求真务实、开拓进取，推进“六大工程”，工作取得新成效，获安徽省巾帼建功先进集体、合肥市妇联系统目标管理考核先进单位荣誉称号。

【寻找“最美家庭”】　各级妇联层层动员、层层推进，张贴寻找“最美家庭”海报、散发寻找“最美家庭”倡议书，通过肥东移动公司群发短信，制作公交站宣传牌，对活动进行宣传；开展主题系列活动，举办肥东县“最美家庭”评选、家风家训征集、“我心中的最美家庭”儿童绘画比赛等活动。各村（社区）“妇女之家”因地制宜开展各类主题活动，通过设立专题宣传栏、举办家风家训评议会、最美家庭故事会等形式，晒家庭幸福生活、讲家庭和谐故事、展家庭文明风采、秀家庭未来梦想。评选表彰县级“最美家庭”80户，在肥东晨刊连续报道，扩大“最美家庭”典型在弘扬传统美德、树立良好家风方面的示范效应。

【家庭教育专题培训】　12月8—9日，在县委党校举办为期两天的家庭教育专题培训班。各乡镇（园区）妇联主席、县直单位妇委会主任、部分幼儿工作者和0–6岁儿童家长等共180余人参加培训。培训班邀请北京、上海、台湾等地的专家和老师，讲授关于家庭育儿、心理调适等先进、科学、新颖的理论、知识和方法。清华大学继续教育学院特聘讲师、北京资深心理咨询师荀焱以《职业女性压力管理与心理调适》为主题讲解女性如何排解压力。台湾幼儿心理专家符惇智以《如何在日常生活中开发孩子的智力》为主题，从抚触、亲子共读等方面讲解如何开发0–3岁幼儿智力。华中师范大学心理健康教育硕士、国家二级心理咨询师马勤和大家分享《国际先进早教理念在中国》、《益乐宝（ELAP)系统在中国》，中国注册测评指导师王丽丽为大家讲解演示ELAP测评系统实操。培训班传授先进的、科学的家庭育儿知识，提高家庭教育工作能力和水平。

【“三八”妇女节表彰会】　3月4日，县妇联召开十届七次执委（扩大）会暨纪念“三八”国际劳动妇女节表彰会，回顾2013年妇联工作，安排部署2014年任务，为获得县五好文明家庭标兵、平安家庭示范户、廉洁模范家庭、“巾帼文明岗”、“三八”红旗手家庭和个人颁发证书。

【妇联系统干部培训】　3月4日，县妇联在县委党校阶梯教室举办为期两天的全县妇联系统干部培训班。县直各单位妇委会主任、乡镇、园区妇联主席以及近两年来未参加过妇联培训班的社区妇联主席、村妇代会主任共120人参加培训。县委党校高级讲师童友智结合党的群众路线教育实践活动对党的十八届三中全会精神详细解读；知名讲师就沟通技巧与色彩艺术与学员们进行交流；省妇干校教师汪黎详细讲解《婚姻法》的具体内容以及要点、难点，安徽中医学院教授龚云讲中医女性养生保健课。

【登山比赛】 3月8号上午，县妇联、县女企协联合在茶壶山举办肥东县“展巾帼风采 炫美丽人生”庆三八登山比赛，全县副科级以上女领导干部和优秀女企业家近60人参加活动。比赛前，县妇联组织全体参赛人员赴茶壶山烈士陵园开展祭奠宣誓活动，深切悼念为了人民的解放和幸福英勇献身的烈士们。比赛分“7080”和“5060”两个小组，在登山途中，大家你追我赶，奋勇向前。部分参赛人员由于平时缺乏锻炼，体力不支，但大家互相鼓励、相互照应，团结和谐。比赛决出一等奖2名，二等奖6名，三等奖12名，进行颁奖。

【女企业家协会召开会议】 3月8日下午，县女企业家协会2014年度工作会议在长临河镇召开。会议回顾2013年工作，安排部署2014年工作。肥东县女企业家协会成立于2013年3月8日，现有会员63名。自成立以来，协会服务会员发展自身企业，组织女企业家们积极参加社会公益活动。参与“春风送岗位活动”，帮助妇女创业就业；参与“春蕾计划”活动；参与扶贫帮困送温暖活动，资助贫困妇女儿童。县女企协和女企业家们善举树立良好社会形象，会员中多人受到市、县表彰，产生1名全国妇女代表大会代表，4名合肥市人大代表。

【项目化运作助推发展】 争取上级妇联资金支持，结合本地优势产业和发展特点，做好配套服务，以项目化运作方式，推动妇女儿童工作。争取省妇女创业扶持专项资金18万元，实施2个“妇女之家”、1个“徽姑娘农家乐”和“农村留守儿童关爱服务”项目。争取全国巾帼现代农业科技示范基地建设、农村贫困地区妇女儿童发展专项经费项目，从资金、政策、技能等方面鼓励扶持农村妇女自主创业、增收致富。制定实施方案，细化建设内容，量化考核标准，一月一调度，定期开展督查评估、项目点之间“观摩互查”活动，促进项目点自我加压、比学赶超。

【实施“两纲”】 强化机制构建，制定完善成员单位与联络员的工作职责，与统计部门紧密配合完善“两纲”监测数据库建设，及时准确收集“两纲”实施情况和有关统计数据，为政府决策提供依据。加强两纲宣传，营造全社会支持妇女儿童事业发展氛围。开展“国策·一法两纲”知识竞赛，组队参加合肥市比赛并夺冠，在省“国策·一法两纲”知识电视大奖赛中获第二名。村“两委”换届，全程参与调研督查，推动农村妇女进村“两委”和村级妇代会同步换届工作。村“两委”女性成员及女性正职比例均高于上届，其中女书记17人、女主任45人，占村“两委”正职的5.1%，较上届分别提高1.8%、0.6%。加强社区儿童之家建设，新建县级5个、市级儿童之家3个。“六一”期间，组织动员县妇儿工委成员单位与社区儿童之家结对共建，帮扶物资13.2万元。

【依法维权】 加强普法宣传教育，开展“三八”维权月、平安宣传进社区、“11.25”反家暴日宣传等活动19次，印发《妇女儿童维权知识问答》、《婚姻家庭法律知识》等各类宣传资料5万余份，引导广大妇女学法、守法、用法，提高法律意识和依法维权能力。参与土地确权工作，宣传土地确权中妇女与男性享有同等权利，妇女也是当家人。做好村规民约修订工作，废除带有歧视妇女的条款，增添维护妇女合法权益的条款。基层妇女维权工作规范化，完善乡镇、社区妇女维权工作站建设。推荐妇联干部进入人民陪审员队伍，妇女儿童合法权益在司法程序中得到保护。发挥12338维权热线作用，安排专人负责接听和解答，设立主席接访日，全年共接待调处来访案113件，件件有回音，事事有办结，化解社会矛盾，维护社会和谐稳定。

【“双五”争创】 围绕美好乡村建设，在全县开展“双五争创”活动，发活动倡议，组建巾帼卫生宣导队和巾帼保洁队，每月开展一次“美化家园”行动大会战，引领和推动广大妇女积极投身美好乡村建设。公布评选标准，依托“妇女之家”开展“双五”评选表彰活动，全县共评选出“五美女性”164人、“五美农户”1710户。通过村务公开等形式，公开名单和事迹，激发“五美女性”、“五美农户”的自豪感和荣誉感，激励更多的群众参与“双五争创”。

【巾帼志愿活动】　巾帼志愿服务形式多样，全县1800余名巾帼志愿者“立足社区、面向家庭、见诸日常、持之以恒”志愿服务，尽己所能，为空巢老人送去关怀、为留守儿童带去关爱，用默默奉献感动着身边的人。全县各级妇联组织开展志愿服务活动167次，举办各类宣讲活动14场。

【关爱妇女儿童】　更新完善贫困妇女儿童信息库，为全县894名单亲、残疾、患病妇女儿童和422户因病、因祸致贫家庭建立台账，实行动态管理，分类救助。开展慰问、送温暖、“1+1”结亲活动，动员社会各界、企业商家、热心人士救助帮扶贫困家庭解决生活、学习困难，全年筹集救助金36.3万元，为318名特困妇女儿童雪中送炭。“六一”儿童节期间，县委书记杨宏星、县委副书记孙良鸿、副县长宋琪等分赴各地，看望慰问少年儿童，县妇联组织23名贫困、单亲、留守儿童开展“大手拉小手·方特过六一”公益活动，让孩子们度过一个快乐节日。关心妇女儿童身心健康，举办女性中医养生保健知识讲座，联合卫生部门实施“两癌”免费检查项目，组织妇科病、传染病防治专家深入农村开展妇女儿童健康体检，提高广大妇女儿童的疾病防治和健康保护意识。母亲节走访慰问老红军郑忠梅、两位“兵妈妈”和见义勇为先进人物江元兵的母亲，为她们送上鲜花、水果和慰问金；分期分批为全县18个留守流动儿童活动室配备电脑和相机，改善农村留守流动儿童活动室工作条件，满足农村留守儿童健康成长和开展活动的需求。

【服务妇女就业创业】　根据妇女需求和地域特点，在石塘镇开展以种植养殖为主要内容的扶贫培训，在循环园、店埠镇举办2期计算机应用培训班。开展“春风行动”，组织妇女专场招聘会、家庭服务业巡回对接会，帮助1800余名妇女就业。围绕提高女职工素质，开展以“强素质，创品牌”为主题的“巾帼文明岗”创建活动。2014年创建县级“巾帼文明岗”6个，市级1个，宣传、表彰在活动中做出突出成绩的先进集体和个人，拓宽“巾帼文明岗”创建领域，提高社会影响力。县妇联多次深入会员企业走访调研，组织开展5次女企业家联谊活动，加强交流、增进联络、共促发展。举办“创造财富与柔性管理”、“取势·变革——新形式下企业竞争优势重塑与升级”等多个内容的肥东县巾帼大讲堂，引导企业把握机遇，顺势而为、应时而动、应需而变。

【女干部队伍建设】　提升全县党外干部、女干部和少数民族干部的综合素质，11月4日—9日，肥东县党外干部、女干部和少数民族干部培训班在武汉中南民族大学举办，调训乡镇及县直有关单位42名干部，其中女干部28人。培训班为期6天，根据党外干部、女干部、少数民族干部工作特点和需求，分别开设“习近平总书记重要讲话精神解读”、“官德修养和廉政建设”、“民族工作现状与反思”、“干部的职场礼仪”等多个专题讲座；实地参观武汉市江夏区国家级城镇化建设示范点。培训期间，学员们围绕“领导干部职业压力与心理调适”讨论交流，用心思考、真诚交流、共同提高。

2014年度获县级以上荣誉称号先进集体

单　位	荣誉称号	授予单位
县妇联	安徽省巾帼建功先进集体	省妇联
县妇联	合肥市妇联系统目标管理考核先进单位	市妇联

（温争艳）

团县委

团县委正副职名单

书　记	张园园
副书记	杨熙凡　丁庆华

【概况】 2014年，团县委围绕全县“与市同步率先全面建成小康社会”目标，把握全团“提高团的吸引力和凝聚力，扩大团的工作有效覆盖面”要求，履行四项基本职能，团结带领全县广大团员青年为肥东经济社会发展做出贡献。团中央书记处书记徐晓、全国政协共青团和青联界别委员、团省委书记李红先后到肥东调研。在全国重点青少年群体服务管理和预防犯罪工作首轮推进县区综合考评中，肥东县被团中央、中央综治委预青专项组评为“优秀”等次。团县委在全县目标管理考核和全市共青团工作考评中获“优秀单位”称号。

【青少年思想引领】 组织开展“我的中国梦”主题团队日、群众路线教育专题报告、奋斗的青春最美丽故事分享、寻找乡村好青年、“心系群众跟党走、青春建功中国梦”演讲比赛、乡村青年文化月和“最美青工”评选等活动，把思想引导与联系服务紧密结合起来。五四期间，组织开展“我的中国梦——奋斗的青春最美丽”系列主题宣传活动，对全县各条战线的优秀青年集体和个人进行报道，展示新时期肥东青年的精神风貌。完伟伟获第九届“全国农村青年致富带头人”称号，安徽深燃肥东分公司营业部获省级“青年文明号”称号，曹铮等2人获安徽省“乡村创富好青年”称号，124个基层团组织、团干部和团员青年获市级“五四红旗团委”、“青年五四奖章”等称号。

【基层团组织建设】 完成全县331个村（社区）村级团组织集中换届选举。新当选的村级团支部书记中35周岁以下的占66%，大学专科以上学历的占41%，村两委干部、大学生村官和农村青年致富带头人兼任的占93%。店埠镇团委、撮镇镇团委、长临河镇团委被评为“全市乡镇共青团工作优秀单位”，桥头集镇团委、包公镇团委、古城镇团委申报的工作案例获“全市乡镇共青团工作创新奖”。2014年，全县新建非公企业团组织29家、农民专业合作社团组织28家、县直单位团组织4家。

【青春建功美好乡村建设行动】 实施美好乡村青春富民、环保、文化等七项行动，开展主题宣讲、志愿服务、植树绿化、送农技下乡等活动，创建青少年综合服务平台“圆梦小屋”10所，暑期组织高校“大学生三下乡”志愿服务队到中心村，为当地的青少年举办知识讲座、文体比赛等活动，帮助农村青少年在“圆梦小屋”增长知识、感受亲情、实现梦想。

【志愿服务活动】 春节前夕，组织开展“共青团联系服务农村青年月”活动，服务农民工春运返乡、组织现场招聘会、为大学生提供实习岗位和入户走访恳谈，联系和服务农村青年。3月，以“心手相连送真心，情系群众为发展”为主题开展学雷锋集中服务月活动，组织志愿者在广场、社区等地开展医疗保健、环境保护、就业咨询、法律维权、便民维修等服务活动。组织青年志愿者参与环保植绿、秸秆禁烧、毅行大赛、“三线三边”整治和廉政普法宣传等工作。2014年，参与志愿服务活动的团组织有80多家，志愿者达9500多人次，服务群众近10万人次。

【希望工程助学行动】 2014年，资助贫困大学生127名，贫困中小学生727名，发放资金和物资达95万余元。撮镇学区第二小学希望工程项目主体工程完工，店埠学区白衣小学希望工程项目投入使用。

【推进青年就业创业】 推荐有创业意愿的青年申报小额担保政府贴息贷款和创业引导贷款，联合举办“现场招聘会”、“送就业创业知识进社区”等活动，引导青年积极创业、自主择业。主动争取金融机构支持，落实团县委与县邮储银行青年干部交叉挂职，通过干部交流推进青年就业创业；对接湖星村镇银行开展“共青团组织联合金融机构服务青年创业专项行动”，召开座谈会和实地走访，了解创业青年的实际需求，推出专门针对青年创业的金融产品；组织开展农村青年信用示范户评选回访活动，推动金融知识普及、创业创富项目培育、贷款利率下浮等工作，解决农村青年创业难、贷款难问题。2014年，为6000余名返乡青年、大学毕业生提供就业创业指导，为33名青年协调青年创业贷款562万元，建立青年就业创业见习基地3家，举办共青团系统《创办你的企业》（SYB）培训班1期、青年农业技术培训3期、印发《青年就业创业政策汇编》10000余册，宣传培训青年20000余人次。

【扶持大学生村官创业】 召开肥东县大学生村官创业扶持对接会，为大学生村官创业园发展壮大落实塘坝整修、林业补贴、无息贷款等项目资金54万元。发挥大学生村官团委的桥梁纽带作用，举办大学生村官创业培训、参观考察等活动，新吸引4名村官加入创业园创业，扩大苗木种植5万多株，带动周边30多户农户年均增收3000多元，肥东大学生村官创业园被确定为“首批安徽省大学生村官创业示范基地”。

【重点青少年群体服务管理】 针对五类重点青少年群体的不同利益诉求，围绕“倾情填补留守儿童情感缺失”、“积极帮助流浪乞讨未成年人回归家庭和学校”、“注重加强服刑人员未成年子女心理疏导”、“尽力解决闲散青少年失学、失业、失管问题”和“切实预防有不良行为的青少年再次犯罪”五个方面设计活动载体，收到效果。2014年，新争取资金10万元在响导乡响导社区建成全县第3所留守儿童关爱项目基地，救助贫困重点青少年118人，发放资金8万余元，开展“合力保学”、“寒冬送温暖”、志愿结对、安全讲座和在留守儿童托管中心成立留守小队等活动，维护弱势青少年群体权益。

【拓展青年联谊交友平台】 针对现代青年婚恋难、交友难问题，组织县内12家大型企业的132名未婚职工开展“真心相对，缘来是你”肥东县首届单身青年联谊会，搭建青年职工交流互动平台。举办肥东县首届大学生村官趣味运动会，增强大学生村官群体的团队合作力和凝聚力。开展肥东县第二届青年篮球邀请赛，展示青年员工精神风貌。

【加强少先队建设】 对全县中小学校的67名少先队总队辅导员重新聘任，加强少先队队伍建设。“六一”前夕，举办肥东县第八届“十佳少先队员”、“十佳少先队辅导员”、“红领巾事业最佳支持者”表彰暨庆“六一”少儿文艺汇演活动，增强少先队组织的凝聚力和影响力。撮镇学区中心学校少先大队被授予“安徽省优秀少先队集体”称号。

【推进农村合作组织团建】 创新成立全市首家县域农村合作组织团工委，确定“完善工作机制、凝聚工作力量、拓展服务平台、突出工作重点”的工作思路，由团县委书记担任团工委书记，吸纳涉农部门科室负责人、乡镇团委书记、规模较大的农村合作组织团支部书记和大学生村官创业代表等担任班子成员，成立水稻种植、禽类养殖等7类农村合作组织专业团委、55家合作社团组织，探索建立肥东县农村合作组织“团工委—专业团委—团（总）支部”的组织体系，形成“覆盖城乡、条块互动、资源共享”的新型功能性团组织。争取金融机构资金支持、聘任专家担任创业顾问、促进合作社行业内互动、推动企业和机关等团组织与合作社团组织结对共建，从资金、技术、人才等方面提供支持，推动农村经济发展，带动青年增收致富。

【培养农村青年致富“领头雁”】 下发《关于实施肥东县农村青年创业致富“领头雁”培养计划的通知》，以农村青年能人、返乡创业青年、大学生村官等为重点，通过搭建创业培训、金融服务、结对帮扶、考察交流等平台，破解制约农村青年创业、就业的技术提升难、资金筹措难、人才培养难等问题，计划用5年时间培养500名农村致富带头人，示范带动更多农村青年在发展现代农业中创业致富。2014年，培养青年创业致富“领头雁”113人。

【创建“青春引航大讲堂”】 在学校、企业、乡村、机关创建“青春引航大讲堂”，以“青年思想道德教育、青春正能量传播、青年素质能力提升”为主题分类引导。2014年，在真心食品公司等创建“青春引航大讲堂”5家，宣传引导青年3000余人。

2014年获县级以上荣誉称号先进集体

单　位	荣誉称号	授予单位
团县委	全国重点青少年群体服务管理和预防犯罪工作首轮试点县区综合考评优秀等次	中央综治办 团中央
肥东县大学生村官创业园	安徽省首批大学生村官创业示范基地（园）	省委组织部 省财政厅　团省委
肥东深燃天然气有限公司客服营业班组	2014年度安徽省青年文明号	团省委
撮镇学区中心学校少先大队	2013年“安徽省优秀少先队集体”	团省委
团县委	2014年度目标管理考核优秀单位	县委　县政府
团县荣	2013年度未成年人思想道德建设先进单位	县委　县政府
团县委	2014年度合肥市共青团工作综合评价优秀单位	团市委
长临河镇团委	2013年度全市乡镇街道共青团工作“以奖代补”专项资金评审优秀单位	团市委
撮镇镇团委	2013年度全市乡镇街道共青团工作“以奖代补”专项资金评审优秀单位	团市委
店埠镇团委	2013年度全市乡镇街道共青团工作“以奖代补”专项资金评审优秀单位	团市委
包公镇团委	2013年度全市乡镇街道共青团工作“以奖代补”专项资金评审优秀单位	团市委
古城镇团委	2013年度全市乡镇街道共青团工作“以奖代补”专项资金评审优秀单位	团市委
桥头集镇团委	2013年度全市乡镇街道共青团工作“以奖代补”专项资金评审优秀单位	团市委
古城镇团委	2013年度合肥市五四红旗团委	团市委
公安局团委	2013年度合肥市五四红旗团委	团市委
县庐州卫校团委	2013年度合肥市五四红旗团委	团市委
杨店乡团委	2013年度合肥市五四红旗团委	团市委
响导乡团委	2013年度合肥市五四红旗团委	团市委
个体私营企业协会团委	2013年度合肥市五四红旗团委	团市委
合肥市通用技术学校团委	2013年度合肥市五四红旗团委	团市委
八斗镇团委	2013年度合肥市五四红旗团委	团市委
大学生村官团委	2013年度合肥市五四红旗团委	团市委
教体局团委	2013年度合肥市五四红旗团委	团市委
规划局团委	2013年度合肥市五四红旗团委	团市委
文广新局团委	2013年度合肥市五四红旗团委	团市委
直属机关团工委	2013年度合肥市五四红旗团委	团市委
义和尚真中学团委	2013年度合肥市五四红旗团委	团市委

单　位	荣誉称号	授予单位
圣泉中学团委	2013年度合肥市五四红旗团委	团市委
牌坊乡团委	2013年度合肥市五四红旗团委	团市委
店埠镇团委	2013年度合肥市五四红旗团委	团市委
湖星村镇银行团支部	2013年度合肥市五四红旗团支部	团市委
农委团总支	2013年度合肥市五四红旗团支部	团市委
中医院团支部	2013年度合肥市五四红旗团支部	团市委
锦弘中学高一（2）班团支部	2013年度合肥市五四红旗团支部	团市委
城关中学九年级八班团支部	2013年度合肥市五四红旗团支部	团市委
四中九年级团总支	2013年度合肥市五四红旗团支部	团市委
新闻中心团支部	2013年度合肥市五四红旗团支部	团市委
县委办公室团支部	2013年度合肥市五四红旗团支部	团市委
物价局团支部	2013年度合肥市五四红旗团支部	团市委
国税局团支部	2013年度合肥市五四红旗团支部	团市委
检察院团总支	2013年度合肥市五四红旗团支部	团市委
法院团总支	2013年度合肥市五四红旗团支部	团市委
人社局团总支	2013年度合肥市五四红旗团支部	团市委
房产局团总支	2013年度合肥市五四红旗团支部	团市委
合肥肥东理工学校升学部团总支	2013年度合肥市五四红旗团支部	团市委
众兴中学高三（1）班团支部	2013年度合肥市五四红旗团支部	团市委
乌龙学校团支部	2013年度合肥市五四红旗团支部	团市委
肥东县张集中学团总支	2013年度合肥市五四红旗团支部	团市委
农合行陈集支行团支部	2013年度合肥市五四红旗团支部	团市委
六中团总支	2013年度合肥市五四红旗团支部	团市委
安徽丰华工贸集团公司团支部	2013年度合肥市五四红旗团支部	团市委
石油学校团总支	2013年度合肥市五四红旗团支部	团市委
青龙中学团总支	2013年度合肥市五四红旗团支部	团市委
撮镇中学高三（13）班团支部	2013年度合肥市五四红旗团支部	团市委
县三院团总支	2013年度合肥市五四红旗团支部	团市委
移动分公司团总支	2013年度合肥市五四红旗团支部	团市委
众兴乡花灯社区团支部	2013年度合肥市五四红旗团支部	团市委

2014年获县级以上荣誉称号先进个人

姓　名	荣誉称号	授予单位
张园园	入选2014年度“全国百名优秀团县委书记讲堂”	团中央
完伟伟	第九届“全国农村青年致富带头人”	团中央　农业部
吴保刚	第三届“合肥青年五四奖章”	市委组织部　市委宣传部　市文明办　市人社局　市公务员局　团市委　市青联
曹　铮	第三届“合肥青年五四奖章”	市委组织部　市委宣传部　市文明办　市人社局　市公务员局　团市委　市青联
刘　惠	2013年度全省“最美青工”称号	团省委
毛金芳	2014年合肥市青年岗位能手	团市委　市人社局
曹　铮	2014年合肥市“乡村好青年”	团市委
完伟伟	2014年合肥市“乡村好青年”	团市委
窦南阳	合肥市“践行群众路线 用好‘三严三实’这把尺”主题征文比赛三等奖	团市委
徐利成	合肥市“践行群众路线 用好‘三严三实’这把尺”主题征文比赛三等奖	团市委
赵　航	合肥市“践行群众路线 用好‘三严三实’这把尺”主题征文比赛三等奖	团市委
胡桂花	合肥市“践行群众路线 用好‘三严三实’这把尺”主题征文比赛优秀奖	团市委
胡红霞	2013年度合肥市优秀共青团干部	团市委
黄　俊	2013年度合肥市优秀共青团干部	团市委
郑仕清	2013年度合肥市优秀共青团干部	团市委
余宣扬	2013年度合肥市优秀共青团干部	团市委
徐利成	2013年度合肥市优秀共青团干部	团市委
杨　柳	2013年度合肥市优秀共青团干部	团市委
何　娜	2013年度合肥市优秀共青团干部	团市委
杨　璐	2013年度合肥市优秀共青团干部	团市委
文海章	2013年度合肥市优秀共青团干部	团市委
宋毛亮	2013年度合肥市优秀共青团干部	团市委
张　平	2013年度合肥市优秀共青团干部	团市委
陈晓军	2013年度合肥市优秀共青团干部	团市委
汪　兵	2013年度合肥市优秀共青团干部	团市委
程　跃	2013年度合肥市优秀共青团干部	团市委
王　伟	2013年度合肥市优秀共青团干部	团市委
殷立新	2013年度合肥市优秀共青团干部	团市委

姓　名	荣誉称号	授予单位
方学雄	2013年度合肥市优秀共青团干部	团市委
高　超	2013年度合肥市优秀共青团干部	团市委
王慧敏	2013年度合肥市优秀共青团干部	团市委
金功训	合肥市2013年农村好青年标兵创业致富好青年标兵	团市委　市美好办
吴　超	合肥市2013年农村好青年标兵创业致富好青年	团市委　市美好办
郑金贺	合肥市2013年农村好青年标兵创业致富好青年	团市委　市美好办
张德伟	合肥市2013年农村好青年标兵敬业守信好青年	团市委　市美好办

（王　伟）

县文联

县文联正副职名单

主　席	许泽夫
副主席	王业芬

【概况】　2014年，省文化厅授予肥东“安徽民间文化艺术之乡”称号。省诗歌学会授予肥东“安徽诗歌之乡”称号。

【文艺惠民活动】　3月，参与主办“为了中国梦　文艺惠万家”全民文化月活动，全县千余名文化文艺志愿者赴331个村（社区），参加331场演出。献上歌舞、小品、戏曲等节目。春节前夕，开展为民义务写春联活动。组织全县书法工作者到全县18个乡镇和园区义务写春联，累计送出春联1万余副。开展“我与文化活动月”摄影大赛和征文比赛。出版摄影集《文化活动月集锦》和征文集《声声乡音深深情》。

【文艺赛事】　7月，推出首届“中国曹植诗歌奖”大赛，收到全国600多诗人近4000份稿件，评出一等奖2名，二等奖5名，三等奖10名，优秀奖30名。11月，举办“中国散文之乡”校园散文大赛。征得600多部作品，评出一等奖1名，二等奖3名，三等奖5名，优秀奖若干名。举办第七届“快乐老家杯”歌手大赛、“包河杯”雪景摄影大赛、“鑫丰杯”生态农业摄影大赛、“新禾杯”新闻摄影年赛、荷花摄影大赛。

【文艺队伍建设】　县作家协会下设6个分会：散文分会、诗歌分会、小说分会、文学评论分会、女作家分会、少儿文学分会。召开县文联三届二次常委会，增选文联副主席以及理事。设立锦宏中学“未来作家班”，全县有2人加入省作协，6人加入省摄协。

【自办文艺刊物】　县文联主办《分水岭文学》，有关协会自办《小说时代》、《抵达》、《翰墨》、《肥东摄影》、《朝霞》等刊物，肥东宣传网设立“文学艺术”专栏，美术家协会创办“肥东美术网”、摄影家协会开辟“肥东论坛·肥东摄影”板块。县美协承办流动艺术画廊，艺术画廊首批巡展制作40块廉政书画摄影作品展板，到全县各个乡镇和园区巡回展览。

【社会主义核心价值观宣传】　文化活动月期间，举办有奖问答活动，奖品为书写社会主义核心价值观24个字的书法作品。根据撮镇镇一位教师，数十年如一日照料患病岳母的故事，组织县美协创作新“二十四孝”图画，注以文字，汇合老“二十四孝”图文，编成一本宣传画册，图文并茂地把社会主义核心价值观融入到对父母的孝心和对家庭的责任中。

【获奖作品】　许泽夫散文诗集《牧人吟》获第六届冰心散文奖。程浩、赵成媚、周彩虹分别获得“中国包公散文奖”一、二、三等奖；蔡兴乐、宇轩、汪抒、张道发、王光中等分别获得首届“曹植诗歌奖”二、三等奖；宇轩作品获首届中国屈原诗歌奖“大美宜昌征文特别奖”；刘永祥、王敏、杨丽琴、甘雨获安徽省第二届电视电影剧本大赛提名奖。合肥市第三届双拥书画展评选，张业建获一等奖，程斌获二等奖，孙本水、梁英才获三等奖；张业建、孙本水、程斌获“安徽省法治书画摄影作品大赛”等次奖；刘跟弟作品获第五届中国书法兰亭奖佳作奖，省文联专门开会奖励，《中国书画报》、《安徽书坛》（2014年第4期）等报刊分别对刘跟弟的书法艺术作专题介绍；摄影家协会成员参加省、市县各类摄影大赛，获得省级大赛一等奖1人，优秀奖4人；市级赛二等奖3人、三等奖7人、优秀奖18人；县级赛114人次获奖。

【文艺创作】 许泽夫创作红色诗集《渡江颂》，《抵达》诗刊第七卷和《小说时代》第五期先后刊印。程浩长篇小说《明时月》，汪抒、张道发、王敏、丁太升、王光中、蒋蕴玉的诗集，王顺中的评论集等8部著作问世。殷世法作品入选首届“长江杯”全国书法作品展；张业建、王锱、王成林、吴文平等4人作品入选安徽省第三届书法大展；张业建作品入选安徽省首届楹联书法大展；合肥市庆祝新中国成立65周年书法篆刻精品展览，张业建、刘跟弟、王锱、王成林、程斌等5人作品入展；县美协陶六一在合肥久留米美术馆举办个人画展。张业建在省书法院举办个人书法展。

2014年获县级以上荣誉称号先进集体

单　位	荣誉称号	授予单位
肥东县	安徽民间文化艺术之乡	省文化厅
肥东县	安徽诗歌之乡	省诗歌学会
县文联	中国散文工作“先进单位”称号	中国散文学会

2014年获县级以上荣誉称号先进个人

许泽夫	散文集《牧人吟》中国“冰心散文奖”	中国散文学会
蔡兴乐	首届“曹植诗歌奖”二等奖	省诗歌学会
程　浩	首届“中国包公散文奖”一等奖	中国散文学会、安徽作家协会
刘永祥	剧本《巢神赋》获安徽省第二届电视电影剧本大赛提名奖	市委宣传部
汪　抒	首届“曹植诗歌奖”三等奖	省诗歌学会
张道发	首届“曹植诗歌奖”三等奖	省诗歌学会
张宇轩	首届“曹植诗歌奖”二等奖	省诗歌学会
黄永东	安徽省“建华杯”荷花摄影大赛一等奖	省摄影家协会
丁　浒	合肥市旅游摄影大赛二等奖	市摄影家协会
秦　操	安徽省“环巢湖公路杯”摄影大赛二等奖	省公路管理局
贺　磊	合肥市文广系统书画摄影展二等奖	市文广新局
贺克政	合肥市“廉政杯”摄影大赛三等奖	市文广新局

（刘永祥）

县工商联

工商联正副职名单

主席	马莉莉
书记	高学东
副主席	武立贵 孙四光 席庆放（兼） 刘正文（兼） 罗法友（兼） 夏育涛（兼） 王　兵（兼） 崔思明（兼） 马金华（兼） 马宜荣（兼） 牛　玲（兼） 刘政芒（兼） 杨明武（兼） 吴志元（兼） 汪胜明（兼） 张　树（兼） 林游辉（兼） 费瑞宏（兼） 蔡圣军（兼）

【概况】 2014年，县工商联围绕中心，服务大局，创新履职方式，促进非公经济“两个健康”发展，各项工作有序推进，获“全省工商联系

统宣传工作先进单位”。

【十届三次执委（扩大）会议】　3月，县工商联召开十届三次执委（扩大）会议，回顾总结2013年工作，对2014年工作任务进行安排部署，对省、市近年来有关激励民营经济发展的政策和措施集中进行宣传。县委副书记孙良鸿讲话。省工商联有关负责同志到会。

【参政议政】　4月，邀请10家不同行业的民营企业负责人召开座谈会，就县拟出台的“大力发展民营经济”和“支持鼓励回乡创业”等文件征求企业家意见。座谈会上企业家的发言和建议，县工商联负责人在县政府常务会议上进行汇报。在出台的“肥东县人民政府关于鼓励和支持返乡创业的意见”【东政（2014）32号】文件中，吸纳企业家提出的意见有5条。

【群众路线教育实践活动】　制定活动方案，开展会员走访、集中座谈征求意见、谈心谈话、开民主生活会等活动。梳理出领导班子集体在“四风”上存在问题20条；领导班子成员个人在“四风”上存在问题50条。针对单位和个人存在的问题认真撰写对照检查材料，每个材料先后修改不少于10次，深刻剖析产生问题的原因，明确整改方向，落实整改措施。10月，完成各项任务。

【基层组织建设】　3月，全县乡镇商会工作交流会在梁元镇召开，店埠、撮镇等6个乡镇商会负责人参加会议。11月，在元疃镇召开年度第二次乡镇商会工作会议，总结交流各乡镇商会年度工作，谋划2015年任务。全县建商会乡镇6个，会员企业总数超380家，其中，2014年新吸收发展企业会员38家。

【银企对接会】　5月，组织49家县内民营企业负责人在肥东农合行（现改制为肥东农商行）召开银企对接会，县领导孙良鸿、韩东亚等到会。6月，县农合行先后为安徽华星智能停车设备有限公司、合肥中南光电有限公司等16家企业发放贷款1.1亿元，支持企业发展。

【贫困大学生助学资金】　8月，县工商联2014年“贫困大学生助学资金”发放仪式在县文广大厦举行，向2014年度新入学的60位品学兼优贫困大学生发放助学资金21万元。

【企业家培训】　3月，邀请安徽大森律师事务所蔡如堂主任，就“企业运营和管理中的一些问题”，在县委党校为120多位民营企业家做法律辅导。9月，在全县选调36位企业负责人到上海交通大学参加“安徽省肥东县现代企业管理高级研修班”学习。11月，邀请大企集团北京影响力企业管理有限公司副总裁文海炜在县委党校为150多位民营企业负责人作“取势·变革——新形势下企业竞争优势重塑与升级”专题讲座。先后推荐部分企业家参加市工商联在清华大学举办的“企业家创新研讨班”和省工商联在省社会主义学院举办的企业家培训班学习。

【商会活动】　2月，合肥市联机关全体党员和县联机关全体党员赴青龙厂东进抗日纪念馆开展党的群众路线教育实践暨爱国主义教育活动。3月，肥西县工商联机关全体人员及包河区工商联机关全体人员、区街道工商联负责同志和部分企业家共同来肥东开展交流活动，并深入企业参观考察。4月，定远县工商联到肥东交流学习，与肥东县工商联结为友好商会。7月，组织合肥循环经济示范园3位企业家对定远盐化工产业园进行考察，到定远县工商联互访交流。10月，组织18位企业负责人赴重庆开展“非公经济人士理想信念教育实践活动”和学习考察，期间与在重庆的肥东籍企业家学习交流。11月，联合合肥市工商联机关党员到包公镇开展包公廉政文化教育活动，参观考察岘山新农村建设面貌。12月，到滁州市工商联、天长市工商联学习交流。

【送温暖】　年底，组织部分县工商联企业家副主席到杨店乡大夏村和跃进村开展助困慰问活动，向13户农村特困家庭，每户捐助2000元左右的慰问金。合肥精诚塑料制品有限公司总经理刘政文，捐助价值7万多元的无纺布床垫，分别送给张集乡、八斗镇、杨店乡、民族乡等敬老院。

【中小微企业监测点】　征求企业负责人的意见，在全县分不同规模、不同类型，落实15家非公企业，作为中小微企业发展监测点。12月，完成网上注册，确定各个企业的联络员，建立监测点联络员qq群。

2014年获县级以上荣誉称号先进集体

单 位	荣誉称号	授予单位
县工商联	全省工商联系统宣传工作先进单位	省工商联

（武立贵）

白马山

白马山旅游度假区地处安徽第一侨乡——肥东县长临河镇东部的白马山脚下，距合肥市仅38公里，离县城店埠27公里。度假区土地面积2080亩，其中可耕地1500多亩。现有果园500多亩，有金枝国槐、福建紫薇、深山含笑等珍稀品种树种260多个，以“山野”、“花果”、“泉水”为三大特色。先后被评为合肥市乡村旅游示范点、国家2A级旅游景区。

法治

□ 法治政府建设
□ 社会管理综合治理
□ 审判
□ 检察
□ 公安
□ 司法行政

法治政府建设

政府法制办正副职名单

主　任	马　越
副主任	王耘昌

【概况】 2014年，县政府法制办认真贯彻落实国务院《全面推进依法行政实施纲要》、《关于加强市县政府依法行政的决定》、《全面推进依法治国，加快建设社会主义法治国家的决定》和市政府办公厅《关于开展创建依法行政示范单位实施方案的通知》精神，以建设法治型政府为目标，创新工作机制，规范行政行为，强化执法监督，积极开展创建依法行政示范单位活动，推进政府工作法制化、规范化，促进县域经济又好又快发展。

【业务培训】 加强对领导干部的法律培训。始终把领导干部作为法制宣传教育的重点对象。坚持领导干部法制讲座制度，促进领导干部学法，不断提高领导干部法律素质和依法行政能力。11月29日，邀请中国政法大学法学院副院长何兵作《关于依法行政的困境与出路》专题报告。加强对行政执法人员的法律知识培训。开展全县行政执法人员法律知识培训教育工作。为进一步提升乡镇政府、行政执法部门依法行政能力和水平，4月28～29日，举办全县专（兼）职法制工作人员及行政执法人员160人参加的培训班，

请省、市法制办，市中院的法律专家讲授行政强制法、行政处罚法、行政执法中存在的问题及如何应对行政诉讼等法律实务知识，并对全体培训人员进行闭卷考试，及格率达99%。

11月28日，中国政法大学副教授何兵作报告

【法制宣传】 3月22日，在肥东县法治广场举行《全面推进依法行政实施纲要》颁布实施十周年纪念宣传活动启动仪式暨文艺演出。文艺演出编排诗朗诵《全面推进依法行政实施纲要》宣传之歌、庐剧戏《审米箩》等8个节目，吸引上千名观众。同日，县环保局等22家单位在法治广场开展法律知识咨询活动，发放宣传材料5000份，接待群众咨询1000多人次。3月下旬开始，连续3个月利用电视台、肥东报和政府网站等宣传媒体，刊登《全面推进依法行政实施纲要》主要内容，并作一问一答式的宣传。继续播出《与法同行》栏目。栏目针对群众身边发生的法律事件，揭示其原因、背景，通过以案说法，教育群众。法治文化活动亮点纷呈。新编庐剧包公折子戏第一折《审米箩》开展巡演5次；举办"庆十八大廉政书法展"，全县征集作品100多幅；在法治广场组织"法治灯谜竞猜"灯谜3000余条。

3月22日，县长路军为宣传活动致辞

【科学民主决策】 根据市政府对重大行政事项行政决策方面的规定，出台肥东县关于重大行政决策实施效果评估、风险评估、听证等试行办法，对重大决策的具体程序作出详尽的规定。实施县城及周边地区公交化改造工程，严格按照社会风险评估、听证会等程序，广泛征求利益主体等广大群众的意见及专家论证，12月1日，开通县城区公交线路8条，投运营城市公交车76台，方便广大群众的出行。

【行政审批制度改革】 县政府通过保留、取消、转变管理方式、合并、冻结、承接等方式，清理县本级行政审批项目154项，其中保留138项、承接16项、取消8项转变管理方式11项、合并14项、冻结35项。以《肥东县人民政府关于公布行政审批事项清理结果的通知》（东政[2014]35号）下发并对外公布。公布的行政审批项目进入政务服务中心窗口管理，实行一门受理，限时办结，统一送达，超时警告，全程监督，各实施主体优化审批环节，内部流程，前置条件和办理时限及时向社会公布并严格实施。

【规范性文件制定清理】 严把规范性文件的出台关。切实做到“有件必备、有备必审、有错必纠”。全年报市政府备案的规范性文件10件。定期清理规范性文件。对各地各部门出台的规范性文件，本着适应形势变化和政策调整的原则，及时搞好“清、改、废”工作。6月，对2004年后的规范性文件进行清理，县政府宣布废止文件18件，失效文件18件，继续保留实施的文件43件，目录向社会公布。及时报送地方性法规、市政府规章、规范性文件的修改意见和建议。

【依法行政示范单位创建】 开展依法行政示范单位创建活动，制定推进依法行政示范单位创建活动的标准。在深入基层进行调查和研究的基础上，在确认的15家县级依法行政示范单位中选择撮镇镇、国税局和农委等3家单位申报合肥市依法行政示范单位并取得成功。

【政府信息公开】 把“合肥市政府信息公开网”作为政府信息发布主渠道，把“中国·肥东”门户网站列为政务公开重要途径，通过公示栏、报纸、广播、电视、互联网、官方微博、手机报等多种形式及时发布政务信息，做到公开内容全面真实、公开方式及时便捷，方便群众知晓，方便群众办事，方便群众监督。全年在合肥市政府信息公开网上发布信息1万余条。在“中国·肥东”门户网站设置“问政”栏目及时回复和解决网民的咨询、投诉。

【行政处罚案件群众公议】 为完善行政执法公众参与机制，推进行政处罚案件群众公议特别是群 众参与公开运行工作的开展，在县农委开展行政处罚案件群众公议活动。群众公议活动的开展，使行政机关的办案质量和群众的满意度进一步提高。

5月23日，县农委行政处罚案件群众公议现场

【行政执法案卷评查】 实行行政执法案卷评查制度。依据《行政处罚法》及有关法律、法规，对具有行政执法职权的部门和法律、法规授权组织以及依法受委托组织的行政执法案卷进行评查，发现问题，及时纠正。全年评查行政许可和行政处罚案卷1000件，督促整改和纠正10件，有效地监督执法主体的执法活动。

【化解行政争议】 大调解工作组织体系发挥重要作用。做好行业性专业性人民调解宣传工作，拍摄专题宣传片《庐州和事佬》一期，印制宣传册4000份。全县各级各类调解组织共调解案件4791件，成功调解4771件，成功率99.5%，其中行业性专业性调解委员会共调解案件176件，发放个案补贴350320元。

【行政复议和行政应诉】 坚持合法、公正、公平、及时、便民的行政复议原则，加强行政应诉，及时有效化解行政争议，较好地维护当事人的合法权益。同时，引入协调机制解决行政争议，对重大事议案件实施听证，通过听证，公开审理复议案件，保证案件处理公正，及时化解矛盾。全年受理行政复议案件23件，涉及工伤、环境保护、房屋拆迁等，其中维持12件，终止5件，撤销1件，在法定期限内正在办理4件。行政首长出庭应诉案件3件，经法院审理、判决，依法驳回当事人的诉讼请求，较好地维护县政府的依法行政形象。

6月23日，行政复议案件听证会

2014年获县级以上荣誉称号先进集体

单 位	荣誉称号	授予单位
国税局	合肥市依法行政示范单位	市政府
农 委	合肥市依法行政示范单位	市政府
撮镇镇	合肥市依法行政示范单位	市政府
规划局	合肥市依法行政先进集体	市政府

2014年获县级以上荣誉称号先进个人

单　位	荣誉称号	授予单位
马　越	合肥市依法行政先进个人	市政府
龚　昕	合肥市依法行政先进个人	市政府

（马　越）

社会管理综合治理

政法委正副职名单

书　记	余永松
副书记	郑顺新　刘　超 黄　勇

【概况】 2014年，全县社会管理综合治理工作在县委、县政府的正确领导下，以党的十八大及中央和省委、市委政法工作会议和县委十一届六次、七次全委(扩大)会议精神为指导，以服务县域经济社会发展为中心，以党的群众路线教育实践活动为抓手，不断强化"平安肥东"、"法治肥东"、"和谐肥东"和过硬队伍"四大建设"，为建设更加幸福美好的肥东营造平安稳定的社会环境。

【综治基层基础不断夯实】 落实综治考评机制。县委、县政府奖励表彰35个示范村（社区）、246个合格村（社区），否决50个不合格村（社区）。综治工作在市级考核中获三等奖，防邪工作在市级考核中荣获优秀等次。9个乡镇（园区）综治工作在市级考核中受到表彰。3月，县综治工作代表合肥市接受省综治委2013年度综治工作检查验收。开展综治宣传活动。各乡镇（园区）结合全民文化月活动和农村集镇逢集日，开展有针对性的综治平安宣传。整理2013年度优秀综治好新闻26篇，并上报市综治办。全面建设基层综治维稳信访工作中心（站）。6月26日，合肥市基层综治维稳信访工作中心（站）建设现场会在肥东召开。9月，全县20个乡镇（园区）、331个村（社区）全部建成综治维稳信访工作中心（站），进一步完善机制、制度，解决为民服务"最后一公里"问题。中央综治办、省委政法委相关领导先后到长临河镇、包公镇调研指导综治维稳工作。召开综治委全体（扩大）会议，对工作进行安排部署。会上签订2014年度社会管理综合治理责任书，表彰2013年度社会管理综合治理先进乡镇。召开冬季治安防控工作会议，部署冬季治安防控工作。社区建设得到规范发展。5个标准化示范社区建设任务全部完成，待上级验收。强化重点青少年群体服务管理工作。按照"统一联动、资源整合、力求实效"的工作思路，通过建立和完善"五项机制"，全力保障重点青少年群体合法权益，8月，肥东县试点工作被团中央和中央综治委预防青少年犯罪专项组评为"优秀"等次。加强流浪乞讨人员社会救助。出台《肥东县生活无着落流浪乞讨人员社会救助实施办法》，全年救助流浪乞讨人员387人次，救治危重病人44人，切实保障流浪乞讨人员基本生活权益。

宋巨友（右一）陈浩（右二）
王德后（左一）阚剑（左二）
获全省见义勇为奖

【平安建设】 开展平安村（社区）、平安医院、平安学校、平安企业、平安家庭等基层和行业平安创建活动。县综治委命名第二批平安村（社区）127个，县妇联命名平安家庭1030户，县综治办、县教体局联合命名平安校园1所，申报市级平安校园9所。县级平安企业创建申报57家，县级平安文明物业小区申报4个，县级平安医院申报3个。每半年开展乡镇（园区）人民群众安全感调查，并对调查结果进行分析研判，有针对性指导工作。大力压降可防性案件。推行"枫桥经验”，开展群防群治。加强对高发案重点乡镇（园区）督查，每半年召开一次治安形势分析会；每季度对案件高发乡镇（园区）、村（社区）、住宅小区、重点部位通报并挂牌限期整改。“天网”工程建设取得进展。“天网工程”一期顺利验收并交付使用。加快“天网工程”二期建设进度，完善视频监控“村村通”工程，以进一步扩大监控探头的覆盖密度。全年利用“天网”辅助破获各类刑事案件300余起。开展安全停车工程。全年新建非机动车停车场15个，安装监控22个、落实看护人员30人。开展“打击传销”专项行动。全年开展清剿行动6次，出动工商、公安等执法人员180人次，查获非法传销窝点22个，立案4起、破案4起，刑拘4人，逮捕4人，起诉1人，教育驱散涉嫌传销人员379人。加强互联网阵地管控。围绕网上舆情热点、敏感问题，对涉警、涉政、涉稳相关网站、论坛等网络平台开展网上信息巡查监控处置工作，发现、收集和上报网上舆情动态信息，并加强正面舆论引导。加强互联网上网场所和互联网企业管理，严格督促落实实名制登记制度。全年检查政府部门和企事业单位等联网单位59家次、网站100家次、运营商21家次和宾馆58家次，下达限期整改通知书143份。依法对16家网吧进行处罚，罚款4.9万元。开展治安混乱地区和突出治安问题排查整治。全年先后打掉赌博窝点72处，涉黄窝点15处，刑拘44人，逮捕13人，起诉69人，治拘350人，打处数同比上升15%。确定并挂牌县级涉黄涉赌重点路段和区域10处，梳理并挂牌派出所辖区黄赌突出路段和区域33处，摘牌率达80%以上。狠抓道路交通管理，坚持严管整治不放松，查处无牌无证、酒后驾车、闯红灯、占道行驶、乱停车、“三小车”（电动自行车、燃油助力车和摩托车）和行人乱穿行等各类交通违法行为4万余起，破获重大交通肇事逃逸案件10余起，排查整治道路交通隐患13处，其中市级隐患路段3处，全部整改到位。强化消防安全监管，检查消防重点单位453家次，发现火灾隐患158处、督促整改隐患142处、下发责令改正通知书70份，治拘3人，责令“三停”单位5家、罚款37.25万元。保持对各类刑事犯罪的严打高压态势。全年县公安局共立各类案件4136起，其中，立现行案件4036起，立八类案件106起。破获刑事案件绝对数925起，摧毁各类犯罪团伙15个，瓦解成员63人。抓获犯罪嫌疑人632人；刑拘485人，逮捕254人，移送起诉599人；破获公安部督办的系列投放赌博机案和生产、销售不符合安全标准食品案。县检察院侦查监督工作方面受理提请逮捕的各类案件284件373人，公诉工作方面受理各类移送审查起诉案件458件624人；县法院受理各类案件5909件，结案5564件。

守护乡村平安建设幸福肥东集中宣传

【“法治肥东”创建】

开展人民调解工作。做好行业性专业性人民调解中心宣传工作，拍摄专题宣传片《庐州和事佬》一期，印制宣传册4000份。全县各级各类人民调解委员会调解案件4791件，成功调解4771件，成功率99.5%，其中行业性专业性调解委员会共调解案件176件，发放个案补贴35万余元。发挥驻法院调解室作用，在12个基层派出所建立警民联调室。不断推进社区矫正工作。举办两期社区矫正工作培训班。出台《关于进一步加强社区矫正工作意见》等文件。社区矫正人员手机定位率达16%，刷证率达96%以上。新接收社区矫正人员302名、解矫280名、警告处罚15名、提请撤销缓刑5名，开展社区矫正影响评估案件76件，全县有在册社区矫正人员414名。全年在册社区矫正人员未发现1例重新犯罪。继续推进安置帮教工作。继续完善“村为主”安置帮教工作机制，新加入肥东县过渡性安置基地的企业有8家。在册安置帮教对象761名，全年新接收安置帮教人员364名，衔接率提升60%，解除帮教43人。切实增强法制宣传教育。开展“法律六进”活动。活动期间解答咨询2000多人次，发放法律援助联系卡500多份。开展巡演166个场次。加强五类重点对象的学法用法。多形式开展春季集中宣传月活动。悬挂、播放、发送普法宣传标语、法律知识单页、普法小常识等1万余幅（张、条），组织律师等法律工作者开展集中法律咨询5次，提供法律服务300余人次。针对五类重点人群，开展公务员法制讲座15次，老年人权益保护讲座6次。结合全县“六五”普法骨干第四期培训班，对受训的120余位公务员进行学习十八届四中全会精神培训并考试。组织法治广场宣传活动。将每月一次的“法治广场”法律服务宣传活动，安排落实到具体单位，各单位开展广场宣传活动30余次，发放材料8万余份。开展“江淮普法行”活动，以“普”、“宣”、“查”三个板块，一个整体，活动在全县范围内得到广泛深入的开展。创新普法工作新型载体。开展“与法同行”法治灯谜有奖竞猜活动，组织法治灯谜3000余条，送出奖品3000多份；举办“肥东县2014年度法治廉政书法展”，征集书法作品80余幅；开展肥东县法治廉政书画摄影作品征集活动，征集到书法作品60余幅，出版《肥东县法制廉政书画摄影作品集》。肥东县被司法部、中央综治办、中央关工委评为全国青少年普法教育示范区。

【社会大局持续平稳】 加强组织领导，落实维稳工作职责。对全县信访隐患和重点人员进行排查梳理，并明确责任单位和责任人，逐一落实包保稳控措施，千方百计把源头问题处理好。开展领导接访和包案活动，有效化解信访积案。坚持领导干部接访下访制度，及时解决人民群众合理诉求，确保全国、全省、全市“两会”、党的十八届四中全会、APEC会议等重大活动期间和敏感节点肥东社会大局的和谐稳定。全年省、市交办的信访积案化解35件，化解率为92%，剩余3件办结，实现积案100%办结，85%以上化解的工作目标。加强统筹谋划，全面推进风险评估。制定下发《2014年度重大项目社会稳定风险评估登记表》。全年各乡镇（园区）和县直有关单位上报需要评估的重大项目共25件，评估23件。县委、县政府决定，对未经风险评估项目，原则上不上会、不研究、不审批。注重实用高效，扎实开展应急处置。认真贯彻情报信息引领维稳工作方针，建立日常涉稳信息搜集、分析、传递、研判和预警机制。及时捕捉掌握特殊时期维稳的苗头和动向，并对有可能发生和发生的涉稳事件发展趋势做出准确预测，重点对苗头性、内幕性、趋势性、预警性、行动性涉稳信息研判，对可能发生的涉稳信息及时预警。全年收到各类涉稳信息657条，发出预警54起。坚持多措并举，巩固涉军群体稳定。认真关注国家、省、市关于涉军群体工作一系列政策措施，并及时向涉军群体通报，做好宣传解释工作，打消他们的思想顾虑。采取定期约谈工作方式，对重点人员坚持每月约谈一次，平时不定期召开座谈会，及时进行感情交流，掌握其思想动态。组织部分抗美援朝老战士到庐江县汤池镇参观新农村建设，让老同志亲身体验并感受到社会的快速发展和人民生活水平的快速提高。在日常工作中，结合建军节、春节等重大节日，及时对涉军人员进行走访慰问，了解他们家庭和生活中存在的困难与问题，并安排专项经费对部分困难家庭进行救助，从而使他们真正感受到党和政府的关怀和温暖。

【防范处理邪教】 深挖邪教组织，加大打击力度。走访重点人员，实施人文关怀。转化重点人员11人次，带去人文关怀和价值3000多元生活用品，帮助解决实际困难5人次，进一步巩固转化成果。积极为“凯风网”提供资料。根据市统一安排，努力协调各方，准备有关视频访谈资料，资料的“脚本”经省委政法委审核通过并上报中央政法委。继续深入开展警示教育宣传活动。利用春节外出务工人员返乡时机，下发《关于深入开展春季反邪教警示教育的通知》，要求各地在春节期间以各种形式开展警示教育活动。紧密依托3月份综治宣传月和“12·4”法治宣传日，进行广泛宣传。全年印制《识破邪教“全能神”》居民读本10万本，《出国（境）人员行前教育宣传册》2万份，刻录《识破邪教“全能神”》光盘400套，印刷《关于依法严厉打击全能神邪教组织的通告》400份，同时还向全县331个村（社区）发放国家安全知识系列挂图近400套。开办法制教育学习班。及时开办“肥东县第13期法制教育学习班”，与看守所实行无缝对接。深入开展创建活动。确定在古城镇、陈集镇、杨店乡创建三个示范基地，三乡镇对硬件设施和软件资料进行完善，并通过市验收。

【执法监督】 扎实开展执法监督工作。高度重视并认真组织实施执法监督工作，根据上级关于做好涉法涉诉信访改革工作的要求，及时更新工作理念，从执法作风、执法效能、执法质量、执法水平、执法纪律等方面对全县政法各部门的执法工作进行全方位的监督和协调。先后组织召开县公、检、法等部门和相关单位参加的案件协调会17次，重点对上级交办案件、进京非访案件和重复访案件进行重点督办，确保符合条件的涉法涉诉信访事项在法律程序内得到及时处理，防止一些案件游离在法治轨道外形成越级访、重复访、非正常访，营造办事依法、遇事找法、解决问题用法、化解矛盾靠法的良好氛围。规范烟草市场经营秩序。对李某、王某某等非法经营卷烟案件，加强督办，增强执法监督的刚性，确保司法的公信力和执行力。开展查处“人情案”、“关系案”、“金钱案”专项整治活动。组织开展公开承诺1168人次，查处违法违纪人员2人，做到发现一起查处一起，件件有交代。

【政法队伍建设】 认真开展党的群众路线教育实践活动。县政法各部门在县委“活动办”和县委第四督导组的精心指导下，坚持求真务实改作风，开门纳谏抓整改；坚持规定动作不走样，自选动作有特色。先后组织全体工作人员到小岗村走访红色印记、重温入党誓言，到县委党校观看群众路线档案展和收听合肥市第三届十佳政法干警先进事迹报告会。县政法各部门领导班子先后深入基层走访、带题调研、换位体验，走访“两代表一委员”、执法监督员、行风评议员、社区干群、服务对象、退休老干部，召开各类座谈会，征求各类意见和建议。针对民主生活会提出的批评意见，每条问题均制定整改措施、整改目标、整改时限，并大力开展整治“四风”活动，不断加强党风廉政建设。县政法各部门扎实转变工作作风，着力推进效能建设，组织开展吃喝风、红包风、赌博风、走读风专项治理工作。组织全体工作人员到县委党校观看廉政警示教育图片展，加强警示教育。县公安局开展各类现场督察、专项督察和网上督察95次，依纪处理民警8名；县检察院主要负责人与分管负责人，分管负责人与各部门负责人签订责任书，强化“一岗双责”；县法院将大法庭设为肥东县党政干部“廉政警示教育基地”，先后5次组织部分单位党政干部旁听职务犯罪庭审，以案为鉴，现场警示。县司法局签订《党风廉政建设责任书》，制定党风廉政责任制任务分解表。大力宣传政法干警先进事迹。开展肥东县第三届十佳（优秀）政法干警先进事迹宣传以及陈彬“中国好人榜”推荐评选工作。8月26日，公安部追授县公安局民警陈彬同志全国公安系统二级英雄模范称号。举办全县政法干部培训班。在县委党校开展为期4天的政法干部培训班。先后有政法系统干警等200多人参加培训。强化政法综治宣传工作。全年形成调研、总结材料20余篇。肥东政法综治工作在《长安》杂志、《安徽法制报》、《合肥日报》、《合肥晚报》、中央、省、市政法综治网站，省、市综治、防邪简报均有刊登。县电视台拍摄播放《与法同行》栏目等14期。开展首届“平安肥东”征文活动，征文178篇。组织“平安肥东行”系列宣传报道活动，历时2个月，期间，每个乡镇（园区）、县综治成员重点单位在《合肥晚报·肥东晨刊》刊出相关稿件2篇以上，“肥东新闻”电视栏目每周有两篇相关新闻报道。通过开展征文和系列宣传报道活动，进一步提高平安建设工作的知晓率、参与度，营造“平安肥东”建设的浓厚氛围。积极组织法学会会员参加“深化改革与法治中国建设”和“第二届长江中游城市群法治论坛”及“少年司法制度创新与未成年人权益保护”主题征文活动，其中有两篇论文入选《庐州论水》文集；推荐会员申报2014年省法学会研究课题；召开《肥东政法》通联工作座谈会，进一步统一思想，提高认识，为推进政法宣传工作开展起到积极作用。

专职治安巡逻队员在巡逻

（马 虎）

审 判

人民法院正副职名单

院 长	杨 兴
副院长	韦学东 吴金龙 文 斌

【概况】 2014年受理各类案件6189件，结案6084件，一线审判人员人均办案129.5件。

【刑事审判】 审结刑事案件440件647人，判处十年以上有期徒刑18人，五年以上十年以下有期徒刑54人，三年以上五年以下有期徒刑230人。严惩严重影响社会安定犯罪行为，审结故意伤害、寻衅滋事、聚众斗殴等案件95件。严厉打击多发性犯罪行为，审结“两抢一盗”、交通肇事、危险驾驶、“黄、赌、毒”等案件269件。依法制裁破坏市场经济秩序犯罪，审结合同诈骗、非法经营、非法吸收公众存款等案件9件，涉及被害人530人，涉案金额5000万元。依法审理职务犯罪案件，审结贪污贿赂、渎职犯罪案件17件23人。坚持教育、感化、挽救方针，审结未成年人犯罪案件12件38人，对31名未成年人依法适用非监禁刑。积极参与社区矫正工作，将274名被判处管制、宣告缓刑罪犯纳入社区矫正范围，加强判后跟踪回访和帮教工作。

【民商事审判】 审结民商事案件4151件，涉案标的额6.37亿元。依法保障和改善民生，审结追索劳动报酬、工伤赔偿、劳动争议等案件571件，审结离婚、赡养、宅基地纠纷等婚姻家庭、邻里纠纷案1027件。保护人民群众健康权和财产权，审结人身伤害、道路交通事故损害赔偿、财产权属纠纷等案件1032件，落实赔偿款9000余万元。完善服务企业发展各项举措，审结经济合同纠纷案499件。保障城市建设，审结建设工程合同纠纷案61件。维护金融秩序，审结金融借款案128件、民间借贷纠纷案650件，涉案金额3.28亿元。

【行政审判】 审结行政讼案件114件，维持具体行政行为65件，裁定不予受理10件，纠正违法行政行为39起。加大非诉行政案件审查力度，裁定准予执行35件。加强与行政机关沟通协调，及时反馈行政执法中存在的问题，组织行政机关工作人员旁听行政案件庭审。推进行政首长出庭应诉制度，全年行政首长出庭应诉率达80%。

【案件执行】 受理执行案件1319件，标的额3.5亿元，执结（含中止等程序性结案）1195件，标的执行到位率81.5%。组织开展执行专项活动，执结78件“老赖案”、187件涉民生案件，涉案标的额1560余万元。推进“司法查控网”建设，加快执行财产处置，查封房产62套、车辆57台，拍卖财产价值400余万元，冻结、划拨银行存款4000余万元。依法惩戒失信行为，限制出境5人，纳入失信被执行人名单38人，罚款10余万元，司法拘留22人，追究刑事责任2人。加大社会抚养费征收等非诉案件执行，受理此类案件21件，执行到位60余万元。

【立案信访】 加强立案“窗口”建设，实行“一站式”服务，当日立案率99.4%。采取上门服务、预约立案等方式为年老伤残、路途遥远的当事人立案127件，速裁案件65件，服判率100%。重视困难群体司法需求，确保经济困难群众打得起官司，依法缓、减、免交诉讼费170余万元。院长定期接访、立案二庭专职接访和法官带案下访相结合，接待处理来访340人次，化解重大矛盾纠纷31起。拓宽信访途径，首次启用远程视频接访系统，2位信访人与最高人民法院接访法官“零距离”对话，直接反映诉求。引导人民群众理性表达意愿，依法提起再审，办理申诉案件7件，提起再审4件。

【司法为民】 扩大简易审适用范围，简易程序适用率79%。推进“大调解”工作格局，联合各类调解组织化解矛盾纠纷125次，开展诉前调解36次，调解结案1652件，当事人主动撤诉835件。依法为48名被告人指定辩护人，向75名特困当事人发放司法救助资金50余万元。坚持审判重心下移，深入乡村街道、农家庭院、田间地头，就地化解矛盾，巡回开庭87次，协调处理土地纠纷案16件。开展“法律六进”活动，普及法律知识，解决疑难问题，举办专场法律咨询活动8次，为白龙中学、圣泉中学师生宣讲未成年人保护法。

【党的群众路线教育活动】 组织学习党的十八大、十八届三中、四中全会以及习近平总书记系列重要讲话精神，强化宗旨意识和群众观念。聚焦“四风”，坚持开门搞活动，征求“四风”方面意见、建议200余条，91名党员干警深入40个村（居、社区）了解民情民意。召开专题民主生活会，开展批评与自我批评，剖析“四风”原因，研究43条具体整改措施和13条专项整治措施。整治“门难进、脸难看、事难办”、“立案难、诉讼难、执行难”和“人情案、关系案、金钱案”等突出问题，改进机关工作作风。

【干部队伍建设】 采取业务培训、学术调研、庭审观摩、考核评比等方式，加强对法官业务技能培养。全年参加各类业务培训班19期202人次，组织裁判文书评比、庭审观摩等21次，3人在省级以上竞赛中获奖。鼓励、支持干警参加学历教育和专业培训，6人参加在职研究生学习，2名干警通过全国统一司法考试。招录公务员3名，任命初任法官7名，增配审判员3名、审判委员会委员6名。

【党风廉政建设】 认真落实党风廉政建设责任制，签订党风廉政和司法廉洁责任书150份，落实“一岗双责”。强化内部监督，为20辆警车安装GPS定位系统，选聘廉政监察员12名，随案发放《廉政监督卡》2900余份，开展廉政谈话23次、廉政专项检查4次。开展司法廉洁教育，组织165名干警参观廉政画展、旁听职务犯罪庭审等。

【司法民主建设】 推进人民陪审员“倍增计划”，增选42名人民陪审员，参与审判、调解案件905件，陪审率达98%。加快审判流程公开、裁判文书公开、执行信息公开三大平台建设，依法能够公开的4668份裁判文书全部上网。推行审判执行公开，组织干群旁听案件庭审1200人次，召开执行听证会36次，邀请社会各界300余人次参与“法院开放日”活动，对461起委托鉴定、评估、拍卖事项，随机选择对外委托机构。

2014年获县级以上荣誉称号先进集体

单　位	荣誉称号	授予单位
县法院	全省无执行积案先进法院	省高院
梁园法庭	全省指导人民调解工作先进集体	省高院 省司法厅
县法院	合肥市爱国卫生先进单位	市爱卫会
执行局	集体三等功	市中院
刑　庭	先进集体	市中院
梁园法庭	先进集体	市中院
撮镇法庭	民事调解工作先进集体	市中院

2014年获县级以上荣誉称号先进个人

姓　名	荣誉称号	授予单位
张　红	法律知识电视竞赛二等奖	省人大常委会办公厅
马茂友	坚守法庭（二十年）好法官	省高院

姓 名	荣誉称号	授予单位
葛庆国	安徽省法治书画摄影大赛优秀奖	省司法厅 省文化厅 省文联 省依法治省领导小组办公室
葛庆国	全省法院网络书画摄影作品展优秀奖	省高院
夏 梦	安徽省“国策一法两纲”知识电视大赛二等奖	省政府妇女儿童工作委员会
刘晓萍	卷烟打假工作先进个人	市政府
鲁 青	个人三等功	市中院
罗 娟	个人三等功	市中院
徐丽君	民事调解工作先进个人	市中院
凌 燕	民事调解工作先进个人	市中院
王卫东	“人民满意好法官”提名奖	市中院
费维斌	“人民满意好法官”提名奖	市中院
马茂友	办案能手	市中院
夏 梦	合肥市“国策一法两纲”知识电视大赛一等奖	市政府妇女儿童工作委员会
葛庆国	“大湖印象——中国梦·合肥情”庆祝建国65周年摄影大赛优秀奖	市委宣传部 市文联 市摄影家协会

（张 新）

检 察

人民检察院正副职名单

检察长	杨 柯
副检察长	吴晓平 倪修银 关朝银

【概况】 县检察院以执法规范化、队伍专业化、管理科学化、保障现代化为方向，以业务建设为中心、以队伍建设为保障、以信息化建设作保证，强化法律监督，维护公平正义，全面履行检察职能，在市检察院组织的2014年度基层院建设量化考评中，再获综合第一，蝉联“全市先进基层检察院”称号。

最高人民检察院监所厅厅长袁其国到肥东县人民检察检查指导工作（右三）

【查办职务犯罪】 受理各类经济犯罪案件线索36件，经初查，决定立案15件16人，其中贪污案件2件3人，占总人数的18.8%；贿赂案件13件13人，占总人数的81.2%；大案14件14人，占案件总数93.3%，要案5件5人，占案件总数的33.3%。刑事拘留4人，转捕4人，取保14人。另外，2件2人在侦，另13件14人已侦结并移送公诉部门审查起诉，9件10人提起公诉。为国家挽回直接经济损失200余万元。反渎局受理初查各类渎职侵权案件7件9人，其中涉嫌滥用职权、受贿案3件3人，滥用职权1件1人，玩忽职守、受贿案1件1人，单位行贿、行贿案1件3人，民事枉法裁判1件1人。通过调查，立案并侦查终结移送审查起诉5件7人，不立案2件2人，为国家挽回经济损失27.7万元。法院作生效判决5件9人。

【法律监督】 办理各类提请批准逮捕案件268件353人，与去年同期的263件354人相比，件数上升1.9%，人数下降0.3%。经审查后批准逮捕187件228人，与去年同期的192件244人相比，分别下降2.6%和6.6%；不批准逮捕79件123人，分别占受案总数的29.5%和34.8%。

公诉共受理各类案件477件646人（其中强制医疗案件2件2人），与去年同期的398件590人相比，案件数上升19.8%，受案人数上升9.5%。经审查依法提起公诉432件588人，报送市院审查起诉4件4人，据管辖依法移送其他县区院1件1人，不起诉15件25人（相对不诉：11件18人，附条件不起诉：4件7人）。

检察官送法下乡

受理各类申请监督案件32件，和去年基本持平，其中对人民法院生效判决不服要求监督的7件案件全部立案审查，办理民事调解监督案件3件，执行监督案件和审判人员违法行为监督案件22件。经审查后，依法提请市检察院抗诉1件，向肥东县人民法院发出再审检察建议4件，法院全部启动再审程序，发出执行监督和审判人员违法行为监督检察建议7份，法院书面回复4件；不支持监督申请5件，对符合法定条件的3件案件全部作出终结审查处理。

受理群众来信来访102件，与上年73件相比，上升39.7%，信访压力较大；其中属于检察机关管辖的案件线索86件，占信访总量84.3%；检察长接待16件22人次。控申部门办理举报初核案件1件，对本院自侦部门22件不立案线索进行不立案审查；依法办理刑事申诉案件2件；国家赔偿和司法救助案件10件。

【诉讼监督】 办理立案监督案件22件28人，立案监督后判决21人，向公安机关制发《纠正违法通知书》53份，制发《检察建议书》12份，纠正漏捕30人，发出纠正违法通知书7份，办理两法衔接案件14件。1–12月纠正违法数108件，答复108件；发出检察建议5份，采纳5件；追加漏诉102人，102人作有罪判决。追加漏罪21起，均作有罪判决。办理抗诉案件1件2人，2013年提起抗诉的冯国栋虚开增值税专用发票案于2014年3月6日发回重审并予以改判。

【坚持惩防并举】 全面推动预防职务犯罪“六进”活动。其中，县院根据市院环巢湖生态示范建设项目工作部署，和肥东县环湖办联系，制定《环巢湖生态示范项目（肥东片）开展预防工作的意见》，成立领导组。通过从招投标环节开始跟进“肥东县合肥循环经济示范园入巢湖支流河道综合治理工程”等项目。

在元疃镇和桥头集镇建立“检察工作站”，开展法律咨询、涉农职务犯罪预防资料散发、法制讲座等工作。开展“预防农村职务犯罪百场讲座进乡村”活动，实现对乡镇干部、村“两委”成员“全覆盖、全参与、无遗漏”。发挥“检察长宣讲团”平台作用，检察长及党组成员分别深入到张集乡、撮镇镇等18乡镇工业园区以及县委党校、县供电公司等学校和国企开展预防宣讲活动50场次，散发预防教育读本3500余本。继2012年联合县法院建立“庭审警示教育基地”后，联合肥东看守所建立“看守所警示教育基地”。

【年度报告获全国十佳荣誉】 2014年，最高人民检察院和安徽省人民检察院举办首次年度报告评比活动，肥东县检察院报送的“2013年肥东县检察院惩治和预防职务犯罪年度报告”获得全省十佳年度报告和全国（县级院）十佳年度报告荣誉称号，安徽省仅肥东一家县级院获得全国十佳。

【推进执法规范化】 县检察院派驻看守所检察室被最高人民检察院评为全国一级规范化检察室。肥东县看守所连续24年来未发生一起被监管人员正常死亡、非正常死亡、脱逃等重大事件。驻所检察室与公安、武警三家联合安全大检查24次，召开联席会4次，参加所情分析会议12次,对在押人员谈话教育120人次，开展羁押必要性审查案件16件，对看守所在监管过程中存在的问题提出书面建议18起、口头建议10起，均达到落实，协助看守所处理突发事件6次，为在押人员提供法律咨询服务22人次。

检察官看望特教学校的孩子们

案管中心开展案件质量定

期评查3次，法律文书专项评查1次，共评查案件74件。受理案件760件1377卷，送案审核723件，移送案件714件。接待辩护人、诉讼代理人85人次。监督和防止案件流失4件，累计进行口头提示预警13次，发送流程监控通知书44份，均作纠正。纠正各业务部门报表填报错误26次，撰写《肥东县院业务运行态势分析报告》11篇。

【检务督察】 开展检务督察9次，察看全院干警在岗情况，有无上网购物、打游戏情况，该着装、持证上岗的有没有按章执行，控申接待大厅紧急药箱药物有没有过期，公车有没有私自出车等，对发现的问题通报并加以整改。完善廉政风险防控体系，落实执法办案情况评价反馈制度，让案件当事人或律师评价干警廉洁从检、执法办案和作风礼仪情况，发出反馈意见表百余份，收到反馈意见表46份，均表示满意。

2014年获县级以上荣誉称号先进集体

单 位	荣誉称号	授予单位
县检察院	全国一级规范化驻所检察室	最高人民检察院
县检察院	全国十佳年度报告	最高人民检察院职务犯罪预防厅
县检察院	安徽省文明单位	省文明委
县检察院	安徽省基层院建设典型	安徽省人民检察院
反渎局	第三届“五件精品案件”	安徽省人民检察院
县检察院	合肥市卫生先进单位	合肥市爱卫会
县检察院	合肥市先进基层检察院	合肥市人民检察院
反贪局	全市讯问同步录音录像优秀案例	合肥市人民检察院反贪污贿赂局
反渎局	全市优质案件	合肥市人民检察院反渎职侵权局

2014年获县级以上荣誉称号先进个人

姓 名	荣誉称号	授予单位
张 巍	全省“第二届控告申诉检察办案能手”	省检察院
关朝银	全省检察机关党建理论研讨三等奖	省检察院机关党委
王琼碧	全省检察机关党建理论研讨优秀奖	省检察院机关党委
宋 浩	全市卷烟打假工作先进个人	市委政法委、市烟草专卖局
陆广林	首届“廉泉杯”征文比赛二等奖	市检察院
杨达青	长江中游城市群第二届法治论坛优秀奖	市法学会、市委政法委
葛 晶	长江中游城市群第二届法治论坛优秀奖	市法学会、市委政法委

（洪 珊）

公 安

公安局正副职名单

局 长	宁向东
政 委	黄军龙
副局长	张剑青 施 剑 杨义忠 刘旭东 李 骏

【概况】 紧扣维护稳定主题，做好打防管控主业，夯实基层基础主体，践行为民服务主旨，立足队伍建设主线，提升维护社会稳定、驾驭社会治安、服务经济发展的能力和水平，社会治安呈良性发展态势。2014年有7个单位、34名个人受到各类表彰奖励。公安局机要室被公安部评定为全国公安机关“一级机要室”，民警刘培来因机要工作突出受到中

共中央办公厅机要局的表彰；因公牺牲的民警陈彬被公安部追授“全国公安系统二级英雄模范”。

【政治建警】 清明节前夕，县公安局组织部分青年民警前往大蜀山革命烈士陵园开展“缅怀革命英烈，践行群众路线”主题纪念活动，祭奠公安英烈，弘扬英烈精神。4月15日，举办“为何从警、如何做警、为谁用警”主题演讲比赛。开展肥东县第三届十佳（优秀）政法干警先进事迹宣传以及陈彬“中国好人榜”推荐评选、第六届“全省人民满意公务员”评选工作，发挥典型示范作用，强化民警的核心价值观教育。

观看廉政警示教育图片展

【群众路线教育实践活动】 2月24日，县公安局召开党的群众路线教育实践活动动员大会。县委第四督导组成员，县公安局党委班子成员，局属各二级机构班子成员，部分民警代表以及部分退休老同志代表，共200余人参加会议。先后组织局属二级机构正职、民警代表到县委党校观看廉政警示教育图片展、群众路线档案展和收听合肥市第三届十佳政法干警事迹报告会。公安局党委成员带领分管单位负责人先后深入基层走访、领题调研、换位体验，走访“两代表一委员”、执法监督员、行风评议员、社区干群、服务对象、退休老干部等500余人（家），召开座谈会32场，梳理各类建议和意见127条。9月6日，公安局党委召开党的群众路线教育实践活动专题民主生活会。在对照检查中，9名班子成员共查摆“四风”问题104条；在民主生活会上，共提出互相批评意见139条，每条问题均制定整改措施、整改目标、整改时限。10月27日，公安局召开党的群众路线教育实践活动总结大会，对教育实践活动认真总结，全面推进从严治党。

【打击犯罪】 破获刑事案件972起，其中，破获现行命案3起，现行命案破案率100%，另破命案积案1起。移送起诉813人，较上年上升20%，位列全市同序列首位。抓获各类网上逃犯283人，其中，外省逃犯50人、外市逃犯40人、命案逃犯5人，完成上级下达追逃任务的243.9%，追逃成绩位居全市前列，特别是将潜逃27年的命案逃犯张某某抓获。其中，成功破获公安部督办的系列投放赌博机案和生产、销售不符合安全标准食品案以及市局挂牌的系列抢劫宾馆案、白龙地区系列抢劫出租车案件。12月10日，省公安厅给合肥市公安局发贺电，对肥东公安局破获一起特大“毒狗”案件表示祝贺。在该案中，县公安局共打掉团伙3个，捣毁窝点9处，抓获涉案人员19人，现场查获毒死狗肉40余吨，嫌疑车辆5辆、毒狗药丸及制毒原料11千克。

集中销毁赌博机

【治安管控】 在“扫黄禁赌”专项行动中，县公安局先后在梁园、众兴、店埠、撮镇、王铁等处打掉赌博窝点77处，涉黄窝点15处，刑拘56人，逮捕16人，起诉74人，治拘374人。6月和10月，先后两次将收缴的600多台赌博机集中销毁，省、市、县多家新闻主流媒体到场采访，震慑和遏制赌博歪风。按照上级公安机关“全覆盖、零容忍、严执法、重实效”的总体要求，县公安局加大缉枪治爆专项整治力度，尤其将烟花爆竹市场作为重点进行专项整治，先后取缔非法销售点20余家，捣毁非法储存仓库5处，查处涉爆案件23起，治拘26人，销毁非法烟花爆竹4000余件。收缴过期导爆管雷管1530发、电雷管200发、自制枪支10把。

【打击传销】 县公安局组织店埠派出所、经开派出所和经侦大队警力，配合县市场监督管理局、乡镇、经济开发区开展“打传”行动，并组织开展时效性强、见效快的清理清离传销人员的专项行动。全年组织开展10次统一行动，清查可疑房屋104户，录入传销黑名单346人，缴获部分传销书籍及传销物品，教育遣散涉嫌传销人员379人。开展“打传”宣传工作，悬挂宣传条幅100余条，散发宣传资料1万余份。侦破传销案件4起，逮捕犯罪嫌疑人4名。9月13日凌晨，成功破获一起组织领导传销案，将利用“连锁经营”作为幌子，邀集亲戚、朋友来肥东经济开发区“投资”的张某（湖北省浠水县人）抓获，依法予以刑事拘留。

【“智慧110”系统启用和“天网工程”验收】 5月8日，县公安局举行“智慧110”系统终端发放仪式。县公安局主要负责人向各派出所和刑侦大队、交管大队、治安大队、巡警大队、消防大队等单位，现场发放“智慧110”系统终端。仪式结束后，相关人员共同学习《肥东县公安局警务巡控指挥调度系统（简称：“智慧110”系统）使用和管理规定》和具体的使用方法，提升接处警工作水平。8月6日，省公安厅“天网工程”验收组一行到县公安局，对“天网工程”一期项目进行验收。验收组一行详细查看“天网工程”一期项目建设内容和竣工报告、初验报告，并分成资料查看组、技术查验组和现场检查3个小组，对项目建设情况进行综合评价和打分。经验收组考核，肥东县“天网工程”一期项目符合建设要求，通过验收。

智慧110

【道路交通安全源头管理】 全县共发生交通事故15013起，未发生死亡3人以上重特大交通事故。县公安局加强道路交通安全源头管理，现场查处超速5587起，各类车辆超载889起，客运超员1378起，饮酒驾车296起，醉酒驾驶52起；发现重大道路交通隐患13处，10月，完成对白龙镇双庙道口与范同路交口、X006线27K处王塘加油站附近以及肖凤社区与镇北村路口3处市级隐患路段的整治工作；深入客货运企业，监督指导企业落实安全监管主体责任，会同县安监、交通运输局、农机局，督导危化品运输车、长途客运等重点车辆安装使用GPS定位系统和行驶记录仪，建立农机车辆登记入户和驾驶人申领驾驶证信息互通共享及源头监管机制；以“五进”宣传为主要手段，形成交通安全社会宣传网络，赢得社会各界对交通安全管理工作的理解和支持。到学校、企业上交通安全课60堂，设立展板、展台宣传50次，发放宣传资料40000余份，邀请电视媒体记者随警宣传报道10次。

【“一村一警”包村联系工作】 12月，县公安局召开“一村一警”包村联系工作动员部署会，部署“一村一警”包村联系工作。派出所驻村民警包重点村、中心村，212名派出所警力对应全县331个村居，其他单位民警按照各自职能承担相对应的村居，抽调机关137名民警对应包村，辅助开展工作。派出所驻村民警值班及在所内办公外，其他工作时间必须沉入社区开展社区工作；包村民警每月进村工作时间不少于2天，为民服务、提升群众安全意识、入户走访、化解矛盾、法制宣传、信息采集、群防群治，维护一方平安。

走访群众

【提升群众安全感满意度】 9月，县公安局召开巩固和提升安全感满意度工作动员部署会。在公安网主页开设“巩固和提升群众安全感和满意度”活动专栏，及时交流经验做法。各派出所组织开展“三会一课”—警民恳谈会、治安形势通报会、征求意见座谈会和法制教育课，广泛征求群众反映问题以及对公安工作的意见建议。先后邀请医院负责人、医务工作人员代表及县人大代表、政协委员、政风行风监督员召开座谈会，广泛征求意见建议。县公安局及时调整工作方向和工作重心，围绕侵财案件、黄赌警情、交通秩序、窗口服务等问题，及时掌握影响群众安全感满意度的因素，第一时间打击破案、第一时间综合整治。11月，县政府办下发《关于印发进一步提升群众安全感和满意度专项活动实施方案的通知》，各乡镇（园区）、县直各部门迅速行动，推动该项政府工程全面有序开展。

【队伍建设】 采取“轮值轮训，战训合一”的形式，先后开展所队长教导员、社区民警、兼职技术员、法制审核员、舆情网管员、装备管理员、警务实战技能教官和兴趣特长班（足球、篮球、乐团）等分类培训，累计完成24期500余人次调训。利用市公安局培训支队、合肥公安讲坛、庐州讲坛、安徽公安大讲堂等优质资源，拓展培训内容。先后邀请省公安厅、市公安局以及相关专家开展心理健康、“两法”讲座、舆情处置、交通管理、刑事侦查等各类业务培训，提升民警的综合知识水平。县公安局通过积极备战市局的“大比武”活动和第三届警体会，提升队伍业务能力，展示队伍良好形象。“大比武”活动获集体奖项10个，单项奖项20个；警体会获团体奖6个，个人奖项12个。8月，县公安局与合肥市公安局蜀山分局联合组成的合肥市公安局代表队，在全省民警依法使用武器警械专项考核工作中获第一名，参赛的6名民警中，李明辉被市公安局记个人三等功，刘传涛、薛坤、孟鸿冰、陆敏、钱龙等5人受到市公安局嘉奖。重视民警的心理健康疏导。11月，邀请安徽心理咨询学会会长、心理学教授李群为全体民警进行心理健康专题讲座，培育民警“快乐工作、幸福生活”心态。

2014年获县级以上荣誉称号先进集体

单　位	荣誉称号	授予单位
桥头集派出所	全省公安机关执法示范单位	省公安厅
县看守所	2013年全省看守所管理机制创新优秀单位和个人（优秀看守所）	省公安厅
网安大队	2013年度集中打击整治网络违法犯罪专项行动先进集体	省公安厅
众兴派出所	合肥市2011-2013年度先进集体	市委 市政府
县公安局	通报表彰圆满完成清明假日期间安保工作	县委 县政府
交管大队车管所	合肥市巾帼文明岗	市妇联

2014年获县级以上荣誉称号先进个人

姓　名	荣誉称号	授予单位
陈　彬	全国公安系统二级英雄模范	公安部
何明文	全国“打击食品犯罪保卫餐桌安全”专项行动先进个人	公安部
刘培来	从事密码工作二十年，为党的密码事业作出的贡献	中共中央办公厅机要局
刘建华	2013年全省拘留所矛盾化解工作优秀个人	省公安厅
刘　莉	安徽省女职工“学比创争”活动先进个人	省总工会
俞广宇	2013年度全市信访工作先进个人	市政府
刘成良	合肥市五一劳动奖章	市总工会
毕守东	个人三等功	市公安局

姓　名	荣誉称号	授予单位
李冠男	个人嘉奖	市公安局
蒋　方	个人三等功	市公安局
袁圣发	个人三等功	市公安局
郝　鹏	个人三等功	市公安局
郭　磊	个人三等功	市公安局
周　峰	个人嘉奖	市公安局
吴　竞	个人嘉奖	市公安局
司伟凡	个人三等功	市公安局
张朝正	个人三等功	市公安局
陈　兵	个人三等功	市公安局
梁龙文	2013年度先进工作者	市政府“三车”专项整治工作领导小组
童　俊	2013年度先进工作者	市政府“三车”专项整治工作领导小组
李明辉	个人三等功	市公安局
刘传涛	个人嘉奖	市公安局
薛　坤	个人嘉奖	市公安局
孟鸿冰	个人嘉奖	市公安局
陆　敏	个人嘉奖	市公安局
钱　龙	个人嘉奖	市公安局
吴秀东	个人嘉奖	市公安局
刘传涛	个人三等功	市公安局
李　清	个人三等功	市公安局
李　云	个人嘉奖	市公安局
李　坤	个人三等功	市公安局
章　玮	个人三等功	市公安局
费　翔	个人三等功	市公安局
史海峰	2013年度民主考评百名科长优秀站所负责人	县委　县政府

（曹江峰）

司法行政

司法局正副职名单

局　长	丁必会
党组书记	席保平
副局长	龚华斌　张业建 王　剑

【概况】 2014年，县司法局坚持以邓小平理论和“三个代表”重要思想为指导，以科学发展观为统领，全面贯彻落实党的十八届四中全会和习近平总书记对司法行政指示精神，扎实开展党的群众路线教育实践活动，紧紧围绕县委、县政府确定的中心任务，认真履行法制宣传、法律保障、法律服务职能，全面发挥司法行政职能作用。3月，获安徽省“六五”普法中期先进集体荣誉称号。8月，获国家关工委、司法部、中央综治委办公室联合颁发的全国青少年普法教育先进单位称号。县公证处在全省83家公证处中被评为“全省公证质量优秀等次公证处”，5名公证员被评为“2014年度全省公证质量优秀等次公证员”。

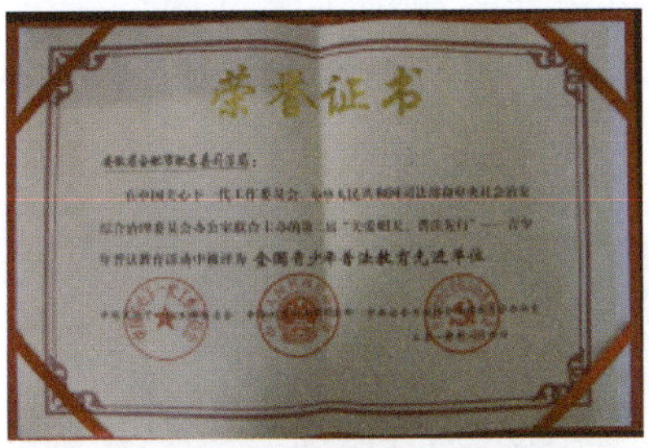

全国青少年普法教育先进单位

【普法宣传教育】 增强法制宣传教育实效性。下发《肥东县2014年依法治县普法教育工作要点》。开展“法律六进”活动。解答咨询2000多人次，发放法律援助联系卡500多份。作巡演166个场次。到肥东一中等8所学校开展送法进校园活动，作法制报告8场，受教育师生达10000人次。加强五类重点对象的学法用法。悬挂标语横幅、发放法律知识单页等10000余份，组织律师开展集中法律咨询5次，提供法律服务300余人次。分别在元疃镇、统计局等单位开展公务员法制讲座15次，老年人权益保护讲座6次。11月29日，邀请中国政法大学法学院副院长、教授何兵到县讲解《十八届四中全会精神解读》，县四大班子及县直、乡镇共200余人聆听讲座。举办普法骨干第四期培训班，对受训的120余位公务员进行学习十八届四中全会精神考试。组织法治广场宣传活动30余次，发放材料8万余份。以“普”、“宣”、“查”三个板块，一个整体，开展“江淮普法行”活动。创新普法工作形式。全县2014年度百分制综合考评中普法工作占2分，对“六五”普法工作具有推动作用；将包公折子戏《审米箩》、《峡砚清风》、《包公斩》等三折戏纳入巡演科目，在全县331个村居（社区）开展下乡巡演活动。共开展巡演166个场次，受教育群众达10万余人。将《包公折子戏》制成碟片向全县各级各单位发放并搬上荧屏。绘制普法读本《包公故事》连环画，该读本分为《国法无亲》、《陈州放粮》、《珍珠记》和《怒铡庞国丈》等故事，将人物造型融装饰画、剪纸和戏剧艺术于一体；摄制的法制栏目《与法同行》70期。

广场法治文艺演出

【人民调解】 举办200多人的人民调解工作培训班。全县各级各类人民调解委员会共调解案件4861件，成功调解4845件，成功率99.5%，其中行业性专业性调解委员会共调解案件176件，共发放个案补贴35万余元。

【安置帮教】 继续完善“村为主”安置帮教工作机制，新加入过渡性安置基地的企业有8家。在册安置帮教对象761名，接收安帮人员364名，衔接率提升60%，解除帮教43人。

【社区矫正】 举办两期社区矫正工作培训班。出台《关于进一步加强社区矫正工作意见》文件。社区矫正人员手机定位率26%，刷证率96%以上。全年新接收社区矫正人员390名、解矫319名、警告处罚16名、提请撤销缓刑6名，开展社区矫正影响评估案件81件，在册社区矫正人员423名。在册社区矫正人员未发现1例重新犯罪。

【律师工作】 9月，聘请肥东李丰升律师事务所为法律顾问。3家律师事务所全年共办理民事案件182件，刑事案件59件。

【法律援助】 全年法援中心共受理承办各类援助案件802件。民事案件431件，劳动仲裁案件191 件，刑事案件148件，公证案件32件。补贴经费29万余元，办结归档案件756件。

【公共法律服务实体平台建设】 重点推进公共法律服务实体平台建设。注重因地制宜、分类推进，不搞“一刀切”。把公证处、法援中心、调解中心、基层科、社区矫正办等整合为一体，体现便民利民，10月27日投入使用。在三级司法行政实体平台基础建设时，尽力做到节约。全县20个乡镇、开发区的司法行政服务站及331个村级司法工作室建设在9月底全部完成。

【队伍建设】 在全系统开展党的群众路线教育实践活动。制定实施方案，进行动员部署。发放征求意见函300余份。局领导班子征集意见建议23条，领导班子成员征集意见建议74条。其他工作人员征集意见建议121条。开展“三走进、三服务”等主题实践活动，组织党员干部参加万米长跑、拔河、登山、义务植树。深入杨店乡路塘村等走访慰问困难党员。1名中共预备党员转正。开展帮扶慰问活动。6名班子成员分别结对帮扶10户贫困户，每户送慰问金500元。对患病、特困、残疾、低保等19名社区矫正对象慰问，每人送去慰问金1000元，使他们感受到党和政府的温暖，安心接受矫正和管理。落实党风廉政建设，转变工作作风，推进效能建设。签订《司法局党风廉政建设责任书》。制定党风廉政责任制任务分解表。报备“三重一大”事项告知书14份。全系统在2014年度无一例违纪违规。

肥东县司法局“送法下乡”

（李 军）

蔡永祥纪念馆

青山有幸埋忠骨，蔡永祥纪念馆坐落于长临河镇风景秀丽的四顶山脚下，蔡永祥的家乡大蔡村。1966年2月，18岁的肥东县农民蔡永祥参军到浙江，成为一名钱塘江大桥的哨兵。8个月后的一天凌晨，由南昌开来的764次列车呼啸地向大桥飞奔而来。蔡永祥在车灯的照射下，突然发现距哨位40米的轨道上，有一根大木头横在那里。为了列车和乘客的安全，他舍命把木头掀出轨道，献出年仅18岁的生命。为表彰他的英雄业绩，南京部队党委决定追认蔡永祥同志为中共正式党员，并追记一等功。蔡永祥殉职后，其感人事迹轰动全国，成为继雷锋、王杰之后亿万人民学习的又一楷模。2009年政府对馆内陈列设施进行重修，建成了蔡永祥塑像两个，陈列了蔡永祥烈士生平事迹和部分照片、影像材料以及其他烈士资料，并挂牌蔡永祥烈士纪念馆、肥东县烈士纪念馆。

国防

□人民武装
□人民武警
□人民消防
□人防　民防

人民武装

人武部正副职名单

部　长	姜　伟
政　委	吴文祥
副部长	夏传乐

【概况】 2014年，县人武部被省警备区表彰为军事训练先进单位。“千人拉动”、“对接训练”、“阳光征兵”、“科技支建”的做法，先后被省军区要讯4次转发。年底，被省军区推荐为迎接南京军区后备力量“十二五”调整改革检查受检单位。

【思想政治工作】 把学习贯彻习主席系列重要讲话作为首要政治任务贯穿全年，采取“领学、帮学、评学，人人有学习笔记、有心得体会、有考核成绩，引导广大官兵自觉做到在思想上政治上行动上与党中央、中央军委和习主席保持高度一致。开展“牢记强军目标、献身强军实践”、“大别山精神”、“四个安徽”、“三个同样一个要”专题教育，组织参观红色教育基地，重温入党誓词，开展“人武部要有什么样子”大讨论，在学习理解、互动交流、参观见学中强化认识，推动强军目标落地生根。学习教育向基层武装部延伸、向民兵拓展，结合专武部长例会、民兵整组、兵役登记、军事训练和集结演练等时机，组织集中学习教育，及时将上级指示、教育提纲打包下发或编印成册，组织自学。用好《国防教育专刊》宣传平面媒体，面向全县开展国防教育，10月，军事科学院《国防》杂志专题报道该做法。组织“牢记强军目标、献身强军实践”大讨论和“我为强军做贡献”主题宣传活动；组织“学郭俊献身使命、学小井庄敢闯敢干、学巢湖人武部争先进位”三学活动；开展苏联解体原因剖析教育、阅读《参考消息》甲午战争教训，结合中东和乌东局势，开展世界安全形势教育。新闻报道用稿量提升，先后在中央级报刊杂志上用稿5篇，地方省级以上报刊用稿4篇，网络用稿16篇。

【民兵组织整顿】 民兵预备役防空分队统编统训，以14个乡（镇、开发区）为基础地域，在相关企事业单位遴选预编“三员三手”专业技术兵20余人，完成防空分队编组任务，退伍军人比例、在位率、经训率、党团人员比例分别达到73%、98%、100%、100%。从全县22个基层单位应急连（排）人员中各抽10人组建县首批突击应急分队，队伍成员平时100%在位，收到命令后1小时内能够完成收拢集结。统筹新型支援保障队伍建设，专题调研、充分研究论证，逐人核、逐个审、逐步验，从县水务局和气象局各选编5人，专业对口率达到100%，建强气象水文分队。提升海军勤务保障分队训练质量，采取赋予任务的方式，在有编组任务的7个单位抽130人组建专业技术骨干队伍，5年内不出队，训练时人人能担负教学任务，保留训练骨干。后勤综合保障队伍优先编组退伍军人和地方专业技术人员。5月，组织应急分队、海军勤务保障技术骨干队伍和高炮营进行收拢、集结、机动、点验“一个过程”拉动，现场检验指挥员和任务分队应变能力。

【军事训练】 2014年，以军事斗争准备为牵引，重点抓首长机关、信息员队伍、一体化民兵应急分队及勤务保障等分队的训练，加快转变战斗力生成模式，不断提高民兵遂行多样化军事任务能力。2月，在警备区教导队组织100人的民兵营（连）长集训，紧贴辖区担负的非战争军事行动任务，精选抗震救灾、抗洪抢险、应急维稳、信息报送6个专业课目和擒敌拳、防暴队形、警棍盾牌术3个基本技能课目，增强集训针对性。4月，聘请教员讲解示范、考核评比，组织民兵应急连在某油库进行以共同科目、警棍盾牌、擒拿格斗、森林防火等内容的训练。参训民兵应对突发事件和维稳处突能力得到提升。9月和10月，组织两批民兵海军勤务保障分队对接训练，采取“统一组织、集中学训”方式，对安全警戒、油料保障、水电抢修等专业科目进行实战化模拟训练，增强民兵战备意识和实战化能力。9月，在肥东某场站组织对接联训十周年检讨座谈会，省军区和警备区首长机关派员参加。总结十年联训经验，重点查找剖析存在问题，围绕民兵海军勤务保障分队如何解决“储、建、训、用”等方面的问题进行探讨，找问题、研究解决方法、制定相应措施，探索实岗化训练路子。检讨座谈会被省军区以要讯形式刊发。年底，被警备区评为年度军事训练工作先进单位。

【基层武装规范化建设】 出台《肥东县基层武装规范化建设细则》，对基层武装部和民兵营（连）部库室建设、器材配备及工作制度明确职责，统一标准。录制《肥东县基层武装规范化建设电教片》，将基层武装机构软、硬件设置，民兵基层党组织建设，民兵组织整顿、政治教育、军事训练及征兵工作基本流程7项主要工作制作成图文解说式电教片。开发构建《肥东县民兵信息管控平台》。在全县乡（镇）、开发区和安徽水电水利学院掀起基层武装规范化建设达标活动，年底，对达标单位分别给予3000元奖励。

【征兵工作】　征集的兵员中，大学生占征集总数17.9%，较去年提高11个百分点；高中和中职生占征集总数75.4%，较去年提高15个百分点；初中生占征集总数5%，较去年降低26个百分点。在欢送仪式上县长亲自为每名进藏新兵发放5000元家庭补助。建立规范立功受奖喜报送达制度，根据受奖等级给予500到10000元经济奖励。

【武装工作会议】　3月，全县武装工作会议召开。县委主要负责同志，县委、县政府分管负责同志，县人武部党委班子成员，县国动委“八办”成员单位负责人，基层武装部第一部长，全县专武干部参加会议。县人武部部长姜伟总结2013年度武装工作，对2014年度武装工作进行安排部署。县委常委、县人武部政委吴文祥传达省军区党委扩大会议精神。响导乡等5个单位基层武装部第一部长述职。会议对2013年度全县武装工作先进单位和先进个人通报表彰。县委书记、县人武部党委第一书记杨宏星作重要讲话。

【营院建设】　2014年，县财政投入经费30余万元，对营院道路铺上沥青。体检站、办公楼和线路进行改造，对营区周边绿地进行平整，种植草皮600多平方米，红色石楠3000多棵，葡萄树75棵，桂花树20棵，桃树、腊梅等各种树木20多种，改善营区绿化环境，初步实现“春有花、夏有荫、秋有果、冬有绿”。

2014年获县级以上荣誉称号先进集体

单　位	荣誉称号	授予单位
县人武部	军事训练工作先进单位	合肥警备区
古城镇武装部	先进基层武装部	合肥警备区

2014年获县级以上荣誉称号先进个人

姓　名	荣誉称号	授予单位
张忠树	后勤建设先进个人	合肥警备区
陈　鹏	政治工作先进个人	合肥警备区
张昌旭	优秀共产党员	合肥警备区
袁胜洋	优秀基层专武干部	合肥警备区

（沈光仓）

人民武警

武警中队主官名单

中队长	皮礼茂
政治指导员	邹军君

【概况】　武警安徽总队合肥市支队肥东县中队以执勤工作为中心，担负处置肥东境内突发事件、看守所外围武装警戒，维护肥东社会稳定以及参加抗洪抢险的急难险重任务。连续31年执勤无事故。

【正规化建设】　强化军事训练，严格落实执勤战备工作制度，组织战备演练，强化执勤正规化建设，抓好“一班哨”组织与实施、方案演练等科目的训练，提高部队应急处置能力。

【军事执勤】　完善训练激励机制，坚持每月训练与评红星挂钩，评出训练尖子，树立典型，以点带面。在

"五一"、"十一"和春节期间，中队先后出动官兵100人次，与公安局配合，组织官兵在县城巡逻，节日期间肥东社会面安全稳定。协助肥东县看守所完成9起临时性押解勤务，受到目标单位及县公安局的好评。

【思想政治工作】 参观见学、办宣传栏、交流心得体会、演讲身边事和谈家乡变化，开展经常性思想政治教育，培育当代革命军人核心价值观。每周二、周四组织"三互活动"小组开展读报活动，共青团支部利用节假日组织新老兵篮球对抗赛、美化环境。开展警民共建活动，拥政爱民，为驻地群众排忧解难，积极参加驻地抗洪抢险，节假日慰问敬老院老人，送温暖、送爱心、义务献血、植树造林、为驻地打扫公共卫生。

【后勤保障】 完成营房改造和生活设施配套、体育活动室、网络学习室等工程设施，基础设施配套率100%。

【部队管理】 组织官兵学习条令条例、《基层正规化管理若干规定》、"八条禁令"等法规文件，增强官兵条令意识和纪律观念，每月对士官进行讲评与考核，每月上一堂保密教育课或看一盘光碟，对涉密文件及时登记造册，由专人负责管理，强化安全保密意识。制定季、月、周和日具体事项工作计划，利用交班会，组织骨干讲评和汇报工作完成情况

2014年获县级以上荣誉称号先进集体

单 位	荣誉称号	授予单位
县中队	基层建设先进中队	省总队
县中队一班	集体三等功	市支队

2014年获县级以上荣誉称号先进个人

姓 名	荣誉称号	授予单位
邹军君	个人三等功	市支队

（赫思亮）

人民消防

消防大队正副职名单

教导员	周德熙
大队长	谢 曙
副大队长	蒋 健

【概况】 2014年，肥东县消防大队接处警1071起，其中处置火灾594起、抢险救援232起、社会救助245起，出动官兵6700人（次）、车辆1400余台（次），抢救疏散人员600余人，保护财产价值5300余万余元，成功处置"4.23恒旺泡沫厂火灾"、"12.25合宁高速乙酸仲丁酯槽车泄露"等灾害事故，受到全县各界群众的赞誉。同年，县消防大队荣膺全省标兵大队光荣称号。

【战训】 苦练精兵，不断提升部队战斗力。大队严格按照实战化练兵要求，转变、创新训练思维，大力开展业务、体能、队列训练，积极参加支队举办的各项竞赛。先后取得合肥市消防部队2013-2014冬训考核第二名、队列会操二等奖、第十三届消防运动会团体总分第五名、实战化应用操法比赛第二名、全年执勤岗位练兵第三名的好成绩。

公安部消防局副局长牛跃光检查肥东消防队工作

以"三个突出"做好重点单位实战化演练。针对全县139家重点单位，突出做好防消联勤工作，对辖区内隐患单位做好预案编制、实战演练和"六熟悉"工作。

县委书记杨宏星听取消防工作汇报

有针对性地开展夜间演练、无预案演练等实战演练144次，不断提高部队的作战能力；配合市政府与省环保局完成“11·4合肥循环经济园中盐安徽红四方股份有限公司突发事件”应急演练。按照《关于加强重大火灾隐患单位灭火救援准备工作的通知》要求，结合全省重大火灾隐患集中整治专项行动，完成联家超市、真心食品厂等5家重大火灾隐患单位预案制定、实地演练工作。

县委常委、副县长韩东亚带队检查督导消防工作

结合重大节日，制定中秋、国庆消防安全保卫工作方案，完成青奥会、十八届四中全会、APEC会议消防安全保卫任务，青奥会期间，大队官兵在文集服务区从早八点至晚八点实地参与安保任务，并在开幕式和闭幕式当天实行全天24小时消防安全保卫，受到市局和支队领导的肯定和表扬。

【思想政治教育】 开展政治教育，深入学习习近平总书记系列重要讲话精神，学习党的十八届三中、四中全会精神。打牢官兵思想政治基础，不断强化官兵责任意识和大局观念。开展“牢记强军目标、献身强军实践”、“凝心聚力、明责勇为”、“缅怀革命先烈、献身强军实践、建功走在前列”等主题教育活动，使全体官兵思想上深受教育，灵魂上广受触动。进一步加强公安部“三项建设”，密切警民关系，做好双拥工作，积极帮扶困难儿童，对贫困学生进行爱心助学活动，开展多种形式的消防知识讲座，与辖区内单位联合举办联谊活动。培育社会主义核心价值观，打牢官兵忠诚可靠的思想根基，激励官兵牢记宗旨，立足岗位，创先争优，先后开展学习“飞身哥”沈鑫敏同志先进事迹活动、学习安徽省消防总队“优秀带兵人”活动，引导广大官兵以先进典型为榜样，在本职工作岗位上建功立业。

【后勤保障】 全年县政府对消防工作投入996万元，其中消防业务经费532万元，器材装备464万元，保持年均20%以上的增长幅度，完成人均消防业务经费5万元/年的目标。为适应实战需要，投资70余万元，购置一套荷兰荷马特液压救援设备，提高了消防部队重大交通事故应急处置和抢修救援能力。先后两次召开县长办公会议，专题研究市政消火栓建设管理议题，出台《肥东县消火栓管理规定》，制定两年补齐历史欠账的建设计划，推行市政消火栓建设、管理考核问责机制，强化居民小区、重点单位内部消火栓巡检维护，努力做到“补足旧账、不添新账”，全年新建市政消火栓125只，消火栓完好率达99%。县政府召开会议专题研究市政消防基础设施建设，组织修订全县消防专项规划《肥东县消防规划（2014—2030）》和重点镇消防规划《撮镇镇消防专项规划（2014—2030）》，将消防站点建设纳入控制详规。

【消防监督】 全年检查单位453家、发现火灾隐患158处、督促整改隐患142处、下发责令改正通知书70份，拘留3人，处罚单位28家，其中责令三停单位5家、罚款37.25万元；全年指导各派出所共检查单位9252家，发现隐患14839处、督促整改隐患14722处、下发责令改正通知书5387份，拘留12人，处罚单位160家，罚款10.7万元，案件办理数居全市区、县分局之首。

消防安全“网格化”管理工作推进会

按照国务院及省、市《消防工作考核办法》要求，将消防安全管理工作真正纳入社会综合治理。消防安全网格化管理工作在基层深入开展，明确全县所有的乡镇领导干部培训班、村（居）委书记（主任）

轮训班和安监工作业务培训班均增设消防安全管理课程，有力推动《消防法》中“政府统一领导、部门依法监管、单位全面负责、公民积极参与”总原则的底层实践，不断落实各级、各部门依法监管责任，提高全社会消防安全管理水平。

排查火灾隐患

按照习近平总书记关于“一岗双责、管行业必须管安全”的指示精神，依据肥东县消防安全委员会制定的部门联合检查工作方案，完成对全县养老机构、粮食储备库、在建工地、大型商场和超市的消防安全检查，严防火灾事故的发生，确保辖区火灾形势的稳定。

按照“三个走前列、三个不发生”年度目标要求，按照三级联动机制，联合政府各部门多次开展社会单位重大火灾隐患排查整治工作。抓住重大火灾隐患挂牌督办这一工作机制，强力推动火灾隐患整治。先后上报政府挂牌肥东宾馆、联家超市、伟坤商贸有限公司、真心食品厂、琪瑞贵宾楼等5家重大隐患单位。开展工业区内租赁厂房消防安全专项检查，确保消防安全形势稳定。

加强少年消防安全教育工作。大队被确定“肥东县青少年安全教育基地”，组织青少年走进大队了解、学习消防安全知识，不断强化青少年自防自救能力。开展暑期校园消防安全宣传教育行动。利用大、中、小学生暑假这一契机，到安徽水利水电职业技术学院、高升中学、圣泉中学、肥东县实验小学等学校，开展暑期校园消防安全宣传10余次，进一步增强师生消防安全素质和自防自救能力。

加强消防宣传工作。大队以消防工作社会化为载体，注重信息传媒方式，借力LED显示屏、利用微博等网络资源播发消防公益广告500余次；充分依托主流新闻媒体，定期在省级媒体报道消防工作，同时以全国防灾减灾日、119宣传日等重大节日为契机，在县城各个广场、小区、商场发放宣传手册、消防传单3000余次、悬挂横幅标语、制作公益广告牌150余次，开展丰富多样的消防宣传活动。及时处理消防监督管理舆情。全年受理群众举报、投诉20余件，均做到第一时间转发、第一时间核查、第一时间反馈。优化工作流程，压缩审批时限。全年办理审核（验收）项目110个、消防安全检查业务27项、备案抽查项目227个。

“肥东县青少年消防安全教育基地”授牌仪式

2014年获县级以上荣誉称号先进集体

单 位	荣誉称号	授予单位
消防大队	全省标兵大队	省消防总队

（桑志远）

人防 民防

人防办（民防局）正副职名单

副主任（副局长） | 蔡传林

【疏散基地建设】 按照疏散基地“四通六能”标准，建梁园镇路口疏散基地（肥东县民防应急疏散指挥中心）、长临河白马山疏散基地和和平广场疏散地域，加大投入进行升级，加强配套建设，优化功能分区和设施布局。按照统筹城乡发展、推进防空防灾一体化的总体要求，加强疏散基地各项基础设施建设和应急疏散能力建设，实现疏散基地战略效益、社会效益和经济效益的协调发展。

【专业队伍建设】 提升人防专业队伍整体保障能力、快速反应能力和应急救援能力，2014年举行多场防空防灾应急演练，演练内容涉及公共卫生、消防、人口应急疏散，建立起一支有行动方案、有活动制度、有训练计划、有装备器材，业务能力强、遂行反应快的人防应急救援队伍。

【人防宣传教育】 利用广播、电视、报纸等现代传媒多角度、多窗口宣传《人民防空法》、《突发事件应对法》等法律、法规和政策以及肥东人防民防发展动态，继续做好人防民防宣传“五进”工作，聘请省市专家开展人防民防应急培训，参训人员涉及机关干部、在校师生、普通群众，不断提高公共安全意识。获省市人防民防宣传教育先进单位称号。

（曹 珺）

茶壶山烈士陵园

安徽省肥东县茶壶山烈士陵园位于长临河镇茶壶山村委会茶壶山东侧，用地15亩，有主体纪念碑、英名墙、烈士墓100座、广场、管理办公用房等。是全县爱国主义的教育基地。

工业

□工业综述
□工业企业纳税及产值十强名单
□高新技术企业名单

工业综述

经委正副职名单

主　任	徐　斌
书　记	吴玉国
副主任	柳宗斌　浦其昌
副书记	司武豪

【概况】 全年累计实现工业增加值250.5亿元，同比增长14.9%；完成规模以上工业产值（以下简称规上产值）852.5亿元，同比增长14.3%，实现增加值205.3亿元，同比增长15.6%，超全市增速3.3个百分点；完成工业投资230.3亿元，同比增长16%。食品及农副产品加工、家电、机械制造、钢铁加工及建材、石化等产业初显规模。全年五大产业累计实现规上产值711.8亿元，占全县规上产值83.5%，比去年净增85.3亿元，对产值增长贡献率71.1%。规模以上企业总数343户，产值超亿元企业185户，比上年增长21户，其中超20亿元企业3户，比上年增长2户，超10亿元企业18户，比上年增长9户。当年实现营业收入803.2亿元，同比增长12.3%，实现利润总额41.9亿元，同比增长2.9%。轻工业增速高于重工业增速0.4个百分点，轻重工业结构由去年的32.9:67.1调整为33.6：66.4。肥东经济开发区完成规上产值335亿元，比上年净增51亿元，占全县规上工业总量的39.3%，同比提高2.9个百分点。合肥循环经济示范园全年完成规上产值85亿元，比上年净增15亿元，占全县规上工业总量的10%，同比提高0.7个百分点。

【工业经济运行】 发挥重点企业监测平台作用，做好工业经济运行监测工作。更新调整行业、企业名录，选取有代表性的50户重点企业建立监测点，关注重点企业的生产和经营状况，提高企业上报报表的准确与及时率，及时了解企业生产情况，做到每月一统计汇总，一分析汇报。通过政府网站、企业qq群、微信群、行业协会等多种渠道向企业宣传国家、省、市政府出台最新政策，牵头谋划出台县域工业扶持配套政策。围绕年初制定的工作目标，做好运行监测工作和每月生产任务分解落实，调度分析，提出措施。根据工作需要开展各专题调研活动。2月，开展规上工业企业节后复工生产调研，向各乡镇、开发区辖区内的工业企业从生产成本、资金融资、用工、订单量、市场因素和经营预期度等多角度进行调查分析。5月，配合县国土局做好全县工业企业地理国情普查调查工作。6月，专题向政协领导汇报工业发展与环境保护的报告。8月，组织全县光伏发展情况的调研活动。9月，向县政协专题汇报全县工业经济发展情况。10月，开展全县工业企业未办理房产证手续的专项调查活动。起草肥东县工业产业布局和规划工作。征集、听取和吸收相关部门、领导意见，起草形成肥东县工业产业布局和规划文稿。出台县领导联系企业制度。选择60户重点企业和重点工业项目由县政府相关领导牵头联络，规范并完善县领导服务企业长效机制。加强对工业园区经济管理干部及企业负责人人才培训、选拔工作。组织工业园区分管负责人及县机械加工、家电、食品农副产品、工艺品等行业的龙头企业赴浙江省乐清市和义乌市学习先进发展经验，着重在企业创新、转型发展模式、政府主管部门、工业园区如何推动工业经济升级提档、加快发展的主要思路和措施做法。

【工业投资】 对在建工业项目情况进行梳理、汇总和分析，掌握在建工业投资项目的建设内容、投资计划及序时进度等情况；摸排拟开工和在建工业项目建设过程中存在的困难和问题，整理和梳理，做好协调服务，当好“联系员”和“服务员”，为企业排忧解难。深入企业和项目单位，了解和掌握29家企业7个方面的问题，经过多方协调和努力，29家企业的问题全部解决。深入企业或项目现场摸排技改项目，引导存量企业扩大有效投入，进行技术改造升级，实现内涵发展。2014年，全县投资额1000万元以上在建工业项目281个，计划总投资354亿元，全年完成工业投资230.3亿元，同比增长16%，其中，完成技术改造投资131亿元，同比增长15.8%。

【企业自主创新】 推动企业提高自主创新能力。指导和帮助企业申报省市企业技术中心和工程技术研究中心，安徽豆宝食品有限公司等2家工业企业新评为2014年度合肥市企业技术中心，安徽华星智能停车设备有限公司等2家企业新评为安徽省企业技术中心，安徽合矿机械股份有限公司等5家企业新评为合肥市工程技术研究中心。年底，全县建成获得批复的企业技术中心和工程技术研究中心52家，超额完成县政府2014年重点工作“企业技术提升”中累计培育50家企业技术中心和工程技术研究中心的目标任务，其中，工程技术研究中心19家，企业技术中心33家。

【“两化融合”工作】

与联通肥东分公司联合开展2014年“智慧企业”建设专项活动，举行“智慧企业”建设活动宣传会。全年建成“智慧企业”160家。组织中盐安徽红四方股份有限公司、合肥四方磷复肥有限责任公司和安徽省佳宝玩具（集团）有限公司开展两化融合管理体系贯标试点，并通过国家工信部验收。组织15家企业申报市级“翔计划”专项资金。组织合肥中南光电有限公司、合肥海源机械有限公司、中盐安徽红四方股份有限公司3家企业通过“数字车间”认定。合肥大来新型建材有限公司申报省级“两化融合”示范企业，合肥久易农业开发有限公司等3家企业申报市级“两化融合”示范企业，全县有省级示范企业4家，市级示范企业19家。

【节能降耗】 2014年单位GDP能耗同比下降0.43%，“十二五”以来实现四连降。组织合肥四方磷复肥有限责任公司燃煤锅炉尾气利用氨化料浆脱硫等11个项目申报重点节能及资源综合利用项目，总投资1.206亿元，当年完成投资1.186亿元；组织合肥锦泰糖业有限公司等8家企业开展“万千百家企业节能低碳行动”；推广合同能源管理，组织实施中盐安徽红四方股份有限公司404A循环水风机无电化改造合同能源管理项目；开展电机能效提升行动，对安徽铁鹏水泥有限责任公司等3家年耗电1000万千瓦时以上的企业实施落后电机改造，对合肥市瑞宏铸造有限公司进行节能监测；组织合肥东华建材有限责任公司等12户企业实施清洁生产；完成安徽金安管业集团有限公司等3家企业能源审计工作；推进建筑节能，推广建筑节能新技术和新材料；加强交通节能，完成13台农班线老旧客运车辆更新换代，淘汰417辆老旧货运车俩，报废8台老旧执法车辆，更新40台老旧出租汽车，完成277台出租汽车油改气；推行商业企业节能标签制度；倡导文明旅游，推行“绿色服务”，创建“文明餐桌”；组织开展节约型公共机构示范单位创建工作；加快电网建设，加强电力需求侧管理，实施建设改造项目359个。肥东电网节约电量667.94万千瓦时、电力0.123万千瓦，完成市下达节约目标任务；完成合肥市肥东宏图纸业有限公司1880型生产线淘汰验收，淘汰落后造纸产能1.2万吨；安排节能专项资金9333万元，占全县财政收入2.91%。

【机械行业协会工作】

对75家企业520人次开展培训，参加市组织的质量培训、知识产权保护培训、精益生产管理培训企业15家，受益员工75人。2014年下半年，开展中小企业管理创新班系列培训，每期两天，累计完成4期，受益企业52家，参训人员400余人次，参训满意度100%。9月，开展企业经营管理人才和专业技术拔尖人才的选拔和评选工作，全县10户企业负责人和专业人才获得县级拔尖人才荣誉称号

【电力设施和电能保护】

坚持群防群治，将电力设施和电能保护纳入全县社会治安综合治理范畴。开展电力线路保护区重大安全隐患排查治理专项行动，清除树障19810棵，查处电力设施保护区内违章建房、违章施工7处，下达隐患通知书12份，(其中11起已整改)，在人口密集、跨越道路、河流和易受外力破坏的地段制作电力设施电能保护标志和警示牌620块。为预防钓鱼安全隐患事故发生，对37条重点涉线鱼塘进行“防护网”设置及修补201处，安装警示牌176块、警示桩118处。开展电能保护专项执法行动，查处窃电用户16户，补收电量3.723万千瓦时，追补电费5.25万元。受理5起电力行政许可申请，其中不予受理许可2起，办结3起。开展典型案例、电力法律法规等宣传活动，利用“3.15”消费者宣传日、“安全月”、首个国家宪法日暨“12·4”广场法律宣传咨询活动在县政府广场设宣传咨询台、散发宣传单，发放安

全用电宣传画册及资料2800余份，电力设施和电能保护宣传环保袋300余只。

【企业改制】 完成原县建材二厂国有工矿棚户区改造项目的住户基本情况三榜公示，完成住户征收拆迁和安置分房工作；原县化肥厂、汽配厂国有工矿棚户区改造项目住户书面征集改造意见和二榜公示；原县钢铁厂、水泥厂、双白矿、异型轧钢厂国有工矿棚户区改造项目征收安置方案制定并备案，完成住户书面征集改造意见，进行居住面积测绘并交户主签字确认；完成原县建材一厂2号拆迁恢复楼一层主体施工。解决企业改制遗留问题，为原纺织厂16名1985年进厂职工办理解除劳动关系手续，将档案移交至县劳动事务代理所；妥善处理改制企业职工信访反映的问题；缴清参保人员当年度医疗保险金和新增退休人员医疗救助金；登记和清偿改制置换身份人员全年垫缴的单位部分养老保险金；为达龄内退职工办理退休和医保变更手续138人；为死亡退休职工办理医保减少和领取丧葬抚恤费手续59人。

工业企业纳税及产值十强企业名单

一、2014年工业企业纳税十强名单

序号	企业名称	收入（万元）	排名
1	安徽省合肥联合发电有限公司	16840.37	1
2	现代牧业(安徽)乳品销售有限公司	2348.3	2
3	中盐安徽红四方肥业股份有限公司	1800.36	3
4	安徽省黑牛食品工业有限公司	1360.49	4
5	中国铁路物资安徽铁鹏水泥有限公司合肥分公司	1225.93	5
6	肥东深燃天然气有限公司	978.01	6
7	合肥艾普拉斯环保科技有限公司	864.68	7
8	安徽省民防工程设备有限公司	745.26	8
9	安徽真心食品有限公司	634.68	9
10	安徽华星智能停车设备有限公司	546.24	10

二、2014年规模以上工业企业产值十强名单

企业名称	位次
安徽江淮起重运输机械有限公司	1
中盐安徽红四方肥业股份有限公司	2
合肥中南光电有限公司	3
合肥爱思丌宝盈沥青有限公司	4
合肥市宏发起重机有限公司	5
安徽凯利粮油食品有限公司	6
安徽省合肥联合发电有限公司	7
安徽真心食品有限公司	8
中盐安徽红四方股份有限公司	9
合肥市春华起重机械有限公司	10

高新技术企业名单

序号	企业名称	备注
1	合肥星宇化学有限责任公司	09年（12年复审通过）
2	合肥久易农业开发有限公司	09年（12年复审通过）
3	合肥美菱太阳能科技有限责任公司	09年（12年复审通过）
4	合肥亚龙化工有限责任公司	10年（2013年复审通过）
5	安徽华星智能停车设备有限公司	11年（14年复审通过）
6	安徽环瑞电热器材有限公司	11年（14年复审通过）
7	合肥中南光电有限公司	11年（14年复审通过）
8	合肥海源机械有限公司	11年（14年复审通过）
9	安徽蓝天化工有限公司	12年通过
10	艾普拉斯环保科技有限公司	12年通过
11	合肥金德电力设备制造有限公司	12年通过
12	安徽省黑牛食品工业有限公司	12年通过
13	合肥精都机电仪表有限公司	12年通过
14	合肥格瑞塑胶有限公司	12年通过
15	合肥红祥太阳能光伏科技有限公司	12年通过
16	安徽燕庄油脂有限责任公司	12年通过
17	安徽超清信息工程有限责任公司	13年第二批公示
18	安徽山川电力科技股份有限公司	13年第二批公示
19	安徽瑞德华机电设备有限公司	13年第二批公示
20	安徽省长城汽车内饰件有限责任公司	13年第二批公示
21	合肥市恒盛铸造有限公司	13年第二批公示
22	安徽合矿机械股份有限公司	14年第一批
23	合肥派成铝业有限公司	14年第一批
24	安徽中科都菱商用电器股份有限公司	14年第一批
25	安徽汇川机械有限公司	14年第一批
26	合肥正浩机械科技有限公司	14年第一批
27	合肥洁诺无纺布制品有限公司	14年第一批
28	安徽宏天装饰工程有限责任公司	14年第二批
29	合肥迅达电器有限公司	14年第二批
30	合肥恒通玻璃制品有限责任公司	14年第二批
31	安徽雷鸣红星化工有限责任公司	14年第二批

（李丰胜）

开发区

□ 肥东经济开发区
□ 合肥循环经济示范园
□ 东城新市镇

肥东经济开发区

经济开发区正副职名单

第一书记 主　　任	卫　中
副书记	郑仕新
副主任	贾贤勇　陈桂玲 叶怀斌

【主要经济指标】 规模以上工业企业140家，规上工业产值 325亿元，固定资产投资132.5亿元。实现财政收入19.05亿元。其中税收收入5.85亿元，土地出让金13.2亿元。三大主导产业规上工业产值380.75亿，占全区规上工业产值74.42%。

2014年度农产品加工业规上企业产值前十名

序号	企　业
1	安徽凯利粮油食品有限公司
2	安徽真心食品有限公司
3	通威股份有限公司合肥分公司
4	安徽省大北农农牧科技有限公司
5	安徽新希望饲料有限公司
6	安徽皖翎羽绒制品有限公司
7	安徽惠之园食品有限公司
8	安徽燕庄油脂有限责任公司
9	合肥万润食品有限公司
10	安徽天美食品有限公司

2014年度机械加工业规上企业产值前十名

序号	企　业
1	合肥市宏发起重机有限公司
2	合肥市春华起重机械有限公司
3	合肥海源机械有限公司
4	安徽华星智能停车设备有限公司
5	合肥市神雕起重机械有限公司
6	合肥巍华钢结构有限公司
7	安徽金光汽车零部件有限公司
8	安徽威萨重工机械有限公司
9	安徽华星金属结构工程有限公司
10	合肥宏美机械制造有限公司

2014年度家电及配套业规上企业产值前十名

序号	企　业
1	合肥恒通玻璃制品有限责任公司
2	安徽美普达电气有限公司
3	合肥美菱太阳能科技有限责任公司
4	合肥五莲环宇塑胶有限公司

序号	企 业
5	合肥美菱奥凯电器有限责任公司
6	合肥格瑞塑胶有限公司
7	合肥荣电实业股份有限公司
8	合肥市恒新基电子有限公司
9	合肥美菱有色金属制品有限公司
10	合肥华胜包装有限公司

2008—2014年规上工业企业户数

年份	2008年	2009年	2010年	2011年	2012年	2013年	2014年
户数	44	63	87	96	121	130	140

【招商引资】 2014年签约项目7个，协议投资额12亿元，其中亿元以上项目6个，省外项目3个。引进到位资金80.08亿元，同比增长8.6%。其中：省外到位资金77.58亿元.同比增长27.2%。

2014年重大招商引资项目一览表

序号	协议名称（企业注册名称）	项目内容	用地亩数	总投资（万元）
1	安徽省民防设备有限公司	民防生产流转中心项目	50	15000
2	合肥江泽金属制品有限公司	循环再利用物流周转箱生产项目	30	20860
3	安徽环瑞电热器材有限公司	电热带、发热电缆及电地暖系统生产项目	20	12000
4	安徽益客超扬食品有限公司	肉制品加工项目	31.59	15000
5	合肥光辉食品有限公司	休闲食品生产项目	60	35000
6	安徽包河酒业有限公司	总部营销办公楼项目	20	15000

【在建项目】 新开工项目15个，有海源机械、凯利粮油、天美食品、合肥方仕、金红叶等。在建重点项目有荣电实业年产1000万台（套）智能小家电及数码产品项目；施歌家居年产5万吨高档玻璃器皿项目；金红叶纸业年产6万吨高档生活用纸项目；乐锦记食品年产1.5万吨休闲食品项目；投资7.6亿元的禹州·中央广场一期项目等，2014年，完成重点项目投资36.8亿元。

【经济普查】 普查个体工商户2800余家，其中有160家联网直报单位，730户非联网直报法人单位和产业活动单位。受市场影响，美菱车业、和诚农业、徽之皇食品、凯力达机械、力合金属、中海汽配6家企业2014年停产，百事吉食品、福涌泉粮油、景坤新能源等3家企业于2013年停产。2014年获得专利授权46个。

【基础设施建设】 投资8000万元用于基础设施建设。路长12.7公里的新安江路（祥和路至十号路）道路及附属工程建设完成竣工，投资3700万元；新城家园二期恢复楼竣工验收；完成晨光花园南区Ⅰ、Ⅱ标主体工程，晨光花园南区社区服务中心以及附属设施竣工验收工作完成；晨光花园恢复楼四期工程7月启动，西岗路（古河路–临泉路）污水顶管改造工程启动施工招标。完成园区内绿化补植及移栽500平方米。

【土地报批】 完成土地供应38宗，面积1100.2亩，其中工业用地挂牌33宗，面积729.1亩；划拨用地4宗，面积187.6亩；商业用地1宗，面积183.5亩。完成桥头集南路、瑶岗路铁路下穿项目、六中新校区共计164.96亩的土地报批工作。

【三边三线治理】 10月，经开区38条路（段）共13320.92平方米路面（硬化部分）清扫保洁与道路两侧

48438.9平方米绿化养护实现市场化服务外包。保洁区域划分为3标段，分别由3家保洁公司承包，垃圾中转站实行外包管理。规范渣土车登记发证管理。查扣违规转运渣土、乱倒垃圾车辆43台，处罚94800元。道路、社区新安置垃圾桶300只。拆除桂王南路两侧搭建的活动房及帐篷；拆除桂王中路未经批准擅自设置灯杆道旗广告，开展对龙泉西路南侧门面房店招店牌的改造，拆除各类违章建筑21处，面积600平方米。24个露天炭烧烤更换为电烧烤。全年午、秋季实行秸秆禁烧。获合肥市卫生先进单位称号。

【查封7家隐患企业】 落实安全生产责任制，检查各类生产经营单位582家（次），下发隐患整改通知673份，责令停产整顿企业14家，查封7家有重大安全隐患且拒不接受整改的企业，拆除园区共10台生活用燃煤锅炉及13家工业锅炉。

【拆迁安置】 拆迁项目涉及地铁2号线及拆迁安置点三十埠社区三期拆迁，一期拆迁涉及中心村民组110户，拆迁面积1.14万平方米，有75户签订拆迁协议，完成拆迁面积0.8万平方米；二期拆迁280户，拆迁面积3.45万平方米；三期拆迁90户，拆迁面积1.15万平方米，同时拆除6户蘑菇大棚,迁坟46座；签订三十埠南、北组216亩土地征地及流转协议；对真心集团供地，涉及撮镇镇龙塘社区小方村民组拆迁23户，拆迁面积0.7万平方米。完成燎原社区、花园社区、北瑶岗社区700户在新城家园和临泉东路安置点1106套房屋和62间门面安置，安置面积9.7万平方米；完成陈大郢社区六至十一期和卅埠西岗组370户在晨光花园430套房屋安置，安置面积3.48万平方米。全年发放房屋拆迁临时安置补助费888.15万元。

【民生社保】 代发29项68批次民生工程补贴款213万元，享受补贴21987人。全年各类优待、优抚、优待慰问金一卡式发放99人次，33万元。元旦、春节慰问困难群众116户，6.39万元，发放残疾人员千元就业扶助金4000元。对9名现役军人家庭挂光荣军属牌，对2名烈士、残疾军人换证。发放各类分散五保、贫困残疾人、孤独生活救助及大病救助249人次，36.8万元。对社区原农村民师教龄补助25人,“五老”人员调查申报12人；申报80周岁以上高龄津贴享受对象302人，发放高龄津贴12.08万元。对社区低保户实行听证会和动态复核工作，城乡低保对象由190人精简到103人，发放城乡低保金36.2万元。对回迁小区53户房屋漏水及下水管道进行维修。筹集农村合作医疗参合资金94.3万元，参合率100%，兑付农村合作医疗补偿金122万元。

【计划生育】 2014年出生179人，人口出生率13.01‰，政策符合率96.65%，手术新账完成率113.14%，出生人流比为0.32。社会抚养费征收15户，其中申请法院强制执行2户，共征收社会抚养费26.6万元。两非”案件查处2件。兑现独生子女保健费585户，奖励金额20.7万元；四项手术兑现131例，奖励3.58万元。

【打击传销】 会同公安、行政执法、民兵、社区出动1939人次，取缔传销窝点66处，处理（遣散）传销人员237人，交市监机关立案5件，公安机关立案3件，拘留传销骨干2人，解救受困人员13人。

【社区换届】 2014年，完成5个社区支部委员会、社居委和居务监督委的换届选举工作。

【社区文化】 组织开展5场广场文化月活动，送文艺进社区；在4个拆迁群众安置生活区建立体育活动场地，安装篮球架及体育健身器材；社区每周定时免费开放社区农家书屋。在北瑶岗社区建立残疾人康复室，免费配备康复器材12件，挂牌运行。2014年经开区有42人（含社区）参加红十字义务献血。

2014年获县级以上荣誉称号先进集体

单　位	荣誉称号	授予单位
经开区	2014年度合肥市卫生先进单位	市爱卫会
经开区	2013年度全省开发区统计信息综合工作优秀集体	省开发区协会

单　位	荣誉称号	授予单位
经开区	第三届道德模范评选工作组织奖	县委　县政府
经开区	2013年秸秆禁烧和综合利用工作先进集体	市秸秆禁烧和综合利用工作领导组
经开区	市关心下一代工作关工先进村（社区）	市文明办

2014年获县级以上荣誉称号先进个人

姓　名	荣誉称号	授予单位
陈　敏	2014年武装工作先进个人	县委
周先兵	2013年度全省开发区统计工作优秀统计员	省开发区协会

2014年 村（社区）主要负责人

村（社区）名	负责人	职务
墩塘社区	孙发锁	书记
三十埠社区	王　勇	书记
燎原社区	王庆虎	书记
北瑶岗社区	王　伟	书记
陈大郢社区	胡龙飞	书记

（张开文）

合肥循环经济示范园区

合肥循环经济示范园正副职名单

第一书记　主任	顾义勇
书记　副主任	韩有胜
副书记	李克荣
副主任	武进中

【概况】　2014年，合肥循环经济示范园加快转型升级，围绕皖江新材料产业基地和高端智能装备制造基地产业定位，各项工作稳步推进。完成固定资产投资55亿元，其中工业投资50亿元。实现规模以上工业总产值83亿元。完成税收13823万元，其中国税8450万元，地税5373万元。

【重点项目】　建成投产项目11个；在建项目19个，其中新开工项目6个；正在开展前期工作项目16个。构建以服务为导向的管理体制，驻点服务，定期会商，预警反应，协调保障。全年为企业减免各项费用1033万元，帮助园区企业久易农业在新三板上市；完成园区三经普查工作，申报第五批“安徽省新型工业化产业示范基地”，获得50万元的资金奖励。中盐西区氯碱系列产品项目投产；精细化工、维修基地、职工培训中心、锂电池正极材料、新型建材等项目按计划推进。马钢冷轧薄板项目试生产。正帆项目设备调试结束，试生产；国皖LNG/CNG加气站竣工；液化天然气工厂项目完成前期工作；中节能可再生能源项目一期投入运营，二期动工；国强金属城项目场地平整及围墙建设结束。

【招商引资】　全年实际到位资金46.5亿元，接待客商90余批次；外出参加大型招商活动10次；上报县级预审项目16个，通过12个，签约9个项目，其中亿元以上项目8个，协议投资总额26亿元，有投资8亿元的安徽建工集团住宅产业化研发及生产基地建设项目和投资1.5亿元的合肥亚太家用清洁及护理用品生产基地项目。

【重点配套工程】　完成码头项目建设所需各项审批文件。投资500万元，长420米的纬五路东延段道路7月份交付使用。32栋多层、7栋高层义和家园（东区）BT项目主体结构完成验收，进入装饰装修阶段。生态防护林一期项目完成800

亩建设，对项目规划重新进行调整和上报，完成设计招标工作及其部分土地流转等前期工作。入巢湖支流河道综合治理工程重新招标，开工。人工湿地一期项目开工。完成公租房3#楼、4#楼及地下车库工程竣工验收。2#楼及活动中心完成主体工程建设。

【拆迁安置】 拆迁70000平方米，报批土地580亩，完成供地460亩，保障繁华大道建设、合马路拓宽、自来水南延至长临河镇施工、店埠河升级改造等重点工程建设。

【安全环保】 进行安全专项检查7次，日常检查486次，打非治违，下发检查和整改文书96份，排查安全隐患200余条。进行环保专项检查活动6次，日常检查198次，600人次，检查并排查环保隐患80余条。

【民生工程】 城乡居民社会养老保险参保率100%；为14787人办理城乡居民合作医疗，参合率100%；为496名80周岁及以上老人办理到龄补贴；为困难群众及残疾人发放救助资金25.2万元；举办春季专场招聘会；对300余名失地农民进行就业技能培训。投资1200万元建成农村安全饮用水工程，覆盖4个社区，49个村民组，2274户，7501人，保障群众饮水安全。

村（社区）主要负责人

村（社区）名	负责人	职务
龙集社区	袁之刚	书记
刘集社区	王　刚	书记
义和社区	葛瑞兰	书记
太平社区	袁家云	书记

（韩　琼）

东城新市镇

东城新市镇建设指挥部办公室正副职名单

第一书记	孙良鸿
书记　主任	李光中
副主任	张定国

【概况】 2014年，东城新市镇以“坚持一个主攻，倾力打好三张牌，谋求一大突破”为工作总基调，完善规划，加快建设，强力招商，优化环境，借助外力，激活内力，以新思路引领新发展，以大项目带动新突破，全面加快东城新市镇建设步伐。

建设中的新市镇

【路网建设】 拉开核心片区路网框架，启动路桥等大建设工程。续建瑶岗路、佳木路、日出路、蔚然路、深秀路、北张路工程；新建撮东路桥工程；启动工业片区路网及一中新校区配套道路建设，外延核心片区框架，项目总投资5亿元，道路总长9千米，前期完成立项、环评、施工图、供地等工作。

建成的路网

【环巢湖生态示范区建设】 基本完成河道全长1100米的店埠河马桥段综合治理工程（站南路—日出路段）土方、护坡、仿木桩驳岸、景观绿化等工程施工；马桥河二期（双桥河）治理工程河道开挖工作结束，项目总投资3.24亿元；完成规划设计面积1173亩的和睦湖公园土方、护坡、驳岸、景观绿化工程。

【民生工程】 续建16.4万平方米的城南新村二期项目建设，项目主体结构封顶，附属工程招标完成；开工建设55万平方米的双桥新村项目，项目占地270亩，总投资12.8亿元。

在建的和睦湖公园

【招商引资】 固定资产投资到位18.0545亿元，完成率120.36%；其中县外到位资金12.6753亿元，完成率110.22%；省外到位资金10.4509亿元，完成率112.62%。开工建设湖滨建设集团有限公司“润和尚品”及合肥城建发展股份有限公司“琥珀名郡”等房地产开发项目；加快公用事业建设，续建合肥客运东站、闸水路110千伏输变电工程、肥东县人民医院新院区、肥东一中新校区等项目，实施核心片区路灯亮化工程，完善新市镇公共服务功能，打造形象亮点，提升新市镇品位惠及民生。其中闸水变工程主体完工，客运东站室内装潢，核心区路灯亮化工程设计完成。

【土地管理】 完成近千亩土地丈量和确认工作；累计报批土地616.78亩；组卷上报土地209亩；上市土地352.92亩，总价9亿多元。

（龚　玮）

四顶山森林公园

巢湖北岸长临河镇内有座山，因四峰骈列，故名四顶山。又因此山仿佛是只巨大的香炉，四足朝天倒立，亦称四鼎山。四顶山景色之美，以朝霞为最。每当雨后露晨，旭日东升，则霞光四射，满山璀璨，又以“四顶朝霞”闻名海内，先后被列入庐阳八景和巢湖八景。内有唐时始建的朝霞寺，后为朝霞书院，历经世间沧桑变化，传承一方文运。

招商引资

□招商工作
□重大项目与成果

招商工作

招商局正副职名单

局　长	蔡传荣
副局长	唐　群

【招商政策】　继续围绕《肥东县国民经济和社会发展第十二个五年规划纲要》和《关于加快承接转移示范区建设的实施方案》的要求，按照“一年打基础，三年见成效，五年大发展”的战略步骤，分阶段实施。重点发展新材料产业、钢铁及钢材深加工产业、农副产品深加工产业、机械制造和汽配产业、家用电器产业、新能源产业和现代服务产业七大产业集群，积极谋划发展高端智能装备制造产业、电子商务产业和旅游文化产业。9月，出台《关于鼓励和支持返乡创业的意见》、10月，出台《2014年县政府领导联系推进的重点项目》、11月，出台《肥东县建设项目大配套费征收使用管理实施细则》，为招商引资提供政策支持。

【招商活动】　4月，参加合肥之友第八届制造业物流业联动发展年会、组织民建合肥市企业家会员肥东行活动，5月，组织上海肥东商会企业家回乡考察活动，6月，组团赴上海参加安徽省与跨国公司经贸合作恳谈会，9月，组团赴厦门参加第十八届中国国际投资贸易洽谈会，11月，组团赴昆山参加安徽省与台资企业（昆山）恳谈会、组团参加第八届中国（合肥）国际家用电器暨消费电子博览会。

【拜访企业】　拜访艾默生电气、福田电器传化公路港物流集团、中集集团、中节能、深圳国际控股有限公司、中商席勒通用航空有限公司、北京城建、橙天娱乐、多元集团、粤港澳产业集团、益客食品、瑞环化工有限公司、格仁能源设备进出口公司、中控大通投资集团、通威股份等企业，与企业高管进行座谈交流，全年外出拜访企业80多家，累计发放宣传资料300多册。

【接待客商】　接待新兴际华集团、上海宇培、欧尚集团、国际企业家联合会、正大集团、林邦控股集团、新疆百商投资集团、橙天娱乐集团、安徽敦厚堂文化发展有限公司、韩国进出口银行等110多家有实力有影响的企业到县考察。

【综合实力】　7月，中国城市竞争力研究会发布包括省区、直辖市综合竞争力排行榜在内的20多个榜单，从综合竞争力、成长竞争力等多方面，为全国各地“排排坐”，肥东入围综合竞争力百强县，入围最具幸福感的县级城市，排名第18位。10月，社科院发布由中小城市经济发展委员会等联合主编的《中小城市绿皮书：中国中小城市发展报告（2014）》，肥东县第二次入围全国科学发展百强县，名列第82位，较去年提升3位。再度上榜2014年度中国最具投资潜力中小城市百强县市。

重大项目与成果

【重大项目】　全县新开工5亿元以上工业项目4个、现代服务业项目1个。工业项目：中盐安徽红四方新型建材科技有限公司强化石膏砌块生产示范基地项目，选址于合肥循环经济示范园，总投资6.25亿元，规划用地面积197亩，总建筑面积约15万平方米，建成后年产强化石膏砌块112万立方米。马钢（合肥）板材有限责任公司连续锌镀线工程项目，选址于合肥循环经济示范园，总投资13.2亿元，主要建设内容包括1条热镀锌生产线、1条重卷检查线、1条半自动化包装线及配套设施，项目建成后可年产热镀锌钢卷32万吨。中工科安有限公司高档数控系统研发及产业化基地项目，总投资21.11亿元，占地总面积650亩，建设高档数控系统研发及生产。主要建设高档加工中心数控系统、高档车削中心数控系统、可重构嵌入式专用智能数控系统、高档锻压成型数控系统及高档伺服驱动与电机五个研发及产业中心等，项目建成后年产高档数控系统7500套，项目一期工程占地约99.63亩，选址于长临河镇，建筑面积75290平方米。合肥市锦翔机械制造有限公司机械加工项目，选址于撮镇镇裕西路北，总投资50425万元，占地79亩，主要建设4栋厂房和1栋办公楼，建成后年产悬挂、簧支架、板簧等工程机械配件220万件。服务业项目：合肥宇航仓储有限公司合肥宇陪物流园项目，选址于撮镇镇东华路，一期总投资5.37亿元，占地面积93.25亩，主要建设仓储及附属用房，设备购置、安装，道路、消防、给排水、供配电、绿化等配套工程。

【招商成果】 全年到位县外资金265亿元，省外资金198亿元，省外工业资金123亿元，外商直接投资7044万美元,分别较上一年增长9.96%、15.20%，16.04%、39.84%。全年新引进项目65个，协议投资199.2亿元，其中超五千万元项目53个，亿元以上项目32个；按产业分，工业项目24个，三产服务项目10个，农业项目31个。

（施　超）

六家畈古民居群

长临河镇六家畈是一个濒临巢湖的古村镇，位于肥东县南端。据吴氏宗谱记载：南宋宝庆元年（公元1225年）吴氏一世祖吴宛廷夫妇自古徽州婺源迁至茶壶山东，二世祖吴再三生六子迁至现在居住地从事农耕，因人丁兴旺，蔚然成村，故名：六家畈。六家畈共有古民居豪宅6大片，房屋13幢，33路正房，客厅505间，厢房205间，走巷5条，吴氏公、私祠各一座，望湖楼一座，花园两处，为合肥地区最大的古民居群。这些房屋均属徽派建筑，青砖灰瓦、齐山飞檐，每栋房屋两边都有高大的封火墙，砖雕木雕精细，建工考究。

农业

□农业综述
□种植业
□蔬菜生产
□农业机械
□农业产业化
□林业
□畜牧水产业
□农村能源

农业综述

农委正副职名单

主　任	范育科
书　记	鲁厚宏
副主任	周义来　王存红 孟志伟
副书记	沈光兵

【概况】 2014年，全县粮食播种面积11.35万公顷，比上年增长2.7%。棉花播种面积0.56万公顷，增长1.8%；蔬菜播种面积2.14万公顷，增长4.4%；瓜果播种面积0.39万公顷，增长2.6%；油料播种面积4.07万公顷，下降1.9%。全年粮食产量71.08万吨，比上年增加3万吨，增长4.4%。其中，稻谷产量53.68万吨，增长4.1%；小麦产量10.81万吨，增长4.6%。棉花产量0.61万吨，增长5.2%。蔬菜产量48.2万吨，增长9%。瓜果产量10.81万吨，增长4.4%。油料产量11.93万吨，增长1.6%。获得“全省粮食生产先进县”称号。

【依法行政示范单位】 大力整治农资市场经营秩序。全年检查农资生产企业、经营户2380个次，查获未审先推水稻种子16个、检获不合格肥料样品1个、标签不合格农药样品1个、质量不合格农药样品2个，立案14起，为农民挽回经济损失近百万元。大力推行农业行政处罚群众公议制度，促进依法行政和“阳光执法”，案件办理能力和水平进一步提升，2宗案卷被评为市优秀案卷、1宗获省优秀案卷，县农委被市政府授予“合肥市依法行政示范单位”。

【惠农政策】 全面、及时、足额兑现粮食补贴、良种补贴、农机补贴等各项强农惠农富农补贴资金，科学谋划、认真实施各类财政支农项目，保证资金安全、使用规范、项目实施有效。粮食直接补贴、粮食农资综合补贴、良种补贴统计补贴面积533万亩次，补贴资金16052.6万元，比上年增加3.5%。涉及耕地面积约122.2万亩，农户206184户，亩均补贴达131元，户均补贴达778元。申报村公益事业一事一议财政奖补项目169个，涉及163个村（居）；项目总投资6017.4万元，申请财政奖补资金5789.5万元。2013年度分水岭项目建设任务全面完成，顺利通过省级验收，被省江办评为“优秀”等次。

【农村土地确权登记颁证】 在石塘镇开展土地确权登记颁证工作。进一步规范和加快农村土地流转，防范土地流转风险。完善规范500亩以上规模土地流转档案82份、9万亩，收到风险保障金161.5万元。全年新增土地流转面积4.3万亩，全县土地流转总面积达55.3万亩。

【扶贫开发】 实行“单位包村、干部包户”定点精准扶贫工作新机制，对所有贫困户和贫困村进行识别和建档立卡，全县确定贫困村14个，贫困户10375户、贫困人口24900人。全年实施省级扶贫整村推进项目8个，资金400万元；市级扶贫项目3个，其中整村推进项目2个，资金100万元；光伏发电下乡扶贫工程1个，资金30万元，20户特困家庭年增收3000元左右。对14个贫困村，由县直单位进行包村帮扶，计467户、1423人；对有脱贫能力的5340户贫困户（16527人），分别确定一名帮扶责任人，进行结对帮扶。

【秸秆禁烧】 首次午秋两季在县域内实行秸秆禁烧，把秸秆机械化粉碎还田作为秸秆利用的主渠道，全力推进农业生产全程机械化，通过加大奖补、细化网格、强化责任，充分调动广大干群参与禁烧的积极性和自觉性。全县秸秆综合利用率达80%以上。

【美好乡村】 全县有19个中心村被纳入省第二批美好乡村建设范围。重点围绕基础设施、公共服务设施、村庄绿化美化、环境综合整治、污水治理和乡风文化等六个方面确定具体建设项目，确定专项资金重点项目165个，涉及金额约7378.73万元。

种植业

【概况】 紧紧围绕中央、省、市农业农村工作会议及中央一号文件精神，积极推进基层农技推广体系改革和建设，不断创新农业技术推广服务方式，突出加强农业技术集成创新，科技在农业生产上的支撑作用进一步显现。完善白龙、古城、梁园、八斗4个区域中心站建设。整县推广测土配方施肥技术，推广配方肥4.9万吨，施用面积175万亩。全年新建标准化育秧工厂4座，全县标准化育秧工厂达14座，每年可提供集中育秧面积5万亩。全年粮食播种面积11.35万公顷，比上年增长2.7%；全年粮食产量71.08万吨，增长4.4%。

【粮油高产创建】 推广“1+7”高产创建模式。在店埠、石塘、撮镇等乡镇3个部级油菜万亩高产创建示范片建设，辐射带动石塘、包公、桥头集、八斗等乡镇10个省级油菜万亩高产创建示范片建设，建立3个油菜机条播示范片。在包公市级现代农业示范园区内建立7个部级水稻万亩高产创建示范片，示范面积为84063亩。在包公、梁园、八斗、陈集等乡镇建立16多个省市共创万亩高产创建示范片，示范面积为197200亩。在八斗镇小汤村建立1个部级花生万亩示范片，辐射带动八斗镇11个村建立近3万亩优质花生高产示范片。

【国家粮食丰产科技工程】 在全县水稻主产区建立95万亩实施区，在石塘镇联建村、大庄村、桥头集镇桥青村建立5000亩核心区，在石塘镇大庄村、桥头集桥青村各建立1个100亩水稻旱育秧超高产攻关田，实行统一品种和种植方式，进行水稻高产高效技术集成示范应用。在店埠镇群力村建立共性关键技术研究试验基地，开展水稻主产区农田基础地力与土壤供肥特性研究、江淮稻麦轮作制下一季中稻适宜节水灌溉方式比较试验；完善粮丰工程科技特派员肥东工作站建设，健全各项工作制度及农业专家大院建设，努力搭建农技人员与农民技术交流平台。在响导乡响导社区和长临河镇星二村部署2台农业专家信息服务触摸屏系统，“零距离”为农民提供技术服务和咨询，有效解决农技推广最后“一公里”问题。

【测土配方施肥补贴项目】 制定《肥东县2014年测土配方施肥项目实施及推进农企合作工作方案》、《2014年测土配方施肥试验示范建设方案》，与7家肥料生产企业签订合作协议；建立5个万亩示范区、331个村级示范区，开展整县推广测土配方施肥技术240万亩，推广配方肥48800吨，施用面积约175万亩。开展各类培训196场次，受训农户达12000人；采集分析土壤样品1120个、植株样品380个及省站安排的其他植株样品约200个，共检测分析约14580项次；完成耕地地力评价系统及数据库更新工作，形成各类图件300多张。

【稻田秸秆旋耕腐熟还田技术】 组织15名技术人员，深入一线开展技术培训，直接培训技术人员和新型农业经营主体1000多人次；印发技术明白纸5万份，免费发放秸秆腐熟剂357.14吨，示范推广秸秆腐熟还田技术17.86万亩；建立油菜、小麦秸秆还田万亩实施区2个、乡镇核心示范片10个、长期定位监测点5个；在石塘镇阚东村、店埠镇群力村安排布置腐熟剂品种筛选试验和对比示范各2个；在桥头镇竹塘村建立一个面积200亩的稻麦（油）秸秆还田试验示范基地，在试验示范基地内建立1个秸秆还田长期定位监测点、4个水稻秸秆还田技术试验；对260个农作物秸秆高温堆肥点进行技术指导。

【现代农业示范园区】 以现代农业示范园区建设为阵地，加强示范引领，着力推进肥东从传统的农业大县向农业强县跨越。在18个乡镇分别建立1个3000亩以上的现代农业示范区，核心区面积9万亩。其中省级示范区1个、市级3个。白龙省级现代农业示范区获得2014年度财政专项扶持资金1225万元，发展钢架大棚1.05万亩，温室大棚20栋、4.5万平方米，建立优质粮油基地3.5万亩、玉米等牧草基地3万亩。

蔬菜生产

【概况】 大力实施蔬菜产业提升行动，努力把蔬菜产业打造成都市型现代农业的主导产业和亮点产业，以“三路三带”蔬菜经济板块建设和蔬菜标准园创建为抓手，大力推进全省蔬菜大县建设。全年新增蔬菜面积1.35万亩，其中设施栽培3000亩、水生蔬菜8000亩。全县蔬菜播种面积2.14万公顷，比上年增长4.4%；瓜果播种面积0.39万公顷，增长2.6%；蔬菜产量48.2万吨，增长9%。瓜果产量10.81万吨，增长4.4%。

【伏缺蔬菜】 在撮镇、

元疃等乡镇确定8个企业作为伏缺蔬菜生产基地，核心基地面积1500多亩。生产基地严格按照生产技术要求标准，统一为蔬菜基地配置遮阳网、防虫网、黄板等设备，对害虫实行生物和物理防治，建立生产档案，严格禁限用农药品种，保证施用农药安全间隔期。通过举办培训班，发放明白纸，推进伏缺蔬菜发展，保障伏缺期蔬菜市场供给。

【一村一品】 全县共创建1个国家级、5个省级、45个市级具有瓜菜产业特色的“一村一品”示范村，总种植面积达20多万亩。市级一村一品示范村突破100个。牌坊杭椒、丰宝食用菌、柯岗青蒜、星二和罗店村设施蔬菜（草莓）、撮镇镇李六村、旭光村的香葱、八斗无籽西瓜、牛胡村的小弓棚西瓜等规模较大，瓜、菜种植户占到总户数的50%以上，牌坊乡牌坊村、梁园镇柯岗村、撮镇镇李六村达到90%以上，形成特色品牌。牌坊村“千柳”牌杭椒，产品热销南京、北京等大中城市，被农业部认定为“第三批全国一村一品示范村”，为合肥市唯一一例。

【特色园区】 在瑶岗蔬菜专业合作社、金色大地蔬菜专业合作社分别创建1个国家级蔬菜标准园，在皖岭农副产品经营专业合作社创建1个省级蔬菜标准园。全县已创建国家级蔬菜标准园5个，省级蔬菜标准园2个，省级优质蔬菜标准化示范基地8个，市、县级瓜菜标准化基地14个。新增市级特色现代农业园区8个、农业标准化示范基地4个。

【蔬菜产品质量安全】 全县有规模蔬菜基地10万多亩，标准化覆盖率达80%以上。充分发挥县农产品质量安全检验检测中心和18个乡镇农产品质量安全监管站职能，筑牢农产品质量安全的“防火墙”。全年抽检蔬菜样品4835个，合格率99.5%。新建蔬菜基地农药残留速测室3个，总数12个，做到田间抽检不合格，一律不采收、不销售。在撮镇镇开展农产品质量安全示范乡镇建设，在金色大地等5个蔬菜基地开展产地准出试点，不断提高农产品质量安全水平。

【三品认证】 获得“三品”认证农产品24个，有机农产品认证实现“零”突破。全县拥有无公害认证农产品57个、绿色食品19个、有机农产品1个，有机转换产品23个。蔬菜奖补工作。全年投入财政资金1213.5万元，累计奖补规模钢架大棚3000亩、温控连栋大棚47283.7平方米，撬动社会资本投入4552.8万元。

农业机械

【概况】 全县农机总动力66.78万千瓦，比上年增长4%；农机化综合水平达61.35%，增长4.25%；农机装备原值8.8亿元，增长5.8%。拥有各类农业机械10.6万台套。其中谷物联合收割机1823台，增长2%；大中型拖拉机1695台，增长2.4%，配套农机具1989台，增长17.6%；水稻插秧机260台，增长1.2%。

【农机作业水平】 全县机耕作业面积173.5千公顷，比上年增加13.52%，其中机耕小麦24千公顷、水稻71.5千公顷。机收面积104千公顷，减少2%，其中小麦和水稻机收分别为24、70千公顷。油菜机收面积10千公顷。机插秧面积21.34千公顷，机插秧水平达29.36%，增长28%。机械植保面积18千公顷，机防水平23%。机电灌溉面积65千公顷，灌溉水平85%。

【农机社会化服务】 全县有各类农机作业服务组织、农机户63780个，其中农机专业合作社19个、农机专业协会2个，固定资产在20～50万元的农机户达480户，农机化作业服务专业户8880个；农机经营总收入9.2亿元，其中农机化作业收入7.72亿元，比上年增长6.22%。全年新扶持农机大户38户，签订作业订单20万亩。

【农机新机具新技术示范推广】 在桥头集镇竹塘村、包公镇胜联村、撮镇仙临村、梁园镇东武村、石塘镇联建村、大庄村选定6个水稻机插秧高产试验示范点，示范面积9200亩。在桥头集竹塘村、石塘镇联建村、大庄村建立3个油菜机械化示范点，推广油菜直播和机械化条播技术。建立农机技术人员包村联户制度，43名农机科技指导员对430户科技示范户实行一对一的技术帮扶，定期上门技术指导，重点对水稻机械化生产、秸秆粉碎还田等新技术进行指导，同时帮助检修、保养农机具，确保机具以良好状态投入到双抢农忙中。全年发放物化补贴11.44万元，帮助农民开展生产。

【农时农机化生产】收集、整理农机作业、农业生产、天气气象等信息，设立专用电话，接受咨询，利用信息化平台，在农机化网和跨区作业平台上进行及时发布。与中石化合肥销售分公司合作，为作业农机免费办理加油卡，在油料销售网点设立绿色通道；对偏远地区的种粮大户和加油不便作业农机，开展送油下乡活动，优先保障农机用油。与中国联通肥东分公司联合制定“农机通”推广使用方案，印发明白纸3600份，引导机手选用“农机通”，发展用户达800多户，编发各类信息7000余条。

【农机市场】　与乡镇政府、公安、工商、物价等部门联系配合，打击欺行霸市、不正当压价、随意提价、拦截机具等现象，积极对维修市场进行监管，严查伪劣农机配件损害农民权益，切实保护跨区作业机手利益。全年接待电话咨询1060人次，现场咨询208人次，落实外机作业2800多台，调处纠纷10余起，发放《跨区作业证》370份。全县农业生产投入机械5万余台，其中油菜收割机330台，联合收割机5000多台，大型拖拉机2460台，插秧机260台。

【农机安全】　开展农机“打非治违”、“六打六治”两项专项行动，严格查处拖拉机载人、无牌无证行驶、未检作业、酒后驾驶操作等违法行为。全年开展农机安全生产执法检查77次，出动执法人员280人次，检查各类农机1416台次，纠正违章行为162次，排查事故隐患26处，维修、保养机具1900余台，发放宣传材料9.1万份。清理出2年及2年以上未检的拖拉机255台。

【农机购置补贴】　全年完成中央财政补贴资金1875万元，比上年增加548万元，增长41.3%，其中报废更新45台废旧农机，补贴49.1万元。补贴各类机具约1230台套，受益农户（组织）约750户，拉动农民、组织投资4200多万元，有力改善全县农机化装备水平。

农业产业化

【概况】　着力打造发展理念的创新优势、发展空间的平台优势、园区设施的功能优势、发展政策的整合优势和推进发展的服务优势，推动全县农业产业化经营跨越发展。肥东经济开发区申报国家级经济技术开发区顺利通过省级评审，为肥东食品工业园的升级与发展带来新的机遇。全县新增规上农产品加工企业6家。全年实现规模以上农产品加工产值240.6亿元，比上年增长14.5%；增加值30.6亿元。凯利、真心等6家农业产业化龙头企业跻身全县规模以上工业企业现价产值前二十名。全年新增市级龙头企业26家，省级龙头企业4家。

【新型农业经营主体】大力培育家庭农场、农民合作社等新型农业经营主体，扎实推进农业生产的专业化、组织化、集约化和社会化水平，促进农业可持续发展。启动新型职业农民培训280人。新增省级示范合作社2家、省级示范家庭农场4家。合作社总数558家、家庭农场241家，分别新增61个和94个。

【农产品电子商务】　以市场为导向，以政策为引导，以企业为主体，大力推进农产品电子商务平台建设。全县农产品电子商务企业从无到有、从小到大，电商产业呈现出蓬勃发展的良好态势，涌现出以真心食品、皖岭等一批实力强、规模大的电商企业。其中真心、天美、乐锦记网络销售额超1000万，大北农饲料通过线上平台、线下交易等运营方式，交易总额突破4个亿。全县电子销售额突破10亿元。

【农业招商引资】　全年完成农业招商引资项目40个，总投资52.8亿元，完成投资18.6亿元，其中省外投资14.7亿元；新开工农产品加工项目4个，总投资11.55亿元，其中安徽凯利粮油食品有限公司的花生油及花生食品深加工项目、安徽好婆婆食品有限公司的6000吨肉制品深加工项目、安徽大北农农牧科技有限公司的年产6万吨高档浓缩饲料项目二期工程等建成投产。

2014年获县级以上荣誉称号先进集体

单 位	荣誉称号	授予单位
肥东县	全省粮食生产先进县	省政府
农 委	合肥市依法行政示范单位	市政府
农 委	秸秆禁烧先进单位	市禁烧领导组
农 委	年度绩效考核优秀	市农委
县江办	江淮分水岭综合治理开发工作优秀	省江办
农机局	农机推广先进集体	省农机局
农机局	农机购置补贴政策落实延伸绩效管理优秀单位	省农机局
农机局	2014年度省农机化好作品评审组织奖	省农机局
农机局	2014年度安徽省农机购置补贴好作品评审县级单位组织奖一等奖	省农机局
农机监理站	全省十佳农机监理站	省农机局
农业执法大队	全省农业执法优秀案卷	省农委
农业执法大队	全市农业执法优秀案卷	市农委

2014年获县级以上荣誉称号先进个人

姓 名	荣誉称号	授予单位
岳德连	市政务信息先进个人	市政府办公厅
阮宜斌	全市秸秆禁烧工作先进个人	市秸秆禁烧工作组
罗 健	全省农机化推进工程综合考评先进个人	省农机局
李之友	农机推广先进个人	省农机局
陆军林	全省农机购置补贴政策落实延伸绩效管理优秀个人	省农机局
郑 贤	安徽省农机推广系统优秀通讯员	省农机技术推广总站
王恩计	秸秆综合利用论文三等奖	省农机局
桑亚松	合肥市年度先进工作者	合肥市委 市政府
桑亚松	先进个人	市农科院 国家油菜巢湖综合试验站
桑亚松	第八届农业推广征文三等奖	中国农业技术推广协会 全国农业技术推广服务中心和《中国农技推广》杂志社
刘 霞	安徽省农民满意农技员	省农委 省委宣传部 省总工会
刘 霞	安徽省劳动竞赛先进个人	省委 省政府
张 峰	安徽省粮食生产先进个人	省农委
郭粹锦	农作物秸秆循环利用技术研究三等奖	省农科院
谢亚松	合肥市优秀共青团干部	团市委

（杨 慧）

林 业

林业局正副职名单

局 长	李道敏
副局长	苏维尚 杨盛频
副书记	张 俊
副局长	李广辉

【概况】 2014年，保护发展森林资源，强化森林资源管理，推进森林增长，促进产业发展，超额完成省、市下达任务，肥东县被市政府授予“全市2014年造林绿化工作一等奖”，位列一等奖第一位。

【植树造林】 植树造林5.82万亩，其中成片造林5.17万亩（以林苗两用林基地为主），四旁绿化折合面积0.65万亩（含村庄绿化65个，路渠绿化227公里，水库和塘坝绿化312个，农田林网9600亩）。白龙、八斗、梁园、古城、众兴5乡镇被授予“全市2014年度植树造林20佳乡镇”荣誉称号，其中白龙镇还被授予年度“特别贡献奖”。

【资源管理】 完成森林资源第八次连续调查（一类资源调查）；完成林木林地确权发证38宗1.6万亩；完成部分林业企业融资信用摸底和推荐上报，开展林权抵押贷款2150万元；简化流程、规范审批，发放林木采伐、木材经营加工、林地征占用、林木种苗经营等许可180件，取消森林植物检疫收费；开展古树名木调查和挂牌、砌围栏等保护措施，对桥头集1棵百年古银杏树、长临河2棵百年古桂花树采取复壮修复技术措施。重视森林防火工作，森林防火期间信息畅通，火情处置及时，全县没有发生大的山林火灾，组建森林消防专业队1支，石塘镇创建市级森林防火标准化监测站。开展林业有害生物预防监测除治，对长临河镇松材线虫病重点防疫区采取飞防、生物防治、人工补缺补差和个别除治等综合措施取得预期成效，完成桥头集镇512亩松材线虫病除治，开展美国白蛾疫情调查和监测，完成主干道路杨树病虫害防治，受到省林业厅表彰。加强森林资源保护管理，完成2.9万亩国家和省级公益林年度管护、4万亩中央造林补贴、2万亩森林抚育试点、5000亩封山育林等工作任务。

【林业执法】 森林公安受理查处林业行政案件、林业治安和刑事案件41起，其中刑事案件3起，林业行政案件38起（滥伐林木案居多），处罚46人次罚款11万余元，没收活体“三有”野生动物215只并放归大自然，救助国家一级保护野生动物白鹤1只，该白鹤安居于合肥野生动物园，森林公安保护野生动物、办理猎捕野生动物案件多次受到省市县媒体关注和宣传报道。森林公安执法办案卷宗被县法制办评为“全县优秀执法卷宗”。

森林公安局解救的国家一级保护动物白鹤

【造林大户】 有100亩以上企业或大户造林236户，其中1万亩以上3户，5000亩以上6户，1000亩以上34户，初步形成植树造林规模化、生态建设产业化、营林机制市场化。

【苗木花卉产业】 苗木花卉基地总面积稳定在15万亩以上，行业年产值5亿元以上，迎客园林培育的黑松景观树、华润园林的彩叶苗木、众兴的乡土苗木、白龙的微型盆栽和多浆植物等畅销省内外，初步形成区域特色品牌，迎客园林、鼎和瑞海、亿本园林被认定为省级林业产业化龙头企业。

【森林旅游业】 以森林休闲、田园风光、果园采摘、农家乐为发展方向，建成或在建的基地有国家4A级风景区岱山湖、2A级的白马山、省级的浮槎山森林公园、市级的龙栖地湿地公园，以及四顶山、龙泉山、汇景、岘山、五柳山庄、沁园春、蓝山湾、姚村、香榭里、陆园等一批森林生态休闲基地，具有一定的规模和接待能力，有14家被省林业厅、省旅游局授予“安徽省森林人家”。

【经果林产业】 经济林总面积超过3万亩，主要集中在近城近郊地带，进入收益期的品种有桃、葡萄、梨、枣、蓝莓等，李府贡枣经省林木良种委员会认证发布优良树种，黄金梨、蓝莓、薄壳山核桃、大樱桃等是新引进培育的特色品种，其中，蓝莓苗果产销两旺，薄壳山核桃被省林业厅确定为省级良种定点采穗圃，欧洲大樱桃种植面积在华东地区县域居首。

【植树周活动】 在长临河镇建设省市党政军领导义务植树基地，3月15日，省委书记张宝顺、省委常委、市委书记吴存荣分别带领省、市党政军领导1000多人来此参加义务植树活动。全县各地开展政协委员林、党员示范林、记者林、巾帼林、八一林等形式多样的义务植树周活动。县直单位干部职工到所联系的乡镇参加义务植树。在前后10天左右的时间里，全县共动员5000多名机关干部和志愿者参加义务植树，完成植树1.2万株，建设基地面积1500亩。县委、县政府主要领导多次深入造林绿化现场调研指导，县“两会”、县三干会期间专门就植树造林做要求。

【优惠政策】 2014年，在整合省市奖补政策基础上，县财政拿出4283万元进行奖补，实现植树造林项目奖补政策全覆盖。继续执行对重点工程成片造林全部实行连续补助5年地租，对非重点工程造林按照市补标准实行1:1配套奖补；在四旁绿化上，对于村庄绿化县级每处奖励3万元，对于塘坝、路渠绿化全部按照折合面积每亩奖励600元。以森林确权登记为核心，落实造林后的利益保障问题；以森林保险试点、林业贴息贷款、森林抵押贷款等金融手段多渠道支持林业投资企业融资发展。

【机关建设】 扎实开展党的群众路线教育实践活动，按照“三严三实”要求，对照查摆班子存在问题24条，班子成员个人存在问题61条，条条对照，制定并落实整改措施83条，先后制定或修订规章制度6个，干部作风改进，工作效率提升。

2014年获县级以上荣誉称号先进集体

单　位	荣誉称号	授予单位
肥东县	2014年度全市造林绿化一等奖	市政府

2014年获县级以上荣誉称号先进个人

姓　名	荣誉称号	授予单位
周　斌	2014年度全省林业有害生物防治工作先进个人	省林业厅

（李广辉）

畜牧水产业

畜牧水产局正副职名单

局　长	阚振海
书　记	李　庆
副局长	王家保　姜华斌
副书记	李源辉

【概况】 2014年，肥东县畜牧水产局围绕生态、环保、优质、高效的总体思路，畜牧业在重点抓好畜禽污染治理和病死动物无害化处理上“稳量、提质”，水产业在重点抓好生态休闲健康示范上“增量、提效”，着力增强养殖业综合生产能力、抗风险能力、市场竞争力和可持续发展能力。全年出栏生猪98万头；家禽2010万只，存栏生猪48.5万头、家禽852万只，存栏奶牛2.2万头，实现肉类总产11.9万吨、蛋类总产3.9万吨、奶类总产7.4万吨、水产品产量5.9万吨。全年未发生一起畜禽批量死亡病例和畜产品质量安全事件。

【规模养殖】 全年改造或扩建规模养殖场100个，改扩建标准化畜禽舍面积4万平方米，其中完成5家祖代以上种猪场改造，新扩建标准化猪舍面积14220平方米。新增市级健康养殖示范场7家。温氏集团在响导乡建成存栏规模达6000头父母代种猪场，通过“公司+养殖场”、“公司+农户”等现代畜牧业生产模式，可带动农户200多户，年出栏商品猪10万头以上。规模养殖集聚效应逐步显现，形成一批具有较高知名度和市场占有率的农产品品牌,现代牧业新鲜奶荣获国际食品金奖，是国内养殖业唯一获奖品牌。合肥博大公司参与国家级标准化规模畜禽养殖示范场（小区）创建，合肥东瑞公司、合肥义昂禽业参与省级标准化规模畜禽养殖示范场（小区）创建，并通过认定。合肥瑞林公司、包公长兴公司参与省级2014年标准化健康养殖项目实施获得通过。安徽牧林森生态养殖有限公司、肥东县皖白山羊养殖专业合作社等积极参与省级畜禽遗传资源保护利用，受到专家的一致好评。

【养殖业投入】　完成2013年现代农业发展生猪产业项目建设，对1141万元中央财政资金和230万元县级财政配套资金开展项目资金使用绩效评价。开展2014年现代农业发展生猪产业项目申报实施，争取中央财政资金970万元，项目重点支持生猪良种繁育体系和标准化规模养殖两个环节，全面提升全县生猪良种化供应能力和规模化生产水平。获得2014年生猪标准化规模养殖场建设项目中央财政资金270万元；全面完成巩固退耕还林成果畜牧业发展项目各项建设任务。获得2013年国家生猪调出大县奖励资金566万元。

【渔业】　全县水产养殖面积9.4万亩，其中名特优水产品养殖面积6.5万亩。繁殖鱼苗5.6亿尾，投放水产苗种2600吨，水产品产量5.3万吨。组织市级“借转补”项目申报，9家企业获得市级扶持资金130万元，带动池塘标准化建设和健康养殖。大力优化渔业产业结构。市场选择在名特优品种养殖方面作用明显，青虾、泥鳅养殖逐步升温；网箱黄鳝养殖趋于规模化；生态养蟹、龙虾池塘养殖实现历史性突破，新增养殖面积4000多亩，建成全市最大的日本青虾养殖基地。渔业倍增计划微孔增氧模式成效显著，微生物制剂调节水质技术全面推广；物联网技术应用在长临渔场、管湾渔场等单位试点。肥东县东浩生态养殖有限公司等2家企业获得第九批农业部健康养殖示范场荣誉称号。管湾水产良种场成功创建为省级水产良种场，其微空增氧等七项实用技术获得国家专利。

2014.10.喜获丰收

【养殖业污染治理】　全县关闭和搬迁禁养区和限养区内污染养殖场35家，面积45312平米。根据县政府《关于促进养殖业可持续发展的若干意见》，连续二年从国家生猪调出大县奖励资金中，安排部分专项资金用于禁养区和限养区内污染畜禽养殖场关闭和搬迁。加强病死动物无害化处理工作。严格执行省政府办公厅《关于构建病死猪无害化处理及监管长效机制的意见》，争取财政资金300多万元，在全省率先推行病死畜禽无害化处理生物降解技术，以以奖代补的形式选择5家规模较大的养殖企业开展病死畜禽无害化生物降解处理，实现病死动物资源回收再利用。选择183家养殖企业（户）建成病死畜禽无害化处理窖（池），在全省率先实现病死动物无害化处理全覆盖。省政府副秘书长孙正东在全省病死畜禽无害化处理会议上对肥东的做法给予表扬，并在全省推广肥东经验。加强畜禽粪污处理工作。结合巢湖流域养殖场污染治理，大力推广干湿分离、雨污分流、发酵床养猪等工艺技术，实现畜牧业排污物资源化、减量化、无害化利用，构建资源节约、环境友好型畜牧业。完成全县267家规模养殖场粪污处理工作。建立养殖企业分类管理制度。按照《安徽省动物卫生监督管理对象分类管理办法》要求，出台《肥东县养殖企业分类监督管理实施方案》，将全县规模养殖场的风险等级分为A、B、C三类，对规模养殖场实施分类监管，对养殖环节风险等级较高的养殖场作重点监督。

【动物防疫】　紧紧围绕“六位一体”动物防疫工作长效机制，创新思路，突出重点，明确责任，严格奖惩，切实加大对各地动物防疫工作责任制落实、集中免疫进度、规模养殖场监管等关键环节的量化考评力度。全年发放各类口蹄疫疫苗187.5万毫升、猪瘟疫苗88.2万头份、高致病性猪蓝耳病疫苗86.6万毫升、高致病性禽流感疫苗384万毫升，猪牛羊耳标72万，免疫登记簿1500本，确保强制免疫工作顺利开展。全力做好春秋两季免疫督查工作，强化疫病检测工作，完成农业部流通领域家禽交易市场采样任务1500份，完成省、市各种畜禽送样1000份，奶牛血样60份，泄殖腔、口腔棉拭子180份。动物防疫工作成效显著。全年未发生一起人感染禽流感病例和畜产品质量安全事件。

【畜水产品安全】 做好生猪屠宰职能接管工作。根据国务院、省、市有关食品安全监管职能调整要求，10月12日，县畜禽屠宰管理所由商务局划归畜牧水产局管理，原商务局承担的全县生猪定点屠宰监管和执法职责也一并划归畜牧水产局。加强动物检疫工作。根据全县养殖业特点及分布状况，本着高效、便民的原则，合理规划，科学设置动物检疫电子化出证点，强化有关设施配备，稳定检疫队伍，制定一系列规章制度。全年出具各类动物检疫票据20万份占全市出证量的50%以上，为养殖业健康发展和畜产品质量安全提供有力保障。加强远程监控工作。投资30万元，建设县级监控中心和五个监控分中心，各监控分中心接收县级中心分发的视频数据，并在大频幕上实时显示，分中心安排专人值班，对报警等异常视频信息进行定向追溯，发现重大情况及时上报，根据要求作出是否赶赴监控对象现场处理决定。平台可对2000路监控点的远程监控，按照每个监管对象设置10路监控点，可实现对200家畜禽养殖、加工、屠宰企业及重点交易市场的远程监控管理。

2014年获县级以上荣誉称号先进集体

单 位	荣誉称号	授予单位
肥东县	水产大县称号	省农委渔业局
畜牧水产局	重大动物疫病防控工作先进单位	市防治重大动物疫病指挥部
动物卫生监督所	市级廉政文化示范点	市纪委、市监察局
动物卫生监督所	动物卫生工作先进单位”	省动物卫生监督所

（崔礼存）

农村能源

农村能源局正副职名单

局 长	王存红
副局长	李 兵 张 从

【太阳能示范建设】 2014年，太阳能开发利用工作，与推进节能减排、打造绿色经济、构建美好乡村、建设生态文明相结合。全年开发利用太阳能热水器集热面积1500平方米；安装太阳能光伏路灯1200盏；建设43处农户家庭分布式光伏发电系统，同时并网发电。

【世行生态家园项目】 世行生态家园富民工程项目，在梁园、八斗、响导、元疃、白龙、牌坊、石塘、包公、古城、马湖等10个乡镇实施，经过5年（2009～2014）建设，完成世行项目评估报告中各项建设内容，达到预期目标。7月，通过世行项目专家组验收。世行生态家园富民工程项目建设取得的主要成果：建成一体化生态农业系统，在5200个项目农户各建造一口8立方米户用沼气池，并同步改造厨房、厕所和饮用水，每户种植一亩以上“猪–沼–粮（菜瓜果鱼）”等生态模式的高效田。推广“猪–沼–粮”、“猪–沼–菜”生态农业模式988.62公顷和43.4公顷。修建村内道路21.36公里。培训技术与管理人员8903人日。项目受益农户5200户2.2万人。成立沼气专业合作社1个,为世行生态家园项目后续管护服务。五年世行项目建设，完成投资3607.23万元。其中世行贷款902.85万元，中央财政配套582.4万元，省级财政配套227.42万元，县财政配套345.20万元，农户投劳及自筹1549.37万元。

【沼渣沼液综合利用】 全县通过世行国债民生项目的实施，建立以沼气为纽带的“猪–沼–粮”、“猪–沼–菜”、“猪–沼–鱼”等生态模式农户，发展生态农户5200余户，主要分布在东、北部农业生产区域的10个乡镇，推广生态模式猪沼粮等2.6万亩，使这一区域内农产品质量安全有保障，农户吃上自己种植的绿色无公害粮食与蔬菜，同时也为市场提供安全农产品。

【国家绿色能源县项目】

按照国家绿色能源示范县项目初始设计建设方案，项目建成后，难以发挥经济效益，运行与管护难以维持等问题。根据县情，调整绿县项目建设内容，重新编制，并行文上报省能源局。省能源局批复变更后的实施方案为生物质成型燃料项目建设3处；农村能源服务体系建设1处；沼气集中供气工程3处；秸秆气化发电及民用供气1处。

【农村沼气服务网点项目】　项目建设任务是5个农村沼气网点，在梁园、八斗、元疃等3个乡镇和1个沼气专业合作社，实施5个沼气服务网点。每个网点统一配备一套沼气检测设备、一套维修工具、一组柜台、一批沼气零配件和沼气维护记录薄，统一制作网点门牌和标识。每个网点有一处固定经营场所和一部热线电话，为沼气用户开展后续管护服务。

【大型沼气工程项目】　安徽省联盟双玉生态种猪养殖有限公司大型沼气工程项目是国家发改委在2011年立项，2012年实施的国家项目。2014年12月，完成项目建设CSTR沼气发酵罐1000立方米、沼气贮气柜400立方米及配套附属设施；购置仪器设备34台（套）。工程于12月15日竣工并投入生产，同时通过审计与国家验收。

【世行生态模式建设】

牌坊乡兴庙村是2014年世行生态家园项目实施“猪–沼–菜”生态模式示范村，示范实施“猪–沼–菜（韭菜）”农业生态模式。在世行项目200个项目户实施，每户应用沼肥种植韭菜1亩，均产5000公斤/亩，亩效益9000元/年，除去生产成本2730元，亩均收益是6270元。生态模式给200个项目生态模式示范户创收180万元。通过“猪–沼–菜”生态模式，使世行生态家园富民工程一体化生态农业项目向规模化、产业化方向发展。

（张晓康）

水利

□综述
□重点工程
□防汛抗旱

综　述

水务局正副职名单

局　长	李定国
书　记	缪江桥
副局长	罗国访　朱　江 王忠贤
副书记	龚晨光

2014年，全县无明显的旱情和汛情，仅在夏栽期间，部分国营电灌站和中型水库提水和放水，保证灌区农业灌溉。年度内，众兴水库从淠史杭引水2000万方充库，保证城镇生活供水。年度内完成2013年度15座小（二）型水库除险加固任务，开工建设2014年度下达的21座小（二）型水库除险加固任务。完成投资1060万元，解决2.2万农村人口饮水安全问题。完成撮镇泵站技改（一期）工程、店埠河马桥段治理工程（缪岗至包公大道段）和黄疃站济滁干渠续建工程建设任务。完成2013–2014年度农田水利基本建设任务，累计完成土石方1090万立方米，开工各类水利工程3486处，投入折合劳动用工21.3万工日，投入机械24.8万台班，完成水利投资3.95亿元。肥东县获全省第十九届“江淮杯”竞赛三等奖。继续开展以“实施水利安徽战略，加强水生态文明建设”为主题的系列水法规宣传活动。9月，岱山湖被命名为国家级水利风景区，这是合肥市唯一被命名为国家级水利风景区的单位。

重点工程

【水库除险加固工程】 2013年度计划实施的省级小（二）型病险水库除险加固工程有合裕、大竹塘等15座水库，2014年度4月底完成全部施工任务，7月底完成验收，移交所属乡镇管理。2014年度小型水库除险加固工程计21座，总投资2520万元。年度工程于9月1日完成招投标工作，确定施工企业，年底基本完工。

【农村饮水安全工程】 按照《肥东县农村饮水安全工程“十二五”规划修编》，2014年解决2.2万人饮水安全工程建设任务，工程投资1060万元，项目点分布在长临河镇、桥头集镇、循环园、民族乡和包公镇。6月25日完成招投标工作，确定施工企业。年底全部完工。

【农田水利基本建设工作】 2013–2014年度，累计完成土石方1090万立方米，开工各类水利工程3486处（包括渠系建筑物），投入折合劳动用工21.3万工日，投入机械24.8万台班，完成水利投资3.95亿元。新增和恢复灌溉面积2万亩，改善灌溉面积31万亩，改善除涝面积2万亩，新增旱涝保收面积1.8万亩，整治农田7.97万亩。县财政年度投入农田水利建设资金8960万元，其中，面上“三小”工程奖补资金6483万元。

小型水利改造提升工程及时发挥效益

【国营危桥改造】 2014年度投资202万元，改造危桥17座，涉及6个灌区7个乡镇。

【三十埠河治理】 投资8730万元，9月开工建设，主要是治理河道8.1公里，改造配套建筑物9座，建设湿地269亩，建设截污管道4.75公里。正在建设中。

【滁河干渠水环境治理及生态修复】（肥东段） 该工程建设批复投资2.8亿元，资金来源为国开行项目。现开工建设，建设工期27个月。

【梁园河付店–南街段治理】 该工程计划总投资2700万元，主要是治理河道7.25公里，完成招投标工作，确定施工企业。12月份开工建设。

【抗旱规划工程建设项目】 9月，省水利厅印发《关于肥东县2014年抗旱规划建设项目实施方案的批复》（皖水防办函〔2014〕1245号）。批复投资1438万元。按照编制的抗旱规划内容，计划启动引巢济滁工程，即通过对撮镇输水干渠的更新改造，增加输水能力；特大干旱年份时，从巢湖三级站提水向滁河（引淠）自流灌区补充水源，提高该灌区农业灌溉保证率，并可调剂部分淠史杭优质水源为城乡生活生产供水。该项目12月份开工建设。

【众兴泵站技改（二期）工程】 众兴泵站更新改造项目是列入国家投资的大型灌排泵站更新改造工程，一期工程对高塘一级站和众西一级站进行更新改造。11月，省水利厅同意厅规划办对众兴泵站更新改造工程设计变更报告的审查意见并上报省发改委。二期工程项目总投资7700万元，该项目开工建设。

防汛抗旱

【落实责任制】 3月上旬，县防指及时下发相关文件，明确防汛工作目标任务，落实各类防汛责任制，全县各类水利工程均填报防汛责任卡，明确各类工程的防汛行政责任人、技术负责人和管理责任人。

【汛前安全大检查】 按照“分级管理”的规定，全县各乡镇和有关单位均在汛前对所属的各类水利工程进行地毯式自检。县水务局会同县防办于3月份对全县国营排灌泵站、河道、圩堤堤防、国营中型水库及去冬开口施工的小型水库进行全面检查，对未除险加固的小型水库进行抽查。县防办将检查结果行文向县政府报告，将存在的隐患印发至各有关单位，要求各地及时做好整改。县水务局、县防办会同县人武部等部门先后多次实地检查无为大堤，确认各责任单位责任段，明确具体工作任务。

【修订完善预案】 各中型水库（坝）、圩堤结合各自工程现状，完善修订工程度汛预案。全县中型水库的控制运用计划上报市防指并批复。小型水库控制运用计划批复并以文件下发。各地继续执行“谁受益、谁负担，用多少，补多少”的原则，抓紧补足备齐防汛物资。6月初，全县县级防汛抢险物资储备编织袋20万条、木材（桩）69.47立方米、砂石料450立方米、柴油3.8吨、彩条布5800米、救生衣180件。

【保灌溉】 根据全县蓄水情况和气象分析预测，县防指办于3月底制定《肥东县2014年第一阶段抗旱预案》，各水管单位做好提引水设备、设施维修保养，及时开灌，确保春灌供水，不误农时。夏栽期间，龙塘电灌站刘岗站、十八联圩电灌站、高塘电灌站等国营电灌站均开机提水，累计提水110万立方米；袁河西水库、管湾水库、岱山水库、乌龙坝等国营库坝均开闸放水，累计放水345万立方米；滁河灌区自6月1日开始，省淠史灌溉管理总局打开三十头节制闸，以每秒8立方米的流量向肥东供水，累计“引外水”845万立方米，保障灌区及时栽插。众兴水库从淠史杭引水2000万立方米充库，保证城镇生活供水。

2014年获县级以上荣誉称号先进集体

单 位	荣誉称号	授予单位
肥东县	十九届“江淮杯”三等奖	省农田水利建设指挥部
水务局	2014年全国安全生产网络知识竞赛和安全生产主题摄影先进集体	水利部办公厅

（高自奎）

商业 贸易

- □商务
- □供销
- □粮食
- □食盐专卖
- □烟草专卖

商 务

商务局正副职名单

局　长	苏修刚
书　记	朱永栋
副局长	管少华　朱柏林 赵　青
副书记	杨中兴

【概况】 全县居民消费增长活跃，市场运行平稳有序，对外贸易稳定增长，社会消费品零售总额73.6亿元，增幅16.3%，占目标任务100.8%,增幅排五县市第一位、总量排五县市第二位。外贸进出口总额3.07亿美元，连续13年进入全省“十强县”行列。外商直接投资7044万美元，增幅40.1%，占目标任务100.6%。

【合肥商贸物流园】 承办“2014中国中部厨具博览会暨中国（合肥）酒店用品交易会”和“2014安徽省农机产品展示交易会”。全省首家快递产业园——合肥快递产业园在合肥商贸物流园挂牌。建成重点项目：红星美凯龙家居生活广场项目、酒店用品城及永辉物流园等项目；在建重点项目：普洛斯肥东物流园项目、合肥浙商城、腾辉文博城等；新签约落户项目：合肥深国际物流园。

【市场体系建设】 完成“万村千乡”市场工程20家农资直营店、2家配送中心建设；集中1个月开展“万村千乡”市场工程项目清理整治。成功申报包公镇农贸市场建设政策补助。组织考察庐阳区标准化市场建设，制定、上报《肥东县城菜市场建设改造实施方案》。培育长临河古街特色美食街等特色街区建设。

【市场监管】 启动全县“放心肉”市场配送工程，同步开展1个月“放心肉”市场清理整顿联合执法行动。生猪定点屠宰监管职责移交县畜牧水产局。加大成品油市场监管，推进肉类蔬菜流通追溯体系平台建设。

【电子商务】 召开全县电子商务发展座谈会，组织参加商务部培训中心专题电子商务培训。组织全县特色食品企业加盟“淘宝·安徽馆”、参与第二届合肥网购节。出台肥东电子商务进农村工程三年发展规划、实施方案及扶持政策。

【劳务输出】 开展国务院《对外劳务合作管理条例》宣传贯彻活动、全县出国劳务市场整顿活动、出国劳务广场招聘和合肥-南通对外劳务对接；强化对外劳务合作服务平台公共服务职能；妥善处理4起出国劳务纠纷（其中2起死亡事件）。

【市场运行监测】 增加监测样本企业（全县累计29家），拓宽监测范围（监测商品包括6大类，60种消费品和6大类18种生产资料）；加强网上直报，各项市场监测系统信息报送及时率、准确率、报送率均达到99%；加强对生活必需品供应与价格的监测，抓好每周《周末市场行情》发布和市场运行监测分析工作。

【外向型经济】 兑现2013年外贸奖励资金308.9万元。上报中小企业国际市场开拓资金项目31个,金额164.7万元。为7家企业上报专项担保资金4800万元（其中一户获批200万元）。规范外派劳务市场，通过“对外劳务合作服务平台”输出5591人，累计在外务工13000人，占全省的65%。

2014年度获县级以上荣誉称号先进集体

单　位	荣誉称号	授予单位
商务局	2013年地方商务之窗地县级成绩突出站点	商务部办公厅
商务局	“2014年度县直单位目标管理考核优秀单位”	县委　县政府
商务局	“创建第一届安徽省文明县工作先进集体”	县委　县政府

（丁　胜）

供　销

供销社正副职名单

主　任	胡朝龙
书　记	许中华
副主任	梁兴东
副书记	沈思云
副主任	王　智

【概况】　2014年，完成销售35亿元，同比增长30%；完成利润1808万元，同比增长28%；社会贡献总额3244万元，同比增长24%；所有者权益4823万元，同比增长31%。被合肥市供销社评为综合业绩考核一等奖。

【新网工程】　重点完成桥集供销社商场扩建改造，利用整合后的省级“新网工程”项目资金50万元，市供销社奖补资金14万元，县供销社总投资近100万元在原桥集供销商场基础上改扩建1200平方米农家超市，为桥头集地区居民提供优质便捷的购物休闲消费环境。

【再生资源回收】　在合肥循环经济示范园东南，建成605亩的再生资源产业园。一批管理结构规范、资本充足的公司利用原有网络的优势，采取连锁经营等现代发展模式，促进行业生产要素合理配置，扩大行业规模经营优势，提高经济效益。在全县18个乡镇设立供销社再生资源回收站，组织从业人员到合肥市参加业务培训，陆续开始运行。12月，在肥东县供销合作社联合社备案的从事再生资源经营业务的企业和个人共97家，从业人员2000多人。肥东县废旧物资回收利用行业年销售30.2亿元，上交税收3.1亿元。

【企业改制】　以现有固定资产抵押筹集3000万元资金，专项用于企业改制。对改制企业的内退职工尚未办理医疗保险的，通过多方协调，分期分批入册登记办理医疗保险，解决内退职工医疗后顾之忧。

【撮镇片棚户区改造】　撮镇原轧花厂职工宿舍地势低洼，每年雨季污水横流，职工出行困难。2014年，撮镇棚户区改造。5月，完成棚户区拆迁，年底，棚户区改造恢复楼项目完成土建工程。

【盘活资产】　制定《社有资产出租出让管理规定》，对系统内固定资产实行公开招投标，对系统内原出租到期的经营用房和门点进行排查清理，按照合同到期时间顺序通过招投标中心公开招租。供销商城1～2楼近4800平方米以年租金402万元招租成功；供销商城大门南边两间60多平方米门面房合计收取年租金15万元；原土产公司东安大厦400平方米经营门面通过法院清收。供销商城“五谷香大酒店”、六楼整层写字楼收回，办理招投标出租工作，确保资产收益最大化。

【改制企业移交社区管理】　以原店埠轧花厂为试点，理顺社区关系，逐步建立“便于管理，有利自治，条块结合，以块为主”的城镇社区管理体制。对未出售的公房、土地、公建设施等资产权属和生活区人员登记确认，完成初步对接。

【信访工作】　全年接待来信来访228人次，受理案件8件，调处7件，调处率85%，办理积案化解2件，春节及“两会”期间全系统无越级、无进京上访。

【文明创建】　开展职业道德，职业技能教育和实践，把好“窗口”，服务群众，文明用语，美化环境，促进“创文明行业”、“建和谐肥东”工作整体水平的提高。店埠供销社被评为县级文明创建先进集体。

（沈思云）

粮　食

粮食局正副职名单

局　长	殷　锐
书　记	程道荣
副局长	韦邦高　陈少明

【概况】　2014年，粮食工作获“2014年度全省国有粮食购销企业综合经济效益先进单位”、“2014年度全省粮食产业化工作先进单位”、“2014年度全省粮食行政机关政风行风建设先进单位”、“2014年度全省粮食收购工作先进单位”称号，是全省县级获得表彰项目较多的单位之一。

【粮食收购与存储】

2014年，从生产者购进粮食20.32万吨，其中国有粮食购销企业按最低价收购小麦7.86万吨，稻谷12.46万吨，轮换各级储备粮稻谷15539吨，小麦5000吨。全县39个存粮点的粮食，通过库存检查，数量真实、质量良好、库存安全、库贷合理、管理规范。推进新农村科学储粮3568户，降低损耗，保证品质。

【粮食生产加工】 2014年，全县粮食饲料食品等加工企业生产加工总值达84亿元。

【粮仓建设】 2014年，新建7万吨粮仓。分布在石塘镇（1.3万吨）、梁园镇（1.3万吨）、路口乡（1.3万吨）、护城乡（0.7万吨）、古城镇（1.3万吨）、白龙镇（1.1万吨）。

（殷保年）

食盐专卖

盐务局正副职名单

局长（经理）	孙尚思
副局长（副经理）	张道情 李俊祥

【概况】 全年盐品销售9960吨，比上年增加603吨，完成年度目标任务114%：其中小包装盐销售4659吨，比上年增加145吨，品种盐销售1886吨，完成年计划304%。全年实现销售收入4727万元，比上年增加1215万元，完成年度目标任务107%。实现利润95万元，比上年增加2万元。在全省盐业系统评比中，销售收入和利润指标均位列县级单位前茅，被评为全省盐业系统2014年度先进单位、合肥盐业系统2014年度非盐商品经营先进单位。

【食盐结构调整】 以“少吃盐、吃好盐，好盐请选低钠盐”为主题，发布配送车辆和户外广告，提升消费者的认可度。在广场、菜市、乡镇集市等人口聚集区设立咨询台，开展促销宣传，给县内两家较大的敬老院免费赠送低钠盐。通过多种措施，积极向市场推广低钠盐、海藻加碘盐、自然晶盐等低钠、健康、绿色盐品，丰富盐品结构，降低居民人均食盐摄入量，促进人们健康饮食。

消除碘缺乏病普法宣传

【盐政管理】 变监管为服务，强化管销联动机制，适时开展专项检查行动，重点加强对节前、节后县域主要乡镇零售市场、学校食堂用盐、边界区域的巡查走访，增强涉盐违法案件的查处能力，维护盐业市场稳定有序。开展盐业市场检查中，查处各类涉盐违法案件21起，罚没私劣盐26.685吨，罚款9700元。

【盐业宣传】 创新宣传方式，提升宣传效果：做好“3.15”、“5.15”两个主题宣传日的宣传活动，组织盐政人员、配送人员在广场、菜市场、乡镇集市摆放展台，宣传推广低钠盐，发放《食盐安全知识暨盐业法规解读》、《少吃盐，吃好盐常识系列》和《防治碘缺乏病》彩色宣传资料1000余份，通过电视台、电台和报纸等媒体报道少吃盐，吃好盐系列常识；6月，开展“食品安全肥东行”宣传活动。

【盐业专项整治】 开展“合肥地区盐业市场夏季集中整治行动”，对全县乡镇的超市、菜市、餐饮单位及食品加工企业进行检查，出动140人次，检查用盐户450家，食品加工企业65家，查办各类盐业违法案件3起，没收私、劣盐23.15

吨，罚款4200元，发放宣传材料900多份；加强对食品加工用盐市场监管，对食品加工用盐单位饭店、卤菜摊点、腌制作坊、豆制品加工厂、饲料生产加工企业进行集中整治，制止以各种形式套购、倒卖食品加工用盐行为，遏制私劣盐流入零售市场，维护盐业市场秩序。

【食品加工用盐管理】年初，逐户上门走访食品加工企业，了解生产经营状况，根据企业上年的购用实绩，对符合供应条件的企业，维持原供应盐种并签订供应合同；对不符合供应条件的企业，重新核定供应盐种并签订供应合同；对停产外迁用盐企业及时注销生产用盐供应卡，剩余盐品予以回收，杜绝外流冲击小包装盐市场。全年签订供应合同55份，核销生产用盐供应卡6户。

【项目建设】兴建肥东徽盐连锁物流配送中心及生产办公仓储设施的可行研究报告、规划设计图编制通过招商项目预审会、县规委会审批，确定项目在东城新市镇供地20.04亩。完成项目建设的土地勘测定界、供地预审核、项目立项、消防、环评、规划备案等手续。

2014年获县级以上荣誉称号先进集体

单　位	荣誉称号	授予单位
盐务局（公司）	安徽盐业系统2014年度先进单位	省盐务局（公司）
盐务局（公司）	合肥盐业系统2014年度非盐商品经营先进单位	市盐务局（公司）

2014年获县级以上荣誉称号先进个人

姓　名	荣誉称号	授予单位
吴前中	盐政管理先进个人	市盐务局（公司）
韦道先	先进工作者	市盐务局（公司）
李　平	优秀客户经理	市盐务局（公司）

（丁福生）

烟草专卖

烟草专卖局(营销部)正副职名单

局长（经理）	李　坚
副局长	王建辉
副经理	赵恩联

【专卖执法主体建设】2014年，肥东县烟草专卖局（营销部）围绕年度工作质量管理目标，以“市场监管、全员内管，专销联动、精益高效”为工作思路，护航卷烟营销平稳发展，基本完成预期工作目标。严格行政许可。根据新办许可证流程，缩短办证期限，合理行政、高效便民。截至11月底辖区持证户为3967户，正常经营户3742户，无证户162户；新办259户，停业274户，注销669户，商户率4.60‰。全年零售户守法经营率为96.92%，零售户持证经营率为99.17%，零售户亮证经营率为100%。

狠抓专销结合，注重衔接效率。坚持月度专销协调会制度。在定期召开专销联席会制度的基础上，专卖人员对客户服务和内管系统上反馈的异常品牌及时进行实地核查，并将核查结果反馈到客户服务部，而专卖案件所涉及提供货源客户，及时通报客户服务部进行核减商定量，做到“标本兼治、打防并举”。试行管理所、客户服务站合署驻点办公新模式，进一步深化专销结合实效。

开展“元旦·春节”、“清明·五一”、“端午节”、“中秋·国庆”、“夏夜市场专项治理”、运输市场集中整治“百日行动”等专项行动。出动打假人员19691人次，出动车辆4210台次，出动公安、工商执法人员220人次。全年查办涉烟立案案件247起，其中5万元以上案件11

起。查获非法卷烟11485.1条，其中假冒卷烟8.2条，总案值达179.0259万元；判刑1人。

【营销网络主体建设】

以提升经济运行质量为立足点。坚持把调整市场状态放在营销工作的首位，主动加强市场调控，持续改善运行质量。开展市场调研。组织加强市场调研力度，对节日市场“量价存、中央新政策”等影响程度进行市场走访和专项调研，准确掌握市场卷烟消费趋势及货源供应短板。加强市场监控。加快“徽映e家”推广力度。完成推广户数216户，占总户数5.8%。优化营销订货模式。通过加大宣传引导力度，严格梳理区域代订货客户，进一步规范网上订货行为，网上订货客户3402户，占零售客户数的83.89%，网订成功率在95%左右，网上订货的订单满足率达98%以上。开展“五倍数”订货模式，加强订单与分拣配送的无缝对接，缩短订单数据发送至分拣配送的时间。截止2014年11月，卷烟销量26643.46箱，比上年减销6.84箱。实现收入71532万元，比上年增长10.23%；利润总额15675万元，增长13.67%；订单满足率达98%，条均价为125.65元/条。

以培育知名品牌为出发点。开展品牌培育建功立业活动。围绕“532、461”知名品牌规划，结合目标制定推进计划表和重点品牌培育方案。注重市场分类。通过市场品牌调研和分析，结合所属区域商圈、客户业态、市场类型和消费能力等销售特点，为客户找品牌，为品牌找客户，不断扩展零售客户卷烟经营的规格、宽度和高度，努力提高重点品牌卷烟的上柜率。做好品牌培育宣传指导工作。利用新商盟网站、网上订货平台、《融合》报、客户告知、营销工具小贴士等平台，引导市场消费行为的转变，突出重点品牌培育。

以推进现代终端建设为切入点，把终端建设作为营销网建的核心。加强档案维护。根据零售业态和客户分群标准，进一步规范国标业态、市场类型、客户群体等档案信息的维护和调整。落实“两支队伍”建设。围绕终端建设相关实践操作标准，开展面向客户经理的系统培训。解读终端建设行业政策精神，分析现代终端发展典型案例，组织终端现场观摩，开展面向零售终端的系统培训。持续推进现场管理。组织客户经理对照“6S”开展标准化维护，提升终端形象，纳入营销内部督查，依据工作标准实施效果评估。宣传推广“美好终端”。结合客户经营实际，对样板柜台的设计提出改善性建议，先后完成2批次卷烟柜台定制；印发“美好终端”柜台组合宣传单页，广泛征求零售客户参与“美好终端”建设的意见和需求。加强终端资源配置。按照“挖掘终端特色、确立主推品牌、制定指导方案、配置营销资源、打造终端特色、实施过程管理、开展效果评价”等步骤，探索推进终端品牌营销模式，实现终端资源集约化配置。全年建成现代终端306户，占总户0.85%。协同安徽中烟、云南中烟、湖北中烟等4家工业企业筛选65户终端资源配置目标客户及4条品牌示范街，完成客户现场安装23户。

【企业管理】 加强目标管理，提高工作效率。出台《肥东县局（营销部）月度绩效考核方案》，利用绩效考评杠杆进一步规范员工工作纪律，提升工作效能。逐级分解目标，不断提升对标指标。严格执行目标管理卡制度，细化到人、责任到人。认真梳理各个环节，查缺补漏、精细管理、严控费用，其中水费比上年下降66.68%；电费下降28.57%。加强人本管理，提高队伍素质。开展客户经理对内部日常业务知识培训与测试，加强营销技能训练。以内训师主讲形式，从现代卷烟终端建设、品牌培育技巧等方面开展客户经理、客户层面培训，提升“两支队伍”整体素质。开展真假烟识别、法律法规知识、办公软件应用等无费用教育培训，“送”培训到所队、到一线，提升整体素质。岗位竞聘德能并重，完善岗位晋升通道。加强创新驱动，提升管理水平。QC项目研究成果显著。“绿叶QC小组”、“飞鸽QC小组”被省烟草商业系统第五次优秀QC小组成果发布会、合肥市质量协会QC成果发布评定为一、二等奖。出台《肥东县烟草专卖局（营销部）机关公务用车管理规定》，推进车辆精益管理。车辆修理费用比上年下降37.47%。加强安全管理，注重综合防范。建立健全安全事故预案机制和突发事件应急方案。开展灭火演练、逃生疏散演练和专卖暴力抗法现场处置预案演练，进一步普及安全知识，提高全体员工抵御灾害和应对突发事件的能力。开展消防、交通、防盗等安全检查，查出各类隐患31条、隐患整改30条。举办各类职工安全教育培训班11期，培训员工380人次。全面提高员工的安全意识和安全技能。

2014.8.26.开设“金叶讲坛”传递正能量

【企业文化建设】　开展“金叶小讲坛”宣讲活动。以增强员工队伍整体业务能力，提升专卖、营销队伍管理水平和服务技能，丰富员工的文化生活为宗旨。开展以“我与烟草的故事”、“讲身边好人的故事”、“以案说法·法治烟草”和“中国梦·烟草情——我与烟草共成长”为主题活动。开展“企业文化·成语接龙”竞赛活动。丰富员工业余文化生活，营造“创业、创新、创享，融心、融智、融情”的文化氛围。开展“徽映·金叶志愿者”个性化志愿服务实践活动。开展“党员助困”活动。组织党员深入困难零售客户家中零距离沟通，切实了解客户经营生活中的所盼、所想、所急，做好现场服务。开展“徽映·金叶志愿者奉献日”活动。深入零售客户家中，按照“零售终端门店6S现场管理标准”宣传卷烟经营知识。开展“送文化下乡、送服务上门、送亲情到家、送政策入户”等实践服务活动。实行“1+1”结亲、一对一帮扶活动，定期开展“亲情帮扶，徽映你我”主题实践活动，零距离“面对面”地与客户谈心沟通，帮扶解决在经营上、生活上出现的困难和问题，定期传授经营技巧，做到“授之以渔”，提升客户经营水平和获利能力。开展“关爱生命、文明出行”志愿服务活动。在辖区主要路段、重点路口、公交站点，广泛宣传市民文明公约和行为准则，传播交通文明知识，引导市民自觉规范言行，遵守交通规则。开展义务爱心献血活动。组织“徽映·金叶志愿者”参加义务献血活动，献血量达42000毫升。“徽映·金叶志愿者专项基金”主动义务捐资帮扶弱势困难客户及员工达140人次，自愿捐款4.2万余元，组织参加各项实践活动1680人次。通过一系列活动的开展，有力地提升肥东烟草“立业为国，回报于民”的良好企业形象。

2014.8.28.徽映志愿者开展无偿献血活动

2014年获县级以上荣誉称号先进集体

单　位	荣誉称号	授予单位
烟草局（营销部）	合肥市纪委廉政文化进企业示范点	市纪委
肥东营销部	2014年度诚信单位（示范）	市消费者协会
肥东营销部绿叶QC小组	2014年全省优秀质量管理小组	市质协、市经济和信息化委员会
肥东营销部	2014年度经济运行考核先进集体	市烟草专卖局
肥东营销部绿叶QC小组	全省“质量信得过班组”称号	省总工会
绿叶QC小组	省烟草商业系统第五次优秀QC小组成果发布一等奖	省烟草专卖局（公司）

2014年获县级以上荣誉称号先进个人

姓　名	荣誉称号	授予单位
赵恩联	2014年度优秀员工	市烟草专卖局
韦　兵	2014年度优秀员工	市烟草专卖局
王建安	2014年度优秀员工	市烟草专卖局
杨迎春	2014年度优秀员工	市烟草专卖局
陈志武	2014年度优秀员工	市烟草专卖局
马华锋	2014年度优秀员工	市烟草专卖局
张　伟	2014年度优秀员工	市烟草专卖局
程旭辉	2014年度优秀员工	市烟草专卖局
王　琼	2014年度优秀员工	市烟草专卖局
苏　春	2014年度优秀员工	市烟草专卖局
蔡善标	2014年度优秀员工	市烟草专卖局
杨中新	“全县志愿服务优秀个人”称号	县委、县政府

（杨中新）

建设 环保

□城乡规划
□城市建设
□公用事业
□建筑业
□城市管理
□房地产业
□环境保护

城乡规划

规划局正副职名单

局　长	张传根
书　记	张玉林
副局长	吴海燕　费广岭

【概况】 2014年，完成肥东县城总体规划纲要（2014-2030）编制，长临河镇总体规划全面完成。

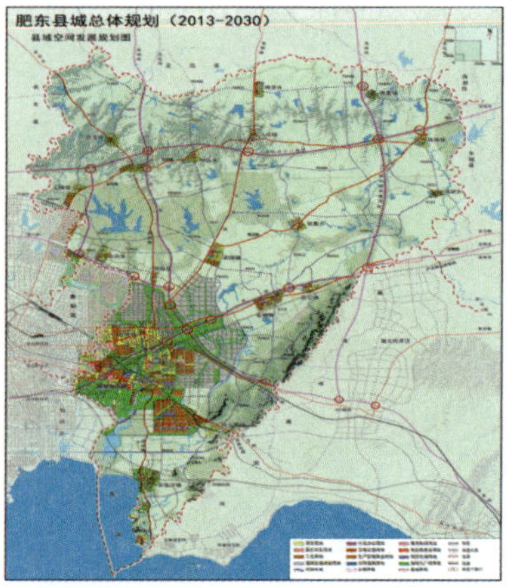

肥东县县域空间发展规划图

肥东县城中心城区用地布局规划图

【县域控规】 完成县城西南片区控规和城市设计成果。完成城关、和睦湖、定光、城南、龙城路体育公园等5公园以及五中、城东小学、城关小学分校等3所学校的规划选址、规划设计条件和设计方案。完成六中规划设计并交付住建局实施。完成长临河镇南淝河安置点及撮镇富马庄园二期、瑶河家园、建华小区、先锋小区5个拆迁安置小区的规划选址、规划设计条件、规划方案审定，组织实施。

【交通规划】 店忠路、四顶山路下穿京福高铁道口设计完成可研编制。瑶岗路（天门山路—撮镇路段）项目方案设计向市规划局、市建委作专题汇报并获通过，其中下穿淮南铁路道口方案经上海铁路局评审通过，设计单位抓紧施工图设计。完成下穿高铁南环线道口工程施工图设计，完成下穿合宁高速桥梁改建工程、下穿淮南铁路线道口工程施工图设计，两道口建设中。完成京福高铁长临河站站前广场及连接道路的施工图设计、建设等各项工作。

【绿道规划】 全县绿道和基本生态空间规划全面完成。完成长临河沿湖段绿道、六家畈至白马山绿道设计并交付县交通局组织实施。消防大队、园林局编制消防专项规划和县城绿地系统专项规划。

【协编项目】 县城总规及长临河镇总规“三规合一”对接；制定城镇建设近期目标和年度大建设计划，规划部门参与重要建设项目的可行性研究和论证，从规划技术层面给予支持，提高城镇规划及重要建设项目的科学性、合理性和可操作性。规划部门支持配合旧城改造、征地拆迁及市政工程建设，引领调控各项建设用地和各类建设工程，协助梁园、张集、石塘、白龙、马湖5乡镇的总规报审。完成19个美好乡村建设点规划编制。

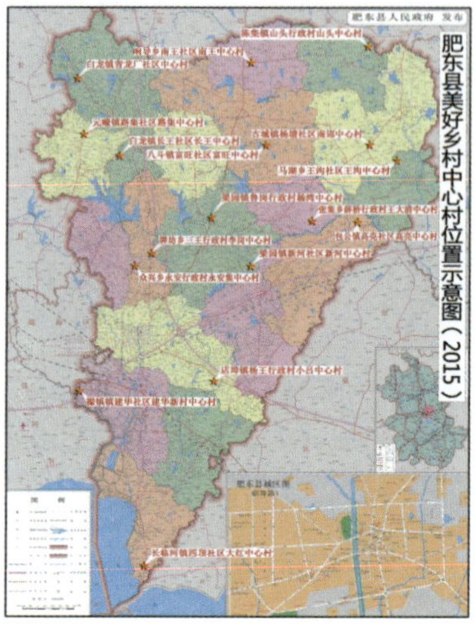

肥东县美好乡村中心村位置示意图

【法制宣传】 利用法制宣传日和江淮普法行等平台多渠道宣传《城乡规划法》、《安徽省城乡规划条列》、《合肥市城乡规划条列》、《合肥市控规通则》等法律法规，在县法制广场集中宣传5次，印发宣传材料2000余份。

【法制监察】 对总规、控规、重大项目的选址用地以及住宅小区方案调整项目和所有私人建房进行批前公示，广泛征求群众意见，强化对项目的批后公告，在《合肥晚报》、政务公开网上刊登证件发放情况，在施工现场设置告示牌，将建设项目规划批准情况及举报电话公布于众，接受群众监督，增强规划的透明度。规划方案依法公示、公告，全年公示4件，公告4件；落实人大政协议提案答复6件，办理各类规划信访40多件次，办结率100%。

【"一书三证"管理】 核发选址意见书40份，设计条件97份，规划方案114份,用地证120份，各类建设工程规划许可证（正副本）810份，严把建设项目环保、消防规划审批前置条件，项目依法持证建设，强化对在建项目的管理。

【测绘测量】 全年完成建筑物定线项目测量238个，竣工验收项目测量415个。

【规划管理】 坚持建设项目会议审查审定制度，严格执行城乡规划和政策规定，按已批方案和规划平面图对各类建筑物、构筑物和市政类项目进行定位、定线和竣工测量，全面推行政务公开和规划公示公告制度。推进重大规划事项社会稳定风险评估工作，依法行政，强化规划刚性约束管理，保障各项权利公开、透明运行，防范化解各类矛盾隐患。

2014年获县级以上荣誉称号先进集体

单　位	荣誉称号	授予单位
规划局	合肥市廉政文化进机关示范单位	市纪委
规划局政务中心窗口	"加强服务窗口效能建设、争创群众满意服务窗口"活动先进窗口	市监察局 市效能办
规划局青年志愿者服务队	2014年度志愿服务工作优秀集体	县委　县政府
规划局	2013—2014年度先进基层党组织	县委

2014年获县级以上荣誉称号先进个人

姓　名	荣誉称号	授予单位
吴海燕	2014年度志愿服务工作优秀个人	县委　县政府
徐　健	2014年度合肥市优秀青年团干部	团市委

（胡翠梅）

城市建设

住房和城乡建设局正副职名单

局　长	张　骏
书　记	董建伟
副局长	杨中仓　赵　剑 孙彦博　程胜利

【概况】 2014年，实施重要建设项目58个，总投资73.01亿元，完成投资29.51亿元。主要涉及综合交通、环境综合整治、环巢湖生态示范区、水电气热等公用事业、保障性住房及复建点、市政设施维护六个方面，其中，综合交通工程19项，总投资29.17亿元，完成投资14.03亿元；环境综合整治工程1项，总投资0.27亿元，完成；环巢湖生态示范区工程8项，总投资10.22亿元，完成投资6.78亿元；水电气热等公用事业工程13项，完成2项，总投资7.75亿元，完成投资2.07亿元；保障性住房及复建点工程17项，总投资25.55亿元，完成投资6.38亿元；市政设施维护工程1项，改造县城8条小街巷、4座公厕，新建3座停车场，共完成投资330万元。

【路网建设】 完成店忠路改建、繁华大道东延、撮镇物流园区八条路网、包公大道东延、太子山路、岱山湖路、虎山路、规划支路一、规划支路二、草庙西路、古河路等城市主次干道工程；开工建设包公大道改造、沿河西路南段、梁园北路改造工程。

【繁华大道东延】 起点桥头集路，终点裕溪路，全长6830米，道路红线50米，其中繁华大道跨店埠河桥全长737.4米，总投资2.91亿元。该工程于2013年5月开工建设，分两个标段实施，其中二标段2014年9月份竣工，一标段2014年底桥梁完成合拢。

繁华大道二标段建成

【撮镇物流园区路网】建设大彭北路、桥头集路、东华路（和平路至高亮路）、学府路、王沟路、枣树路、新华路、蔡大路，总长12公里，总投资2.37亿元。2013年11月开工建设，2014年建成通车。

【小街巷改造】 完成南苑新村巷、郭湾巷等8条小街巷工程，4年来共改造县城25条小街巷总长6.2公里。

【园林绿化】 围绕合肥创建国家生态园林城市和森林城市目标，实施生态立县战略，开展县城绿化大会战。2014年，完成包公大道东延、桂王路、太子山路配套绿化及环巢湖大道绿化二期工程，新增绿化面积94.3万平方米，栽植乔、灌木6万余棵，获合肥市2014年度绿化大会战一等奖。启动定光河公园、城南公园、玉带河公园中日友好林、八斗路小游园、繁华大道绿化、临泉路绿化工程，总投资5900万元，绿化面积6.3万平方米。年底，定光河公园完成总体进度30%，玉带河公园中日友好林景观提升改造工程完成50%。

【灯饰亮化】 积极跟进新建和改造道路工程建设，完成店忠路、八斗路东延、太子山路、桂王路等路灯安装和变压器工程，共安装路灯521柱、变压器9台、路灯开关柜3台。强化路灯检修和维护工作，在元旦、春节、“五一”、“十一”及县政府的重大活动前对县城区所有路灯进行全面巡查，及时排除故障，全年维修县城耗用镇流器285个，维修更换电缆55.8公里，维修更换灯泡671盏。

【污水治理】 推进污水处理厂三期工程，土建工程完工，设备安装基本完工，建成后污水处理排放严于“一级A”标准，与合肥市相统一，日处理污水能力达10万吨。同步加快乡镇污水处理厂建设，投资1.47亿元开工建设8个乡镇污水处理厂DBO及配套污水管网工程，厂区基本建成。

【整治绿化专项行动】 对县城东面高速出口和南面店忠路出口综合整治，结合道路维修改造，设置交通信号和标牌标线，新增绿化4750平方米，栽植本土乔灌木450余株，提升县城出入口环境和对外形象。园林绿化项目“增量提质”，打造精品绿化工程。加强道路沿线、城市公园及绿道、重要节点、河道水系的园林绿地建设和景观营造，提前谋划2017年国家园林县城创建工作。

【小城镇建设】 县财政切块安排5000万元用于中北部乡镇小城镇基础设施建设。有13个乡镇申报64个项目，计划投资2亿多元。根据项目库情况，确定梁园、古城、白龙、响导、牌坊5个乡镇上报的项目为2014年的实施计划，总投资4500万元。总体工程量完成80%。2014年在长临河、桥头集2个镇新建垃圾转运工作站2个，采购人力垃圾车200个、垃圾桶5000个、分类垃圾桶600个。制定2014年肥东县农村危房改造实施办法》，规范农村危房改造程序。实施1300户危房改造，年底补助资金已全部发放到位。

公用事业

【概况】 开工建设肥东一中新校区、县医院新院、合肥客运东站等“十二五”规划项目，开工建设京福高铁长临河站前广场；基本完成肥东县就业与社保中心项目、肥东六中主体工程、县人民法院审判庭工程、育红小学扩建、检察院申控用房等。

【肥东一中新校区】 项目位于瑶岗路以南、北张路以东、蔚然路以西、规划支路以北，总用地面积331亩，建筑面积13.6万平方米，建设总投资约2.76亿元。9月开工，年底所有建筑单体封顶。

【县医院新院】 项目位于蔚然路以东、日出路以南、北张路以西、瑶岗路以北，规划占地177亩。按三级甲等医院标准设计，设置床位1000张，日门诊量为2400人/次，停车位1000辆，总建筑面积12.4万平方米,抗震设防烈度7度，总投资3.6亿元。7月开工建设，年底建筑单体全部封顶。

【京福高铁长临河站前广场】 项目位于长临河镇，是高铁站的配套工程，规划高铁站房的高峰每小时客流量为600人。工程建设内容为:（1）配套建设的长临河高铁站站前广场占地约22100平方米，包括站前广场中央人行广场面积约11500平方米、机动车停车场及景观绿化面积约10600平方米及相关配套工程等；（2）与高铁站连接的长2400米、红线宽18米的城市支路，总占地面积约43000平方米。该项目建设投资3160万元，建成投入使用。

【城市供水】 完成长临河镇供水工程及加压泵站建设，完成东部新市镇8条道路、撮镇物流园8条道路、撮镇镇内4条街、合肥市循环经济示范园纬三路等道路管网安装及主管网改造工程，完成桥头集镇山王社居委、三站社居委安饮工程和19个村的主管网工程。2014年，生产成品水2590万吨，出厂水综合合格率99.8%，符合国家饮用水卫生标准。全年总抄见1980万吨，现有用水户85500户，全年增加11000新用户。共接到用户报修抢修3500余次，其中DN100以上管道维修150次。

【古城中心水厂配套管网工程】 项目位于肥东县古城镇郭杨村境内，占地面积30亩，规划设计2万立方米/天，近期建设规模为1万立方米/天，远期增加1万立方米/天，配水管网56公里，总投资8000万元。厂区综合楼主体完成，管网已完成35公里，建成后古城、陈集区域的供水问题将得到彻底解决。

【城市供气】 加快推进“天然气镇镇通”工程，完成店埠镇、经开区等13个乡镇园区的天然气配套建设，投用燃气地下管道530公里。推进“蓝天工程”，完成私家车“油改气”加装800辆，煤改气用户签约30户。

【拆迁恢复楼建设】 开工建设店埠、撮镇、长临河3个乡镇的7个安置点项目，项目占地面积550亩，总建筑面积78.56万平方米，总投资12亿元。完成总工程量的50%。

2014年获县级以上荣誉称号先进集体

单　位	荣誉称号	授予单位
住建局	店忠路改造工程一标段获“黄山杯”奖（省优质工程）	省住建厅
住建局	绿化工作先进单位	市政府
住建局	创建全国文明城市先进单位	市政府
住建局	文明创建工作先进集体	县政府
住建局	双拥优秀单位	县政府
住建局	创建第一届安徽省文明县工作突出贡献单位	县政府

（全　政）

建筑业

建管局正副职名单

局　长	唐永龙
副书记	杨庆福　宣恒宝
副局长	周之元

【概况】 完成建筑业产值230亿元，建筑业增加值约60亿元，较2013年增长15.1%，对全县GDP的贡献率超10%。全年建筑业企业上缴地税2.91亿元。受理已审批的报建项目198个，总建筑面积约405万平方米，其中发放施工许可证180本(装饰装修1本），办理提前开工项目18个，均为县政府协调的工业项目、民生工程及政府项目。获安徽省“黄山杯”工程2个、合肥市优质工程（琥珀杯）4个、优质结构工程21个，市级“安全质量标准化工地”2项。11家企业获得2013年度全市优秀建筑业企业称号。建筑业在全县经济社会发展中的支柱产业地位进一步增强。

【工程质量管理】 监督

新增建筑单体项目438个，建筑面积约300万平方米。接转2013年工程单体项目350个，面积约180万平方米。组织完成主体结构、钢筋原材料及焊接、砂石集料、砼及砂浆、各类砌块、卷材、门窗等近12000组各项试验.监督工程项目未发生重大质量安全事故，建筑工程质量处于平稳受控状态。接各类房屋质量投诉267起，其中市（县）长热线234起，均处理完结。

【安全生产管理】 开展“五一”、“十一”、春季、夏季质量安全生产大检查和各类专项检查，组织开展“全国安全生产月”、“打非治违”专项检查活动。对全县所有在建项目开展检查373次，发出整改通知350份，停工整改通知书23份。约谈施工企业责任人10人，项目负责人15人，项目总监7人，2名施工单位责任人被责令参加市建委诫勉学习班。加强机械设备安全管理，严格起重机械设备登记备案工作，确保113台塔吊和117台人货电梯处于受控状态。加大对施工现场巡查力度、频次以及扬尘防治宣传，做好项目施工现场扬尘治理工作。

【市场行为监督】 全年开展专项检查3次，检查各类在建工程项目232个，遏制违法违规行为19起，查处违法案件3起，举办农民工维权专项法制讲座2次，整顿和规范建筑市场秩序，建筑市场健康有序、规范运行。加大对各工业开发园区在建工程项目巡查和建筑装饰装修工程巡查，协助园区做好招商引资项目报建工作，避免出现招商引资项目报建不及时、不报建等违法违规现象。

【施工队伍管理培训】 加强建筑业企业的服务和监管，督促施工现场关键岗位人员在岗履职责任。对全县8家混凝土企业的131台搅拌车、218名驾驶人员安全生产运输工作实施监管；先培训后就业，先培训后鉴定，先培训后上岗，先培训后输出，推行职业资格证书制度和市场准入制度，加强对企业新技术、新材料、新工艺的应用培训，提高其岗位竞争能力、工作实践能力和创新能力。2014年，举办培训班2次，评定非国有经济组织建筑工程类初级职称3200余人。

【劳务输出】 加强外向开拓，抢占外埠市场。2014年，全县输出建筑劳务15万余人，建筑业企业和劳务队伍遍布北京、天津、新疆、内蒙、西藏、吉林、黑龙江等全国20个省、市、自治区，在部分市（县）已占据十分重要的位置，形成一定规模，在当地拥有良好的社会信誉。

【企业资质】 2014年，建筑业企业新增总承包、专业承包一级资质2家，专业承包二级资质1家，总承包、专业承包三级资质3家，建筑业企业173家，其中施工总承包企业一级17家、二级17家、三级21家；专业承包企业一级2家、二级11家、三级32家；劳务企业50家。企业的数量和资质等级在全省县级中领先。

【从业人员资格申报】 建筑行业壹级、贰级建造师资格申报工作每月正常进行，累计办理建造师注册160项。全县壹级建造师注册290人，壹级临时建造师23人，贰级建造师593人，贰级临时建造师648人。

【建筑项目合同备案管理】 实行施工合同、专业分包、劳务分包合同及监理合同备案制度。审查总承包、专业分包、劳务分包、监理等企业资质及安全生产许可证的有效性，建造师、总监等执业人员注册证的真实性，审查合同的合法性，严格控制合同变更。落实建筑市场合同履约责任，规范各方主体在岗尽职行为，加大建筑市场监管力度，严肃查处工程建设实施中的各类违法违规行为，全县建筑市场秩序健康发展。

【农民工维权】 开展4次拖欠农民工工资专项检查。加强农民工工资专户管理制度宣传、检查力度，加大对全县在建项目排查频次，将可能存在的隐患遏制在萌芽状态。全年受理拖欠农民工工资投诉案件40起，同比减少9起，涉及农民工654人，同比减少266人，涉及金额（其中包括部分材料款）约882万元，同比减少75万元；受理45起“市长热线”转办案件，同比增加7起，全部办结，切实维护建筑市场秩序和农民工合法权益。

【墙改及发展散装水泥工作】 新型墙材生产企业25家，年产量7.67亿块标砖，烧结粘土砖产量下降至0.91亿块标砖，新型墙材占墙材总量89.4%，新型墙材建筑应用比例96%；散装水泥年产量253万吨，发散率90%，预拌混凝土年生产能力93.57万立方米，预拌砂浆年生产能力63万吨。

【工程项目监理】 监理工程15万平方米,竣工验收交付使用项目15万平方米,合格率100%，全年监理工程无质量、安全事故发生。

2014年获县级以上荣誉称号先进集体

单　位	荣誉称号	授予单位
墙改办	合肥市2014年度县（市）墙改工作考评一等奖	市墙改办
墙改办	2014年度稿源质量先进单位	省墙改办
散装办	2013年度优秀县级散装水泥办公室	省发展散装水泥办公室

2014年获县级以上荣誉称号先进个人

姓　名	荣誉称号	授予单位
张开明	2014年度全省优秀通讯员	省墙改办

（张树毅）

城市管理

城管局正副职名单

局　长	马宜文
副局长	张　彤　张贤新 孙家亮　王奇志

【概况】 2014年，肥东县城管局紧紧围绕争创省级文明县城目标定位，坚持“快速赶超、争先进位”发展取向，以“县城管理逐步升级”为总抓手，牢固树立“文明执法，创新管理”为工作重点，践行“辛苦心不苦”工作理念，求真务实、改革创新、着力常态长效、提高科学化、系统化、规范化、精细化管理水平，切实推动县城市容市貌取得新进展，各项工作取得阶段性成效。

【市容市貌专项治理】 切实落实“三个延伸”的要求，深化“三乱”治理；积极配合开展“三线三边”环境治理，出动环卫车辆数百台次，对公路、铁路、河道沿线进行清垃圾、拆违建、塑风貌，清理垃圾3.5万余吨；推进沿街立面治理，提高街面清洁度，规范龙泉路、青春街、梁园路等主干道广告及招牌设置512个，综合整治楼顶大型广告34处。

开展炭火烧烤集中整治工作。将城区57家炭火烧烤改为无烟烧烤，并全部更换到位，同时加大夜间专项巡查力度，坚决取缔新增炭火烧烤。此项工作得到广大市民的良好评价和支持，净化了空气质量。

加强渣土运输管理。强化建筑工地出入口管理，要求各建筑工地、渣土运输企业落实出入口道路硬化、并安装二级冲洗设施，以保证渣土车、搅拌车、运料车车轮不带泥土上路。实行建筑渣土运输公司资质化，通过市场经营资格准入制度，引进5家渣土运输企业从事渣土运输。建设数字化监控平台，在12个建筑工地安装视频监控，实行对工地出入口的运输车辆24小时不间断监控；给每辆渣土车安装车载GPS定位系统，实时监控。加大对渣土运输的处罚力度，全年下达责令整改通知书12份，查处渣土车无证运输20多辆，处理渣土运输污染城市道路8起，查扣渣土车8辆，锁车器锁车24辆。

【环境卫生】 加大清扫保洁工作的力度。环卫工人实行双班制作业，在确保每日两次清扫的基础上，全天进行在岗保洁。增加路段保洁巡查的频率，强化对清扫保洁质量的督查。提高机械化作业效率，采购环卫作业车7部，其中拉背车2部、20吨洒水车1部、8吨压缩车2部、清扫车2部，对实行每日早、中两次洒水，中心城区道路每天机械清洗一次，其他道路2天一次，县城道路的中间隔离栏及时清洗，常年保持清洁。加强环卫设施维护，对部分损坏的果皮箱进行维修和更换。对县城每日产生的150吨生活垃圾做到日产日清，无害化处理率达100%。

推行城乡环卫一体化工作顺利开展。为乡镇（街道）购置大型垃圾运输车5辆；指导各乡镇健全环卫组织机构和清洁环卫队伍，制订具体实施方案和村（社区）环卫清扫保洁管理考核办法，完善规章制度，落实工作责任；督导各乡镇（街道）开展环境卫生综合整治活动，全年出动大小车辆10万余车次，动用人工8余万人次，清理历年积存垃圾70万吨。全面实现“村收集、镇运输、县处理”的城乡环卫一体化管理模式。

推行行政事业单位公厕对外开放。出台《推行行政事业单位公厕对外开放实施办法》，推动城区机关事业单位的公厕对社会免费开放。8月，完成县城沿主次干道事业单位的卫生间对市民开放47家，制作免费开放指示牌47块。此创新做法得到省内多家媒体的宣传报道，河南省滑县到肥东调研取经。

【县城管理】 加大违法户外广告的治理力度。对城市街道两侧商店橱窗、店门上有碍观瞻的商品信息及宣传贴画进行清除；对直接在沿街墙上书写的广告标语，进行刷洗；对破损掉字、褪色陈旧的门店店（标）牌，督促商家按要求进行更新。进一步加大对广告设置的督查力度，凡未经审批、擅自设置的广告，一经发现，一律拆除。全年清理主次干道横（条）幅800余条、大小“牛皮癣”广告8万余处、乱喷涂画广告6.7万处，拆除合宁高速公路旁高立柱广告牌1块、八斗路和桂王路大型落地式钢结构广告牌4块240平方米，拆除包公大道、临泉东路灯杆道旗广告牌25块。

完成龙泉路立面整治及标牌改造工作。积极做好各标段龙泉路立面改造各标段的协调工作，对改造范围内的商家住户进行摸底调查，了解商住户的想法、需要和困难，深入实际做好宣传，赢得群众的理解支持。在改造过程中严把质量，加强监管，凡不按设计图要求施工的，坚决予以返工。改造拆除更换店招1154块，立面粉刷6万多平方米。

加大城区违章建筑和私搭乱建现象的查处力度。加强巡查，发现有抢建、偷建的苗头性行为，及时做好登记，列入重点监察范围，对未取得合法手续偷搭抢建的行为，发现一处，查处一处，坚决从严从快处理。全年查处违法建设302户，拆除违法建设面积15344平方米，其中乡镇2200平方米。

在城区内设置西瓜销售地图。夏季来临，针对大量西瓜上市，设置西瓜销售摊点群24个，定人定点跟踪管理，并设置西瓜销售地图，悬挂到明显地标上，既方便群众又方便瓜农。坚持每天给瓜农送去矿泉水，体现政府的关怀，拉近与群众的距离。

【城管队伍建设】 狠抓党风廉政建设责任落实。健全问责机制，建立日常跟踪督察的工作机制。按照“谁主管、谁负责”的原则，签订《党风廉政建设责任书》，每个党员干部职工签订廉洁承诺书，制定《2014年城市管理局工作考核办法》，自上而下建立廉政勤政的约束管理和问责机制。强化廉政勤政为民意识。围绕为民务实清廉的主题，开展思想交流，帮助基层群众解决难题。开展主题实践活动。制定《关于深入学习贯彻习近平总书记一系列重要讲话精神，开展“知大局、强服务、干实事”活动方案》、《肥东县城管局关于开展专项行动的实施方案》等一系列行动方案，并结合具体工作实践，开展“贴心城管”活动。围绕“转作风、优服务”，加强对工程领域、队伍管理和行政许可效能监察。认真落实市、县两级各类社会评价意见和人大、政协提案、党代表工作建议，制定整改计划，逐一落实整改举措。全年办结县人大建议6件、党代表提议2件、政协提案8件，满意率均为100%。

开展关爱活动。“党员干部结对帮扶困难家庭”活动走访慰问困难家庭26户，“七一”走访慰问基层支部困难党员4名，走访帮扶村慰问生活困难及身患重病职工33名，“送清凉”活动走访慰问困难家庭6户，“1+1”结亲帮扶活动走访慰问9户人家。慰问一线环卫保洁人员等共400余人。开展“贴心城管”志愿者服务队法律咨询服务及其他便民服务，服务社区，服务社会，营造和谐关爱大家庭氛围。

2014年获县级以上荣誉称号先进集体

单　位	荣誉称号	授予单位
城管局	创建全国文明城市先进单位	市委　市政府
城管局	创建第一届安徽省文明县工作突出贡献单位	县委　县政府
城管局	“三线三边”环境治理工作先进集体	县委　县政府

2014年获县级以上荣誉称号先进个人

姓　名	荣誉称号	授予单位
马宜文	先进个人	市政府
刘长铸	先进个人	县委　县政府
宋奇华	先进个人	县委　县政府
杜海峰	先进个人	县委　县政府

（陈　立）

房地产业

房产管理局正副职名单

局　长	张克创
书　记	王守萍
副局长	陈　伟　龚英林

【概况】 坚持贯彻执行国家、省市房地产宏观调控政策，开展房地产市场调研，促进房地产开发投资，强化保障性安居工程建设，维护房地产市场秩序，推动肥东县房地产市场持续健康稳定发展。

【房地产投资】 完成房地产开发投资56.73亿元，其中住宅投资49.04亿元，同比分别增长5%和15.45%；商品房施工面积363.46万平方米，其中住宅250.47万平方米，同比分别增长26%和28.32%；新开工面积140.03万平方米，其中住宅109.72万平方米，同比分别增长3.18%和9.80%；商品房竣工面积106.68万平方米，其中住宅70.94万平方米，同比分别增长61.08%和30.21%。

2014年肥东县房地产开发指标季度完成情况表

时间＼指标	开发投资额		新开工面积		竣工面积		开发用地成交	
	合计	住宅	合计	住宅	合计	住宅	面积（亩）	金额
一季度	19.43	17.95	43.55	41.69	4.05	4.05	183.52	6.97
二季度	8.41	7.15	31.96	21.98	6.53	3.25	96.53	3.91
三季度	10.35	8.50	28.98	20.34	21.38	17.47	0	0
四季度	18.54	15.44	35.54	25.71	74.72	46.17	239.82	6.40
合计	56.73	49.04	140.03	109.72	106.68	70.94	519.87	17.28

单位：亿元、万平方米

房地产开发投资和市场供应保持增长态势。投资增长主要是由于土地投资支撑，土地投资约28.65亿元，占房地产总投资的一半。但其中19.58亿元是上年成交土地支付的出让金，2014年成交土地投资不足10亿元。

房地产投资和供应增长节点明显，市场阶段性供应不足。第一、第四季度开发投资分别为19.43亿和18.54亿元，分别占总投资的34.25%和32.72%；新开工面积分别为43.55万和35.54万平方米，分别占总量的31.10%和25.38%。主要是因为企业为抓住“两节”前后市场旺季，加快投资建设进度占领市场。第二、第三季度，部分项目因拆迁、融资等原因无法开工，被迫减缓建设进度。加之市场观望情绪渐浓，部分项目主动调低投资强度，造成市场阶段性供应不足。

投资供应结构仍以住宅为主，项目区域分布有所侧重。住宅投资和新开工面积分别占总量的86.44%和78.35%；店埠镇、经开区、撮镇镇开发投资分别占总量的30.42%、46.59%和19.81%，经开区总量和地位已经超过主城区店埠镇，成为县域主要房地产市场。

土地市场交易业绩平平，但东城新市镇有所突破。2014年开发用地成交5宗519.87亩，成交金额17.28亿元，同比分别减少59.83%和54.68%。由于下半年以来市场低迷，企业信心不足，上市土地多次流拍。但是，自2013年东城新市镇首宗开发用地成交后，2014年又有3宗土地被知名房企竞得，使县城东部区域长期没有商品房供应的状况得到扭转，东南区域市场开始起步。

【市场销售】 批准商品房预售面积119.72万平方米，其中住宅115.24万平方米，同比分别增长15.54%和30.55%；商品房销售备案101.04万平方米，其中住宅92.50万平方米，同比分别减少13.77%和11.67%，其中店埠镇23.97万平方米，经开区53.08万平方米，撮镇镇15.45万平方米，同比分别减少53.01%、增长48.48%、减少13.93%。

商业用房销售备案8.54万平方米，其中店埠镇2.83万平方米，经开区3.01万平方米，撮镇镇2.70万平方米，同比分别增长66.47%、增长92.95%、减少70.62%。

等，虽然对于企业与购房者来说是利好消息，但在整体楼市低迷状态下，市场刺激作用并不明显。取消限购对合肥市整体而言利好，但加剧了县域范围刚性需求的外流。

市场销售前高后低，下半年市场低迷。上半年批准预售面积69.92万平方米，销售面积73.51万平方米。下半年批准预售面积49.80万平方米（其中12月份24.53万平方米），但销售

2014年1-12月商品住宅备案面积情况表

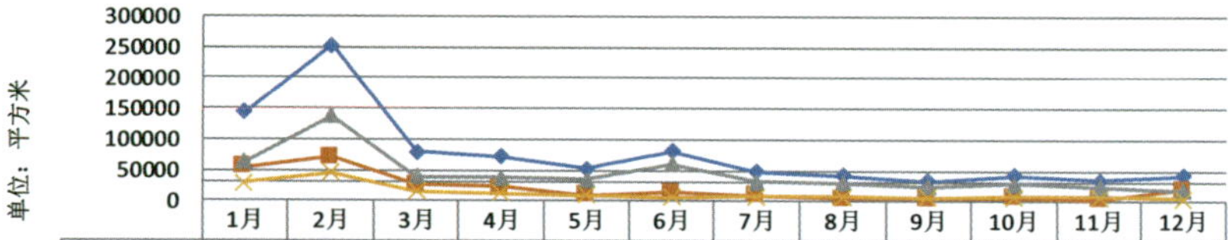

	1月	2月	3月	4月	5月	6月	7月	8月	9月	10月	11月	12月
全县	143885	252879	78727	71280	52891	79991	47469	41872	33544	41147	33898	42290
店埠	53651	70629	24702	22104	9642.7	14038	8548.3	4212.1	4016.4	5331.4	3177.7	19626
经开区	62237	137403	39107	37352	33743	59362	31570	30526	23631	28862	24017	17863
撮镇	27997	44847	14919	11824	9505.6	6591.1	7350.7	7134.5	5897.1	6953.1	6703.2	4800.5

商品房销售总量保持较高水平，住宅销售突破万套。虽然销售量同比有所下滑，但总量仍超百万平方米，仅次于2013年历史最高水平，主要得益于一季度刚需集中释放。住宅销售年去化率高达80.27%，市场消化较快，刚性需求旺盛。商业用房销售面积超出批准预售面积4.30万平方米，但年度销售同比减少31.41%，主要原因是2014年商贸物流区没有新的商业项目上市，所售面积多为小区配套商业、办公用房。

2014年，政策趋向减少对市场的行政干预，如取消限购、外地户口办理住房按揭手续、银行无需再提供社保及纳税证明、个人按揭贷款利率的下调、住房公积金异地提取

面积仅27.53万平方米，比上半年分别下降28.78%和62.55%。上半年销售超过批准预售3.59万平方米，市场消化较快，下半年销售速度明显减缓。一方面由于拆迁、融资等原因造成第二、第三季度新开工量低，有效供应不足，节转可售长期处于低位；另一方面虽然政策层面利好消息频出，但市场观望情绪渐浓。加之国内整体楼市下滑的预期影响，造成我县市场成交下滑。

区域格局有所调整。经开区规模项目多、供应充足，住宅销量53.08万平方米，占总量的57.38%，排名第一；店埠镇区域新增项目和可供量减少，下半年五个单月销售量不足万平方米，仅销售23.97万平方米，同比减少53.01%，排名

第二；撮镇镇销售15.45万平方米排名垫底。商业专业市场仍以撮镇镇区域为主，配套商业、办公、酒店等商业物业类型各区域均有分布，主城区店埠镇、经开区项目多、人居集中，占有比例略高。

文一国际、禹洲中央广场、华盛大运城2期、斌锋观邸、紫玉华府凭借区位、品质、档期等优势，位列2014年全县商品住宅销售前五名，这五个项目住宅销售备案达57.71万平方米6341套，销售额达34.15亿元，占全县总量的62.39%、63.30%和63.78%。

2014年1–12月商品住宅销售备案价格走势图

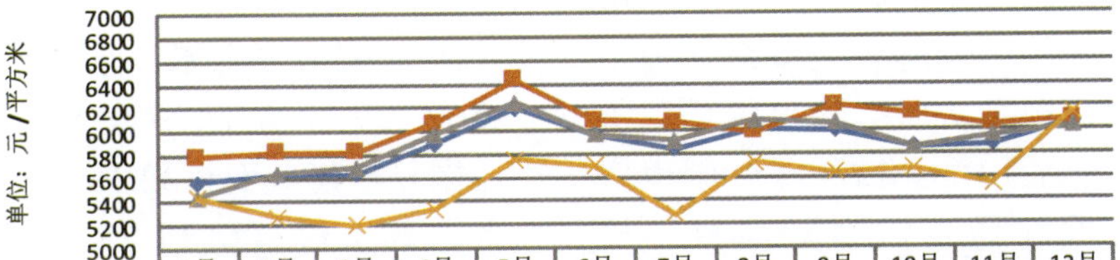

	1月	2月	3月	4月	5月	6月	7月	8月	9月	10月	11月	12月
全县	5569.2	5629.5	5641.7	5900.2	6191.5	5967.9	5843	6012.3	6003.1	5861.8	5877.1	6068.7
店埠	5783.8	5828.8	5825.3	6071.2	6434.6	6085.1	6068	5986.4	6214.8	6142.4	6046.3	6084.3
经开区	5445.2	5643.4	5693.7	5979	6245.4	5969.4	5913	6082.3	6058.8	5856.7	5949	6030.7
撮镇	5433.7	5273.1	5201.1	5331.5	5753.5	5704.4	5280.9	5728.1	5635.5	5667.7	5539.6	6146.3

【商品房价格】 全县商品住宅备案均价5787.89元/平方米，同比上涨14.19%，其中店埠镇5928.67元/平方米、经开区5825.80元/平方米、撮镇镇5439.32元/平方米。商业用房备案均价9818.08元/平方米，同比上涨0.82%，其中店埠镇13576.99元/平方米、经开区7469.34元/平方米、撮镇镇8498.32元/平方米。

住房价格坚挺，同比上涨14.19%。住宅价格上涨主要集中在上半年，同比上涨达到16.53%，下半年价格有小幅调整。价格上涨有供应和刚需集中释放的拉动，也有供应短缺和高地价引起的房价预期因素，但不排除有房源和价格垄断造成的非理性上涨。

商业市场日趋繁荣，商业用房价格大幅上扬。以综合体为主体的星光国际价格在25000元/平方米以上，托斯卡纳小镇、彩虹新城的小区配套商业均价在12000元/平方米左右。除华东国际建材中心、浙商城等专业市场外，星光国际、大运城的办公用房、东方明珠的精装公寓也在培育和占领市场。随着禹洲中央广场的建设上市，商业类型渐趋繁荣多样。

【住房保障】 启动实施桥头集镇片区和撮镇镇片区国有工矿棚户区改造项目共937户86204平方米。桥头集镇片区（827套76084平方米）工矿棚户区项目和撮镇镇片区（110套10120平方米）项目安置楼开工并进入基础施工阶段。续建项目方面，完成竣工验收7个项目582套公租房，组织竣工验收90套公租房，处于室内装修阶段共224套公租房。至2014年底，896套公租房已全部取得竣工验收报告。继续开展廉租住房租赁补贴发放和实物配租工作，2014年实施租赁补贴163户，发放租赁补贴金额46.20万元，累计发放租赁补贴830.5万元，受益家庭2700户6750人次；实物配租廉租住房313户家庭，其中一期88户，二期194户，四期31户。

【物业管理】 全县物业服务企业和县外在肥东提供物业服务的物业企业共50家，在管房地产开发物业管理项目48个，管理面积500万平方米。制定《肥东县人民政府关于进一步加强住宅小区物业管理工作的意见》（东政〔2014〕15号），自2014年4月10日开始执行，有效期三年，推进物业管理工作重心下移，落实物业管理工作属地管理责任。加大对《合肥市物业承接查验实施细则》的宣传贯彻和培训，落实建设单位、物业服务企业的物业承接查验责任，对所有开发项目发放“物业承接查验告知书”。加大房地产管理部门内部之间的协调配合，县房地产开发管理办公室在建设单位领取“两书”时，对不能通过物业承接查验的项目不予发放“两书”（住宅质量保证书、住宅使用说明书），确保物业承接查验工作落到实处。加强对物业服务企业资质的管理，严格按照《物业服务企业资质管理办法》规定的条件和要求预审物业服务资质，共受理物业新资质申报9起，三级暂定转三级6起，三级资质延续8起，三级升二级3起。建立物业服务企业履约保证金制度，确保物业服务企业信守合同、诚实经营。2014年，物业服务企业在前期物业管理备案时共交纳新建住宅小区履约保证金94.5万元。

志愿服务

【物业专项维修资金管理】 归集维修资金3878.25万元，维修资金归集总额达2.50亿元；有效录入物业小区信息26个，业主维修资金数据5556条，累计录入物业小区信息103个，业主维修资金数据4.9万条。指导和配合“金巨大厦”、“青春苑”等8个小区开设业主委员会核算账户，并对金巨大厦四部电梯维修事宜启动维修资金使用程序，拨付资金9.17万元。

【国有土地上房屋征收补偿】 妥善做好育红小学房屋征收工作，制定《肥东县店埠镇育红小学改扩建工程房屋征收与补偿方案》等一系列的相关通知书、委托书、调查表、登记表、征求意见函、公告、决定等材料。7月17日，县政府作出该项目的房屋征收决定。做好房屋拆除单位的登记备案管理工作，颁发房屋拆除单位登记备案证书13份。按照《合肥市房屋拆除扬尘污染防治暂行规定》的要求，落实各拆除工地的扬尘防治措施。

【拆迁恢复楼建设统计】 对店埠镇、撮镇镇、肥东经济开发区、合肥循环经济示范园、东城新市镇、长临河镇、桥头集镇等拆迁恢复楼建设情况每月按时收集汇总，整理填报，供领导决策参考。4月28日，县房管局主要负责人在县十六届人大常委会第十七次会议上作《关于全县拆迁安置房建设情况的报告》，回答县人大常委会关于开展拆迁安置房建设有关情况的询问。2014年，全县完成拆迁恢复楼新建续建165.62万平方米，完成年度目标任务的151%。其中店埠镇6.46万平方米，撮镇镇39.42万平方米，桥头集镇3.84万平方米，长临河镇12.27万平方米，循环园16.29万平方米，经开区24.62万平方米，东城新市镇62.72万平方米。新建续建拆迁恢复楼建成面积32.19万平方米，其中撮镇镇24.78万平方米，桥头集镇3.84万平方米，长临河镇0.36万平方米，经开区3.21万平方米。

2014年获县级以上荣誉称号先进集体

单　位	荣誉称号	授予单位
房产管理局	第十届安徽省文明单位	省精神文明建设指导委员会
房产管理局志愿者服务队	2013年度志愿服务工作优秀集体	县委
房产管理局	2013年度文明创建工作先进集体	县委
房产管理局团总支	五四红旗团（总）支部	团市委

2014年获县级以上荣誉称号先进个人

姓　名	荣誉称号	授予单位
龚英林	2013年度考核优秀等次公务员	县委
杜拥军	2013年度文明创建工作先进个人	县委
王祖建	合肥市校安工程先进个人	市中小学校舍安全工程领导小组

（薛　辉）

环境保护

环保局正副职名单

局　长	殷传才
书　记	吴志田
副局长	郑邦伦　汪诗扬 李昌乐　周　剑

【生态肥东建设】 生态环境状况总体良好。在全县范围内组织开展第九批“百镇千村万户”生态示范工程创建工作。将符合条件的撮镇镇旭光社区和瑶岗社区、包公镇的岘山村分别确定为2014年“安徽省生态村”申报创建对象。6月，响导乡塘井村被省环保厅授予第八批“安徽省生态村”称号；开展饮用水水源地保护工作，将农村千人以上集中式饮用取水地的袁河西水库、管湾水库、岱山水库、黑注水库、庙计水库、青龙水库、稻香水库、万林水库、大李水库、马湖坝、滁河干渠、石塘镇地下水划定为饮用水水源保护区。关闭影响水源水质安全的25家畜禽养殖场。

【政务信息及环境信访】 创建“肥东县环境保护局”网站，推进环境信息公开和窗口建设，24小时在线接听12369环保投诉热线，实行开门接访、带案下访、排查出存在重点信访隐患的实行稳控包保责任制。全年受理投诉745件，处理率100%，办结率98%，维护群众的合法环境权益。

【污染物减排】 加强对减排工作的领导，推动工程减排、结构减排、管理减排，突出抓好污水处理厂和国有企业建设。县污水处理厂通过脱氮改造工程将出水水质由一级B提升到一级A，环巢湖乡镇污水处理厂全面开工，循环经济示范园污水处理厂、撮镇污水处理厂和龙泉山垃圾填埋场渗滤液处理设施通过环保部减排核查；合肥联合发电有限公司#1、#2机组完成脱硫脱硝设施建设，通过环保部减排核查。中盐红四方有限公司3台220吨燃煤锅炉完成脱硫脱硝设施建设，试运行；合肥四方磷复肥有限公司等8家企业完成炉窑脱硫设施建设，通过监测验收。

减排工作

【“河长制”工作】 召开6次“河长制”工作调度会，专题研究部署河长制工作。建立“一河一策”台账，在调查摸底的基础上，绘制肥东县范围内巢湖流域水系图，将25条支流的走向绘制成图，分乡镇明确责任河段。建立存在问题月报制、工作督查和工作反馈等工作机制，每周定期不定期对重点河段检查，每月对所有河流进行全面走河，对辖区河道布置的47处考核断面的水质监测数据进行分析，随时掌握水质变化情况及成因，明确整改措施。对重点存在的问题以函的形式告知相关责任单位立即整改，保障“河长制”工作每月均有进度。全年清理垃圾点300余个；投入4千多万元对县域内109条沟渠进行清淤，总长341公里；实现主要河道沿岸排污口截污50个；拆除围网捕鱼32处。拆除沿河旱厕85处；清理河道违规开垦面积13.2万平方米，撮镇镇等乡镇沿河植树300余亩。

【环境影响评价制度】 落实环境影响评价和“三同时”制度，把落实总量指标作为环评审批的前置条件，做到增产不增污和增产减污，发挥环评的闸门调控作用。服务企业和群众，落实“一次性告知制、首问责任制、限时办结制”等服务制度，优化行政审批流程，简化办事程序，清理、核减申报材料，缩短办事时限，提高审批效率。执行环评分级审批制度，增强环评管理的针对性。

【污染防治】 对入园（合肥市循环经济示范园、肥东县经济开发区、龙塘商贸物流园）757家企业排查整治，对存在违法行为的企业一律依法予以行政处罚。对县域范围内的化工生产、使用储存危险化学品、表面处理、垃圾填埋焚烧和影响饮用水安全的单位进行环境风险隐患排查，督促19家企业按照《突发环境事件应急预案管理暂行办法》的规定编制突发环境事件应急预案。督促完成25家新型墙材企业、4家水泥生产企业、8家混凝土搅拌站企业按照《合肥市扬尘污染防治管理办法》要求进行环境综合整治；皖港码头、中盐红四方有限公司储煤场等经营性露天堆场按照《肥东县扬尘污染防治实施细则》的规定落实扬尘控制措施。淘汰禁燃区内133台燃煤锅炉,完成80家大、中型服务业餐饮油烟专项整治工作。有效处置科奇有机肥、龙泉山垃圾填埋场、中盐红四方、现代牧业、国土加油站等5起突发环境事件，确保环境安全，维护社会稳定。打击非法开采加工砂石专项行动，取缔所有非法开采加工砂石企业（点），减少环境资源浪费，防止生态破坏。

【秸秆禁烧】 改善大气环境质量，开展午、秋两季秸秆禁烧工作。坚持全面防控与重点管治相结合，依法将禁烧执法范围拓展到露天焚烧秸秆、荒草、落叶、垃圾等产生烟尘污染的活动。采取“横向到边、纵向到底”的网格化管理方式，确保阚集机场的飞行安全、道路交通秩序和城乡居民正常生活秩序不受影响。

【高中考禁噪】 在高考前一个月向各建筑工地散发《关于开展高中考期间噪声污染控制和监督监察工作的通告》文件，通过肥东电视台等媒体进行电视字幕宣传，让广大市民树立“家家有考生”的思想理念。高中考考试当日向各考点派驻2名执法人员，与12369投诉热线保持联系，及时查处各类噪声扰民行为。

【环境监测】 对全县11个饮用水水源地水库开展每月1次的水环境质量例行监测；对县域内入巢湖的河流、店埠河县城段的水体52个监测断面进行每月1次的水质监测。对县城饮用水水源地众兴水库开展每季度61项，全年109项的水环境质量监测，及时上报水质变化动态，为环境决策和饮用水源的安全提供依据和保障。定期对众兴水库水质自动监测站点和县城2座空气自动监测站点的设备进行维护，保证数据及时、准确传输，为连续及时了解环境质量变化提供依据。

【环境宣传教育】 以“保护生态环境就是保护生产力，改善生态环境就是发展生产力”，“倡导绿色生活、争做低碳达人”为主题开展“6.5”世界环境日大型环保宣传教育活动，拉近环保与生活的距离；加大新闻媒体宣传与舆论监督力度，全县排污企业征订《中国环境报》80份、《绿色视野》200份，获“2014年全省环境报刊宣传发行工作先进单位”称号。

2014年获县级以上荣誉称号先进集体

单　位	荣誉称号	授予单位
环保局	2014年全省环境报刊宣传发行工作先进单位	省环保宣教中心
环保局	2013年秸秆禁烧和综合利用工作先进集体	市秸秆禁烧和综合利用工作领导组

（丁传珍）

通信 邮政

□电信
□移动
□联通
□邮政

电 信

电信肥东分公司正副职名单

总经理	徐义根
书　记	赵建军

【概况】 2014年，中国电信股份有限公司肥东分公司致力于加快网络建设，网络通信能力全面提升。全年累计完成成本投资2365.5万元，完成维护成本累积1344.5万元。在省电信公司综合评比中，肥东电信连续六年荣获“AAA县级公司”称号。安全生产工作实现全年安全无事故。县城主营业厅旗舰店荣获“中国电信集团级金牌店”称号。

【支撑市政工程】 支撑配合市政工程，加快推进道路改造及管杆线迁移，完成太子山路、岱山湖路、横大路二标段、龙岗明皇路、撮镇中心街等管道建设；完成白龙到费集、撮镇南大街、龙塘大鹏路、龙塘工业园、梁园污水处理厂、店埠污水处理厂、石塘污水处理厂、合马路桥头集段等杆线迁移。加快推进驻地网及FTTH建设，完成店埠陈大郢小区、龙岗九狮水岸、龙腾家园等136个小区的FTTH改造，覆盖用户数约5万户。完成文集、王铁等35个乡镇街道FTTH光网覆盖改造，覆盖用户数近2万户。加快推进ODN网络规划建设，完成龙岗、新城、城东三处机房的MODF改造项目；完成站前路光交、天龙大酒店光交等24处光交的PON化改造工程；完成磨店营业部服装产业园、人武部等14处光配的工程建设；完成燎原路等6处光交主干光缆优化割接任务；完成对磨店、托斯卡纳小镇等光交主干扩容工程。

【强化网络运行】 按照市公司统一部署，采取从易到难、从外到内、分步实施的办法，着力开展端局退网工作，顺利完成华为128模退网割接任务，简化网络结构，有效降低能耗。梳理盘活退出板卡数量资源200块，出色完成资源盘活任务。加强无线网建设维护工作，完成C网在网运行设备132台，LTE在网运行设备54台，与联通、移动共建共享站点73个的无线基站维护工作。推进无线网络优化，先后开通章宗三，红星美凯龙，青阳山，房产大厦等3G基站。加快乡镇4G LTE基站建设，全年规划LTE站点80台，利旧站点53台，新增联通、移动共享站点17台，全部完成跳纤工作。

【夯实基础设施】 持续推进接入网整治，坚持对接入网等有源节点网络持续进行改造，完成改造节点20处。坚持对室外有源点接入电源线路、机柜环境进行隐患整改，有效降低接入网设备障碍发生率。坚持推进城域网优化工程，在完成龙岗、撮镇机房万兆汇聚交换机8908设备优化入网运行的基础上，调整部分GPON和EPON上联，促进龙岗、撮镇网络流量及网络架构的优化。完成县城华为EPON和龙岗中兴C300万兆上行割接工程、多个OLT中继链路进行扩容工程和PON裂变优化割接工程，有效降低OLT的中继流量，实现广大客户对上网带宽、IPTV的感知度的再度提升。

【保障重点工程】 采取重点建设、着力保障的办法，开通重点客户单位VPN电路48条、网络无忧（互联网专线）400余条、SDH电路（含MSTP电路）64条。完成县农村商业银行43个分支机构SDH电路的MSTP改造；完成省建行、省邮储、市司法局四级网改造等重大政企项目涉及的县域网点电路改造。在业务量、维护量日益增大、维护队伍力量薄弱的情况下，及时调整力量，全面落实重点单位通信障碍查修保障任务，不断完善应急抢修管理办法，确保节假日、防汛抗旱和高、中考期间全县通信畅通。

【企业管理】 深化绩效管理，坚持每月绩效沟通会议制度，公平、公正、公开开展月度绩效考核，进一步调动广大员工创新服务、创新发展的积极性、创造性。深化财务管控，规范“营改增”后报账审核审批流程。建立营收资金三级稽核制度，按日稽核并上报。加强预算及成本费用管理，经费资金实行按月申报制，确保成本费用利用率符合规范。推进资产盘查，全面摸清家底。开展以“强化红线意识、促进安全发展”为主题的安全月活动。举办以重点岗位、新进人员为主的消防安全培训班，全体从业人员的消防安全意识、火灾防范能力得到显著加强。加强窗口营收资金动态管控，有效保证营收资金安全。深化教育培训，根据业务发展与人员、岗位不断变化的实际需要，坚持开展传、帮、带和结对帮扶工作，着力培养“一专多能”高素质人才，全年举办业务培训班65期。深化节能降耗，开展有源接点设备用电情况普查工作,通过与供电方协调、核对，追回多抄电量140万度，清缴共建共享电费47.75万元，清理历史电费欠费近34万元。推进库存动态化管理，依据月度分解计划，推进统一配送制度实施。做好拆铜入库的清单填写、丈量、入库核对工作与出库的现场监控、称重、确认工作，确保拆缆入库误差率控制在5%以内，出库误差率控制在2%以内。加快基础建设，完成浮槎城市营业部改建与大店城市营业部过渡性通信生产用房筹建任务。着力搭建小CEO选聘舞台,促使13名有为青年技术骨干走上小CEO工作岗位，为企业持续健康发展培养后备人才。开展农村营业部“六好”创建活动。先后筹资13万元，完成白龙营业部通信生产用房升级改造任务；撮镇、长临、龙岗、八斗、梁园、石塘、白龙、古城等营业部“四小一美”建设工作初具规模。

2014年获县级以上荣誉称号先进集体

单　位	荣誉称号	授予单位
电信肥东分公司	AAA县级公司	电信集团安徽公司
电信肥东分公司	省级标准化职工书屋	市民生工程办公室、市总工会
县城主营业厅	中国电信集团级金牌店	中国电信集团公司

2014年获县级以上荣誉称号先进个人

姓　名	荣誉称号	授予单位
叶海峰	标兵	中国电信合肥分公司

（郑家山）

移　动

移动肥东分公司正副职名单

总经理	王玉中
副总经理	李　明

【概况】 2014年，中国移动通信集团安徽有限公司肥东县分公司积极贯彻落实省公司“1246”战略部署，加快转型发展步伐、加大改革创新力度、提升企业核心能力，扎扎实实开展工作，完成省市公司下达的工作任务。截至10月，财务口径收入3.2266亿元，同比增长0.7%；累计净增计费客户完成4.8万户，同比增长85.3PP；净增通话客户份额80.5%，同比提高42PP；智能终端销售13.97万部；宽带净增1.9万户；流量业务量完成7.4万MB；完成信息化收入1360.36万元,同比增长21.34%；TD小区完好率99.99%，ONU可用率99.97%。

【网络建设】 公司继续深入推进网络建设，持续开展2G、3G网络优化及4G网络建设工作，确保移动网络能够提供更优质的服务。通过合理利用资源新建基站和综合网络覆盖系统，新建开通网优基站25处，同时利用综合覆盖系统解决8处弱覆盖区域，提升客户满意度。针对部分区域语音和数据流量较大，制定相应的解决方案，完成2/3G硬件扩容222处，EDAP扩容154处，有效地缓解网络拥塞，提高客户对移动网络的感知度，有力的支撑业务的发展。

增强网络通信能力，创新开展工程建设。进一步强化工程建设力度和速度，持续提升通信网络覆盖深度和广度，完成4G二期工程174处站点建设开通，并完成4G二期合宁高铁43处基站建设开通，保持4G网络通信的领先优势。积极储备基础网络资源，做好杆管线资源预埋工作，完成撮镇物流园、东城新市政、撮镇老城区改造、店忠路等35条道路76.2千米管道建设，为传输网搭建奠定基础。加强小区宽带建设工程管理，完成小区宽带建设覆盖46393户，满足小区居民对移动宽带的需求。

【客户服务】 公司围绕“沟通从心开始”的企业服务理念，开展营业厅自控自检、落实渠道三级巡检，持续提升窗口服务形象与服务水平，为客户提供最满意的服务环境。

沟通客户，联系你我。中国移动新商业品牌“and”,既“和”的直译,是连接、沟通之意,同时也是a new dream的首字母组合,它秉承着“在你身边为你实现”的理念,是中国移动在4G时代将世界领先技术带给消费者与服务客户的完美诠释。

公司秉承“正德厚生，臻于至善”的企业核心价值观，从“真诚对待员工、真诚服务客户、真诚回报社会”为企业实践，坚持企业与社会共同成长。先后开展“3.15消费者权益保护日”、“5.17电信日”、“高考服务日”等活动，为客户提供最优质、便捷服务。

2014年获县级以上荣誉称号先进集体

单　位	荣誉称号	授予单位
移动公司	第十三届文明单位	市委　市政府
移动公司	安徽省第十届诚信单位	省消费者协会
移动公司	2014年度五四红旗团支部	团省委
移动公司	模范职工小家	省工会
移动公司	2014年度企业文化示范县	移动通信集团安徽有限公司
移动公司	2014年合肥市公司优秀班组	合肥分公司

2014年获县级以上荣誉称号先进个人

姓　名	荣誉称号	授予单位
高　峰	优秀员工	合肥分公司
于　凌	优秀员工	合肥分公司
王凌云	优秀员工	合肥分公司
张　磊	优秀员工	合肥分公司

（余超杰）

联　通

联通肥东分公司正副职名单

总经理	朱才兵
副总经理	李　锋

【概况】 2014年，联通肥东分公司持续推进WCDMA建设发展，进一步提升本地区信息化水平。公司有G网基站240座、W网基站246座、LTE网基站186座。G网基站覆盖率达100%，W网基站基站建设实现乡村高速、高铁重点乡镇和县城的100%覆盖，LTE网基站建设实现乡镇和县城、工业园区，以及高速、高铁城乡交通干道的覆盖。同年，固网中心收入环比2013年增长20.78%，出帐用户环比增长277.17%。新增6处共建共享小区，增加宽带端口约3000线；全年发展3个乡镇CPN代理商，新增端口约1000线，并对CPN代理商进行培训，及时为他们申请CPN区域的营销政策。加强对固网代维工作的管理，实施肥东固网装维效率提升实施方案，全年及时提交接入网扩容30余处。

【集团客户中心】 公司加速4G业务发展和宽带速率提升。通过网络、社会活动等多家渠道大力宣传4G业务技术的先进性和稳定性。开展“农业机械信息化平台建设”、“提速降费互联网专线营销”、“美好乡村信息化建设”等活动，让广大用户更好地体验高速4G网络服务，提升联通沃品牌的知名度和社会口碑。

联通琪瑞大厦营业厅4G生活馆开业

为拓展市场，继续推进4G体验式营销，开展沃商务融合套餐体验以拓展企业综合通信服务。通过聚类市场专项活动营销细分市场需求，把握营销方向，有针对性的对不同市场进行重点公关，拉动需求。根据各类客户开展专项营销方案，推动4G智能终端体验，以iPhone6/6P，三星S6，小米等高端智能品牌吸引高端用户群体，以千元大屏幕国产智能手机拉动中低端市场用户的需求，利用公司的行业应用建设优势，以行业应用、集团VPN、终端补贴、零首付等多元化的营销方式推动美好乡村信息化建设的推进和集团单位的拓展。以实名单客户为目标进行专项营销，拉动单位整体转网，扩大市场空间。联通WCDMA4G网络得到广大用户的认可与信赖，丰富的智能终端业深受广大用户的支持。公司为加快宽带业务发展与肥东安广开展合作，为广大用户带来更优质的通信服务，进一步加快网络优化建设，降低用户资费。

【网格营服中心】　撮镇营服中心下辖撮镇、长临河、桥头集、石塘、马湖、古城、包公等乡镇，每个乡镇均有2~3家联网合作厅，实现乡镇市场客户服务与支撑全覆盖。营服中心加快联通4G在农村市场的推广工作。在固网宽带方面加快乡镇CPN合作项目建设，逐步实现同轴接入网技术。完成石塘、桥头集、杨塘等乡镇的CPN建设工作并实现放号；完成撮镇、长临河、桥头集、古城等乡镇无线宽带覆盖。

城北营服中心下辖梁园、八斗、白龙、元疃、陈集、响导、杨店、张集、民族等乡镇。地域面积占县域的一半，所辖乡镇实现3G信号全覆盖，部分乡镇开通4G基站，为农村市场实现高速上网奠定良好的基础。

新城开发区营服中心下辖龙岗经济开发区、肥东新城经开区、龙塘、众兴等区域。移动网和固网对以上区域实现全部覆盖，“双4G双百兆”4G网络的全覆盖，使以上区域通讯能力再上新台阶。

2014年获县级以上荣誉称号先进集体

单　位	荣誉称号	授予单位
肥东县分公司	十佳县级分公司	省分公司

2014年获县级以上荣誉称号先进个人

姓　名	荣誉称号	授予单位
王玉静	优秀员工	市分公司
徐云云	优秀员工	市分公司
张　鹏	优秀员工	市分公司
董　胜	优秀员工	市分公司
王忠梅	优秀员工	市分公司
刘大伟	优秀员工	市分公司
熊　杰	优秀员工	市分公司
张　颖	优秀员工	市分公司
胡海珍	优秀员工	市分公司
陈龙龙	优秀员工	市分公司
范君平	优秀员工	市分公司
王义婷	优秀员工	市分公司

（梁红玉）

邮 政

邮政局正副职名单

局　长	贾志平
副局长	王　涛

【概况】 全年实现业务收入4965.66万元，完成计划的104.1%。在全省“十强十快”县局评选中，肥东局取得全省“十快”县局第四名。

【代理金融】 全年代理金融收入3432.24万元，完成市公司计划的99.28%，同比增幅12.97%。在2013—2014年跨年度旺季营销活动中，新增储蓄余额35100万元，本年新增余额28412万元，余额规模21290万元，本年新增存款增幅66.95%。全年项目代发新增97家，其中代发工资31家，一次性代发66家，累计发放金额13084万元，其中代发工资月均410万元，一次性代发累计发放11561万元。全年销售各类保险9688.2万元，折合标保6597.7万元，同比增长8%。其中中邮销售1079.9万元。全年销售各类理财产品10995万元。12月底，理财保有量3205万元，较年初上升3046万元。

【函件】 全年实现收入605.47万元，完成计划的204.55%，同比增长44.51%，规模和增长率排全省县局第2位。其中：邮资机收入43.18万元，定制型邮资封片卡35.75万元，销售型邮资封片卡收入66.93万元，无名址函件12.04万元，国内小包330.19万元。

【集邮】 全年实现收入235.87万元，完成计划的107.21%。其中：新邮收入27.64万元，同比增长27.4%；贺岁邮品收入10.50万元，定向开发实现6.11万元，形象年册收入66.84万元，其他主题邮品销售124.09万元，同比增长59.7%。完成2015年新邮预订1707套（其中网上预订976套），2014年形象年册共计1700本。

【报刊】 全年收入280.22万元，完成总计划的89.81%，其中订阅完成275.23万元，完成计划127.05%，零售完成4.99万元。完成2015年度报刊流转额1000.43万元，完成市公司计划的101.05%，同比增长5.75%。

【校园公益讲堂】 在2所学校开展2场校园公益大讲堂活动，受到校方好评。

【电子商务】 全年业务收入205.05万元，完成计划的92.78%，同比增长23.99%。其中：短信收入170.09万元，同比增长16.14%；代收费18.2万元，同比增长33.53%；车险和自由一族17.2万元，同比增长291.4%，票务1.4万元。

【分销】 全年收入75.84万元，完成计划的101.12%，其中：家乡包裹完成15.89万元，徽乡茶完成37.44万元，酒水完成10.89万元，复合肥完成11.02万元，日化完成0.24万元，禅食、黄桃完成0.36万元。

【包件】 全年收入23.04万元。其中校园包裹收寄1856件，2.83万元；军营包裹收寄70件，0.22万元。

【代理速递】 全年代理速递收入82.92万元。其中窗口代理特快1.47万元，快包4.3万元，国际和港澳台包裹2.16万元，快包发展同比明显提升。

【日常营销积分制】 定量衡量每位员工对企业的贡献度，将全年性和长期性业务纳入积分统计奖励，员工发展有标尺，多劳多得，积分实行每季一考核一通报一评比，超基本积分多余部分带入下季考核、积分不浪费，全年积分多余部分给以超额积分奖。全局有179人参与积分营销，积分值82.25万分，收入贡献300多万元。

2014年获县级以上荣誉称号先进集体

单　位	荣誉称号	授予单位
县邮政局	第十三届文明单位	市委 市政府
县邮政局	先进集体	市邮政公司

2014年获县级以上荣誉称号先进个人

单　位	荣誉称号	授予单位
张　俊	最佳营销明星	市邮政公司
张传组	最佳服务明星	市邮政公司
张　锐	优秀支局长	市邮政公司
许晓明	投递服务明星	市邮政公司
许　越	优秀大学生	市邮政公司

（李　静）

长临古街

长临河老街在民国初年的鼎盛时期，有店、行馆、庄、堂、铺、房、坊、摊点等各类商业近百家，以米行、布庄、药店、酱园、酒馆、五洋百货为主体。现在整座老街依旧呈“丁”字形分布，清一色的青砖黛瓦房屋顺着目光蜿蜒向前延伸，造型古朴，色彩清纯。沿街漫步，“吴氏旧居”、“百年邮政”、“准提寺”“长临河民俗馆”等古建筑依次摆开，原色木门，雕花木窗，曲线形马头墙、气派的木制大门，红红的灯笼，高悬的匾额从眼前慢慢划过，行者仿佛步入了徽州老街，习惯了城市的繁华与忙碌的人们忽然有了一种穿越时空的感觉。

交通　电力

□交通运输
□公路
□铁路
□肥东火车站
□电力

交通运输

交通运输局正副职名单

局　长	王贤虎
书　记	李敦思
副局长	葛庆伟　陈志安 万炳海　马绍堂
副书记	陈先锋

地方海事处正副职名单

处　长	吴运生
副处长	孙建国　李建中

【概况】　2014年，完成交通固定资产投资6.32亿元，交通基础设施建设推进，农村公路管养提档升级，行业管理有序，服务水平提升。先后获全省交通运输行业文明单位、全省廉政文化进企业示范单位、全市第四届创建工作先进单位、全县目标考核优秀单位等荣誉称号。

【县道改建项目】　永康至元疃段，起于白龙镇与定远交界处（费集村），终于元疃镇与合白路交界处，长21公里，按三级公路标准建设，路面宽7米，路基宽8.5—10米，沥青混凝土路面，总投资7261万元。项目于2014年7月开工建设，年底完成路面主体工程。高塘至三十头段，全长8公里，按三级公路标准建设，路面宽7米，沥青砼路面。该项目主体工程分为两个标段。加宽改造路段为二标段4.4公里，完工。太长路复兴至长乐段长8.5公里，改建为四级公路，路面宽6米，沥青砼路面，合同价1407万元，完工。

【通村公路项目】　全县共新建通村公路127公里，按四级公路标准建设，路面宽3.5米，混凝土路面。总投资6300万元，涉及18个乡镇，完工。

【绿道项目】　绿道（六家畈-白马山）建设工程西起六家畈店忠路路口，东至白马山黄长公路，全长5.5公里，路面宽度3.5-5米，工程概算695万元。在原有水泥砼路面上采用“白加黑”罩面利用。

【危桥改造项目】　改造农村公路危桥8座307延米。总投资3400万元，均为拆除重建项目。其中湾王桥等4座小桥51.39延米提前5个月完工。其余4座中桥的三站桥66延米、乌龙坝桥60延米当年底完工，马湖桥70延米、定光桥60延米为跨年度项目，按计划推进。

【重点工程项目】　合马路二期扩建工程。合马路是合肥东向的一条重要出城道路，该项目系亚行贷款建设项目，全长50.59公里，其中县境内长17.32公里，按一级公路标准建设，设计路基宽24.5米，双向四车道，沥青混凝土路面。8月建成通车。店忠路（新合马路-环湖大道段）改建工程。项目为环湖大道连接线工程，普通交通国省干线改造项目，列入省市县共建的合肥大建设项目。起点新合马路，终点环湖大道，全长13.4公里,双向6车道+两侧辅道，路基宽39-44米，沥青砼路面。设计时速60公里。全线中桥6座327.84延米，涵洞76道,平交37处。按一级公路标准（参照市政主干道标准）建设，项目于12月动工。投资2100万元，完成合相路、西大路、庞合路大中修项目。

【公路养护】　乡村公路列养率100%，经常性养护乡村水泥路面95%，砂石路70%。推行“养护示范乡镇和示范路建设”，以“线”连“网”，扩大“示范”范围，促进乡村路网养护。完成县道花梁路等共计30公里路肩标准化养护，完成240公里乡村公路路肩养护，县道日常养护，完成路面清扫380万平方米，修补路面坑槽2400平方米，砌筑护坡档墙620米，培筑路肩106公里，修整路肩190公里，清挖水沟2000米。完成62.4公里通村公路小修任务和六家畈至长岗5.2公里中小修工程。

【道路运输市场管理】　完成重大节假日期间运输保障任务，未发生安全责任事故。开展客运市场专项整治，查处未取得客运经营许可，擅自从事客运经营等各类违法营运行为171起，净化客运市场秩序。完成县内1-6路公交班线改造，开通8条公交线路，扩大公交线路覆盖面，提高公共交通出行分担率，方便群众出行。查处超限超载或非法改装车辆849台次，转卸载货物17800余吨，切割非法改装车辆115辆，罚款600万元。关闭不符合条件维修企业24家，完成汽车综合性能检测16432台次。

查扣部分超限超载车辆

【安全生产监管】 制定安全生产责任制，层层签订安全生产责任书，突出重点，盯住弱点，抓隐患整治。检查交通运输企业111家次，发现隐患243处，下达责令改正通知书257份，取缔非法水上营运1处、查处非法驾校及报名点16家次，安全生产平稳有序。

【水运】 2014年，肥东县地方海事处完成港口吞吐量376.89万吨，同比增长211.74%；完成规费收入418.18万元，同比增长208.14%。落实安全防范措施，纠正水上违法、违章行为，打击取缔“三无”船舶。对辖区安全隐患及时排查、纠正，全年无水上交通安全责任事故。

水运安全检查

2014年获县级以上荣誉称号先进集体

单　位	荣誉称号	授予单位
交通运输局	全省交通运输行业文明单位	省交通运输厅
汽车综合性能检测站	廉政文化建设示范点	省纪委　省监察厅
交通运输局	创建全国文明城市先进单位	市委　市政府
汽车综合性能检测站	合肥市文明单位	市委　市政府
交通运输局撮镇分局	合肥市文明单位	市委　市政府
交通运输局	目标管理考核优秀单位	县委　县政府
交通运输局	创建第一届安徽省文明县工作突出贡献单位	县委　县政府
汽车综合性能检测站	先进基层党组织	县委

（任本性）

公　路

公路分局正副职名单

局　长	昂剑锋
副局长	陈德金

【概况】 公路建设走向市场，公路管理职能进一步突显，获安徽省第十届文明单位、全市公路系统先进单位、肥东县目标考核良好单位等荣誉称号。

【公路养护】 以日常养护为重点，做好道路的预防性养护、路面病害治理和桥梁的日常维护工作。开展重点路段整治，先后投入资金41.2万元用于治理合相路边沟堵塞问题；积极应对突发事件，年初两场大雪，共投入养护、路政人员200余人次，抛洒融雪剂10吨，投入资金10万元；夏季雨水季节，整体路况急剧下降，投入300余万元，对辖区路面病害集中处治，对重点路段标志标线、三桩一碑等油漆和重新施划。

日常养护

【三线三边】 开展以“公路标准化和美化（GBM）”为主题的春季养护劳动竞赛活动，专攻三线三边，累计完成路面坑槽3500平方米、沥青灌缝16700米，清理排水沟23千米，修整标准化路肩108千米，安装线外圆管涵890米，清理疏通涵洞520道，清理垃圾623平方米，扶正、修复标志标牌45块，拆除非标及横幅99块，总投入36万元。

【路政管理】 强化培训，按照重点岗位重点培训，一般岗位全面培训的原则，年内，分期分批对全员进行业务知识培训暨军事化集训，坚持“一月一法”学习制度，提升执法人员的理论水平。加大巡查频率，启动全天巡查和夜巡模式。全年共巡查785次，巡查里程55019.6公里。清理路面堆积物，拆除非公路标志，铲除公路用地内农作物，清理摊点，整治打场晒粮，从源头上制止违法违规涉路行为20起，强制拆除违法建筑物、地面构筑物4起。

【队伍建设】　组建路政直属中队，强化窗口人员文明执法，热情服务意识，开展“微笑服务、温馨交通”活动，提升执法队伍形象。

【超限超载治理】　参加1号、2号、3号联合治超行动，各中队每周利用两天时间自行开展超限治理，加强与管辖路段交警运政联系，打击肥东境内超限运输行为，全年依法查处超限车辆185台次，转载卸载货物4011吨。

【道路建设】　完成店白路跨年度工程——草庙街道500米沥青路面摊铺，两侧下水及人行道铺砌工作，完成产值85万元；完成合福铁路连接线续建工程，完成产值190万元；公路建设走向市场，及时启动所辖路段大中修工程（01标西大路—合相路工程项目、02标庞合路工程项目），总投资2100余万元，两个标段完成基层和大部分主油层施工。

【安全生产】　启动“春训”工作，组织技术骨干分道班进行授课；开展安全警示教育周，开展新《安全法》的宣贯。购买挂图、条幅、主题宣传彩页、安全标志牌等，更新路政宣传画册、宣传单。开展春季安全大检查、隐患排查月、“平安交通”建设集中整治安全生产活动、“六打六治”打非治违专项行动等安全专项活动，全年共组织各类安全检查40次。

【文明创建】　志愿服务工作常年开展，先后开展党员志愿者下基层、文明交通劝导、关爱空巢老人送真情、茶壶山清明祭扫、圆梦微心愿等活动，学雷锋志愿服务队获肥东县志愿服务优秀集体、肥东县学雷锋示范点称号，志愿者李青获合肥市2014年度志愿服务工作优秀个人和肥东县岗位学雷锋标兵称号；依托“我们的节日”，参与县万人长跑比赛、县直单位拔河比赛，开展端午包粽子比赛、职工羽毛球比赛等；建成机关职工食堂，完善职工文明用餐环境，广泛普及文明餐桌知识；职工书屋晋升省级职工书屋；网络传播获肥东县网络文明传播一等奖，获第十届安徽省文明单位荣誉称号，在市公路局千分制考核中获先进单位称号。

志愿服务

【基层场所建设】　投入经费50万元，对护城、西山驿等道班及大油池职工宿舍进行维修。

2014年获县级以上荣誉称号先进集体

单　位	荣誉称号	授予单位
公路分局	安徽省第十届文明单位	省文明委
公路分局	省级标准化职工书屋	市民生工程办 市总工会
公路分局	合肥市公路系统先进单位	市公路管理局

2014年获县级以上荣誉称号先进个人

姓　名	荣誉称号	授予单位
李　青	合肥市志愿服务优秀个人	市文明委
张　波	合肥市公路管理局优秀党务工作者	市公路管理局党委
何　斌	合肥市公路管理局优秀共产党员	市公路管理局党委
王　权	合肥市公路管理局优秀共产党员	市公路管理局党委

姓 名	荣誉称号	授予单位
王永斌	合肥市公路管理局优秀共产党员	市公路管理局党委
陶庆奇	合肥市公路管理局优秀共产党员	市公路管理局党委
袁红娟	合肥市公路管理局优秀共产党员	市公路管理局党委
李 青	合肥市网络文明传播活动先进个人标兵	市文明办
张俊明	学习“焦裕禄争当好干部”主题征文活动二等奖	市委党的群众路线教育实践活动领导小组办公室

（李 青）

铁 路

【合芜铁路】 合芜铁路属于华东二通道的中段，全长146千米。铁路衔接合肥、芜湖和沿线的地级市，该铁路是一条以货运为主、兼顾少量客运的南北向重要运输大通道，是西北、华北、华中地区货流及两淮煤炭南下东进的重要运输通道，也是皖江城市带承接东部沿海地区先进技术及产业转移的重要纽带。

2014年，开工建设合芜铁路电气化改造工程，是铁路总公司为解决合芜铁路一直以来存在的线路老化、运能运力紧张问题而实施的改造工程，改造工程将增设三十里铺、中埠、铜城闸、芜湖东4座牵引变电所，增设巢湖西、裕溪口、芜湖东3座接触网工区。改建完成后合肥至芜湖旅客列车速度目标值为120千米/小时。整个改造工程概算36.9亿元。电气化改造后，铁路的牵引能力由3500吨提高到5000吨，线路列车由内燃机车牵引改为电力机车牵引。合肥至芜湖的铁路列车平均时速也将由100千米提高到120千米。

合芜铁路在肥东境内全长20千米，原称淮南线，设有撮镇、桥头集两个分站，并设铁路专用线8条连接安徽储备物资管理局、合肥四方磷复肥、肥东县中石油销售有限公司、合肥二电厂等多家单位。该段铁路是肥东县境内最早建成运营的铁路，对肥东的区域经济发展起着重要作用。

【商合杭铁路】 2014年，开工新建的商丘至合肥至杭州铁路，线路起于河南省商丘，途经安徽省亳州、阜阳、淮南、六安（寿县）、合肥、马鞍山（含山县）、芜湖、宣城，终于浙江省杭州。全长608.024千米。列车速度目标值为350千米/小时，客运专线。沿线共新建或改扩建车站22个。商合杭铁路沿合蚌客专引入合肥枢纽合肥站，同时沟通新建成的合肥南站。出合肥站后，利用既有线经肥东站取直至合福铁路的巢湖东站，穿越肥东境内17.4千米，主要位于店埠镇区域。

商合杭高速铁路是解决华东第一通道京沪铁路运输能力不足，实现繁忙干线客货分线运输的重要基础设施；是全国客运专线网的重要干线和华东地区南北向的第二客运通道。该高铁通过商丘高铁站连接郑徐高铁（徐兰高速铁路东段）、中端连接京沪高速铁路、下行将与长三角宁杭、沪杭甬客运专线形成互通。商合杭高铁的建设有利于中原地区实现与沪宁杭发达地区交通的“无缝对接”，促使中原经济区更深的融入沿海经济开放体系。

（张朋华）

肥东火车站

肥东站正副职名单

站 长	崔 晓
副站长	韩新龙 司有刚 任 岩

【概况】 肥东站位于店埠镇境内，该站中心里程位于沪蓉线自上海站起438km +719m处。肥东站按技术性质为中间站，按业务性质为四等客运站，为客运专线集控站。2008年4月18日，肥东站开通运营、5月1日，办理客运业务、8月1日，动车组开行。2013年11月5日，肥东站划入合肥直属站管理范围。车站下辖巢北站和合

肥市内四个客票代售点业务。在册职工27人。2014年，车站旅客发送259266人次，运输收入35209896.3元。

【春运】　认真做好春运各项准备工作。做好各种预防措施和旅客组织预案的落实，加强宣传动员和安全教育。利用黑板报、标语、横幅等形式对春运工作进行宣传发动，提高职工安全思想认识；组织力量对车站广播、照明、电茶炉等各种设施进行全面的检查和整修，确保春运期间客运设备设施作用良好。积极组织车站职工对春运图、相关文件通知进行学习。结合2014年春图、列车时刻表，对车站列车基本进路图进行更新、配置。对春运期间增开的以及办理客运业务时间发生变化的列车，制定卡控措施和办法。春运期间车站发送旅客12320人次，客运收入379.8万元。各项数据达到车站历史新高。

【标准化班组创建】　结合车站实际，制订班组建设工作推进计划，明确班组建设各项工作的责任要求，确保各项工作迅速落实到位。抓好班组创建宣传发动。将宣传提纲纳入职工政治学习计划，引导职工把思想和行动统一到标准化班组建设要求上来，增强参与班组建设的自觉性。抓好标准化班组建设细化工作。对班组按月量化评级、挂钩奖惩制度，做好制度细化等工作，进而提高肥东班组整体管理水平。建立健全班组基本管理制度，从技能水平、工作业绩、团队合作等方面对职工进行客观评定。把标准化班组建设工作融入到日常运输生产中去，按照星级管理要求，对班组成员业绩按月进行综合评定，通过星级管理来提升车站运输生产水平。同年，肥东站获上海路局标杆班组荣誉称号。

【安全生产月活动】　开展安全生产月活动，坚持“强化红线意识、促进安全发展。”的主题。按照活动要求，利用横幅、标语进行宣传，并按规定签订安全承诺。认真吸取近期事故的教训，结合施工、劳动安全专项整治活动的开展，查找工作中存在的问题，对发现的问题进行整改，做到不走过场，起到实效。充分的发挥职工在安全生产中的主力军作用，确保安全稳定。

认真做好车站冬季扫雪除冰工作。全年启动二级扫雪预案4次，分别是2月6日、9日、13日和17日，上道扫雪2次。按照扫雪应急预案，做好扫雪作业中组织和防护工作，行车、客运组织有序，没有因为车站原因造成列车晚点。做好防洪、防汛各项准备工作。组织职工学习应急处置预案，提高职工的防洪意识。对路局公布的危险地段，在行车室进行公示。当发生问题时，按规定完成汇报和行车作业组织工作，线路发生问题时，及时果断的扣停列车，做到“宁可错停，不可错放”，确保汛期行车作业的绝对安全。

【“7.1”调图】　认真做好“7.1”调图学习、培训工作。对职工进行新旧图变化培训，让职工熟知新图变化。对全站图表按照新图要求做好及时更换工作。按照要求及时做好调图“一日一表”，并组织行车人员严格落实“一日一表”工作。做好新图实施过渡期的安全把关工作，确保新图顺利实施。

【反恐防暴】　根据直属站下发的《上海铁路局合肥站关于成立反恐工作组织的通知》和《合肥站突发治安事件客运应急预案及图项表的通知》等反恐文件要求，配置部分反恐防暴装备，积极组织全站职工进行反恐防暴演练，并制订肥东站反恐防暴应急演练预案，在防范标准、工作职责、工作机制、应急响应等方面进行细化、明确工作要求，确保做好反恐防暴安全工作。

2014年获县级以上荣誉称号先进集体

单　位	荣誉称号	授予单位
肥东站工会	职工模范小家	合肥直属站工会
肥东站党支部	先进党支部	合肥直属站党委
肥东站	标杆班组	上海铁路局
肥东站	春运立功竞赛先进集体	合肥直属站

2014年获县级以上荣誉称号先进个人

姓 名	荣誉称号	授予单位
崔 晓	先进班组长	上海铁路局
刘广全	优秀团员	上海铁路局团委
叶 芳	优秀党员	合肥直属站党委

（崔 晓）

电 力

供电公司正副职名单

总经理	王劲松
副总经理	张劲松 童友发 陶文生 颜 庆

【**概况**】 全年完成购电量13.36亿千瓦时；售电量12.39亿千瓦时；综合线损率7.23%；最大日用电量626.74万千瓦时；最大负荷30.6万千瓦；营业总收入78579.34万元；可控费用8334.24万元；利润总额387.91万元；资产负债率68.20%；全员劳动生产率393959元/人·年。

【**安全生产**】 以“保人身、抓现场”为主线，严格落实两票三制和到岗到位制度，领导班子带队深入各类检修、预试、技改、抢修现场145次，各级管理人员现场督察到岗到位465人次，查处违章人员11人，违章记分14分，罚款6600元。推进隐患排查治理，重点整治配电线路条图118条、悬挂各类警示牌203块，完成涉线鱼塘隔离防护网安装291处。严格执行外包队伍信用等级及末位淘汰制度，外包现场安全可控在控。肥东电网连续安全运行10324天。

进校园讲安全

【**作风建设**】 党的群众路线教育实践活动取得明显成效。先后召开党委中心组集中（扩大）学习7次、专题会议32次，编发简报29期，深入基层党支部督导16次。开展“供电服务与作风建设”论坛、“我为基层服好务”承诺、团员青年走进渡江战役纪念馆“学党史、向未来”、“践行群众路线、学劳模、树典型”、“5+3”及“三个一”专题活动。广泛征求政府、供电客户、基层党员、职工代表、职工群众、离退休老同志的意见建议。召开座谈会25次、参加人员150人次、发放调查问卷120份。征集地方党委、政府、客户意见建议24条，基层单位意见和建议95条。召开专题民主生活会，开展批评和自我批评，着力解决“四风”突出问题。查摆出领导班子突出问题17条，个人问题73条。建立整改台账，实施销号管理。意见和建议完成率、专项整治措施完成率、领导班子突出问题整改率均达100%。

【**生产管理**】 推进变电站技改，大修，完成110千伏店埠变、35千伏王铁变、高亮变、西山驿变增容改造及35千伏站南变建设任务，新增主网变电容量71兆伏安。完成撮镇中部片区35千伏龙长391线及龙王392线，10千伏03开关国际护院线、04开关龙塘工业线杆线迁移，35千伏374开关八斗线改造、35千伏高亮变及西山驿变技改。开展线路通道、输电线路跨越高速及铁路专项隐患排查治理活动，累计剪伐输、配电线路通道内树木30765棵，制止违章施工35处，清理鸟巢313处，安装驱鸟器3569个。完成110千伏桥刘504线等13条输电线路共计37处隐患治理工作。累计开展变电设备检修68项，输电设备检修38项，配电设备检修161项。借助PMS系统严格缺陷管理流程，处置变电缺陷

24项，输电线路缺陷47项。

【电网建设】　开展2014-2020配电网规划、通讯自动化专项规划编制工作，完成配网2.3亿元236个储备项目的可研和入库，主网220千伏牌坊变、110千伏孙滩变、35千伏陈集变等基建项目的可研并纳入2015年投资计划。配合市公司开展500千伏肥南变、110千伏闸水变的属地化协调。统筹利用各类电网建设改造资金1.5亿元，其中省公司投资农网工程3460万元，公司利用折旧费、运维成本、农维费等投入改造资金8540万元，争取政府低电压专项改造资金3000万元，实施建设改造项目449个，新建（改造）35千伏线路24公里，新增及更换10千伏配变251台、容量5.35万千伏安，新建（改造）10千伏及以下线路446公里，重点解决和改善县域民生诉求高、低电压状况严重、社会关注的区域用电难题，惠及约2.37万户低电压用户。

线路维修

【经营管理】　强化线损、电费回收管控，实行日监控、周报告、月分析制度，提高电费回收及线损管理的事前、事中、事后控制，2014年电费回收率完成99.99%。加快用电采集系统建设，完成县域范围内公、专变全采集建设任务，安装智能表24.6万只，超额完成23.99万只计划建设任务。持续开展“反窃电、促降损、强管理”专项活动，查获违约及窃电行为12起，追补电量33万千瓦时,追补电费及违约金90余万元。通过“稽查—整改—再稽查”的方式减少营销数据差错，数据异常率由原来的57%下降到0.02%，抄表准时率由原先73%提高至100%，解款及时率由最低的40%提高到99.5%以上，电能表实抄率、准时率由原来的85%提高至100%。全年累计受理新报装客户242户，总容量30.49万千伏安。

【转变文风会风】　2014年，会议、发文总量同比分别减少32%、34%，视频会议比例同比提高40%。“三公”经费、业务招待费、差旅费同比分别下降15%、25%、64.37%。

【优质服务】　组织支部党员开展“进企业、进社区、进校园”活动20余次。建设城区“10分钟缴费圈”，农村“村村设有缴费点”，完成19个乡镇的缴费点建设任务，联合8家单位和金融机构签订电费代收协议，新增POS机缴费点83处，电费代收点增加至397处。开拓网银、手机缴费等12种电费缴纳方式，解决客户用电难题，以优质服务化解电费催收矛盾。7月，八斗镇五星行政村上计村民组八斗供电所送“人民电企为人民，电网改造显真情”锦旗。主动服务光伏电站等新能源建设，全年累计办理光伏发电接入系统45户，总容量3607.5千瓦。

【队伍建设】　健全干部人事管理档案，制定后备干部管理办法，培养储备青年人才库，规范中层干部选拔任用机制。在省公司第六届农电工岗位知识和技能竞赛中，以汪良兵为指导教练的合肥公司代表队获团体一等奖，公司王长龙获营销服务专业个人第一名。2014年，公司先后获“合肥市先进单位”、“志愿服务工作优秀集体”、“先进基层党组织”、“五四红旗团总支”、“全县志愿服务优秀典型”等荣誉称号。3项农网升级工程被省公司评为“精品工程”，包公镇、古城镇被授予B类新农村（美好乡村）电气化镇称号。公司QC成果获省公司一等奖，中国质量协会二等奖。

志愿者为敬老院送温暖

2014年获县级以上荣誉称号先进集体

单 位	荣誉称号	授予单位
供电公司	QC成果发布一等奖	省电力公司行协
供电公司	2013年度十大工业纳税企业	县委 县政府
供电公司	合肥市2011-2013年度先进单位	市政府
供电公司	2013年度合肥市志愿服务优秀集体	市文明委
供电公司	2014年第九届”海洋王”杯全国QC小组成果发表赛二等奖	中国质量协会

2014年获县级以上荣誉称号先进个人

姓 名	荣誉称号	授予单位
张继高	国家电网公司优秀调控运行人员	国家电网公司
杨如海	2013年度电力设施和电能保护工作先进个人	省电力设施和电能保护工作领导小组办公室
汪大为	国网安徽省电力公司办公室系统“一流三化”管理提升工作先进个人	省电力公司
王政红	国网安徽省电力公司2014年度财务工作先进个人	省电力公司
胡森忠	国网合肥供电公司2014年度双“十佳”员工	合肥供电公司
王 鹏	国网合肥供电公司2014年度双“十佳”员工	合肥供电公司
温建东	国网合肥供电公司2014年度优秀员工	合肥供电公司
宰 云	国网合肥供电公司2014年度优秀员工	合肥供电公司
章文杰	国网合肥供电公司2014年度优秀员工	合肥供电公司

（朱晓帆）

财政 税务

□财政

□投融资管理

□金融管理

□国家税务

□地方税务

财 政

财政局正副职名单

局　长	何长卫
党组书记	王志东
副局长	张东兵　王　磊 吴晓东　孙维荣

【概况】 2014年，肥东县财政局紧紧围绕保民生、保增长、促发展总体工作目标，积极履行财政职责，坚持依法理财、深化改革，大力推进财政管理科学化、精细化发展，圆满完成财政收支任务和各项重点工作任务。全县财政收入完成32亿元，同比增长0.7%，全县财政支出完成44.6亿元。同年,县财政局被省财政厅授予乡镇财政规范化管理示范县。

【服务群众】 坚持不懈打造效能财政。梳理权力清单，编制权力运行流程图，优化资金审核、审批、拨付流程，建立责任追究制度，强化岗位责任；创建服务型财政所（分局），加强服务体系建设，转变服务理念，改进工作作风，提升乡镇财政服务群众能力。主动服务助推企业发展。落实财税制度改革，按月受理“营改增”试点企业财政扶持资金申请和拨付，减轻企业资金周转负担，推动“营改增”政策试点稳步实施；壮大县中小企业融资担保公司实力，使其注册资本扩增至2亿元，为238家企业提供融资担保12.8亿元，担保放大倍数1:4.8，着力解决企业融资难、融资贵的问题。发挥职能服务城乡发展。完善金融体系，协调10家银行设立营业网点88个，推动肥东农村合作银行成功改制为农村商业银行，建立银行卡助农取款服务点386个，基本实现基础金融服务行政村全覆盖；加大城乡基础设施建设投入，拨付资金250134万元，推动撮镇商贸物流开发区路网、店忠路、环巢湖大道、繁华大道东延工程、双桥新村、环巢湖生态示范区建设等重大项目实施；落实一事一议财政奖补政策，引导群众开展以村级水泥断头路连接和村内水泥路延伸为主的项目建设，建成项目169个，城乡生产生活条件得到有力改善。

【保障民生】 严格“三公”经费管理。实行“三公”经费支出预算总额控制，严把审核报销关，严格接待标准、公务用车“三定”管理和出国（境）经费先行审批制度。全县党政机关“三公”经费支出比上年下降16.1%，其中公务接待费下降22.3%。严控会议费、差旅费支出。进一步规范会议费管理，对全县性会议实行“分类管理、定额控制，会后结算、超支不补”的管理制度，有效遏制会议费支出；建立健全出差审批制度，严格控制出差人数和天数，规定交通工具等级、差旅住宿费和伙食补助标准，从源头上控制差旅费支出。全县会议费支出比上年下降46.3%，差旅费支出下降20.5%。着力保障和改善民生。坚持民生为先理念，优化调整支出结构，将新增财力重点投向教育、“三农”、社保、医疗卫生等重点领域。13类民生支出完成35.9亿元，占一般公共预算支出的81.4%，比上年提高2.4个百分点。投入资金11.2亿元，精心实施40项民生工程，实行“健全机制、强化责任、狠抓推进、打造精品”的管理模式，推动民生工程扎实开展，提前完成年度建设任务；创新民生宣传方式，群众知晓率、满意度大幅提升；积极探索民生工程建后管养政府购买服务机制，推进农村清洁工程、社会养老服务体系、保障性安居工程等民生项目社会化管理；拨付管护资金1400万元，加强民生工程建后管养，确保民生工程效益持久发挥。

【财政改革】 扩大财政预决算公开范围，加强阳光监督。在上年公开37个部门“三公”经费预算的基础上，将公开范围扩大至除涉密单位外的71个部门，同时全面公开全县一般公共预算、政府性基金财政收支预算、部门一般公共预算和政府性基金收支预算；8月，公开2013年部门决算和“三公”经费决算，自觉接受社会监督。深化国库集中支付改革，实现集中支付全覆盖。进一步扩大资金覆盖范围，将政府性基金、乡镇往来户资金纳入集中支付管理，实现预算部门和财政性资金全覆盖；国库集中支付率达84.7%，比上年提高63.2百分点；完善工资统发、政府采购平台系统模块建设，实现高效、快捷、安全、规范的国库集中支付程序。加强国有资产管理，提高资产使用效益。深化国有企业改制，推进国有资本重组与整合，开展国有资产清查，实行国有资产集中分类经营管理、集中收付、动态监管，实现由管资产向管资本转变，强化对资产配置、使用、处置和产权变动管理；继续规范政府采购管理，创新采购方式，拓宽采购渠道，提高采购效益，全年完成采购预算资金16.5亿元，节约采购资金5.2亿元，采购节约率31.5%。启动政府购买服务工作，支持社会力量承接政府职能转移，探索形成“政府主导、部门负责、社会参与、共同监督”的政府购买服务长效机制。积极探索，着力促进财政资金保值增值。科学预测收支流量，通过竞争性谈判，使商业银行将定期存款、协定存款利率在基准利率基础上上浮10%，实现财政间隙资金保值增值，增加政府利息收入2992万元和社保资金利息收入3574万元。

【财政监督】 强化财政监督。扩大监督范围，加强财政内部监督、会计质量信息检查，巩固“小金库”专项治理成果，全年组织开展财政专项检查45次，追缴国库收入340万元，促进财政财务工作规范运行。加强涉企资金监管。进一步完善涉企系统基础信息，建立涉企资金监控预警制度，规范涉企资金申报和执行，全年纳入涉企系统监管资金4523万元。开展预算绩效评价工作。规范绩效预算编制，从2010年的每个预算部门选择1个项目编制绩效预算，扩展到2014年的所有重点项目；扩大绩效评价范围，从2010年的5个部门自评项目、2个财政重点评价项目，增加到2014年的每个预算部门选择1个自评项目、12个财政重点评价项目。通过开展预算绩效评价工作，部门预算支出绩效理念得到进一步强化，预算编制质量得到有效提升。

2014年获县级以上荣誉称号先进集体

单　位	荣誉称号	授予单位
财政局	金融服务下乡示范县	省政府金融办 省商务厅 人行合肥支行
财政局	合肥市卫生先进单位	市爱国卫生委员会
财政局	合肥校安工程先进单位	市校舍安全领导组
国资办	国有资产统计工作先进单位	市国资委
财政局	2013年度部门决算先进单位	市财政局
财政局	第五批选派工作先进集体	市选派干部领导组
财政局	2013年度乡镇财政资金监管工作和惠农补贴资金绩效评价二等奖	省财政厅
财政局	乡镇财政规范化管理示范县	省财政厅
财政局	2014年民生工程绩效先进单位	省财政厅
财政局	财政部门先进单位	省财政厅

2014年获县级以上荣誉称号先进个人

单　位	荣誉称号	授予单位
罗守斌	安徽省第五批优秀选派干部标兵	省委组织部 省人社厅

（张　云）

投融资管理

投融资管理中心正副职名单

主　任	梁发苑
副主任	张志勤

【开展融资】 2014年，获得银行审批的政府投资项目共6个，总授信金额13.7亿元。其中：中国银行晨光花园四期2.2亿元、青年小区二期2.3亿元；工商银行肥东一中3亿元、商贸物流园区路网项目3亿元；农发行中心社区新农村建设项目2.2亿元；徽商银行桥头集片区棚户区改造项目1亿元。

【调度大建设资金】 投融资平台累计拨付县城及乡镇园区建设项目资金33.69亿元，对外投资0.5986亿元。为肥东六中扩建项目、临泉路及龙脊山路工程项目、双桥新村项目、横大路跨店埠河桥项目、包公大道改造项目、店中家园项目、店中路拆迁安置项目、东城新市镇山水路12条路项目、高亮5条路下穿项目、龙塘路、新世界路项目、光大新农村项目、东城基础设施建设二期BT项目、撮镇幸福家园、合肥商贸物流园路网项目、撮镇青年小区二期、店埠河综合治理二期道排及桥梁项目等工程建设提供财力保障。

【国有资产管理】 协调县直有关单位，将部分存量资产过户到东投公司名下，办理发改委龙泉路房产、非税局办公楼过户手续，将东投公司名下已建成的城南新村1期1–4#商住、商办楼、站北路综合楼办理产权证书，增强平台公司的融资能力。

【国有资产处置】 通过市招投标中心，将城南新村商办楼对外招标并顺利出租，实现国有资产的保值增值。

【项目储备】 共完成国开行二期、三期项目，新农村和城镇化建设项目，棚户区改造项目等约20余个项目的前期手续。

【债务还本付息】 投融资平台还本付息4.2亿元，其中：本金2.8亿元，利息1.4亿元，全部按期足额偿还。

【政府债务分类管理】 与县财政部门密切配合，将平台公司现有债务分类逐步纳入地方政府债务管理系统，明确债务分类和偿还责任，量化债务风险，平台公司的债务明晰、风险可控。

【做大做强融资平台公司】 县投融资平台筹措资金，壮大平台公司实力。东投公司实现增资2.3亿元，注册资本达到5.8亿元，城乡公司实现增资2亿元，注册资本达到4亿元。

【参与县城公交改制】 县公交公司改制，东投公司代县政府入股与合肥公交集团合资成立肥东东鼎公交公司，公司注册资本500万元，新购置30台大型公交车辆，为县城居民的出行提供服务。

（赵　然）

金融管理

金融办正副职名单

主　任	何长卫
副主任	曹绍华

【信贷融资】 全县银行业金融机构10家，营业网点89个,融资性担保公司4家，小贷公司4家，保险业肥东支公司4家。全县金融机构各项存款余额260.9亿元，同比增长17.6%，增幅同比增长2.9个百分点；各项贷款余额182.5亿元，增长12.9%。

【资本市场】 2014年，债券市场融资、资本市场融资方面有进展，11家企业通过滨湖春晓中小企业集合信托计划融资5200万元。资本市场对接方面，有5家企业与中介机构签订“新三板”挂牌协议，其中有2家企业（久易农业、合矿机械）在新三板成功挂牌。场内市场上市后备企业4家，其中2企业与券商签订合作协议，开展尽职调查工作。

【国有担保公司】 做大做强肥东县中小企业融资担保有限公司，为县内中小微企业融资提供担保服务，2014年，县委、县政府分别将第二次的配套资金5000万元和986万元注入县中小担保公司，5月，省财政厅下达的民营经济发展专项扶持资金1377万元全部拨付到位，注册担保金增至2亿元。8月，取得新的经营许可证。年末，公司在保余额128709万元，担保笔数240笔，其中涉农企业在保余额21489万元，涉农企业在保户数36户。公司年化担保费率维持在1.5%以内，代偿率为1.2%。县政府签署新型政银担战略合作协议，首批加入“政银担”试点，推进政策性融资担保体系建设，构建小微企业融资风险分担和贷款补偿机制。

【金融监管】 防范金融风险，维护金融安全和经济社会稳定。落实各项现场和非现场检查服务工作。对于经营中存在重大风险且未整改到位的公司，按程序申请取消其从业资格，有序退出。开展打击非法集资、反洗钱、打击制贩假币活动等工作。组织防范与打击非法集资教育宣传活动，印制26万份宣传册，由村干部采取分片负责、包干到户分发，使宣传辐射最大化。

（许 寅）

国家税务

国税局正副职名单

局　长	朱明瀚
副局长	方嘉俊　李　耀 尹学树

【国税收入】 2014年国税收入126945万元，同比增收12457万元，增长10.88%。

【申报审批】 规范纳税人申报资料，共受理申报4万余户次，开票征收税款107000万元。受理各类审批项目1152项，办结1152项，办结率100%。其中：单位纳税人新办税务登记到领购普通发票181户次；个体户税务登记到领购普通发票247户次；新认定增值税一般纳税人301户次；资源综合利用企业资格认定9户次；增值税减免税审批2户次；安置残疾人企业增值税即征即退审批25户次；防伪税控企业增值税专用发票限量限额调整审批225户次；农产品收购专用发票版面和用量审批27户次；普通发票版面和用量审批115户次。

【纳税评估】 评估各类企业41户，入库增值税270万元，企业所得税180万元，加收滞纳金45万元，合计入库税款、滞纳金495万元，调整应税所得额145.64万元。

【各税管理】 加强增值税管理，重点加强营改增企业税收管理，对铁路、邮政业，电信业征免税项目进行确定并要求其备案管理。实行企业所得税分类管理，将企业所得税纳税人分为A、B、C三类，2014年对1910户企业所得税纳税人进行分类管理，对4户重点税源企业的企业所得税实行按月预缴管理。对40户企业2013年度企业所得税后续管理核查，补缴企业所得税76.3万元，调减亏损额126.4万元。

【车购税】 完善车辆购置税征收管理软件系统，安装车辆购置税电子档案管理系统，实现征管系统网络化，办理7470户，征收税款4680万元。

【落实税收优惠政策】 对2013年企业所得税进行汇算清缴，为1879户小型微利企业、农业企业等备案类减免税纳税人减免企业所得税8520万元，其中小微企业减免企业所得税1303万元。

【税务稽查】 开展风险应对核查工作，查处各类涉税案件45件，查补入库款项1528.7万元，其中，税款1510万元、罚款2.7万元、滞纳金16万元。

【发票管理】 加强发票审核、发票验旧供新管理，以票控税。对海关完税凭证开展发票验旧、日常检查、纳税评估核查、税务稽查相互结合，信息互通等措施严格控管发票。对“营改增”交通运输业一般纳税人企业进行限票供应，经核实为规范经营企业，符合增量给予核增发票使用量。将打击发票违法犯罪工作与税收专项检查、区域专项整治、举报案件、专案检查、纳税评估及纳税申报受理等工作结合起来，建立完善打击发票违法犯罪活动的长效机制。办理发售发票5200户次，发售电脑版发票31.5万份，手工版发票7283本。通过发票验旧供新补缴税款65万元。查办发票违法案件11起，涉及发票386份，非法开票金额1569.78万元，查补税款366.95万元，加收滞纳金15.47万元，罚款2.09万元。

【纳税服务】 开展“便民办税春风行动”，从办税环境、制度建设等方面入手，提升服务质量。结合科室实际，根据干部自身的能力特点，合理配置窗口人员，加强窗口人员服务礼仪培训，着装规范，仪表端庄，态度和蔼，服务热情。健全和完善内部管理制度，落实首问负责制、一次性告知制、办税限时制等服务制度。完善二级目标管理考核办法，对大厅工作人员的工作量和工作质量同时进行考核，激发办税服务厅人员工作热情，优质服务。启动发票发售自助系统，纳税人自助领取50份以内的增值税专用发票，提高办税效率，方便纳税人。对纳税人需要复印的资料，全部在办税服务厅内免费复印，解决纳税人因资料不全往返跑路或重复排队的问题。

【群众路线教育实践活动】 结合群教活动重心和国税工作特点，坚持“开门搞活动”，聚焦“四风”查摆问题，通过学习教育、听取意见，查摆问题、开展批评，整改落实、建章立制三个阶段工作，开展“扎根工程”、“便民办税春风行动”、“基层建设年”活动。

党的群众路线教育实践活动动员大会

【基层建设】 启动基层建设年工作，以撮镇税务分局为试点单位，探索分局建设，设计改造微税室，增设办税设施，为纳税人提供良好的办税服务环境，解决服务纳税人最后1公里问题。对办公室、办公院区升级改造，为基层税务干部职工提供良好的工作环境和生活服务保障。开展税务文化进分局工作，营造税务文化氛围，提升分局品位。撮镇分局基建改造工程完成，微税厅软件建设在建。八斗分局基建改造工程基本完成；梁园分局院区改造完成。

【绩效管理】 加强内部管理、提高工作效率，实行奖勤罚懒，体现公平公正。建立科学运转机制，广泛征求意见对指标进行修订完善，层层分解，落实到相关科室，定目标、定措施、定责任；建立保障约束机制，成立绩效管理领导小组，安排专人负责，将绩效管理责任挂靠科室领导、分管领导，督促落实。

【文明创建】 积极参与文明县城、文明城市创建活动，深入开展第十二届合肥市文明单位创建工作。积极参与学雷锋、结对帮扶、无偿献血等志愿者服务活动。巩固“文明单位”“青年文明号”“巾帼文明岗”创建工作成果，激发全体干部职工归属感、自豪感、责任感，提升工作热情，提高工作质效。参加“肥东县第三届道德模范”评选活动，纳服科许俊武获“敬业爱岗”道德模范称号。县国税局连续五届获安徽省文明单位称号。

【党风廉政建设】 召开全县国税系统党风廉政建设工作会议，局领导与分管部门负责人分别签订党风廉政建设责任书，落实党风廉政建设责任。加强廉政风险防控，完善岗责体系，排查风险点，构筑干部职工廉政“防火墙”。深化廉政文化建设，召开反腐倡廉暨作风建设宣讲大会，组织局领导班子、部门负责人到县委党校参观警示教育案例展，组织全体人员观看廉政警示教育片；将廉政学习纳入党组中心组理论学习和支部、部门日常学习中，形成常态化机制。职工书屋采购各类图书800余本，廉政书籍充实。继续丰富廉政文化建设各项载体，园区墙上设置包公系列故事砖雕，景观石上镌刻廉政格言警句，大楼走道内更新廉政展板，向干部职工及家属发放廉政围裙、廉政雨伞，结合前期夯实教育、活动、制度、内外、载体五项基础，突出包公历史文化、红色革命文化、税收行业文化，申报安徽省“廉政文化建设标兵”称号。从社会各界新聘用14名特邀监察员，畅通政民直通车、举报箱、税收执法回访等多种监督渠道，广泛征求社会各界意见。

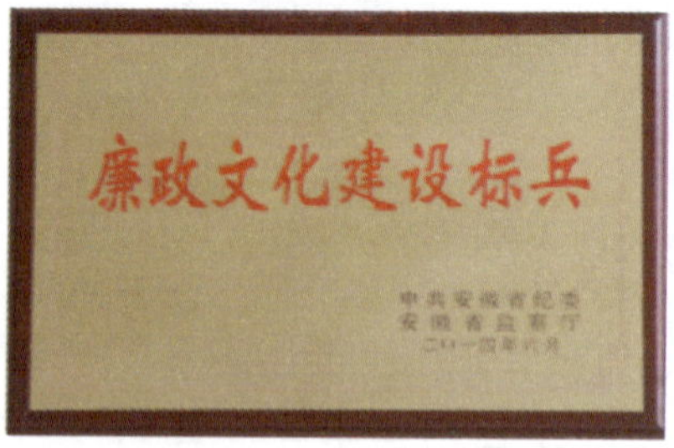

全省廉政文化标兵单位

2014年获县级以上荣誉称

号先进集体

单　位	荣誉称号	授予单位
国税局	第四届全国文明单位	中央文明委
国税局	安徽省廉政文化建设标兵单位	省纪委　省监察厅
国税局	安徽省第十届文明单位	省委　省政府
国税局	合肥市依法行政示范单位	市政府
国税局	合肥市五四红旗团支部	团市委
国税局	合肥市青年文明号集体	市创建青年文明号组委会
国税局	合肥市卫生先进单位	市爱卫会

2014年获县级以上荣誉称号先进个人

姓　名	荣誉称号	授予单位
叶　琢	“迎新春、谱税情”书画摄影比赛一等奖	市国税局
龚　旭	“迎新春、谱税情”书画摄影比赛一等奖	市国税局
许俊武	肥东县第三届道德模范（爱岗敬业）	县委
许俊武	2014年度全省国税系统税务纳税服务岗位能手	省国税局　省总工会
吴锦峰	2014年度全省国税系统人教党务类岗位能手	省国税局　省总工会

（葛圣为）

地方税务

地税局正副职名单

局　长	张义明
副书记	李昌衡
副局长	袁　军　陆汝建　王其彪

【概况】　全年组织各项税费收入199168.4万元，其中，地方税收入149717.66万元，完成市局下达的收入计划，社会保障基金收入43313.93万元，增收2488.63万元，增长6.1%；其他基金费收入6136.8万元。先后获第十届全省文明单位、合肥市卫生先进单位、肥东县目标考核优秀单位、肥东县双拥合格单位等称号。

党员志愿者义务植树

【清算清欠】　对892户企业开展汇算清缴，对全县62个房地产开发项目进行梳理，遴选出8个项目开展土地增值税清算管理，清算税款6427.06万元。做好退税办理及收入更正工作，全年累计办理误收及误交的退税228万元。在社保费征缴过程中，全年共清理社保费欠费2800万元。

【征管水平】　针对《外出经营税收管理证明》开具管理工作，重新设计办理流程，全年共开具1394份，金额56.5亿元。新办税务登记2304户，变更931户，迁出迁入103户，认定非正常户255户，按照规定注销企业13户。年末，全县有纳税人14856户，其中个体工商户8982户，企业5874户。

【征收管理】　6月，推行智能手机发票二维码查询验证系统。开展餐饮企业发票使用情况专项工作和打击发票违法犯罪活动，查处违法企业32户，查出非法发票600份，涉及金额322.81万元，查补税款17.04万元，罚款2.62万元，加收滞纳金0.15万元。10月，首笔境外劳务报酬获得者主动申报缴纳个人所得税8000余元。

【信息平台】 试运行纳税遵从和管理风险软件，对纳税人纳税遵从程度进行控制。通过软件对日常管理中易出问题的76项指标进行监控，提高风险管理质量，减少执法风险。开展核心征管软件以及办公电脑软、硬件运维保障工作，做好VRV和桌面安全防护体系100%全覆盖，杀毒软件安装100%全覆盖。组织人员参加市局网络和信息安全专题培训；选派计算机业务能手参加省局“两员”培训。

【税政管理】 推进应用存量房交易评估技术软件，对全县住宅类和商业类存量房共划532个片区，采用2342个最新的存量房交易可比实例作为依据，建立存量房交易计税价格评估模型数据库，形成较为完整的评估信息系统。调整城镇土地使用税等级税额，县政府以东政〔2014〕34号文件公布施行。组织12万元以上个税申报，超额完成个税完税证明开具任务。强化建筑业承包承租经营个税管理，全年征收个人所得税5115.11余万元，同比增长29.55%。

【税收宣传】 编写地方税（费）知识宣传手册，开展广场咨询活动，组织“我和地税20年”有奖征文活动，在市局获得1个一等奖、2个三等奖。在日常税收征管中，组织业务骨干和机关干部参加“学雷锋普法志愿者”、“江淮普法行”、国家宪法日等宣传活动。结合数据大集中软件上线、“营改增”和企业所得税汇算清缴工作，为纳税人举办所得税汇算清缴培训、土地增值税清算辅导。全年组织68次496人参加培训学习，对外培训15次，参加人数356人。

税收宣传

【落实惠民政策】 2014年减免税统计调查企业4654户，测算个体工商户14935户，办理各类减免税2891万元。对月营业额不超过2万元的企业或非企业类单位暂免征收营业税，对3090户小微企业减免营业税1222.67万元。取消2014年度小微企业认定及减免备案程序，预缴阶段实际享受小微企业所得税优惠384户，减免企业所得税77.46万元。为800余户企业办理失业保险费费率降低认定工作，为企业减负近400万元。

【丰富纳税服务外延内涵】 开展“便民春风行动”，对涉税具体事项进行梳理，明确并缩短办结时限，提高办税效能。机关干部深入基层开展“办税服务实践日”、“一改进三服务”、“下基层、接地气、找问题、转作风”等活动。成立纳税人学校，制定出相关章程，切实为纳税人提供培训辅导，纳税服务内容不断充实。两税科组织人员，在星光国际拆迁安置办公室设立窗口，与县房产局联合办公，连续4个月为1500多拆迁户现场办理房产入户手续。8月，部分购房户接到“买房退购置税”的电话诈骗，迅速启动舆情应对预案，第一时间通过多种渠道紧急辟谣，保护群众财产。

【教育培训】 坚持党组中心组每月集体学习和机关周五学习日制度。创新学习形式，机关学习采取科室轮流“讲学”，41人参加安徽省干部在线教育，在规定时间内全部完成学习任务。全年先后选派11人次参加省、市局组织的知识更新培训，县局自办1期基层干部会计基础知识培训班。鼓励干部通过不同方式提升自身学历，全系统有4人获得党校研究生学历，1人考取合工大在职研究生，1人即将完成安财大硕士学位教育。

【基础设施建设】 完成税务综合办公信息系统应用，实现公文处理系统从ODPS到新办公系统升级应用。成立绩效管理工作领导小组及推进工作组，印发工作方案，完成绩效管理信息系统的搭建和应用，促进绩效管理工作系统化和信息化。推进现代化分局建设，完成梁园、新区及撮镇分局的标准化办税厅改造工作，先后组织石塘、桥头集及白龙分局办公用房维修。县局获“全省地税系统实施现代化分局建设规划先进单位”称号。

【廉政建设】 明确年度党风廉政建设工作任务，对工作任务和党风廉政建设主体责任进行分解。拓展“一岗两责”实施主体，将“一岗两责”落实主体扩大到中层干部。开展廉政风险防控，加强防控机制建设。加强对预算管理、基本建设、行政审批、公务用车、违规设立“小金库”、干部选拔任用、大宗物品采购等事项的监督。经政府协议供货渠道，完成电脑、打印机、办公家具等政府采购任务。通过市公共资源电子交易平台，采购并更新机房服务器、防火墙及UPS电池。开展勤廉承诺，全体干部职工均签订《勤政廉政承诺书》，对劳动纪律、工作作风、行政执法等20项内容作出承诺。主办迎新春干部职工廉政书画摄影大赛，营造勤廉氛围。落实中央“八项规定”，改进会风文风和工作作风。完成12345政府服务热线20件。落实税务检查《廉政反馈制》，发挥“特邀监察员”的监督作用，促进地税系统政风行风建设。完成培训中心等具有接待功能场所的清理工作，修订车辆维修程序，“三公”经费支出同比大幅下降，腾退办公用房面积780平方米。全年收到各类信访举报5件，进行“一案双查”1件，查报率为100%。

2014年获县级以上荣誉称号先进集体

单　位	荣誉称号	授予单位
地税局	合肥市五一劳动奖状	市劳动竞赛会　市总工会
新区分局	全省地税系统2013年度推进现代化分局建设省级先进单位	省地税局
地税局	全省地税系统实施现代化分局建设规划(2009-2013)先进单位	省地税局
地税局	第十届省文明单位	省文明委
地税局	市卫生先进单位	市爱卫会
地税局	合肥市地税系统争先创优单位	市地税局
地税局	志愿服务工作优秀集体	县委　县政府

2014年获县级以上荣誉称号先进个人

姓　名	荣誉称号	授予单位
汪素菊	“我和地税20年”征文一等奖	市地税局
夏志祖	“我和地税20年”征文三等奖	市地税局
昂圣银	“我和地税20年”征文三等奖	市地税局
潘　琳	合肥市“五美”女	市妇联　市文明办　市美好办

（汪素菊）

银行　保险

□人行
□工行
□农行
□建行
□中行
□农发行
□农商行
□邮政储蓄银行
□湖星村镇银行
□财产保险
□人寿保险

人　行

人行肥东支行正副职名单

行　长	赵国银
副行长	宣夕全　朱恩红

【**概况**】　2014年，人民银行肥东支行贯彻落实国家货币政策，加强窗口指导，引导金融机构调整信贷结构，维护辖区内金融体系的稳定，全县金融机构各项存款余额260.93亿元，比年初增加38.97亿元，各项贷款余额182.50亿元，比年初增加20.91亿元，存贷比为69.94%。

【**执行货币政策**】　及时传达上级行召开的年度工作会议精神和有关文件精神，按季召开全县金融形势分析会，开展2013年度涉农信贷政策导向效果评估，开展支农再贷款以及支小再贷款情况的相关调查，组织召开县域银企洽谈会，为商业银行和小微企业沟通搭建平台。及时传导和实施货币政策，加强对辖内金融机构货币信贷工作的监测和分析，为经济结构调整和转型升级创造稳定的金融环境。

【**金融生态建设**】　继续推进农村青年信用示范户工作。与团县委联合召开“2013年度肥东县农村青年信用示范户创建评审会”，评审出青年信用示范户100户。其中：五星级15户，四星级51户，三星级34户。组织对肥东县3年来评选出的农村青年信用示范户进行回访活动，在众兴乡政府召开农村青年信用示范户创建工作座谈会，现场解决信用户提出的贷款需求等问题。做好征信管理工作，为公民提供个人征信查询2123人次，同比增加108人次，发放机构信用代码证1391份，同比增加228份。

【**维护金融稳定**】　按时报送中小金融企业存贷款日报，按月编报金融统计报表，年初及时监测辖内春节期间流动性需求情况，新增工业园区、小微企业纳入工业景气调查，为贯彻执行货币政策提供依据。加强对辖内银行业风险监测与评估，关注银行信贷资产质量和资本充足水平变化情况，建立银行业金融机构信贷旬报监测制度。加大对地方法人金融机构风险监测力度，特别是对利率定价风险的监测，按要求完成法人金融机构数据录入工作。完成金融稳定调查任务。开展对银行发展情况、企业负债情况、金融支持新型农业经营主体、两权抵押贷款试点开展情况、保障金融机构农村存款主要用于“三农”等调查。组织开展金融知识宣传月、反洗钱宣传月、反假货币宣传月和征信知识宣传月等宣传活动。做好《存款保险条例（草案）》征求意见稿的宣传和舆情监测工作。

【**金融服务**】　履行经理国库职责，办理各级预算收入451226笔，同比增加110073笔，实现预算收入33.12亿元；办理预算支出70624笔，同比增加15079笔，办理预算支出79.12亿元。会计核算数据集中系统(ACS)上线。做好数据迁移、凭证出售，完成（ACS）正式上线运行和辖内各银行业金融机构综合前置子系统上线运行。改善农村支付环境，协商肥东县委组织部、肥东农村商业银行做好农村金融服务站建立及推广工作，设立农村金融服务站9家；银联商务安徽分公司设立银行卡助农取款服务点20个；中国银行肥东县支行设立4家农村金融服务站。维护人民币信誉，依法打击制贩假币活动。2014年，辖内银行业金融机构共收缴假币2473张，同比增加155张，面额合计230555元，同比增加7820元。为公众鉴定火烧、霉烂等特殊残缺污损人民币34人次，金额47884元，同比增加7820元。办理银行账户的开立、撤销、变更、统计等工作，共受理各类银行账户3154户，同比增长16%。其中：办理核准类账户2781户，办理备案类账户373户。做好贷款卡行政许可业务，完成企业信用信息的录入、交接和存档，为企业借款人办理贷款卡业务1007笔（其中新办115笔），同比增加9笔。

【**执法检查**】　组织开展对辖区内工商银行肥东县支行等6家银行业金融机构人民币收付和假币收缴、鉴定管理办法执行情况执法检查；对农业银行肥东县支行、肥东农村合作银行展开统计执法检查；对辖内银行业金融机构开展反洗钱和人民币银行结算账户管理执法检查、走访。对检查、走访中发现的问题分别责令被检查单位限期整改。

【班子建设】 开展党的群众路线教育实践活动，按照上级部署，围绕“照镜子、正衣冠、洗洗澡、治治病”总要求和“为民务实清廉”主题，立足实际，突出特色，注重实践，推进学习实践活动深入开展，党组中心组认真学习中央“八项规定”和习近平总书记一系列重要讲话精神，进一步明确思路，转变观念，紧密联系工作实际，切实改进工作作风，带头执行各项规定，多层次、多方面征集意见，并根据征集的意见建议进行深入的梳理、剖析，召开专题民主生活会，开展批评和自我批评，查、摆问题的根源，制订“两方案一计划”，明确分工、落实责任。

【内部管理】 抓制度落实,强化内部管理，修订完善内部管理制度，抓劳动纪律、职工教育培训、固定资产管理、物品采购管理、劳动工资管理、文档管理、应急演练、节能减排、安全防范等工作，取得效果。

【党风廉政建设】 落实“八项规定”，按照党风廉政建设责任制的要求，层层签订《党风廉政建设责任书》，“谁主管，谁负责，一级抓一级，层层抓落实”。严格执行廉洁从政的各项规定，规范干部职工的廉洁从政行为，行党组坚决贯彻落实党中央、国务院《廉政准则》、“约法三章”、“八项规定”和制止奢侈浪费行为，落实公务用车专项治理工作，严格执行中央纪委《四大纪律八项要求》及人总行“九个不准”等领导干部廉洁自律规定，发挥表率带头作用，接受群众监督和评议。

2014年获县级以上荣誉称号先进集体

单　位	荣誉称号	授予单位
人民银行肥东县支行	支持地方经济发展先进集体	县委　县政府
人民银行肥东县支行	金融统计一等奖	人行巢湖中心支行
人民银行肥东县支行	卫生先进单位	合肥市爱卫会

2014年获县级以上荣誉称号先进个人

姓　名	荣誉称号	授予单位
洪礼传	安徽省人民银行系统文明家庭	人行合肥中心支行
方　珂	青年岗位能手	人行巢湖中心支行
陈丛萍	金融下乡服务竞赛优秀个人	人行巢湖中心支行
赵国银	优秀党员	人行巢湖中心支行党委
计　波	优秀党员	人行巢湖中心支行党委
谢长贵	优秀党员	人行巢湖中心支行党委
杨立勇	优秀党员	人行巢湖中心支行党委
王　武	优秀党员	人行巢湖中心支行党委
欧阳昕	金融统计先进个人	人行巢湖中心支行

（袁圣伦）

工　行

工行肥东支行正副职名单

行　长	杨景东
副行长	李　勇

【概况】　12月末，本外币各项存款余额50.82亿元，比年初增长4.71亿元。其中储蓄存款余额32.16亿元，比年初增长3.08亿元；公司存款余额7.54亿元，比年初增长1.31亿元；机构存款余额11.08亿元，比年初增长0.96亿元。各项贷款余额31.19亿元，比年初增加1.09亿元；投行表外创新融资3亿元，比年初增加3亿元。实现中间业务收入3576万元，同比增加516万元;实现拨备前利润1.65亿元，同比增加886万元。不良贷款余额2668万元，不良率0.85%。其中，法人客户不良贷款余额为1576万元，个人不良贷款余额869万元。

【经营亮点】　存款业务持续发展。12月末，对公存款余额18.6亿元，比年初增长2.25亿元，余额及增量均创近6年历史最高水平；储蓄存款余额32.16亿元，较年初增长3.08亿元。实现拨备前利润1.65亿元，成为全省拨备前利润第一县支行。投放3亿元收益权理财融资，实现中间业务收入1320万元，表外融资业务实现零的突破。加大贷后管理，成功化解近2亿元的风险贷款，有效遏制贷款的劣变。年末，81户贷款企业仅1户形成不良，下半年未出现违约贷款。加大营销力度，完成近2万户居民的社保卡发卡，县域市场占比第一。强化内控案防工作，规范业务操作流程，加强业务监管，开展“员工违规参与民间融资专项排查活动”，保障全行安全运营，省分行授予肥东支行连续25年案件防范先进单位称号。强化队伍建设。完善考核激励机制，建立员工档案，激励员工劳动热情，通畅员工晋升渠道。加强党务建设，树立标兵模范形象，营造积极向上的工作氛围，打造合格员工队伍。

【服务立行】　开展“人民满意银行建设年”活动,加强对日常服务工作督查。每周到网点检查1次,每月进行通报,每季度进行分析，及时发现和改进服务工作中存在的问题，营造服务工作氛围。加强服务工作奖惩考核，明确服务工作责任与要求，加大服务管理人员的考核力度，注重重点员工的服务管理，对服务管理责任不落实的，决不姑息迁就。

【内控管理】　开展“建设合规文化　珍惜职业生涯”主题教育活动、信贷从业人员廉洁从业“十个严禁”专题学习活动、网点员工再学习活动，增强全行员工遵章守纪意识，提高制度执行力。组织员工行为动态排查工作，增强员工规范行为的意识，保障依法合规经营和防范各类案件风险。开展信贷风险排查，推进信贷信息真实性治理，从“人”和“事”两方面入手，修订和完善支行内控管理考核办法，按月和不定期相结合对网点进行业务检查，对风险进行事前防范和事中控制，把风险消解于萌芽状态。落实安保工作职责和措施，全年安全无事故，获得连续25年案件防范先进单位称号。

【队伍建设】　健全人事制度，畅通员工管理类职务序列和业务类职务序列晋升渠道，引导员工良性竞争；领导班子成员以身作则，引领员工树立正确的价值观、人生观，打造合格员工队伍。

【市场拓展】　加大客户拓展力度，对县域内客户逐户筛选，对存量客户深入挖潜，对重点项目采取一户一策。对“肥东一中项目”贷款，主动与上级行沟通，到政府、教委、学校上门搜集材料，一天一个进度，该项目在9月底成功实现审批投放。对“合肥物流园项目”，积极与省行、营业部投行部联系、汇报，与政府、企业沟通，该项目仅用时3个月，就完成营销、审批、投放全过程。至年末，无贷户存款余额6.04亿元，较年初增长2.7亿元。实现中间业务收入401.16万元，净增10万元无贷户30户，净增日均5万元法人金融资产客户9户，新增国际业务有效客户3户,机构日均5万元金融资产较年初增长7户，10万元以上机构户较年初增长5户，三方存管完成359户，任务完成率150%。

2014年获县级以上荣誉称号先进集体

单 位	荣誉称号	授予单位
肥东支行	第十三届合肥市文明单位	市委 市政府
肥东支行	公务卡发卡优胜单位	中国人民银行巢湖中心支行

（夏先文）

农 行

农行肥东支行正副职名单

行 长	薛 军
副行长	俞庆华 夏峻峰

【概况】 2014年底，各项存款比2013年底净增36754万元，其中储蓄存款增长26350万元，对公存款增长10404万元。

【个人存款】 加强银行卡业务推进和资金归集源头营销，集中发放惠农务工卡、行政事业单位公务卡、准贷记卡、复退伍军人保障卡、代理发行金融社保IC卡。全年新增信用卡近2000张，新增信用卡活动客户约900户。

【对公存款】 推介农业银行结算套餐、现金管理平台、单位结算卡等项业务，提高资金归集。通过约定存款利率、代理寄库等方式，加强与县信合银行、湖星村镇银行、县人寿保险公司等金融同业的代理业务合作。全年新开立有效对公结算单位账户475户，新增单位现金管理平台89户，结算套餐80户，增加对公存款1.04亿元。

【调整资产结构】 主动退出低效客户20户，涉及金额2亿元。申请批准肥东县中小企业担保公司担保资格准入，全年信贷投放此类贷款9300万元，原由东部新城担保的贷款全部平稳落地。调整客户规模结构，为评级授信扫清制度障碍。加大农业产业链贷款推进力度，以“公司+农户”、“合作社+农户”等担保形式发放农户贷款，解决一批种养殖大户、家庭农场和青年信用示范户融资需求。营销楼盘个人按揭贷款业务。年末各项贷款总体呈负增长，但个人类贷款较上年净增加16075万元，主要为个人住房按揭贷款和农户贷款。全年累放农户贷款593笔，金额4304万元，累放个人按揭贷款19192万元，2014年一年发放的按揭贷款金额超过以前三年之和。

【助农服务】 在万村千乡农家店、农资联锁店、农村医疗机构、龙头企业、合作社等地方布放POS机、惠农通、转账电话等电子机具，助农服务在部分网点新添自助存取款一体机，缓解临柜窗口工作压力，为外出务工人员春节返乡办理业务提供便捷服务。利用春节、清明等外出人员集中返乡之际，组织人员深入农村，集中发放务工卡30万张，安装乡村转账电话1803台，布放乡村POS机262台，设立助农取款服务点249个，惠农通工程服务点408个，实现电子产品在县内行政村全覆盖，扩大农行服务半径。

（谢剑波）

建 行

建行肥东支行正副职名单

行 长	周臣宝
副行长	王阿兰 孔祥洪 韩 冰

【概况】 2014年末，全行一般性存款余额24.5亿元，较年初增加4.07亿元，在全省59个县支行中位居第七，较上年末提升两位；对公存款余额13.68亿元，比年初增加2.6亿元；储蓄存款余额10.8亿元，比年初增加1.46亿元。对公贷款余额7.9亿元，较年初增加1.9亿元；个人贷款余额22.5亿元，比年初增加3.1亿元，其中个贷余额和新增均位居全省县支行第一位。全年实现中间业务收入2536万元，计划完成率98.19%，居全

省县支行第四位。未发生任何经济案件、四类案件和重大责任事故。

【多管齐下抢占市场】 个人金融业务方面，紧紧围绕旺季营销，加强宣传，充分调动网点、员工揽存积极性，一季度储蓄存款新增2.43亿元，在合肥四县支行中排名第一。针对代发工资户、专业市场、敏感性中高端客户，开展“夏日起航，收获金秋”个人金融业务营销活动，受到客户好评。支行在获悉金融社保卡客户市场重新划分的信息，举全行之力，全力以赴抓金融社保卡的营销，利用各种人脉资源，共营销金融社保卡12130户，在县域内7家银行竞争39355户的金融社保卡中，占比30.8%，在国有“四大行”中占比43.6%。发放个人贷款1862笔、55736万元，其中个人住房1717笔、50890万元，二手房53笔、1552.1万元，商用房42笔、2036万元，公积金贷款50笔、1257.9万元。新签约楼盘3个，支行安排工作人员上门到项目售楼部集中办理按揭业务，受到客户好评。联动营销信用卡600多张。实现中间业务收入303万元。做好资金结算工作，开立会计结算账户241户，其中基本账户111户，非基本类账户130户，四季度新增“开户盈”67户，为7户单位开办一户通业务，18户单位开办现金管理系统，55户单位开办单位结算卡，119户单位开办支付密码器，签约396户自助账单业务，为存款寻找新的增长点。

【提升服务质量】 及时传达学习上级行优质服务检查情况的通报，对检查中发现的问题，认真分析、研究，提出整改措施，认真落实到位，对违规人员批评处罚。大堂经理引导分流，提高自助设备使用率、柜面业务替代率，减少储户排队时间，提升客户满意度。出台《肥东支行柜面优质服务考核方案》，明确规范服务内容，强化考核约束力度，提升全行服务客户的水平和能力。

【安全管理】 针对现金收付量大，上午取现多，下午存现多的特点，采取现金预约、勤缴勤调等措施，尽最大努力压缩库存现金，防范风险。支行行长与部门、网点负责人签订安全责任状，明确安全职责，认真做好节假日重点时段的安全值班和安全检查工作，加强营业网点保安的管理和检查、ATM的日常管理和晚间巡查工作，认真开展自助银行安全自查工作，制订《肥东支行自助银行安全管理若干规定》。

【制定三年发展规划】 广泛调查摸底，详细数据分析，分层征求意见，全行员工大会开展经营形势分析，以“印象肥东、当下肥东、梦想肥东”为主题，回顾肥东支行发展历程及取得的业绩，剖析存在的问题和困难，对未来三年肥东支行的发展进行规划与展望，提出“凝心聚力，创业三年，再造新肥东”的目标。

【“每周一课”学习制度】 实行“每周一课”学习制度，利用每周四晚上开展学习培训和交流，做好课前准备工作，将上级行的文件规定、新的业务知识传达贯彻到员工，提高学习效果。

【反洗钱工作】 坚持反洗钱工作，对新开户客户坚持身份核查制度，按规定留存客户身份核查资料；对系统自动提取出来的大额和可疑交易认真进行甄别，及时处理，对系统没有提取出来的可疑交易按规定及时进行增录。9月，开展反洗钱、反假货币宣传活动。

【党建工作】 开展党的群众路线教育实践活动，认真贯彻落实中央八项规定，坚决反对形式主义、官僚主义、享乐主义和奢靡之风。充实、发展一线党员，2名预备党员按期转正，新接收2名预备党员，2名青年员工递交入党申请书。重视新闻宣传工作，鼓励员工积极向营业部网站投稿。加强文明创建工作，10月获第四届省分行级“文明单位”表彰。

【卫生集中整治】 改善网点工作环境，成立营业办公场所环境卫生集中整治工作小组，划分环境卫生责任区域，制作环境卫生责任分区公示牌，责任到人，公示上墙。倡导员工养成“每日清洁5分钟”、“每周清扫半小时”良好习惯，营业办公场所环境卫生改观。

【金融知识普及宣传活动】 志愿者服务队在营业网点门前以及县内各主要地段设立咨询台，张贴宣传画、发放宣传资料并结合网点LED电子滚动屏，向过往群众介绍银行卡、理财产品、服务收费等纠纷高发领域的风险，让金融知识走近客户、金融产品满足客户、金融服务为了客户。

【关爱员工】 对生病住院的员工和职工家属，支行备上慰问品进行探望；采取多种方式和措施，确保员工休假制度落实到位；实行网点员工行服常态化，夏装每年2套，冬装每年1套，新员工随到即做；对营业网点和办公场所定期进行环保安全检测，保障员工身体健康；充分发挥系统工会各文体协会的作用，开展活动，从身心健康、兴趣娱乐、文化修养等方面让员工体会到关心和关爱。

2014年获县级以上荣誉称号先进集体

单　位	荣誉称号	授予单位
肥东支行	合肥市第十三届文明单位	市政府
肥东支行	安徽省分行第四届文明单位	省分行
肥东支行	县支行年度综合贡献奖	省分行
肥东支行	年度风险控制奖	省分行
肥东支行	A级纳税信用单位	省国税局　省地税局
肥东支行	支持地方经济发展特别贡献单位	县委　县政府
肥东支行	巾帼文明岗	市妇联

2014年获县级以上荣誉称号先进个人

姓　名	荣誉称号	授予单位
吴利权	安全保卫工作先进个人	省分行
黄德山	最佳营运主管	省分行
王荣升	百佳对公客户经理	省分行
高先莉	百佳个人客户经理	省分行
王德刚	百佳个人客户经理	省分行
王德刚	典型引领	省分行
周立群	百佳柜面服务明星	省分行
王德刚	年度先进个人	省分行营业部
周立群	年度先进个人	省分行营业部
管咏梅	年度先进个人	省分行营业部
刘　耕	年度先进个人	省分行营业部
吴　静	年度先进个人	省分行营业部

（蒋逸涛）

中　行

中行肥东支行正副职名单

行　长	马亚华
副行长	张东武

【概况】 2014年年末，本外币各项存款余额12.75亿元，其中一般存款余额为12.19亿元，较年初增长3.59亿元，其中企业存款余额6.21亿元，较年初增长3.06亿元，储蓄存款余额为5.98亿元，较年初增长0.53亿元。各项贷款余额14.86亿元，较年初增长1.05亿元，其中公司贷款10.36亿元，较年初增长-0.48亿元，个人贷款4.26亿元，较年初增长1.46亿元。

【“赛马”活动】 积

极参与总、分行推动的网点公司业务“赛马”活动，发挥赛马精神，激发内生动力，提升网点效能和市场攻击力，在以“争存款、揽客户、创中收”为主题的“赛马”竞赛评比活动中，实现公司业务效能的自我提升，“公司存款、有效客户数、中间业务收入”三项核心考核指标均得到发展，获得中国银行安徽省分行合肥管理部颁发的“一马当先”奖。

【助农取款点建设】 延伸服务端点，在梁园镇邓岗村、东武社区设立助农服务取款点，为村（社区）内农民代发补偿款、小额取款，利用取款点渠道向农民普及反假币、防电信诈骗、外汇结汇等金融知识，提升农民金融知识水平，提供金融咨询便利，农民足不出村就可得到与城镇居民同样高效优质的金融服务，支持“三农”发展。

【金融服务进企业】 银行员工利用周末时间，走进企业，搭建展台，摆放宣传折页，为企业员工代发薪提供银行卡激活、开办个人网银、手机银行等工作，宣传贵金属、基金、保险等多种金融产品知识，拓宽企业员工投资视野，现场满足企业员工的部分金融服务需求，解决企业员工工作繁忙无暇去银行排队办理业务的后顾之忧。

【11.7亿元境外人民币业务】 禹洲置业（合肥）东城有限公司是外商投资控股企业，投建“禹洲.中央广场”地产项目，其中11.7亿元跨境人民币资金由香港汇入其开立于中行的人民币专户，是支行首次经办人民币跨境业务，也是肥东县域内最大的一笔单笔跨境人民币业务，数额巨大，对投资人及经办银行来说也是一项全新的业务，中行为此笔业务的落地量身打造“跨境人民币兑标通”新产品，跨境人民币账户的设立、资金的使用需经省级以上商务部门、人民银行及外管局的审批核准，涉及的部门多，程序较为繁杂，中国银行特派相关专业人士全程陪同投资人多次往返于各部门之间协调、沟通，克服多重困难，最终按程序获得多部门的审批通过，缩短账户及资金使用的审批时间，客商的投资资金尽早地落到投资实处，提前获得投资回报，得到投资商认可。

【支持城镇化建设】 肥东县城乡建设投资有限公司投资建设的“青年小区”、“晨光花园”项目是肥东县政府推动的新型城镇化建设的重大举措，投资规模大，投资力度强，中行紧密配合城镇化建设，深化银企合作、银政合作内容，为“青年小区”、“晨光花园”总共提供4.5亿元的项目贷款，助推肥东县域内的城镇化建设。本笔项目贷款是中国银行肥东支行成立以来对当地发展建设最大的一笔信贷支持。

【堵截假身份证开户】 7月8号上午11时24分，一客户持肥东本地身份证来1号柜台办理借记卡开户业务，经办柜员按照开户流程，进行身份证联网核查，核查显示错误，认真核查身份证原件后，发现客户所持身份证图片画面较为模糊，身份证防伪标志“中国CHINA”过于明显，经后台业务经理鉴定确系假证，立即启动应急预案，拨打110报警，经办柜员、大堂经理和保安人员设法稳住客户，极力拖延时间，防止客户抽身逃跑。11时37分，派出所民警赶到，大堂经理和经办柜员向民警作简要说明，民警带走客户许仁春进行调查。成功堵截一起客户持假身份证开户业务，落实人民银行的反洗钱相关规定。

【堵截电信诈骗】 7月19日下午16点38分，一名青年异地男性客户边打电话边走向柜台，到达柜台后趴在柜台上记录并反复核对相关信息，并不要求窗口经办柜员办理业务，16时41分急忽忽离开柜台，径直走向自助银行服务区。柜员发觉该名客户行色匆匆，结合总、分行下发的诈骗案件材料，怀疑客户可能受骗，遂立刻拨打值班大堂经理电话，告知大堂经理迅速前往ATM区询问该名客户具体情况，防止客户上当受骗。大堂经理接到电话后和保安一起迅速跑到ATM区，发现该名客户仍一边在与对方通话，一边在ATM机上输入对方银行卡号，大堂经理打断客户与对方的通话并向客户了解情况，果断将客户银行卡退出。经了解，客户与对方并不认识，对方自称中国红十字会员工，告知因客户本人的弟弟出现意外情况，红十字会有6800元的补偿款发放到其银行卡账户，通知他前往中行的ATM接收汇款（客户本人的弟弟近期确实出现意外事故情况，因此客户便没有产生怀疑）。诈骗份子让客户将自己的银行卡插进去并选择转账，让客户输入对方账户来接收，在输入金额时恰好被此刻赶到的大堂经理及时制止，避免客户资金损失。

【堵截伪造身份证件办理借记卡激活业务】 8月25日下午14时32分，一省内客户卢某柜台办理长城工薪借记IC卡（系中行肥西支行发卡）激活业务，经办柜员在核查客户的身份证件时发现存在如下疑点：一是身份证字体较粗，姓名与性别字体不在一条垂直线上；二是通过二代身份证鉴别仪无法读出信息；三是网状交叉图像模糊且纹理较粗；四是联网核查返回照片与身份证图像不一致；五是身份证照片模糊且照片发型不符合相关要求。柜员初步认为该证有假证嫌疑，经后台业务经理再次鉴定确为假证，向分管行长汇报后立即启动应急预案，拨打110报警，同时柜员假装为卢某办理业务,大堂经理和保安人员继续与卢某交流设法稳住卢某，卢某始终言辞闪烁，声称身份证丢失，其家人临时在宿州老家为其办理，现在凭此证办理激活工资卡业务。14时42分，派出所民警到达，对卢某进行询问后，将卢某假身份证没收，并将卢某带回派出所调查。

【堵截假美元结汇业务】 10月9日上午10时10分，一本地客户办理美元现钞兑换人民币业务，经办柜员发现4900美元现钞中有5张面额为壹佰的美元假钞，经业务经理再次鉴定后确认为假美元，向分管行长报告后立即启动应急预案，拨打110报警，柜员、大堂经理和保安人员设法稳住客户，10时38分，警方到达银行，详细了解该案件情况，对假币进行拍照、登记编号备案，柜员与业务经理当着客户的面，按人民银行假币收缴流程履行职责，将假美元密封，并告知客户如对假美元有异议，可持中行假币收缴凭证前往当地中国人民银行申请假币鉴定。民警将客户带离中行进行调查。

2014年获县级以上荣誉称号先进集体

单　位	荣誉称号	授予单位
肥东支行	2014年“金骏驰新”个人金融业务开门红竞赛“业务竞赛综合奖”	省分行合肥管理部
肥东支行	2014年“金骏驰新”个人金融业务开门红竞赛“核心存款优胜机构奖”	省分行合肥管理部
肥东支行	2014年“金骏驰新”公司金融业务开门红竞赛“业务竞赛综合奖”	省分行合肥管理部
肥东支行	2014年“金骏驰新”个人金融业务开门红竞赛“人民币公司存款新增优胜奖”	省分行合肥管理部
肥东支行	2014年合肥管理部产品创新奖“一等奖”	省分行合肥管理部
肥东支行	2014年网点“赛马”活动“一马当先”奖	省分行合肥管理部
肥东支行	2014年网点效能提升竞赛“二等奖”	省分行合肥管理部
肥东支行	2014年网点人均效能提升竞赛“营业网点人均效能优胜奖”	省分行合肥管理部
肥东支行	2014年服务渠道转型竞赛“三等奖”	省分行合肥管理部

（谢发权）

农发行

农发行肥东县支行正副职名单

行　长	张本勤
副行长	陈智渊

【支持粮食收储】 顺应农产品购销政策调整的新变化新要求，采取措施，支持粮棉油收储，全年累计提供粮食收购资金43100万元，收购稻谷8.36万吨、小麦6.28万吨。及时足额供应收储资金，确保中央和地方储备粮增储轮换顺利进行。积极支持地方储备体系建设和仓储设施建设。完成好国家肉、糖、化肥等专项储备信贷任务。适应托市收购分贷分还新变化新要求，沟通协调，对辖内代储企业分类排队，合理认定、择优选择贷款企业，加强贷后管理，严控代储企业转嫁风险，避免出现收购

空白点。对自主经营、自担风险、自负盈亏的自营性业务，坚持市场化原则和“五好（老板好、体制好、经营好、管理好、信誉好）标准，严格准入，优胜劣汰，支持多渠道主体参与市场化收购，支持优质客户和战略性客户掌握市场份额。

【支持农村基础设施建设】 重点支持水利和新农村建设，优先支持纳入国家投资规划、有可靠还款来源的高标准农田建设等农业开发，择优支持农村路网，支持县域基础设施建设，年末县域基础设施建设贷款余额81600万元。

【严控信贷风险】 认真落实各项风险管控措施，严控新增不良，保持不良贷款继续实现“双降”。落实收购资金封闭管理各项行之有效的制度办法，严格执行“五个关口”“八个环节”“十条底线”的要求和“双结零”措施，抓贷款支付和库存监管。提高风险监测和预警水平，加强贷款担保管理。

【信贷基础管理年活动】 抓问题排查，摸清风险底数，明确防控重点。抓整改落实。根据风险排查情况，分析风险成因，及时采取措施，有效化解风险。抓建章立制。完善信贷制度并汇编成册，为信贷管理工作提供标准化、规范化的操作依据。完善问责机制，有章必循、违规必究，提高执行力。

【党的群众路线教育实践活动】 活动以学习教育、听取意见，查摆问题、开展批评，整改落实、建章立制3个环节为重点。通过征求意见和自查自纠，领导班子在“四风”方面存在11项主要问题，针对存在的问题制定并落实《中国农业发展银行肥东县支行群众路线教育实践活动整改方案》，支部领导班子和领导干部的作风明显改善，支行党群干群关系得到增强。

（章　超）

农商行

肥东农商行正副职名单

董事长	李　涛
行　长	丁　牧
副行长	王浩然　陶秀明 俞胜林

【概况】 截至2014年12月末，肥东农商行各项存款余额757261万元，较年初增加103546万元，增幅为15.84%；其中对公存款余额为183835万元，较年初增加32665万元，增幅为21.61%，占比24.28%；储蓄存款余额为573426万元，较年初增加70881万元，增幅为14.1%，占比75.72%。各项贷款余额531388万元，较年初增加84826万元，增幅19%；存贷比70.17%。实现营业收入51800万元，同比增加9683万元；实现利润总额10560万元，同比增加1811万元；实现净利润7643万元，同比增加1485万元；辖内布放ATM机43台；累计发行银行卡33万张；存量商务POS商户达到303户，布放机具342台，较年初新增36户，户均存款114537万元；拓展金农便民宝381户；累计签约网银业务16920户，其中个人和企业客户分别签约16287户和633户，年度净注册5425户；手机银行签约16533户，动户率21.57%，累计交易59933笔，交易金额6.76亿元。

【存贷款营销】 组织开展为期一个月“送金融知识下乡”活动。活动以党的群众路线教育实践活动为载体，通过员工演节目、辖内支行做宣传、柜面业务作引导等方式，将宣传活动同工作有机结合，做到两手抓、两不误、两促进，利用安徽农村合作金融机构贷款突破3500亿元发展契机，向前来柜台办理业务客户及“送文艺金融知识下乡”观众介绍贷款优惠政策，受到群众普遍欢迎。

变“坐商”为“行商”，主动上门，加大存贷款营销力度，为客户提供便捷金融服务；召开中小企业银企座谈会，采取面对面沟通交流，从信贷、担保等方面积极为企业融资出谋划策，拓宽融资渠道；通过政府平台、制订理财方案和存款执行利率最高上浮幅度等形式，最大限度让惠于百姓，吸引客户积极存款；与政府、党政事业单位协调沟通，争取更大财政资金支持。开展各种金融产品宣传活动。5月，为扩大小微企业信贷投放规模，在人口密集区摆放宣传台，开展“助

小微促升级防风险惠民生”宣传活动，成效显著；6月，组织开展“金融知识万里行”活动，将金融知识送进千家万

户。截至12月末，小微企业贷款余额342809万元，较年初增加63436万元，增幅22.71%，高于贷款增幅3.71个百分点。

中小企业银企座谈会

【服务县域经济】 坚持涉农、新农保代发业务。连续多年为县政府提供粮食直补、综补、抚恤定补等54种涉农资金代发业务，全年为涉农、新农保代发总笔数113万户，金额46188万元，涉农代扣170多万笔，金额46188万元。开办生源地助学贷款。开辟“绿色通道”，对辖区内大学新生逐户调查、核对、登记，保证助学贷款合规、及时发放。加大涉农贷款投入，积极支持实施美好乡村建设。涉农贷款271105万元，较年初增加57458万元，增幅26.89%，高于贷款增幅7.9个百分点。

【手机银行业务】 做好手机银行业务推广，根据不同版本手机银行特点，先后制定手机银行推广方案和补充方案，组织两期全员集中培训，本着“先内部、后外部；先试点、后推广”原则，分两组到各支行、部现场指导业务开展，有力促进手机银行业务推广。做好宣传和通报工作。统一宣传标语、折页、海报、客户操作手册，统一办公电话手机银行彩铃，引导公众收看省联社统一定制的电视媒体广告。

【安全保障】 加强员工安全教育。每月召开两次安全工作会议，组织员工学习安全保卫工作制度和相关文件，并加强对守库押运人员思想政治教育，提高员工安全防范意识。强化联防，确保安全工作外援保障。在与110联网同时，还要求各营业网点与相邻单位、居民签订治安联防协议，动员社会力量参与共同做好安全保障工作，保证突发事件能够及时争取外援。全年签订联防责任书44份，保障全行营运安全。

【改善金融生态环境】 强化内部管理、转换经营机制、降低贷款风险，采取多项措施，加强信贷综合管理。严控新增贷款风险。进一步加大对各贷款机构上报大额贷款审核力度,对每笔新发放贷款要求必须有充足抵质押等担保手续。贷款发放严格按“贷款新规”办法执行,严把新增贷款准入关。严把担保公司准入和合作范围。停止与民营担保公司合作，对存量民营担保公司担保贷款制定压缩计划，逐步清收到位。利用信贷综合整治有利时机，在召开培训会、动员会基础上，制定多项措施，与年度绩效挂钩，与基层支行行长签订不良贷款净降责任书，组织人员逐笔梳理统计存量不良贷款；对于原存量不良贷款，落实清收计划逐年化解；加强与司法部门合作，加大依法清收力度。对于金额较大，风险集中大额贷款，组织专人负责、定期召开会议、汇报分析清收进展情况，重点关注、重点清收。

【内审稽核】 以加强“3+2+1”三级网络监控体系为基础内控体系建设为工作重点，坚持查防结合、督促整改原则，督促营业机构执行内部规章制度。以案件防控为主线，通过对重点岗位、重点人员和重要业务条线检查和监督，及时发现和充分暴露各分支机构在制度执行中存在的违规行为，有效堵塞内控管理漏洞。全年完成7项专项审计工作，履（离）职审计64人次。序时稽核45个营业网点，序时性常规稽核覆盖率为200%。现场审计稽核工作总量1060个工作日，下发审计意见书134份，提出整改意见425项。

【集中授权防范风险】 结合行工作实际，对提前支取授权金额调整，定期储蓄存款提前支取业务全部进行授权，将一本通业务纳入远程授权管理；对手机银行、网上银行部分业务纳入授权管理，进一步加强风险控制。截至12月末，受理营业网点授权业务161949笔，其中授权成功156503笔，申请端取消授权4205笔，分配前撤销731笔，网络中断138笔，拒绝授权127笔，已分配及其它原因161笔。

【培育服务理念】 培育文明服务理念，力求实现柜台降低一公尺，文明提升一大步。进一步加大对柜面人员文明服务考核力度，将其纳入员工年终考核。对各个网点营业大厅客户意见簿进行集中清理，对照意见簿客户提出的意见和建议进行快速查摆，妥善解决。并制定“一天一清理”制度，确定责任人，定期查看汇总、解决。定期不定期进行明查和暗访督查，并加大纪检监察力度，要求对客户提出的意见和建议应及时回复；对客户提出的意见没有及时整改的网点，给予负责人严厉处罚。

【企业改制】 根据省政府关于进一步深化全省农村合作金融机构改革文件精神及省联社工作部署，肥东农合行对照组建条件做好前期调研、论证、测算和分析等准备工作，并得到县委、县政府高度重视。年初成立筹备工作组，召开股东代表大会，制定筹建工作方案，并聘请庐东会计师事务所和庐东资产评估事务所进行清产核资和整体资产评估，出具清产核资、资产评估及净资产分配工作方案，组织发起人签订协议书。

肥东农村
商业银行开业庆典

6月，通过安徽银监局验收并完成整改工作。9月3日，安徽银监局正式同意筹建《安徽肥东农村商业银行股份有限公司》。在收到筹建批复文件后，选举股东代表，召开创立大会暨首届股东代表大会。12月27日，安徽肥东农村商业银行股份有限公司正式挂牌开业，标志肥东农商行改制工作圆满完成。

2014年获县级以上荣誉称号先进集体

单　位	荣誉称号	授予单位
农商行	第十三届合肥市文明单位	市委　市政府
农合行	安徽农金通联工作“十佳工作站”	省农村信用社联合社
农合行	“便民支付拓展优胜单位”	人民银行巢湖中心支行
农合行	肥东县首届全民文化月活动“最佳支持单位”	县委　县政府

（万惠敏）

邮政储蓄银行

邮政储蓄银行肥东支行正副职名单

行　长	王春堂
副行长	胡振刚

【概况】 2014年末，个人储蓄余额为28.5亿元，较年初增加2.3亿元，增幅13.96%；理财结余0.63亿元，较年初增加0.24亿元，增幅62%；全年共计发卡7.3万张，结存卡数40.7万张；批量开户4.2万户，代发资金6.58亿元，9.3万户。各类贷款结存余额4.5亿元，较年初增加1.12亿元，增幅32%；全年票据贴现量3.5亿元，同比增加45%。

【金融服务】 开展反假币、反洗钱宣传，提升城乡居民反假币、反洗钱意识。方便春节农民工返乡，开展“亲情银行卡·服务农民工”活动。与乡镇、行政村合作，开展绿卡村镇、信用村镇建设，全年送金融下乡4次，参与网点与部门25个，活动70余场次，参加员工400余人次，印制与发放宣传资料40000份。

【产品开发】 8月，试点开展家庭农场（专业大户）小额贷款，扶持县域“三农”发展，累计发放贷款825万元，结余820万元。重点对一定规模的种植业、家畜（生猪、家禽、牛羊等）养殖业、林业、食品加工行业等涉农产业进行扶持。涉农行业覆盖产、收、储、运、销全产业链。

【小额信贷】 2014年，小额贷款发放1349笔1.23亿元，结余1290笔近1亿元。其中再就业小额贴息贷款发放2076万元，结余2058万元，为“大众创业，万众创新”提供资金支持。

【扶持小微企业】 2014年，累计向各类小微企业发放贷款2.9亿元，涉及农业、餐饮、百货、机械加工、商贸流通等各行业。

【购房消费贷款】 2014年，发放购房消费贷款7511万元，结余1.96亿元，解决城乡居民合理住房资金需求，稳定房产市场。

【风险管理】 落实“双控”要求，重点对小额业务的风险进行排查与控制，加强逾期催收与不良移交，对部分呆账进行上报核销。每季度召开各部门风险例会与“双控”案例分析会，强化部门领导风险意识。严防贷前风险，强化贷后管理，加强逾期、不良贷款催收力度，控制信贷资产质量。2014年末，全行不良资产控制在165.66万元，不良率0.36%，风险控制水平良好。

【优质服务】 严格执行“八不准”行为准侧，按照银监会“七不准”要求发展业务，培训从业人员，树立以客户为中心服务理念，提升服务水平。

（程 松）

湖星村镇银行

湖星村镇银行正副职名单

董事长	夏有华
行 长	戴志铭

【概况】 2014年末，各项存款余额61900.92万元，较年初增加4766.56万元；各项贷款余额52224.76万元，较年初增加2207.26万元；全行资产总额84845.24万元，实现营业收入5169.74万元，净利润1179.93万元。

【小额贷款】 加大对“三农”的资金投放，注重面向个体工商户、种植户、养殖户及小微企业，满足农民群众开展农业生产、新农村建设的资金需求。2014年末小额贷款余额5.18亿元，贷款户数549户。其中200万元以下511户，占比93.07%；100万元以下 456户，占比83.06%；50万以下409户，占比74.49%。

【内控管理】 推进制度建设，夯实管理基础，制定《肥东湖星村镇银行电子银行业务相关规章制度》、《肥东湖星村镇银行信贷档案管理办法》，修订《肥东湖星村镇银行农户联保贷款管理办法》。

【进乡入村服务】 走入乡镇基层，拓展农村市场，在全县18个乡镇，303个行政村，进行金融下乡服务挂牌活动，在各村点指定联系人和负责人。金融服务下到基层，为农村经济发展提供便利。

【总行办公大楼建成使用】 总行大楼位于肥东县龙泉西路16号，4月，装修施工，12月，新办公大楼投入使用。

湖星村镇银行总行新办公大楼

【员工培训】 全年组织员工专业技能培训20次，培训涵盖网银业务、手机银行业务、POS业务、反假币业务、小额贷款操作流程、账户管理办法、贷款通则、肥东湖星村镇银行信贷业务、商务礼仪、担保法及物权法等。组织信贷知识考试7次，针对试卷进行专题讲解。

《商务礼仪》培训

【送温暖】 7月1日，党员干部到牌坊乡尖庙村，开展“庆七一、送温暖”，走访慰问生活困难的老党员及群众家庭，发放大米、食油、奶粉、蜂蜜等生活慰问品，送去关怀和节日的祝福。

走访慰问老党员困难家庭户

【首届湖星杯掼蛋大赛】 11月，湖星村镇银行在总行新办公大楼举办首届“湖星杯”掼蛋大赛，以“我参与、我快乐”为主题，邀请肥东一中、三中、四中、城关中学的教职工80人，进行比赛，城关中学代表队获第一名。

第一届“湖星杯”掼蛋大赛
（陈　婧）

财产保险

财产保险肥东支公司正副职名单

经　理	蒋克峰
副经理	罗海云

【概况】　2014年，公司有员工21人，主要经营车辆保险、家庭企业财产保险、人身意外保险、责任保险、农业保险等各种财产类保险。公司全年实收保费5032万元，报表利润-511万元。其中车险完成保费4572万元（含交强险1242万元），交强险利润-564万元。为16000余台车辆提供保险保障，承保各类企业财产60家，全年赔款金额4112万元。缴纳营业税276.5万元。

【主要工作】　完成肥东出单分中心的设立，强化经营管理、防范经营风险、推动精细化管理。实行销售人员薪酬改革，销售人员的收入与其业绩成正比。组织登山比赛、篮球、乒乓球友谊赛等，推进企业文化，增强员工对公司的归属感，提高幸福感，公司投入物力财力改造“职工之家”，完善基础设施，在工作闲暇之时组织各种集体活动，增进友谊，帮助困难职工解决问题，向积极要求进步的同志提供各种支持，营造良好的工作氛围。

【行业分析】　国家政策显示进一步加大保险业的开放力度，这无疑将加剧保险业的竞争态势，截止2014年底，肥东有合法经营资格的财产类保险公司有6家，分别为：人保财险、人寿财险、平安财险、太平洋保险、国元保险、天安保险。在未来体制与监督更加健全的情况下，本地保险业市场将会更加规范化、合理化。

（徐寿龙）

人寿保险

人寿保险肥东支公司正副职名单

经　理	张　虎
副经理	王秀三

【概况】　全年保费收入11075.32万元，各类给付、赔款支出6375.41万元，其中新单期缴1544.85万元，短险保费773.18万元，银邮代理保费3397.43万元。上缴税金139.78万元，提供就业岗位139个。

【个险方面】　通过“亿万金喜”、“九华山祈福”“私人定制”等项目，3月底实现新单期交保费604.87万元。6月，启动“利益派送升级”活动，“630”实现期交新单保费1123.45万元，创造十年期交保费同期增长90.89%。推出“全员康宁B”和“全民防癌—防癌险上市”活动，服务老客户。

【团险】　年初，制定团险发展规划。启动小额、老龄保险。县政府5月转发农村小额保险文件，召开各乡镇主要领导参加的小额保险动员会；12月，印发“银龄安康行动”实施方案，召开全县乡镇、园区、县直单位主要领导参加的启动大会。通过努力，公司实现短险保费639万元。获市“先进集体”称号。

【银保】　推出“鑫丰新A产品”，分层面与各家银行进行沟通，争取支持，1月，实现银保趸缴保费1968.22万元，全年实现银保期缴233.84万元，同比增长281.31%。

【队伍建设】　加强对营销主管的事业心、忠诚度、责任意识、奋斗意识的培养，每月开展新人岗前培训、代资考培训、新人早会。成立团险法人业务拓展团队，加强公司法人业务拓展。

【企业文化建设】　成立肥东支公司“职工小家”，年底通过省公司验收达标。组织开展“团康活动”、乒乓球比赛，组织员工参加“文艺演出”“书法比赛”“摄影比赛”等活动，丰富员工的精神和文化生活。

2014年获县级以上荣誉称号先进集体

单　位	荣誉称号	授予单位
肥东支公司团险部	合肥市先进集体	合肥市分公司

（张　劲）

罗家疃农业观光旅游

长临河镇罗洪行政村罗家疃中心村位于巢湖北岸、长临河镇中部，坐拥巢湖黄金水岸，以盛产“巢湖三宝”：银鱼、毛鱼和白米虾而闻名，尤其是本地特产“罗家疃小萝卜”素有“小人参”之称，以个小形异、香脆甘甜、营养丰富而名扬四海。南淝河大桥建成通车后，合肥环巢湖旅游大道穿境而过，为罗家疃的旅游业和特色农业带来发展契机。通过土地流转和招商引资重点发展农业观光旅游和采摘旅游，为合肥市民周末出行游玩提供新去处。

综合管理

□发展计划管理
□国土资源管理
□市场监督管理
□价格监督管理
□审计监督管理
□安全生产监管
□劳动人事管理
□行政审批服务
□公共资源交易监管
□统计
□ 气象服务

发展计划管理

发改委正副职名单

主　任	王汝辉
副主任	王贤清 胡庆明
副书记	殷海斌
副主任	钟　敏

【概况】 2014年，县发改委在编制年度发展计划、规划编制和重大事项谋划、重点项目建设、项目谋划申报、项目资金争取和国债项目管理、环巢湖示范区治理、央企合作、统筹协调等方面取得新进展，为促进全县经济社会又好又快发展发挥积极作用。县“861”项目工作连续三年获得全省实施“861”项目突出贡献表彰，县发改委荣获全省实施“861”行动计划先进集体称号。

【编制年度发展计划】 科学编制下达2014年度经济社会发展计划，积极搞好国民经济与社会发展计划执行情况的分析研究，切实做到月有进度，季有分析。全年实现地区生产总值445亿元，比上年增长10%；完成全社会固定资产投资457亿元，增长20.1%，其中工业投资226亿元，增长13.8%；完成财政收入32亿元，增长0.7%，其中地方财政收入23.3亿元；社会消费品零售总额74.2亿元，增长17.2%；完成规模以上工业总产值840亿元，实现规模以上工业增加值202亿元，增长14%；引进县外资金265亿元，其中省外资金198亿元，分别增长10%、15.8%；新引进超亿元项目33个，其中超5亿元项目7个；直接利用外资7044万美元；争取中央投资项目资金1.65 亿元；城镇居民人均可支配收入20451元，增长12%；农民人均纯收入12693元，增长13%。

【规划编制】 编制《关于肥东县2013年国民经济和社会发展计划执行情况及2014年国民经济和社会发展计划草案的报告》，开展“十二五”规划中期评估工作，编制完成《肥东县天然气“十二五”发展规划》，启动“十三五”规划编制工作；推动“三区协同、三镇融合”工作,推动肥东经济开发区扩区升级国家级开发区工作，5月28日，省商务厅组织评审通过“肥东经开区申报国家级开发区方案”。

【项目建设】 建立健全县政府领导联系推进重大项目制度，启动重大项目电子系统升级工程，进一步优化、提升系统使用和监察功能，提升项目综合管理水平。排定253个“361”项目投资计划，项目总投资1099.42亿元，年度计划投资215.76亿元，比上年增长21.3%。其中：85个项目列入市“1346”行动计划，项目总投资683.81亿元，年度计划投资112.16亿元；61个项目列入省“861”行动计划，项目总投资564.95亿元，年度计划投资74.86亿元。全年县“361”项目累计完成投资220亿元，占年计划102%，其中：85个市“1346”项目累计完成投资130亿元，占年计划的115.9%；61个省“861”项目累计完成投资86亿元，占年计划的114.9%。

【项目申报】 认真研究国家宏观经济政策调整方向，结合肥东实际情况，抢抓有利机遇，认真筛选、申报项目。围绕先进制造业、现代服务业、现代农业、资源环境、民生社会事业等领域，组织乡镇、园区、县直单位开展重大项目谋划储备工作，新增谋划2015年及“十三五”期间项目206个，总投资1227亿元，其中：2015年项目112个、总投资141亿元，10亿元以上项目26个、总投资1041亿元。

【项目资金争取和国债项目管理】 全年申报县污水处理厂三期、棚户区改造、粮食仓储、农村沼气网点、文教卫社会事业等74个项目，在城镇基础设施建设、保障性住房、生态环境治理和农村基础设施建设等方面争取项目25个，批复总投资70044万元，共争取上级各类政策性补助资金16534万元，其中中央预算内资金14014万元，比上年增长19.5%。新型城镇化国开行贷款项目。东城新市镇双桥新村一期、撮镇镇新安小区四期纳入合肥市新型城镇化（美好乡村一期）国开行贷款项目，项目总投资70577万元，申请银行融资41376万元，县财政配套29201万元。强化国债项目管理。成立中央投资项目稽查领导小组，加强对全县中央投资项目建设的管理。出台“关于简化政府性投资项目立项申报材料的意见”，进一步提高政府投资项目审批效率，确保项目按计划顺利开工建设，确保资金使用安全、透明、公开、公正。全年组织开展各类中央投资项目检查活动18次，迎接省、市中央投资项目检查6次。

【环巢湖示范区治理】 国开行一、二期项目累计完成投资3.03亿元，拨付资金3.55亿元，三期成功申报项目10个，总投资20.5亿元。其中:一期项目2014年完成投资5268万元，拨付资金1.08亿元；累计完成投资2.33亿元，完成总工程量的90%，拨付资金1.38亿元。二期项目2014年完成投资2.85亿元，拨付资金2.17亿元；二期20个项目有18个项目开工建设，项目开工率为90%，签订贷款合同额3.99亿元，累计完成投资3.86亿元，拨付资金2.17亿元。三期项目年初即积极开展谋划工作，通过会议调度和邀请专家提建议等方式，从肥东实际和建设需要出发，围绕河流治理、调水引流、面源污染治理、矿山修复、污水处理、水源地保护6大领域谋划项目，经过4轮筛选，报送项目18个，总投资53.44亿元。亚行贷款项目。长临河项目完成垃圾中转站设备采购；撮镇项目完成工程量75%，其中完成镇南河清淤1400米，自嵌式挡墙1200米，旭光十八涧河清淤3200米，抛石堤岸2000米。

【央企合作】 进一步解放思想，转变观念，树立开放发展、互利共赢理念，做好项目引进工作。加强央企合作。认真做好央企新开工项目和续建项目的建设环境服务保障工作，梳理新的对接项目，寻找新的央企战略投资者，诚挚邀请有关央企领导来肥东实地考察指导，进一步扩大肥东央企项目盘子。全县有央企合作项目19个，项目总投资696.33亿元。其中新签约项目2个，总投资80亿元，完成目标任务的266.7%；新开工项目1个，总投资60亿元，完成目标任务的109.1%；在建项目11个，项目总投资432.33亿元，全年实际完成投资53.6亿元，完成目标任务的107.2%，其中竣工项目3个，总投资46.53亿元，完成目标任务的155.1%。

【统筹协调】 重点围绕规划统筹、投资管理、产业升级、政策研究方面，不断提升服务水平。全年办理答复市人大代表建议1件、县政协提案1件；紧抓产业转型发展，全县有战略性新兴产业企业71家，全年完成产值235亿元，比上年增长19.8%，完成全年任务的102.2%。谋划服务业项目120个，总投资287.8亿元，单个项目投资额2.4亿元。长临河镇旅游休闲集聚区获批为市级现代服务业集聚区，组织申报省级现代服务业集聚区，撮镇镇现代物流集聚区获批市级现代服务业集聚区获得20万元资金奖励，积极申报长临河镇旅游休闲集聚区为市级现代服务业集聚区；强化投资体制改革，进一步简化审批程序、提高审批效率，确保业主满意。全年受理政府性投资审批、企业投资项目核准和备案三种类型项目175件，预审项目23件，办结198件，办结率100%。

2014年获县级以上荣誉称号先进集体

单　位	荣誉称号	授予单位
发改委	2014年省“861”先进集体	省“861”重点项目领导小组
发改委	2014年合肥市爱国卫生先进单位	市爱国卫生运动委员会
发改委	2014年央企合作先进单位	市推进央企合作领导小组

（张朋华）

国土资源管理

国土资源局正副职名单

局　长	许有柱
副书记	桑仁聪
副局长	戈仁忠　薛训高 计成凤

【土地整治】　实施市级土地整理项目8个，总规模8.5万亩，新增耕地2545亩，实施5个批次增减挂项目，总规模1790亩，规划新增耕地1713亩。申报市级土地整理项目3个，总规模4.3万亩，规划新增耕地1300亩，申报2个批次增减挂，总规模770亩，规划新增耕地730亩，申报5个批次工矿废弃地复垦利用挂钩试点项目，总规模1809亩，规划新增耕地1503亩。完成2014年10个高标准基本农田建设稍加改造项目测绘、可研规划设计及预算编制和县级初审等工作。马湖乡王沟村和杨店乡跃进村两个整村推进项目安置房建设完成楼层封顶，拆迁区全力复垦。

【耕地保护】　落实耕地保护目标任务，与乡（镇）、村逐级签订耕地保护目标责任书322份。基本完成永久基本农田划定及数据库建设，增设耕地保护界桩、界牌200多处。加大耕地保护宣传力度，结合“世界地球日”、“6.25”全国土地日等纪念日，通过各种形式对国土资源尤其是耕地保护的法规政策进行宣传，散发宣传单、手册等宣传品1万余册，书写墙体标语300多条。全县上下耕地保护意识显著提高。全县耕地保有量123117.62公顷，基本农田保护面积110419.29公顷。

【执法监察】　开展“四个一”动态巡查，执行动态巡查“零报告制度”、“周报制度”和重大土地违法案件“专报制度”，打击矿山非法偷盗采行为，共对沿山乡镇进行不定期巡查88次，通过集中开展联合行动共查封、扣押违法偷盗采挖机等设备47台。开展违法违规用地和违规征地拆迁行为专项行动。2014年度卫片执法检查整改工作强力推进，多措并举完成整改任务。

【土地报批】　组卷报批6个批次建设用地项目，面积930亩。700亩“增减挂”项目经市政府审批通过，报省厅审批。申报10个单独选址项目，总用地规模2297亩。共受理、审查、上报县政府批准设施农用地5宗，总面积353.41亩，保障各类建设项目顺利落地。

【规划修编】　实施规划布局调整30次，其中11个批次项目和19个独立选址项目，总面积332.2006公顷，包含重点水利工程、交通基础设施及核销基本农田等。

【土地利用】　供应建设用地99宗，面积5654.12亩。其中出让土地76宗，面积2791.08亩，土地成交价款211118.17万元，划拨用地23宗，面积2863.04亩，年土地供应率近70%。编制完成年度国有建设用地供应计划，开展省级开发区土地节约集约利用评价工作。

【土地交易】　通过招拍挂出让10宗经营性用地，面积599.51亩，成交金额180551.08万元。举办“紫气东来·幸福肥东”经营性用地专场推介会，推进净地出让经营性用地，规范经营性用地市场秩序。

【地籍管理】　完成土地登记6300宗，其中集体土地登记发证2774宗；国有土地登记发证3330宗，含城镇居民住宅登记发证3168宗，单位登记发证132宗；抵押登记153宗。各项登记结果都形成电子及纸质土地登记台帐；整理立卷地籍档案，土地登记规范化管理。

【矿政管理】　完成采矿权、探矿权年度检查工作，做好储量数据库、开发利用库、煤铁矿直报系统、矿产资源补偿费直报系统等电子报备系统填报工作。

【地质环境】　完成汛前地质灾害调查、预警预报和汛期地质灾害巡查工作。编印《肥东县2014年度地质灾害防治方案》。完成火龙山地质环境整治项目建设，环巢湖一期矿山综合治理项目完成工程量60%。二期项目完成初步设计方案编制。

（童大路）

市场监督管理

市场监督管理局正副职名单

局　长	王文祥
书　记	黄鹏森
副局长	陈晓东　卜　莹 王爱军　关堂军 张明昕　贺沛华 吴长义

【监管体制改革】 2014年1月25日，合肥市政府召开工商质监食品药品监管体制改革动员会，会后，肥东县迅速成立工商质监食品药品监管体制改革工作领导小组并召开动员会。1月29日，县市场监督管理局在原工商行政管理局挂牌。2月20日，县市场监督管理局筹备组成立并多次召开协调会，讨论、研究改革重大问题。4月20日，县机构编制委员会下发《关于印发肥东县市场监督管理局主要职责、机构设置和人员编制规定的通知》（东编〔2014〕1号）。4月30日，县政府发文任命肥东县市场监督管理局领导班子成员。

肥东县市场监督管理局挂牌

【机构设置与人员】 县市场监督管理局内设办公室、人事教育科、财务装备科、政策法规科、市场规范管理科、药械化妆品监督管理科、企业与商标广告监督管理科、质量与认证监督管理科、消费者权益保护科、标准计量科和特种设备安全监察科等共11个科室，下设注册审批局、食品安全管理局2个直属行政机构及市场监管稽查大队、市场监督检验所、消费者协会秘书处等3个直属事业单位，下辖城东、城西、经济开发区、撮镇、长临河、石塘、梁园、八斗、白龙、古城等10个市场监督管理所。市场监督管理局在职工作人员198人，其中公务员157人、事业编制39人、机关工勤2人。

【调整部分市场监管职能】 根据肥东县编办《关于调整县卫生局有关职能的通知》（东编办〔2014〕9号），自2014年5月26日起，餐饮、保健品、化妆品相关监管职责由市场监督管理局承担。10月21日，合肥市食品药品监督管理局正式将《药品经营许可证》（零售）、《医疗器械经营企业许可证》（二类和直接验配的三类医疗器械）申办及变更行政许可事项审批职能下放至县级市场监督管理局。

【加挂食品药品监督管理牌子】 12月16日，市场监督管理局加挂肥东县食品药品监督管理局牌子，城东、城西、经济开发区、撮镇、长临河、石塘、梁园、八斗、白龙、古城等10个市场监督管理所同时加挂食品药品监督管理所牌子。

【组建投诉举报维权指挥中心】 7月，市场监督管理局整合原工商12315、原质监12365、原药监12311及12345投诉举报平台，在全省率先组建肥东县投诉举报维权指挥中心，统一受理、统一分流、统一督办、统一回复，2014年受理各类咨询650件，受理各类投诉299件。10月，开通12315消费者投诉举报肥东地区专线。

【发展各类市场主体】 2014年，全县新注册登记各类企业1439户、新增注册资本382423万元，全县注册登记企业7164户、注册资本3217079万元。新发展个体工商户2616户、家庭农场98户。办理组织机构代码证书3659户，其中新办1672户、变更705户、换证1202户、废置80户。办理餐饮服务许可证101户、保健食品经营许可证12户。

【实施品牌战略】 确定驰名商标培育重点企业2家、省著名商标培育重点企业4家，组织申报省著名商标7件、再认定省著名商标5件，组织申报市知名商标5件、再认定市知名商标3件。制定肥东县2014年省、市名牌培育计划，3家创建省名牌企业通过初评并公示，申报合肥市名牌产品企业3家。开展“一所多标”工作，提升注册商标总量，全县申请注册商标28件。

【拓宽企业融资渠道】 办理股权出质62户，出质股权数额135752.4万元，被担保债权数额72146万元。办理抵押物登记38件，主债权金额23376.413万元。

【“守合同重信用”单位评选】 推荐62户省、市级“守合同重信用”企业。帮助安徽凯利粮油食品有限公司获国家级2012～2013年度“守合同重信用”企业认定。

【推进标准化战略】 新增市级农业标准化示范区5家，新增市级农业标准2个，备案企业产品标准9个。

【推进质量强县工作】 10月20日，召开质量强县工作动员会暨肥东县质量强县领导小组成员第一次全体会议，县质量强县领导小组成员单位参加会议，就贯彻落实《国务院关于印发质量发展纲要（2011-2020年）的通知》精神、全面推进质量强县活动进行部署。

【重点产品质量提升活动】 结合产品质量监督检查实际，将建筑防水卷材、复混肥料和食品包装材等3类共18家重点产品生产企业纳入分类监管范围，并抽查建筑防水卷材、食品包装材料、复混肥料等22个批次。

【违法经营案件查办】 查处一般程序行政处罚案件191件，其中万元以上案件45件。

【食品安全整治】 开展食品安全专项整治14次，检查企业196家、小作坊25家，检查食品经营户3552户次、食品批发市场及集贸市场86次，查处食品违法案件15起，取缔无证无照食品经营户14户。在食品生产加工环节抽取样品414组，在食品流通环节抽检各类食品15组，督促8家抽检不合格企业整改。

市场检查

【食品安全“五进”活动】 6月18日，以“食品安全宣传周”和“食品安全肥东行”活动为契机，在长临河镇四顶社区组织“人人需要食品安全、人人维护食品安全”为主题的食品安全知识进社区、进校园活动，拉开全县食品安全“五进”活动的帷幕。“五进”活动内容：开展“食品安全进社区”活动，增强广大市民食品安全意识，促进管理有序、文明祥和的新型社区建设；开展“食品安全进农村”活动，提高广大农民食品安全意识，加快城乡一体化进程；开展“食品安全进企业”活动，强化企业作为食品安全第一责任人的责任意识；开展“食品安全进学校”活动，着力培养中小学生食品安全观念，保障广大师生的身体健康和生命安全；开展“食品安全进工地”活动，加强工地食堂的食品卫生与安全。

【药械化妆品市场整治】 检查药品批发零售企业184家、医疗机构42家，查处销售假药零售企业2家。开展医疗器械“五整治”、化妆品流通环节等专项行动，检查医疗器械经营使用单位14家、化妆品经营企业23家。对44家涉药单位的基本药物及高风险药品专项抽验50个批次、监督抽验110个批次，抽验医疗器械2个批次。加强药品不良反应监测报告工作，在线上报ADR共612例。

【“安全用药月”宣传活动】 与肥东县老年大学联合举办“药品安全知识大讲堂”，近百名老年大学学员参加。开展“安全用药、关注老年”广场主题宣传活动，接受群众咨询120人次，发放宣传材料2300余份。使用流动电子屏宣传车对20个乡镇及开发园区实施全覆盖宣传。在监管部门、药械经营使用单位悬挂安全用药宣传横幅（电子屏）25条。

【安全生产监管】 开展油气管线、气瓶充装、游乐设施等特种设备安全专项整治，下达安全监察指令书72份，立案查处5起。开展特种设备安全隐患排查治理工作，排查特种设备使用单位235家，查出各类隐患75处，督促整改67处。开展社区现场宣传、电梯应急演练、液氨泄漏事故应急演练，推进“全国安全生产月”活动。

【查处无证生产特种设备企业】 11月19日，市场监督管理局根据群众举报，在县经济开发区查处一无证生产特种设备企业。经查，该企业营业执照的经营范围未包括超重特种设备结构件生产，也无特种设备生产许可证，属无证生产特种设备，执法人员当场查封该企业无证生产加工的施工升降机标准节41支。

【打击非法传销】 开展集中打击非法传销行动14次，捣毁取缔非法传销窝点126处，遣散、劝返非法传销人员405人次，收缴扣留涉传资料500多份。

防止传销进校园宣传活动

【2014红盾网剑专项整治】 网上巡查和实地网站检查相结合，加强网络市场监管，网上巡查372户、实地检查网站经营者27户，查处网络违法经营案件2件。

【开展“311”党建试点】 7月，市场监督管理局启动“311”党建工程。“3”是指大兴学习调研之风、大兴遵纪守规之风、大兴为民服务之风；“1”是指在党员干部和一线党员中“佩戴党徽上岗，亮明（党员）身份执法”；“1”是指建立党员干部定点联系制及党组织（支部、小组）和党员包片负责制。活动在食品安全管理局、经济开发区市场监督管理所先行试点。

【开通市场监督管理局网站】 10月，市场监督管理局网站开通，方便公众了解市场监管工作动态、公示公告等信息及查询商事登记、机构代码、计量管理、药械管理等方面的法律法规、办事流程并下载相关表格。网站开设在线咨询投诉板块，公众可网上投诉举报、咨询市场监管相关业务。

【民主考评百名科长及基层市场监管所】 11月，市场监督管理局召开民主考评百名科长及基层市场监管所动员会，全局6个业务科室、10个市场监督管理所参加考评。

【程斌获书法二等奖】 10月，县“践行群众路线、建设幸福肥东”干部职工书画摄影大赛展在县老年大学举行，城东市场监督管理所副所长程斌获书法类作品二等奖。

（杨　骥）

价格监督管理

物价局正副职名单

局　长	薛金龙
副局长	桑田星

【价格调控目标】 县政府出台《关于2014年价格调控目标责任分解及考核办法的通知》，将增产、保供、稳价、降费、监督、调控等主要任务分解到各责任单位，县保障市场供应稳定价格工作联席会议办公室密切跟踪，掌握价格调控责任目标落实情况，组织开展专项督查，通报目标任务完成进度和目标责任落实情况。全年，全县居民消费价格指数（CPI）累计上涨2.0%，实现CPI控制在3.5%以内的预期目标，保障人民群众基本生活水平。

【临时价格补贴】 根据县物价局、财政局、民政局《关于建立价格上涨与提高特困群众生活补助联动机制的意见》，当CPI连续3个月涨幅达到或超过3%，启动特困群众生活补助联动机制。经县长办公会议研究批准，发放2013年9～11月临时价格补贴，补贴对象为城市低保户、农村低保户、农村五保户和重点优抚对象，补贴标准分别为87元/人、36元/人、44元/人、87元/人，全县51845户特困群众享受251万元价格补贴，春节前发放到位。

【用好县级定价权】 核定县污水处理厂污水处理运营费标准。县污水处理厂二期项目，自2011年10月通过市环保部门验收，污水处理达到国家规定的一级A稳定排放标准。物价局、财政局、住建局测算核定，经县长办公会议研究同意，县污水处理厂运营费标准0.455元/立方米，2014年1月起执行。规范城镇供水价格。在县投资的工业企业供水主管网建设安装费，不分园区内外，一律按文件规定标准减半征收，其中消防用水安装费不分企业投资额大小，每户按2万元征收。消防用水价格分三种情况执行：公安消防机构用于灭火救援、消防训练、试压用水的，免收水费；经供水企业批准、公安消防机构备案，临时用水的和消防储蓄水量的以及市政公用事业用水的执行工业水价，即2.6元/立方米；未经供水企业批准、公安消防机构备案擅自用水的，视为违规行为，给予处罚，以上城镇供水价格自2014年7月1日起执行。

【落实价格改革措施】 严格执行小麦和早籼稻最低收购价格政策，每50公斤早籼稻（三等，下同）、中晚籼稻、粳稻最低收购价分别提高到135元、138元、155元，比2013年分别提高3元、3元、5元；小麦（三等）最低收购价为118元/50公斤，比2013年提高6元。落实天然气销售价格改措方案。对非居民管道天然气和车用压缩天然气（CNG）销售价格进行调整，非居民管道天然气销售价格为4.00元/立方米，继续对用气大户给予适当优惠；使用西气联网车用压缩天然气（CNG）零售价格为4.38元/立方米。15批次调整汽柴油最高销售价格，其中：4升11降。

【规范城市集贸市场价格行为】 对政府投资建设（政府主导、国有资本参与）的城市农贸市场、农副产品批发市场（如县中心大市场等）摊位费实行政府指导价管理，物价部门本着谁投资、谁收益和保本微利的原则从低核定摊位租赁费，保持低水平流通费用，规范农贸市场价费秩序，保障市场供应。

【建立涉企收费清单制度】 按照保留、取消、缓征和放开的原则，开展涉企收费（包括涉企行政事业收费、政府性基金、保证金、抵押金、行政审批前置服务收费）清理。县物价局牵头，对全县涉企收费单位开展自查清理，形成自查报告，由法制办、监察局、财政局、物价局组成联合评审，并报送市涉企收费清单工作领导小组办公室审核，经县政府常委会议研究通过《关于公布肥东县县级涉企收费清单的通知》。涉企收费清单共分4个方面（行政事业性收费方面涉及16个部门34项、政府性基金方面涉及7个部门12项、行政审批前置服务项目方面涉及17个部门45项、政府性保证金及抵押金方面涉及7个部门5项），严格执行涉企收费清单制度，做到“涉企收费进清单、清单之外无收费、所有收费进中心”，涉企收费清单实行严格监管和动态管理，规范涉企收费行为，减轻企业负担，激发市场活力。

【收费政策管理】 贯彻落实《财政部、国家发改委关于取消、停征和免征一批行政事业性收费的通知》精神。取消和停征12项中央设立的行政事业性收费。其中：取消收费项目5项（征地管理费、保存人事关系和档案费、国际商务师执业资格考试考务费、纺织品原产地证明费、货物原产地证书费），停征收费项目7项（石油天然气勘察开采登记费、矿产资源勘察登记费、采矿登记费、企业注册登记费、个体工商户注册登记费、工业产品许可证审查费、出品商品检验检疫费）。为减轻企业特别是小微企业负担，《通知》规定对小微企业（含个体工商户）免征42项中央级设立的行政事业性收费。经过梳理，涉及县小微企业免征的收费项目共13项。分别是：土地登记费、房屋登记费、住房交易手续费、船舶港务费、国内植物检疫费、动物及动物产品检疫费、农机监理收费、渔业资源增殖保护费、组织机构代码证书收费、环境监测服务费、森林植物检疫费、林权勘测费、林权证工本费。取消7项省级设立的行政事业性收费项目。加强对全县行政事业性收费单位进行年审，规范收费行为，遏制乱收费，减轻群众和企业负担。

【民办学校收费管理】 对全县12所学历教育的民办学校收费进行调整，经县价格论证中心的成本认证，重新制定具体收费标准，规范民办学校教育收费行为，维护民办学校的健康发展。

价费资询活动

肥东县民办学校2014年秋季收费项目标准汇总

单位：元·生·学期

项目 单位名称　标准	学费			住宿费	备注
	小学	初中	高中		
圣泉中学		2600	4200	550	代收代管费用包括教育资料费、入学体检费等，实行“学生自愿、据实收取及时结算、定期公布”的原则
锦弘中学		2600	3600	4人间600，8人间550	
义和尚真中学		2400	3600	550	
凯悦中学		2400	3500	550	
新城高升学校		3200	3800	1300	
尚真中学		2400		550	
志成双语学校	2200	2300		500	
树人学校	2100	2300		400	
为民中学	1800	2000		550	
陈集阳光小学	700			300	
尚真花园小学	3800			1000	
金龙文武学校	2400			600	

【价格监督检查】 围绕群众普遍关心、社会普遍关注的热点价费，开展重点价格执法监督检查。加强农村客运票价监管，对在重要节假日期间发生擅自提高票价违规现象，及时处置，全年立案5件，给予1.5万元经济处罚，维护农村客运价格秩序；在教育收费专项检查中，对圣泉中学等3所民办学校自立项目乱收费行为，给予33万元罚没收缴，规范教育收费行为；在涉企收费专项检查中，对气象局防雷装置检测所提高标准乱收费行为，给予18.5万元经济制裁。配合市局对县建设系统专项检查中发现违规收费行为，给予20万元经济制裁，减轻企业负担，改善经济建设发展环境。开展价格执法案卷评查工作，规范行政执法行为，在参加市局评查中，2份卷宗获得市优秀行政处罚案件（全市共5件卷宗）。启用12358价格举报新系统。按时完成系统安装、调试，12月，底在省12358价格举报电话割接过程中，顺利接入国家呼叫中心系统，实现价格举报国家、省、市、县四级联网，举报件实行“一件一码”，由系统自动生成，举报人可凭编码，查询举报办理进度情况和办理结果。全年受理举报投诉咨询83件，其中：咨询类30件，投诉类52件（12345市长热线27件，县长热线5件，12358电话15件，市局转办5件），举报类1件。办结率、满意率都是100%。

价格监督检查

【价格认证】 完成各类涉案财产价格鉴定150起，涉及金额325万元。案件涉及盗窃、抢劫、诈骗等刑事案件和合同纠纷、毁坏财物等民事案件，涉案标的包括房屋、机械设备、汽车等，所有案件均按规定时间办结，无一起鉴定结论申请复核裁定，为司法机关公正办案提供准确依据。主动参与政府的重要事项价格认证工作。对教育系统闲置校舍、医疗系统的淘汰设备和医疗器械价格进行认证，认证金额达4000万元；对有关部门超编和更挽的60辆旧机动车进行认证，认证金额达110万元；对县客运公交化改造中涉及的72台车辆进行价格认证，认证金额达600万元。参与对公办普通高中教育成本监审工作，按时完成肥东一中的教育成本监审申报和初审，撰写成本监审报告，为合理制定价格提供依据。

【价格监测】 开展价格监测。围绕粮食、食用油、肉蛋禽、水产品等居民日常生活密切相关的消费品和农副产品收购、工业生产资料市场成交等44个重要商品市场价格进行动态监测，及时准确上报监测数据和分析材料。配合全国县级公立医院综合改革，对县人民医院、中医院1929种药品价格实行零差率销售进行动态价格信息监测，及时反馈上报省、市物价局。开展农产品成本调查。民族乡千柳牌杭椒作为省级特色农产品的调查品种，县种植业中黄瓜、西红柿等6个品种和养殖业中母猪、仔猪、成品猪的成本调查作为全国农产品直报调查品种，都能及时完成原始数据的采集、审核和撰写单品成本分析报告，为政府决策提供依据，未发生迟报、漏报、瞒报等现象。

【惠民菜篮子工程】 惠民菜篮子工程作为县政府“民生工程”之一，在特定时期以相对稳定、较低价格销售农副产品。元旦期间，县首次启动惠民菜篮子工程，合家福和平花园店、联家超市等4家门店参与，各定点门店按照价格部门要求，以低于蔬菜市场均价15%以上、其它类5%以上向市场销售不少于20个规定目录品种的农副产品，每天推出不少于5个品种低于1元/斤的蔬菜销售，履行“保供稳价”承诺，活动持续5天。价格部门适时对定点门店明码标价、价格公示、台帐建立、经营品种和销售价格、商品质量进行监督管理。

2014年获县级以上荣誉称号先进个人

姓　名	荣誉称号	授予单位
黄海军	优秀党务工作者	县　委

（张先超）

审计监督管理

审计局正副职名单

局　长	茆建斌
副局长	毕守水 程永高 郑亚东

【概况】　完成772个审计项目（固定资产投资审计项目764个），查出违规金额6万元，管理不规范资金77805万元。完成投资审计项目764个，送审资金23.52亿元，审定21.46亿元，审减2.06亿元，核减率8.75 %。向地方党委政府、上级审计机关报送审计信息36篇，向被审单位提出审计建议40条。

【财政预算执行审计】　同级审计的面和范围有所扩大，主要对县财政局、地税局、卫生局、国土局、元疃镇财务收支情况进行审计。在财政审计中，发现财政专项资金存在当年支出比例偏低，部分专项资金历年沉淀，资金效益低下等问题，提出加强专项资金管理、清理沉淀资金、盘活闲置资金、提高专项资金使用效益等针对性建议。关注部门预算执行单位对中央八项规定的贯彻落实情况，突出“三公”经费审计。在审计过程中充分利用计算机开展辅助审计，审计实施阶段结束后，审计底稿、证据、报告都在AO审计系统中生成，形成一套完整的审计档案，审计效率大幅度提高。突出边审边改，促进健全制度，提升审计效果。对审计中发现的问题，提出审计意见和建议，促进被审计单位立即整改。召开审计整改联席会议，抓整改落实。县政府主要领导主持召开审计整改联席会议，对整改不力的单位，责令限期整改，对一时难以落实整改的，作出整改计划和承诺整改最后时限。

【经济责任审计】　按照审计计划和组织部门的委托开展经济责任审计。审计监督与纪检监督、组织监督和财政监督四位一体结合。建立经济责任审计联席会议制度，明确联席会议职能，遇到难点问题时，各部门协同作战，优势互补，确保工作效果。经济责任审计结果与领导干部廉政考核结合，审计结果报告进入干部档案，作为对领导干部使用管理的重要依据。制发《审计快报》，对领导干部的经济责任审计结果进行梳理、提炼，报告给县相关领导。对于审计中发现一般性问题，移交纪检监察部门对其诫勉谈话，责令限期整改；对审计中发现严重违纪违规问题，移交纪检部门查办。2014年，开展6家单位、9名领导的经济责任审计。

【固定资产投资审计】　公开招标15家中介机构，充实投资审计力量，扩大审计覆盖面；对中介机构审计报告严格审核，提高审计质量；建立招管局、住建、财政、审计等部门的联席会议机制，加强对施工企业计价、变更行为的监督管理；建立审计业务协调会议制度，及时通报审计中存在的问题和需要解决的事项。全年共完成投资价款结算审计项目764个，送审资金23.52亿元，审减2.06亿元，核减率8.75%，为政府节约建设资金。全年跟踪审计项目17个，跟踪审计总金额26.13亿元。

【上级交办审计】　完成市审计局部署的土地出让金收支管理及土地管理审计调查；完成庐江县人民法院院长的经济责任审计；完成县级公立医院债务核定工作；完成编制核查、小金库检查、江淮分水岭专项资金等审计工作；抽调8人赴全椒县组织实施土地出让金收支和耕地保护专项审计工作。

【优化审计环境】　推进审计政务公开，依法在审计机关门户网站公开审计机关行政职权目录和权力运行流程图，公开年度审计工作计划制定过程和结果，公开审计监督全过程。优化审计成果转化环境，提高审计实际成效。加强审计整改，对审计查出的问题分清责任，落实整改主体，提出整改期限，推动各相关主管部门建立审计整改督查制度和审计发现问题责任追究制度，对相关责任单位和责任人依法追究相应责任。优化审计法治环境，提高审计的规范性。强化制度建设，提升审计能力，优化质量控制流程，规范审计执法行为，改进工作作风，强化制度的执行力，提高审计工作成效。

【提升审计质量】　深入调研、广泛征求意见，科学、合理地编制审计项目计划。理清审计思路，确定审计重点，制定审计实施方案，确保审计方案的科学性和可操作性。规范审计实施，严格审计项目过程控制，审计证据充分适当、审计底稿要素齐全、审计事项落实到位，审理审核及时严格。认真撰写审计报告，对审计发现的问题，依据法律法规作出实事求是的处理意见和提出恰当的审计建议。督促审计结果落实，跟踪检查被审计单位落实审计整改情况，确保审计质量和审计水平不断提高。

【审计项目质量评审】　开展对上年审计项目的质量检查和评比，在审计项目实施过程中，严格执行三级复核制度，实施审计项目质量控制，明确具体评审办法，确保评审效果。

【审计文化建设】　开展党的群众路线教育实践活动，坚决反对形式主义、官僚主义、享乐主义和奢靡之风。建立联系基层和结对帮扶制度。以争创文明单位为抓手，加大文明创建力度，做到文明审计、廉洁审计。

2014年获县级以上荣誉称号先进集体

单　位	荣誉称号	授予单位
审计局	全省审计系统精神文明单位	省审计厅
审计局	合肥市精神文明单位	市委　市政府
审计局	肥东县精神文明单位	县委　县政府
审计局	合肥市审计系统“环境优化工程”先进单位	市审计局

（陈　兵）

安全生产监管

安全生产监督管理局正副职名单

局　长	崔益平
书　记	李业丰
副局长	刘庆海 闻春虎 邹国磊

【概况】　2014年，以严防较大事故发生为重点，以打非治违“六打六治”专项行动为抓手，坚持依法治安，强推各项安全生产工作落实。全县发生安全生产事故416起，事故死亡46人。其中，生产经营性道路交通死亡人数24人。非煤矿山、烟花爆竹、危险化学品、民爆物品、水上交通等领域未发生生产安全事故，生产经营领域未发生较大以上生产安全事故，各项控制性指标均在市控指标范围内。

【安全生产责任制】　出台《中共肥东县委办公室关于贯彻“党政同责一岗双责齐抓共管”要求进一步落实安全生产责任制的通知》，督促各乡镇（园区）、各相关部门严格按照安全生产“党政同责、一岗双责”规定，坚持管行业必须管安全、管业务必须管安全、管生产经营必须管安全，推进安全生产责任落实。县政府分别与20个乡镇、园区和39家县直单位签订《2014年度安全生产工作目标管理责任书》，对各责任单位目标落实情况开展过程督查。

【重点行业（领域）监管】　烟花爆竹方面。全年出动执法车辆230台次，执法人员750人次，检查涉及重点集镇53个、非法生产重点村7个、经营户900余户、重点户32户。共查处烟花爆竹非法生产2起，非法储存15处，非法经营67起，非法运输25起，违法违规经营190余起，没收并销毁非法违法烟花爆竹制品

4000余件，自制大爆竹成品6000余个，半成品800余个，公安部门依法行政拘留涉案当事人32人。非煤矿山、尾矿库方面。重点检查8家轮窑厂、3家露天采矿企业、10个尾矿库，下达现场检查记录22份，整改指令书7份，查出隐患48条，现场整改42条。10家尾矿库中，9家已完成销库闭库。危险化学品方面。不间断地对全县8家企业15处重大危险源监督检查，责令整改3处，停产1处。全县6家涉及重点监管危险工艺企业、14家涉及重点监管的危险化学品企业和8家重大危险源企业，除1家正在进行改造，其余全部完成自动化控制改造和在役化工装置安全设计诊断工作。

【职业卫生监管】 组织用人单位对作业场所职业病危害因素进行申报和备案。全县共申报并完成备案企业422家，存在职业病危害因素涉及粉尘的144家、有毒有害的42家、高温（低温）的31家、噪声的51家。开展“作业场所监督执法年”活动，对用人单位职业卫生情况监督检查。年检用人单位563家，下达文书563份，发现问题或隐患1026项，责令当场整改978项，责令限期整改48项，警告15家，责令停产整顿1家。

【安全文化建设】 以“强化红线意识、促进安全发展”为主题，开展“安康杯”职业病防治网上知识竞赛等活动。组织安全宣传教育培训班10次（其中安委会成员单位、乡镇（园区）组织培训2次，企业培训8次），重点培训非煤矿山、危险化学品等高危企业负责人、安全管理人员以及特种作业人员和乡镇（园区）、县直部门安全管理人员，受教人员1500余人。6月，开展“广场街头咨询日”活动，悬挂横幅、摆放宣传展板、发放小图书、小折扇等，累计发放宣传材料6000多份，现场解答群众问题200余次。县安办编印《安全生产简报》12期，全年上报各类信息677条，其中国家级报刊采用23条，省级采用35条，市级采用142条。

举办全县安监系统干部新《安全生产法》专题培训班

【基层基础建设】 推进安全文化进企业进社区活动，长临河四顶社区、陈集镇陈集社区、石塘镇石塘社区获市安委会授予“合肥市安全社区”称号。推进安全生产标准化建设，企业开展以管理标准化、操作标准化、设备设施配置标准化为核心的安全生产标准化创建工作，提升安全水平。全县危化企业安全生产标准化达标14家（其中2家达二级标准，12家达三级标准），8家开展达标创建。全年完成工矿商贸企业安全生产标准化129家（规上26家，规下103家），累计达标338家。

【六打六治专项行动】 成立以分管县长为组长，14家县直单位分管负责人为成员的打非治违专项行动领导组。4次召开动员部署和推进会，自我加压。邀请专家13人次，开展执法检查394次（联合执法37次），共检查生产经营单位1588家，排查出非法违法生产经营单位156家，打击非煤矿山企业无证开采等违法行为21起、破坏损害油气管道行为5起、危险化学品非法运输行为17起、无资质施工行为2起、客车客船非法营运行为174起、“三合一”、“多合一”场所违法生产经营行为121起，取缔和关闭非法生产经营单位21家。公安部门依法行政拘留涉案当事人32人。

县长路军督查
非煤矿山安全生产工作

【应急救援】 3月20日，合肥循环经济示范园中盐红四方发生一起3人受伤事故（1人重伤、2人轻伤），市、县安监部门快速反应，第一时间赶赴现场，应急救援处置。4月19日，在合裕路撮镇处，一辆装载二甲苯的危险化学品槽罐车侧翻（无泄漏），县安监局赶赴现场处理，调用吊车矫正罐体，使槽罐车安全驶离。4月30日，一辆装载30吨的五硫化二磷（毒性中等，遇水反应生成有毒气体）车从湖北宜昌开往上海，在合宁高速离肥东高速路口1公里处，被一辆大客车追尾，造成12人轻伤。县安监、环保等部门接警后第一时间赶赴现场，副县长顾义勇现场指挥处置，封堵交通，抢救伤员。伤者被立即送往附近的县中医院救治；撞破车辆拖离现场维修。4小时后，解除警报，恢复通车。

2014年获县级以上荣誉称号先进集体

单　位	荣誉称号	授予单位
安监局	2014年合肥市安全生产目标考核“优秀”等次	市安全生产委员会
安监局	2014年度目标管理考核“优秀”单位	县委　县政府

2014年获县级以上荣誉称号先进个人

姓　名	荣誉称号	授予单位
武道福	全国安监系统先进个人	国家安监总局

（任诗菊）

劳动人事管理

人力资源和社会保障局正副职名单

局　长	孙　浩
书　记	杨海燕
副局长	孙江伟　陆　彬 张道群　钟瑞武
副书记	康启明

【高校毕业生就业服务】全年累计吸纳109名高校毕业生参加就业见习，见习时间总计636个月，发放生活补助费50.88万元。全年到县报到的应届高校毕业生1852人。通过社会招聘、人才引进等多种形式，解决1744名高校毕业生就业，其中由县人社部门介绍和公开招录的应届高校毕业生110人，全县私立中小学聘用师范类应届毕业生362人，到企业（民营、外企）就业1220人，鼓励和支持高校毕业生自主创业52人，应届毕业生总就业率94.16%。

【职称评定】探索专技人员管理新模式，完善相关规定，成立农业、工程、教育、非国有系列初级职称评审委员会，对工程、农业系列59人、教育系列193人完成初级评审工作。

【人才引智】开展国外智力引进。编制引智项目计划，组织申报，实施批准项目，为安徽江淮起重运输机械有限公司引进德国专家。培育本土自主创新人才，安徽环瑞电热器材有限公司计成志等3人获2014年度“安徽省战略性新兴产业技术领军人才”称号。

【收入分配制度改革】完成事业单位工作人员和机关工勤人员13698人考核正常晋升薪级(档次)工资的审批工作；完成事业单位工作人员和机关工人职务、岗位（技术等级）变动后的增降工资和重新确定工资513人次；审批事业单位新参加工作人员见习期（试用期）满后转正定级工资164人；办理机关工勤、事业单位达龄退休人员退休手续114人次；调整机关、事业单位死亡职工的遗属生活困难补助费标准，全县1719人符合条件，享受人均400元/月的遗属生活困难补助。

退役士兵专场招聘会

【事业单位人才招聘】2014年，招录55名高校毕业生到基层教育、卫生系统工作，输送5名“三支一扶”高校毕业生到卫生系统工作；开发39个高校毕业生公益性岗位，用于基层劳动就业和社会保障管理、民政、计生、司法公共服务。

【社会保障】2014年，全县五项社会保险费累计征收4.1亿元。城镇未参保集体企业退休及其他符合政策的相关人员全部纳入企业职工养老保险补保范围，生活保障由每人每月360元调至400元；1.72万名企业退休人员人均月增加养老金164.84元，人均月养老金水平提高到1518.86元；5.65万人纳入被征地农民社会保障，其中1.55万人享受待遇，生活保障由每人每月360元调整至400元，全年累计发放6060.92万元。2189人失业期间领取179.2万元，发放医疗补助费52.3万元，大病救助3.2万元。为七类“老字号”群体，共7012人（其中村干部、6581人、民师286人、兽医17人、老拖拉机手1人、老农技员1人、养护工63人、老放映员63人）发放补助金1123.7万元。城乡居民养老保险57.4万人，符合领取条件的16.52万人养老金发放到位，发放率100%。

【劳动保障监察执法】 宣传教育、日常监管和立案查处相结合，通过悬挂横幅、报纸、电视媒体以及设立站点咨询台等一系列宣传活动，散发劳动保障法律法规宣传材料7000余份，接待群众咨询2600余人次，开展“送法进企业”活动，强化用人单位的合法用工意识和劳动者自我维权意识。全县日常巡查用人单位250户，涉及劳动者5551名，受理举报投诉案件288起，结案288起；为308.7人追讨拖欠工资721万元。全年受理劳动争议318件，立案受理280件，审理结案274件。

【就业再就业】 2014年，全县下岗失业人员再就业2307人、就业困难人员再就业852人，城镇登记失业率3.8%。转移农业劳动力10385人、技能鉴定4967人。高校毕业生就业率94.16%。发放小额担保贷款4011万元，新增非正规就业组织数60个，新增孵化成功企业7户，新增创业基地面积940平方米。

2014年获县级以上荣誉称号先进集体

单　位	荣誉称号	授予单位
人社局	合肥市卫生先进单位	市爱卫会
人社局	合肥市第五批选派干部到村任职先进集体	市选派干部到村任职工作领导小组
人社局	2014年度志愿服务工作优秀集体	县委 县政府
人社局党总支	先进基层党组织	县委

2014年获县级以上荣誉称号先进个人

鲁海云	全省就业工作先进个人	省政府
鲁海云	2014年度全省创业培训优秀教师	省就业服务局

（罗　圆）

行政审批服务

政务服务中心正副职名单

主　任	张红军
书　记	宣丽玲
常务副主任	浦相木
副主任	赵修江 张　云

【概况】 全年受理各类办件22.59万件，其中，行政审批11.2万件；为民服务全程代理9.9万件；县长热线办件1.49万件。

【践行党的群众路线】 认真组织开展党的群众路线教育实践活动。认真学习贯彻党的十八届四中全会精神，落实“八项规定”和反“四风”、“照镜子、正衣冠、洗洗澡、治治病”的要求，加强作风建设，增强党员干部的群众观念。

【争创群众满意服务窗口】 规范服务流程，强化内部管理，优化服务职能，提升服务质量和效率，构建职能清晰、网络健全、高效便捷、透明廉洁的政务服务体系。在县政务服务中心开展“加强服务窗口效能建设、争创群众满意服务窗口”活动。从群众满意度评议、日常工作纪律、服务质量、便民设施、办事环境五个方面对窗口和工作人员进行考评，提升窗口服务形象。把“微笑服务、亲切服务、用心服务”作为窗口的服务理念，以群众是否满意为标准，提升“中心”整体形象。

【注重细节便民】 “中心”在服务细节上更加人性化：大厅一楼设立咨询服务台，专门解答群众的疑问；各窗口备齐有关的法律、规章、政策等资料，方便咨询和宣传；提供事项申请格式范本以及申请人需要填写的示范文本；配置与服务事项相关的便民设施，配备必要的便民用品（笔、胶水、印泥、订书机、老花镜等），无偿提供办事人使用；对项目告知单进行重新编印，涉及办件需提供的材料内容详实、全面，不放过一个小的细节，“一次性告知”明明白白，让办事者一次性了解所需提供材料的详细内容。

【服务效果群众说了算】 推进“加强服务窗口效能建设、争创群众满意服务窗口”活动，“中心”把“群众满意度评议”作为考评的重要内容。每个楼层设立一个服务满意度评议箱，通过发放“服务满意度群众评议卡”，评议窗口和工作人员服务态度、服务效率等，把窗口服务纳入群众的监督之下。

【预约服务】 改进服务方式，建立预约服务和延时服务制度，为服务对象提供电话预约服务，为等待办事的服务对象提供延时服务，群众在办事时不再感受到时间上的紧迫，营造良好的服务氛围。3月15日和4月6日，巢湖市和芜湖市两名群众电话预约县林业窗口在休息日为他们办理木材运输证和林木检疫证。县林业窗口工作人员接到电话后，按预约时间为其办理相关证件，受到办事者好评。县住建局、县交通局、县工商局等窗口多次为办事群众提供延时服务，让等待办事的群众满意而归。全年受理预约服务12次，延时服务26次。

【免费复印】 “中心”在大厅设立免费复印部，为户籍、养老、社会福利等事务办理的群众提供免费复印业务，全年为办事群众免费复印25万张，受到办事群众欢迎。

【再造流程减环节】 对政务中心30家服务窗口项目审批情况进行逐一调查，重点审查审批流程是否合理、承诺时限能否压缩、告知单是否详细、首席代表制是否真正得到落实等。对窗口项目审批流程进行调查摸底，重新编制，对部分项目审批环节进行精简，119个服务项目共精简审批环节112个。

【标准化建设】 启动县政务服务标准化建设，标准体系根据GB／T 24421—2009《服务业组织标准化工作指南》、GB/T 13016-2009《标准体系表编制原则和要求》、GB/T 1.1-2009《标准化工作导则》，参照GB/T 13017—2008《企业标准体系表编制指南》的基本原则，分服务规范、管理标准、项目办理服务规范、流程及流程图、办件规范、督查规范、服务评价标准等七大类，完成政务服务标准化建设的全部材料。12月，对全体窗口工作人员进行标准化知识培训。

【全程代理】 3月，“中心”召开全县乡镇为民服务全程代理办公室主任会议，对2013年工作进行总结，布置2014年工作任务。各乡镇加强对为民服务全程代理工作的领导，建立考核、约束、激励机制，调动村代理员的工作积极性，做到文明接待、及时接收、快速办理、规范回复。县乡村三级服务联动，老百姓足不出村，就能办事，把“服务大厅”搬到群众家门口。全年4次到乡镇、村开展为民服务全程代理工作检查，为村级代理开展业务培训，提高村级代理员业务能力和为民服务意识。

【“12345政府服务直通车”】 加强内部管理，规范工作程序，建立健全各项工作制度，完善内部运行机制。全年受理办件1.49万件，反馈率100%，办结率98%，电话畅通率100%。

2014年获县级以上荣誉称号先进集体

单　位	荣誉称号	授予单位
政务服务中心	合肥市卫生先进单位	市爱卫会

（张功文）

公共资源交易监管

公共资源交易监督管理局正副职名单

局　长	黄本年
书　记	刘　卫
副书记	姚大平
副局长	蔡竞峰

【概况】 2014年，肥东县公管局通过创新工作机制、优化工作流程、强化管理措施、提升服务水平，推动公共资源配置市场竞争效益最大化和效率最优化，中心实现交易规模的快速增长。全年受理工程、采购类项目1006个，预算价18.2亿元，办结工程、采购类项目908个，累计控制价16.98亿元，中标价11.32亿元，节约资金5.69亿元。受理上报市公管局项目51个，预算价48.2亿元，办结项目38个，控制价47.1亿元，中标价28.50亿元,节约资金18.54亿元。交易项目涵盖房屋建筑、市政基础设施、交通、农田、水利等领域，为服务全县做出积极的贡献。

【制度建设】 进一步规范交易制度。结合县域公共资源交易市场的发展趋势，以《招标投标法》及其实施条例为基础，遵循《合肥市公共资源交易管理条例》规定精神，对已出台的全县各类公共资源交易文件进行清理，重新颁布和修改一系列基础业务规范性文件，如《关于印发肥东县公共资源交易暂行办法的通知》、《肥东县公共资源交易信息发布暂行规定》、《肥东县公共资源交易中心开标管理暂行规定》、《肥东县公共资源交易中心评标管理暂行规定》、《肥东公共资源交易中心重新评标管理暂行规定》、《肥东县公共资源交易中心询价采购暂行办法》、《项目评审专家抽取暂行规定》等制度。制定《肥东县投资项目工程变更管理实施细则的通知》，对变更和签证采取八方会审制度，切断后期的侥幸心理，以此进一步规范各类公共资源交易活动，使公共资源交易管理与服务活动更趋规范、科学、高效和透明。进一步探索乡镇公共资源交易工作。拟定《肥东县2014年县级公共资源交易目录》，依据《合肥市人民政府办公厅关于加强和改进乡镇公共资源交易管理工作的通知》精神，撤销乡镇交易平台，创新建立乡镇园区小额零星库，采用公开招标方式，以资格审查、抽签、业主单位推荐相结合的办法，为每个乡镇招选10家企业建库。该项工作的实施即符合乡镇特色，又保证乡镇公共资源交易的健康有序开展。

【强化监督】 加强诚信体系建设。加大对市场主体不良行为的信息管理，及时公布“黑名单”，严禁无信不法者进入市公共资源交易市场，全年受理质疑投诉项目55个，经调查走访，对36家单位进行警告处分，其中对4家单位进行不良记录扣分处罚，将3家单位的处罚予以网上公示。与县国土局等单位组成标后督查组，对发现的建造师不在位（随意变更）、工程进展缓慢、监理不履职等问题的14家单位及部分建造师进行记不良记录处理，采用对施工单位、监理单位发函、约谈等方式，要求其限期整改，促进中标人履约意识、质量意识和诚信意识的提高，保证招投标事中监督向事前监察、事后监管的延伸。积极引导社会力量参与监管。聘请县人大代表、政协委员、以及社会各界人士参与对公共资源交易项目开评标等活动现场监督。

【电子平台建设】 推行电子化招标投标。2011年，启动信息化建设，把实现招标投标电子化纳入主要工作目标。依托市公管局“二库”（企业会员库、评审专家库）、结合县公共资源交易工作实际，先后开通“二网”（内部管理业务网、外部公共服务网），实现电子招标投标的各项业务功能。随着《电子招标投标办法》的颁布，公管局狠抓软硬件标准化、规模化建设，进一步提升电子化交易水平，实现“网上公开、网上受理、网上操作、网上监督”等功能，使整个公共资源交易过程网上留痕、可询、可查，有效减少人为因素干扰，遏制弄虚作假行为，增加公共资源交易活动的透明度，促进全县公共资源交易市场健康发展。率先实现市县一体化建设。2013年，以《合肥市公共资源交易管理条例》的颁布实施为契机，开通20M专线，具备与市中心进行数据库同步交换，市、县公共资源交易信息同步发布的功能，并将县建设工程和政府采购公开招标的项目全部纳入市局平台进行操作。完成远程异地开、评标准备工作，实现与市中心网上公共资源交易系统、信息发布、评标方法、专家管理及自动抽取系统、保证金管理系统、第三方支付系统、全方位监控系统、异地远程评标系统等八个统一，在全省率先实现市、县公共资源交易操作系统一体化。

2014年获县级以上荣誉称号先进集体

单　位	荣誉称号	授予单位
公管局	全省2014年度推进建设工程电子招标投标先进单位	省建筑工程招标投标协会

2014年获县级以上荣誉称号先进个人

姓　名	荣誉称号	授予单位
黄本年	合肥市2014年校安工程先进个人	市中小学校舍安全工程领导小组

（张爱华）

统计

统计局正副职名单

局　长	王汝光
副局长	张锦生　杨国银

【第三次全国经济普查】 全国第三次经济普查，入户登记法人和产活单位6365多家，个体户40692多家；3月14日至21日，县经普成立4个检查指导组，深入全县20个乡镇（园区）对企业、乡镇、村居的单位核查开展事后质量抽查，通过核实查对，检查法人单位、产业活动单位和个体经营户的漏报率、重登率和核查表的填报质量；集中安排人员对经普数据进行审核、查遗补漏和质量控制工作；接受省市检查验收。统计局获第三次全国经济普查省级先进集体称号。

【开展群众路线教育实践活动】 2月，县局召开党的群众路线教育实践活动动员会；成立领导机构，制定活动实施方案；按照学习计划表进行学习；3月，局领导班子结合经济普查工作到乡镇集中调研；局全体成员参观渡江战役纪念馆，观看廉政风险警示图片展、《焦裕禄》纪录片；开展“三严三实”集中学习教育月活动；邀请专家作“践行三严三实，凝聚时代正能量”专题讲座；开展第一环节回头看；发放征求意见表、谈心谈话、召开座谈会、集中调研、县委督导组反馈，征求到局领导班子意见54条，其中“四风”方面21条；对照“四风”方面存在的问题撰写对照检查材料，剖析存在问题的原因，找准对策；局领导班子和班子成员对照检查材料反复修改，并报县委督导组和县委活动办审核通过，7月，召开县统计局领导班子专题民主生活会；开展批评和自我批评，整改方案完善成为时间表、责任书。9月，“两方案一计划”上报县委活动办。得到县委督导组和县委活动办认可。

【乡镇考核】 撮镇镇、梁园镇、石塘镇、八斗镇、白龙镇、响导乡、包公镇、马湖乡、牌坊乡、杨店乡和长临河镇等11个乡镇获2013年合肥市科学发展先进乡镇称号。

【统计服务】 针对全县经济和社会发展的重点问题，开展统计调查和统计分析。全年撰写统计分析材料15篇，统计信息122篇，为领导决策提供依据。向部门提供各类统计信息120条次。每月编印《肥东统计月报》，编印《肥东县2014年统计年鉴》，为社会大众提供统计数据。

【人口抽样调查】 2014年肥东县人口劳动力抽样调查涉及12个乡镇，32个调查小区。其中，国家点2个，与去年持平，省点30个，比去年增加17个；调查3378户，比去年增加2032户。调查12351人，比去年增加6973人。出生62人，死忙14人。选聘调查指导员和调查员45人，参加市、县培训，发放调查宣传画和宣传标语。10月20日至31日进行摸底调查，11月1日至10日正式调查。

【统计基层基础建设】在18个乡镇和联网直报企业中建立统计基层基础调查制度，落实专人负责，实行季度报告制，全面掌握基层统计基础情况、人员状况、财务状况和联网直报企业统计能力情况。

【推进企业申报工作】县局以新增单位的上报为重要抓手，切实做好“四上”企业的申报工作。2014年，县局分5批申报新增规上企业，成功申报20户。其中：规上工业企业1家，资质以上房地产企业3家，资质以上建筑业企业5家，限额以上服务业企业11家。

【统计法制建设】利用税务、教育、卫生等部门资料，对全县三经普数据质量进行再核查。修改各类错误3000多条，调减营业收入85.33亿元，调减非企业单位支出3.97亿元。全县统计执法检查582家，对未达规模的4家企业，及时向市局申报退出联网直报平台，对6家企业给予责令改正处罚。开展“一套表”联网直报工作中违法违规和不规范报送行为专项整治行动。将市统计局下发的“一址多企”或“一企多址”企业153家、“数据波动较大”或“主要指标明显不匹配”企业19家作为排查重点。对停产的5家联网直报企业，向市局申报退出联网直报平台。对8家企业虚报产值的要求企业写书面报告，整改到位，依照统计法进行处罚。

2014年获县级以上荣誉称号先进集体

单 位	荣誉称号	授予单位
县统计局	第三次全国经济普查先进集体	省经济普查领导小组

（陈 镇）

气象服务

气象局正副职名单

局 长	程云生
副局长	孙东亮 许卫东

【气候概况】2014年,全县年平均气温16.6℃，极端最高气温36.9℃（7月22日），极端最低气温-5.3℃（2月11日）。年度降水量1107.3毫米，年最长降水日数11天（8月23日至9月2日），降水量83.0mm。年最长无降水日数21天（12月11日至12月31日）。一日最大降水量51.9mm，出现在7月24日。年日照时数1687.1小时，年日照百分率为38%。无霜期266天。与历年同期平均值相比，年降水量偏多约11%，气温偏高0.9℃。

【气候特征】6、9、12月份月平均气温与往年基本持平，2、7、8月份气温偏低，其中2月偏低0.5℃、7月偏低0.7℃、8月异常偏低1.8℃。其余各月气温均偏高，其中1、3月异常偏高3.3℃和3.0℃，4、5、10、11月偏高0.9℃至1.6℃。夏季高温共7天，历史均值11.3天。1-4月月降水量323.4毫米，较历史平均值偏多约3成。12月月降水总量仅1.5毫米，比常年均值异常偏少约9成，导致部分地区出现气象干旱。雾霾天气减少，空气质量逐渐好转。梅雨期间降雨量不是十分典型，仅出现2次强降水过程（7月24日51.9毫米、8月13日50.4毫米），没有造成大的灾情发生。

【极端天气】8—9月持续连阴雨，引起秋熟作物出现病虫灾害，不利于秋收旱作物后期生长。2月冷空气活动频繁，南方水汽输送明显。主要出现三次降雪过程，分别出现在2月6—7日、13日、17—18日，最大积雪深度7厘米。雪后升温较快，积雪融化较快，持续时间短，未达到麦菜冻害标准，作物受冻害较轻，对设施农业影响较小。观测站最强降水分别出现在7月24日51.9毫米、8月13日50.4毫米。短时强降水造成城市部分地段内涝，给市民出行带来一定影响，但未成灾。12月测站降水总量仅1.5毫米，比常年均值异常偏少，导致空气质量变差，部分地区出现气象干旱。总体说来，本年度气象条件对农业生产无明显不利影响。

【气象基础业务】加强测报岗位练兵，组织业务技术骨干参加全省竞赛集训，地面报表预审质量逐步提高。预测预报优质高效，每天早上发布一产品“气象早餐”，每周一、周四分别发布一期未来七天天气预报，每周一制作一期电视专题节目。加强与省、市气象台天气会商，做到决策服务让领导满意、公共服务让社会满意、专业服务让客户满意。区域站维护发生数据中断超过48小时，未被发现事故，其情况在业务检查后已整改，而响导乡自动站设备省气象局统一采购后安装。

【气象汛期业务】 汛期来临前成立汛期气象服务领导小组，制定汛期气象服务应急预案，对业务室供电线路进行改造，使发电机供电操作更加简洁方便。开展区域站及现用仪器巡检，按时完成所有仪器物联网管理工作，完成全县18个气象监测区域网站维护、维修，保障其稳定运行，汛前检查做到人员、设备、技术、资金、制度、机制六到位。结合常态化岗位练兵活动开展复杂气象条件下的业务应急演练和安全生产业务培训工作，气象测报错情率、区域站和VP报传输正点率都达到历史最好水平。

【气象基本建设】 完成马湖乡气象灾害防御标准化乡镇示范点建设任务，“三农”气象服务专项建设各项任务,通过省、市气象局验收。复兴、长临河镇各建设1座六要素自动气象站，撮镇建华社区建成1个6平方米面积的气象预警电子显示屏。所有乡镇完成气象灾害防御应急预案修编，与县民政局、应急办合作，所有乡镇气象灾害防御应急准备工作得到认证。完成对乡镇综合信息服务站（气象灾害防御管理所）的运行管理，组织乡镇气象信息员参加市气象信息员竞赛,古城镇气象信息员王锐获得第二名,代表市气象局参加省气象信息员大赛，获得团体第四。

【气象为农服务】 年初的大雪和夏季持续高温天气气象服务工作主动准确及时。和县电视台合作，每周制作一期有地方特色的气象专题节目，和县国土局联合发布地质气象灾害风险预警。制作汛期气象服务资料60期，针对关键农事季节制作农业气象服务产品48期。将气象预警信息植入社会电子显示屏资源工程全面推动，完成10个公共场所的技术改造。成立气象为农服务工作领导小组和专家组，与农委、林业、水务等部门专家合作，深入开展农业气象服务。按照省、市气象局业务部门的要求，做好常规的大气探测、气象预报工作外，围绕地方经济发展和服务用户的需求，开展多种形式气象服务探索和尝试。

【文明创建】 成立县气象局青年志愿者，组织开展志愿帮扶活动。积极参加县文明委举办的拔河、登山、牌类比赛，承办市气象系统第七届职工运动会乒乓球项目比赛。组织党员到社区报到，参加义务联动。宣传中国特色社会主义核心价值观，开展道德讲堂活动，弘扬中华民族传统美德。利用“3.23”世界气象日、“5.12”防灾减灾日等开展气象科普宣传活动，组织职工外出参观学习及参加摄影、球类等娱乐健身活动，丰富职工文化生活，组织老干部进行红色一日游等。在省廉政文化宣传活动中，报送的书画、摄影、动画等作品也受到好评。

【岱山湖避雷亭】 县气象局在岱山湖风景区建成1座防灾避雷亭。避雷亭高约六米，有六根柱子支撑，全青石雕刻结构，坚固、端庄、大方。亭内空间可容纳二十人左右，游客在遇到雷雨天气时，有足够大的空间躲避雷电威胁。避雷亭建成后由一中高级教师宁仁选题记：/岁在甲午，时属三秋。岱山湖上微风轻拂，天高云淡。登岛远眺，稻浪金涌；泛舟游湖，鹭飞鱼翔。游人如织，共享盛世。鹅岛北滨，有卓然而立者，曰避雷亭。/座椅镂有菊兰莲竹，藻井匾额以重彩粉饰，与山色齐冶灵神。亭系国家财政惠民工程，亦乃肥东气象关注民生所立。亭内可避风雨雷电，祈黎民安康。/游客或戏水亭侧，或小憩亭中。虽不见惊涛拍案乱石穿空，亦足赏湖光山色气象万千。避雷亭沐浴秋阳，六立柱翘角飞檐，巍峨灵动，迎面立柱嵌金蟠龙，势欲腾空。/景，叹为观止；境，钟灵毓秀。立亭者防灾严谨，关爱苍生之善，唯此旌表。/公元二〇一四年仲秋/

岱山湖避雷亭

2014年获县级以上荣誉称号先进集体

单　位	荣誉称号	授予单位
气象局	合肥市气象系统先进集体	市气象局
气象局	综合目标考核优秀达标单位	市气象局

2014年获县级以上荣誉称号先进个人

姓　名	荣誉称号	授予单位
许卫东	先进工作者	市气象局
周　艳	观测员奉献奖	省气象局

（许晓雪）

红石咀

位于长临河镇中日友好林核心区,一个无人搅扰的去处。开放式园林，酷似海滨，有银色沙滩千余米，湖边的红石嘴和黑石嘴礁石错落有致，有险无惊 。20公里湖岸线，草地丰美—浑然天成 起伏无定 可以真切感受惊涛拍岸，聆听细浪吻沙，在礁石间摸索攀爬，或者躺在湖边的草地上享受充足的阳光和风的爱抚.。

教育　体育

□教育
□体育

教育

教育体育局正副职名单

局　长	王家华
书　记	罗志豪
副局长	周品芳　吴友帮 王怀宁　李仁梅

【概况】 有各级各类学校212所，在校学生15.53万人。其中中等职业学校5所，在校生11809人；普通高中16所，在校生32160人；初级中学4所，九年一贯制学校35所，初中在校生36463人；完全小学64所，在校生54876人；特殊教育学校1所，在校生129人；幼儿园87所，在校生19871人。有中小学专任教师10132人，其中，幼儿园665人，小学3869人，初中3041人,普通高中2223人,中等职业学校313人，特教学校21人。肥东县被评为全国青少年普法教育示范区，通过全国义务教育发展基本均衡县验收，受到省政府通报表扬。取得安徽省第十三届运动会青少年部金牌数第六，体育社团工作在全市体育工作会议上作经验介绍。县教体局及6所学校被评为全国青少年普法教育先进单位，12所学校被评为全国零犯罪学校。县教体局获全国青少年读书教育活动先进单位、全国青少年五好小公民主题教育活动先进单位、全国少儿艺术交流汇演总决赛优秀组织奖、第十届全国语文规范化知识大赛组织奖、全省大中小学师生书法作品征集评选活动优秀组织奖、全省大学生生源地信用助学贷款工作优秀等次等多项荣誉称号。

【项目建设】 投入791万元，为响导中学、杨店中学、包公学区中心学校新建教师公租房113套；投入1520万元，改扩建幼儿园5所、新建幼儿园2所；投入1013万元，改扩建寄宿制学校6所；投入2454万元，扩建校舍22290平方米；投入1840万元，新建运动场17个；投入310万元，维修校舍15300平方米。投资8000万元的肥东六中扩建工程主体工程封顶，投资7.2亿元的肥东一中新校区工程开工建设。肥东五中、城关二小、城东小学开工建设。投入206万元，建成在线课堂19个主讲教室和37个接收教室。投入1926万元，为学校配置课桌椅、计算机、图书、仪器等设施设备。投入1.2亿元用于提升义务教育学校标准化建设水平。

【惠民资助】 全年累计发放学前资助资金36.45万元，惠及家庭贫困幼儿729人次；义务教育阶段农村中小学贫困寄宿生生活费补助资金217.61万元，惠及家庭贫困学生3580人次；发放普通高中国家助学金资助950.93万元，受助学生共12679人次；发放中职学校国家助学金136.88万元，惠及中职学校家庭经济困难学生1825人次，中职学校免学费资金发放1552.3万元，惠及中职学校家庭经济困难学生12523人次；享受大学新生“入学资助项目”和“县政府专项资助资金”受助学生475人，发放金额37.6万元；受理国家开发银行生源地信用助学贷款申贷学生2421人，发放贷款1604.85万元。

【高中阶段教育】 肥东一中、肥东二中获中国校园媒体建设百佳示范学校荣誉称号；在合肥市高中教学质量综合评价中，肥东一中、二中、圣泉中学、锦弘中学、城关中学、撮镇中学、众兴中学等7所学校分获一、二、三等奖。合肥市通用技术学校“社会文化艺术”和“客户信息服务”分别被省教育厅评为中等职业教育省级重点专业点和重点实训基地立项项目。

【义务教育】 完成义务教育学校标准化建设年度任务，20所义务教育学校通过市标准化建设复评验收，标准化建设完成率100%，提前1年完成全县义务教育学校标准化建设任务。石塘学区中心学校、赵亮学校、高塘学校、元疃学校等4所学校被确定为合肥市首批“新优质学校”创建单位。对42所农村中小学教育资源进行整合，成立21所九年一贯制学校。

省教育厅厅长程艺（右二）调研肥东乡村学校

【学前教育】 县实验幼儿园被认定为安徽省一类幼儿园，实现省一类园“零”的突破；召开2015年全县学前教育工作会议，出台《肥东县学前教育三年提升行动计划（2014

—2016年）》《关于进一步加强我县学前教育管理工作的指导意见》等文件。开展学前教育结对帮扶、幼教辅导网、幼儿园教师全员培训等3项重点工作，保教水平有提升。

【德育工作】 县爱国主义读书教育活动组委会获合肥市团体优胜奖，县教体局被团中央、教育部等单位授予全国爱国主义读书教育活动特别奖。肥东二中等4所学校获全国青少年五好小公民主题教育活动示范学校荣誉称号。撮镇学区中心学校被评为安徽省优秀少先队集体。店埠学区中心学校和肥东一中录制“童心向党”歌咏光盘，在中央文明网展播。长乐学区、长临河学区中心学校德育工作案例获省级二等奖。

【艺体教育】 开展体育大课间和学生阳光体育冬季长跑活动，确保学生每天体育锻炼1小时。举办中学生篮球赛、小学生书画比赛，中小学生艺术节、乒乓球比赛等体艺活动。举办肥东县第二届乡村学校少年宫成果展，制作展板38块，展出实物作品近千件，编排文艺汇演节目34个，650多名少年宫学员参加演出。在合肥市第五届艺术节展演活动中，县实验小学、店埠学区中心学校大合唱节目获二等奖。

【学生竞赛成绩】 城关中学学生参加全省电脑机器人竞赛分获一、二等奖，参加全国机器人大赛获得银牌。全县义务教育和普通高中学生参加国家和省市举办的各类竞赛获奖652人次。中职学校学生参加国家和省市技能大赛获国家级奖6个，省级奖8个，市级奖42个；获得省级金牌2个、银牌10个、铜牌10个，市级金牌18个、银牌32个、铜牌38个。48人在全省中等职业学校“德能双优”学生评选活动中获奖。

【师德教育】 开展第30个教师节系列庆祝活动。康宏东等6人获安徽省优秀教师荣誉称号；洪星等56人获合肥市优秀教师荣誉称号，宋汝明等13人获合肥市优秀教育工作者荣誉称号。吴明社、龚世立、刘义国、韩家波、张鑫泉等5人赴阜南县第一初级中学支教，受到阜南县教育局和当地师生欢迎。八斗学校张丛芳被市教育局推荐参加全省“江淮好教师”评选。

【师资队伍】 补充教师54人，辞退各类在编不在岗人员33人。安排28名县城学校教师到农村中小学支教，从农村初中选派106名教师到小学任教，从学区中心学校选派52名教师到村级小学支教。聘任中学高级教师40人，中学一级教师100人，小学高级教师110人，初级教师职务84人。崔效斌、杨正霞等8人被评为肥东县第三批拔尖人才，宣沫再次入选“合肥市第七批专业技术拔尖人才”。肥东一中获全省教育系统先进集体荣誉称号。

【专业培训】 开展校本培训、岗位集中培训、远程教育培训、送教下乡、高三教师培训研讨、教育技术能力培训、国培计划培训、骨干教师培训、教育家培养工程、专场报告会等，培训教师2万多人次。开展4次省市级送培送教活动，5次远程培训“线下研修”，8次县级送培送教活动，培训教师2000多人次。全县中小学教师在国家和省市开展的各类竞赛和评比活动中，获国家级奖23人次，省级奖9人次，市级奖309人次。

【干部队伍建设】 16人参加国家级培训，5人参加省级培训，64人参加市级培训，50人参加中小学校长远程培训。局机关男55岁、女50岁以下公务员11人参加2014年干部网络培训，全部取得“优秀”等次。举办2014年全县教育体育干部春季培训班，1000多人参加培训。组织36名教育家培养对象和8名义务教育学校校长到上海开展为期一周研修培训。选拔任用校长40名，副校长78名，批复任用213名学校和局机关中层干部。

【平安校园建设】 开展安全教育“一月一主题”、“普法宣传月暨12355普法校园行”等活动。1所学校通过市级“禁毒教育示范校”评估验收，9所学校通过市级“平安校园”评审，11所学校通过市级“平安校园”复评。陈集学校、肥东四中被评为安徽省防震减灾科普示范学校。

众兴中学
“合肥市示范高中”揭牌

【信访维稳工作】 落实《信访条例》和上级有关信访维稳工作会议精神，加强对涉稳隐患排查、矛盾纠纷疏导化解，做好来信来访人员接待解释工作，全年共接待来人来访820人次，登记受理初诉、初访42批次，其中办结销号35件，延期办事项4件，不能办事项3件；参与处置14批次群访事件。上世纪60年代部分“休学生”群体、教育系统老工伤人员、退养民师群体等涉稳涉诉事件，得到妥善化解。办理12345政府服务直通车510件、省厅和市局转办件6件、各级纪委转办件12件、国家和省市县信访转办件21件、信访复查2件，全部按信访结案处理报结，按期回复。

【学校特色创建】 开展“一校一特色”创建活动，肥东三中、路口学区中心学校、石塘学区中心学校通过市级绿色学校评估验收。长临河学区、长乐学区、梁园学区、张集学区中心学校，肥东四中等5所学校被评为合肥市素质教育示范学校。撮镇学区中心学校通过省级语言文字规范化示范校评估验收，长临、长乐、梁园、张集、路口5所学区中心学校，店埠学区红旗小学等6所学校被评为合肥市语言文字规范化学校。石塘、元疃、龙塘学区中心学校通过市级特色学校评估验收。白龙镇成人文化技术学校被评为市级社区教育示范成人技校。

【教育科研】 由教育部总课题组立项批复，县教体局和30所学校参与研究《新时期中小学家庭教育立德树人的综合研究》课题开题。3项省级、8项市级课题结题，2项省级、15项市级课题开题，1项省级、10项市级课题立项。肥东一中宣沫等4人课题《中学戏剧教学研究》获安徽省第九届优秀教育科研成果一等奖；肥东一中张文业等4人课题、肥东四中李光俊等4人课题获合肥市第二届优秀教科研成果三等奖。全年开展教学视导、送教下乡、名师课堂教学展示月、教学研讨观摩等活动152次。肥东一中宣沫教师工作室当选市级名师工作室，新建县级名师工作室4个。《公民道德素养》《人文与地理》《安全教育》等3本地方教材形成初稿。

【党风廉政工作】 召开党风廉政建设工作会议、与全县中小学校长签订《党风廉政建设责任书》；定期向局机关干部和全县中小学校长编发廉政短信。落实中央八项规定，全县教育系统会议费较上年减少57.8%，公务接待费减少19%，公车运行维护费用下降46%。执行机关办公用房标准，开展自查自纠工作。推进党务公开，做到以党务带政务，以公开促廉洁。开展校长离任经济责任和基建维修项目审计工作，审计离任校长18人，基建项目21个，审减金额115万元。严处乱补课、乱收费等违规违纪行为，全年查处4起教育乱收费案件，违规所得55.48万元全部清退到位；查处违规开办辅导班1人，清退违规所得2.1万元。“廉政文化进学校”示范点建设取得成效，王铁学校通过合肥市廉政文化进学校标兵单位评估验收，肥东四中、元疃学校通过市级廉政文化进学校示范点验收，长临河学区中心学校、陈集学校通过县级示范点验收。

体育

【概况】 坚持“增强人民体质、促进群众的全面发展”工作宗旨，发挥体育在保障和改善民生中作用，推进全民健身战略实施，以农村基层体育为重点，平衡城乡体育发展，建设城乡体育公共服务体系。新增单项体育运动协会3个、群众晨晚练点18个。

【公共体育设施】 新建96个农民体育健身场所、2个全民健身苑和1个笼式多功能运动场地，全部交付使用。重新利用老体育场土地和遗留体育建筑，建成老体育场游泳中心、健身步道、多功能笼式健身场、健身苑、篮球场等。投入36万元，对县城、乡镇、社区内部以及全县中小学的体育健身设施、器材进行维护、维修和更新。由民间资本投资的为民学校游泳综合馆、康诚健身中心、老体育场游泳中心建成并向社会开放。

【全民健身活动】 选拔210人参加合肥市三级群众体育指导员培训，全部获得资格证书。举办肥东县第七届千人万米长跑活动，春季风筝放飞活动，五一篮球赛，第二届县直机关职工拔河比赛，省第九届乒乓球(肥东赛区)比赛，第四届太极拳健身舞联谊赛，首届老年人健身球比赛，第七届篮球夏季联赛季前赛，乒乓球比赛，第七届篮球夏季联赛，全民健身日庆祝活动，中式台球精英赛，秋季风筝放飞竞赛，足球邀请赛，第五届职工羽毛球比赛，第二届中老年男子篮球赛，县直机关干部职工登山比赛，第六届羽毛球大赛，首届桥牌团体赛等上百次体育比赛活动，丰富广大群众体育文化生活。推进"体育下乡，活动进村"计划，开展健身舞（操）、太极拳、球类等农民喜闻乐见的体育活动。

【体育成绩】 沙鹏飞等8位选手代表合肥市参加安徽省第七届少数民族传统体育运动会，在蹴球、高脚竞速等项目中获4金2银；县太极拳协会组队参加合肥市第四届传统武术比赛，获2个集体项目第二名、9个单项第一名；县羽毛球协会参加合肥市2014"中体杯"第三届业余羽毛球公开赛，获团体第四；店埠学区中心学校篮球队参加市中小学生运动会篮球比赛，获第三名。尚真红利晚练点和蓝天健身队在合肥市"英派斯杯"示范晨晚练点健身项目展示大赛中分获三等奖和优秀奖。

【体质监测】 市国民体质监测工作队对石塘镇开展第四次国民体质监测，完成700余名3至69周岁人员体质监测和问卷调查。完成全县中小学学生体质测试工作，及时、准确上报，完成数据统计分析，撰写报告，为开展全民健身活动提供依据。

【安全保障】 定期了解县内体育经营场所情况，给各经营场所负责人传授安全生产知识，加强相互间交流，提高服务水平。为3处游泳场所经营主提供《经营高危险性体育项目的条件及程序》等相关制度政策，在规定工作日内完成《经营高危险性体育项目许可证》办理，保证3处游泳场所准时对外开放。加强体育行政执法检查，对体育经营场所进行不定期检查，对存在问题经营场所及时提出整改意见，限期改正，提升体育项目经营场所服务水平，确保广大群众拥有一个安全健身环境。

【全国体育场地普查】 第六次全国体育场地普查工作于1月1日准时启动，按《普查方案》要求，6月底，完成全县280家单位1030个体育场地测量、登记、录入、上报工作，编印简报6期，填报各类登记表上万份。全县体育场地用地面积1310353.49平方米。普查摸清全县体育场地设施数量、结构、分布和使用情况，为全国体育场地普查提供真实数据。县教体局、店埠镇中心学校被评为合肥市"六普"先进集体，宋爱华被评为省"六普"先进个人，刘兵、吴红星、杨海燕等6人被评为市"六普"先进个人。

【学校体育】 重视学校体育师资队伍建设，招聘3名中小学体育教师。开展体育大课间、学生阳光冬季长跑活动，确保学生每天体育锻炼1小时。举办中小学乒乓球赛，初、高中篮球赛和第九届小学生田径运动会。

2014年获县级以上荣誉称号先进集体

单　位	荣誉称号	授予单位
白龙中学	全国青少年"中国梦"读书教育活动组织奖	全国青少年读书教育活动组委会
八斗学校	全国青少年"中国梦"读书教育活动组织奖	全国青少年读书教育活动组委会
长乐学校	全国青少年"中国梦"读书教育活动组织奖	全国青少年读书教育活动组委会
古城中学	全国青少年"中国梦"读书教育活动组织奖	全国青少年读书教育活动组委会
众兴中学	全国青少年"中国梦"读书教育活动读书育人特色学校	全国青少年读书教育活动组委会
白龙中学	零犯罪学校	中国关工委　司法部　综治委
城关中学	零犯罪学校	中国关工委　司法部　综治委
肥东二中	零犯罪学校	中国关工委　司法部　综治委
肥东三中	零犯罪学校	中国关工委　司法部　综治委
古城中学	零犯罪学校	中国关工委　司法部　综治委
经济开发区中心学校	零犯罪学校	中国关工委　司法部　综治委

单 位	荣誉称号	授予单位
石塘中学	零犯罪学校	中国关工委 司法部 综治委
众兴中学	零犯罪学校	中国关工委 司法部 综治委
肥东四中	零犯罪学校	中国关工委 司法部 综治委
黄栗学校	全国第二届“关爱明天，普法先行”青少年普法教育优秀组织奖	中国关工委 司法部 综治委
八斗学校	全国第二届“关爱明天，普法先行”青少年普法教育优秀组织奖	中国关工委 司法部 综治委
白龙学区中心学校	全国第二届“关爱明天 普法先行青少年普法教育”优秀组织奖	中国关工委 司法部 综治委
长乐学区中心学校	全国第二届“关爱明天、普法先行”青少年普法教育优秀组织奖	中国关工委 司法部 综治委
陈集学校	全国第二届“关爱明天，普法先行”青少年普法教育优秀组织奖	中国关工委 司法部 综治委
店埠学区中心学校	全国第二届“关爱明天、普法先行”青少年普法教育优秀组织奖	中国关工委 司法部 综治委
城关小学	全国第二届“关爱明天，普法先行”青少年普法教育优秀组织奖	中国关工委 司法部 综治委
梁园学区中心学校	全国第二届“关爱明天，普法先行”青少年普法教育优秀组织奖	中国关工委 司法部 综治委
石塘学区中心校	全国第二届“关爱明天，普法先行”青少年普法教育优秀组织奖	中国关工委 司法部 综治委
元疃学校	全国第二届“关爱明天，普法先行”青少年普法教育优秀组织奖	中国关工委 司法部 综治委
城关中学	全国第二届“关爱明天、普法先行”青少年普法教育组织奖	中国关工委 司法部 综治委
撮镇学区中心学校	全国第二届“关爱明天、普法先行”青少年普法教育组织奖	中国关工委 司法部 综治委
撮镇中学	全国青少年普法教育先进单位	中国关工委 司法部 综治委
青龙学校	全国青少年普法教育先进单位	中国关工委 司法部 综治委
西山驿学校	全国青少年普法教育先进单位	中国关工委 司法部 综治委
肥东一中	全国青少年教育示范基地	中国教育科学研究院 素质教育研究中心
肥东一中	语文教师专业化发展工程基地校	教育部语文出版社
肥东一中	中国校园媒体建设百佳示范学校	国家教育行政学院
肥东一中	中国校园媒体建设杰出管理奖	国家教育行政学院
肥东一中	《肥东一中》校报全国一等奖	中国教育报刊社培训中心 全国校园媒体评委会
肥东一中	肥东一中校园网站全国一等奖	中国教育报刊社培训中心 全国校园媒体评委会

单　位	荣誉称号	授予单位
石油学校	第十届全国语言文字规范化知识大赛优胜组织奖	教育部语言文字应用管理司
实验幼儿园	第十届全国语言文字规范化知识大赛优胜组织奖	教育部语言文字应用管理司
众兴学区中心学校	第十届全国语言文字规范化知识大赛优胜组织奖	教育部语言文字应用管理司
县青少年活动中心	2014年“中华大家园”儿童艺术节优秀组织奖	全国关心下一代工作委员会公益交流中心等
县青少年活动中心	全国少年儿童艺术风采展示大赛优秀组织奖	台湾会馆经贸文化交流中心等
长临河学区中心学校	中小学优秀德育实践案例二等奖	省教育厅基教处、安徽青年报社
陈集学校	全省大中小学师生书法作品征集评选活动优秀组织奖	省教育厅
撮镇学区中心学校	优秀少先队集体	团省委
店埠学区中心学校	全省少儿（幼儿）素质教育工作先进单位	省关工委
北苑小学	全省少儿（幼儿）素质教育工作先进单位	省关工委
肥东一中	教育系统先进集体	省人社厅、教育厅
经济开发区中心学校	青少年“学雷锋 做有道德的人”爱国主义读书教育活动组织优秀奖	省青少年爱国主义读书教育活动组委会
实验幼儿园	省一类幼儿园	省教育厅
县青少年活动中心	第七届安徽省少儿艺术大赛优秀组织奖	省青少年宫协会等
县青少年活动中心	安徽省最具影响力百家艺术培训机构	中国群众艺术家协会安徽秘书处
长临河学区中心学校	素质教育示范学校	市教育局
长乐学区中心学校	素质教育示范学校	市教育局
梁园学区中心学校	素质教育示范学校	市教育局
张集学校	素质教育示范学校	市教育局
肥东四中	素质教育示范学校	市教育局
肥东三中	特色学校	市教育局
梁园学区中心学校	特色学校	市教育局
龙塘学校	特色学校	市教育局
石塘学区中心校	特色学校	市教育局
长临河学区中心学校	百姓身边的好学校	市教育局
肥东三中	百姓身边的好学校	市教育局
梁园学区中心学校	百姓身边的好学校	市教育局
白龙镇成人文化技术学校	示范成人文化技术学校	市教育局
长乐学区中心学校	语言文字规范化示范学校	市教育局
梁园学区中心学校	语言文字规范化示范学校	市教育局
路口学区中心学校	语音文字规范化示范学校	市教育局

单 位	荣誉称号	授予单位
长乐学区中心学校	绿色学校	市教育局 市环保局
路口学区中心学校	绿色学校	市教育局 市环保局
石塘学区中心校	绿色学校	市教育局 市环保局
路口学区中心学校	平安校园	市综治办 市教育局
肥东一中	五一劳动奖状	市劳动竞委会 市总工会
肥东一中	高中教育教学质量综合评价一等奖	市教育局
肥东二中	高中教育教学质量综合评价二等奖	市教育局
撮镇中学	高中教育教学质量综合评价三等奖	市教育局
众兴中学	高中教育教学质量综合评价三等奖	市教育局
肥东四中	防震减灾科普示范校	市教育局
肥东二中	优秀五四红旗团委	团市委
肥东三中	优秀五四红旗团委	团市委
实验幼儿园	优秀五四红旗团支部	团市委
众兴中学高三（1）班	优秀五四红旗团支部	团市委
肥东二中（高一13、高二11、高三11）	先进班集体	市教育局
古城中学高二（2）班	先进班集体	市教育局
合肥市通用技术学校12级(6)班	先进班集体	市教育局
合肥新城高升学校	先进班集体	市教育局
西山驿学校八（3）班	先进班集体	市教育局
黄栗学校	读书教育优秀组织奖	市教育局
草庙学校	第七届暑假读书征文比赛优秀组织奖	市教育局
撮镇中学	第七届暑假读书征文比赛优秀组织奖	市教育局
石塘学区中心校	第七届暑假读书征文比赛优秀组织奖	市教育局
众兴中学	第七届暑假读书征文比赛优秀组织奖	市教育局
肥东三中	“爱国主义电影进校园”活动及电影《青春雷锋》观后感征文比赛“优秀组织奖”	市教育局 市委宣传部 团市委 市文广新局
肥东四中	“爱国主义电影进校园”活动及电影《青春雷锋》观后感征文比赛“优秀组织奖”	市教育局 市委宣传部 团市委 市文广新局
肥东三中	廉政文化建设进学校示范点	市纪检委 市监察室
王铁学校	廉政文化建设进学校示范点	市纪检委 市监察局
县教体局	第六次全国体育场地普查先进单位	市体育局
店埠学区中心学校	第六次全国体育场地普查先进单位	市体育局
城关小学	中小学研学旅行方案展评二等奖	市教育局
肥东四中	中小学研学旅行方案展评二等奖	市教育局
肥东三中	中小学研学旅行方案展评三等奖	市教育局
白龙学区中心学校	“五星级”教工之家	市总工会

单　位	荣誉称号	授予单位
白龙学区中心学校	疾病预防控制工作先进单位	市卫生局　市教育局
石塘学区中心校	疾病预防控制工作先进单位	市教育局
撮镇中学	肯德基校园健身操二等奖	市教育局
撮镇中学	第五届校园中学生青春健身操优秀组织奖	市教育局
肥东二中	2013—2014年度全国青少年校园足球联赛优秀组织奖	市青少年校园足球领导小组
肥东二中	2013—2014年度全国青少年校园足球联赛高中组三等奖	市青少年校园足球领导小组
肥东三中	市首届中国汉字听写大赛（团体）二等奖	市教育局
肥东一中	文明上网示范点	市网宣办　市文明办
复兴学校	小学女子甲组乒乓球团体第三名	市教育局
合肥新城高升学校	中小学音乐教师合唱指挥比赛辅导教师奖	市教育局
经济开发区中心学校	青少年“走复兴路 圆中国梦”爱国主义读书教育活动　先进单位	市委宣传部　市教育局
经济开发区中心学校	关心下一代工作五好基层关工委	市关工委
赵亮学校	新优质学校	市教育局
县青少年活动中心	第七届体育舞蹈公开赛优秀组织奖	市体育局
陈集学校	未成年人思想道德建设工作先进单位	县委　县政府
梁园学区中心学校	未成年人思想道德建设工作先进单位	县委　县政府
肥东三中	未成年人思想道德建设工作先进单位	县委　县政府
肥东四中	未成年人思想道德建设工作先进单位	县委　县政府
经济开发区中心学校	未成年人思想道德建设工作先进单位	县委　县政府
经济开发区中心学校	科协科普工作先进集体	县委　县政府
城关中学	科协科普工作先进集体	县委　县政府
县青少年活动中心	科协科普工作先进集体	县委　县政府

2014年获县级以上荣誉称号先进个人

姓　名	荣誉称号	授予单位
孙学飞	全国青少年普法教育活动先进个人	中国关工委　司法部　综治委
张成军	全国青少年普法教育活动先进个人	中国关工委　司法部　综治委
陈庆华	全国青少年普法教育活动先进个人	中国关工委
邵　彧	全国青少年普法教育活动先进个人	中国关工委　司法部　综治委
赵俊成	全国青少年普法教育活动先进个人	中国关工委　司法部　综治委
杨瑞斌	全国青少年普法教育活动先进个人	中国关工委　司法部　综治委
王贤平	全国青少年普法教育活动先进个人	中国关工委　司法部　综治委
张德华	全国青少年普法教育活动先进个人	中国关工委　司法部　综治委
何德胜	全国青少年普法教育活动先进个人	中国关工委　司法部　综治委
薛东波	全国青少年普法教育活动先进个人	中国关工委　司法部　综治委

姓　名	荣誉称号	授予单位
郭为农	全国青少年普法教育活动先进个人	中国关工委 司法部 综治委
李玉磊	全国青少年普法教育活动先进个人	中国关工委 司法部 综治委
张智乐	全国青少年普法教育活动先进个人	中国关工委 司法部 综治委
刘海冰	全国青少年普法教育活动先进个人	中国关工委 司法部 综治委
许建平	全国青少年普法教育活动先进个人	中国关工委 司法部 综治委
姚本粹	全国青少年普法教育活动先进个人	中国关工委 司法部 综治委
胡精美	全国青少年普法教育活动先进个人	中国关工委 司法部 综治委
李建国	全国青少年普法教育活动先进个人	中国关工委 司法部 综治委
卞恒东	全国青少年普法教育活动先进个人	中国关工委 司法部 综治委
王　鹏	全国青少年普法教育活动先进个人	中国关工委 司法部 综治委
王传金	全国青少年普法教育活动先进个人	中国关工委 司法部 综治委
关道合	全国青少年普法教育活动先进个人	中国关工委 司法部 综治委
王贵聪	全国青少年普法教育活动先进个人	中国关工委 司法部 综治委
许　敏	全国青少年普法教育活动先进个人	中国关工委 司法部 综治委
秦家华	全国青少年普法教育活动先进个人	中国关工委 司法部 综治委
张　保	全国青少年普法教育活动先进个人	中国关工委 司法部 综治委
陶长敏	全国青少年普法教育活动先进个人	中国关工委 司法部 综治委
王　磊	全国青少年普法教育活动先进个人	中国关工委 司法部 综治委
赵永峰	全国青少年普法教育活动先进个人	中国关工委 司法部 综治委
殷保华	全国青少年普法教育活动先进个人	中国关工委 司法部 综治委
王一鸣	全国青少年普法教育活动先进个人	中国关工委 司法部 综治委
王昌友	全国青少年普法教育活动先进个人	中国关工委 司法部 综治委
谢　青	全国青少年普法教育活动优秀辅导员	中国关工委 司法部 综治委
黎　浩	全国青少年普法教育活动优秀辅导员	中国关工委 司法部 综治委
张　键	全国青少年普法教育活动优秀辅导员	中国关工委
李慧玲	全国青少年普法教育活动优秀辅导员	中国关工委 司法部 综治委
邵世雍	全国青少年普法教育活动优秀辅导员	中国关工委 司法部 综治委
盛先业	全国青少年普法教育活动优秀辅导员	中国关工委 司法部 综治委
余宁芹	全国青少年普法教育活动优秀辅导员	中国关工委 司法部 综治委
王　娟	全国青少年普法教育活动优秀辅导员	中国关工委 司法部 综治委
陈学娟	全国青少年普法教育活动优秀辅导员	中国关工委 司法部 综治委
陈仕倩	全国青少年普法教育活动优秀辅导员	中国关工委 司法部 综治委
吴　玲	全国青少年普法教育活动优秀辅导员	中国关工委 司法部 综治委
吴运方	全国青少年普法教育活动优秀辅导员	中国关工委 司法部 综治委
王　群	全国青少年普法教育活动优秀辅导员	中国关工委 司法部 综治委
夏丽文	全国青少年普法教育活动优秀辅导员	中国关工委 司法部 综治委
梁　萍	全国青少年普法教育活动优秀辅导员	中国关工委 司法部 综治委
万晓利	全国青少年普法教育活动优秀辅导员	中国关工委 司法部 综治委

姓　名	荣誉称号	授予单位
罗德品	全国青少年普法教育活动优秀辅导员	中国关工委　司法部　综治委
潘秀华	全国青少年普法教育活动优秀辅导员	中国关工委　司法部　综治委
张　云	全国青少年普法教育活动优秀辅导员	中国关工委　司法部　综治委
韦　林	全国青少年普法教育活动优秀辅导员	中国关工委　司法部　综治委
汪长兵	全国青少年普法教育活动优秀辅导员	中国关工委　司法部　综治委
王劲秋	全国青少年普法教育活动优秀辅导员	中国关工委　司法部　综治委
何　义	全国青少年普法教育活动优秀辅导员	中国关工委　司法部　综治委
马　健	全国青少年普法教育活动优秀辅导员	中国关工委　司法部　综治委
魏　旬	全国青少年普法教育活动优秀辅导员	中国关工委　司法部　综治委
滕文进	全国青少年普法教育活动优秀辅导员	中国关工委　司法部　综治委
钟红翠	全国青少年普法教育活动优秀辅导员	中国关工委　司法部　综治委
陈爱新	全国青少年普法教育活动优秀辅导员	中国关工委　司法部　综治委
徐利成	全国青少年普法教育活动优秀辅导员	中国关工委　司法部　综治委
李　曼	全国青少年普法教育活动优秀辅导员	中国关工委　司法部　综治委
王　瑶	全国青少年普法教育活动优秀辅导员	中国关工委　司法部　综治委
陈晓鹏	全国青少年普法教育活动优秀辅导员	中国关工委　司法部　综治委
陈　蓉	全国青少年普法教育活动优秀辅导员	中国关工委　司法部　综治委
江李丽	全国青少年普法教育活动优秀辅导员	中国关工委　司法部　综治委
王洪兵	全国青少年普法教育活动优秀辅导员	中国关工委　司法部　综治委
韦邦峰	全国青少年普法教育活动优秀辅导员	中国关工委　司法部　综治委
黄庆华	全国青少年普法教育活动优秀辅导员	中国关工委　司法部　综治委
李群莲	全国青少年普法教育活动优秀辅导员	中国关工委　司法部　综治委
邹业武	全国青少年普法教育活动优秀辅导员	中国关工委　司法部　综治委
黄宏文	全国青少年普法教育活动优秀辅导员	中国关工委　司法部　综治委
陈庆华	全国青少年普法教育活动优秀辅导员	中国关工委　司法部　综治委
许加传	全国青少年普法教育活动优秀辅导员	中国关工委　司法部　综治委
梁龙宝	全国青少年普法教育活动优秀辅导员	中国关工委　司法部　综治委
许　莉	全国青少年普法教育活动优秀辅导员	中国关工委　司法部　综治委
张　静	第十届全国语文规范化知识大赛（教师组）书法比赛二等奖	教育部语言文字应用管理司
孙成松	全国优秀教育园丁	中国当代教育协会
王　英	全国青少年“中国梦”读书活动优秀指导奖	中国关工委　团中央
梁　翠	新媒体新技术教学应用暨第七届全国中小学互动课堂教学实践观摩国家一等奖	教育部
杨正霞	中国中学语文教学论文大赛（教学设计）国家特等奖	中国高等教育学会语文教学通讯等
陈光新	教育部“国培计划（2013）”示范性远程培训优秀学员	中国教师研修网
陈远霞	教育部“国培计划（2013）”示范性远程培训优秀学员	中国教师研修网
黄　华	教育部“国培计划（2013）”示范性远程培训优秀学员	中国教师研修网

姓　名	荣誉称号	授予单位
孔笑芳	教育部“国培计划（2013）”示范性远程培训优秀学员	中国教师研修网
杨　霞	教育部“国培计划（2013）”示范性远程培训优秀学员	中国教师研修网
康鸿飞	教育部“国培计划（2013）”示范性远程培训优秀学员	中国教师研修网
徐晓慧	教育部“国培计划（2013）”示范性远程培训优秀学员	中国教师研修网
武道梁	长三角语文教育论坛“小说教学内容的确定”征文大赛国家一等奖	浙、江、沪、皖、省中语会《语文学习编辑部》
杨正霞	长三角语文教育论坛“小说教学内容的确定”征文大赛国家二等奖	浙、江、沪、皖、省中语会《语文学习编辑部》
杨正霞	中国中学语文教学论文(教学设计、下水作文)大赛国家特等奖	中国高等教育学会语文教学专业委员会等
张道进	全国读书活动优秀指导奖	团中央 教育部等8部门
韩　兵	（CN14–1324/G4）论文《浅谈语文教学的减负与增效》一等奖	《新课程》学术教育编辑部
汪　林	(CN11–1278/G4)论文《浅谈高中数学课堂教学的有效性》一等奖	中国教育科学研究院
张　震	(CN32–0034)论文《浅谈高中物理新课程课堂教学探索》一等奖	《东方教育》编辑部
严张龙	（CN23–1106/D）论文《彼岸天堂的走到与走向》–命若琴弦中老瞎子的心理分析一等奖	中国核心期刊(遴选)数据库
薛伦模	中国名师联盟希望工程园丁奖	中国青少年发展基金会
朱彩霞	优秀指导教师	教育部语言文字应用管理司
胡海燕	优秀指导教师	教育部语言文字应用管理司
王桂兰	优秀指导教师	教育部语言文字应用管理司
马晓林	第十届全国语文规范化知识大赛教师组二等奖	教育部语言文字应用管理司
李玉霞	中国梦读书教育活动优秀指导奖	教育部关工委、团中央
王铁英	全国素质教育模范教师	中国素质教育发展研究会
张晓梅	全国青少年儿童艺术风采展示优秀指导教师	台湾会馆经贸文化交流中心
许启忠	少儿素质教育工作先进个人	省关工委
康宏东	优秀教师	省教育厅
黄　勇	优秀教师	省教育厅
陆　嵩	优秀教师	省教育厅
陈德先	优秀教师	省教育厅
阚艳艳	优秀教师	省教育厅
黄　勇	优秀班主任	省教育厅
宋爱华	第六次全国体育场地普查先进个人	省体育局
马先志	2014年基础教育财会论文一等奖	省教育会计学会
陈九大	2014年基础教育财会论文鼓励奖	省教育会计学会
王仕海	第二届中小学优秀德育案例评比二等奖	省教育厅基教处
马荣庆	第二届中小学优秀德育案例评比二等奖	省教育厅基教处
王朝升	安徽省少儿艺术大赛指导教师奖	省青少年宫协会等
张晓梅	安徽省少儿艺术大赛指导教师奖	省青少年宫协会等

姓　名	荣誉称号	授予单位
吴　云	安徽省少儿艺术大赛指导教师奖	省青少年宫协会等
宣　沫	拔尖人才	市政府
朱俊林	优秀教师	市教育局
李尚华	优秀教师	市教育局
盛太文	优秀教师	市教育局
刘延锋	优秀教师	市教育局
吴卫红	优秀教师	市教育局
浦辉明	优秀教师	市教育局
王　威	优秀教师	市教育局
王大黄	优秀教师	市教育局
谢发权	优秀教师	市教育局
费广锁	优秀教师	市教育局
陈　新	优秀教师	市教育局
胡精美	优秀教师	市教育局
郭建朝	优秀教师	市教育局
朱维朋	优秀教师	市教育局
张以平	优秀教师	市教育局
朱　玲	优秀教师	市教育局
张国菊	优秀教师	市教育局
史罗娟	优秀教师	市教育局
张孝华	优秀教师	市教育局
王永会	优秀教师	市教育局
元圣周	优秀教师	市教育局
荚　磊	优秀教师	市教育局
袁长政	优秀教师	市教育局
周和香	优秀教师	市教育局
李　英	优秀教师	市教育局
许巧云	优秀教师	市教育局
张　平	优秀教师	市教育局
薛桂晴	优秀教师	市教育局
彭　冲	优秀教师	市教育局
马绍华	优秀教师	市教育局
杨明芳	优秀教师	市教育局
韩建国	优秀教师	市教育局
张艺芳	优秀教师	市教育局
王自珍	优秀教师	市教育局
洪　星	优秀教师	市教育局
张国臣	优秀教师	市教育局

姓　名	荣誉称号	授予单位
王世锋	优秀教育工作者	市教育局
郭为农	优秀教育工作者	市教育局
丁立如	优秀教育工作者	市教育局
宋汝明	优秀教育工作者	市教育局
陈章松	优秀教育工作者	市教育局
关道合	优秀教育工作者	市教育局
陶长敏	优秀教育工作者	市教育局
李之春	优秀教育工作者	市教育局
杨家奇	优秀教育工作者	市教育局
吴蔚芳	优秀教育工作者	市教育局
刘济平	优秀班主任	市教育局
丁晓丽	优秀共青团干部	市教育局
徐光启	师德先进个人	市教育局
马建东	少先队信息工作先进个人	市教育局
韦文开	毒品预防教育先进个人	市禁毒委 市教育局
吴　森	毒品预防教育先进个人	市禁毒委 市教育局
陈　新	2013—2014年度全国青少年校园足球联赛优秀校长奖	市青少年校园足球领导小组
薛兆权	金牌职工	市总工会
赵迎春	优秀科技辅导员	市科协 市教育局
靳正杰	先进班集体	市教育局
王昌友	高二（5）优秀班集体	市教育局
徐建华	高一（7）优秀班集体	市教育局
吴卫红	暑假读一本好书优秀指导奖	市教育局
汪龙梅	读书教育活动优秀指导老师	市教育局
李尚华	读书教育活动优秀指导老师	市教育局
胡海燕	读书教育活动优秀指导教师	市教育局
王桂兰	读书教育活动优秀指导教师	市教育局
王秀云	读书教育活动优秀指导教师	市教育局
刘　兵	合肥市第六次全国体育场地普查先进个人	市体育局
吴红星	合肥市第六次全国体育场地普查先进个人	市体育局
牛大云	合肥市第六次全国体育场地普查先进个人	市体育局
杨海燕	合肥市第六次全国体育场地普查先进个人	市体育局
陈　涛	合肥市第六次全国体育场地普查先进个人	市体育局
代明武	合肥市第六次全国体育场地普查先进个人	市体育局
吴　俊	优质课二等奖	市教育局
徐建升	习作教学课堂教学大奖赛二等奖	市教育局
方学雄	信息技术教学应用大练兵课堂教学展示活动一等奖	市教育局
施用川	信息技术教学应用大练兵课堂教学展示活动二等奖	市教育局

姓　名	荣誉称号	授予单位
杨　霞	信息技术教学应用大练兵课堂教学展示活动三等奖	市教育局
宋　成	音乐教师基本功大赛三等奖	市教学研究室
潘邦华	入选“初中生物骨干教师培训基地”专家	市教育局
杨　霞	“五美女性”	市文明委　市妇联
陈　裴	首届中国汉字听写大赛（团体二等奖）优秀指导奖	市教育局
杨正霞	首届中国汉字听写大赛（团体二等奖）优秀指导奖	市教育局
方学雄	首届中国汉字听写大赛（团体二等奖）优秀指导奖	市教育局
梁永刚	首届中国汉字听写大赛（团体二等奖）优秀指导奖	市教育局
黄　华	首届中国汉字听写大赛（团体二等奖）优秀指导奖	市教育局
张德强	首届中国汉字听写大赛（团体二等奖）优秀指导奖	市教育局
郑晓玲	首届中国汉字听写大赛（团体二等奖）优秀指导奖	市教育局
郭冬丽	首届中国汉字听写大赛（团体二等奖）优秀指导奖	市教育局
王志中	首届中国汉字听写大赛三等奖指导老师	市教育局
何　义	首届中国汉字听写大赛三等奖指导老师	市教育局
许良勇	市“中学体育骨干教师高级研修班”培训优秀学员	西南大学
郭冬丽	市中小学教师心理健康教育远程培训优秀学员	中国教师研修网
杜　娇	市中小学教师心理健康教育远程培训优秀学员	中国教师研修网
张　建	市中小学教师心理健康教育远程培训优秀学员	中国教师研修网
李红梅	市中小学教师心理健康教育远程培训优秀学员	中国教师研修网
黄　华	市中小学教师心理健康教育远程培训优秀学员	中国教师研修网
王　彭	市中小学教师心理健康教育远程培训优秀学员	中国教师研修网
刘成龙	工业游演讲比赛一等奖	市教育局
孙智仡	工业游演讲比赛二等奖	市教育局
李文君	“个人理想与中国梦”演讲比赛一等奖	市青少年读书活动组委会
薛婷静	征文比赛一等奖	市青少年读书活动组委会
刘泽东	中小学音乐教师合唱指挥比赛一等奖	市教育局
刘泽东 胡媛君	中小学音乐教师合唱指挥比赛二等奖	市教育局
孙婷婷	禁毒手抄报一等奖	市教育局
马安平	禁毒手抄报二等奖	市教育局
张　婳	优秀童谣作品成人组二等奖	市教育局
韩晓侠	优秀童谣作品成人组二等奖	市教育局
王婷婷	优秀童谣作品成人组三等奖	市教育局
陈进波	生肖邮票设计大赛三等奖	市教育局
宋经纬	市29届青少年科技创新 大赛少儿科幻画三等奖	市教育局　市科学技术学会
方学雄	陶研会论文评选获市三等奖	市教育学会陶研会
曹春舒	论文《新课程改革下高中历史教学心得》二等奖	市教育局

姓　名	荣誉称号	授予单位
刘延盛	论文《用新史观指导历史教学》三等奖	市教育局
王　露	论文《浅谈历史教学方式的转变》三等奖	市教育局
韦　敏	论文《加强校本课程开发 凸显学校办学特色》获三等奖	市教育局
王勤莉	幼儿论文《浅谈幼儿心理健康教育》三等奖	市教学研究室
薛兆权	第三批拔尖人才	县委 县政府
王　菲	第三批拔尖人才	县委 县政府
杨正霞	第三批拔尖人才	县委 县政府
崔孝斌	第三批拔尖人才	县委 县政府
胡兴刚	第三批拔尖人才	县委 县政府
王兴才	科普先进工作者	县委 县政府
孟世明	科普先进工作者	县委 县政府
赵迎春	科普先进工作者	县委 县政府
肖昌友	科普先进工作者	县委 县政府
张继军	科普先进工作者	县委 县政府
何德胜	未成年人思想道德建设工作先进个人	县委 县政府
施　峰	未成年人思想道德建设工作先进个人	县委 县政府
许良富	未成年人思想道德建设工作先进个人	县委 县政府
王昌友	未成年人思想道德建设工作先进个人	县委 县政府
史罗娟	志愿服务工作先进个人	县委 县政府

（夏英明）

科技　卫生

□科技
□科协
□卫生

科 技

科技局正副职名单

局 长	文冰清
副局长	郭世武 徐德运

【科技创新】 2014年，全县加强对科技工作组织领导，创新发展环境不断优化。及时拟定肥东县科技创新政策，规范和引导全县自主创新工作。及时主动兑现奖励政策，引导企业自主创新发展，全年兑现市创新型企业、高新技术产品等奖励资金94万元。

积极培育引导高新技术产业快速发展。积极引导高新技术企业创新发展，加强对高新技术企业的跟踪管理，加大对高新技术企业重点研究开发项目的支持。合矿机械、汇川机械、洁诺无纺布、正浩机械等10家企业成功申报第一批国家高新技术企业；华星智能停车设备、环瑞电热器材等4家企业通过2014年度高企复审。全县拥有国家高新技术企业31家，省级高新技术培育企业11家，市级高新技术培育企业38家。

争取上级支持，自主创新项目快速推进。大力实施重点自主创新项目。坚持围绕产业抓项目，通过深入企业调查摸底、开展项目申报培训，积极引导企业申报、实施科技项目，带动一批拥有核心知识产权项目的实施。安徽德普高分子材料有限公司PET膜预涂热裱水性粘合剂乳液及制备方法项目、安徽瑞德华机电设备有限公司高效节能低耗的薯类全粉快速加工工艺及专用设备项目获国家科技部创新基金立项，分别获得49万元、189万元的无偿资助；中工科安获得县科技创新项目经费1210万元的资金支持；积极开展高新技术产品认定工作。科技拓宽现代农业升级路。真心食品、燕庄油脂、黑牛食品等一批企业依靠科技创新，迅速成长壮大；福泉现代农业创新生产工艺，实现工厂化生产，金针菇销量占周谷堆批发市场的30%以上。

搭建研发平台，自主创新能力逐步提升。坚持以创新驱动发展，大力推进以企业为主体、市场为导向、产学研相结合的技术创新体系建设，鼓励企业原始创新和引进消化吸收再创新，不断提高企业自主创新能力。同年，全县有企业技术中心33家，工程技术研究中心19家，其中省级工程技术研究中心4家。

【服务农村】 加大培训宣传力度，科学种田水平有较大提高。春秋两季和5月份“科技活动周”期间，在全县组织开展农业科技进村入户和科普赶集活动，采取多形式、多层次、全方位农业科技普及和技术推广。利用县电台、电视台、《肥东报》、农网、科技网等现代传媒开办农科教宣传专栏，组织讲师团到各乡镇开展技术讲座和科普赶集，请安农大教授、县乡农技人员和乡土能人到田间地头进行技术指导；印发技术明白纸10多万份，对种、养、加大户进行专业技术培训等。通过活动的开展，提高全县广大农民科学文化素质和科学种田水平。

促进产学研结合，多项成果获奖。紧紧依托合肥科教城的优势，引导农业产业化龙头企业与合工大、安农大和省农科院等科研院所开展技术协作，走科技兴企之路。全县有2项农业科研成果获省、市科技进步奖。合肥星宇化学有限责任公司——灭草松原药合成新技术开发及产业化获省科技进步二等奖。县花生原种场的庐花9号花生新品种选育及无公害栽培技术研究成果获市科技进步二等奖。

创新平台建设初建成效，企业自主创新能力增强。桂和农牧渔、丰宝种养殖、管湾水产养殖场、福泉现代农业等企业被省市确定为创新型企业，分别获得10万元的资金支持，为企业创新发展提供动力。同年，县获得省科技厅粮丰科技工程15万元的项目资金支持，并获得全省15家粮食丰产科技特派员工作站授牌。

【知识产权】 以“4.26”知识产权日为契机，精心组织开展知识产权宣传周活动。按照上级有关通知要求，结合肥东实际，紧密围绕“尊重知识、崇尚创新、诚信守法”的活动主题，开展一系列形式多样、内容丰富的主题宣传活动，多层次、多角度地向广大群众普及有关知识产权方面的知识，在全县倡导尊重知识、崇尚创新的社会风尚。

加强知识产权保护，推进

专利申请工作。邀请知识产权代理公司到企业，对企业如何研发和保护核心技术进行指导服务，通过加大宣传和扶持力度，充分调动其申请专利的积极性，帮助其挖掘专利申请。全年专利申请979件，专利授权329件，其中发明申请595件，增幅达240%，发明授权32件，较去年同期增长167%。

提升企业专利创造能力，推进创新高地建设。为贯彻市政府《2014年自主创新工作要点》文件精神，积极组织汇中内燃机配件、大来新型建材、华星智能停车设备、神雕起重4家企业成功申报合肥市知识产权示范企业。

积极组织兑现《肥东县专利资助办法》的相关规定。为贯彻合肥市自主创新文件精神，提高企业自主创新的积极性，县政府出台《关于印发修订后的肥东县专利申请补助暂行办法》，适时调整资助标准。全年完成对全县40家企业及个人共计51.75万元的专利申请补助兑现工作。

【防震减灾】 开展形式多样的防震减灾宣传。按照“主动、稳妥、科学、有效”的防震减灾宣传工作方针，利用3.1民防日、5.12防灾减灾日、7.28唐山纪念日、科技活动周等宣传日开展防震减灾科普“百千万”工程和“进校园、进企业、进机关、进社区、进农村、进家庭”六进活动及地震应急演练。全年开展防震减灾知识宣传共226场次，应急演练共157场次，地震科普知识进农户、进社区共1030户。

做好震情跟踪和应对工作。根据省市震情跟踪方案，出台2014年度肥东县震情跟踪工作方案，并召开会议，传达落实省市地震工作会议精神以及震情跟踪工作责任。指导学校、企事业单位根据自身实际，开展地震应急预案的修订工作，并对修订后的地震应急预案进行一次检查评比。

2014年，肥东县科技局被合肥市地震局授予“震害防御工作先进单位”，撮镇镇唐安社区获得“安徽省地震安全示范社区”称号，肥东县第四中学和陈集学校获得“安徽省防震减灾科普示范学校”称号。另外，我县3个群测群防信息站和4个信息员被合肥市地震局授予“先进信息站”和“优秀信息员”称号。

2014年获县级以上荣誉称号先进集体

单　位	荣誉称号	授予单位
科技局	震害防御工作先进单位	市地震局

2014年获县级以上荣誉称号先进个人

姓　名	荣誉称号	授予单位
郭世武	科普先进工作者	县委、县政府

（张　军）

科　协

科协正副职名单

主　席	崔礼报
副主席	王传炳

老科协正副职名单

主　席	计国政
执行主席	程立好
副主席	李宏硕

【概况】 团结、依靠广大科技工作者，发挥科普网络优势，开展科普宣传、科技咨询、科技示范和农村实用技术培训，促进科学技术与生产力结合，推动科普工作深入开展，被中国科学技术协会、省科协分别授予“2011-2015全国科普示范县”、“2014年度科普宣传工作先进单位”称号，被合肥市爱卫会评为“合肥市卫生先进单位”。

【全民素质教育】 按照肥东县全民科学素质行动计划工作方案要求，提升未成年人、农民、城镇劳动人口、领导干部和公务员四大重点人群科学素质，开展科学教育与培训、科普资源开发与共享、大众传媒科技传播能力、科普基础设施四大工程建设。利用科普中心和飞翔职业学校师资力量，为城乡青年举办会计从业、电脑维修等技术培训8期，共483人，推荐就业468人；借助社会科普力量，开展科技培训，县农委三中心、县水产畜牧局组织科技人员、“农民专家”、学会专家送科技到田头，提升农民科技生产水平；乡镇科协根据农时和农民的需求，开展种植、养殖等实用技术培训；农技协按照协会特色，组织会员开展专业技术培训。举办各种类型的培训班126期，培训约8万人次。

【“科普日”活动】 9月29日，开展“科普日”活动，科协、教体局、科技局、农委、环保局、卫生局、老科协等单位在县政府广场举办主场活动，开展医疗保健、安全生产、技术咨询系列科普活动，发放科普宣传资料5000多份，接受群众咨询460人次。

【科技“三下乡”活动】

3月，县科协协同省老科协、市科技馆、县人社局、农委、科技局、卫生局、司法局、环保局、人口与计划生育委员会、县直机关工委、老科协、团县委、妇联等18家单位送科技下乡到侨乡长临镇。发放《生态中国》、《家庭生活与食品安全》、《青少年抗挫折》知识读本2000册；发放合作医疗办事指南、劳动就业、养老、残疾人就业、计划生育等政策宣传资料7600多份；发放果树栽培与管理、新能源技术、养殖技术、病虫害防治等科技明白纸10000多份，咨询服务群众4800人次。市科技馆在长临学区中心小学操场布设小型流动科教器材和展板，400多名学生轮流上前手工操作并浏览展板科普知识，300多名小学生在阶梯教室观看科普剧并参与互动。

【学雷锋志愿服务活动】

3月，组织志愿者，在县政府广场参加“3.5学雷锋”集中志愿服务活动。县科协学雷锋志愿者发放《农村可持续发展技术》、《科学之谜》、《智慧生活》、《精彩妙招》、《防新型诈骗小绝招》等科普图书1500份，展出“人类智慧与科技新知科普展览”，观看受益700多人次。

【阵地建设】 全县18个乡镇、228个村、103个社区按照“八有”（有活动室、有牌子、有桌椅、有书报资料、有管理制度上墙、有科普宣传员、有影视设备、有科技活动记录）标准，建起科普活动站和科技图书室。全县80%的中小学校建起科技活动室，命名6所科普特色学校。及时更新维护肥东科协网，供广大群众上网查询各种信息及技术；创办“科普之声”、“科普园地”电台、电视栏目，每周播放6次，长达90分钟；编印各类科普宣传手册，发行18000余份；在县城人口集中地建起科普画廊，内容涵盖《全民科学素质行动计划纲要》、卫生、保健等知识，定期更换；全县乡镇、村（居）、社区和农技协共兴建374个科普宣传栏，县科普中心自制科普展板450块，在全县巡回展出。

【社区科普益民计划】

争取市科协奖补资金8万元，在店埠镇花园社区居委会和撮镇镇长乐社区居委会，各兴建1所50多平方米的科普体验馆，让居民亲身体验科普的乐趣。县科协、老科协组织20多名干部到两个体验馆进行实地调研，亲身体验科技的神奇与魅力。

【青少年科技创新】 在二十九届合肥市科技创新大赛少儿科幻画作品比赛中，桥头集学区梅山小学刘媛子的“世界和平1号防护飞碟”作品获一等奖；经开区中心学校肖冒友等5位同学作品获二等奖；复兴学区华光小学、王铁学区中心学校等6位同学作品获三等奖。在二十九届合肥市科技创新大赛优秀科技实践活动大赛中，圣泉中学张圣强同学的“演示焦耳定律”获一等奖；圣泉中学潘思远同学的“光路演示仪”获二等奖；圣泉中学姚凯等3同学获三等奖。

【青少年机器人大赛】

在合肥市第六届青少年机器人比赛中，城关中学1队张鹏、吴锐和2队陈治郅、杨凌均获初中组科协足球组二等奖；城关中学1队任瑞瑞、吴淼和2队黄桥、殷涛均获高中组科协足球组一等奖。城关中学黄桥、殷涛俩同学在第十四届安徽青少年机器人大赛中获得科协足球组冠军，代表安徽队参加7月份在新疆乌鲁木齐举办的全国青少年机器人大赛，获得银奖。城关中学教师赵迎春获得合肥市第十二届青少年科技创新市长奖，被评为2014年优秀科技辅导员。

【科普惠农】 肥东县

花生产业协会、肥东县元疃丰宝食用菌协会会长吴志元分别被国家科协、财政部评为“全国科普惠农兴村先进单位”、“全国科普惠农兴村科普带头人”。肥东县棉花产业协会、肥东县无籽西瓜协会、店埠镇赵岗蔬菜协会被评为合肥市示范农技协。11月，县科协、县农技协联合会，邀请市科协专家及县内有关行业专家，对全县10个申报肥东县科普惠农示范农技协进行评比，对评选出的前6名进行实地核查，安徽肥东蜂业协会、肥东义昂禽业生态养鸡协会等6家被评为县级示范农技协，各奖人民币2万元。对2014年新成立的3个农技协，分别给予1万元的奖补资金。

【学术活动】 县委组织部、宣传部、政研室、县人社局、科技局、科协联合下发《关于开展肥东县第四届科技论文大赛评选活动的意见》，科技工作者参与科技论文大赛，11月，收到论文406篇，专家组成的评委会评出一等奖5名、二等奖10名、三等奖20名、优秀奖30名。

【科协组织建设】 5月，县委常委第八次会议通过科协工作的相关意见，6月，相继出台《中共肥东县委 肥东县人民政府关于进一步加强新时期科协工作的意见》、《关于乡镇科协换届工作实施意见》、《中共肥东县委关于成立肥东县科协换届工作领导小组的通知》，9月，18个乡镇完成科协换届工作。10月，召开肥东县科学技术协会第三次代表大会。大会审议通过肥东县科协第二届委员会工作报告；审议《〈中国科学技术协会章程〉肥东县科学技术协会实施细则》；选举产生肥东县科协新一届领导班子；表彰肥东县科协科普工作先进单位和先进工作者。

【老科协】 肥东县老科技工作者协会（简称县老科协），有理事40名，常务理事24名，会员86名，设5个工作委员会：“三农工作委员会”、“科技经贸工作委员会”、“卫生工作委员会”、“教体工作委员会”、“科普宣传工作委员会”。2014年，协助丰海永腾重工解决30多亩征地问题，成功申报“合肥创新型企业”，帮助飞龙电器申报10项实用型发明专利和“合肥市创新型企业”，获得20万元奖励。邀请省农科院加工所朱鸿杰、洪玲等专家到合肥桂和农牧渔业发展有限公司进行考察，该公司的“蚯蚓和食品加工项目”，获得省科技厅批拨800多万元研究经费。帮助安徽珺玥生态农业有限公司聘请上海大学和省农科院的高级专家规划设计，建成全自动智能化连栋温控育苗大棚4000平方米，300栋单体温室大棚，实行电脑控制全自动化。三农工委在农村抓点开展技术服务，驻点指导圣泉公司，用先进技术栽培、管理，15万株树苗郁郁葱葱，通过合肥市和肥东县林业部门的验收。帮助福泉公司的杏鲍菇、金针菇生产规模年产达到4000多吨，鲜菇销售收入5000多万元，经济效益比上年翻了一番。引进花生良种09-3106、农大花103、庐花9号，皖花2号和801、庐花10号等新品种，帮助古城镇世昌专业合作社，规模生产390亩，亩产214—360公斤；出仁率达75%。帮助包公镇大孟村河东专业户100亩低丘坡地套种花生30亩，皖花2号和801品种亩产达450公斤，帮助马湖乡小陶村示范种植9个花生新品种对比试验，经测产庐花10号，亩产423公斤。帮助古城镇世昌水稻种植合作社，种植水稻700多亩，采用人工、机械插秧、直播稻种三种方法对比试验，全程技术指导，机械插秧产量最高，亩产940公斤。开展机械点播获得成功，引进泰兴荞麦、西欧苜蓿等良种繁育推广，该社被市、县农委评为“市级示范合作社”。卫生工委在包公镇敬老院为164名五保老人，7名工作人员进行上门义诊，在白龙敬老院为118名五保老人进行内、外科、五官科、血常规等检查，到八斗镇敬老院免费为119位五保老人进行健康体检，反馈体检结果，帮助老人们增加疾病防治知识，适时医治相关疾病，老人们十分满意。

县老科协在敬老院义诊

2014年获县级以上荣誉称号先进集体

单　位	荣誉称号	授予单位
肥东县	2011-2015全国科普示范县	中国科学技术协会
科协	2014年度科普宣传工作先进单位	省科学技术协会
科协	合肥市卫生先进单位	市爱卫会

（伊静　桑兴朝）

卫　生

卫生局正副职名单

局　长	文金明
书　记	范文余
副局长	蒋亚莉　宋福君

【概况】 县乡村医疗卫生机构365个，其中：县直医疗卫生单位12个，乡镇卫生院41个（中心卫生院7所、一般建制乡镇卫生院11所、卫生分院23所），村卫生室312个。全县乡镇卫生院以上医疗机构实际开放床位2193张，其中3家县级医疗机构实际开放床位1220张（县人民医院460张，县中医院360张，县三院400张）。在职职工2031人，其中卫生专业技术人员1756人，占86.5%。专业技术人员中具有高级职称24人，中级职称383人，初级职称1349人；医生779人，护士508人；执业医师578人，执业助理医师184人，执业护士508人；硕士40人（县直39人，乡镇1人），本科367人（县直304人，乡镇63人），大专784人（县直427人，乡镇357人），中专734人（县直300人，乡镇434人）。乡村医生822人。县级医疗收入27649.5万元，门诊人次546399；乡镇卫生院医疗收入6969.6万元，其他收入40.2万元，门诊人次729675。

【国家卫计委调研】 6月10日，国家卫生计生委主任李斌率调研组来县调研医改工作。省委常委、常务副省长詹夏来，市委常委、市委书记吴存荣等陪同。李斌一行到县医院实地考察，询问零差率销售、公立医院改革、公共卫生服务体系建设等情况，了解公立医院的信息化建设、人才培养情况，察看新院区规划建设和进展情况。

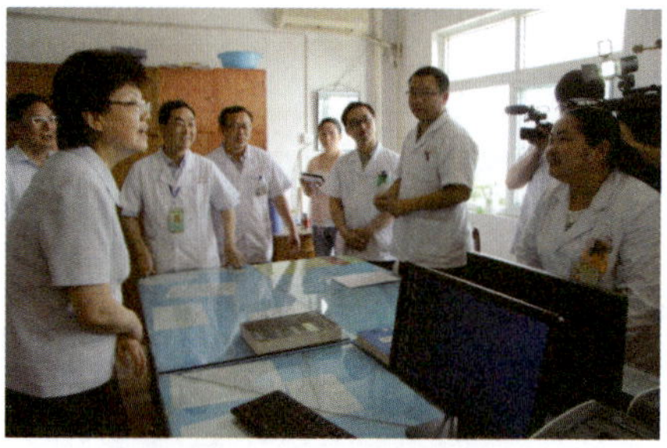

国家卫计委主任李斌（左一）在县调研

【推进医改】 村卫生室试点使用门诊处方集系统，规范村医诊疗行为，减轻群众负担，保障患病群众身体健康。首建村卫生室医疗执业风险分担统筹资金，770名村医缴纳筹资款77万元，省县两级财政各配套补助31.2万元。化解乡镇卫生院债务800万元（3100万元债务化解完毕）。清理核实和审核认定县级公立医院债务，截止2012年12月31日，县级3所公立医院发生于业务用房、辅助用房建设维修和医疗设备购置等与医院发展建设直接相关的债务余额1744万元。县乡医疗机构多措并举“降三费”，即降低患者的药品费用、耗材费用和检查费用。规定用药指标、耗材使用，规范检查检验，加强成本核算，58个病种纳入按病种付费。加强药品使用、检验检查、耗材使用比例、工作量、医疗服务质量等指标考核。规范药品使用，县人民医院每月对门诊、急诊科室普通、抗菌药物处方实施点评，每月抽取住院患者用药医嘱进行点评通报，并与医务人员绩效工资挂钩。通过控制，县人民医院目录外的药品用量下降10.5%，日人均药品费用下降20%，住院患者次均费用由5959元下降到4820元。县级公立医院药品零差率补助纳入民生工程。县级公立医院药品全部从省级平台集中采购，实行零差率销售，财政拨付医院药品零差率补助322万元。

【城乡居民合作医疗】 城乡参合居民94万人，参合率

100%。人均筹资标准390元；住院率7.19%，全年受理参合居民住院、分娩、慢性病和门诊统筹补偿1540058人次，支付补偿资金34721万元，全年使用资金使用率94.26%，累计基金使用率83.24%，符合规定。参合居民住院实际补偿比55.28%。按病种付费病种数目从187种扩大到383种。获得合作医疗补偿金10万元以上的有105人，5–10万元的有537人。开展支付方式改革，如按病种付费、门诊统筹总额预算、住院总额预算；开展预警药品、“三费”（药品、耗材和检查费用）管理，控制五保、低保和特困等三类人群占比，降低患者负担；与民政局合作在县内医疗机构实现合作医疗补偿和大病救助“一站式服务”，方便群众报补。支付大病保险补偿金额1330万元，大病保险补偿4250人次。

城乡居民合作医疗工作会

【重大传染病病人医疗救治】 救治重大传染病病人450人，完成率199%，支付医疗救助资金35.5万元。

【提高妇女儿童健康水平】 婚前医学检查17069人，完成任务122%，婚前医学检查率98.36%；农村孕产妇住院分娩8936人，完成率124%；扩大免疫规划实际接种200198针次，完成率124%，国家扩大免疫规划的各免疫规划疫苗接种率99.76%，疫苗建卡率108.1%。

【基本公共卫生服务】 实施县域公共卫生服务“质量年”，坚持“四个一”督查调度机制（即一月一督查，一月一调度，一月一通报，一月一评比），推进公共卫生服务从数量到质量提升。7–9月底，县疾控中心、县妇幼保健所抽调专人，组成工作组，深入乡镇卫生院、村卫生室一线帮扶，督促指导公共卫生服务项目档案整理。7–12月的调度会由4个片长牵头分片负责，每月到建制乡镇卫生院召开一次现场调度会，通报交流、宣传政策、布置工作、促进落实。局主要负责人每个建制乡镇卫生院参会指导一次。城乡居民健康档案规范化电子建档率84.20%；适龄儿童免费接种第一类疫苗、儿童免疫规划疫苗接种率99.76%，建卡率108.1%；孕产妇系统管理率、3岁以下儿童系统管理率和7岁以下儿童保健覆盖率分别为93.33%、87.89%、92.95%；65岁以上老年人、高血压患者、Ⅱ型糖尿病患者规范管理率分别为79.42%、68.24%、64.97%；发现的重性精神疾病患者规范管理率90.36%；传染病疫情、突发公共卫生事件信息报告率、卫生监督协管以县区为单位覆盖率100%；中医药健康管理服务目标人群覆盖率老年人和0–3岁儿童分别达61%、68.84%；县卫生行政部门和基层医疗卫生机构使用“安徽省基本公共卫生信息管理系统”覆盖率100%，健康教育完成年度任务。

【开展三个创建】 5月份成为省级卫生应急示范县；10月份成为省级慢性病综合防控示范区；19个乡镇卫生院创建示范乡镇卫生院。

【基础设施建设】 实施4个乡镇卫生院国债项目医疗用房和周转宿舍建设；投资434万元（其中：中央预算内投资300万元，地方配套134万元），实施响导乡和桥头集镇卫生院综合楼及污水处理附属工程，店埠镇和八斗镇中心卫生院职工周转宿舍，以及长临河镇长临社区、马湖乡马湖村、桥头集镇复兴村、三站村卫生室业务用房中央预算内投资建设项目，改扩建医疗业务用房和周转宿舍3040平方米，建设污水处理等附属配套设施。投资100余万元，实施16个乡镇卫生院（分院）危房改造工程。县医院新院区建设工程7月开工，新院区按照三级医院标准规划设计，占地177亩，建筑面积12.3万平方米，总投资5个亿，拟开放床位1000张。

肥东县人民医院新区建设工程开工

【人才队伍建设】 县医院、县中医院、庐州卫校共引进硕士研究生17名。乡镇卫生院公开招聘专科以上医学类毕业生18名，庐州卫校公开招聘本科以上临床医学毕业生5名。3所县级医院和县妇幼保健院选派30余名业务骨干赴上级医疗机构深造。奖励激励基层医务人员学历提升、专业技术资格晋升、中级以上职称连续在岗、发表中华系列医学论文，奖励256人次，资金40万元,其中学历晋升83人（本科34人，大专49人），职称晋升95人（初级士20人，初级师48人，中级27人），中级以上职称连续两年基层卫生院工作的人员77人。乡镇卫生院人才结构明显优化，专业技术职称人员由2008年不足60%提升到90.2%，大中专以上学历人员由77%提升到97%，临床医、护人员100%具有执业资格。

【卫生监督执法】 受理办结卫生行政许可454件；开展节假日和重大活动餐饮业食品安全保障和专项检查。对全县持有效卫生许可证 的899家公共场所经营单位进行量化分级评分，其中A级3家，B级90家，C级806 家。开展生活饮用水集中式供水、学校卫生、职业卫生、放射卫生、传染病防治卫生监督工作。加强医疗机构监管，打击非法行医，立案10件，结案10件，其中移送公安部门2件，上缴罚款24000元、没收非法所得10250元。配合计生等部门查处非医学需要鉴定胎儿性别和选择性别终止妊娠案件20件。

【卫生职业教育】 庐州卫校招收新生1108人，其中五年制高职300人，普通中专434人，成人专科374人；普通中专毕业908人，就业率98%。完成国家项目村卫生室人员急诊急救知识培训304人，40个学时。

（张有文）

文化　广电　旅游　方志

□文化
□广播电视
□旅游
□方志

文 化

文广新局正副职名单

局　长	梁建文
书　记	黄忠琴
副局长	孟祥生　陈玉海 马　啸　赵三军

【概况】 2014年，肥东县获“安徽省民间文化艺术之乡”称号。举办肥东县第一届全民文化月活动；完成2个省级8个市级农民文化乐园建设任务；扩面建设5个村（社区）公共电子阅览室；完成六家畈古民居群四期修缮工程；编制并播出六级电视系列片《天南地北肥东人》；推进事业单位企业化改制，将县网络发展中心整体托管移交安徽广电信息网络股份有限公司；举办肥东县第七届播音员（主持人）大赛；开展农村老放映员身份认定和工龄补助发放工作；完成瑶岗纪念馆技防工程和保护性规划编制项目及新四军第四支队东进抗日纪念馆维修工程；县政府重点文化产业项目星光国际城市数字院线工程完成建设任务。

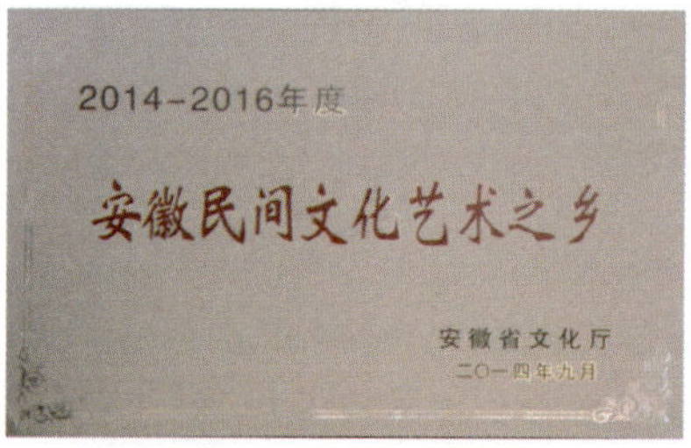

安徽省民间文化艺术之乡

【图书馆】 肥东县图书馆面积2300平方米，现有藏书10.5万册，属于国家县级“一级图书馆”。每天免费开放10小时，全年无休。办理借书证6500个，外借图书13万册次，解答各类咨询5000条，宣传推介新书1000余种，报刊阅览室年接读者3万多人次，电子阅览室年接待读者2万人次；开展4.23“世界读书日”、“好书伴我成长”暑期阅读征文、“大湖名城 悦读合肥”等系列读书活动；组织开展“十大书香家庭”、“十大读书之星”、“中华美文诵读”评选等活动。暑期组织10部优秀儿童影片在图书馆电子阅览室展播；不定期的进行新书推荐及节日、节气、民俗民风知识宣传；8月，残障人士阅览室通过国家残疾人联合会验收；在长临河镇、张集乡、梁园镇、桥头集镇综合文化站、县武警中队和德仁苑小学设立6个图书流通点；对全县各村（社区）文化信息资源共享工程村级服务点进行巡查和维护。

【爱国主义教育基地】 渡江战役总前委旧址纪念馆及新四军第四支队东进抗日纪念馆全年接待参观人数近30万人次，其中青少年19万人次；投入120万元经费完成安全技术防范工程；与县委党校共建党性教育基地，通过市委党校专家组验收；与合肥艺术中学、瑶岗社区、合肥兴东电器开关有限责任公司结成共建单位；通过省爱国主义教育基地的建设工作检查验收和合肥市未成年人思想道德建设检查，获得合肥市爱国主义教育基地工作先进单位称号；新四军第四支队东进抗日纪念馆室外800平方米地坪进行仿古硬化处理，室内及走廊2500平方米地坪进行塑化处理，室内墙面、部分屋面进行粉刷油饰处理。新四军第四支队东进抗日纪念馆被命名为合肥市廉政教育基地。

【大型文化活动】 3月，举办肥东县首届全民文化月活动，全县300多名文化文艺志愿者、县乡村三级文化干部及各地民间艺人累计近千人，将5000多个文艺节目在一个月的时间内覆盖到全县331个村（社区），近60万群众在家门口看到原生态节目，省委宣传部常务副部长郎涛、省文联主席季宇、省委宣传部副部长、省文明办主任贺懋燮、市委常委、宣传部长林存安及县委书记杨宏星等省市县领导出席开闭幕式，《人民日报》、人民网、新华网、安徽日报、安徽卫视、中安在线、《合肥日报》等中央及省市主流媒体进行持续报道；举办肥东县第七届电视歌手大赛、“与法同行”迎新春有奖猜谜、“中国梦长临情”周末大舞台广场演出、“青春梦想·快乐成长”肥东县第九届少儿艺术节文艺调演、“快乐周末”乡镇广场文艺演出等文化活动；组织歌手参加合肥市“城市精神主题歌曲”演唱大赛，2人进决赛，王恩兵获第一名；新编包公系列折子戏《审米箩》、《峡砚清风》、《包公斩》，在全县巡演50多场次并摄制成光盘。

【公共文化服务信息化建设】 新建陈集镇陈集社区、八斗镇大张社区、撮镇镇建华社区、古城镇郭阳村、元疃镇三合社区等5个村（社区）公共电子阅览室，按照面积30平方米，10台电脑终端的标准配备设备，以宽带形式接入互联网，配备52英寸电视机和投影仪各1台。

【农家书屋】 全县331个村（社区）拥有350个农家书屋，实现全覆盖，每个农家书屋拥有政治经济、少儿、文化、科技、生活、综合6类图书1800册，各类期刊30种，科技光盘100张，配齐专兼职图书管理员，每周开放不少于5天，每天免费开放不少于6个小时。对农家书屋图书管理员进行培训，全面提高管理水平和服务意识。

【文保工作】 继续做好第一次可移动文物普查工作，完成库房的可移动文物登记和拍照；对张劲夫旧居进行资料征集，整体维修，陈列布展；完成县政府重点工程六家畈古民居群四期维修工程，重点对吴育仁宅进行修缮，工程通过省文保中心验收；对市保单位马氏宗祠、县保单位赵氏宗祠、县文保点计氏宗祠进行修缮；配合省考古所对包公镇小黄村、梁园镇东武行政村小陈户等地发现的古墓群进行抢救性考古发掘，发掘清理墓葬30多座，出土文物100多件，其中不少汉代青铜器在县首次发现；对民族乡草庙社区宋代砖室墓进行抢救性发掘，发现铜钱40枚，铜镜1件；配合省考古所对商合杭铁路沿线、泗马山电灌站选址点及张集至八斗区域灌渠工程选址点进行考古调查；完成古村落的调查；对县文物库房进行升级，增购文物柜架，有效保护馆藏文物。

【文化市场管理】 全年出动检查人员1100人次，检查经营单位2460家次，取缔流动摊点9个，立案查处各类违规经营活动案件42起。开展游戏机市场专项整治，对机型机种重新登记造册，查处游戏室非节假日接纳未成年人玩游戏以及利用游戏机搞游戏赌博违规行为，收缴赌博游戏电路板17块，赌博机4台；开展印刷市场集中整治，对全县32家印刷企业集中进行法律法规培训，为企业统一制作“五项制度”标牌，对3家“五项制度”执行不好的印刷企业行政罚款；开展网吧市场集中整治行动，为每户网吧制作“未成年人禁止入内”警示标志牌，对网吧门头招牌作统一规范要求，便于社会监督；世纪网友网吧获合肥市“十佳”星级网吧称号；对40家次违规接纳未成年人的网吧进行行政罚款、停业的处罚，行政罚款17.2万元；开展春节和全国“两会”期间“扫黄打非”、“扫黄打非·净网2014”、“清源”行动等专项行动；开展非法报刊专项治理“秋风”行动，收缴各种非法小报15种，500多张；查缴非法盗版音像光碟100多张，非法盗版教辅材料和图书1400多册，行政罚款2000元。

【文化馆】 实行免费开放，全年无休，开放多功能厅、舞蹈排练厅、非物质文化遗产展厅、健身中心、音乐辅导培训室、美术辅导培训室、棋牌室、报刊阅览室等，免费提供音响、茶水等服务，免费为业余文艺团队提供排练场地，日均接待200多人次；以特色民间文化资源--“大邵洋蛇灯”参与申报“安徽民间文化艺术之乡”称号并获批；《梁园狮舞》申报第五批市级非遗名录项目成功；举办《迎春书画展》、《为民务实清廉图片展》、《全面推进依法行政实施纲要》颁布实施十周年文艺演出、合肥市非遗项目周氏仙姑庙会专场文艺演出、“小百灵”杯肥东县第九届少儿艺术节暨第十届CCTV青春中国青少年艺术展评肥东选拔赛文艺调演、“放歌夕阳，舞动生命”汇报演出等文艺演出活动；与滁州琅琊区文化馆联合承办2014星光灿烂馆际交流文艺演出；组队参加“大湖名城，创新高地”合肥市基层文艺调演；开办水彩（水粉画）、声乐、书法、庐剧、国画、打击乐（锣鼓班）、器乐（二胡）等普及班、音乐基础知识培训班和五线谱基础知识培训班、庐剧演职人员与票友培训班、铜管乐队等培训班。

【农村数字电影放映】 超额完成肥东县农村数字电影3972场的放映任务，实际放映4207场次，实现农村电影放映一月一村一场目标；以党的群众路线教育实践活动为契机，播放宣传教育片《焦裕禄》、《金岚岚》；开展爱国主义教育电影进校园活动，13000多名学生观看爱国主义教育电影；开展“共筑中国梦·千场电影进万家”、“百场电影进社区”、省委宣传部挑选的5部电影等优秀电影放映活动1280场次；开展“节日广场电影展映周”活动，利用元旦、春节、五一、六一、七一、八一、十一等节日，在和平文化广场组织一周电影放映活动；选拔6名放映员参加“电影放映大比武”活动，获得二等奖、三等奖、优秀奖各2名。

【文艺创作】 以电视手法展现肥东人在北、上、广、深的精彩打拼和心路历程，完成6集电视系列片《天南地北肥东人》第一部的拍摄与制片，以肥东县第三届道德模范--孝老爱亲模范徐民强为原型，拍摄微电影--《暖》，在由安徽省网宣办、新华网安徽频道主办，合肥市网宣办、合肥广播电视台有巢网承办的“天下合肥人·传递合肥故事”首届全国微电影大赛上，成为入围的8部微电影之一并获奖；以国家二级英模肥东经济开发区北瑶岗社区民警陈彬为原型，创作情景剧《陈彬的12.10》，在全县巡演，作品获得“中国梦”作品二等奖；以农民群众身边发生的人和事为原型，编创相声《三老歪征婚》，获得“中国梦”作品三等奖；编创小品剧本《阳光路上》和《及时的电话》，其中剧本《及时的电话》在期刊《安徽群众文化》发表；编创庐剧包公系列折子戏《包公斩》、《审米箩》、《峡砚清风》，在全县巡演，弘扬法治文化和廉政文化。挖掘地方特色文化资源，编创民歌小调组曲《炫动田野风》。对肥东县首届全民文化月活动中地方原创作品进行综合评比，选出20个优秀原创作品予以表彰。

【剧场】 全县巡演庐剧包公折子戏《审米箩》、《侠砚清风》、《包公斩》；举办《心系群众跟党走 青春建功中国梦》演讲比赛和“童方·中国梦”音乐作品展演；协助举办肥东县第九届少儿艺术节暨第十届CCTV青春中国青少年艺术展评肥东选拔赛文艺汇演、肥东县第七届“斌锋杯”广播电视播音员（主持人）大赛等；举办合肥市非遗保护与庐剧论坛；在肥东县首届全民文化月活动中开展送戏下乡活动。

2014年获县级以上荣誉称号先进集体

单　位	荣誉称号	授予单位
肥东县	安徽省民间文化艺术之乡	省文化厅
县电影公司	优秀组织奖	市文广新局
县文管办	先进集体	市“扫黄打非”领导小组
县文化馆	第二届“合肥市全民文化活动周‘舞动合肥’——市民舞蹈专场”三等奖	市委宣传部　市文明办 市文广新局
渡江战役总前委旧址纪念馆	合肥市爱国主义教育基地工作先进单位	市爱国主义教育基地工作领导小组
县福缘舞蹈队	第二届“合肥市全民文化活动周‘舞动合肥’——市民舞蹈专场”三等奖	市委宣传部　市文明办 市文广新局

2014年获县级以上荣誉称号先进个人

姓　名	荣誉称号	授予单位
郑　敏	合肥市“城市精神主题歌曲”演唱大赛优秀奖	市委宣传部　市文广新局 市教育局
郑　敏	安徽省文化宣传信息工作先进个人	省文化厅
王恩兵	合肥市“城市精神主题歌曲”演唱大赛一等奖	市委宣传部 市文广新局　市教育局
王恩兵	合肥市基层文艺调演声乐类一等奖	市委宣传部　市委群教办

姓　名	荣誉称号	授予单位
李　刚	2014年度优秀文化辅导员	省文化厅
李　刚	第九届“激情梦想·魅力草原”艺术大赛金奖	国际文化艺术研究会 安徽合唱协会 北京合唱协会 山东合唱协会 重庆合唱协会 江西合唱协会 吉林省模特协会
朱光升	先进个人	市“扫黄打非”领导小组
章文安	“经典歌曲”市民演唱会（青年组）“优秀奖”	市委宣传部　市文明办 市文广新局
王　蔚	“经典歌曲”市民演唱会（中老年组）“优秀奖”	委宣传部　市文明办 市文广新局
谢维俊	“大湖名城 幸福合肥”市民书画摄影展（美术类）“二等奖”	市委宣传部　市文明办 市文广新局
胡高桐	“大湖名城 幸福合肥”市民书画摄影展（美术类）“二等奖”	市委宣传部　市文明办 市文广新局
江怀远	“大湖名城 幸福合肥”市民书画摄影展（美术类）“三等奖”	市委宣传部　市文明办 市文广新局
梅小林	“大湖名城 幸福合肥”市民书画摄影展（美术类）“三等奖”	市委宣传部　市文明办 市文广新局
施用秉	“大湖名城 幸福合肥”市民书画摄影展（美术类）“优秀奖”	市委宣传部　市文明办 市文广新局
王盛祥	“大湖名城 幸福合肥”市民书画摄影展（美术类）“优秀奖”	市委宣传部　市文明办 市文广新局
孙本水	“大湖名城 幸福合肥”市民书画摄影展（书法类）“三等奖”	市委宣传部　市文明办 市文广新局
胡高桐	合肥市文广新系统书画摄影展“优秀奖”	市文广新局
李燕红	渡江战役胜利65周年征文一等奖	市委党史研究室
李燕红	合肥市建国65周年学党史国史征文大赛二等奖	市委党史研究室
李燕红	首届“曹植诗歌奖”优秀奖	安徽诗歌协会　诗歌月刊
李燕红	合肥市“中华美文经典诵读”三等奖	市委宣传部　市文广新局
李燕红	合肥市爱国主义教育基地工作先进个人	市爱国主义教育基地 工作领导小组
张卓娅	合肥市文广新局演讲比赛三等奖	市文广新局
张卓娅	安徽省爱国主义教育基地 讲解比赛二等奖	省爱国主义教育基地 工作领导小组
张卓娅	合肥市爱国主义教育基地优秀讲解员	市爱国主义教育基地 工作领导小组
王巨贤	渡江战役胜利65周年征文三等奖	市委党史研究室

姓　名	荣誉称号	授予单位
王巨贤	建国65周年学党史国史征文大赛二等奖	市委党史研究室
王巨贤	首届“曹植诗歌奖”优秀奖	安徽诗歌协会 诗歌月刊
张社昌	优秀放映员	市文广新局
李孝富	优秀放映员	市文广新局
张　华	优秀放映员	市文广新局
沈逢平	优秀放映员	市文广新局
张　华	大比武二等奖	市文广新局
田家柱	大比武二等奖	市文广新局
张冀伟	大比武三等奖	市文广新局
沈逢平	大比武三等奖	市文广新局
张社昌	大比武优秀奖	市文广新局
任诗东	大比武优秀奖	市文广新局

广播电视

【电视专题】 播发各类专题240篇，在省市电视台用稿74篇。围绕县委县政府中心工作，就第二批党的群众路线教育实践活动、县城文明创建、三线三边整治、美好乡村建设、民生工程等开展专题宣传报道，开展《公交一体化改造》、《聚焦出租车拒载》、《立学立行 立行立改》等系列专题报道。完成肥东县创建全省民间文艺之乡专题片《民间文艺 香飘路东》、县政府接受国家教育均衡考评专题片《为了桃李的芬芳》、店埠镇计划生育专题片《探索转型发展》以及《妈妈你听我说》、《中国梦MTV》的采制工作。

【广播宣传】 全年编播新闻节目264期，播发新闻3000多条，播出《三农服务台》140期，播出《印象肥东》50期。设置《健康与时尚》、《天天动听新歌榜》、《音乐听我说》、《东广资讯》、《戏曲大舞台》、《岁月留声》等栏目。开辟“政协委员风采录”、“身边的人大代表”、“学习贯彻县委十一届六次全会精神”、“建设美好乡村·打造幸福家园”、“三线三边环境整治”、“创建全省文明县城在行动”、“深入开展党的群众路线教育实践活动”、“全民文化月·百姓大舞台”、“秸秆禁烧在行动”、“整改进行时”、“关注村两委换届”、“道德的力量--身边的道德模范”、“聚焦城乡客运公交一体化”等专栏。

【电视新闻】 编播《肥东新闻》稿件3000多条，播出新闻时长4700分钟；播出舆论监督类专栏《政民直通车》52期。实行三级审稿制度、值班主任制度和逐级责任逆追制度。推出《回眸2013，展望2014》、《我这一年》、《咱们的好村官》、《我的中国梦——奋斗的青春最美丽》、《立学立行 知行合一》、《做群众满意的城管人》、《节俭养德从点滴做起》等30篇、100集的系列报道。播发各类外宣稿件600多条。

【广播电视设备安装】 2014年度组织施工店忠路、燎原路、公园路、新安江路东延、龙岗路北段有线电视管网铺设工程；梓晨·翰林苑、京冠·万成华府二期、锦源春天四期、金色地带一期、文一·托斯卡纳小镇B区、文一·云河湾A、B区、凯旋公馆二期、琪瑶二期、有线电视室内外工程；皇马花园三期有线电视室内工程，全年创产值350万元。

【技术播出】 完成春节、国庆、全国“两会”、北京APEC会议期间的安全播出；完成全民文化月活动、包公系列折子戏、第七届播音员主持人大赛预赛、复赛和决赛、肥东县第三届道德模范颁奖典礼暨合肥市中华经典诵读展演肥东专场、童心向党歌咏活动、快来老家杯电视歌手大赛、福源舞蹈队的汇报演出、群众路线教育实践活动、县委常委会专题民主生活会等17场实况录像及光盘刻录；对县域范围内的电视覆盖率多点测试和收视情况进行问卷调查；做好6集电视系列片《天南地北肥东人》的技术保障工作；组织参加省市广播电视技术节目技术质量奖，在市局评比中广播三个节目获奖、电视两个节目获奖，在省局评比中，广播两个节目获全省县级台二等奖，电视三个节目获奖，一个节目获全省县级台一等奖；启动广播电视发射台机房装修改造及铁塔加固、矫正、维护、亮化工程以及发射机房监测系统集成项目。

【有线电视】 2014年度新入网5000户，拥有数字电视用户7万余户，全年改造光缆20公里，铺设网络30公里，受理用户咨询电话2万次，派修和处理有线电视用户故障18000多次，全年收入1700万元。推进文化单位企业公司制改革。原肥东县有线电视网络发展中心整体托管移交安徽广电信息网络股份有限公司。

2014年获县级以上荣誉称号先进集体

单　位	荣誉称号	授予单位
肥东广播电台	秸秆禁烧全市 县级台外宣第一名	合肥广播电视台
《肥东新闻》栏目组	市广播电视奖电视新闻类三等奖	市文广新局 市广电协会
安广网络肥东分公司	先进单位	安广网络合肥分公司

2014年获县级以上荣誉称号先进个人

姓　名	荣誉称号	授予单位
梁建文	安徽广播电视奖电视文艺奖二等奖	省广电局　省广电协会
马　啸	安徽广播电视奖电视文艺奖二等奖	省广电局　省广电协会
张建新	安徽广播电视奖电视文艺奖二等奖	省广电局　省广电协会
王曙光	安徽广播电视奖电视文艺奖二等奖	省广电局　省广电协会
梁建文	合肥广播电视文艺奖一等奖	市文广新局　市广电协会
马　啸	合肥广播电视文艺奖一等奖	市文广新局　市广电协会
张建新	合肥广播电视文艺奖一等奖	市文广新局　市广电协会
王曙光	合肥广播电视文艺奖一等奖	市文广新局　市广电协会
王曙光	合肥广播电视新闻奖一等奖	市文广新局　市广电协会
姚　杰	合肥广播电视新闻奖一等奖	市文广新局　市广电协会
张建新	合肥广播电视新闻奖一等奖	市文广新局　市广电协会
张凤琴	合肥广播电视新闻奖一等奖	市文广新局　市广电协会
王　荣	合肥广播电视新闻奖一等奖	市文广新局　市广电协会
梁建文	合肥广播电视文艺奖三等奖	市文广新局　市广电协会
马　啸	合肥广播电视文艺奖三等奖	市文广新局　市广电协会
张建新	合肥广播电视文艺奖三等奖	市文广新局　市广电协会
王曙光	合肥广播电视文艺奖三等奖	市文广新局　市广电协会
马　啸	安徽广播电视奖电视新闻类三等奖	省广电局　省广电协会
梁越芬	安徽广播电视奖电视新闻类三等奖	省广电局　省广电协会

姓　名	荣誉称号	授予单位
李　新	安徽广播电视奖电视新闻类三等奖	省广电局　省广电协会
李文杰	安徽广播电视奖电视新闻类三等奖	省广电局　省广电协会
李　新	安徽广播电视奖电视新闻类三等奖	省广电局　省广电协会
黄赵杰	安徽广播电视奖电视新闻类三等奖	省广电局　省广电协会
梁越芬	安徽广播电视奖电视新闻类三等奖	省广电局　省广电协会
张凤琴	安徽广播电视奖电视新闻类三等奖	省广电局　省广电协会
赵　恒	合肥市广播电视奖电视新闻类二等奖	市文广新局　市广电协会
刘　坤	合肥市广播电视奖电视新闻类二等奖	市文广新局　市广电协会
张建新	合肥市广播电视奖电视新闻类二等奖	市文广新局　市广电协会
黄赵杰	合肥市广播电视奖电视新闻类二等奖	市文广新局　市广电协会
胡艳嵘	合肥市广播电视奖电视新闻类二等奖	市文广新局　市广电协会
马　啸	合肥市广播电视奖电视新闻类三等奖	市文广新局　市广电协会
梁越芬	合肥市广播电视奖电视新闻类三等奖	市文广新局　市广电协会
李　新	合肥市广播电视奖电视新闻类三等奖	市文广新局　市广电协会
李文杰	合肥市广播电视奖电视新闻类三等奖	市文广新局　市广电协会
李家伦	安徽省县级电视节目技术质量奖（金帆奖）新闻类一等奖	省广电局
李家伦	安徽省县级电视节目技术质量奖（金帆奖）片头类二等奖	省广电局
李家伦	安徽省县级广播节目技术质量奖（金鹿奖）语言类二等奖	省广电局
李家伦	安徽省县级电视节目技术质量奖（金帆奖）综合文体类三等奖	省广电局
任家征	安徽省县级电视节目技术质量奖（金帆奖）综合文体类三等奖	省广电局
李家伦	合肥市广播节目技术质量奖（金鹿奖）片花类一等奖	市文广新局
李家伦	合肥市电视节目技术质量奖（金帆奖）新闻类二等奖	市文广新局
李家伦	合肥市电视节目技术质量奖（金帆奖）片头类三等奖	市文广新局
李家伦	合肥市广播节目技术质量奖（金鹿奖）语言类三等奖	市文广新局
李家伦	合肥市广播节目技术质量奖（金鹿奖）音乐类三等奖	市文广新局
陆飞军	合肥广播电视新闻奖二等奖	市文广新局　市广电协会
陈巧妹	合肥广播电视新闻奖二等奖	市文广新局　市广电协会
陆飞军	合肥广播电视新闻奖二等奖	市文广新局　市广电协会
陈巧妹	合肥广播电视新闻奖二等奖	市文广新局　市广电协会
陆　军	合肥广播电视新闻奖二等奖	市文广新局　市广电协会
封　艳	合肥广播电视新闻奖一等奖	市文广新局　市广电协会
崔广新	合肥广播电视新闻奖一等奖	市文广新局　市广电协会
陆　军	合肥广播电视新闻奖一等奖	市文广新局　市广电协会
潘汉芬	合肥广播电视新闻奖一等奖	市文广新局　市广电协会
陆　军	合肥广播节目技术质量奖一等奖	市文广新局
李家伦	合肥广播节目技术质量奖一等奖	市文广新局
陆飞军	合肥广播节目技术质量奖(金鹿奖)二等奖	市文广新局
陈巧妹	合肥广播节目技术质量奖(金鹿奖)二等奖	市文广新局

姓　名	荣誉称号	授予单位
封　艳	合肥广播节目技术质量奖(金鹿奖)二等奖	市文广新局
张　寻	合肥广播节目技术质量奖(金鹿奖)二等奖	市文广新局
陆飞军	合肥广播节目技术质量奖(金鹿奖)三等奖	市文广新局
陆　军	合肥广播节目技术质量奖(金鹿奖)三等奖	市文广新局
陈巧妹	合肥广播节目技术质量奖(金鹿奖)三等奖	市文广新局
张　寻	合肥广播节目技术质量奖(金鹿奖)三等奖	市文广新局
李家伦	合肥广播节目技术质量奖(金鹿奖)三等奖	市文广新局
陆　军	合肥广播节目技术质量奖(金鹿奖)三等奖	市文广新局
陆飞军	安徽省县级台广播节目技术质量奖(金鹿奖)二等奖	省广电局
陆　军	安徽省县级台广播节目技术质量奖(金鹿奖)二等奖	省广电局
陈巧妹	安徽省县级台广播节目技术质量奖(金鹿奖)二等奖	省广电局
李家伦	安徽省县级台广播节目技术质量奖(金鹿奖)二等奖	省广电局
陆　军	安徽省县级台广播节目技术质量奖(金鹿奖)二等奖	省广电局
胡永富	优秀员工	安广网络合肥分公司

（陈长富）

旅游

旅游局正副职名单

局　长	阚耀中
副局长	程育长　张沛红

【概况】 2014年，全县旅游接待310万人次，旅游总收入2.65亿元，分别比上年同期增长3%和2%。

【新增国家级水利风景区】 岱山湖旅游度假区晋升国家级水利风景区。

【旅游项目建设】 蓝山湾生态园引进美国大樱桃、美国蓝莓、新西兰猕猴桃等，建成旅游接待、休闲、观光等设施。包公镇岘山生态旅游项目建设岘龙山庄等项目，完善旅游接待、标识标牌、道路交通等，争创省级旅游示范村。岱山湖休闲农业主题公园一期、二期工程完工，三期工程有序推进，引进玉兰、樱花、桂花等10个品种，栽种面积1900亩。临湖餐厅露台下的空间改造成为商品售卖、游客休闲、夜间烧烤为一体的多功能区域。

【农家乐创建】 漫水湾木屋村建成摄影、书画等展厅，注册漫水湾文化艺术交流服务中心。湖光山色按照三星级酒店标准改造。陆园食府新植苗圃、花卉等1000余亩，开辟鱼塘水面150亩，产业规模扩大。新评定东泰农庄、沁心园、金喜福等星级农家乐5家。

【环巢湖旅游】 创建长临河镇长临社区美食示范村。长临河民俗文化馆“五一”对外开放。

【宣传营销】 举办第六届马政寺三月三文化旅游庙会、第四届岱山湖山水桃花节、第六届建华荷花文化旅游节等节会活动。漫水湾木屋村、湖光山色在合肥市森林人家美食评选活动获“最受市民喜爱的森林美食农家菜”奖。

【行业管理】 定期召开旅游企业安全工作会议，清明、“五一”、中秋、“十一”、春节前对A级景区、星级饭店等开展旅游安全生产大检查，排除安全隐患。开展旅游市场专项整治，重点对旅行社、分社及门市超范围经营、虚假宣传、“零负团费”、黑车黑导、强迫消费等行为进行整治。开展旅游景区“三线三边”整治工作。

（梁海琳）

方　志

【概况】 2014年，县地方志办公室被省地方志办公室评为全省地方志系统宣传工作先进单位，工作经验被省地方志办公室确定为“肥东模式”在全省推广。

【地方志工作迈入新常态】 县委、县政府将地方志工作摆上重要位置，纳入县政府年度考核内容。乡镇和县直单位地方志工作网络健全，全县各级地方志工作有人管、有人抓、有人做。

【党的群众路线教育实践活动】 深入学习，广泛征求意见。两次开展“集中学习周活动”，对机关存在的“四风”问题征求各类意见24条，查摆问题，开专题民主生活会。班子及班子成员撰写对照检查材料，开展批评与自我批评。整改落实，建章立制。制定领导班子整改方案和专项整治方案，健全财务制度，严格执行年初预算，实行财务公开；健全公务接待制度，严格按照规定标准接待；健全公车使用制度；健全文稿打印制度。控制“三公”经费支出。整改落实计划明确责任人、责任科室、进展情况、完成时限。领导班子成员个人制定整改清单。明确“四风”方面存在的突出问题、具体整改措施、整改时限。活动结束进行“回头看”，巩固教育实践活动成果。

【工作例会】 每月召开一次工作推进会，学习业务，总结上月工作，安排下月计划，对照全年工作任务分解表，督促进度，提高效率。

【地方志宣传】 在中国日报网、人民网、新华网安徽频道、市地方志网、合肥晚报、肥东报、肥东手机报、肥东政府网、《江淮文史》、《党史纵览》等媒体发表新闻稿件20篇。开展城乡党组织结对共建和党员到社区报到工作，丰富共建内容。及时更新肥东史志网，将县志年鉴资料上传到网站，方便社会各界了解肥东的历史和现状，扩大肥东知名度和美誉度。

【党史地方志年鉴工作会议】 2月，召开2014年党史地方志年鉴工作会议。副县长宋琪主持，李继海总结2013年肥东史志鉴工作，部署2014年任务，参加会议的有各乡、镇和县直单位分管领导及撰稿人。县委副书记孙良鸿出席会议并讲话，市委党史研究室主任王家贵、市地方志办公室主任胡玉兰到会讲话。

【县志首发式】 11月，举行《肥东县志（1986—2005）》首发式。省地方志办公室主任朱文根、巡视员刘成典，市地方志办公室主任胡玉兰，县长路军、且人大副主任许忠杰、县政协党组副书记王盛水出席。副县长宋琪主持。县直各单位、各乡镇260人参加。省文史馆、省档案馆、省图书馆、市档案馆、市图书馆和合肥市辖市、县区志办负责人应邀参加首发式。肥东县重视编史修志工作。1990年，首部《肥东县志》问世。2003年9月，县政府召开县志续修动员会议，安排部署续修志书任务，历经11年，完成《肥东县志（1986—2005）》。全面、系统、翔实地记述1986至2005年全县自然、经济、政治、文化、社会等各个方面所取得的成就和变化，为各级党委、政府科学决策提供依据，为社会各界人士了解肥东开辟窗口。

肥东县志首发式

【启动乡镇志编修】 11月，召开全县乡镇志编修动员会。县长路军要求各地按照《关于开展全县乡镇志编修工作的通知》精神和编纂《篇目大纲》的要求，全面启动乡镇志编修工作，挖掘肥东文化资源，丰富肥东历史文化宝库，服务肥东经济、社会发展，为建设幸福美好肥东作贡献。

【编研成果】 编纂出版《肥东县志（1986—2005）》。乡镇志编修工作全面启动。编纂出版《肥东年鉴（2014）》。完成《合肥年鉴（2014）》肥东篇的编写任务。编写出版2014年《肥东大事记》季刊四期。编写《包公故里·红色肥东》系列丛书——《红色肥东》、《历史印迹——中国共产党肥东历史大事记》、《辉煌历程——中国共产党肥东历史资料专题集》。为《安徽省志·巢湖志》、《合肥历史文化资源大观》提供肥东材料。为《安徽地区城镇历史变迁研究（城镇篇）·合肥卷》、《肥东历代人物》提供稿件。

【政协议案办理】 对市政协13届2次会议第151号“关于保护利用好淮军文化资源为‘大湖名城’增辉添彩的建议”，认真研究，做出办理情况报告。

【评选表彰】 县地方志编纂委员会决定，《肥东年鉴（2014年卷）》编纂工作先进单位6个。一等奖：县妇联；二等奖：桥头集镇、县公安局；三等奖：团县委、县盐务局、县房产局。优秀撰稿人6名。一等奖：陈锦先（县老年大学）；二等奖：马越（县法制办）、程磊（县环保局）；三等奖：管理静（众兴乡）、张国松（县美好办）、张晓康（县能源办）。《肥东大事记》编纂工作先进单位6个。一等奖：县直机关工委；二等奖：县纪委办、县文广新局；三等奖：古城镇、县司法局、县气象局。优秀撰稿人6名。一等奖：龚玮（东城新市镇）；二等奖：张有文（县卫生局）、王苏琼（包公镇）；三等奖：丁胜（县商务局）、马虎（县政法委）、张先超（县物价局）

2014年获县级以上荣誉称号先进集体

单　位	荣誉称号	授予单位
县方志办	全省地方志系统宣传工作先进单位	省方志办

（李丽丽）

社会生活

□人口与计划生育

□民政

□残疾人工作

□民族宗教和外事侨务工作

□美好乡村建设

人口与计划生育

人口和计划生育委员会正副职名单

主　任	丛成德
书　记	戴明傲
副主任	陈文康　付丽琴 徐成长
副书记	唐发勇

【概况】 2014年，肥东县人口计生工作围绕“转型发展，稳中进位”目标，出台《关于认真落实“单独两孩”政策的实施意见》、《2014年度人口和计划生育工作目标管理责任制考评方案》、《关于进一步做好计划生育特殊困难家庭扶助工作的实施办法》等文件，指导各地开展计划生育工作。县委常委会、县政府常务会、县长办公会多次听取计生工作汇报，研究解决计生工作相关问题。同年，在人口和计划生育目标管理责任制考核中，全县获市“2014年度全市人口和计划生育目标管理先进乡镇”称号4个；获市“2014年度全市人口和计划生育工作后进村转化先进乡镇”称号2个；被市列为“重点帮助乡镇”2个。获县“人口和计划生育工作先进乡镇”称号2个，获县“人口和计划生育综合治理先进单位”称号13个，被县列为“重点帮助乡镇”2个，被县列为性别比综合治理工作“单项预警乡”1个。被市县列为计划生育“重点帮助乡镇”，其人口和计划生育工作责任人一年内不得评先评优。全年征收社会抚养费1577万元，征收到位率达32%。全年收到计生信访件129件，查处结案127件，结案率98.45%。

【人口动态】 2013年10月～2014年9月，据报表统计，全县出生人口10880人，其中一孩6846人（男孩3483、女孩3363）、二孩3679人（男孩2169、女孩1510、多孩355人（男孩199、女孩156）；全县人口出生率10.02‰；出生人口政策符合率85.03%，其中二、多孩政策符合率78.81%；出生人口性别比116.35（一孩103.57，二、多孩142.14）。

【技术服务】 统计年度以来，全县做节育手术16133例，其中女性绝育1051例、放置宫内节育器12529例、皮下埋植39例、新技术2240例、其它274例。全县新帐完成率101.68%，综合节育率90.20%。各地对一女孩妇女等重点孕检人群，每两个月访视、孕检一次，流出在外的孕检对象寄回《避孕节育情况报告单》。对上扎手术对象，鼓励其在规定时间内落实长效避孕节育措施，对期内上环对象奖励200元、政策内一女一男绝育对象奖励600元、二女户绝育对象奖励5000元、落实补救措施对象补助400元，对政策内二胎主动上报早孕的奖励200元。实施免费孕前优生健康检查项目，全年检查5415对。

【流动人口】 全县流出人口289556人（男性155754人，女性133802人），其中流出省外217233人、本省外市8544人、本市外县63779人；全县流出已婚育龄妇女89905人，占流出人口31.05%，其中流出省外70348人、本省外市2085人、本市外县17472人；流出人口流动时间在3年以上的123626人、1～3年的127403人、6个月～1年的16034人、6个月以内的22493人，流出已婚育龄妇女流出时间3年以上的37149人、1～3年的38928人、6个月～1年的5692人、6个月以内的8136人。流出已婚育龄妇女主要流向上海、江苏、北京、合肥等省市。

全县流入人口14714人（男性8077人、女性6637人），其中省外1079人、本省外市8053人、本市外县5582人；全县流入已婚育龄妇女3913人，其中省外272人、本省外市2022人、本市外县1619人；流入人口流动时间在3年以上的4714人、1～3年的6414人、6个月～1年的1268人、6个月以内的2318人，流入已婚育龄妇女流入时间3年以上的1221人、1～3年的1590人、6个月～1年的367人、6个月以内的735人。

【“两非”案件】 2013年10月～2014年9月，全县立案查处“两非”案件28件，其中结案20件。折算后案件175件。其中判有期徒刑5人（缓刑2人），党政纪处理18人（开除党籍1人），取缔非法行医点3处，吊销执业医师证2本，罚款37万元。

【“单独两孩”政策】 1月23日后，全县实行“单独两孩”政策，县印发《单独两孩政策告知书》。开通咨询热线电话，一对一做好政策解答。开展符合“单独二孩”政策申报条件人员调查摸底，掌握生育对象的年龄结构分布及二孩生育意愿，对出生人口现状及趋势情况进行预研预判。优化生育二孩审批手续，规范办证流程，推行网上办证，提高办事效率，方便群众办证。全年有271对单独夫妇申领《生育证》。

【信息管理】 村（居）干部对计划生育“四种”（新婚、怀孕、出生、节育）信息及时发现、及时上报；乡镇确定专人管理计划生育各种信息平台，对人口计生信息日清周结；县人口计生委对各种“平台”信息，一月一审核，一月一考核，一月一通报，对154个村重点个案信息进行入户核查，结果与公安、卫生、民政等部门的新婚、出生、死亡、怀孕、手术、入户信息比对，提高信息质量；计划生育综治成员单位人口计生信息共享。

【业务培训】 举办全县计生干部业务培训班，班邀请省市人口计生委有关专家授课，培训内容涵盖“社会抚养费征管、计划生育信访、利益导向机制、宣传倡导、流动人口管理与服务、规划统计、计划生育形势及对策”等。各乡镇分别开展本乡镇、村居计生干部业务培训班，有效提高基层计划生育干部综合素质、业务能力和服务管理水平。

【督查指导】 加强对乡镇计生工作督查指导，利用25周时间，对各乡镇四次计划生育集中服务活动进行督查、对1064名新增奖特扶对象进行入户复核、对18个乡镇2个园区多个村居计划生育重点个案信息进行8次封闭式入户核查，对社会抚养费征收、群众满意度、“两非”案件查处、信息化建设以及宣传等工作进行多轮次督查和调度。县人口计生委直接联系30个计划生育“后进村”，通过高频次、强有力的督查，促进计划生育工作深入开展。

【奖励扶助】 全年投入计划生育事业费9454万元，人均87.54元。计划生育奖励扶助政策在严格执行上年规定的基础上，重点对符合计划生育家庭特别扶助制度条件的独生子女伤残、死亡家庭扶助金标准分别提高到每人每月270元、340元，实现城乡统一。全年发放兑现独生子女保健费1058.6万元、奖励扶助金384.4万元、特别扶助金75.9万元，兑现放弃再生育指标奖励31万元、节育奖励82.3万元、退休职工一次性奖励124万元。在城乡居民社会养老保险优待计生家庭工作中，优待59817名计划生育对象179.5万元，优待57427名独生子女户328.4万元，优待17042名农村双女户102.3万元，优待133名特扶对象1.7万元。人口基金项目向330户独（双）女户女儿上大学提供资助66万元，向200户计生困难母亲提供人口基金救助10万元，向计划生育困难家庭提供创业扶持资金2.5万元，向105户计生困难家庭提供救助资金10.5万元。为297户计生家庭及794名计生专干购买意外伤害及医疗、养老保险18.7万元。

开展“关爱女孩”活动。对独女户、双女结扎户落实优先优惠政策，组织有关职能部门在贷款、救助、扶贫、农业开发等项目资金上向女孩家庭倾斜，切实通过各项奖励扶助政策的落实，让一些生产、生活困难的女孩家庭得到实实在在的经济利益和社会地位，解除他们后顾之忧。

【综合治理】 县在开展劳务输出和就业登记过程中，对计生家庭免费介绍职业、免费开展技术培训和职业技能鉴定，为参加生育保险且实行计划生育职工增加一个月生育津贴，对在定点医院分娩的顺产妇女补助300元、剖宫产补助500元；对农村独（双）女户家庭成员就医免收普通门诊挂号费，减收10%常规检查费和10%普通病房床位费，儿童计划免疫减免20%费用，对参加新农合孕产妇给予300元补助，剖宫产按大病住院报销比例给予报销；对从事个体经营的农村计生家庭困难户，在登记、年检、收费等方面给予照顾，支持行业协会为流动人口提供技术、人才和法律援助等服务；开展“手拉手，献爱心”助学活动，确保独（双）女困难家庭女儿能按时入学；在实施春蕾计划、就业培训以及“救助单亲特困母亲行动”中，优先安排计划生育困难家庭；在实行城乡低保听证制度时，同等条件下优先安排计划生育家庭，民政救助优先安排因节育手术而丧失劳动能力导致生活困难群众，对符合救助条件的二女绝育户和独生子女户，优先纳入社会救助范围；对农村独（双）女户在新农村建设专项资金上优先安排，在农村劳动力转移培训“阳光工程”中优先安排，在江淮分水岭开发、改水改厕、沼气建设等农业项目上倾斜照顾，在申报无公害蔬菜项目上，优先论证、优先办理补助资金或贷款贴息补助手续。

2014年获县级以上荣誉称号先进集体

单　位	荣誉称号	授予单位
撮镇镇	2014年度全市人口和计划生育目标管理先进乡镇	市委　市政府
桥头集镇	2014年度全市人口和计划生育目标管理先进乡镇	市委　市政府
包公镇	2014年度全市人口和计划生育目标管理先进乡镇	市委　市政府
白龙镇	2014年度全市人口和计划生育目标管理先进乡镇	市委　市政府
店埠镇	全市人口和计划生育工作后进村转化先进乡镇	市委　市政府
古城镇	全市人口和计划生育工作后进村转化先进乡镇	市委　市政府
包公镇	“人口和计划生育工作先进乡镇”称号	县委　县政府
白龙镇	“人口和计划生育工作先进乡镇”称号	县委　县政府
卫生局	“人口和计划生育工作综合治理先进单位”称号	县委　县政府
房产局	“人口和计划生育工作综合治理先进单位”称号	县委　县政府
人社局	“人口和计划生育工作综合治理先进单位”称号	县委　县政府
文广新局	“人口和计划生育工作综合治理先进单位”称号	县委　县政府
司法局	“人口和计划生育工作综合治理先进单位”称号	县委　县政府
经　委	“人口和计划生育工作综合治理先进单位”称号	县委　县政府
市场监管局	“人口和计划生育工作综合治理先进单位”称号	县委　县政府
农　委	“人口和计划生育工作综合治理先进单位”称号	县委　县政府
民政局	“人口和计划生育工作综合治理先进单位”称号	县委　县政府
团县委	“人口和计划生育工作综合治理先进单位”称号	县委　县政府
妇　联	“人口和计划生育工作综合治理先进单位”称号	县委　县政府
法　院	“人口和计划生育工作综合治理先进单位”称号	县委　县政府
公安局	“人口和计划生育工作综合治理先进单位”称号	县委　县政府

（祝宇春）

民 政

民政局正副职名单

局 长	周玉章
书 记	周德堂
副局长	金怀胜 许 畏
副书记	王玉保
副局长	张红兵

【城乡低保】 为实现政府确定的城乡居民收入10%倍增目标，从1月份起，城市低保月标准由上年的360元提高到400元，农村低保年标准由上年的1800元提高到2000元。通过提标复核，全年累计救助城市低保46841人次2056.1733万元，月人均补差439元；累计救助农村低保对象390985人次7403.1744万元，月人均补差189.35元。制定并实施《肥东县城乡居民最低生活保障工作操作规程（试行）》，继续实施《肥东县城乡低保经办人员和村（居、社区）民委员会干部近亲属享受低保备案办法》，全面推进城乡低保听证和公开公示制度。

【五保供养】 制订《肥东县2014年农村五保供养实施办法》。全县年末在册五保对象8875人，其中分散供养五保7000人，集中供养五保1875人，农村散居五保年供养标准由上年的2200元提高到2440元，集中五保月供养标准由上年的360元提高到600元，分别按季和按月打卡发放。累计打卡发放分散五保供养资金1744.21万元。在全省县级率先开展五保指纹信息采集工作。在统一推行五保供养对象长期医疗护理保障制度的基础上，扩面实施城镇“三无”人员长期医疗护理保障，实现区域五保供养对象和城镇“三无”人员长期护理保障全覆盖。全年为8880人（其中五保对象8804人、城镇“三无”人员76人）支付投保经费133.2万元，累计住院报案数2921人次，理赔291.4632万元。

【敬老院管理】 加强对乡镇敬老院平时安全检查和“夜巡”，发现问题，及时督促乡镇和敬老院整改；集中组织6位民生工程义务监督员对全县乡镇敬老院院务管理服务工作进行检查；开展乡镇敬老院食堂饮食卫生和消防安全专项检查；拨付敬老院管理服务人员工资补助158.48万元，发放敬老院院务管理补助经费127.2万元。众兴敬老院获第三批“合肥市民政系统行风建设示范单位”称号。

【医疗救助】 修订并实施《肥东县城乡医疗救助实施办法》。适度调整医疗救助标准，对重点救助对象给予重点救助。符合救助条件的患者经各种保险补偿后，农村五保供养对象、社会散居孤儿、城市低保对象中的“三无”人员，个人自付医疗费用政策范围内、外分别按100%和70%比例给予救助，不设封顶线；对城乡低保对象、符合医疗救助条件的重点优抚对象，个人自付医疗费用政策范围内、外分别按70%和10%比例给予救助，全年累计救助不超过20000元；对城乡低收入家庭大病患者，个人自付医疗费用政策范围内达到设定15000元医疗救助起付线，超出起付线以上部分按65%比例给予救助，城乡低收入家庭尿毒症、白血病患者个人自付医疗费用政策范围内、外各按65%和10%予以救助，全年累计救助不超过15000元。全年累计救助55655人次2193.29万元，其中资助困难群众参合45697人456.97万元，拨付即时结算资金371.24万元。

【城市低收入家庭认定】 协助县房产局做好廉住房实物配租和租赁补贴发放工作，完成158户城市低收入家庭资格认定工作。

【艾滋病患者生活救助】 根据省、市相关文件要求，救助艾滋病35人次，发放生活救助资金6.12万元，保障艾滋病人基本生活。

【救灾救济】 修订《肥东县自然灾害救助应急预案》。组织乡镇和县直单位进行两节送温暖捐款，拨付送温暖捐赠资金260万元专项用于“两节”期间慰问困难群众7360户10950人。接收并拨付省级冬春救灾款150万元，救助5215户11300人次。加强救灾信息系统正常运行安全检查和管控，开展第六个“防灾减灾日”宣传工作，店埠镇镇北社区创建“综合减灾示范社区”，获“全省综合减灾示范社区”称号；会同县气象局、应急办健全气象灾害预警机制；联合县财政局、审计局开展救灾款物使用情况专项检查。

【临时救助】 筹措临时救助资金209万元，其中县财政60万元，省财政139万元，市财政10万元。共发放资金75.2万元，救助651户，其中因病救助500户、突发事件救助98户、就学39户、其它14户。

【优抚安置】 兑现优抚政策。全年为7291名优抚对象发放定恤定补2179万元，为1521户优待对象兑现优待金1368万元，为255名重点优抚对象支付县医院等医疗机构通过“一站式”平台垫付的医疗补助费23.0324万元。对12名企业军转干部实行大病特困救助3.5万元。完成残疾军人证和烈士证明书换（补）发工作。落实安置政策。2013年冬季城乡490名退役士兵安置工作完成，发放自谋职业和自主就业及生活补助、待安置期间生活补助费2400万元；12年以上转业士官得到妥善安置。组织推荐62名退役士兵参加技能培训。接收2014年冬季退役士兵537人。发放离退休人员离退休金及各项生活补贴150万元。

【双拥工作】 承办“八一”、春节慰问部队活动，发放慰问金33万元；建国65周年之际，对全县130户烈士遗属及部分烈士子女进行慰问，发放慰问金6.5万元；组织开展各种双拥活动，16个县直单位获“2013年度县双拥合格单位”；参加合肥市双拥办开展的双拥知识竞赛活动、合肥市第三届“鱼水情”双拥书画展和双拥论文征集评比工作；精心实施“追思工程”，县茶壶山烈士陵园当年安葬33位烈士遗骸，在茶壶山烈士陵园举行国家规定的首个烈士纪念日公祭活动，县几大班子领导、县、镇、村部分干部、驻军部分官兵及中小学生代表500多人参加公祭。

清明祭扫烈士墓

【社会福利】 六十年代精减下放退职职工救济标准由上年月340元提高到399元，全年发放755名精减下放退职职工、职业制武警社会定救资金380.6894万元。上海下放居民生活月补助标准由450元提高到500元，随行子女月补助由400元提高到450元，发放590名上海下放居民生活补助333.975万元。按月打卡发放232名孤儿基本生活费164.46万元，发放春节、“六一”慰问费44.4万元。经县民政局与县农委、县人社局、县财政局联合对1958年前获省农业劳动模范申报对象核查，审批6名符合条件的省农业劳动模范享受定期困难补助。

【老龄工作】 发放29208位80-99周岁老人高龄津贴1168.32万元，发放83位百岁老人长寿保健费29.88万元。全年办理老年人优待证6431本，其中红本4432本、绿本1999本。与县人寿公司联合出台《肥东县“银龄安康行动”工作实施方案》，启动实施60周岁以上老年人意外伤害综合保险业务。完成14个农村幸福院建设任务。在县城关镇镇南、镇北、光大、花园等7个社区进行社区居家养老服务站建设，为老年人社区活动开辟场所。

【社会事务管理】 推进村委会换届选举，全县331个村（居、社区）完成换届选举工作。规范社会组织管理，全年登记社会组织33家、完成变更登记8家、3家社会团体按章程进行换届，完成53家社会组织发证换证、97家社会团体和112家民办非企业单位的年检工作。对11家行业协会有关行政审批服务事项进行清理规范。县民政局获2014年度“全市社会组织管理工作先进单位”。推进区划地名工作，完成肥东瑶海线88.083公里边界线联检，将店埠镇等7个乡镇30个村（居）民委员会变更为社区，对“文一名都”等5个小区进行命名，出版《肥东县地名志》1000册，完成《安徽行政区划图集》肥东部分的审查任务。开展殡葬惠民工程，全年火化遗体6289具，惠民政策救助5896人，减免费用501.7万元。开展流浪乞讨救助，为773人次流浪乞讨人员救助93万元，救治危重病人84人。改进婚姻登记服务，婚姻登记全部免费，办理结婚登记13354对，离婚登记2358对，补发结（离）婚证2040对，出具（无）婚姻登记记录证明13956条，办结合格率100%。全年办理收养登记21例。

【重点工程建设】 完成22个“老少活动家园”民生项目建设任务。5个标准化示范社区建设经市民政局验收通过。

2014年获县级以上荣誉称号先进集体

单　位	荣誉称号	授予单位
县民政局	2014年度福利彩票优秀县（市、区）二等奖	省民政厅
店埠镇镇北社区	全省综合减灾示范社区	省减灾救灾委　省民政厅
众兴敬老院	第三批合肥市民政系统行风建设示范单位	市民政局
县社区服务中心	第三批合肥市民政系统行风建设示范单位	市民政局
县民政局	2014年度全市社会组织管理工作先进单位	市社会组织管理工作领导小组
县民政局	2014年度目标管理考核良好单位	县委　县政府
县民政局	2014年度双拥工作、民生工作、信访维稳综治工作获优秀等次	市民政局

（宋孝祥）

残疾人工作

残联正副职名单

理事长	童卫兵
书　记	完永华
副书记	程业建
副理事长	谢　冰 魏从海

【概况】　1990年7月，肥东县残疾人联合会成立（简称县残联）。1991年9月19日，成立肥东县残疾人事业领导组，县残联承办日常工作。1996年9月，肥东县残疾人事业领导组更名为肥东县残疾人工作协调委员会。1997年，乡镇残联组织开始组建。2007年，在全县各乡镇、开发区均选聘1名残疾人工作协理员从事残疾人工作。2014年，县残联内设科室3个，即办公室、康复科、就业科。下设劳动就业服务所。有干部职工22人。同年，在全县331个村（居）聘用兼职助理员，建立起纵到底、横到边的残疾人组织网络。县残联先后荣获“全国残疾人工作先进单位”、“全国白内障无障碍县”、“全国农村残疾人社区康复示范县”、“全省残疾人工作示范县”、“全省残疾人工作综合考评先进单位”、“合肥市残疾人工作综合评比先进单位”等多项荣誉称号。

【残疾人基本情况】　全县有各类残疾人63697人，约占总人口的5.91%。其中，贫困残疾人16529人，占残疾人总数的25.95%。各类残疾人中视力残疾12561人，占19.72%；听力残疾13568人，占21.30%；言语残疾924人，占1.45%；肢体残疾16708人，占26.23%；智力残疾4866人，占7.64%；精神残疾6153人，占9.66%；多重残疾8917人，占14%。

【惠残民生工程】　实施“贫困残疾人救助与康复”民生工程，投入747.04万元，为全县10154名贫困残疾人提供生活补助；为1045名贫困精神残疾人每人提供1000元基本精神药物治疗费用补助，为599名精神病患者提供免费住院治疗，超额完成民生工程任务。

【康复救助工程】　投入资金100万元，新建100多个村级康复室，使近万名残疾人得到不同程度的康复治疗；为1000多名下肢重度残疾人配发轮椅，为残疾人配发助听器、助视器等其他辅助用具1000多件，免费安装假肢100多例；为96名脑瘫儿童、孤独症儿童、智障儿童以提供康复训练项目；为4名残疾儿童实施肢体矫治手术，完成装配假肢矫形器21人；农村残疾人全部参加新农合，白内障复明手术、精神病患者住院等特殊医疗康复需求全部纳入报销范围。

【就业教育】　全年征收“残保金”600余万元，对1000多家用人单位开展按比例安排残疾人就业年审；开展残疾人培训1000人，其中职业技能培训66人，集中组织的农村残疾人实用技术培训100人，由各乡镇（区）分散组织的农村实用技术培训800多人；按比例安置残疾人就业368人；投入18万元，扶持残疾人自主创业36户，新建农村残疾人就业基地

1个，帮扶带动60名残疾人从事蘑菇养殖生产；通过实施“彩票公益金助学项目”，对99名贫困残疾人家庭大学生和25名贫困残疾大学生分别给予1500至4000元不等的学年资助和一次性资助，帮助残疾学生解决困难。

【残疾人扶贫工程】 实施“百头小牛进农户”项目。投入40万元，为全县100户贫困残疾户免费送去小牛，帮助他们脱贫致富；对180户贫困重度残疾人实施阳光家园居家托养项目。开展“两节”送温暖活动，投入资金60万元，走访慰问特困残疾人1000多户，每户送去慰问金500元。积极调处残疾人纠纷，及时解决影响社会稳定的矛盾100多件，为维持残疾人稳定产生积极影响与重要作用。

【康复和辅具中心建设】

肥东县残疾人康复中心位于店埠镇团结大道与岱河路交汇处，占地10亩，中心开办以来得到省市各级领导关爱，有19名残疾儿童在中心进行康复训练。中心教学严格，管理规范，制度完善，受训儿童在教师与家长的共同努力下，认知能力、身心发展等均有不同程度的提高和进步，得到家长的一致认可。新建残疾人辅具服务中心。在500多平米的残疾人辅助器具展示大厅，配置肢体训练器类、生活用具类、无障碍类、体力及视力类辅助器具。全年接待受理残疾人辅具需求150余人次。

【协同创建全国残疾人文化体育示范市】 协同创建全国残疾人文化体育示范市工作。开展残疾人才艺大赛的摸底工作，上报才艺表演节目13个。做好残疾运动员的选拔培训工作。联合教体局选拔、登记在册残疾人优秀运动员19名。组织参加合肥市第三届残疾人运动会。取得9金8银15铜的好成绩。启用盲人图书室。在县图书馆建成100多平方米的盲人阅览室，配备盲人计算机、扩视仪等设备，有盲人读物1000多件，为全县盲人创造一个交流学习的机会。成立残疾人文学艺术协会。协会下设文体、书画、摄影3个组，会员50名，协会为残疾人提供一个展示才艺的平台。在全县建立村级残疾人文化活动室，并在众兴乡华光社区、店埠镇排头社区建设示范点。示范点建设有残疾人阅览室、文体活动室、残疾人文化广场，深受残疾人的欢迎。开办手语新闻节目。联系县特教学校、县文广新局，结合县电视台一周要闻栏目，开办手语新闻，每两周一次。开展残疾人文化活动周活动。组织有文艺特长的残疾人进行书法、绘画、摄影活动，同时征集30多幅书画作品及其他手工作品。充分调动残疾人参与文化生活的积极性，真正做到让残疾人满意，群众支持。

【创建全省残疾人工作示范县】 2013年，按照皖残工委《关于开展创建全省残疾人工作示范县（市、区）活动的通知》要求，县政府出台《肥东县创建全省残疾人工作示范县实施方案》等系列文件。两年来，由县长牵头组建的肥东县创建示范城县工作领导小组优质高效工作，确保资金到位，狠抓措施落实。在残疾人的民生、康复、就业、扶贫等工作上取得长足进步。2014年，顺利通过安徽省残疾人工作委员会验收，被授以“全省残疾人工作示范县”荣誉称号。

2014年获县级以上荣誉称号先进集体

单　位	荣誉称号	授予单位
肥东县	全省残疾人工作示范县	省残疾人工作委员会
残　联	合肥市残疾人就业工作先进单位	市残疾人工作委员会

2014年获县级以上荣誉称号先进个人

姓　名	荣誉称号	授予单位
童卫兵	优秀残疾人工作工作者	市委组织部、市残联
张　昊	优秀残疾人工作工作者	市委组织部、市残联

姓　名	荣誉称号	授予单位
李　剑	2010–2014年残疾人体育工作先进个人	省残联、省体育局
赵济传	残疾人就业工作先进个人	市残工委
崔燕军	最美残疾人专职委员	市委组织部、市残联
张　红	最美残疾人专职委员	市委组织部、市残联
罗红萍	最美残疾人专职委员	市委组织部、市残联
程仁敏	最美残疾人专职委员	市委组织部、市残联

（张　昊）

民族宗教和外事侨务工作

民族宗教和外事侨务局正副职名单

局　长	罗　虎
副局长	李跃庭

【项目编报】 2014年，肥东县民族宗教和外事侨务局积极编报民族发展报项目，争取民族发展资金。编写2014年拟重点帮扶的民族发展项目库，入库项目95个，项目包括民族乡村基础设施建设、生产发展、教育卫生等。向省民委申报项目6个，向市民委申报项目4个，向省、市委员单位推荐项目8个。省市民族部门支持发展资金250多万元。开展2013年度省、市、县少数民族发展资金项目审计工作，加强项目资金的管理，审计项目19个。

【民族体育】 抓好少数民族传统体育蹴球项目建设。在民族中学、圣泉中学开展少数民族传统体育项目蹴球培训。组建蹴球队代表合肥市参加省第七届少数民族传统体育比赛。在省第七届少数民族运动会上，蹴球队取得三个一等奖，二个二等奖，二个三等奖的好成绩。

【培训】 开展少数民族群众实用技术及少数民族干部培训。协助县民族企业促进会在民族企业、民族合作社中开展少数民族实用技术培训，培训少数民族群众150多人。11月，在中南民族大学举办少数民族干部、女干部和党外干部培训班，培训少数民族干部12人。

开展宗教教职人员培训。定期组织召开各宗教团体、宗教活动场所负责人座谈会，开展爱国爱教宣传教育活动，学习党的宗教政策和法律法规。3月，县基督教三自爱国会举办为期一个月的义工传道员培训班，培训传道员31人；在全县十四个片区举办培灵会，每处有100至500人参加。佛教、道教教职人员也分别组织集中学习。

【宣传活动】 开展民族团结进步宣传活动。在县城及民族乡村悬挂宣传条幅65条，在民族乡村、社区、企业的电子显示屏播放民族团结进步宣传标语。在民族学校，制作宣传栏28个，形成民族团结进步宣传一条街。在杨店乡黄栗民族村，投入12万元，新建民族文化广场。在三个重点社区开展民族团结进步创建活动，推进民族工作进社区、进学校、进企业、进合作社、进乡村活动。印制民族知识读本800本发到各民族中小学、民族企业、民族合作社。组织民族乡、村、企业、合作社、学校、少数民族群众积极参加“江淮星·民族情”省、市百名“民族团结进步之星”评选活动，受到省、市表彰模范集体6个、先进个人8名。

开展宗教政策法规学习月活动。印制3000本宗教法规读本发放到各宗教活动场所。6月24日，县基督教三自爱国会召开三自会全委、所有堂点负责人和教职人员参加的动员会；在定光寺召开佛、道等场所负责人和教职人员会议；各场所也结合本教规和场所实际情况，制定学习活动方案，有计划开展学习活动。制作宣传横幅50多条，悬挂在县城路口和宗教活动场所，在县政府电子屏幕上滚动播放宣传标语。

【服务与管理】 在城镇社区开展少数民族流动人口服务和管理。在少数民族流动人口居住集中的店埠镇镇北、青春、定光三个社区，建立少数民族流动人口数据库及信息台帐，设立少数民族联络点、服务站、法律援助中心、热线电话，帮助流动少数民族人口在劳动就业、职业培训、子女入学、权益保障、法律咨询等方面给予帮助，对少数民族特困群众开展“民族一家亲”、“一对一”、“多助一”等帮扶活动。开展“两节”送温暖慰问活动。深入民族乡村调研少数民族群众贫困情况，建立贫困户档案。全县9个民族村和城镇下岗失业少数民族特别困难户达95户，265人。“两节”期间筹措资金3.5万元，对少数民族特困户开展送温暖慰问活动，慰问少数民族特困户95户，258人，少数民族职工4户，7人。

【特色产业】 引导民族乡村走特色产业发展道路。支持牌坊民族村申报少数民族特色村寨保护建设、店埠镇花滩民族村申报美好乡村建设项目，鼓励引导各民族乡村不断优化农业产业结构，努力把民族特色转化为产业特色，全力打造“一村一品”和“一乡一业”。牌坊民族村被农业部认定为全市唯一的第三批全国“一村一品”示范村；牌坊、三王两个民族村被省农委、省民委认定为省级“一村一品”示范村；店埠镇花滩民族村被省民委、市农委认定为省民委、市农委“一村一品”示范村。

【安全保障】 保障重点宗教活动大型活动的安全。指导众兴乡政府制定马政寺三月初三活动方案和应急预案，安排专人全天在活动现场值班。指导桥头集镇做好梅山庙会安全。在重要的宗教节日里，深入寺观教堂检查安全隐患，指导寺观教堂落实整改措施，制定活动应急预案。通过周密谋划，精心组织，预防在先，保障全县宗教活动有序开展。

【宗教调查】 协助完成中国宗教调查任务。根据国家宗教局研究中心工作安排，肥东是中国宗教调查工作合肥市唯一的调查样本点。7月23日，由安徽师范大学组建的调研组一行16人到肥东开展工作。调查组随机抽取宗教活动场所31处，采取一对一的方式调查各个场所的基本情况、场所的社会连接与社会服务以及宗教场所状况，顺利完成调查任务。开展宗教场所实际教务负责人情况调查。县基督教三自爱国会对基督教片区负责人进行专门培训；县对佛、道、伊宗教活动场所负责人进行集中培训。深入清真寺现场进行业务指导，确保各项填报材料的准确性、真实性。经过两个月的调查摸底，真实准确地掌握全县宗教活动场所实际教务负责人情况。开展宗教活动场所换发证工作。对全县的宗教活动场所继续进行换发证登记工作，全面掌握活动场所信息，奠定宗教活动场所规范化管理基础。

【侨务】 做好为侨服务工作。在侨爱工程——陈沙立先生救护生命万里行活动中，争取加拿大华侨陈沙立先生捐赠长临河镇卫生院救护车1辆。中秋、春节期间慰问归侨侨眷代表和困难归侨侨眷。积极拓展与海外华人华侨的联系，宣传肥东经济社会发展成就，介绍招商引资政策，努力引智引资。

2014年获县级以上荣誉称号先进个人

姓　名	荣誉称号	授予单位
李耀泉	民族团结进步模范个人	省政府

（朱全意）

美好乡村建设

美好办正副职名单

主　任	范育科
常　务副主任	张国松
副主任	王　磊 赵　剑 费广岭 张　彤

【概况】 紧扣“生态环境优美、乡风人文和美、群众生活甜美”目标，在农村地区开展“环境整治、人口集聚、产业支撑、文化养育、服务提升”五大工程。2014年度，首批12个重点示范村顺利通过省级考核验收，重点推进第二批19个示范中心村建设。

第二批示范中心村名单

序号	中心村名称	类型	建设模式
1	八斗镇八斗社区八斗中心村	集镇周边村、交通干线沿线村	旧村改造
2	白龙镇同心社区同心中心村	交通干线沿线村	旧村改造
3	马湖乡马湖社区马湖中心村	集镇周边村	旧村改造
4	牌坊乡牌坊社区牌坊中心村	乡政府驻地村、特色产业村、交通干线沿线村、历史文化名村	旧村改造
5	牌坊乡新丰村丰岗中心村	特色产业村、交通干线沿线村、重点景区周边村	旧村改造
6	桥头集镇三站社区小刘中心村	集镇周边村	旧村改造
7	桥头集镇复兴社区复后中心村	集镇周边村	旧村改造
8	石塘镇四合村王家洼中心村	特色产业村	旧村改造
9	张集乡黄疃社区黄疃中心村	特色产业村	旧村改造
10	众兴乡华光社区胡大郢中心村	历史文化名村	旧村改造
11	众兴乡花灯社区新村中心村	集镇周边村	旧村改造
12	店埠镇花滩村赵户阿李中心村	集镇周边村	旧村改造
13	店埠镇马厂村德英中心村	集镇周边村	旧村改造
14	包公镇文集社区文集中心村	集镇周边村	旧村改造
15	响导乡龚集村龚集中心村	特色产业村、远郊村	集中改造
16	元疃镇塘西村徐岗圩中心村	交通干线沿线村	集中新建
17	元疃镇元疃社区程大郢中心村	特色产业村、集镇周边村	旧村改造
18	梁园镇东武村黄庄中心村	特色产业村	旧村改造
19	杨店乡跃进村跃进中心村	集镇周边村、交通干线沿线村	集中新建

【规划建设】 对19个中心村2013年初定的规划方案进行修订和完善，确定村庄功能定位、发展方向和配套设施，村庄内生活、生产、生态等功能合理分区，服务设施合理布点。结合各村实际，立足村落资源禀赋，彰显乡村独特风貌，增强规划的科学性、可行性和特色性。中心村建设突出利于群众生产和生活的基础设施项目，让群众住上安全房、喝上干净水、走上平坦路。19个中心村硬化道路45公里，安装路灯1383盏，改水改厕621户，建设污水处理设施8处，新增垃圾箱1136只，整治清淤河道35公里，在马湖、龚集、塘西等中心村实施土地集中连片整治，促进人口集中居住、设施集聚共享。

响导乡龚集中心村

【资金保障】　统筹资金筹措三个渠道，为中心村建设提供支持。用足用好专项资金，向19个中心村投入省级专项资金2162.8万元、市级专项资金2424万元，县财政配套专项资金4200万元，合计8786.8万元。确定重点项目166个，确保专项资金落实到位。整合涉农资金，制定《2014年度整合涉农资金支持美好乡村建设实施方案》，将有限的资源最大限度向中心村集中，共整合涉农项目26个，投入资金1.48亿元。汇聚社会资源，鼓励群众筹资投劳，运用市场化方式推进美好乡村建设，全年共引入社会资金5775万元。

【环境整治】　将环境优美作为美好乡村第一标准。以“三线三边”整治为突破口，深入延伸、示范带动、巩固提升，拆除违章建筑462处，栽植各类苗木12万余株。探索以政府购买环卫服务的方式实施农村清洁工程，在响导、石塘、撮镇等地的试点取得良好效果。推广“一卤两箱”农村生活垃圾分类处理模式。在八斗中心村试点建设磁能碳化垃圾处理厂，采用有机固废技术，推进农村垃圾减量化、资源化、无害化处理。

【村企一体为为民服务中心】　推广村邮站建设经验，扩大村企一体为民服务覆盖范围。新建村企一体为民服务中心44个。投入运行的服务中心达96个，累计为近8万人次提供便民服务，代发各类邮件6.2万件、报刊4.6万份，代收各类费用580余万元，代发各类涉农资金近2000万元。拓展服务内容，整合农资代购、助农取款点等渠道，建立以村邮站为终端的村级配送网络，促进农村物流渠道双向畅通，将村企一体为民服务中心打造成多样化、集成式的乡村公共服务平台。

【文化惠民】　建设乡风文化，培育农村文明和谐新风尚。抓阵地建设，在撮镇、陈集、八斗和古城等乡镇建成首批11个农民文化乐园，成为乡村开展文体活动、传播精神文明、促进社会和谐的新载体；抓活动开展，巩固强化美好乡村艺术团巡演成果，利用农闲时节，在全县331个村开展县首届全民文化月活动，农民群众当主角，“草根”节目为主体，“送”文化和“种”文化相结合，丰富群众文化生活，壮大民间文化队伍，《人民日报》、《安徽日报》等中央及省、市主流媒体均对此报道。

【广泛宣传】　3月，举办为期一个月的美好乡村建设成果展，通过网络平台和宣传橱窗，集中展示首批重点示范村建设成果。9月，在《合肥晚报·肥东晨刊》推出《聚焦美好乡村》系列专题报道，连续两个多月展示19个中心村建设情况。全年编发工作简报97期。编印《肥东县美好乡村建设动态》和《肥东县美好乡村建设纪实》，记录、总结美好乡村建设的举措和成果。

（徐刚）

众兴乡华光社区胡大郢中心村

乡镇要览

□陈集镇
□古城镇
□马湖乡
□八斗镇
□响导乡
□杨店乡
□白龙镇
□元疃镇
□张集乡
□梁园镇
□包公镇
□石塘镇
□店埠镇
□牌坊回族满族乡
□众兴乡
□桥头集镇
□撮镇镇
□长临河镇

陈集镇

陈集镇主要领导人名单

书　记	吴常青
镇　长	程业平
人大主席	宣义平

【概况】 2014年完成固定资产投资31000万元，同比增长5%，其中工业投资2015万元，同比增长40%；完成财政收入2300万元，同比增长25%；完成税收收入1800万元，同比增长40%，其中地税1000万元；农民人均纯收入11800元，同比增长15%。

【基础设施建设】 投资253万元，修通秦湖村东王--曹岗、大魏社区北徐--大魏等4个村民组共8.34公里的村村通水泥路,利用一事一议项目200万元资金修建涉及6个村水泥路，改善当地群众出入难问题。完成63口万方以下塘坝和11条渠道清淤，新建改建排涝站6座，维修闸站8座，完成2个小型水库除险加固工程，保障全镇3万人的生活用水和5万亩耕地的生产用水，农村生产生活条件不断改善。

【民生工程】 发放救济款、救灾款7万元，为476户1237人农村低保户人员发放低保金243.6293万元，为五保供养对象293人累计发放五保金117.9980万元；粮食直补62万元，综合补贴（两次）560万元，水稻良种补贴 10万元，其他各项涉农补贴，全部通过“一折通”发放完毕；享受新农保待遇领取人员4352人，应参保登记22228人，已参保缴费22228人，占应参保缴费的100%。新型农村合作医疗保险与城镇居民基本医疗保险并轨运行。参保人员26807人，参保率86.47%，补偿资金实行即时结报。大魏、肖圩社区的老少活动家园顺利完成，投入使用。

【丰富百姓文化生活】 先后举办13场文化演出，演出内容包括诗歌朗诵、舞蹈、戏剧、小品、合唱、独唱、独幕剧等形式。拓宽百姓的信息获取渠道，全镇9个社区安装90个高音无线喇叭，农家书屋新增图书2000余本，部分社区开设电子阅览室，丰富百姓的文化生活。

全民文化月

【打造平安社区】 以“安全第一、预防为主、综合治理”方针和以人为本理念，调动社区积极因素，倡导社区安全新理念，创新安全防范新举措，构建现代社区安全新机制。以陈集社区为先期示范点成立社区安全促进委员会，联合镇安监办、妇联、派出所、中心校，负责社区安全建设，定期在社区内进行安全生产检查、火险防震演习、安全生产讲座。成立以辖区经营户、社区民警、巡逻队员、治保队员组成的社区安全志愿者队伍，负责社区安全巡查。陈集中心校获安徽省“防震科技示范学校”称号，陈集社区获合肥市“安全示范社区”称号。

【党员三项教育】 规范基层党校教育教学，做到“四个到位”，即思想、组织、师资、经费投入到位。投入教育经费12万元，加强党校软件和硬件建设。重点建立党校图书阅览室，健全教学规章制度，加强阵地网络建设，把基层党校建设与文化阵地建设结合起来，建成“四个一”阵地网络。利用学校网点调整、村级党员活动室和支部建设的有利时机，把基层党校延伸到9个村居和3个支部。2014年陈集镇再次获得“合肥市基层示范党校”称号。抓党员先进典型助推基层党建，推广市县优秀党员陈万霞、谢兆宏等先进事迹，感召全镇1100名党员，树立精神榜样。坚持书记讲党课，坚持周六上党课和重大节日书记讲党课，无论工作再忙，任务再重，始终将上党课摆在重要的位置，使全镇1100名党员在思想上受教育，精神上受鼓舞。6月，党委书记吴常青代表肥东县书记讲党课参评，获合肥市一等奖。11月，代表合肥市书记讲党课参评，获安徽省一等奖。

【美好乡村建设】 继续推进美好乡村建设，将美好乡村建设与集镇建设、产业发展、组织建设相结合，引导人口、资源、服务向中心村集中。在2014年省美好乡村建设验收中，竹滩村作为肥东县4个美好乡村示范点之一，顺利接受并通过省级验收。

省委常委、市委书记吴存荣（前排左二）在陈集镇调研美好乡村

2014年获县级以上荣誉称号先进集体

单 位	荣誉称号	授予单位
镇政府	合肥市基层示范党校	市委宣传部
陈集社区	合肥市安全示范社区	市安监局
陈集中心校	安徽省防震科技示范学校	省地震局 市科技局

2014年获县级以上荣誉称号先进个人

姓 名	荣誉称号	授予单位
吴常青	书记讲党课一等奖	省委宣传部

村（社区）主要负责人

村（社区）名	负责人	职务
陈集社区	陈必怀	书记
稻香民族村	朱永祥	书记
竹滩村	朱正学	书记
山头村	王茂松	书记
前后张村	张文献	书记
肖圩社区	肖必文	书记
大魏村	魏贤龙	书记
吴集村	吴 忠	书记
秦湖村	龙道仁	书记

（陈 川）

古城镇

古城镇主要领导人名单

书 记	赵庆一
镇 长	罗齐虎
人大主席	刘继方

【概况】2014年，古城镇持续推进“生态立镇、旅游兴镇、商贸活镇、农业稳镇、工业强镇”战略，取得经济、社会较快发展。镇村道路硬化率达100%，主要交通干道绿化率达100%，居民电话普及率达100%，镇区自来水普及率达

90%以上。

【农业】 全年流转土地面积2.3万余亩。新建现代农业示范区1个，示范区面积4865亩，辐射带动周边村面积1万亩，经营范围涵盖蔬菜生产、苗木花卉栽植、杂交稻育种培育等多个领域。全年新培育农民专业合作社3家。示范区的设立以及农民专业合作社的不断增加，开启农业产业化集聚发展之路。全年水稻种植面积9.3万亩，水稻产量1115.7万斤，亩产增加20公斤。小麦产量达2569.1万公斤。全年兑现涉农保险金150万元、兑现能繁母猪保险金35万元。

推进农机具购机补贴，推广以秸秆粉碎装置为主的新型植保机具。全年完成56台拖拉机、129台旋耕机、157台秸秆粉碎机的补贴上报工作。

设施栽培

【千万亩森林增长工程】 继续推进“千万亩森林增长工程”，生态古城建设初见成效。镇政府通过招商引资的方式成功引进3家企业入住，实现成片造林，辅以村庄绿化、道路绿化、沟塘绿化，全年完成造林折合面积3242亩。

【动物防疫】 全年计免疫猪10234头、牛314头、羊1523只、狗150只、鸡74520羽、鸭65321羽，动物防疫密度达100%。建立完备的动防体系。完善动物防疫工作规章制度，建立覆盖全镇26个村（社区）的防疫员队伍，规模养殖户签约率和履约率均达100%，全镇各类畜禽强制免疫近100万头次，人畜公共卫生安全进一步得到保障。

【基础工程】 全年清淤塘坝149口、渠道7条，总长32.26公里，建设小型泵站8座，除险加固小（二）型水库8座。实施一事一议项目19个，其中水泥路项目11个、沟渠硬化项目3条、电灌站改造项目2个、塘坝改造项目3个。实施土地复垦项目，新增耕地210亩。完成2015年1.4万亩高标准农田以及2014年第一批次“增减挂钩”项目的上报工作。投入20万元，完成广兴大街路灯安装；投入100万元，完成古城社区和西庄自然村房屋修缮加固；投入20万元，完成环卫基础设施配套（梁界路两侧下水道铺设盖板）；投入20万元，新建和修缮改造垃圾池等。全年新建17个生猪规模养殖污水处理设施。

【秸秆禁烧】 古城镇是省市重点禁烧乡镇，禁烧期间该镇实施“志愿者小红帽”行动，先后有28台次禁烧宣传车来往于全镇26个村（社区）的田间地头，发放禁烧宣传资料8000余份，播放录音近3万小时（分春秋两季），300余名镇村干部参与禁烧驻守。该镇是肥东县唯一一家在合肥市作经验介绍的乡镇。

【小农水项目】 项目位于该镇塘庄社区、刘庄村，占地面积4600余亩，形成路成网、田成块、沟渠配套的一体化新型农作物示范区，建成后的示范区农田全部分到户，实现当年建设、当年使用、当年获益的目标。

【民生工程】 全年发放各类涉农资金4000余万元，各项惠农资金发放率达100%。结合县纪委布置的集体田亩涉农资金清理工作，狠抓支农惠农政策落实情况的监督检查，全年清理出各项资金59.35万元，其中集体田亩涉农补贴36.21万元，全部上缴到镇三资代理中心账户。3月，开展全民文化月活动，组织辖区文艺骨干，采取自编自演的形式，为26个村（社区）演出26场次，演出节目331个，满足群众的精神文化需求。7月，岱山湖景区举办第二届葡萄采摘节，先后接待游客数万人次。全年培训农民5623人次。

健身秧歌比赛

【名胜特产】 境内有吴大墩新石器时期遗址、古城堡等商周遗址，演法寺、普照寺等宗教文化遗址。特色农产品有广兴黑猪、杨塘花生、岱山湖小干鱼等。岱山湖风景区是肥东县首家国家AAAA级旅游景区。

2014年获县级以上荣誉称号先进集体

单　位	荣誉称号	授予单位
镇政府	档案管理工作省一级单位	省档案局
镇政府	计划生育后进村转化先进镇	市政府
镇林业站	林业先进单位	市林业局
镇武装部	2014年度先进基层武装部	市警备区
镇政府	合肥市防范和处理邪教工作先进单位	市防邪办
镇综治信访工作中心	合肥市优秀综治信访工作中心	市综治委
镇政府	征兵工作先进单位	县政府　县人武部
镇人大	“创先争优”活动三等奖	县人大
镇政府	合肥市卫生先进单位	市爱卫会
镇政府	合肥市文明村镇	市精神文明指导委员会
镇党校	合肥市优秀基层党校	市委宣传部
镇政府	第四届肥东县道德模范推荐奖	县委
镇政府	首届全民文化月优秀组织奖	县委宣传部

2014年获县级以上荣誉称号先进个人

姓　名	荣誉称号	授予单位
周金文	安徽省农经统计工作先进个人	省农委
罗齐虎	合肥市第三次经济普查先进个人	市经济普查领导小组
邵　云	安徽省国策一法两纲知识竞赛二等奖	省妇联
邵　云	合肥市国策一法两纲知识竞赛一等奖	市妇联
蔚然成	合肥市优秀团干	团市委
张位中	合肥市优秀团员	团市委
刘　阳	合肥市社会管理综合治理工作先进个人	市综治委
蒋　柱	合肥市预防和处理邪教工作先进个人	市防邪办
赵庆一	征兵工作先进个人	县政府　县武装部
高　桢	县人大宣传信息先进个人	县人大
谢长松	三线三边先进个人	县委　县政府

村（社区）主要负责人

村（社区）名	负责人	职　务
古城社区	李正初	书记
塘庄社区	王宏德	书记
广兴社区	王传阔	书记
刘兴社区	魏兆聪	书记
新立村	王德良	书记

村（社区）名	负责人	职　务
刘庄村	顾家华	书记
牛胡村	邹国兵	书记
岱山村	王宗霞	书记
郭阳村	郭义舟	书记
东庄村	张本前	书记
张斗村	徐元龙	书记
江淮村	袁修韬	书记
松王村	杨大庭	书记
杨塘社区	何　然	书记
西庄村	韦永松	书记
左路村	凡增波	书记
岗李村	李家福	书记
鸡鸣村	何守扬	书记
范店村	黄升付	书记
黄山村	黄廷卫	书记
湾陈村	陈兆明	书记
陈兴村	陈德海	书记
黎明村	张道金	书记
大袁村	袁修虎	书记
郑元村	陈先生	书记
友谊村	胡立明	书记

（高　桢）

马湖乡

马湖乡主要领导人名单

书　记	韦晓晖
乡　长	王　政
人大主席	郑　策

【概况】　“打造平安绿色马湖，建设美好新农村”，全乡实现财政收入2262万元，同比增长11.7%；固定资产投资3.43亿元，同比增长68.7%；完成税收4548万元，同比增长24.2%。人均纯收入13307元，同比增长13.4%。

【王沟村整村推进项目】

王沟整村推进项目是市重点项目，项目总规模12105亩，涵盖土地整理项目和村庄整治，新建王沟新村、岗程新村2个安置点项目，安置点项目安置767户，其中王沟新村419户，岗程新村348户。土地整治全部完成，项目区内砂石路、水泥路、沟渠硬化、涵闸、桥、田块精整基本完工，进行绿化等配套设备建设。老村庄拆迁及复垦工作基本完成，农户分配到新房并入住。

王沟新农村雪景

【美好乡村建设】　马湖社区马湖中心村有345户，1413人，规划总面积29.4公顷。马湖美好乡村主要是马湖大街和冯山大街改造，主要建设任务是房屋立面改造、大街环境综合整治、基础设施及公共服务设施的建设及配套。年底完成中心村各项建设。

【民生工程】 民生工程目标任务23项，其中考核类项目10项，督导类项目13项。一事一议财政奖补项目、危房改造、大王社区老少活动家园建设、马湖社区美好乡村建设等工程类项目基本完工。资金类项目累计发放补贴项目9项，补贴资金664.54万元，发放1.4万余人次。民生信息报道73篇，开展街头宣传，宣传车进村入户10次，书写固定宣传标语18条，悬挂条幅20条。

【“三线三边”环境卫生整治】 建立长效工作机制，设立督查组和月评机制，配备市容环保队伍和专职保洁员，先后投入资金160余万元，配备垃圾专运汽车、环保垃圾桶和垃圾房。强化措施，“清路治乱、用路有序、还路于民”，增加乡容、乡貌美感。

【安全生产】 乡政府与各村及乡直有关单位签订安全生产目标管理责任书。对全乡范围内的加油站及烟花炮竹销售点定期检查。抓全乡安全生产，农产品及食品安全工作。

【计生工作】 人口出生333人，政策内301人，政策符合率90.39%，人口出生率11.10‰，综合节育措施88.94%。免费孕前健康检查181对。依法征收社会抚养费30.9万元，兑现奖扶对象、独保费、手术奖励、放弃再生育指标、早孕发现等奖励56.68万元，免费办理证件285件。

【综治维稳】 每周一次矛盾纠纷隐患摸排,排查出社会矛盾纠纷132件，调解成功130件，调解成功率98.2%，乡信访办接待群众来访62人次，其中35件为个人访。全乡有社区矫正对象6人，安置帮教对象16人。

【党风廉政建设】 严格落实党风廉政建设责任制，把党风廉政建设纳入全年整体工作，与经济和中心工作同安排、同部署、同落实、同检查、同考核，明确党政“一把手”是责任目标制定、检查、考核和实施责任追究的第一责任人。按照“谁主管、谁负责，分片包点、部门落实，一级抓一级，层层抓落实”原则，将反腐倡廉工作任务分解到各村、社区、机关各部门，明确责任内容，落实具体责任人，促进党风廉政建设和反腐败工作。

2014年获县级以上荣誉称号先进个人

姓　名	荣誉称号	授予单位
马金明	全县优秀党组织书记标兵	县委

村（社区主要负责人）

村（社区）名	负责人	职务
马湖社区	马金明	书记
大王社区	王恩树	书记
三官社区	吴其刚	书记
小陶社区	陈长贵	书记
王沟村	何明祥	书记
沙河村	周　平	书记
创业村	吴家权	书记
金赵村	赵广权	书记
塘东村	张道成（下派）	书记
兴桥村	赵昌木	书记

（王　磊）

八斗镇

八斗镇主要领导人名单

书　记	张有新
镇　长	
人大主席	程道友

【概况】 税收入库5003万元，占县政府下达任务2800万元的178.6%，其中国税入库3966万元，占任务180.2%，地税入库1037万元，占任务的172.8%。全年财政收入12790万元，比上年增长76.7%。完成固定资产投资4.5亿元。全年新增服务型企业5家，镇内现有服务业44家，限额以上服务业主营业务收入18138.7万元，比上年增加17.4%。

【农业产业】 以土地平整、农业综合开发和高标准农田整治为抓手，对基本农田进行整理，为土地集中连片流转创造条件。王城、南钟市级土地整理项目区土地总面积17709.4亩，扣除不动工面积4318.5亩，项目建设规模13390.9亩，新增耕地650亩，新增耕地率4.85%。项目总投资1653.5万元，工程全部完工。投入1300余万元对上张、万宋、大谢村5000多亩农田进行整治，项目工程接近尾声。全镇成片造林10359亩，占县下达造林任务4500亩的230.2%，完成其他造林任务1400亩。全镇现有林地18558亩，每年发放退耕还林补贴资金213万元。申报薛计村为市级农业示范园区，入驻企业3家，流转土地5000余亩。新建塘坝32口，增加蓄水量200方，完成塘坝清淤132口，投资300万元，清理南鲁水库、富光水库、军王水库放水渠7.2千米，清理河道10.8千米。

【改善民生】 投入79.9万元，新建富旺学区中心幼儿园园舍252平方米，维修236平方米，场地硬化250平方米。八斗、大张社区公共电子阅览室主体部分建设完成，网线设施铺设结束。“老少活动家园”主体工程建设结束，设备采购完成。投资400万元，修通13条“一事一议”水泥路。大邵村市级扶贫开发民生工程基础道路建设项目3条水泥路共计2060米，中标金额50万元。五星村省级扶贫整村推进工程包括3千米砂石路、200米水泥路、11个放水闸、2个滚水丘及1座桥，中标金额41.8万元，两个项目于9月份开工。完成危房改造83户，249间，投资177.86万元。实现安全饮水27村全覆盖。全镇村村通电、通广播电视，通讯工程实现全覆盖。投资300万元完成1所村小校舍建设和改造，面积1567平方米。完成27个村标准卫生室建设，计3500平方米，实现全覆盖。启动胡祠、盛岗、五星等村村级邮站。全镇新型农村社会养老保险参保31477人，新农合参合率100%。农村社会救助体系实现村（社区）全覆盖，2014年农村低保2993人，占总人口3.7%，农村最低生活保障标准2000元，农村低保1325户3065人，全年发放农村低保金（含补助）540万元，发放各类优抚对象生活补助及慰问金205.1万元。

美好乡村建设

【社会事业】 强化“三边三线”整治，全镇投入资金累计达200万元，出动机动车700台次，清理垃圾6800余立方米。完成垃圾焚烧炉建设。开展政策咨询、职业介绍、就业援助，引导劳动者多渠道、多形式创业就业；鼓励农民以成立专业合作社等方式合理流转土地，拉动富余劳动力向外转移，增加农民收入。全年劳务输出17000人。推行社会综合治理“网格化管理、组团式服务”工作机制，畅通群众诉求表达渠道，做好矛盾纠纷排查化解工作。在南鲁、陆还两村开展贫困人口识别和建档立卡工作。抓镇域内困难职工的调查帮扶工作，联系辖区企业建立工会组织、规范各单位的用工管理。组织开展乒乓球、扑克牌比赛等娱乐活动，丰富机关干部业余生活；加强精神文明和民主法制建设，加强社会公德、职业道德和思想政治教育工作。

文艺演出

【队伍建设】 坚持镇党委中心组学习制度，全体机关干部每周一次集中学习，开展创先争优活动、党的群众路线教育实践活动，提高领导班子理论水平和执政能力。2014年度村“两委”换届,年富力强、政治素质好、威信高的优秀人才选进村“两委”领导班子。全镇形成“讲党性、重品行、做表率”的氛围。

【美好乡村】 编制《八斗镇八斗中心村村庄布点规划》。子建路主街路段，中兴街主街路段沥青铺设完成，画上行车线。中心村周边的子建南路和八斗敬老院至蔡张组水泥路面铺设竣工，照明路灯预埋管线。在居民密度较大的地区新建冲水式公共厕所2所，改建农贸市场厕所1所，农贸市场重新设计，路面硬化修改完善，新增钢化大棚和排水设施。曹植墓北侧环境改造，新建文化宣传栏，供村民散步游玩，对曹植墓进行修缮。新建2处群众文化活动中心和1处体育健身广场，为村民提供休闲娱乐场所。

【小讲坛】 镇机关“小讲坛”活动促进机关干部加强学习。“小讲坛”拓展参与人员，从原先的只有年轻干部参与向中青年人员扩展，从原先的机关干部向包括下派干部、大学生村官在内的全体在岗人员延伸。2014年“小讲坛”活动内容、形式进行调整，由原先以励志方面内容为主向以知识性、实用性方面内容转变，由单纯的个人讲转变为小组评分竞赛，由单一的演讲转变为制作生动的PPT展示，丰富内容，增强竞争性。

【道德模范】 全镇评选出8位道德模范，事迹整理制作成宣传展板，悬挂在综合文化楼广场，让干部群众学习。学习道德模范王邦贤诚实有信、学习张金香助人为乐、学习刘正稳从平凡的小事做起，爱岗敬业、乐于奉献。传播正能量，创建文明村镇。

2014年获县级以上荣誉称号先进集体

单　位	荣誉称号	授予单位
镇政府	安徽省创建文明村镇工作先进村镇	省文明委
镇政府	合肥市植树造林20佳乡镇	市政府
镇政府	合肥市卫生先进单位	市爱卫会
镇政府	全县科协科普工作先进集体	县委　县政府
镇林业站	全县民主考评百名科长活动考评优秀办站所	县委　县政府

村（社区）主要负责人

村（社区）名	负责人	职务
八斗社区	鲁传龙	书记
大张社区	胡金传	书记
大邵村	邵德要	副书记
小普村	吴　力	书记

村（社区）名	负责人	职务
大谢村	谢长峰	书记
万宋村	王文权	书记
上张村	张文书	书记
花张社区	宁世峰	书记
薛户村	伊宏山	书记
胜丰村	朱启发	书记
宁岗村	宁正付	书记
盛岗村	盛恩云	书记
南鲁村	鲁传华	书记
邵桥村	邵有香	书记
五星村	汪圣聪	书记
胡祠村	胡坤军	书记
富旺社区	程立达	书记
小汤村	赵生彩	书记
赵东岗村	赵金海	书记
薛计村	张传峰	书记
卫星村	赵育立	书记
九店村	李金虎	书记
王城社区	王邦能	书记
陆还村	葛先友	书记
军王村	王学想	书记
南钟村	钟来弟	书记
塅谈村	谈家兵	书记

（王月红）

响导乡

响导乡主要领导人名单

书　记	陈继平
乡　长	李前进
人大主席	李长俊

【概况】　2014年，完成财税入库2221万元，占任务数169%，完成固定资产投资3.89亿元，比上年增长1.4亿元，招商引资1.2亿元，比上年增长9.1%。农民人均纯收入9825元，比上年增长7.7%。获“合肥市计划生育工作先进乡镇”、“合肥市科学发展先进

乡镇"称号。

【农业】 粮食播种面积52160亩，产量23450吨。油料播种面积17560亩、产量3262吨，其中花生面积12560亩，产量2512吨；油菜播种面积5000亩，产量750吨；棉花播种面积3855亩，产量536吨。出栏肉猪23200头，出售家禽92万只。水产养殖面积3850亩，产量4120吨。新增土地流转6100亩，累计3.2万亩。其中唐井村农民有2/3以上土地实现流转，吸纳5家商企入驻承包土地经营，集规模养殖、成片造林、特色农产品种植为一体，成为农业产业化示范村。投资5200多万元，种植成片林6140亩（其中在唐井村建成4500亩桃园），绿化村庄1个、渠道9.8公里、塘口20个、水库1座。清淤渠道9条15.6公里，新修塘坝68口，塘、库、坝共912口，总蓄水量4100余万立方米。发放禽流感疫苗4万毫升，猪瘟疫苗2万头份，蓝耳苗2万毫升，口蹄疫苗2.2万毫升，实现动防全覆盖。

【民生工程】 农村合作医疗参合35726人，参合率100%。享受医疗补偿732人次，报销179万元。农民参加新型农村养老保险19614人，参保率52%。领取养老金5369人，583万元。落实农村低保582户1405人，实现应保尽保。核定重度残疾363人。发放低保、五保供养、优抚、危房改造、社会救助6类资金594万元，发放农民综合补贴和粮食直接补贴655万元、计生奖扶29万元。全乡累计发放各类补贴28种，1638.3万元。投资28万元，为宋盛、唐井、红石、南王、蒋祠5个村（社区）各建成1个群众体育健身场所。争取"一事一议"项目资金204.85万元，新建水泥路面6.4公里，完成电网线路改造5公里。

【环境整治】 创新管理办法。投入70万元将全乡外部环境卫生发包给合肥龙禹物业有限公司，乡村两级监管，做到全天候保洁。在南王社区南王新居打造新农村精品，卫生清洁，环境优美，成为全乡新农村建设示范点。秸秆禁烧采取宣传攻心（印发宣传材料，发动全乡学生回家宣传），干部定责，吃住在村，看守到田等措施严加管控，乡村两级干部日夜坚守，确保无一处冒烟，无一户焚烧。加大对道路安全、危险化学品、食品安全、校园安全和事故应急监管力度，严厉打击烟花爆竹非法生产。查处无证无照经营3家，排查各类隐患77处，下达整改通知书17份，整改率95%。成立调解委员会14个，排查各种矛盾纠纷161件，调解成功152件。其中签订书面和约9件，调解成功率94%。投入98万元，安装33个摄像头，实施"天网工程"。畅通信访渠道，实行开门接访，全年无进省、赴京上访。

【响导农贸城】 引进外资6000万元，在响导中心街新建农贸城。用地面积11444.4平方米，建筑面积17995平方米，其中商业面积13568平方米，分A、B、C区，内设3部电梯，室内外均有购物步行街。各类中小型商铺布局合理，建设规范，配有餐饮、娱乐等功能设施。集购物、会友、休闲、娱乐为一体。

农贸城奠基仪式

【土地复垦】 实施响导社区大张，南王社区中份、庙郭、花王和宋盛村后兰等自然庄的土地增减挂项目建设，新增耕地215亩。整治废水塘增加耕地240亩。实施竹林村、赵集社区闲置窑厂复垦工程，新增耕地60亩。全乡累计完成土地复垦515亩。

【招商引资】 完成招商引资1.2亿元。超目标任务数10%。项目主要有：安徽蒙跃生态农业科技有限公司投资3000余万元，在唐井、南王、龚集流转土地上连片种植桃树4500亩，36万株；安徽汇博农业科技有限公司投资3500万元，在唐井、南王、龚集承包5000亩土地种植苗木，饲养良种鹅；安徽森岭农业生态科技有限公司投资4000万元在唐井村连片种植风景林4000亩；合肥碧海农业生态有限公司在唐井村租地500亩，投入1500万元，进行现代化规模养殖。年出栏肥猪5000头，出售家禽70万只以上，出售土鸡蛋60万枚。

【社会事业】 开展社区农民文化活动。广场舞、秧歌舞、健身球舞、柔力球舞发展至12支队伍，500余人。4月，在响导社区举办农民文化月活动。其中，乡老年学校舞蹈班登台演出的秧歌舞博得观众齐声喝彩。完成响导医院综合楼、赵亮学校中心幼儿园项目工程建设。赵亮学校被合肥市教育局认定为“首批新优质创建校”（合肥共41所，肥东4所），“肥东县首批寄宿制建设校”、“肥东县信息化校园试点校”、肥东县“杨正霞名师工作室”挂牌校。校长李德训为团队中8位名师之一。响导学校被授予“全国普法教育先进单位”，被认定为“安徽省五好少年示范基地”。计划生育工作力度不减。人口出生政策符合率89.5%，发放独保费23万元，兑现手术奖励30万元。优抚计生家庭2572户，补助金额9万元。对计生对象户中留守老人、留守儿童实行定员、定期、定责帮扶，此举受到上级肯定和群众赞誉，《中国人口报》专题作出报道。在龚集、南王两村建立生育文化园和幸福生活驿站，群众满意。2014年度响导乡被评为“合肥市计划生育工作先进乡镇”。

乡老年学校舞蹈队

2014年获县级以上荣誉称号先进集体

单　位	荣誉称号	授予单位
响导乡	人口和计划生育目标管理先进乡镇	市委
响导乡	合肥市科学发展先进乡镇	市委
乡团委	合肥市优秀五四红旗团委	团市委

2014年获县级以上荣誉称号先进个人

姓　名	荣誉称号	授予单位
许俊国	优秀党务工作者	县委
赵成高	优秀村书记标兵	县委
许在礼	优秀村书记	县委
任传塘	优秀共产党员	县委
赵成高	优秀共产党员	县委

村（社区）主要负责人

村（社区）名	负责人	职务
响导社区	张晓峰	书　记
赵集社区	赵成高	书　记
南王社区	任　平	副书记
马王村	余武波	书　记
红石村	许在礼	书　记
许集村	许自鹏	书　记
龚集村	司维坤	副书记
唐井村	郑善煌	书　记
黄湖村	俞道清	书　记
蒋祠村	蒋克福	书　记
竹林村	钟宗文	书　记
宋盛村	刘业园	书　记

（刘绍传）

杨店乡

杨店乡主要领导人名单

书　记	杨成忠
乡　长	王翠芬
人大主席	赵济标

【概况】 全年完成固定资产投资3.3亿元，增长32%；完成招商引资1.2亿元，增长24%；累计入库税收2890万元，增长20.7%；农民人均纯收入11689元，增幅15.3%。

【土地流转】 以跃进、杨店等交通便捷村为推介主体，促进农村闲置土地流转，全年流转土地1.45万亩，其中成片流转8300亩，落实租地保证金规定。争取国家农业开发项目，实施红堂、路塘2个高标准农田建设，平整土地3000亩。

【绿化工程】 有高坡、思福、彩林、德仁等千亩以上园林企业5家。塘坝绿化18口，水库绿化1个，道路渠道绿化7公里，村庄绿化2个，范同路绿化提升工程栽植黑杨2800株。

【美好乡村建设】 跃进整村推进项目完工交付，该项目拆迁旧村农房面积近10万平方米，新增耕地940亩，成片整理土地8000亩。安置800余户群众入住楼房，总建筑面积8万平方米。跃进新农村纳入美好乡村中心村建设，便民大厅装饰竣工，村邮站投入使用，农户庭院、小区路灯、环卫、绿化等配套完成，受益群众3000余人。

【环境整治】 农村环境整治对外发包，交由专业物业公司进行日常卫生保洁，村（社区）开展“十星级文明户”评选，墙体绘画“讲文明树新风”公益广告。筹措整合资金500万元，投资22万元招标购置垃圾桶、果皮箱、环卫车，杨店社区小刘户、赤塘王自然庄及黄栗民族村小庙户进行立面整治，完成饮用水水源保护地2家养猪的拆迁及10家规模养殖场污染防治达标工作，启动西大街道路升级改造、绿化亮化、店牌更新。

【民生工程】 40项民生工程逐项落实。全乡享受大病保险56人，兑付保险金21万元。农村五保供养275人，发放五保金111万元，农村低保594户1199人，发放低保金217万元，救助贫困残疾人361人，发放救助金27万元。新农合筹资218.1万元，参合率93.7%，兑付医疗补偿款198.8万元。发放计划生育奖特扶款9.1万元，组织89对育龄夫妇开展孕前健康检查。完成小型农田水利设施改造提升工程，兴修76口塘坝、3条渠道，改造5个小型泵站，清淤土方量达130万方，新增灌溉面积约12000亩，除险加固米洼水库，发放移民直补资金58万元，按时完成了3.5公里水泥路、5口塘坝和1个小型电灌站移民建设项目。补助每村文化经费1.2万元，用于农家书屋日常管理、“全民文化月”及“快乐周末”文艺汇演、电演放映、体育活动开支。投资90万元为14个村购置了无线广播，安装无线喇叭150个，完成黄栗公办幼儿园300平方米建设任务，杨店中学公租房进入附属工程施工阶段，利用补助资金改造、新建18户农村危房。政策性农业保险承保覆盖面90%以上，水稻受灾赔付金额44.6万元。红堂与向阳2座农村危桥加固改造完成建设。利用“一事一议”财政奖补资金240万元，建成7.3公里水泥路。救助12名孤儿，发放生活补助金近10万元，城乡医疗救助37人，兑付救助金35.2万元，优抚199人，发放优抚金25.2万元。新农保缴费14000人，参保率100%，扶贫开发大夏贫困村与1299贫困人口，3个村农民体育健身工程建成并投入使用。

【综治维稳】 接待群众来信来访59件，其中来信13件，来访46件，对离任村干部、“五老”人员、原税务代征员等信访案件实行包保责任，建立综治维稳信访工作中心，组建巡逻队坚持夜晚打更放哨，对重点路段安装监控设备，实施调解个案补贴，全乡共受理调解各类纠纷30件，管理社区矫正对象15人。安全生产排查治理隐患14条，开展“六打六治”，2家企业通过安全标准化验收，规范烟花爆竹销售。

2014年获县级以上荣誉称号先进个人

姓　名	荣誉称号	授予单位
白翻	合肥市民族团结进步之星	市政府

村（社区）主要负责人

村（社区）	负责人	职　务
杨店	张世坤	书记
岗岭	武立金	书记
跃进	殷家堂	书记
麻朱	仲舒琴	书记
许岗	谢道元	书记
路塘	张　钊	书记
红堂	李有月	书记
大夏	夏家珍	书记
黄栗民族	沙龙业	主任
胜利	蔡学祥	书记
刘兴集	刘德来	书记
姚岗	马扬井	书记
向阳	管茂福	书记
大李	王国标	书记

（吴海勇）

白龙镇

白龙镇主要领导人名单

书　记	徐向东
镇　长	杨道菊
人大主席	韩永斌

【概况】 2014年，税收3745万元、同比增长95%，财政收入4545万元，同比增长26%，农民人均纯收入13000元，同比增长15%；全社会固定资产投资8.17亿元，同比增长13.5%；规模以上工业总产值5.2亿元，同比增长16%；招商引资7.35亿元，同比增长2%。

【现代农业】 发展白龙省级现代农业示范园建设，建立以店白路为主轴线，以现代牧业循环经济示范园为核心，以粮油生产区、饲草生产区、蔬菜栽培区为辐射区的“一轴两核三区”产业格局，示范区规划面积10.5万亩，其中核心区2.15万亩。一期工程投资650万元，发展钢架大棚1.05万亩，温室大棚20栋、4.5万平方米，建立优质粮油基地3.3万亩、玉米和牧草基地3万亩。引进金色大地蔬菜种植合作社等多家龙头企业入驻园区，带动周边1.2万亩都市型瓜果、蔬菜种植，7个品种获得国家无公害产品论证证书，“青白龙”品牌注册，成为合肥百大合家福超市无公害蔬菜直销基地。

【集镇升级改造】 白龙镇集镇升级改造项目结合县交通局永元路项目，对白龙镇镇区内道路进行全面建设。主要将原有的元疃至白龙、白龙至费集路面进行改扩建，分3个标段，涉及白龙镇2个标段，项目金额2000余万元，春节前完成改建；投资1370万元分别对镇内现有及改建中的龙兴街、费白路、顺发街、府前街、沿河路升级改造，重点对雨污水、绿化、硬化、照明、人行道等项目进行升级，完善白龙镇区内配套基础设施；投资400万元新建农民文化游园，游园内建设停车场、运动场、文化健身场、绿化场，占地面积45亩。

【植树造林】 抓住省“千万亩森林增长工程”和市“创建国家级森林城市”战略契机，依托培育大规格、高品质城市绿化苗木，引进江苏森茂、安徽乔曼、合肥坤隆、安徽奥丰等5家造林企业和8户造林大户投资，成片造林1.7万余亩，全镇现有造林面积4.6万亩，建造水库涵养林2480亩，林木绿化率28.5%，2014年被合肥市政府授予造林绿化工作特别贡献奖。

【美好乡村建设】 投资179万元，加强同心社区美好乡村建设，重点实施生态池塘、绿地便道、村头景观、文化健身广场和和绿化景观建设，中心村建设初具规模。

【环境综合整治】 成立市容中队，对167名专职保洁人员进行聘用、培训，新建垃圾填埋场3座，集中拆除合白路两边违章广告牌200个,拆除合徐沿线高架广告牌7座，开展村庄、道路清理整治，实现环境卫生整治全覆盖。

【改善民生】 落实城乡居民养老保险政策，居民养老保险参保率89%，全年发放城乡居民养老金880万元，基础养老金发放率100%;巩固和发展农村新型合作医保，参保率100%，打卡发放报销资金660万元。完成1687户3375人的农村低保提标复核工作，全年发放农村低保资金751万元、城市低保资金72万元、分散五保供养资金180万元。

2014年获县级以上荣誉称号先进集体

单 位	荣誉称号	授予单位
白龙镇	造林绿化工作特别贡献奖	市政府

2014年获县级以上荣誉称号先进个人

姓 名	荣誉称号	授予单位
杨道菊	三经普省级先进个人	省三经普领导小组
李守良	选派工作先进个人	市选派干部到村任职领导小组

村（社区）主要负责人

村（社区）	负责人	职 务
孙岗社区	孙万江	书记
白龙社区	苏昌浩	书记
王塘社区	王保祥	书记
双庙社区	陈大华	书记
长王社区	王要贤	书记
镇南社区	陈凤英	书记
同心社区	汪长权	书记
肖凤社区	王家文	书记
青龙厂社区	许良玉	书记
板桥社区	管德洋	书记
明教社区	谢海珍	书记
费集社区	费贤明	书记
清水社区	谢 松	书记

村（社区）	负责人	职　务
镇北村	张中付	书记
三家村	陈立传	书记
后陈村	陈明成	书记
宁庙村	谢长志	书记
卢店村	张宇开	书记
向东村	孙明志	书记
高圩村	张国翠	书记
三河村	季而能	书记
快乐村	周　华	书记
徐庄圩村	徐玉鹏	书记
广场村	朱德祥	书记
洪桥村	管理军	书记
团结村	李德金	书记

（毕小健）

元疃镇

元疃镇主要领导人名单

书　记	张　莉
镇　长	李东林
人大主席	杨晓波

【概况】 2014年，完成全社会固定资产投资7.3亿元，规模以上产值5.9亿元，招商引资5.6亿元，实现税收5000万元，人均纯收入12828元，同比增长13.3%。

【基层党建】 落实党委中心组理论学习制度，按3300元/人标准，对换届后村“两委”干部开展一次轮训，为7名参学村干部报销大专继续教育费。完成10个村（社区）“两委”换届。换届后，新进村书记1人、村主任3人，新进班子6人，年龄、性别、文化结构进一步优化。整顿软弱涣散党组织1个，为290名符合条件的离任村干部发放生活补助。在塘西、曙光、马皇等6个村建成村企一体便民服务大厅，覆盖率60%。开展党员群众“1+1”结亲，82名党员与困难群众结对子，长期进行帮扶。安排资金12万元，慰问退休干部、困难党员、困难群众200多人次。

【工业经济】 西太华二期园区后续项目完成，投资6000万元的合肥万象包装公司6月开工建设，厂区公路、围墙等基础设施基本完成，1万平方米厂房正施工建设。华东物流等入园企业办理立项、规划、消防等手续。对园区内闲置土地进行清理，实现锐泰、家华两家企业“腾笼换鸟”，引进佰逸塑业、安通驾校等4家企业。元疃工业聚集区园区446亩，引进项目54个，入园企业35家。

【农业产业化】 打造“一村一品”特色高产农业。全镇70%的村实现“一村一品”，元疃社区的菌类，塘西村的露天蔬菜，曙光村的丝瓜，明星村的雪里蕻，三合、马皇、汪郢等村的果木花卉，成为“品牌”。塘西、马皇、明星、元疃社区等村的露天小白菜、雪里蕻等蔬菜的种植面积达5000亩以上。2014年，新增义和村冲东、冲西、蔡岗、毛庄4个村民组1500余亩流转土地，塘西、杨祠、明星、汪郢、义和等村青饲料种植面积累计8000亩，平均每亩田增收300-400元。

【水利兴修】 清淤整治塘坝125口，一般内沟渠7条，重点沟渠3条，新增灌溉面积7000余亩，完成185KW/H的泵站技改，保障3000亩田的灌溉用水。

【丰宝生态农业示范园】 新增流转土地1800亩（元疃社居委吴大郢1200亩，塘西村虾岗600亩），投资新建连栋大棚7万多平方米。园区引进农业产业化企业3家，农业专业合作社6家，家庭农场、种养殖大户10家入园经营，种植反季节草莓和蔬菜，新增种植高粱玉米1500亩、瓜蒌500亩，西瓜400亩。丰宝投资560万元新建3条菌菇工厂化生产线，进行菌菇罐头装袋深加工，提高菌菇亩均产值。

【美好乡村建设】 塘西增减挂项目完成20000平方米160多套安置房的房建工程，项目区内道路、排水、绿化等附属工程有序推进。300亩土地平整项目，7个项目点拆迁工作全部完成。程大郢绿化项目开工建设。

【农村环境综合整治】 落实"河长制"。投资10万元对500米重点地段进行了清淤疏浚护坡；取缔养殖场2家；清除垃圾、漂浮物、杂草12吨；平整开荒菜地32处；整治公厕1所、豆腐店2家。启动三边三线专项整治活动，在合白路合青路沿线6个村、20个自然庄开展专项行动10次，出动人员630余人次，车辆90趟，运送垃圾、杂草80吨，清除卫生死角、乱搭乱建、违法广告100多处。推广一凼两桶的垃圾分类管理模式；新增采取"一凼两桶"处理居民生活污水、垃圾356户。推进污水处理厂建设，6公里管网铺设2/3。合青路元疃段改造工程，10公里路面改造，元疃大街、路集大街升级改造，分3个工程段同时开工建设。3个"一事一议"普惠制项目（马皇村草岗 水泥路0.9公里，明星村大高岗水泥路1.2公里，义和村王郢水泥路1.2公里），5.43公里的"村村通"水泥路项目、（路集社区各塘、明星村高岗路、三合社区开发路、义和村乌龙路），全部完成。

【秸秆禁烧】 午秋禁烧面积8万多亩，其中油菜3.9万亩，小麦4.1万亩。出动宣传车3000多车次，发放明白纸2万余份，悬挂横幅200多条，落实禁烧措施，秸秆粉碎还田24540亩，离田堆放21020亩，挑回家18870亩，打捆收购17070亩，杜绝秸秆随意焚烧。

【社会保障】 发放各种民政民生资金470万元，其中救灾救济8.5万元，农村低保233余万元，城市低保45余万元，重点优抚资金、烈士子女补助和退伍士兵补助共65万元，上海下放补助20万元，五保补助54万元，80周岁以上高龄津贴35万元，社会退职人员生活补助7.5万元。对337名一、二级残疾人，95名三级残疾人，每人每年按照补助800元、400元的标准打卡发放，33名贫困精神残疾人每人每年提供1000元药物治疗费用补助，3名贫困残疾儿童提供医疗康复训练救助，或适配辅助器具。42户农村危房改造项目通过验收，发放补贴资金68万元。

【综治维稳】 开展"平安乡镇"、"平安村居"创建工作。投入8.4万元完成乡镇综治维稳信访中心建设，通过市政法委验收。定期开展矛盾隐患排查，实行综治工作"一岗双责"，多部门联动调处，化解各类案件216起，结案率100%。实施二期"天网工程"，在全镇20处安装安全监控。组织法制宣传活动，推动法律知识进企业、进学校。摸排、调处各类信访矛盾，全年接待来信来访、网络信访案件87批361人次，调处1起拖欠民工工资群体性事件和西太华、锐泰两家企业因租赁费用纠纷发生的群体性事件，信访结案率97.3%。

【文明创建】 制作大型宣传牌4块，宣传标语26条，开展村级"道德模范"和"十星级文明户"评选，评出道德模范12人，十星级文明户160户。

【计生工作】 全年组织孕前优生健康检查137人次，实施计生利益导向惠民工程，按农村独生子女一男户每月30元，一女户每月40元的标准兑现独生子女保健费34.5万元，按普通结扎每人650元、二女户结扎每人5000元的标准兑现节育奖励资金近10万元。全年征收社会抚养费70多万元，办结两非案件2起。

2014年获县级以上荣誉称号先进集体

单　位	荣誉称号	授予单位
元疃镇	2014年度科学发展乡镇三等奖	县委　县政府
元疃镇	第六批选派干部到农村任职工作先进集体	省选派干部到农村任职工作联席会议
明星村	关工先进村（社区）	市关工委等单位

村（社区）主要负责人

村（社区）名	负责人	职务
元疃社区	吴志元	书记
三合社区	刘恩会	书记
路集社区	许卫红	书记
明星村	项树贤	书记
曙光村	项有宝	书记
马皇村	童乃强	书记
汪郢村	汪元刚	书记
塘西村	王正军	书记
杨祠村	杨清玉	书记
义和村	杨华林	书记

（李雅婧）

张集乡

张集乡主要领导人名单

书　记	孙怀和
乡　长	宋　鼎
人大主席	陈卫华

【概况】 2014年，实现财政收入1834.76万元，比上年增长44%；国家地方财政税收1760万元，增长51%；完成全社会固定资产投资2.2亿元，增长5%；农民人均纯收入12489元，增长23%。

【农业】 全年粮食种植面积5.7万亩。持续扩大特色农业种养规模，全乡瓜蒌子种植面积1500亩、大棚蔬菜种植面积300亩、经果林种植面积2200亩。农业产业化进程不断加快，建有标准化养猪场7个，养殖大户30家，全年向市场提供优质商品猪7.2万头；养鸡大户13家，年出栏家禽50万只，产蛋800吨。新型农业经营主体有序发展，有农民专业合作社16家，登记注册家庭农场2家，种粮大户21家，农业企业5家。累计流转土地面积3.4万亩。

【基础设施建设】 扎实推进境内主次干道灯饰亮化、路面整修、环境整治工作，文明乡镇创建取得实效。全年新修乡村水泥路6.4公里、砂石路5公里；养护水泥路70公里、砂石路35公里。对梁古路沿线村庄村容村貌进行整治，在合义村安装路灯30盏，黄疃社区安装路灯62盏。改造C级农村危房70户、D级农村危房34户。清淤整治当家塘55口，清淤加固沟渠7.5公里，新建小型泵站4座，完成葛集电灌站渠道硬化工程，受益群众1万多人。

【项目投资】 美好乡村建设投资450余万元，完成黄疃大街道路、给排水、亮化、绿化、公园等项目建设。投资200余万元，新建、维修乡村道路。项目建设推动乡域经济发展，进一步改善投资环境，为经济发展奠定扎实基础。

【生态文明建设】 午秋两季秸秆禁烧工作成效显著，全乡未发现燃烧火点，顺利完成秸杆禁烧任务。全年植树造林1300亩，林地总面积达2万亩，林木绿化率达40%。继续落实“河长制”，清淤河(沟)渠5条。农村环境卫生综合整治实现常态化，新建垃圾处理场1个，配备卫生保洁员135名。制定《张集乡环境整治工作考评奖惩办法》、《张集乡环境整治绩效评分表》，每月对各村环境整治进行考评。通过整治，乡村环境卫生得到有效改善，在市、县多次环境综合整治工作检查中，皆获得较好成绩。

【党风廉政建设】 开展党的群众路线教育实践活动，全面贯彻落实中央“八项规定”和省市县相关规定。狠刹“小四风”问题，实行公务消费总额限制，严禁工作日饮酒，严禁超标准公务接待，“三公经费”支出比上年下降45%。建立乡干部住乡、村干部坐班制度，凡发现“小四风”问题，一律先停职后处理。进一步强化机关效能建设、效能问责，加强村（居）“三资”审计监督，全年审计追缴村居涉农资30多万元，政风行风建设取得新成效。

【社会事业】 社会保障工作进一步加强。享受农村居民低保1307人，发放低保资金25.7万元；228户优抚对象，发放优抚金530.2万元；全年累计发放社会救助、送温暖资金20余万元；乡敬老院入住五保老人130人。着力提高新农合、新农保参保率，上交参合资金210余万元，参合率达100%。慢性病补偿509人次，补偿35.3万元；住院补偿548人次，补偿75.3万元；门诊医院补偿16125人次，补偿24.8万元；大病保险补偿113人次，补偿35.3万元；村室门诊补偿35489人次，补偿35.9万元。上交城乡居民养老保险个人参保资金300余万元，参保率达91%。各项涉农资金有序发放，发放退耕还林、水库移民等涉农补贴1936万元。涉农保险水稻赔付86万元、小麦和油菜赔付17万元。落实“一事一议”奖补项目7个，其中道路建设项目2个、小型农田水利设施项目4个、文化体育设施项目1个，总投资216.9万元。人口计生工作健康发展，低生育水平保持稳定，全年发放计生优惠政策兑现资金53.6万元。

社会环境和谐稳定。以创建“平安张集”为载体，加强社会治安防控网络建设。在村口、路口安装电子监控设备，实现全方位、全天候监控。定期召开信访维稳专题会，建立健全领导接访、下约、约访工作机制，一批信访积案得到有效化解，信访形势持续好转。全面落实安全生产责任制，开展百日安全生产大检查活动，投资17.5万元，制作安全标识牌500块，实现境内所有塘坝沟渠安全标识牌全覆盖，安全生产形势总体平稳。强化应急管理，夯实基层基础，应对和处置突发事件能力得到提升。

2014年获县级以上荣誉称号先进集体

单　位	荣誉称号	授予单位
张集乡	肥东县第三届道德模范评选工作投票奖	县委　县政府
张集社区	肥东县2014年度社会管理综合治理合格社区	县政府

2014年获县级以上荣誉称号先进个人

姓　名	荣誉称号	授予单位
赵　芳	优秀群测群防信息员	市地震局

村（社区）主要负责人

村（社区）名	负责人	职务
张集社区	孙宏木	书记
新联合村	徐道文	书记
河湾村	刘培圣	书记
薛桥村	张道安	书记
刘桥村	陈兴社	书记
黄疃社区	夏　峰	书记

村（社区）名	负责人	职务
赵山村	赵恩道	书记
胡巷村	吴守华	书记
民兵村	张道友	书记
薛集村	薛中玉	书记
袁李村	袁玉坤	书记
新华村	袁贤俊	书记
合意村	张春杏	书记

（倪龙年）

梁园镇

梁园镇主要领导人名单

书　记	张校春
镇　长	杜从容
人大主席	张应康

【概况】 2014年，实现工农业生产总值23.7亿元，其中规上工业产值6.73亿元，占全年任务数的115.2%，固定资产投资6.72亿元，占全年任务112.1%，实现税收5811万元，同比增长9.1%。农民人均纯收入14998元，人口出生率控制在11‰以内。

【招商引资】 招商引资完成2.8亿元，其中省外资金2.24亿元，占全年任务103%，同比增长10.9%。签约项目开工、续建，安徽皖玉土工材料有限公司完成投资2300万元，办公楼和1#、2#厂房封顶；肥东温氏畜牧有限公司完成投资800万元，正在做土地平整和围墙建设；安徽东锦园林有限公司栽植25万棵金桂和10万棵紫薇，苗木款和人工费用7800万元。

【农业现代化】 粮食稳产增收，城郊型农业、休闲型农业、高科技智能化农业有新发展。培植发展以联盟双玉生态种猪养殖有限公司、东锦园林为代表的农业产业化市级龙头企业，安徽梁园现代高科技术园、绿铸、天信、国源、鲁岗家庭农场等现代农业企业录入合肥市农业名录库。农机、农技、畜牧等工作取得成绩，一批新产品、新技术得到应用，农机服务站挂牌，农技区域推广中心梁园中心站在筹建，技术服务有固定的阵地。

【土地流转】 累计流转土地面积4.2873万亩，占耕地面积43.74%，流转户数7526户，占纯农户数43.5%。

【植树造林】 全年造林面积4816亩，较上年增长84.9%，其中成片造林4597亩，植树造林工作获得合肥市“植树造林先进乡镇”称号。请上级技术专家定期对全镇护林员及从事林业的技术骨干进行培训，提高业务水平；在全镇范围内广泛宣传，增强群众管护好林木的意识。

【粮食储备库复建】 800万元的路口、梁园两个省级粮食储备库恢复重建工程完成，新增加粮食库容2.3万吨。新增加粮食库在10月投入使用，解决仓容不足问题。

【民生工作】 全年通过“一卡通”打卡发放各项补贴资金3756.9万元，其中五保生活费及电费补助139.1万元，农村低保及电费补助605.6万元，城镇低保及电费补助141万元，退耕还林补贴303.3万元，贫困生补助18.5万元，库区移民补助198.8万元，政策性农业保险赔款196.1万元，粮食直补资金129.3万元，农资综合补贴资金981.9万元，水稻良种直补资金13.8万元，其他补贴性资金1029.5万元。对200多户特困群众实施救助，发放救灾救济款20多万元；完成离任村干部、农村“五老”人员的登记补贴发放工作，累计登记农村离任村干部702人、农村“五老”人员20人。全额资助城乡低保、优抚（伤残五级以上和年满60周岁退役士兵除外）、五保、孤儿参加新型农村合作医疗，合计3678人，资助款36万元。

认真做好全镇27个行政村城乡居民养老保险工作，参保缴费率96%。

【维稳工作】 投资10万元，新建镇维稳中心一个，“天网”工程全面完成，累计投资100多万元安装监控设备46套，维护群众的生命财产安全。全年受理群众来访90批187人次，摸排重点信访隐患23件，分别落实责任人和包案领导，件件有落实，事事有回音，化解矛盾，维护社会稳定，全年无进京上访和省市集体访。

【计划生育】 2014年，人口出生率10.22‰，二多孩政策符合率74.34%，新帐完成率109.44%，为410对夫妇提供免费孕前优生健康检查，稳定低生育水平。投资7万余元，新建梁园、新河2个社区的计划生育“幸福驿站”。

【安全生产】 查禁烟花爆竹非法生产和销售，查处烟花爆竹非法生产2起，行政拘留1人。高度关注食品、交通、校园安全及厂矿企业的生产安全等公共安全。开展各项检查154次，涉及企业7家，责令证照不全停产整治企业6家，下达限期整改指令书11份。

【保护耕地】 通过国家审计署专项审计对梁园土地项目的抽查；组织申报柯岗、护城两片的1.8万亩高标准基本农田建设稍加改造项目；组织申报170亩工矿废弃地复垦项目；实施镇东窑厂8亩工矿废弃地复垦任务；组织对2013年年度卫片执法检查图斑的整改工作，拆除1宗，复垦复绿1亩；坚持“四个一”动态巡查制度，累计巡查95次，下发停建通知书27份，发现并制止萌芽状态违法用地5宗。

【基础设施建设】 加快道路、水利、电路等各项基础设施建设：2014年一事一议17个项目计14.9公里的村级水泥路，总长12公里的村村通，全部完成，镇区新建梁古大街西段柏油路一条，新开工包括向阳路、梁古大街东段、中街等柏油路3条。以“八小工程”为主体的水利兴修完成泵站改造15座、河道清淤24条、塘坝整治80口，中小河流治理完成招投标。梁园大河综合治理工程的下游段基本完工，镇区段征迁工作完成90%以上。东武美好乡村建设和农民文化广场完工，完成县城到路口的12辆公交车改造，协助架设一条500千伏的高压输送线路一条，完成低压台区改造18个。加强环境保护，爆破闽东轮窑厂1座，宏图纸业通过市级检查组对污水处理设施及新生产线的验收。完成境内畜禽养殖企业的污染减排治理，通过市级单位验收19家企业。污水处理厂的厂区建设主体基本完工，管网建设在施工。加强水源地建设，对影响水源地环境保护的建筑进行拆除，拆迁2个养殖场、搬迁1户。

【文化建设】 首届“全民文化月”活动文艺演出27场，27个行政村（社区）各举办一次专场文艺演出。活动得到镇老年大学和社会各界人士支持，甚至有现场观看的部分群众也要求借助这个平台来表演自己的才艺。演出以机关干部、普通群众自编、自导、自演，自唱为主，群众自己办，办给群众看。

梁园镇“全民文化月”活动文艺演出

【教育投资】 投资150万元，新建路口学区中心校综合楼1座，投资50万元新建容纳100多人的护城学区幼儿园1座，新建梁园中心校教师周转房56套、乌龙学校学生餐厅1个、路口学区中心校和梁园中心校隔间塑胶操场各1个。

【扶贫工作】 完成贫困村、贫困户登记，登记贫困户618户，贫困人口2074人，上报贫困村1个。严管扶贫资金使用，发挥扶贫资金的引导功能，形成以农户自己投入为主体，扶贫资金投入为导向，信贷、外资和社会投入为补充的多渠道、多元化投入体系。

【金融利民服务】 中国银行肥东支行首次在邓岗村和东武社区开设金融服务网点各一个，方便农村群众对金融需求。

【市委书记吴存荣到梁园调研】 2014年7月8日，省委常委、市委书记吴存荣在县领导杨宏星陪同下，深入梁园镇企业、农业大棚走访调研。

吴书记首先到梁园镇管湾水库边的安徽东锦园林公司，与企业负责人探讨公司发展问题，对公司在生态湿地和观光园林的建设及在解决农民就业和实现农民增收方面给予肯定，希望有更多像东锦园林一样的企业入驻梁园，带动梁园镇的发展。随后，吴书记一行到鲁岗村的安徽绿铸现代农业有限公司，深入大棚实地观察和询问专业技术人员有关瓜果蔬菜的种植情况，得知绿铸公司还是梁园镇的大学生创业见习基地和农民工培训基地，吴书记说到，希望政府给予更多的支持，鼓励更多的大学生和农民工参与到企业的建设上来。

省委常委、市委书记吴存荣（左二）在梁园调研

2014年获县级以上荣誉称号先进集体

单　位	荣誉称号	授予单位
梁园镇	合肥市“植树造林先进乡镇”	市委　市政府
梁园镇	科学发展观目标综合考评三等奖	县委　县政府

2014年获县级以上荣誉称号先进个人

姓　名	荣誉称号	授予单位
张业忠	先进个人	市地震局
汪　军	武装工作先进个人	县委　县政府
张立关	全程代理先进个人	县委　县政府
王军祥	优秀村级党组织书记标兵	县委　县政府
计成汉	优秀村级党组织书记	县委　县政府
黄顺晏	优秀村级党组织书记	县委　县政府
梁　剑	优秀村级党组织书记	县委　县政府

村（社区）主要负责人

村（社区）名	负责人	职务
新向阳村	梁　剑	书记
联盟村	吴道凤	书记
黄祠村	黄顺晏	书记
梁园社区	吴恒冰	书记
路口社区	程忠炳	书记
民主社区	司圣全	书记
镇东社区	陆　海	书记
柯岗社区	李昌富	书记
梅桥社区	钟成勇	书记
老庄社区	计成汉	书记
双枣村	程德华	书记
护城社区	李华新	书记
新合村	张俊武	书记

村（社区）名	负责人	职务
永丰村	李光水	书记
刘巷村	张业忠	书记
鲁岗村	王军祥	书记
东武社区	陆　云	书记
西童社区	蔡合林	书记
漕河村	李立新	书记
俞庙村	陶长木	书记
新河社区	李昌兴	书记
蒋岗村	吴玉伦	书记
南管村	管庆章	书记
邓岗村	邓仁台	书记
付店村	许高山	书记
管湾社区	张恒高	书记
张圩村	汪　军	书记

（孙　劲）

包公镇

包公镇主要领导人名单

书　记	周新龙
镇　长	王良平
人大主席	许先超

【概况】 2014年，完成税收3210万元（其中国税2674万元、地税536万元），比上年增长46%，超额完成1690万；招商引资实现资金1.2亿元，完成固定资产投资36101万元，实现规上工业产值37491万元，农民人均收入达12667元，比上年增长14%。荣获“合肥市科学发展先进乡镇”、“合肥市基层治安防控工作先进单位”、“合肥市防范和处理邪教工作先进集体”、合肥市“五个好”乡镇党委等荣誉称号。

【农业】 土地流转速度进一步加快，全镇流转土地给企业、大户31家，流转土地面积11256.8亩。全年发放各类涉农资金27项2451万元。成片造林和村庄旁、道路旁、沟渠旁、塘坝旁的四旁植树工作成绩优秀，全年完成成片造林3142亩，新增经果林基地500亩。水利基础建设进一步夯实，投资750万元，新修塘坝128口、泵站14处，清淤渠道24条，农民生活生产用水条件得到有效改善。动防工作进一步加强。全年防疫家禽28万只、防疫家畜10万头、打耳标10万头，荣获全县防疫工作一等奖。

【农村环境整治】 “三线三边”工作力度进一步加大，投入250万元，完成高亮大街改造、河道清淤、道路硬化绿化美化亮化、各村（居、社区）所在自然村的整治、养殖场污染治理，镇容镇貌得到明显改观，在合肥市抽查中取得第一名的好成绩。土地整治工作进展顺利，投入3000多万元，完成文集等3村市级土地整治项目，并得到验收组的好评。启动以文集为中心的美好乡村建设。美好乡村建设以农村清洁家园、环境整治为中心，投入资金700多万元，完成沟渠道路硬化亮化绿化工程。

【文化事业】 3月，开展全民文化月活动，每个村（居、社区）都举办一场专场活动，在广大人民群众中反响强烈。道德模范评选深入人心，谈模范，学模范的风气正在形成，有两名村民入选县级道德模范，舍命勇救两名落水少年的村民程银入选9月“中国好人榜”。

包公镇“全民文化月”活动

【综治维稳】 创新建立综治信访维稳中心“一站式”服务平台，聚力化解各类信访突出问题，受到中央综治办和省市县综治部门的一致认可和好评。集体上访、越级上访次数呈较快下降趋势，全年受理各类信访案件62件，比上年下降5%。开展六五普法、禁毒、反邪教、交通安全、综治宣传月等活动。积极推进公共安全网格化管理，开展打非治违、“安全生产月”、防溺水、交通安全隐患排查等工作。全年开展打击非法盗采活动35次。全年无一起重特大安全事故。

市综治现场会人员在包公镇参观

【民生工程】 稳步推进城乡居民养老保险工作。全镇参保缴费26816人，缴费率达99.70%。新农合参合人数56308人，住院补偿4962人次，打卡支付医药费341万元。申报成功普、特惠制项目9个。投入364万元，新增水泥路11.5千米，受益群众2.6万人。认真做好困难群众和农村低保困难补助的发放、优抚对象抚恤补助、五保供养、老年优惠等惠民工作，全年发放各类救助补助452万，3600多人受益。为民服务全程代理工作扎实有序开展，全年办理接待群众咨询办件和代理办件5100多件（次），办结率达98%。群众满意率98.5%。

【特产】 特产有岘山无公害水果、富硒蛋，安徽申皖纺织有限公司生产的“神龙山”和“包公”牌针织品系列，竹塘村新禾米业有机水稻基地生产的有机大米，安徽安泰种猪育种有限公司包公镇种猪场培育无公害生猪，大张村“七联友”农业示范园生产的无公害蔬菜和生态龙虾、板桥社区葡萄观光园生产的葡萄系列等。

2014年获县级以上荣誉称号先进集体

单　位	荣誉称号	授予单位
镇政府	合肥市基层治安防控工作先进单位	市综治委
镇政府	全市基层综治维稳信访工作优秀中心	市综治办
镇政府	2013年合肥市防范和处理邪教工作先进集体	市委防范和处理邪教问题领导小组
镇政府	合肥市2013年度科学发展先进乡镇	市委　市政府
镇政府	2013年度科学发展观先进乡镇一等奖	县委　县政府
镇政府	为民服务全程代理工作先进乡镇	县委　县政府
镇政府	重大动物疫病防控工作二等奖	县防治重大动物疫病指挥部

2014年获县级以上荣誉称号先进个人

姓　名	荣誉称号	授予单位
殷立新	合肥市优秀共青团干部	团市委
蔡学莲	县优秀公务员三等功	县委　县政府
黄永祥	县优秀公务员三等功	县委　县政府
田本桥	2013年度动物防疫工作先进个人	县防治重大动物疫病指挥部
孟春林	2013年度动物防疫工作先进个人	县防治重大动物疫病指挥部
罗瑞忠	2013年度动物防疫工作先进个人	县防治重大动物疫病指挥部

村（社区）主要负责人

村（社区）名称	负责人	职　务
盘石村	杜治银	书记
大张社区	郑克兵	书记
阚集社区	阚卫忠	书记
杨宋村	陈菊华	书记
净住村	谢家周	书记
小包社区	浦玉高	书记
文集社区	黄正和	书记
青春社区	黄德贵	书记
板桥社区	靳　军	书记
新生村	崔华勇	书记
胜联村	徐　飞	书记
赤杨村	赵　冲	书记
大孟村	孟令权	书记
竹塘村	季昌发	书记
高亮居	宋中佐	书记
柏龄社区	文正遐	书记
岘山社区	张家瑞	书记
大许村	赵其胜	书记
王集社区	张应楼	书记

（殷立新）

石塘镇

石塘镇主要领导人名单

书　记	黄继萍
镇　长	吴学斌
人大主席	桑朝传

【概况】 2014年，实现地区生产总值15.2亿元，其中工业总产值7.6亿元（规模以上工业企业5.3亿元），农业总产值2.4亿元，三产总收入5.2亿元；财税收入5946万元，其中国税4672万元，地税1274万元；社会固定资产投资6亿元；农民人均纯收入13857元。

【农业】 粮食播种面积117328亩，产量58628吨；油料播种面积35222亩，产量6892吨。出栏肉猪48060头，肉产量4076吨；出售和自宰的肉用家禽92万只，肉产量1590吨；水产品产量4885吨。新增农民专业合作社4家、家庭农场4家，新增土地流转面积1.35万亩，累计达3万亩。露天蔬菜、瓜蒌、草莓、蓝莓、葡萄等特色规模农业加速发展。在大庄、联建、富光等5个村种植紫云英1630亩，在石塘、同合等村新增设施栽培220亩，在大庄、阚东、塘西村建立3个部级万亩粮油核心示范片。

【招商引资】 招商引资任务超额完成，其中省外到位资金23133万元，占全年任务数107.1%，工业引资16133万元，占任务数230.5%。引进投资9031万元的永江米业有限公司绿色大米深加工项目和投资1.8亿元的合肥正峰钢结构有限公司钢结构件加工制造项目。东海水泥、莱斯生物、福晶玻璃、名牛食品、京工建新型建筑材料有限公司等一批企业生产销售旺盛。

【美好乡村建设】 晨光美好乡村接受省级考核组审核验收，在规划编制、环境整治、公共服务、经济发展、基层组织和乡风文明建设等方面成绩突出。投入340万元，加快实施四合美好乡村示范点建设，完成道路、广场、供水、排水、亮化、滨水景观、公共设施、立面改造、景观绿化等建设内容，营造良好的生活环境。

晨光美好乡村

【基础设施建设】 清淤扩建塘坝84口，清淤河渠14条共计60公里，更新改造小型泵站12座，除险加固红梅塘、霸王塘2座小二型水库。投入739万元，完成20.1公里的村村通道路网络升级及“一事一议”水泥路建设；投入213万元，完成桥西大街柏油路改造；投入80万元，建设维护市政道路、路灯、标牌、安全设施等。实施新展村周当危桥、施集村乌龙坝桥和马集大李户危桥改造，提高道路交通承载能力。投入743.3万元，完成郑圩、小茆等21台变压器分容改造，为群众生产生活提供电力保障。实施阚东村11个村民组的安全饮水工程建设，农户喝上安全、干净的自来水。群众反映多年的马坝改造工程基本完工。

【环境整治】 健全环境卫生保洁和投入保障机制，开展以“三线三边”为重点的全域环境整治，加大铁路沿线、公路沿线、河渠沿线及背街小巷环境整治力度。配备保洁人员186名，增购垃圾车1辆，村级垃圾转运至桥头集垃圾处理厂，实现村收集、镇转运、县处理的农村垃圾处理模式，全面覆盖、不留死角、长效管理、永久保洁。投入120万元分别完成镇政府机关二期绿化、王万元三角区景观绿化、王铁社区节点绿化以及小韩公园续建工程，投入10万元实施龙城社区丁头组垃圾填埋场生态修复工程。完成植树造林任务2502亩，供苗1.5万株，林地总面积达2.67万亩。九龙林场获批成立“桴槎山省级森林公园”。

“三线三边”环境整治

【污染治理】 强化“河长制”管理，实施河道清淤整治及生态岸坡建设3.2公里。按序时进度，加快实施投资3600万元的石塘污水处理及截污管网工程和投资6800万元的石塘河综合治理工程，分别完成工程量的80%和45%。6家规模畜禽养殖企业建成污染物治理设施，通过验收。关闭镇内8家非法石料加工企业，整改规范2家油毡厂。查处非法偷盗采矿产资源3起，及时制止国土资源违法行为8起。开展午秋两季秸秆禁烧和综合利用工作，大气环境持续改善。

【社会保障】 完成25项民生工程，群众满意度和幸福感提高。城市低保月标准由上年的360元提高到400元，农村低保年标准由1800元提高到2000元，累计年发放低保金430万元。为在册五保对象554户571人，发放保障金218万元。救助贫困大病家庭160人次，救助金额40万元。为580名离任村干部发放生活补助金98万元。完成239名“六老”人员身份和工龄认定，维护好“老字号”群体利益。32474名参保缴费人员纳入城乡居民养老保险，为12134名60岁以上参保人员发放养老金1019万元。新农合参合群众63507人，发放补偿金702.41万元。贫困残疾人救助727人，发放救助金60万元。为2170位80周岁以上老人发放高龄津贴86.8万元。发放普通高中家庭经济困难学生资助金8.7万元。

【教育教学】 继续巩固全镇教育教学成果，优化学校布局，整合教育资源。石塘中学与肥东一中共建班投入运行，教育质量提高。实施九年一贯制学校建设，马集小学和马集中学合并为马集学校，龙城小学和龙城中学合并为龙城学校，王铁中心校和王铁中学合并为王铁学校。马集学校通过国务院教育督导办评估验收，为肥东进入义务教育发展基本均衡县行列作出贡献。加大学校基础设施建设力度，投入550万元，建设石塘中心幼儿园；投入50万元，建设石塘中学操场；投入208万元，建设王铁学校教师周转房；投入330万元，建设马集学校学生公寓和食堂综合楼。

【平安石塘建设】 高标准建成镇综治维稳信访工作中心和19个村（社区）综治维稳信访工作站，夯实综治基础工作。加强维稳应急处置骨干队伍建设，开展演练和训练，维稳应急处置能力提升。强化社会治安综合治理，投入200万元，完成主要道路、集市、学校等重点区域的监控网络建设，压降“四类”可防性案件，同比下降35%。开展“六打六治”为主要内容的打非治违专项行动，落实安全生产属地管理、部门综合监管和企业主体责任，下达整改通知书96份，整改率95%，全镇安全生产形势稳中向好。加强服务指导，3家规上企业和7家规下企业完成安全生产标准化建设，石塘社区争创安全社区，通过市级验收。

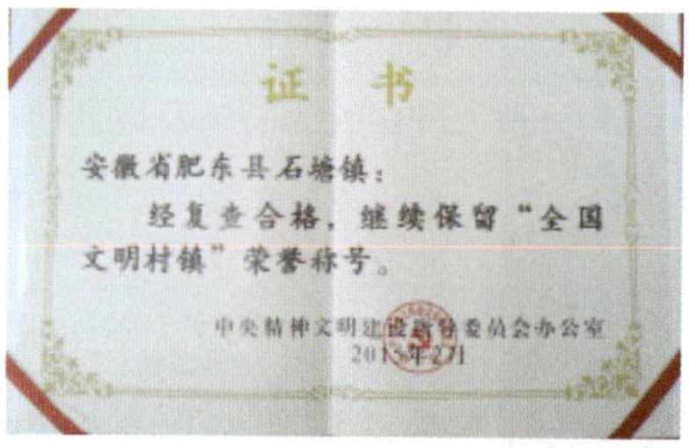

石塘镇再获“全国文明村镇”荣誉称号

【土地承包经营权确权登记颁证】 作为合肥市第一批农村土地承包经营权确权登记颁证工作试点镇，石塘镇坚持“保持稳定、依法依纪、因地制宜、民主协商、注重实效”五项原则，按照镇、村、组三张工作流程图，结合实际、精心操作，该走的程序严格按程序走，该公示的全部公示，做到“调查摸底全面化、试点过程公开化、确权颁证一体化、档案整理规范化”，及时将内容完整、准确、真实的经营权证书发放到农户手上，让农民拥有更加充分而有保障的土地承包经营权。

2014年获县级以上荣誉称号先进集体

单　位	荣誉称号	授予单位
石塘镇	全国文明村镇（2014年复核确认）	中央文明委
石塘镇	廉政文化建设示范点	省纪委　省监察厅
石塘镇 财政分局	创建省一级档案室	省档案局
石塘镇	第三届合肥市文明村镇	市委　市政府
石塘镇	肥东县科学发展先进乡镇二等奖	县委　县政府
石塘镇	肥东县第三届道德模范评选工作推荐奖	县委　县政府

村（社区）主要负责人

村（社区）名	负责人	职务
阚东村	阚道金	书记
石塘社区	黄德平	书记
塘西村	郑　杰	书记
红光村	李循群	书记
富光社区	陈文明	书记
施集村	施永峰	书记
龙城社区	张明善	书记

村（社区）名	负责人	职务
新展村	殷世贵	书记
同合村	罗圣文	书记
东明村	陈永斌	书记
城北村	陈之权	书记
王铁社区	陈典超	书记
新桥村	龚英先	书记
火龙村	杨法勤	书记
四合村	卢春贤	书记
新联村	周智军	书记
大庄村	陈建东	书记
联建村	陈圣柱	书记
马集社区	茆荣涛	书记

（沈　瑜）

店埠镇

店埠镇主要领导人名单

书　记	卫　中
镇　长	游浩方
人大主席	袁经林

【概况】 2014年，店埠镇财政收入5.03亿元，完成全社会固定资产投资53.7亿元，实现规模以上工业产值116.7亿元，农民人均纯收入1.58万元。获“肥东县科学发展先进乡镇一类乡镇三等奖”。

【招商引资】 完成招商引资29.75亿元，其中省外实到资金12.95亿元。引进生活·家广场、斌峰·中心城、安徽汽贸投资有限公司、安徽新奥清洁能源有限公司等重点项目，其中10个列入县361重点项目，计划总投资28.57亿元。全年新开工项目和续建项目完成投资2.15亿元。机动车驾驶员培训学校申通驾校、生活·家广场开工建设。

【社区建设】 把社区建设作为年度中心工作来抓，通过社区建设提高社会治理能力，深化为民服务。在原有12个社区基础上，将下剩18个村（居）全部改为社区。为更加贴近百姓，缩短服务“半径”，在镇南社区与镇西社区试点设立工作站。镇南社区设立草庙路、新街、南苑、体育场四个工作站，镇西社区设立和平广场工作站。工作站的设立打破原有村民组管理模式，管理服务的对象由原有祖居村民转变为对全体市民的全覆盖，管理服务的内容也扩展到网格内的所有企业、单位、居民的大事小情。启动企业生活区移交工作，开展被移交企业社区化管理服务。成立店埠镇企业生活区移交工作组，完成县轧花一厂企业生活区移交。以业主委员培育为契机，强化物业小区居民自治。征集群众意见，调动群众积极性，成立汇景新城业主委员会筹备组，经过选举产生汇景新城小区业主委员会，为其他未成立物业的老旧小区、拆迁恢复楼居民自治探出政府主动作为的新路子。以形式多样志愿服务丰富群众物质文化生活。加强社区志愿服务广场、爱心银行建设，开展送春联、包饺子、包粽子送老人、义务巡逻、高考志愿服务、插花培训、消防培训、科普宣传、邻里宴、猜灯谜、全民文化月、六一文艺演出、乒乓球比赛、跳绳比赛、关爱空巢老人、我们的节日、“点亮微心愿.共筑中国梦”、“行走店埠.共建和谐”等数十种志愿服务活动，进一步加强社区与居民、单位居民、居民与居民之间的了解与沟通。镇南社区被评为“2014年合肥市三八红旗集体”、“安徽省文明社区”，花园社区建成全县首家科普体验馆、“4:30学堂”，镇北社区被省民政厅评为“安徽省防灾减灾示范社区”。

花园社区科普体验馆

【产业结构调整】 促进种植业升级换代，增加种植业效益，完成3000亩秋季水稻联耕联收工作，培育科技示范户20户，建立科技示范园500亩，完成高产创建项目2片，面积2万亩。流转土地面积2495亩，引进设施栽培500多亩，新增种植大户24户，承包耕地1.2万亩。开展春季科技培训和现场观摩12次，发放病虫情报16期。

【重点项目推进】 服务县城大建设、服务东城新市镇、服务经开区，从人力、物力、财力全方位保障征地拆迁、重点项目推进。全年拆迁508户，拆迁面积17.8万平方米。完成双桥河、定光河拓宽改造、横大路三期、新安江路、污水处理厂三期及肥东五中等项目拆迁，完成东部新市镇一、二期、新安江路、古河路项目15户下剩户拆迁任务，拆除张小郢、屋上塘、南院组等193户违法建设，保障40多处重大项目的顺利实施。全年征用土地2061亩，涉及东城新市镇、定光河、双桥河、理工学校、双桥新村安置点、西大路、横大路、五中、城关二小、六中、迎河家园、申通驾校等项目。新增安置房建设面积73.15万平方米，占地371亩。

【林业】 完成造林任务，植树造林2200多亩，其中成片造林1700亩。发放林业退耕还林补助资金260多万元，打卡发放近6000农户。做好造林企业和造林大户林木确权发证工作，协助办理10宗林地林权证，查处4起乱砍滥伐和违法占用林地案例。

【动物防疫】 开展春秋两季动物防疫工作，确保动物免疫密度与质量。全年未发生重大疫情，全镇集中免疫完成牛免疫748头，猪5万头，禽流感二价苗18.75万毫升。全年无害化处置死畜禽9起，完成畜牧业发展项目优质父代种猪124头任务。完成19家规模猪场治污减排任务。

【美好乡村建设】 投入500万元，完成马厂和花滩2个中心村建设，其中马厂投入资金230万元、花滩投入资金270万元。投入90万元，用于清淤水沟、建立涵闸、环境整治、道路维修及硬化、房屋四周立面粉刷等。

【水利】 汛期值班以及对小（二）型水库进行定期巡查；对大英塘、赤砂塘2个水库进行除险加固；完成塘坝清淤32口，沟渠清淤13.6公里。泵站技改7座，198.5千瓦，全部验收合格，发放奖补资金199.26万元。

【安全生产】 在日常安全检查工作中，检查生产经营单位914家，排查整改安全隐患1645项。开展职业卫生监督执法年活动、全镇范围内用人单位职业卫生基本情况摸底调查工作等。全年有30家企业和安全中介机构签订合同，18家企业达到安全标准化三级标准。开展“六打六治”打非治违专项工作，检查生产经营单位316家，检查出无证照生产经营单位132家。关闭无证照安全隐患严重的生产经营单位14家，其中砖瓦厂1家、敬老院2家、石料加工厂5家、非法盗采点2家、工业企业2家。对61家常年证、63家临时证进行年审，取消烟花爆竹非法经营点办证资格。

【“河长制”】 每月召开专项工作动员会，部署“河长制”工作。投入200万元，清理24千米16条河（段），整治塘坝5口，清理土石方22万立方米，对内河两岸生活垃圾、建筑垃圾进行清理，清理杂草等垃圾1万多立方米。完善垃圾清运机制，定期收集清运生活垃圾。在各级领导走河巡查中，不断加大对河道种植蔬菜的整改力度，清理违规开垦1万平方米，铲除开荒后立即实施绿化，有效改善河道周边环境。

【文明创建】 全年出动人员1200余人次、施工机械130多台次，查处违法建设户133户，拆除违法建设约12997平方米。对城南新村违法经营活动开展专项整治，拆除沿街店铺门前乱搭乱建的数十间活动板房，拆除桂王南路数十间活动板房，对排头社区撮镇路停车场进行专项整治。

集中整治合蚌路沿途和国道双桥段、定光段户外经营及乱停放现象；修补西大路双桥出口，并对道路两边进行整理、绿化；开展西山驿大街综合整治，杜绝出店经营和随意摆摊设点，改善大街面貌。集中开展沿路物料堆场、建筑施工、拆迁工地等处的扬尘整治工作，关闭物料堆场、非法盗采企业23家。开展燃煤锅炉专项整治，拆除燃煤锅炉100座，其中生活锅炉88座、工业锅炉12座，下剩工业锅炉全部实现煤改气、改电。

定光社区考生医疗服务点

【人口与计划生育】 2014年统计年度，城区片出生1070人，总政策符合率89.3%；农村片出生657人，总政策符合率93%。镇南、镇北、花园、青春等12个城区社区均建成“城市生活e站”，开展技能培训、健康咨询、心理辅导、休闲健身、生活帮助等活动，青春社区“城市生活e站”通过安徽省人口和计化生育委员会评估验收，授牌为省级“城市生活e站”。各社区均开通电信商务领航短信服务，建立社区QQ群，对所有服务对象建立通讯录，定期与各类型服务对象建立服务联系，对孕检时间、独保费发放等日常工作进行短信温馨提示，在“三八”妇女节、母亲节等节假日发送短信祝福。全镇孕环检对象1.3万人，全年兑现计生优惠政策399万元，852对夫妇参加婚前健康检查，征收社会抚育费270万元，落实节育措施980例。

【社会事业】 民生工程连续四年获全县第一名，社会事务规范化建设进一步加强，各项民生政策落实到位。完成农村五保指纹采集认证工作；全镇低保保障1886户，累计发放低保金1236万元；558个分散供养五保对象与村居、社区“两委”成员签订“包保协议”；城乡居民养老保险扩面和续保缴费工作稳步推进，系统内正常参保70078人。新建村级残疾人康复室4所，可为200多名残疾人进行免费康复训练。建立城乡劳动力资源信息库，对全镇48658名城镇劳动年龄内的劳动力进行基本信息采集、登记和录入工作。全镇有享受60周岁以上农村籍退役士兵老年生活补助420人，“两参”退役人员定期定量补助97人，60周岁以上部分烈士子女定期生活补助12人、带病回乡退伍军人定期定量补助167人，复员军人定期定量补助30人，“三属”定期抚恤10人，残疾军人抚恤19人，全年发放各类优抚资金163万元。

【恢复楼建设】 承建拆迁恢复楼工程6处，完成桴槎北路一期、景河花园小区建设，城南新村二期恢复楼主体工程完工，店忠家园、双桥新村恢复楼开工建设；迎河家园完成勘探、设计等前期准备工作。

2014年获县级以上荣誉称号先进集体

单　位	荣誉称号	授予单位
店埠镇	2014年度科学发展先进乡镇	县委　县政府
店埠镇	林业工作先进集体	市委　市政府
店埠镇	2013年度文明创建工作先进集体	县政府
店埠镇	科普工作先进乡镇一等奖	县委　县政府
店埠镇	安徽省第三次全国经济普查先进集体	省第三次经济普查领导小组
西山驿学校	全国青少年普法教育先进单位	中国关工委　司法部　中央综治委
老年大学	省级乡镇老年示范学校	省老干局　省老年大学协会
关工委	省级先进单位	省关工委
西山驿学校八（3）班	合肥市先进班集体	市教育局

单　位	荣誉称号	授予单位
店埠镇	2014年肥东县第三届道德模范评选工作投票奖	县政府
镇人力资源和社会保障服务中心	2014年合肥市劳动监察先进中队	市人社局
镇团委	合肥市优秀五四红旗团委	团市委
镇团委	乡镇街道共青团工作“以奖代补”专项资金评审优秀单位	团市委
镇南社区	2014年合肥市三八红旗集体	市妇联
镇南社区	2014年安徽省文明社区	省文明委
青春社区	2014年全省综合减灾示范社区	省民政厅
青春社区	合肥市二星级志愿服务社区	市文明委
镇北社区	安徽省防灾减灾示范社区	省民政局
赵岗社区	2014年蔬菜专业技术协会	市科协

2014年获县级以上荣誉称号先进个人

姓　名	荣誉称号	授予单位
蒋　平	武装工作先进个人	县委
林朝群	合肥市综治工作先进个人	市综治委
陈　浩	2014年合肥市“最美合肥人”	市广播电视台
陈　浩	2014年肥东县“见义勇为”称号	县委　县政府
马继红	合肥市“五美女性”	市妇联市　市文明办　市美好办
刘金波	民族团结进步之星	市民族宗教局

村（社区）主要负责人

村（社区）名	负责人	职务
青春社区	罗法友	书记
镇南社区	刘恩静	书记
镇西社区	丁玉书	书记
镇北社区	聂中年	书记
对河社区	张家根	书记
排头社区	曹志国	书记
定光社区	陈　浩	书记
花园社区	岳伊荣	书记
光大社区	胡义斌	书记
唐杨社区	张开富	书记
双桥社区	高心红	书记
中心社区	夏秀龙	书记
西山驿社区	柯文友	书记

村（社区）名	负责人	职务
陂塘社区	徐宏斌	书记
安乐社区	高元亮	书记
塘林回族、满族社区	刘金波	书记
马厂社区	张开先	书记
龙西社区	韦邦发	书记
花滩社区	完胜东	书记
昂集社区	杨玉鹏	书记
建设社区	陈　明	工作组组长（主持工作）
杨王社区	殷保伦	书记
合浦社区	王劲松	书记
半店社区	许善标	书记
群力社区	许善标	书记
大安社区	郁继祥	书记
赵岗社区	赵海波	书记
一心社区	李炳茂	书记
桑元社区	梁英乾	书记
杨坝社区	应吉海	书记

（王克如）

牌坊乡

牌坊乡主要领导人名单

书　记	吴　超
乡　长	李勤忠
人大主席	郑发杰

【概况】　2014年，实现地区生产总值11.4亿元，固定资产投资3.6亿元；农村常住居民人均可支配收入14812元（其中农民人均纯收入为12625元，较去年人均11215元增长12.6%），财政收入3098万元，税收收入2580万元。连续三年被合肥市评为“科学发展先进乡镇”，连续四年被县委、县政府评为“科学发展先进乡镇”，其中2014年荣获全县一等奖。

【产业发展】　粮食种植面积57700亩，总产25.4万吨。巽润、诺伊、鹰博、培新、丰绿泉、三人行等龙头企业入驻，新建大棚蔬菜生产基地，新丰、兴庙、高塘、兴一、民新等村（社区）新建钢架大棚1200多亩，全乡设施栽培累计面积8000多亩，总产量7万吨，蔬菜业总产值2亿，产品检测合格率100%。开挖大中型塘坝137口，清淤灌溉渠道5条共15千米，新建张岗、三王、高塘提水泵站4个，增加旱涝保收面积3100亩。投入326万元，在水库移民集中村组、兴修水利、砂石路等基础设施，改善群众生产生活条件。扶贫开发整村推进项目，投入50万元在尖庙村新修砂石路3千米，水泥路0.5千米，加固机耕桥17座。出栏瘦品型商品猪6.1万头，存栏奶牛1000头。拆除养殖场3家，关闭2家养鸡场，完成畜禽污染治理超标企业11家。新增安徽鹰博、新邦等市级龙头企业5家。建设水源涵养林3700亩，15家经营经果林的企业家经营经果林的企业和个人加入县苗木协会启动扶贫开发建档立卡工作，实施精准扶贫工程，完成623户1937人建档立卡工作。开展职业农民培训工作，培训合格职业农民40人。

【乡容村貌】　牌坊民族社区、丰岗中心村作为2014年美好乡村建设点，牌坊民族社区同时也是全国少数民族特色村寨建设点。整合小城镇基础设施资金、“一事一议”以及相关项目资金共3000多万元，对集镇面貌以及群众的人居环境进行改造，两个中心村的道排设施、景观绿化、污水治理、房屋立面改造等项目工程完成，特色村寨彰显民族特色。千柳公园、满族牌楼、满族民俗馆、牌坊民族社区“少数民族特色村寨”电子牌、回族风格的立面墙改造，招标回族牌楼、改造满族民居，成为牌坊一景。

【民生工程】 实施江淮分水岭沿线的张岗、草庙、尖庙、新丰、三王等村自来水管网延伸工程，主供水管网建设完工。完成危房改造106户；免费为30户贫困家庭安装太阳能光伏；12户农户享受农机购机补贴，补贴金额162300元。实施“一事一议”特惠制和普惠制。特惠制项目牌坊民族产业园道路和8个普惠制项目代表肥东县顺利通过合肥市财政局检查验收。

【生态建设】 推进永安河和定光河综合治理，投资30万元对两条河道清淤，对部分河道绿化，取缔源头污染企业。拆除合六、合徐高速公路32处大型广告牌。合徐、合六高速公路、县道店白路、乡道共130公里公路沿线及乡际周边55公里的环境得到治理。实行午秋两季秸秆禁烧。

【社会事业】 全年省市县民委共帮扶资金240万元，用于少数民族特色村寨、满族回族牌楼、少数民族村组道路塘坝等建设项目，政府建，民受益。按例举办伊斯兰教开斋节、“民族团结进步宣传月”活动；按期对伊斯兰教事管会进行换届。全年出生436人，政策符合率90.59%，人口自然增长率6.6‰，跻身全县一类乡镇。儿童受到良好的学前教育，中小学学生入学率100%。高塘学校少年宫代表肥东县接受并通过合肥市年度考核。蹴球代表肥东县参加安徽省比赛并获第一名。社保、新农合、民政、残联、国土、计生、民族宗教、代理等窗口在乡便民服务中心联合办公，综治、信访、司法、共青团、妇联等窗口入驻乡社会管理服务中心，方便群众来乡办事。尖庙、张岗、新丰、草庙、民新、三王6个村（居）“为民服务村（居）企一体服务大厅”相继建成，受益群众占到全乡人口一半以上。全乡有39622人参加城乡居民合作医疗，全年发放3075335元医药费，126例大病患者得到大病补偿，发放补偿金379633元。城乡居民养老保险缴费率97.69%，发放率100%。开展国土执法监察和违法用地整改。发现违法用地12宗，制止2宗，上报10宗，及时制止占用基本农田1宗。全年开展12次安全生产地毯式检查，排查事故隐患64处。排查各类矛盾纠纷58起，化解55起，化解率94.83%，13个村（社区）配备专兼职信访信息员。推进社会管理综合治理。投资49万元实施“天网延伸”工程，织密治安

曙光村留守儿童爱心书屋

【基层党组织建设】 开展理论中心组学习，推进民主集中制，及时沟通、协调工作中存在的问题。党委班子对重大问题、重要决策和大额资金支出集体研究、集体决策。落实党风廉政建设责任制，层层签订责任书，实行责任追究。组织党员干部观看反腐倡廉警示教育片10次，警钟长鸣。加大党务、政务、村务透明度，实现阳光操作。

【重点项目建设】 3月，安徽培新农业科技有限公司在兴一民族村成立，注册资金1000万。以协会、公司+农户为经营方式，有职工60人，产品主要定位为农产品（无公害新鲜果品、特色蔬菜、种苗等）和畜禽产品（优质无公害土鸡、鸡蛋、观赏型禽鸟）。以现代农业新设施、新技术、新品种为主导，现代农业示范区规划建设面积2000亩，其中包括8430型连栋温室11座，8米单体温室17座，沼气发生与有机肥生产设备1套、连片遮荫棚、芽菜生产车间等。流转土地528亩，建成大棚104个，基础设施建设基本完成。

2014年获县级以上荣誉称号先进集体

单　位	荣誉称号	授予单位
牌坊乡	肥东县科学发展先进乡镇	县委　县政府

2014年获县级以上荣誉称号先进个人

姓　名	荣誉称号	授予单位
孙世勇	市优秀共青团干部	团市委

村（社区）主要负责人

村（社区）名	负责人	职务
赵坊村	李　皓	书记
民新村	白礼建	书记
牌坊村	毛智德	第一书记
曙光村	肖　红	第一书记
兴一村	汪国庆	第一书记
三王村	王国荣	书记
高塘村	李家举	书记
许井村	张　勇	书记
新丰村	王永根	书记
兴庙村	王朝松	书记
张岗村	秦节柱	第一书记
尖庙村	何长奎	第一书记
草庙村	王礼勤	书记

（孙世勇）

众兴乡

众兴乡主要领导人名单

书　记	费晓芳
乡　长	杨思臻
人大主席	王家成

【概况】 实现规上工业总产值5.5亿元，同比增长5.8%；招商引资7.5亿元，同比增长7.1%；财政收入2232万元，完成全年任务123.3%；农民人均纯收入14915元，同比增长31.7%；固定资产投资8.1亿元，同比增长15.7%。

【现代农业】 加大农业结构调整力度，全年流转土地3000多亩，累计流转土地面积2万亩，占农户承包面积58.8%，全乡一半以上的土地种苗木花卉，获“安徽省森林城镇”、“合肥市2014年度植树造林20佳乡镇”称号。肥东金涞蔬果专业合作社在谢岗村建设260亩设施大棚蔬菜栽培基地，扩大霞光村汇高农业专业合作社蔬菜面积，支持君茂公司建设绿色蔬菜示范基地，全乡设施栽培规模水平提高。申报鼎和县级现代农业示范园建设,申报市级众兴现代农业示范园建设。全年农业招商引资项目10个，到位资金3000多万元。土地流转跟踪服务，全年调处土地流转纠纷20件，占应调处95%。对100亩以上大面积土地流转项目，乡服务中心全程服务，做好资质论证、评估、提供标准化的流转合同，现场给予指导、鉴证，受到流转双方肯定。

【乡村面貌】 2个美好乡村中心村建设投入560多万元。花灯美好乡村完成600米花灯大街道路拓宽改造、道排硬化及附属工程建设任务；安装高杆路灯42盏，完成大街亮化工程；栽植黄山栾树1.1公里。华光美好乡村完成华光休闲广场建设和4口塘坝改造工程，华光新村房前屋后统一安装栅栏、统一绿化。投入200多万元，完成众兴集大街改造，完善众兴集贸市场功能。完成石三路永安至花灯段柏油路建设任务；整合“一事一议”、水库移民后期扶持项目资金，新修花灯老家圩至贾户路等10条水泥路，总长9.6公里，砂石路0.4公里。投入资金50多万元对沙塘岗支渠高阶岭处清淤，对众南站、沙塘岗站等4座水电站技改升级。改造联合张小郢长塘等塘坝6口，新增蓄水量30万立方米，改良灌溉田亩2000亩。投入278万元，新增、改造10台变压器，改造低压线路10公里。

【社会事业】 县首届全民文化月活动开幕式和闭幕演出均在众兴举行，获肥东县首届全民文化月优秀组织奖。乡中心幼儿园综合楼、乡卫生院门诊楼竣工并交付使用；推进小学布局调整，做好原乡民办教师教龄补助、“五老”人员工作工龄补助。开通357路公交车。计划生育家庭奖励扶助对象123人，发放奖励资金14.2万余元。排查调处各种矛盾纠纷，利用各种平台和载体开展普法宣传教育，完成600多平方米综治工作平台改建。全乡152个基干民兵和2000多普通民兵积极参与维稳和经济社会建设。“三月三”马政寺文化旅游庙会有序进行，游客安全往返。

【民生工程】 2014年，全乡民生工程类项目和资金类项目投入均超千万元。工程类项目中，美好乡村建设、“八小”水利工程提升项目、水库移民后期扶持项目建设、农村危房改造、群众体育设施等工程均按质按量完成建设任务。资金类项目中，全乡363名残疾人每人享受800元、400元不等的困难救助；1085人享受农村最低生活保障；56户低收入家庭享受城乡医疗救助；困难群众大病救助98人，救助资金10.19万元；救助临时困难群众38人，发放救助资金38000元；乡敬老院集中供养五保老人53人，分散供养212人；815位80周岁以上老人每人发放800元长寿补贴共65.2万元。

【队伍建设】 重视政府自身建设，优化政务环境。开展党的群众路线教育实践活动，开展批评与自我批评，严格执行中央八项规定，动真碰硬反“四风”。严格执行“三公”经费支出规定，压缩行政支出，“三公”经费较上年减少30%以上。完成第九届村委会换届选举工作。

【农村环境综合整治】 成立众兴乡河道治理工作领导组，制定《众兴乡河道治理实施方案》，“河长制”管理的河流落实到班子成员，责任区域、目标任务、治理承诺通过公示牌形式公告，接受群众监督。强化水污染治理和常态保洁，注重生态建设。投入20万元，新增1辆垃圾清运车；投入20多万元对河流杂草和水面垃圾进行清除，清运各种垃圾50余吨，清淤河道长度10公里，清淤土方5000立方米。开展专项整治活动，对农村生产生活垃圾建立清运机制。配备专职保洁员48人，配备垃圾桶600个，建成垃圾收集池70个。关闭合肥可才新型建材有限公司，拆除窑厂全部建筑物。完成联合村水源保护地5家养殖场近千平方米猪舍拆除任务,3家养殖企业减排整治达标。2014年首次列入合肥市秸秆禁烧重点乡镇，举乡而为，制定种植业结构调整计划、种植物秸秆网格化管理实施方案，落实“村为主”制度，完成午秋两季禁烧工作任务。

【党的群众路线教育实践活动】 制定《众兴乡党的群众路线教育实践活动民主生活会实施方案》，观看群众路线警示教育电教片、参观大包干纪念馆、举行演讲比赛，征集班子成员在“四风”方面的意见和建议。通过群众提、自己找、互相帮、上级点，对照检查，找准“四风”方面存在的问题，分析思想根源，提出解决问题的具体措施，开好专题民主生活会。提出整改措施，完善各项制度，解决突出问题。

2014年获县级以上荣誉称号先进集体

单　位	荣誉称号	授予单位
众兴乡	全县科学发展先进乡镇考核二等奖	县委　县政府
众兴乡	合肥市植树造林20佳乡镇	市政府

2014年获县级以上荣誉称号先进个人

姓　名	荣誉称号	授予单位
管理静	第三次全国经济普查先进个人	省经普办
张　红	合肥市最美残疾人专职委员	市委组织部　市残联

村（社区）主要负责人

村（社区）名	负责人	职务
大高村	高清柱	书记
花灯村	张兴华	书记
众兴村	张文裕	书记
永安村	王义宝	书记
联合村	李　勇	书记
范岗村	汪元平	书记
华光村	范传临	书记
谢岗村	孙圣义	书记
霞光村	范家文	书记

（管理静）

桥头集镇

桥头集镇主要领导人名单

书　记	罗瑞传
镇　长	袁德勋
人大主席	王从林

【概况】　完成固定资产投资70528万元，同比增长1.8%；招商引资到位资金36780万元，同比增长11.8%；税收收入5838万元，同比增长5%；农民人均纯收入13341元，同比增长9%。完成规上工业总产值338287.4万元，同比增长6%；粮食总产23576吨，同比增长10%。

【重点工程】　加快推进安全饮水工程，扩大供水区域覆盖范围，埋设区间管网184公里，新增8个村（社区）72个村民组接通自来水，3028户喝上健康水。镇区改造项目完成招投标。全长7公里的复兴大长路项目建成通车。实施污水处理项目，完成1983米人工顶管铺设，开挖铺设管网2596米，新增窨井106口，2个污水处理设施在建。首个安置小区合裕家园建成并分房入住，完善配套物业设施。

污水处理厂建设

【民生工程】　农村低保提标扩面，为637户农村低保家庭发放补贴资金2520210元，五保供养应保尽保，为289名分散供养五保老人发放补贴资金706764元。发放贫困重度残疾人生活特别救助金277200元，为9名贫困残疾人实施白内障手术。新型农村合作医疗参合率100%，城乡居民养老保险参保率95.96%。完成28331亩水稻承保工作，理赔金额400000元。发放粮食直补资金507161元，农资综合补贴3635634元，良种补贴978997元，为24户水库移民发放资金21150元。194人审核通过原民师教龄认定、完成“五老”人员补助认定工作。完成农村清洁工程、C025桥危桥改造、22户危房改造项目。投入1812000元建设7个“一事一议”项目，涉及4条道路修建3个路灯工程，道路修建4455米，路灯亮化115盏。

【文化事业】 扩大镇机关“小讲坛”参与人员范围，由原来的镇机关干部扩大为镇机关干部、村（社区）工作人员、学校老师等，提高活动的覆盖面，加大不同工作领域的知识交流。建成3个群众体育健身广场、3个“老少活动家园”、2个计生文化园、2个城市幸福生活“e”站,丰富群众的业余生活。举办“全民文化月”活动，完成19场文艺演出及268场电影放映。举办桥头集镇首届农民书画展。成立梅山庙会维稳工作领导小组，抽调镇民兵应急分队保障梅山庙会后勤维稳，通过庙会这一传统民俗活动活跃农民文化生活。

桥头集镇首届农民书画展

【农业发展】 加大结构调整力度,完善现代农业产业体系，加快土地流转，发展适度规模经营，新增流转土地1400亩。加快建设竹塘蔬菜、龙泉蓝莓、城山园林、桥安养殖等特色农业示范基地，推进金佳生态观光园、蓝山湾生态农业园、清水湾庄园等现代休闲农业开发项目。完成2个美好乡村重点示范中心村建设基本任务。完成全镇260余亩山林的松材线虫病截伐除治任务和780余亩的枯死松树清理任务，通过省级检查验收。抓测土配方施肥，全镇推广测土配方施肥面积34000余亩；在竹塘、龙光、桥青、复居抓万亩水稻高产创建工作。

【镇域环境综合整治】 推进“三线三边”环境整治，改善人居环境。完善路网格局，实施4.5公里“一事一议” 道路项目，完成9.62公里“村村通水泥路”延伸工程。开展绿化大会战，成片造林4100亩，绿化1个自然村庄、7公里渠道。开展水利兴修，除险加固2座小型水库，清淤整治塘坝47口、河渠12条，更新改造10座泵站，装机容量165千瓦。午秋秸秆禁烧和综合利用工作取得实效，秸秆粉碎还田50200亩。落实“河长制”，加大水污染治理力度，整治河道21公里，清淤土方116万方，清运河道垃圾97吨，关闭污染企业2家，拆除养猪场1个，限期整改企业4家。

【打击非法开采加工砂石】 开展严厉打击非法开采加工砂石专项行动，抽调镇干部40多人会同工商、国土、安全等多个部门组成联合执法组，在镇区范围内进行24小时不间断巡查，对于盗采、非法加工行为发现一起，处罚一起。2014年共查处盗采行为16起，查扣机械23台，强制断电拆除非法加工点101个，保护青山绿水生态环境。

【创新社会管理】 推进平安网格化建设，建立网格1315个。健全“天网工程”和“666”平安呼叫网建设，共入网6133户，覆盖率100%，让群众参与治安防控建设，共建社会法治环境。推进“技防延伸工程”，有46处视频监控点完成安装并投入使用。完成镇综治维稳信访工作中心建设，开展领导干部接访下访、信访隐患排查活动，解决群众反映的突出问题。全年镇村两级排查出各类矛盾476件，调处成功460件，调处成功率96.6%，同比上升3%。计划生育基础不断夯实，总体形势稳中向好，全年共发放计生奖扶、特扶、半边户奖励等共66.83万元。推动教育资源均衡发展，3所“九年一贯制”学校组建成功。推进文明创建，建立志愿服务队伍，开展群众性创建活动。完成第九届村委会换届选举，选优配强村干部，夯实基层组织建设堡垒。

【刘玉成家庭获合肥市“最美家庭”称号】 刘玉成尊老爱幼，热心助人，礼让邻里、团结互助，照顾失明小叔30年，得到乡里乡亲广泛赞誉。先后被肥东广播电视台、合肥午间新闻、合肥日报等多家媒体报道。

刘玉成家庭获市“最美家庭”称号

2014年获县级以上荣誉称号先进集体

单　位	荣誉称号	授予单位
桥头集镇	县级应急管理示范点	县政府
桥头集镇	全省公安机关执法示范单位	省公安厅
桥头集镇	共青团“以奖代补”专项资金评审“工作创新”	团市委

村（社区）主要负责人

村（社区）名	负责人	职务
桥头集社区	杜海传	第一书记
桐山村	王子成	书记
龙泉村	康守立	书记
桥安村	叶跃国	书记
山王社区	吴中东	书记
三站社区	徐乃凤	书记
梅山村	丁尔美	书记
大韩社区	韩立洋	书记
浬光社区	葛瑞新	第一书记
复兴社区	赵从铸	书记
竹塘村	刘传榜	书记
龙光村	施仕堂	书记
城山村	罗守保	书记
桥青社区	王　禹	书记
仙珰村	邹建平	书记
红光村	张传江	书记
小韩村	葛庆先	书记
马龙山村	凌照清	书记
国光村	石治国	书记

（周凌云）

撮镇镇

撮镇镇主要领导人名单

书　记	吴立新
镇　长	赵生文
人大主席	夏庆家

【概况】　2014年，完成财政收入9.01亿元，税收5.16亿元；完成规上工业产值240.47亿元，同比增长19.99%；农民人均纯收入15000元。连续六年蝉联全县“科学发展乡镇一等奖”。

【工业经济】　坚持“工业立镇”的战略目标，形成以机械制造、农副产品深加工等为主要支柱产业的工业体系，被确定为安徽省产业集群专业镇省级示范点。有工业企业392家，规上工业企业107家，产值超亿元企业62家。其中，SK宝盈沥青、瑞宏重型机械、金德电力设备、家家宜工贸和锦泰糖业入围全县2014年度规模以上工业企业20强。有“楚力”、“一帆”、“玉兰”、“赛尔”、“蓝天”等一批驰名和著名商标32个，主导产品获得国家专利70余项。

【项目投资】 完成全社会固定资产投资87.39亿元，同比增长16.4%。其中，工业性固定资产投资累计完成45.50亿元。列入县“361”项目60个，累计完成投资36.08亿元；列入市“1346”项目35个，累计完成投资24.58亿元；列入省“861”项目25个，累计完成投资21.9亿元。全年招商引资县外到位资金34.17亿元，其中省外到位资金28.82亿元，同比分别增长9.5%、13%。新签约项目12个，协议总投资32.5亿元。

【三产服务业】 东方早城、东方明珠、华盛大运城二期项目有序推进，全年累计销售1263套、11.63万平方米。全省首家快递产业园在合肥商贸物流开发区挂牌运营；腾辉红星美凯龙项目、宣酒集团华东销售中心项目建成交付运营；浙商城一期项目、普洛斯物流基地、永辉华东物流园、申通快递项目等一批大项目建成并陆续投入运营；华东文博城、宇培电子商务、新世界冷链等近30个项目加快建设。渡江战役总前委旧址纪念馆晋升为国家4A级旅游景区，红色教育功能日益完善；举办第6届安徽撮镇建华荷花文化旅游节，提升撮镇旅游品牌影响力。

【现代农业】 实施“一村一品”工程，“旭光樱桃”、“李六香葱”、“长乐蔬菜”、“建华莲藕”等一批特色农产品知名品牌影响力扩大，蔬菜生产、食品加工等产业优势增强。实施国家小农水项目，建立瑶岗、新安、建华3处高标准农田；全年新增各类蔬菜种植面积4600亩，其中通过市县验收水生蔬菜生产增加510亩，设施培植面积增加350亩，新增仙临、华光、瑶岗温控大棚3座。

【基础设施建设】 完善路网建设，西部片区龙塘路、大彭路、唐安路等7条道路建成通车，中部片区桥头集路、新华路、蔡大路等8条道路基本建成，高亮路、和平路等5个下穿铁路工程建成使用，镇区南大街、冯城路等4条市政道路改造工程主路面完成施工，新世界路延伸段、铁路北路、窦塘路等5条路启动施工。亚行贷款2个项目、国开行贷款3个项目顺利推进。全年投入基础设施建设5亿元。

【征迁安置】 盘活存量土地，改善人居生活环境。配合店忠路、合马路南移、繁华大道东延、店埠河航道升级、南淝河河道拓宽、淝南变500千伏等省市重点工程改造建设需要，推进征迁安置工作。新开工建设青年小区二期、幸福家园四期、新安小区四期、和谐家园二期安置房项目4个，建筑面积45万平方米；启动征迁瑶岗、河滨、龙塘等12个村（社区）17个项目，37万平方米，拆除房屋30余万平方米。完成瑶河家园、先锋小区2个安置房项目招标手续，规划建设面积25万平方米。

【美好乡村建设】 瑶岗和旭光2个美好乡村道路建设、房屋立面整治、渠道清淤、污水处理和村级文化活动中心完成建设任务，基础设施明显改善。完成“村村通水泥路”延伸工程8.47公里，改造维修砂石路7公里，改造危桥1座。完成建华小农水项目的验收和审计决算，整治田亩0.6万亩。改造泵站6座，维修涵闸7处，清淤河道12公里，清淤塘坝6口，清淤沟渠4条。

【环境整治】 绿化河渠4.5公里，渠道圩埂15公里。其中，绿化农村公路23条、当家塘32口；完成旭光村、赵光村成片造林2000余亩，美好乡村中心村植树4.5万余株。开展“三线三边”环境整治和文明村镇创建，镇村两级环境整治网格化管理，二级网格19个，三级网格236个，实现村（社区）全覆盖。关闭拆除禁养区内8家规模化养猪场、9613平方米，铲除河滩田40亩，拆除旱厕及改厕40座，店埠河撮西、先锋段及河滩田植树6000余颗。加速撮镇污水管网建设，店埠河以东管网铺设接近尾声，店埠河以西管网铺设完成80%。午秋两季秸秆禁烧。组织安全生产“打非治违”专项行动，摸底造册67家燃烧煤等污染燃料锅炉，依法取缔关闭12家石料粉尘企业、2家废旧塑料颗粒加工厂。

【民生工程】 完成27项民生工程，累计投入4.2亿元。建立健全社会救助管理体系，为8名孤儿提供特别生活补助；

为644户、1318名低保对象发放低保金；开展贫困残疾人救助与康复工作，新增参保失地农民3000余人，全镇累计14000余人。

【社会事业】 唐安社区、马桥社区“老少活动家园”项目基本建成。全年新增84名计生奖扶对象，计划生育奖扶资金全部按时发放到位，低生育水平保持稳定。瑞宏铸造、日月热镀、方源机电3家创建省级标准化职工书屋。全年一事一议项目5个，财政奖补资金109万元。举办长乐农民春晚和撮西“二月二”晚会，农家书屋实现19个村（社区）全覆盖，撮镇文化馆免费对外开放，建华社区公共阅览室投入使用。组织开展第三届道德模范评选表彰活动，化解信访积案，完成第九届村民委员会换届选举工作。

2014年获县级以上荣誉称号先进集体

单　位	荣誉称号	授予单位
撮镇镇	安徽省产业集群专业镇省级示范镇	省经信委
撮镇镇	第三届安徽省创建文明村镇工作先进乡镇	省文明委
撮镇镇	合肥市社区戒毒康复工作示范点	市禁毒委员会
撮镇镇	合肥市2014年度科学发展先进乡镇	市委 市政府
撮镇镇	肥东县2014年度科学发展先进乡镇	县委 县政府
撮镇镇	肥东县第三届道德模范评选工作推荐奖	县委 县政府
撮镇镇	肥东县2014年度政务信息公开先进单位	县政府
镇团委	安徽省2014年度五四红旗团委	团省委
撮镇镇	2014年度全市人口和计划生育目标管理先进乡镇	市委　市政府
撮镇镇	安徽省农村集体“三资”委托代理服务示范单位	省农委
马桥社区团总支	合肥市五四红旗团总支	团市委
龙塘学区党支部	肥东县先进基层党组织	县委
唐安社区党总支	肥东县先进基层党组织	县委
旭光村党总支	肥东县先进基层党组织	县委
合肥东华建材有限公司党支部	肥东县先进基层党组织	县委
建华社区	第三届合肥市文明单位	市委 市政府

2014年获县级以上荣誉称号先进个人

姓　名	荣誉称号	授予单位
殷　毅	第三次全国经济普查先进个人	国务院第三次全国经济普查领导组
章家志	第三次全国经济普查先进个人	省第三次全国经济普查领导组
鲁中杰	第三次全国经济普查先进个人	省第三次全国经济普查领导组
李丽娟	第三次全国经济普查先进个人	市第三次全国经济普查领导组
黄圣宇	2014年度市优秀团员	团市委
张海龙	2014年度优秀党务工作者	县委
王二虎	2014年度优秀共产党员	县委

姓　名	荣誉称号	授予单位
戴　颜	2014年度优秀共产党员	县委
费瑞宏	2014年度优秀共产党员	县委
徐　斌	2014年度优秀共产党员	县委
赵元森	2014年度优秀共产党员	县委
汪金翠	2014年度优秀共产党员	县委

村（社区）主要负责人

村（社区）名	负责人	职务
瑶岗社区	王二虎	书记
新安社区	宋启明	书记
唐安社区	杨辅云	书记
大郭社区	郭万超	书记
先锋社区	袁文革	书记
长乐社区	王邦杰	书记
撮西社区	徐　斌	书记
撮东社区	王保林	书记
建华社区	杨年举	书记
马桥社区	吴德俊	书记
龙塘社区	赵元森	书记
李六村	李　峰	书记
赵光村	张昌兵	书记
华光村	罗圣福	书记
大费村	费　翔	副书记
振兴社区	袁家和	书记
旭光村	宣恒发	书记
河滨村	陈学清	书记
仙临村	何玉荣	书记

（黄盛宇）

长临河镇

长临河镇主要领导人名单

书　记	周长升
镇　长	王维祥
人大主席	吴贤南

【概况】　先后获批全国重点镇、国家发展改革试点镇、全国文明村镇、全国建制镇示范试点乡镇、安徽省十佳绿色生态乡镇、省级森林城镇、合肥市科学发展先进乡镇、肥东县科学发展先进乡镇，进入全省200个中心镇行列，是镇级市试点单位。10月，镇总体规划通过合肥市规委会审定，被定位为“环湖首镇、生态慢城”。

【经济建设】　2014年，完成财政税收收入3847万元，实现固定资产投资13.2亿元，招商引资实到资金2.82亿元，农民人均纯收入达15144元。完成造林3084亩，其中成片造林3032

亩，森林覆盖率达30.5%。

【产业结构】 产业结构由第一产业和第三产业组成，发展方向是现代农业、观光旅游业，基本无工业身影。传统农作物有水稻、棉花、花生、玉米、山芋、大豆、芝麻、甘蔗。近年来，规模化产业化得到发展，村民逐渐转向瓜果蔬菜及花卉苗圃种植。镇内有家庭农场23家，形成田丰万亩水生蔬菜生产基地、田丰优质草莓生产基地、志强现代农业基地、刁友水生蔬菜生产基地等一大批优势农产品供应基地。随着旅游资源的开发，全年游客接待量达60万余人次，是合肥市现代服务业示范聚集区之一。

【民生工程】 全年实施民生工程25项，改造农村危房21户，建成农民健身工程8个，修建村级康复室3个，申报“一事一议”工程8项。投入470万元，实施“八小”水利工程。推进农村清洁工程，建设安全饮水工程，扩建垃圾中转站。拨付农村文化建设专项补助24万元，开展公益文化艺术活动，完善文化设施建设。

【组织建设】 积极寻找农村党建工作与服务民生改善工作结合点，创新活动载体，扎实开展各项组织工作。集中整顿两个软弱涣散村，创建领导班子“联抓”与村级党组织负责人“共促”机制，重抓“为民服务全程代理”党建品牌，以镇便民服务中心为阵地、以村便民服务站为基础，实行分片包干制的三级便民服务一体化格局，将为民服务理念实体化。被评为肥东县为民服务全程代理工作先进乡镇，星二社区被评为为民服务全程代理工作先进村，四顶社区被评为为民服务村企一体工作先进站点。

【综治维稳】 极力探索综治维稳管理新方式，整合资源组建维稳应急处置三支队伍，配备维稳器材，提升防范化解矛盾和维稳应急处置能力。创建四顶标准化社区，组建综治维稳信访工作中心。坚持开展风险评估、矛盾调处，实施天网工程，新设视频监控40处，洪葛村被评为肥东县社会管理综合治理示范村。

【文明创建】 为争取早日创成4A级旅游景区，该镇严抓文明创建工作。购置电动巡逻车、垃圾转运车、垃圾桶等环卫设备设施、组建执法中队、开展环境综合整治及巢湖综合治理，成功申报为环巢湖生态示范区。利用国开行、亚行项目资金8487万元对河道进行清淤、护坡、整治，建立垃圾转运站2座，加强水环境综合治理。坚持“河长制”长效机制，筑岸退堤，清理河道、打捞蓝藻，关闭区域内养猪场3家。开展绿化大会战，推动秸秆禁烧，实施青阳山矿山复绿，关闭石灰石料厂2家，落实整改物料堆放点，督促在建重点工程落实防尘措施。4月，被评为省级环保生态乡镇。

【文化建设】 高度重视文化建设，积极充实古镇文化内涵，建立长临河镇民俗文化馆，四顶、星光老少活动家园，配备文化共享工程站点，强化非物质文化遗产申报与保护，挖掘出舞狮、剪纸、根雕等民间艺术成果。“牛门洪拳”、“牛官堡武狮”成功申报为市级非物质文化遗产。境内有县文物保护单位1处、市保单位3处、省保单位1处，东光村的大、小踙滩商周文化遗址，蔡永祥纪念馆，振湖塔，六家畈古民居群等，均安排专人看护，免费开放。

振湖塔

【计划生育】 全面深化“村为主”工作机制，出生政策符合率90.5%，二多孩政策符合率85.48%，二多孩政策内出生早孕发现率56.86%，手术新帐完成率102.57%，随访服务率98.53%。计划生育工作自2008年以来，每年均为市级、县级先进乡镇。

【重大项目】 长临河镇是肥东县深度融入“大湖名城，创新高地”建设的前沿阵地，近年来各项重点项目接踵而至。合肥巢湖国际帆船俱乐部、环巢湖旅游大道、巢湖流域水环境综合治理、国开行二期长临河镇河道清淤护坡、污水处理及管网建设、南淝河下游河道整治、京福高铁及相关配套建设等。合工大研究院高档数控研发基地完成专家楼主体建筑，京福高铁将于2015年6月全线通车。南淝河河道整治项目姚埠、施口两村整体拆迁基本完成，店忠路拓宽前期准备到位，环湖大道东延拆迁任务完成。罗洪段观光农业示范园、金色米兰影视文化园项目有序推进。

高铁长临河站

【旅游景点】 境内旅游景点有桂花台、罗家疃农业观光园、长临古街、六家畈古民居群、振湖塔、四顶山森林公园、茶壶山烈士陵园、蔡永祥纪念馆、白马山旅游度假区、红石咀、2814渔场休闲垂钓中心等。

长临古街

2014年获县级以上荣誉称号先进集体

单　位	荣誉称号	授予单位
长临河镇	全国重点镇	住房城乡建设部 发改委　财政部等
长临河镇	第四届全国文明文明村镇	中央精神文明建设指导委员会
长临河镇	第三届安徽省文明村镇	省精神文明建设指导委员会
长临河镇	全省人防工作先进单位	省人民防空办公室
长临河镇	2014年省级森林城镇	省林业厅
长临河镇	人口和计划生育依法行政 便民维权试点乡镇	省计生委
长临河镇	2014年合肥市先进基层党校	市委宣传部
镇全国第三次经济普查办公室	第三次全国经济普查先进集体	市经济普查办公室
长临河镇	全县科协科普工作先进集体	县委　县政府

2014年获县级以上荣誉称号先进个人

单　位	荣誉称号	授予单位
吴　霜	2014年合肥市优秀共青团员	团市委
许正华	防范和处理邪教工作先进个人	市防邪办
罗艳萍	第三次全国经济普查先进个人	市经济普查办公室
王　俊	全县科普先进工作者	县委　县政府

村（社区）主要负责人

村（社区）名	负责人	职　务
长临社区	王群芬	书记

村（社区）名	负责人	职　务
星光社区	宣典成	书记
四顶社区	康红星	书记
星二社区	王大海	书记
湖滨社区	吴　军	书记
罗店村	罗守珍	书记
东光村	刘正荣	书记
青阳村	罗治淮	书记
罗洪村	罗太刚	书记
施口村	王国柱	书记
东红村	章新民	书记
全胜村	钟宗周	书记
洪葛村	王和良	书记
姚埠村	牛　林	书记
永胜村	胡文芸	书记
宝塔村	吴智勋	书记
迎霞村	王学虎	书记
茶山村	刘　洪	书记
白马村	韦红波	书记
虹光村	孔祥生	书记

（张　燕）

文件选编

□2014年县委重要文件目录
□2014年县委重要文件选登
□2014年县政府重要文件目录
□2014年县政府重要文件选登

2014年县委重要文件目录

序号	文号	文件标题
1	东发〔2014〕1号	中共肥东县委关于深入开展党的群众路线教育实践活动的实施意见
2	东发〔2014〕2号	中共肥东县委关于印发《中共肥东县委常委会2014年工作要点》的通知
3	东发〔2014〕5号	中共肥东县委关于贯彻落实中央和省委、市委部署全面深化改革的实施意见
4	东发〔2014〕8号	中共肥东县委关于落实党风廉政建设党委主体责任和纪委监督责任的实施意见
5	东发〔2014〕12号	中共肥东县委关于印发《肥东县反腐倡廉建设巡查工作实施办法（试行）》的通知

2014年县委重要文件选登

中共肥东县委关于深入开展党的群众路线教育实践活动的实施意见

东发〔2014〕1号

按照中央和省、市委部署要求，县委决定从2014年1月开始，大体安排8个月时间，在全县1570个党组织、49473名党员中深入开展党的群众路线教育实践活动。现结合我县实际，提出如下实施意见。

一、指导思想

坚持以党的十八大、十八届三中全会和县委十一届六次全委（扩大）会议精神为指导，认真学习贯彻习近平总书记系列讲话精神，全面贯彻“照镜子、正衣冠、洗洗澡、治治病”总要求，以为民务实清廉为主要内容，落实中央八项规定、《党政机关厉行节约反对浪费条例》和省、市、县有关规定精神，突出作风建设，贯彻整风精神，坚决反对形式主义、官僚主义、享乐主义和奢靡之风，着力解决人民群众反映强烈的突出问题，提高做好新形势下群众工作的能力，使党员干部思想认识进一步提高，作风进一步转变，党群干群关系进一步密切，为民务实清廉形象进一步树立，基层基础进一步夯实，为实现与市同步率先全面建成小康社会目标提供坚强保证。

二、范围对象

参加教育实践活动的范围：县委、县人大常委会、县政府、县政协机关及县直各单位和企事业单位，乡镇和村（社区），非公有制经济组织、社会组织及其他基层组织。

三、目标任务

（一）开展“正风肃纪”集中行动，着力解决“四风”方面存在的突出问题。不折不扣地贯彻落实中央和省、市委确定的专项整治任务，围绕“四风”方面存在的突出问题，坚持一风一风地查、一风一风地改，重点针对文山会海、检查评比过多，怕担责任、当老好人，有令不行、有禁不止，违规用车、变相多占办公用房，铺张浪费、经费管理不规范等问题，下猛药、出重拳，一项一项整治。

县、乡镇两级领导班子和领导干部重点解决政绩观不正确，科学发展意识不强；换一任领导、变一套思路；民主意识不强，搞“一言堂”；怕得罪人，不坚持原则，不敢抓、不敢管，遇到矛盾绕着走；上有政策、下有对策；心浮气躁、安于现状；落实惠民政策缩水走样，依法依规办事意识不强等问题。县直各单位以及乡镇、开发园区重点解决庸懒散拖、推诿扯皮，作风漂浮、落实不力；服务不主动，不作为、慢作为，“中梗阻”；搞部门特权等问题。执法监管部门和窗口单位、服务行业重点解决门难进、脸难看、事难办；滥用职权，搞权力寻租、利益输送、借权营生，在审批、验收等工作中指定服务机构或产品；执法不公，办“关系案”、“人情案”、“金钱案”等问题。村（社区）等基层组织重点解决纪律松弛、软弱无力，党员教育管理服务不到位；服务群众意识和能力不强，坐等上门多、主动问需少；侵占群众利益等问题。各类学校重点解决学生课业负担过重、管理粗放；乱招生、乱收费、乱补课、乱办班和乱订教辅资料等问题。医疗卫生机构重点解决服务意识淡薄、开大处方、收受回扣和红包等问题。企业重点解决企业改革发展和转型升级不主动、现代企业制度不健全、企务公开不到位、漠视职工利益等问题。

（二）开展“惠民利民”攻坚行动，着力解决关系群众切身利益的问题。坚持为民利民便民，本着尽力而为、量力而行的原则，全面落实各项民生政策，深入推进为民服务村企一体、大气污染防治、“三线三边”环境整治、“河长制”推行、乡村基础设施建设、城市管理“三乱”（垃圾乱扔、摊点乱摆、车辆乱停）整治、信访积案化解等工作，以实际行动惠民生、解民忧，真正让群众得实惠。

在满足群众需求方面，着力解决群众在教育、就业、社会保障、医疗、住房等方面的基本需求问题。在维护群众利益方面，着力解决生态环境、食品药品安全、安全生产、社会治安、执法司法、征地拆迁、城市管理等关系群众切身利益的问题。在扶贫助困方面，着力解决贫困残疾人、空巢和孤寡老人、留守儿童、低收入家庭等困难群体的生产生活问题。在反对与民争利方面，着力解决个别单位和干部克扣群众财物、拖欠群众钱款等问题。在化解矛盾方面，加强与群众真诚沟通，畅通群众诉求表达渠道，做好矛盾排查和信访积案化解工作，维护社会稳定，让群众切身感受到社会公平正义。

（三）开展“除弊祛垢”治理行动，着力解决群众反映强烈的不正之风问题。针对群众反映强烈的突出问题和发生在群众身边的不正之风，采取有力措施，大力整治吃拿卡要、相互吃请、办事不公、大操大办、封建迷信等不良风气。

重点解决对待群众冷漠、生硬，作风粗暴问题；整治利用公款吃喝，贪图玩乐，工作时间上网聊天、打游戏、浏览与工作无关网站等问题；查处党员干部收受请托对象、服务对象、监管对象礼品红包，违反党纪国法参与各种形式赌博和在婚丧嫁娶、乔迁新居等事项中借机敛财等行为；破除陈规陋习，自觉抵制求神拜佛、卜卦算命等封建迷信活动；解决自由散漫，懒懒散散、出工不出力等问题；治理乡镇干部走读、工作机关化等问题；查处违规违法用地、非法征地拆迁和党员干部违规建私房等问题；整治执法监管部门和窗口单位、服务行业乱收费、乱罚款、乱摊派现象，以及各种滥用职权等行为。

（四）开展“固本强基”专项行动，着力解决联系服务群众不到位问题。围绕基层服务型党组织建设要求，着力解决基层组织设置不够优化、书记队伍素质不高、宗旨意识不强、党员作用不够突出、服务保障不够有力等问题。

进一步健全组织体系，优化组织设置，扩大党的组织覆盖和工作覆盖，做到凡是有群众的地方都有党组织的服务。加强带头人队伍建设，打造一支守信念、讲奉献、有本领、重品行的基层党组织书记队伍。扎实做好村“两委”换届工作，切实把思想素质好、组织协调能力强、服务能力强的人选进班子。完善联系服务群众机制，全面推广“一线为民工作法”，深化“五级书记带头大走访”、党员群众“1+1结亲”、为民服务全程代理、为民服务村企一体、党员志愿者等工作机制。做好发展党员工作，严格把好“入口关”，落实“三会一课”、公开承诺、民主评议等党员教育管理制度，充分发挥党员先锋模范作用。健全服务保障体系，建立稳定的基层组织运转和基本公共服务经费保障制度，推动人、财、物向基层倾斜。加强服务阵地建设，推进党群服务中心、驻外流动党员服务站建设。落实关爱基层干部政策，充分调动服务群众的积极性，保证群众话有地方说、事有地方办，困难有人帮、问题有人管。

为丰富活动内容，突出实践特色，在深入开展“争创先进基层服务型党组织、争当为民务实清廉党员干部”活动的同时，结合各领域特点，县直单位和乡镇要深入开展以“改进工作作风服务群众、改进工作作风服务基层、改进工作作风服务企业”为主要内容的“一改进三服务”活动；执法监管部门和窗口单位、服务行业重点开展以“亮身份、亮职责、亮承诺，争创优质服务窗口、争创优质服务岗位、争当优秀服务标兵”为主要内容的“三亮三争”活动；村（社区）重点开展以“带头增收致富、带领群众致富，维护群众利益、维护和谐稳定”为主要内容的“两带两维护”活动；其他基层党组织要结合实际，开展好系列主题活动，增强活动效果。

四、基本原则

1、坚持正面教育为主。加强马克思主义群众观点和党的群众路线教育，加强党性党风党纪教育和道德品行教育，引导党员干部坚定理想信念，增强公仆意识，讲党性、重品行、作表率，模范践行社会主义核心价值观，坚守共产党人精神追求。

2、坚持批评和自我批评。以整风精神，开展积极健康的思想斗争，敢于揭短亮丑，崇尚真理、改正缺点、修正错误，真正让党员干部思想受到教育、作风得到改进、行为更加规范。

3、坚持开门搞活动。请群众参与，让群众评判，受群众监督，努力在解决作风不实、不正和行为不廉上取得实效，在提高群众工作能力、密切党群干群关系、全心全意为人民服务上取得实效。

4、坚持分类指导。严格贯彻教育实践活动总体要求，针对机关、企事业单位和基层的不同情况，分别找准各自需要解决的突出问题，提出适合各自特点的目标要求和办法措施。

5、坚持领导带头。坚持上级带下级、主要领导带班子成员、领导干部带一般干部，一级抓一级、层层抓落实。领导干部带头深入群众，带头学习调研，带头听取意见，带头查摆剖析，带头开展批评和自我批评，带头落实整改。

五、方法步骤

整个教育实践活动大体安排8个月时间，2014年9月基本完成。具体到每个单位，开展集中教育的时间一般不少于3个月。

（一）学习教育、听取意见

1、抓好学习教育。组织党员干部认真学习党章、党的十八大和十八届三中全会精神，学习习近平总书记系列讲话精神，学习中央和省、市、县委有关教育实践活动的文件精神，学习党的光辉历史和优良传统，学习《论群众路线——重要论述摘编》等资料。深入开展向陈彬、余家训、陈万霞等先进典型学习活动。围绕“‘四风’问题怎么改、服务群众怎么办、好干部怎么当”，开展“我们的群众观”大讨论活动，采取多种形式，加强党员干部的理想信念、党性修养、政治纪律教育，着力解决好世界观、人生观、价值观的“总开关”问题。县级机关及县直单位和企事业单位、各乡镇（园区）要组织开展“五个一”活动，即：重温一次党章、组织一次集体学习交流、开展一次集中调研走访、宣传一批先进典型、进行一次廉政警示教育。集中学习和专题讨论时间不少于一周。其他基层党组织的学习教育方式要灵活多样、务实管用、简便易行，可通过开展“基层党组织书记作一次动员讲话、上级党组织负责人作一次辅导报告、至少通读一遍学习读本、请先进典型介绍一次事迹、观看一部专题片、集中开展一次专题讨论”等方式，组织党员进行学习。对年老体弱、文化程度不高的党员，要根据个体特点，选择合适时间，采取上门送学、结对帮学等方式组织学习。

2、广泛听取意见。县级领导班子成员要集中一周时间，县直和乡镇领导班子成员也要集中一段时间，深入基层，直接到群众中去听意见。各地各单位可通过发放征求意见函、登门拜访、开展谈心谈话、集中走访调研、召开座谈会、组织专项调查、开通网上平台等方式广泛征求意见建议。基层党组织要注意收集党员群众的意见建议，如实向上级党组织报告，并向相关党员干部进行反馈。督导组要广泛听取意见，并反馈给单位领导班子和领导干部。要把“面对面”与“背靠背”结合起来，把“个别听”与“集体谈”结合起来，把“走进群众听”与“组织群众评”结合起来，广泛听取意见，特别要听取工作对象和服务对象的意见，重视来信来访等送上门的意见。要统筹做好征求意见工作，防止相互征求意见搞“公文旅行”、“函来函往”，防止“一窝蜂”下基层、重复征求意见。

（二）查摆问题、开展批评

1、着力查摆问题。坚持为民务实清廉要求，对照理论理想、党章党纪、民心民声、先辈先进“四面镜子”，采取群众提、自己找、上级点、互相帮、集体议等方式，深入查摆“四风”问题具体表现，注重从关系群众切身利益的问题中查找“四风”问题，列出个人问题清单。各级机关和企事业单位要对照《党政机关厉行节约反对浪费条例》以及有关规定，乡镇、村（社区）还要对照《农村基层干部廉洁履行职责若干规定（试行）》查摆问题。

2、认真对照检查。县级机关及其直属单位和企事业单位、乡镇领导班子、班子成员要撰写对照检查材料，逐项列出“四风”问题的具体表现、典型事例，对“三公”经费支出、人情消费、办公用房和住房、家属子女从业等情况要作出说明；从理想信念、宗旨意识、党性修养、政治纪律等方面剖析根源；明确努力方向和整改措施。主要负责同志要主持起草领导班子对照检查材料，并在一定范围征求意见。班子成员要自己动手撰写个人对照检查材料。上级党组织、本级党组织负责同志和督导组要严格审核把关。领导班子和党组织主要负责同志的对照检查材料，要报上一级党委教育实践活动领导小组办公室备案。党员领导干部的对照检查材料，还要按照干部管理权限上报。村（社区）等其他基层组织可不撰写对照检查材料。

3、开好专题民主生活会和组织生活会。县级机关及其直属单位和企事业单位、乡镇领导班子要召开专题民主生活会。会前，要普遍开展谈心交心。会中，要开展严肃认真的批评和自我批评，既揭短亮丑、动真碰硬，又实事求是、出以公心，不发泄私愤，不搞无原则纠纷。会后，要在一定范围通报民主生活会情况，并接受党员干部、群众民主评议。县纪委和县委组织部要派员参会。督导组组长对开展批评和自我批评的情况要进行点评。村（社区）等其他基层党组织要召开专题组织生活会进行对照检查，开展民主评议党员工作，针对存在问题提出改进措施和办法。党员领导干部要以普通党员身份参加所在党支部的组织生活会。

（三）整改落实、建章立制

1、认真抓好整改。围绕群众反映强烈的突出问题，从具体事抓起、从身边事做起、从群众最不满意的事改起，做到即知即改。县级机关及其直属单位和企事业单位、乡镇领导班子要认真制定整改方案，明确任务书、时间表和责任人；领导班子成员要制定个人整改措施。领导班子整改方案和党组织主要负责人整改措施报上一级活动领导小组办公室备案。村（社区）等其他基层组织要列出问题清单，明确整改措施。实行开门整改，作出整改承诺，公开整改情况，接受群众监督。要把活动整改的问题与需上级帮助解决的问题衔接起来，坚持以上带下，以下促上，上下联动，动真碰硬，持续用劲，确保整改取得实效。

2、强化正风肃纪。坚持严的标准、严的措施、严的纪律，坚决查处发生在群众身边的不正之风和腐败问题，坚决整治特权病、冷漠病、懒散病、享乐病、挥霍病。对有问题不整改、大问题小整改、边整改边再犯的，要严肃批评教育，必要时采取组织措施和纪律措施。加强领导班子建设，严格干部教育管理，对软、懒、散的领导班子进行整顿；对存在一般性作风问题的干部，立足教育提高，促其改进；对群众意见大、不能认真查摆问题、没有明显改进的干部，要进行组织调整；对在教育实践活动中发现的重大违纪违法问题，要及时移交纪检监察机关或有关方面严肃查处。各地各单位要对所属党组织和党员队伍状况进行综合分析，有针对性地加强基层党组织建设和党员教育管理，对软弱涣散、问题比较突出的基层党组织，要先进行整顿，选优配强党组织书记，再开展教育实践活动；对后进村要着力解决凝聚力、战斗力不强，发展滞后、管理混乱、矛盾突出等问题；对长期不起作用甚至起负面作用的党员，进行严肃教育，对不合格的党员要严肃党纪、给予组织处理。

3、抓好建章立制。按照于法周延、于事简便的原则，围绕解决“四风”方面突出问题，建立完善行得通、指导力强、能长期管用的制度规定，规范党员干部直接联系服务群众、保障群众合法权益、加强干部作风考评，推动改进作风、密切联系群众常态化。要注意承接好、贯彻好中央和省、市、县出台的各项制度规定，防止简单照搬照抄，避免重复建设。强化制度执行，提高党员干部依法依章依纪办事意识，加强对制度执行情况的督促检查，坚决纠正有令不行、有禁不止等问题。县里将重点健全完善党群联系、公开承诺、群众诉求受理、廉政教育防控、纠风治乱、廉政督查考评等六项机制。

六、组织领导

县委常委、县人大常委会主任、县政协主席、县政府党员副县长要在乡镇和县直单位中选择两个单位，作为教育实践活动联系点，开展调查研究和工作指导，参加联系点领导班子专题民主生活会，示范带动和推进全县教育实践活动深入开展。

（一）落实领导责任。各地各单位要及时成立领导机构和工作机构，明确职责任务。党组织主要负责同志要承担第一责任人职责，把教育实践活动紧紧抓在手上，发挥示范带动作用。对走过场、搞形式的，要追究主要负责同志责任。乡镇、开发园区党（工）委要抓好自身教育实践活动，负责组织村（社区）等基层党组织和党员的教育实践活动。选派干部、大学生村官、派驻非公企业党建工作指导员要在教育实践活动中发挥骨干作用。要用好的作风组织开展教育实践活动，防止文山会海，力戒形式主义。

（二）压茬有序推进。活动采取统一部署、梯次展开、压茬进行的办法组织开展，分县级领导机关，县直单位和乡镇，村（社区）及其他基层党组织三个层次依次推进，每个层次启动时间原则上相隔半个月左右。乡镇、村（社区）要利用农民返乡机会、农闲时节，把流动党员和农村党员的学习教育、听取意见及时开展起来。

（三）注重分类实施。针对参加单位的不同特点，县委教育实践活动领导小组制定了7个分类实施方案，明确需要解决的主要问题、各个环节的重点工作和活动开展的具体措施。县、乡镇两级领导班子和领导干部要紧紧扭住解决“四风”问题不走神、不散光，在找准和解决突出问题上下功夫、见实效。其他单位要突出联系服务群众这个着力点，在增强服务意识、提高服务能力上下功夫，在联系服务群众的实践中受教育、转作风。非公有制经济组织和社会组织可采取小型、业余、分散方式开展活动。流动党员参加教育实践活动以流入地党组织为主、流出地党组织为辅。

（四）加强督查指导。县委派出督导组，对活动开展情况进行全程指导，提出建议，督促解决问题。督导组要认真审阅活动实施方案、对照检查材料、整改方案等，对督导单位领导班子及班子成员作风建设情况进行民主评议，全程参与专题民主生活会并进行点评，督促抓好每个环节各项工作落实。要沉下去面对面开展工作，及时发现和解决问题，有效传导压力。要督促开展“回头看”，坚持标准、确保质量，防止降格以求。上级党组织要向村（社区）、非公有制经济组织和社会组织等基层党组织派出指导组。实行垂直管理或以行业管理为主的单位，要结合条条部署要求抓好教育实践活动。政法、教育、国土资源、城乡建设、农业、卫生、人口和计划生育、安全生产监督管理等关系群众切身利益的部门，要发挥条条指导作用，上下联动开展专项整治，纠正行业不正之风。统战、工商联、民政等部门单位要发挥职能作用，指导非公有制经济组织和社会组织开展教育实践活动。

（五）强化宣传引导。加强正面宣传,深入报道中央和省、市、县委精神,通过新闻报道、言论评论、工作综述、专题专访等形式,充分反映教育实践活动的进展和成效。注重典型引导，及时发掘、总结、宣传和推广一批身边的为民务实清廉先进典型，发挥示范带动作用。强化舆论监督,通过以案说法、典型曝光、事件评述等方式,发挥监督警示作用,促进教育实践活动深入开展。创新宣传形式和载体,重视发挥网站、微博等新兴媒体的作用，营造良好舆论氛围。

（六）注重统筹兼顾。把开展教育实践活动与深入贯彻党的十八大、十八届三中全会精神结合起来，与全面落实中央和省、市、县委重大决策部署结合起来，与做好当前改革发展稳定各项工作结合起来，与完成本地本单位各项任务结合起来，切实做到两手抓、两不误、两促进，以作风建设的新成效，凝聚起推动肥东与市同步率先全面建成小康社会的强大力量。

中共肥东县委关于贯彻落实中央和省委、市委部署全面深化改革的实施意见

东发〔2014〕5号

为深入贯彻落实《中共中央关于全面深化改革若干重大问题的决定》和省委、市委全面深化改革文件精神，促进肥东科学发展，现就全县全面深化改革工作提出如下实施意见。

一、全面深化改革的总体要求

1、指导思想。坚持以中国特色社会主义理论体系为指导，按照中央“六个围绕”和“四个坚持”的总体要求，以经济体制改革为重点，以促进社会公平正义、增进人民福祉为出发点和落脚点，蹄疾步稳、务求实效，着力抓好重要领域和关键环节的改革，争当改革创新的先行者、科学发展的排头兵，为与市同步率先全面建成小康社会奠定坚实基础。

2、总体目标。紧紧围绕“中部领先，全国百强”奋斗目标，坚定改革目标不动摇、落实上级部署不走样，到2020年，全面完成本实施意见提出的各项改革任务，实现制度更加健全完善，经济更具活力效率，政治更加清正廉洁，文化更加发展繁荣，社会更加和谐有序，生态更加平衡良好，党的建设更加坚强有力，人民生活更加美好富足。

二、构建现代市场经济体系

3、大力支持民营经济发展。坚持权利平等、机会平等、规则平等，破除各种思想障碍，废除各种不合理规定，消除各种隐形壁垒。不断完善全民创业政策体系，壮大民营经济发展主体。落实省、市支持中小微企业发展政策，减轻企业负担。落实民营企业进入特许经营领域政策，支持民营企业参与经营性基础设施和公益事业项目建设。加强中小企业公共服务体系和市场化服务平台建设。支持引导民营企业做大做强，推进企业完善公司制改革，建立现代企业制度，支持民营企业上市融资，加快培育一批具有影响力、竞争力的民营企业集团。

4、建立公平透明的市场环境。实行统一的市场准入制度，清理各行业准入规则中不适当的资金、技术、资质等限制性条件。认真落实工商注册制度便利化要求，放宽市场主体住所(经营场所)登记条件，减少营业执照种类，推行工商注册全程电子化和电子营业执照。清理和废除妨碍统一市场和公平竞争的各种规定和做法，反对不正当竞争。加强社会信用体系建设，探索建立企业和个人信用基础数据库，建立完善守信激励、失信惩戒机制。落实国家推进水、石油、天然气、电力、交通、电信等领域价格改革的政策措施，全面实施居民生活用水、用电、用气的阶梯价格制度。

5、提高金融服务实体经济发展水平。支持民间资本依法发起设立中小型银行等金融机构，鼓励和规范发展融资租赁、融资担保公司以及典当行等准金融机构。加大金融产品创新力度。推动具备条件的小额贷款公司改制为村镇银行，支持农村商业银行、村镇银行增资扩股。优化金融环境，拓宽融资渠道，降低融资成本，切实解决中小微企业融资难、融资贵问题。支持企业进入中小企业板、创业板和全国中小企业股份转让系统融资，鼓励企业利用债务融资工具进行融资。设立中小企业担保风险补偿基金，探索建立风险共担补偿机制。引导金融机构加大对家庭农场等新型农业经营主体的信贷支持力度，积极发展农业保险，探索开展巨灾保险，完善保险经济补偿机制。加强金融监管能力建设，落实金融监管职责

和风险处置责任，完善金融监管协调机制。

6、积极推进科技创新。发挥政府扶持政策的撬动作用，强化企业技术创新主体地位，鼓励企业建立研发实体、加大研发投入，建立主要由市场决定技术创新项目和经费分配、成果评价的机制，激发中小企业创新活力。坚持开放式创新，大力引进创新型人才和企业，充分依托合肥创新资源优势，推动企业与科研机构对接，引导更多科研成果在我县转化。大力实施知识产权战略，鼓励和扶持企业开发一批具有自主知识产权的技术和产品。促进科技与金融深度融合，鼓励社会资本投入创新领域，建立多元化科技创新投入机制和风险容忍机制，促进科技成果资本化、产业化。

7、深化土地管理制度改革。发挥国土资源节约集约模范县优势，进一步创新土地整治模式和节地模式。在符合规划和用途管制前提下，建立完善农村集体经营性建设用地流转制度，健全农村宅基地有偿有序退出机制。建立不动产统一登记制度。探索建立城乡统一的国有土地、集体经营性建设用地交易市场。积极探索征地制度改革，规范征地程序，完善对被征地农民合理、规范、多元保障机制。建立兼顾国家、集体、个人的土地增值收益分配机制，合理提高个人收益。推进国有存量土地升级改造，创新工业用地供应方式，建立完善闲置及低效利用土地市场化退出机制，探索社会事业用地有偿使用方式，扩大土地有偿使用范围。

8、构建开放型经济体制。推动肥东经济开发区、合肥循环经济示范园和安徽合肥商贸物流开发区协同发展，优化园区布局，明确功能定位，拓展发展空间，打造开放发展主战场。坚持引资、引技、引智相结合，提升招商引资水平，大力引进新型业态、先进经营模式、知识品牌和高层次人才，积极引入企业总部、研发中心、采购中心、营销中心以及配套的生产性服务业企业。推进金融、教育、文化、医疗等服务业领域有序开放，落实国家放开育幼养老、建筑设计、会计审计、商贸物流、电子商务等服务业领域外资准入限制的政策。坚持合作共建，积极采取“飞地经济”和“园中园”等经济合作方式，扩大招商成果。

三、积极推进政府职能转变

9、优化政府组织结构。坚持部门内设机构综合设置，严格控制机构编制，做到机构数量、领导职数和财政供养人员数量只减不增。统筹党政群机构改革，理顺部门职责关系，推行大部门制，优化机构设置、职能配置、工作流程，加快建设服务型政府。精简规范各类议事协调机构及其办事机构。科学划分县、乡、村职能职责，推进基层管理体制改革，推动重心下移，实行扁平化管理。继续深化乡镇行政体制改革，巩固扩权强镇和改革试点镇行政管理体制改革试点成果。完善开发区管理体制，在管理职能上扩权到位，赋予县级管理权限。

10、深化事业单位改革。全面完成行政类和生产经营类事业单位改革，加快推进公益类事业单位政事分开、管办分离、去行政化，逐步取消学校、医院等事业单位的行政级别，生产经营类事业单位转企改制。建立公办教育、卫生领域事业单位法人治理结构。完善事业单位社会化用人制度改革。对公益二类事业单位，建立财政补助与政府购买服务相结合的供给方式。

11、深化行政执法体制改革。厘清执法机关职责权限，整合执法主体，推进综合执法，着力解决权责交叉、多头执法问题，建立权责统一、权威高效的行政执法体制。完善行政执法程序，规范执法自由裁量权，强化对行政执法的监督，完善行政处罚决定公示制度。进一步理顺城管执法体制，科学设置城市管理领域执法范围。推动市场监管职能整合，建立生产、流通、消费市场综合监管体系。加强乡镇综合执法，整合行业内执法力量。

12、深化行政审批制度改革。做好国家、省、市下放的审批项目承接工作，对现有审批项目进行全面清理，建立统一规范的行政审批事项目录清单并严格执行。精简审批事项，优化审批流程，全面推行项目审批要件、流程、条件和时限等网络公示制。规范政府部门职权目录，建立健全行政权力公开透明运行机制，建立事中事后监管服务新机制。加强部门联动配合，全面推行行政审批相对集中改革，建立健全一门受理、并联审批和多证联办的服务模式，不断深化为民服务全程代理制。

13、深化财税体制改革。完善县乡财政体制，合理确定事权与财权，合理安排财政收入分配。清理、整合、规范专项转移支付项目，提高财政资金绩效。全面推进预决算及“三公”经费信息公开，建立跨年度预算平衡机制和权责发生制的政府综合财务报告制度，推行预算绩效管理，强化预算执行动态监控。认真落实国家各项税制改革政策法规，继续推进“营改增”等各项税制改革，深化涉税信息利用，推进综合治税。健全政府非税收入征收管理制度。深化国库集中收付制度改革，实现预算单位、财政性资金全覆盖。建立健全政府性债务管理体制机制，建立规范合理的政府债务管理及风险预警机制。

14、深化投融资体制改革。转变政府投资管理职能，严格执行节能节地节水、环境、技术、安全等市场准入标准。确立企业投资主体地位，减少前置条件，强化服务和后续监管。完善企业投资项目核准和备案管理办法，建立透明规范的城市建设投融资机制，拓宽社会资本投资渠道，培育和吸引多元化投资和运营主体，构建现代投融资体系。完善国有资产管理、处置机制，整合优质国有资产，嫁接省市融资平台，拓宽融资渠道，提升融资水平，实现国有资产保值增值。制定政府投资管理办法，规范政府投资行为，建立和完善政府投资项目公示制和绩效评价制度。探索建立风险可控的新型城镇化、生态环境建设投融资模式和良性运行机制。探索建立民间借贷登记中心，建立民间融资备案管理制度。

四、健全城乡发展一体化体制机制

15、加快构建新型农业经营体系。大力培育新型农业经营市场主体，创新农业发展方式和经营模式，加快构建以农户家庭经营为基础、合作与联合为纽带、社会化服务为支撑的立体式复合型现代农业经营体系。规范引导土地承包经营权流转，健全县、乡、村三级土地流转服务和管理网络，探索建立土地流转风险防范和保障制度。鼓励发展混合所有制农业产业化龙头企业，鼓励和引导工商资本到农村发展适合企业化经营的现代种养业，向农业输入现代生产要素和经营模式。健全农业社会化服务体系，大力培育农业经营性服务组织。加大农民职业教育和培训力度，培育新型职业农民。建立产销全覆盖、全过程可追溯的标准化农产品质量安全监管体系和动态化监管机制。

16、深化农村综合配套改革。全面放开县城和建制镇的落户限制，促进符合条件的农业转移人口转为城镇居民。推进农村集体经济组织产权制度改革，推进农村产权确权登记发证，探索建立农村土地等产权流转交易和增值实现形式，引导承包经营权、集体经济股权、农民住房财产权等规范有序流转。支持引导发展农民股份合作、土地股份合作等新型农村集体经济，鼓励农民以承包经营权入股参与农业产业化经营。积极推动建立支农信贷风险补偿机制、农业贷款信用担保机构和农业风险投资基金，完善农村金融服务体系建设。稳定农、林、水等基层农业公共服务机构，健全经费保障和激励机制，推进农业服务专业化、全程化。

17、完善城乡公共资源要素均衡配置机制。稳步推进城镇基本公共服务向常住人口全覆盖，统筹推进城乡公用设施和社区建设，推进城乡要素平等交换。健全城乡基本公共服务标准和质量差距逐步缩小机制，建立覆盖城乡的社区公共服务设施统筹机制。建立完善农村多元投入机制，完善财政支农政策，优化整合扶贫资源，创新“部门协作”、“精准扶贫”等农村扶贫机制，健全“三农”投入稳定增长机制，鼓励社会资本投向农村。建立完善促进企业和社会组织在农村兴办各类事业的机制，保障农民就业同工同酬。推进城乡低保、城乡居民基本养老和医疗保险“三大并轨”。

18、深化城乡建设管理体制改革。按照城市标准提升县城规划建设管理水平，加快县城发展。推进城市建设管理创新，建立规划衔接协调机制。积极引入合肥市城市建设“六分开”制度，推动向中小工程和民生工程拓展。大力推进小城镇建设，统筹推进城镇化和美好乡村建设，提高中心集镇和中心村人口吸引力和承载力。完善国有土地房屋征收补偿政策，制定集体土地房屋征收补偿管理办法，完善“三榜公示”制度，建立完善先建后拆模式。逐步建立和完善公平有序的代建制市场。

五、深化社会事业发展改革

19、推进教育领域改革。进一步优化农村中小学布局，统筹城乡义务教育资源均衡配置。完善普惠性全覆盖的学前教育体系，实行义务教育阶段学校标准化建设和校长教师交流轮岗，促进教育优质均衡协调发展。加快建设现代职业教育体系，深化产教融合、校企合作，培养高素质劳动者和技能型人才。大力促进教育公平，健全家庭经济困难学生资助体系，支持特殊教育发展。打响肥东教育强县品牌，探索建立政府管理、学校办学、社会评价制度，进一步扩大学校办学自主权。鼓励和引导民间资金发展教育和社会培训事业，促进公办教育和民办教育协调发展。

20、推进医疗卫生和人口计生工作体制改革。巩固县级公立医院综合改革成果，健全网络化城乡基层医疗卫生服务运行机制，提高村级标准化卫生室建设服务水平，落实乡村医生保障政策。进一步完善县域内院前急救体系，加强公共卫生服务资源整合，促进优质医疗资源纵向流动。鼓励社会办医，允许医师多点执业，允许民办医疗机构纳入医保定点范围。完善合理分级诊疗模式，完善大病医疗保险和救助制度。推行医保支付方式改革，建立总量预付、单病种结算、人次结算等结算方式，落实普通门诊报销政策。坚持计划生育基本国策，维持适度低生育水平，落实一方是独生子女的夫妇可生育两个孩子的政策。

21、推进文化事业发展改革。完善文化管理体制，建立公共文化服务体系建设协调机制，统筹服务设施网络建设，促进基本公共文化服务标准化、均等化。扩大政府公共文化采购和资助范围，构建现代公共文化服务供给体系，推动文化惠民项目与群众文化需求有效对接。大力推动文化与科技、旅游、体育等融合发展，支持各种形式小微文化企业发展。培育文化非营利组织，积极扶持群众自发的文化团体和文化活动，推动公共文化服务社会化发展。完善文化遗产保护和传承工作机制，大力弘扬包公文化、渡江文化、好人文化等本土文化。

22、推进社会保障制度改革。建立统一的城乡居民基本养老保险制度，持续提高城乡居民基本养老保障水平，鼓励发展民办养老机构和老年服务产业。推进城乡居民大病保险制度建设，构建基本医保、医疗救助、商业保险多层次医疗保障体系。实施公共租赁住房和廉租住房并轨，完善保障性住房准入和退出机制。完善失业保险制度和失地农民保障制度。建立统一的城乡最低生活保障制度，建立健全合理兼顾各类人员的社会保障待遇确定和正常调整机制。健全农村留守儿童、妇女、老人关爱服务体系，健全残疾人权益保障、困境儿童分类保障制度。健全社会保障财政投入制度，增强社会救助能力，引导社会资本进入社会保障领域。

23、健全促进就业创业体制机制。建立经济发展和扩大就业的联动机制，规范招人用人制度，完善扶持创业的优惠政策，形成各类主体竞相创业的良好环境。构建覆盖城乡的公共就业创业服务网络，形成政府激励创业、社会支持创业、劳动者勇于创业新机制。健全重点群体就业援助制度，促进以高校毕业生为重点的青年就业和农村转移劳动力、城镇困难人员、退役军人就业。完善就业失业监测统计制度，创新劳动关系协调机制，畅通职工表达合理诉求渠道。

六、创新社会治理体制

24、提高依法治县水平。深入推进《肥东县人民政府行政行为规范》实施。普遍建立法律顾问制度，完善行政复议案件审理机制，完善规范性文件、重大决策合法性审查机制，健全规范性文件备案审查制度，推进政府依法行政。健全重大决策公开征询机制，健全政务公开和新闻发布制度，推进政府信息共享。探索建立行政服务效能综合评价考核机制，健全行政问责制，推广民主评议百名科长活动，加大评议力度，扩大评议范围。积极发展法律服务业，创新社会普法教育机制，大力培育法治文化，增强全民法治观念。

25、改进社会治理方式。坚持系统治理、依法治理、综合治理和源头治理，增强社会发展活力，提高社会治理水平。大力推广“枫桥经验”，构建新型基层社会治理体制，推行扁平化、网格化、信息化治理。建立流动人员服务管理联动机制，加强特殊人群服务管理。支持和发展壮大社会组织，引导社会组织加强自身建设，提高社会组织开展社会服务的能力。加大政府购买服务力度，建立健全政府向社会力量购买服务机制。

26、创新有效预防和化解社会矛盾体制。健全重大决策社会稳定风险评估机制、调处化解矛盾纠纷综合机制、基层维稳应急处置机制和社会应急管理体系。建立健全为民服务和综治维稳信访工作平台，完善乡、村两级服务机制，运用法治思维和法治方式化解社会矛盾。推进重心下移、关口前置，拓展“666”平安服务网功能，深化平安肥东建设。畅通群众诉求表达渠道，建立健全网上受理信访制度，落实领导干部接访、下访、回访和联系信访群众制度，促进群众合理诉求及时就地解决。把涉法涉诉信访纳入法治轨道解决，完善诉访分离机制，建立涉法涉诉信访依法终结制度。

27、建立健全公共安全管理体系。完善食品药品安全监管体制机制，建立最严格的覆盖全过程的监管制度，保障食品药品安全。健全安全生产监管体制，完善安全生产责任体系、保障体系、应急救援体系。深化安全隐患排查治理，严肃事故查处和责任追究，健全防灾减灾救灾体制。加强社会治安综合治理，建立健全社会治安立体防控体系和网络社会防控体系，严密防范和依法打击各种违法犯罪活动。深入开展双拥共建工作。

28、落实司法体制改革各项措施。积极推进审判公开、检务公开，加强和规范对司法活动的法律监督和社会监督。健全司法救助和法律援助制度，健全社区矫正制度，加强矫正执法衔接配合。健全司法权力分工负责、互相配合、互相制约机制，完善司法人权保障制度。加强党委执法监督，推动执法监督工作多元化、规范化、制度化。

29、深化社会主义核心价值体系建设。深入开展中国梦和中国特色社会主义宣传教育，积极培育和践行社会主义核心价值观。大力推进公民道德建设工程，把诚信建设摆在突出位置，培育良好社会风尚。加强县情教育，营造热爱肥东、发展肥东的浓厚氛围。

七、推进生态文明建设

30、建立生态环境源头保护制度。建立健全自然资源资产产权制度，构建归属清晰、权责明确、监管有效的自然资源资产管理机制。合理确定城市和集镇建设扩展边界，划定并严守森林、湿地、水资源等开发利用生态红线，健全能源、水、土地、森林、滩涂节约集约使用制度，构建建设开发、农业生产和生态保护三大空间，落实用途管制。优化能源消费结构，大幅提高清洁能源、绿色能源消费比重，实行最严格的污水排放标准和水资源管理制度。

31、健全生态环境保护管理制度。严格监管污染物排放，推行污染物排放许可制。建立完善重大规划和重大决策环境影响评价制度，建立农村污水、垃圾处理设施建设和运行保障长效机制，建设生态友好型农业。健全突发环境事件应急管理机制，制定并实施综合防治方案。健全环境监管执法机制，严厉查处各类环境违法行为，严格实行损害赔偿制度。完善环境信息公开制度，推行有奖举报，强化社会监督。

32、推进生态环境治理重点工程。坚持标本兼治，建立生态环境综合治理机制。以“三线三边”为突破口，强化农村环境综合整治，建立完善长效治理机制，着力改善人居环境。推广城市生活垃圾分类处理，完善农村垃圾处理模式，探索建立固体废弃物减量化、无害化、资源化处理机制。完善环巢湖综合治理推进机制，统筹沿岸生态保护、产业发展和城乡建设。全面实施“河长制”，强化水资源与水环境的区域统一管理，建立一体化的资源利用和调控系统。加快推进矿山关闭后的山体环境生态修复工程。扎实开展大气环境整治。

八、加强社会主义民主政治制度建设

33、完善人民代表大会制度。坚持人民主体地位，发挥人民代表大会制度的根本政治制度作用。健全“一府两院”由人大产生、对人大负责、受人大监督制度，促进“一府两院”依法行政、公正司法。加强对人大任命人员的任前审查和任后监督。健全人大讨论、决定重大事项制度。加强和深化人大预算决算审查监督、国有资产监督职能。健全人大代表联系及作用发挥制度，通过建立健全代表联络机构、网络平台等形式，创新代表工作制度，充分发挥代表的履职作用。健全代表议案建议督办机制。

34、推进协商民主发展。以经济社会发展重大问题和涉及群众切身利益的实际问题为内容开展广泛协商，坚持协商于决策之前和决策实施之中。不断完善协商工作机制，规范政治协商的内容、形式、程序，提高协商成效。制定并组织实施协商年度工作计划，建立工作衔接机制。在政协健全委员联络机构，完善委员联络制度。推进少数民族和民族聚居地“共同发展”提升行动。促进和引导新的社会阶层人士有序政治参与。

35、积极发展基层民主。完善基层党组织领导的充满活力的基层群众自治机制，探索村民小组自治，提升群众在城乡社区治理、基层公共事务和公益事业中依法自我管理、自我服务、自我教育、自我监督能力。开展形式多样的民主协商，做到程序合理、环节完整、法制健全。坚持和完善阳光村务工程，加强村务监督委建设，建立健全居民、村民监督机制，健全基层选举、议事、公开、述职、问责等机制。加强社会组织民主机制建设，保障职工参与管理和监督的民主权利。

九、强化权力运行制度制约和监督体系

36、健全权力制约和协调机制。坚持民主集中制，规范各地各部门党政主要负责同志职责权限，加强和改进对主要负责同志行使权力的制约和监督，加强行政监察和审计监督。健全重点领域和关键环节权力行使监督制度，推行新提任领导干部有关事项公开制度。改革公共资源交易体制，推进县乡交易平台建设，实现公共资源交易一体化和全覆盖。推行权力清单制度，依法公开权力运行流程，确保权力公开透明运行，强化电子监察，完善党务、政务和各领域办事公开制度，推进决策公开、管理公开、服务公开、结果公开。

37、创新反腐败体制机制。加强党委对党风廉政建设和反腐败工作的统一领导，全面落实党风廉政建设责任制，加大责任追究力度。加强纪委对同级党委及其成员的监督，促进县纪委派驻纪工委作用发挥。强化反腐败制度保障，加大查办违纪违法案件工作力度，保持惩治腐败高压态势。加强廉政文化建设，健全民主监督、法律监督、舆论监督机制，运用和规范互联网监督。

38、完善改进作风常态化制度。围绕落实“八项规定”和反对“四风”，加大“一改进三服务”推进力度，健全联系服务群众常态长效机制，推进作风建设制度化，强化监督检查。健全并严格执行领导干部公开承诺、深入基层联系群众、崇尚勤俭厉行节约、考核评价监督问责、深化改革防范风险等五类重点制度。强化作风建设激励约束机制，完善作风建设考核办法和作风建设监督惩戒制度。

十、加强和改善党对全面深化改革的领导

39、切实履行领导责任。充分发挥党委总揽全局、协调各方的领导核心作用，坚定不移落实中央和省委、市委全面深化改革的决策部署。县委成立全面深化改革工作领导小组，负责中央和省委、市委重大决策部署的贯彻落实，负责全县改革的总体设计、统筹协调、整体推进、督促落实。健全责任机制，在强化党委负总责的前提下明确责任分工、细化目标任务。

40、强化领导班子和干部队伍建设。加强领导班子建设，建立健全领导班子和领导干部综合研判制度，完善“一把手”培养、选拔、管理、监督机制。改进年轻干部培养选拔机制，坚持和完善在基层一线锻炼和选拔年轻干部制度，坚持以需求为导向完善干部教育培训制度。落实和完善干部问责制，完善从严管理干部制度体系。健全促进科学发展的党政领导班子和领导干部考核评价机制，增强领导班子和干部队伍推动改革的能力。

41、加强基层服务型党组织建设。整合资源，加大力度，全面推进“为民服务村企一体”建设。进一步健全党的基层组织体系，规范和加强机关党组织管理，加大在“两新”组织、流动人口聚集地等建立党组织的力度，创新开展网络党建，同步推进党群共建。创新构建开放型、互动式、社会化、信息化的基层党组织服务平台，完善村级“四议两公开”工作制度。健全基层党建工作保障机制，使基层党组织更有条件、更有能力为党员、群众服务。

42、充分发挥人民群众主体作用。坚持党的群众路线，建立社会参与机制，充分激发广大人民群众的积极性、主动性、创造性，充分发挥工会、共青团、妇联等人民团体作用，齐心协力推进改革。发扬肥东人敢为人先、敢走新路的精神，鼓励基层和群众大胆探索，及时总结可复制、可推广的经验。加强宣传和舆论引导，进一步营造大胆试、大胆闯、鼓励改革、宽容失误的社会环境。

中共肥东县委关于印发《肥东县反腐倡廉建设巡查工作实施办法（试行）》的通知

东发〔2014〕12号

各乡、镇党委，县委各部门，县直各单位党组（党委、党工委）：

《肥东县反腐倡廉建设巡查工作实施办法（试行）》已经县委常委会议研究通过，现予印发，请严格遵照执行。

中共肥东县委

2014年12月3日

肥东县反腐倡廉建设巡查工作实施办法（试行）

为深入推进全县党风廉政建设，切实加强对县管领导班子和领导干部的监督，依据《中国共产党巡视条例（试行）》、《合肥市反腐倡廉建设巡查工作实施办法（试行）》的规定，现结合我县实际，制定本实施办法。

一、指导思想及基本原则

（一）指导思想

坚持以邓小平理论、“三个代表”重要思想和科学发展观为指导，以《党章》和《党内监督条例（试行）》及其它党内法规为依据，切实加强对下级党组织领导班子及成员特别是党政主要负责人的监督，维护党的纪律和民主集中制，促进党风廉政建设和反腐败工作，促进领导干部勤政廉政，确保县委县政府重大决策部署的贯彻落实，为我县经济社会又好又快发展提供坚强保证。

（二）基本原则

巡查工作坚持实事求是、客观公正、依靠群众的原则。注重解决问题，增强巡查工作针对性；力求具体深入，增强巡查结论准确性；突出整改预防，增强巡查工作主动性；强化成果运用，增强巡查工作权威性。

二、巡查范围和内容

（一）巡查范围

各乡镇（园区），县直各单位（含二级机构）党政领导班子及其成员。

（二）巡查内容

1、党风廉政建设党委主体责任和纪委监督责任落实情况；

2、履行职责，保证政令畅通情况；

3、贯彻执行民主集中制以及“三重一大”事项集体决策情况；

4、落实党风廉政建设责任制和推进惩防体系建设情况；

5、贯彻执行《中国共产党党员领导干部廉洁从政若干准则》情况；

6、贯彻执行选拔任用干部等规定情况；

7、贯彻执行中央八项规定，以及省、市、县委关于改进工作作风、密切联系群众有关规定情况；

8、需要了解的其他事项。

重点巡查单位近两年执行情况。

三、巡查工作组织领导

巡查工作在县委统一领导下，由县纪委组织实施，县组织、人事、审计等部门予以配合。成立县反腐倡廉建设巡查工作办公室（下称县巡查办），办公室设在县纪委，具体承担日常工作。在确定巡查单位后，组建巡查工作组，实行组长负责制，成员从有关部门抽调。

四、巡查步骤及方法

（一）巡查的主要步骤

1、确定巡查对象。县巡查办结合全县年度反腐倡廉建设重点任务和平时了解掌握的情况，提出当年被巡查单位名单，经县纪委常委会研究确定，报县委批准后实施。

2、制定巡查方案。巡查对象确定后，依据本办法制定巡查方案，报经县纪委常委会审定后实施。巡查方案应包括巡查组人员组成、巡查内容、巡查方法、工作要求等。巡查办应提前5个工作日将巡查工作安排书面通知被巡查单位。

3、发布巡查公告。巡查前，在被巡查单位发布巡查公告，公布巡查对象、内容、方法和时间，公开巡查组的办公地点、电话等。

4、进驻巡查单位。巡查组进驻被巡查单位，向被巡查单位党政领导班子及其成员通报开展巡查工作的计划安排和要求，说明巡查的目的和任务。依据工作方案开展巡查工作。

5、提交巡查报告。巡查组通过深入巡查后，就被巡查对象有关工作落实情况、主要成绩及特点、存在的不足和问题、整改意见及建议等事项，向县纪委常委会提交巡查报告。

6、反馈巡查意见。巡查报告按规定审定后，向被巡查对象反馈巡查期间了解的情况，并就存在的问题和不足提出初步整改意见。

7、落实整改方案。根据反馈意见，被巡查单位领导班子要就存在的问题和不足研究制定整改方案，自收到巡查组反馈意见后1个月内将整改方案通过巡查组报送巡查办，自报送整改方案之日起3个月内报送整改情况，并在一定范围内公布。

8、督查落实整改情况。巡查组组织督查被巡查单位整改情况，并将督查情况报县纪委常委会。

（二）巡查的主要方法

1、听取情况汇报。听取被巡查单位党委（党组、党工委）反腐倡廉建设工作情况的专题汇报。

2、召开述廉测评大会。召开被巡查单位的机关中层以上干部及下属单位负责人参加的述廉测评大会，被巡查单位领导班子及成员向与会人员作反腐倡廉工作情况报告，接受参会人员民主测评。

3、个别谈话。谈话对象为被巡查单位的领导班子成员、机关中层以上干部及下属单位负责人。

4、受理来信来访。受理反映被巡查单位领导班子及其成员问题的来信、来电、来访等。

5、查阅资料。调阅、查看有关文件、会议记录、业务和会计报表等资料。

6、开展调查走访。巡查组就有关情况对被巡查对象的下属单位或部门进行问卷调查和走访调查。

7、交换意见。就巡查中发现的重要情况和问题与被巡查单位的党委（党组、党工委）主要负责同志交换意见。

对被巡查单位领导班子及其成员的重要问题，可以进行深入了解；对专业性较强的问题，可以商请有关职能部门或专业机构予以协助。巡查时间一般为5—15个工作日，特殊情况需要延长，需报经县纪委常委会同意。

五、结果运用

（一）县纪委常委会向县委常委会报告巡查工作情况，对巡查工作中发现的典型经验，要适时宣传推广；发现的重大问题，应及时向县委作出专题报告。县巡查办应将被巡查对象报送的整改方案和整改工作中涉及相关部门的事项，及时通报相关部门。组织人事部门应把巡查结果和巡查整改情况作为干部考核评价、任用、奖惩和调整的重要依据。

（二）对下列事项，县巡查办依据干部管理权限和归口管理、各司其职的原则移送交办：

1、对涉及被巡查单位违反有关政策规定、需要及时纠正挽回影响的问题，移交主管部门和有关职能部门处理。

2、对被巡查单位领导班子及其成员在执行民主集中制、有关事项报告、干部选拔任用、工作作风等方面存在的问题，移交组织人事部门或纪检监察机关处理。

3、对被巡查单位党政领导班子及其成员涉嫌违纪的问题，移交纪检监察机关处理。

六、工作要求及工作纪律

（一）县巡查办要加强业务指导，认真细致做好组织协调工作。被巡查的单位领导班子及其成员应自觉接受巡查，积极配合巡查组工作。巡查组应广泛听取干部群众意见，客观公正反映巡查对象的实际情况；严格执行请示报告制度，对巡查工作中了解到的重要情况和重大问题应及时请示报告。

（二）巡查工作应严格做到“四不”：不干预被巡查单位的正常工作；对巡查中发现的问题不作个人表态；不处理被巡查对象的具体问题和案件；不得泄露巡查中掌握的有关情况，严格遵守保密、回避等有关规定。

（三）巡查人员有下列情形之一的，给予责令书面检查、通报批评或者调整、免职、降职等组织处理。构成违纪违法的，依纪依法处理。

1、利用巡查工作便利谋取私利或为请托人谋取不当利益的；

2、回避问题、隐情不报的；

3、歪曲、捏造事实的；

4、泄露、扩散巡查工作秘密的；

5、有其他违反巡查工作纪律行为的。

（四）被巡查对象有下列情形之一的，对其领导班子主要负责人和直接责任人，给予责令书面检查、通报批评或者调整、免职、降职等组织处理。构成违纪违法的，依纪依法处理。

1、隐瞒不报或故意提供虚假情况的；

2、拒绝或不按照要求提供相关文件材料的；

3、无正当理由拒不纠正存在问题或不按照要求整改的；

4、暗示、指使、强令有关单位或人员干扰、阻挠巡查工作的；

5、有其他干扰巡查工作行为的。

七、本办法由县纪委监察局商县委组织部负责解释。

八、本办法自发文之日起施行。

2014年县政府重要文件目录

序号	文号	文件标题
1	东政〔2014〕3号	肥东县人民政府关于2014年民 生工程的实施意见
2	东政〔2014〕17号	肥东县人民政府关于印发肥东县规范农村土地承包经营权流转监督管理办法的通知
3	东政〔2014〕22号	肥东县人民政府关于印发重大行政决策听证办法（试行）的通知
4	东政〔2014〕32号	肥东县人民政府关于鼓励和支持返乡创业的意见
5	东政〔2014〕36号	肥东县人民政府关于印发肥东县电子商务进农村发展规划（2015-2017）的通知

2014年县政府重要文件选登

肥东县人民政府关于2014年民生工程的实施意见

东政〔2014〕3号

各乡、镇人民政府，县政府各部门、各直属机构：

为深入贯彻落实党的十八届三中全会精神，保障和改善民生，根据《安徽省人民政府关于2014年实施33项民生工程的通知》（皖政〔2014〕1号）和《合肥市人民政府关于2014年民生工程的实施意见》（合政〔2014〕1号）要求，结合我县实际，现就2014年民生工程提出如下实施意见。

一、认真组织实施省政府确定的30项民生工程

（一）新增民生工程项目3项

1、就业促进工程。通过提供公益性岗位、高校毕业生基层特定岗位、就业见习补贴等形式，帮助困难群体就业。

2、城乡居民大病保险。利用新农合和城镇居民医保平台开展大病医疗保险，减轻人民群众大病医疗费用负担。所需资金从城乡居民医保基金结余中提取。

3、小型农田水利设施改造提升工程。通过实施塘坝清淤扩挖、小型泵站更新改造、小型水闸除险加固等8类小型水利工程（简称“八小”工程），提升排涝抗旱能力，改善农业生产条件。

（二）提标扩面民生工程项目6项

1、提高农村五保供养及敬老院建设补助标准。2014年，将农村五保供养补助标准提高10%。农村敬老院建设补助标准由每床8400元增加到11000元。

2、提高贫困残疾人生活救助标准。2014年，贫困残疾人生活救助标准提高10%，其中：一级、二级重度残疾人救助标准由每人每年726元增加到800元，三级救助标准由每人每年360元增加到400元。贫困精神残疾人药费补助标准由每人每年500元增加到1000元。

3、提高农村居民最低生活保障补助标准。2014年，将农村居民最低生活保障人均补差水平提高10%。

4、提高新型农村合作医疗参合补助标准。2014年，根据国家统一部署，将新农合财政补助标准由每人每年280元提高到320元。

5、提高计划生育家庭特别扶助标准。2014年，独生子女伤残、死亡家庭特别扶助金标准分别提高到每人每月270元、340元。

6、提高农村文化建设专项补助标准。2014年，将农村文化建设专项补助标准由每村每年10000元提高到12000元，其中农村文化活动补助标准提高到每年4400元。

（三）整合调整民生工程项目8项

1、就业技能培训项目不再单列。2014年，将原有就业技能培训整合纳入就业促进工程实施。

2、突出养老服务体系建设内容。2014年，将原有城乡养老服务体系建设分为农村五保供养及敬老院建设、社会养老服务体系建设2个项目，加大支持社会养老服务机构建设力度。

3、整合实施保障性安居工程。2014年，将廉租住房并轨纳入公共租赁住房，增加棚户区改造内容，原有廉租住房和公共租赁住房保障调整为保障性安居工程。

4、整合实施贫困残疾人救助与康复项目。2014年，将原有贫困残疾人生活救助、贫困残疾人康复工程整合为贫困残疾人救助与康复项目。

5、病险水库除险加固项目不再单列。2014年，将原有病险水库除险加固整合纳入小型农田水利设施改造提升工程实施。

6、调整重大传染病医疗救治内容。从2014年起，血吸虫病传染源控制和血防机构能力建设退出民生工程，转入部门正常工作，保留艾滋病等重大传染病病人救治内容。

7、调整提高妇女儿童健康水平政策。2014年，将原有提高妇女儿童健康水平项目更名为妇女儿童健康水平提升工程。

8、调整乡镇公办幼儿园政策。2014年，利用中小学闲置校舍改扩建公办幼儿园5所。

（四）退出民生工程项目2项

新型农民培训、农村沼气建设工程2个项目已步入常态化管理，经费有保障，转入部门正常工作，2014年起退出民生工程。

（五）继续实施的民生工程项目16项。

继续实施农村危房改造、政策性农业保险、农村饮水安全工程、农村公路危桥加固改造、一事一议财政奖补、生活无着人员社会救助、城乡医疗救助、基本公共卫生服务、县级公立医院药品零差率补助、义务教育经费保障、高校中职学校和普通高中困难学生资助、公共文化场馆开放、城乡居民社会养老保险、美好乡村公共服务体系奖补、农村清洁工程、公共文化服务信息化建设等16项民生工程，按具体项目实施方案执行。

二、精心组织实施市级民生工程

2014年市政府决定在实施省政府确定的33项民生工程基础上，结合2013年市级民生工程项目，实施市级民生工程14项，分成考核和督导两大类，我县组织实施市级民生工程10项。其中：考核类5项、督导类5项。

（一）新增实施1项（考核类）

惠民菜篮子工程。依托大型商业连锁超市，在特定时间段，按照蔬菜类以低于市场均价15%以上、其他类5%以上向市场销售规定目录品种的农副产品。各门店每天推出不少于5个品种低于1元/斤的蔬菜销售。2014年，全县将设立2家定点门店。

（二）继续实施4项（考核类）

分别为：省级职工书屋标准化建设、殡葬基本公共服务惠民工程、五保对象长期医疗护理保障制度、社区老少活动家园建设。

（三）部门督导5项（督导类）

分别为：免收义务教育阶段学生书本费、肉类蔬菜流通追溯体系建设、重性精神病患者治疗补助、扶贫开发项目建设、群众体育设施工程。

三、工作要求

（一）完善协调推进机制。把实施民生工程摆在更加突出的位置，实行领导责任制，常务副县长牵头、其他分管副县长各负其责、各牵头实施部门负主要责任，项目实施地乡镇政府、开发园区管委会负属地管理责任。县直民生工程牵头部门、各乡镇人民政府、开发园区管委会要建立健全目标责任制，完善上下联动、横向互动的协调推进机制。各单位主要负责人要亲自抓，分管负责人要深入抓，落实联络员，定期向县民生办报送信息，反映工作开展情况。按季召开民生工程协调小组会议，按月召开具体项目推进会，不断加强民生工程会商、督促和通报。项目牵头部门要进一步完善过程化管理制度，按月向县政府分管领导、本部门主要负责同志、县民生办报告项目实施进度，对未达省市工作要求的及时予以通报，纳入绩效考评。

（二）全面提升建设速度。县民生工程牵头部门、各乡镇人民政府、开发园区管委会要根据民生工程实施工作意见，抓紧制定具体方案，对照省市目标责任书要求，迅速将各项年度目标任务分解落实到位，不折不扣完成民生工程项目阶段性序时进度，确保11月底前完成硬性目标任务。进一步增强效率意识，县牵头部门要主动作为，加大沟通，及时掌握项目进度，提前做好项目规划、环评、土地指标落实等前期准备工作，最大限度争取项目建设时间，确保建设速度不低于全省平均水平。

（三）强化资金保障管理。要牢固树立民生财政理念，积极优化财政支出结构，严格执行厉行节约各项规定，带头压缩“三公经费”，千方百计保障民生工程资金，确保补助类项目资金及时发放到人，工程类项目资金按进度拨付到位。要加大各类民生资金的整合力度，注重实效，严格管理，切实提高民生资金的使用效益。

（四）切实加强基础管理。各地各有关部门要明确专人开展民生工程项目基础管理，确保项目资料完整，无漏项、缺项和损毁。严格数据报送时效性和准确性，完善建立信息报送倒查机制，杜绝多头报送、错误报送、不按规定报送等现象发生，对因数据报送而影响到全县民生工程考核的，将严肃追究相关工作人员的责任。

（五）巩固建后管养机制。坚持建管并举，建立健全规范化、科学化、精细化的民生工程长效管理机制。各县民生工程牵头部门、乡镇人民政府和开发园区管委会作为后续管理养护的责任主体，要严格落实民生工程管护要求，明确管养责任。安排必要经费，充分发挥市场、社会和个人的力量，进一步巩固和完善已建成项目的运行管养机制，发挥民生工程的持久效益。

（六）建立三项常态机制。各地各有关部门要常态化建立人大政协巡视机制、社情民意走访机制、民生工程舆情监管机制。大力弘扬为民务实清廉作风，提升工作效能和服务水平，紧密结合群众路线教育实践活动，围绕民生工程项目推进、政策落实、民意反馈等重点，使走村入户、“下访”、“进门”常态化。进一步加强群众义务监督员队伍建设，增强实施工作透明度，适时开展特邀监督员视察、巡视、检查、调研等活动。

（七）持久开展民生宣传。由县委宣传部牵头，县文广新局、肥东报社、县民生办和县民生工程牵头实施部门、各乡镇人民政府、开发园区管委会参与，结合党的群众路线教育实践活动，组织开展好民生工程宣传“五进”活动，加大民生政策宣传与解读。要充分发挥民生专题网站和媒体专版宣传引导作用，要针对城镇、农村不同受益群众，开展好广场社区宣传、民生一堂课、政策宣传册发放等形式多样的宣传活动。要利用好群众路线教育、走访等活动的契机，通过全方位的深入宣传，形成领导重视、部门联动、社会参与、群众支持、合力推进的民生工程宣传氛围，努力提高民生工程的知晓率、满意率和支持率。严格按照《关于在全省推广应用民生工程形象标识的通知》要求，积极主动做好标识标牌的宣传、应用、推广，确保民生工程建设统一化、形象化、品牌化。

2014年4月14日

肥东县人民政府关于印发肥东县规范农村土地承包经营权流转监督管理办法的通知

东政〔2014〕17号

各乡、镇人民政府，县政府有关部门：

现将《肥东县规范农村土地承包经营权流转监督管理办法》印发给你们，希认真贯彻执行。

2014年5月15日

肥东县规范农村土地承包经营权流转监督管理办法

第一条　为了规范全县农村土地承包经营权流转行为，保障各方合法权益，根据《中华人民共和国农村土地承包法》、《农村土地承包经营权流转管理办法》、《安徽省实施＜中华人民共和国农村土地承包法＞办法》和《合肥市工商企业租赁农户承包土地准入和监管制度（试行）》（合统筹办〔2013〕8号）等规定，结合我县实际，特制定本办法。

第二条　农村土地承包经营权流转，遵循平等协商、依法、自愿、有偿的原则；不得改变农村土地集体所有制性质和改变土地农业用途原则；不得损害农民土地承包权益的原则；受让方须有农业经营能力和本集体经济组织成员享有优先权的原则。

第三条　农村土地承包经营权流转的主体是农户，必须充分尊重农民意愿，任何组织和个人无权以任何方式决定流转农户的承包地；更不能以少数服从多数的名义，将整村整组农户承包地集中对外招商经营。对个别不愿流转的农户，不得以少数服从多数的形式强迫其流转。确实影响农田基本建设、农业技术推广等集中连片开发的，可通过引导农户之间土地互换、与集体机动地互换等办法解决。

第四条　农村土地承包经营权流转机构（简称“土地流转机构”）。

县成立肥东县农村土地承包经营权流转管理服务中心，办公地点在县农委。

乡镇成立农村土地经营承包权流转管理服务中心，办公地点在乡镇农经站。

第五条　土地流转机构职责。

县农村土地承包经营权流转管理服务中心负责汇总、审查、备案各地的流转信息；立案、调解和仲裁流转纠纷。

乡镇农村土地承包经营权流转管理服务中心负责辖区内的流转信息搜集、联络、登记、核实、储存、上报；提供政策宣传、流转咨询、资质审查、收益评估、纠纷调处、合同鉴证等服务，督促交纳农村土地承包经营权流转风险保障金。

第六条　本县行政区域内依法开展的农村土地承包经营权的流转，应在土地流转机构进行。本办法实施之前进行的农村土地承包经营权的流转，未在土地流转机构备案登记的，需要补充登记。

第七条　农村承包土地流转要用于农业特别是粮食规模化生产，严禁借土地流转之名搞非农建设，严禁破坏、污染、圈占闲置、撂荒耕地。

第八条　鼓励引导农村土地承包经营权在公开市场上流转；鼓励农村土地承包经营权在农户间流转，向种田能手流转；鼓励农村土地承包经营权流转租金按国家粮食收购保护价确定。

第九条　农村土地承包经营权流转应具备以下条件：

（一）农村土地承包经营权权属明晰；

（二）委托村流转，承包方出具其农村土地承包经营权流转的委托书；

（三）受让方应具备农业投资、经营能力；

（四）受让方经营流转的土地要符合国家的法律法规和政策性规定，符合本地农业产业发展规划、土地利用规划，流转耕地上不得违规建造任何临时建筑设施。

第十条　农村土地承包经营权流转程序按照协商、审查、订立合同、备案、归档等程序进行。

第十一条　流转双方就流转方式、期限和具体条件等进行平等协商，达成意向。发包方受承包方书面委托，可以代表承包方统一与受让方进行协商。

第十二条　对流转土地权属、受让方资质、受让方经营项目等进行审查。

权属审查：土地的所有权和使用权等是否明晰，属土地整理项目的，在项目完成后必须将土地重新登记确权到户；属村组集体土地的，其流转需经有表决权的村民或村民代表会议三分之二以上同意。

受让方资质审查：农村土地承包经营权流转的受让方，须向土地流转机构提交内容真实、合法有效的相关文件资料。包括法人资格、注册地址、信誉度、资金实力、技术水平、经营管理、履约能力等的审查。

受让方项目审查：项目是否符合相关的法律法规、产业政策、总体规划要求等。

第十三条　所有开展的农村土地承包经营权流转，所在乡镇（园区）都要严格审查。凡单个受让主体流转土地面积在100亩以上（含100亩）的项目，必须报县农村土地承包经营权流转工作领导小组评审。由县农村土地承包经营权流转工作领导小组对项目的土地承包经营权权属、流转程序、流转价格及支付方式、流转用途等方面进行评审，合格后可正式签订土地流转合同。

第十四条　经审查后，流转双方在乡镇农村土地流转服务中心监督、指导下签订《肥东县农村土地承包经营权流转合同》。

第十五条　土地流转合同需一式多份（具体依需要定），双方各执一份，村（居、社区）委会和乡镇农经站各备案一份，需向县、市备案的还须增加1–2份。所有农村土地承包经营权流转合同必须在乡镇农经站备案；单个受让主体流转500亩—1000亩的，报县农委备案；1000亩（含1000亩）以上经县农委备案后，由县农委报市农委备案。

未按要求及时备案的，不得享受有关土地流转的优惠政策和申报争取各类财政支持项目。

第十六条　受让方将承包方以转包、出租方式流转的土地实行再流转，应当取得原承包方的同意。

第十七条　土地流转风险防范。农村土地承包经营权流转合同签订时，受让方应按合同约定向乡镇三资委托代理服务中心缴纳一个年度的土地流转租金，作为风险保障金，并以受让方名义专户存储；流转合同到期后，将风险保障金本息返还受让方。

第十八条　鼓励和引导工商资本到农村发展适合企业化经营的现代种养业，重点从事农产品加工流通业和农业社会化服务；对其租赁农户承包地的更需加强监管和风险防范，坚决制止“非农化”，切实保护农民利益，对违法违规用地行为要及时查处纠正。

对确需建造临时建筑设施，按设施农用地管理程序申报，经相关部门审核，报县政府审批。

第十九条　本办法自公布之日起实施，有效期5年。

肥东县人民政府关于鼓励和支持返乡创业的意见

东政〔2014〕32号

各乡、镇人民政府，县政府有关部门：

为进一步鼓励和引导肥东籍在外人士返乡创业，充分发挥其聪明才智和对外沟通联络作用，集聚社会力量，共同推动全县经济持续快速健康发展，经县政府常务会议研究同意，特提出如下意见。

一、指导思想

以十八届三中全会精神为指导，贯彻落实科学发展观，以健全促进就业创业体制机制、兴起全民创业为目标，紧紧抓住省市促进民营经济健康发展的有利时机，进一步解放思想，加快改革，把返乡创业作为实现肥东与市同步率先全面建成小康社会的重要举措，充分发挥肥东籍在外人员的创业才智和创业激情，以创业促就业，以创业促发展，以创业促和谐，努力形成“走出去挣钱，回到家创业”的社会氛围，实现劳务输出大县向返乡创业强县的转变。

二、工作目标

改善创业环境，优化创业服务，构建创业平台，引导和支持返乡创业人员进入科技创新、农业产业化、现代服务等行业或产业；引导返乡创业人员将高新技术、拔尖人才、管理经验、项目资金带回家乡，实现“人回乡、钱回流、厂回迁”。

三、政策扶持

（一）放宽准入条件。鼓励返乡创业人员进入国家没有明令禁止和限制的行业和领域。放松经营场所管理，在符合相关要求的前提下，返乡创业人员家庭住所、租借房、临时商业用房，可作为创业经营场所。

（二）加大财政支持力度。加大政策性资金对返乡创业的扶持力度，缓解融资难、融资贵等问题。各乡镇人民政府、开发园区管委会要根据本单位实际情况，设立专项返乡创业发展资金。根据返乡创业企业的类型、规模，明确梯次资助额度，予以适度的投资补助和贷款贴息。

（三）创新金融服务。加强引导和推进银企合作，各类担保公司、小额贷款公司和村镇银行等金融组织，应拓宽返乡创业融资渠道，切实改善对返乡创业企业的融资服务。着力创新信贷担保抵押模式和担保手段，探索实行农村房产及宅基地、土地承包经营权、林权、大型农机具、农产品等有形资产及有价证券、注册商标、发明专利、高新技术、企业知名度等无形资产做抵（质）押物，解决返乡创业人员前期投入、后续运行及扩大再生产的资金问题。

（四）保障返乡创业用地。将返乡创业用地纳入城乡发展和土地利用总体规划，引导农村土地向返乡创业人员手中流转，对当年建设投产并产生税收的返乡创业企业，要鼓励其长期投资、稳定发展，并及时妥善解决其扩大生产用地。完善土地流转交易平台，允许以转包、出租、转让、股份合作等多种形式，实现闲置厂房、农村撤并后闲置的中小学校舍等土地资源的整合利用。要立足返乡创业人员的从业定位、资产额度及创业意愿的多样性，充分发挥肥东产业、资源优势，科学规划建设返乡创业园。在县城，要规划建设“返乡创业特色市场（社区、小区）”，引导返乡创业人员进入现代服务业；在开发园区，要合理调整资源配置，为返乡创业企业留置空间，吸引具有一定资本、技术优势和管理经验的返乡创业人员，通过新建、参股、控股等形式入园创业；在乡镇，要结合集镇建设和美好乡村建设，着力打造返乡创业园或基地，为返乡创业人员经商置业提供载体。

四、服务保障

（一）简化审批程序。要坚持手续从简、费用从低、效率从高、服务从优的原则，清理和规范涉及返乡人员创业的行政审批事项，明确服务项目、明晰窗口办理权限，严格落实“首席代表制”“AB岗制”等行之有效的服务措施，大力推行联合审批、一站式服务等制度，精简办事程序，提高办事效率，为返乡创业人员提供快捷、高效、方便的服务。

（二）加强信息引导。要加强与肥东籍在外人士的联系，了解其就业、生活及返乡创业意愿等情况，建立在外成功人士信息库。利用座谈会、招商推介等方式，让肥东籍在外人士全面了解我县资源优势、经济发展、项目建设、产业状况、招商项目、优惠政策等，充分展示家乡形象，不断激发返乡创业激情。

（三）强化创业指导。要根据国家产业政策和肥东经济社会发展规划，制定返乡创业指导手册，积极开展创业项目的评估和推介工作。按照“一乡一业”“一村一品”的发展思路，引导返乡创业人员发展特色农业生产，加快形成“集块成园、连园成带、结带成圈”的发展格局；引导返乡创业人员主动接受家电制造、食品加工、节能环保等企业的辐射带动，积极发展配套配件企业，实现产业发展的合理分工；引导返乡创业人员在运输、商贸、餐饮、旅游等领域发展个体私营企业，着力发展文化旅游、生态旅游、现代物流、社区服务等现代服务业。

（四）优化创业服务。进一步建立和完善创业项目、创业培训、开业指导等综合性创业服务体系。各乡镇、开发园区要设立返乡创业人员指导（服务）中心，免费提供政策、信息、技术、人才、用工、劳动保障服务代理等项公共服务，经费纳入同级财政预算。县人社部门要组织开展返乡人员创业培训，纳入就业再就业培训补贴范围。在返乡创业人员的子女入学、社会保险、住房保障、户籍管理等方面予以倾斜，解决生产经营中遇到的实际困难。

五、组织保障

（一）提高认识。全县上下要树立返乡创业就是开发培育新的产业和新的经济增长点的理念，将做好返乡创业工作列入各地各部门的重要议事日程，制定发展规划，明确发展目标，分解发展任务，形成共同参与、齐抓共促的良性机制。

（二）加强领导。县成立返乡创业工作领导小组，各乡镇、开发园区也要成立相应机构，负责返乡创业工作的指导和协调工作，县直各单位要结合各自职责，密切配合，加强督查，形成工作合力，确保有关在外人士返乡创业的各项优惠政策措施落实到位。

（三）营造氛围。利用广播、电视、报刊、网络等大力宣传返乡创业相关政策，宣传返乡创业的典型、经验。充分发挥先进典型的示范引导作用，每年从服务家乡经济建设成绩突出的返乡创业人员中，评选出“返乡创业十佳标兵”，给予一定的政治荣誉和物质奖励。对在返乡创业服务工作中表现突出、成绩显著的单位和个人，县政府给予表彰奖励，对表现不力的乡镇（园区）和部门予以通报批评。

2014年9月28日

2814鱼场休闲垂钓

2814鱼场位于长临河镇，占地面积5700亩，其中连片精养鱼塘3500亩，交通便捷，地理位置优越。渔场是农业部水产健康养殖示范场，农业部生态家园示范区，省农业产业化龙头企业，省休闲渔业示范基地，省优质安全农产品标准化生产示范基地，省无公害农产品生产基地，省现代农业科技示范园，市级水产养殖场，市农业科技示范园。渔场是合肥市最大的标准化水产养殖示范基地，合肥市旅游景点之一，合肥市二星级“农家乐”示范点。渔场的休闲渔业现已初步具备“食、住、行、游、购、娱”综合性基础环节六要素,可提供功能服务内容有:休闲度假,观光旅钓,渔事体验，耕地认种，渔业科普,渔村野趣,绿波泛舟,农家餐饮,各色土菜,聚朋会友,喜庆家宴,小型会议,商务洽谈,叙旧聊天,棋牌娱乐，土特产品购买等内涵丰富。

凡人善举

□最美村妇程银舍命救下两少年
□七旬翁徐民强孝敬岳母半个世纪
□坚守职业操守的好税官许俊武
□勇于创新的梁大伟
□优秀环卫工管德豹
□爱岗敬业的周朝云
□好药师程仁云

最美村妇程银舍命救下两少年

程银，女，31岁，包公镇竹塘村村民。

2014年5月17日，正值农忙，竹塘村村民程银正在自家田地耕作，突然听到本村妇女孟祥兰在大喊："小孩掉水里啦，快救人啊！"。程银听到后，立刻朝水塘冲去，发现水塘里有两个小孩在水中挣扎。不顾孟祥兰的劝阻，水性不高的她奋不顾身地跃入水中，先将近处的小孩推到岸边，又再次接着游回水中把第二个小孩用力推回岸边，而她却终因气力不足沉入水中。待本村其他村民闻讯赶来后，费了20多分钟才把程银救上来，虽经众人与120救护车急救医生的积极施救，但因落水时间过长而无力回天。下葬时，邻居们自发赶来为其送葬，并联名为其申请道德模范荣誉。平时，她古道热肠，与邻里和睦相处，乐于助人，孝敬公婆，关爱孩子，深受好评。2014年9月份当选"中国好人榜"见义勇为好人，被评为肥东县第三届道德模范见义勇为模范。

（文明）

七旬翁徐民强孝敬岳母半个世纪

徐民强，男，71岁，撮镇中学退休教师。

1967年，徐民强结婚，岳父体弱多病、内弟双目失明，他主动担起责任。1996年，内弟、岳父相继离世，他又把体弱多病的岳母接到身边生活。岳母有时半夜发病，他总是在第一时间送她去医院；有时一病三四天，他总是和衣与老伴轮流照顾。2001年岳母腰部跌伤，一到冬天就卧床不起，徐家总是备着三个热水壶，一天换三次热水……因老伴身体较差，洗刷、洗手、梳头、剪指甲，总是徐老师做的多。有一年春节，老伴胳膊摔断了，他便亲自帮岳母处理大小便。他说："七十岁女婿伺候九十岁老岳母，百无禁忌。"就这样，他孝敬岳母47年，直到老人离世。为了让孝顺传统不断传承，徐民强动笔撰写《新"二十四孝"细节说》，编印成册。2014年，徐民强当选肥东县第三届道德模范。

（文明）

坚守职业操守的好税官许俊武

许俊武，男，43岁，县国税局纳税服务科科长。

1992年，许俊武大学毕业后，就一直在税收征管一线。二十多年来，无论在哪个岗位，他都干一行爱一行。1997年，他取得注册会计师资格。2000至2004年，他接连取得注册税务师、会计师中级职称、全国司法考试律师、注册资产评估师、国际注册内部审计师5个专业职称。有几十家企事业单位，有意聘请他做兼职，开出5万元年薪的兼职报酬，他不为所动，说："国税部门固然清苦，但在这个平台上，我可以用我的知识去帮助更多的纳税人。”他先后被评为省国税系统“征管能手”、“优秀岗位能手”、市国税系统“先进工作者”、“优秀共产党员”，并连续三年被评为“优秀公务员”，全市国税系统“我身边的好税官”。2014年，当选肥东县第三届道德模范。

（文明）

勇于创新的梁大伟

梁大伟，男，1988年12月出生，党员，合肥市春华起重机械有限公司技术员。2010年大学本科毕业后放弃上海浦发银行高薪聘请，回到家乡肥东县发展。带领合肥市春华起重机械有限公司青年研发团队，学中干，干中学，瞄准市场需求开发具有完全自主知识产权的全系列智能车库系统，2013年项目立项，当年投产，当年为企业创销售额6000多万元，全年公司纳税412万元，解决就业人员86人，为企业发展作出贡献，获合肥市五一劳动奖章。

（工会）

优秀环卫工管德豹

管德豹，男，1966年9月出生，肥东县环卫所环卫车辆驾驶员。2010年6月从事环卫作业车辆驾驶员工作。环卫所承担着城区近200万平方米的道路清扫保洁、近20万人口的生活垃圾收集清运、所有主次干道的路面洗扫、洒水、降尘、护栏清洗等工作。几年来，他起早摸黑，不管是刮风下雨，还是酷暑严寒，不怕苦、不怕脏、不怕累，认认真真地干好本职工作。早晨4:30之前，中午12:00之前，他总是第一个提前到达岗位，严谨细致地检查车辆，确保车辆以绝对安全的状况上岗作业。无论是驾驶护栏清洗车、洒水车，还是洗扫车，他都能够熟练掌握车辆性能及操作流程，严格遵守规章制度，认真完成各项工作任务。创下环卫特种作业车辆5年安全行驶、作业6万公里、1.2万小时无事故的优良记录。生活上，无论哪个驾驶员需要帮助，他总能主动站出来为其调班、代班，伸出援助之手，解决困难。在管理上为环卫所出谋划策，积极创新，多次受到环卫所及局领导的好评。2013年、2014年连续两年获得环卫所优秀驾驶员称号。获合肥市五一劳动奖章。

（工会）

爱岗敬业的周朝云

周朝云，女，1963年10月出生，党员，中国电信股份有限公司肥东分公司办事员。扎根肥东电信基层37年来，勤恳敬业、尽职尽责，先后在话务、册报、计生、女工管理、人力资源、离退休老职工服务等多个岗位辛勤耕耘，积累大量为民服务工作经验，赢得广大客户普遍赞誉。她还潜心于企业“四有”

人才培养，为维护企业稳定，促进青年骨干成长，推进企业持续健康发展作出积极的贡献，2014年初，为做好人力资源工作，她全身心地投入到MSS系统人力资源信息创建和审核工作中。面对新的工作流程，不厌其烦，逐字逐条学习新系统操作流程和方法，在时间紧，任务重的情况下，不顾自己生病的身体，夜以继日，经常加班加点至深夜，功夫不负有心人，MSS系统人力信息顺利通过审核，为省、市、县公司领导提供准确人力资源信息。她注重知识更新，持续学习业务知识，分别于2004年取得工商管理资格证书，2011年取得人力资源管理师认证资格证书。2014年，组织实施了148人次的竞争上岗和双选等工作，组织、实施40位员工易岗易薪工作；及时上报教育、培训相关信息和案例24个；组织各类培训182人次。多次被市、县公司评为先进个人。获合肥市五一劳动奖章。

（工会）

好药师程仁云

程仁云，女，1965年8月出生，肥东县人民医院药械科副主任。工作认真负责、勤于思考、善于总结，分管科室顺利通过“二甲医院”评审、复审工作；提供思路让软件公司在系统中设置“采购计划菜单”，药品采购全部通过“安徽省医药集中采购平台”，统一采购，统一配送。规范基本药物临床应用，2014年，对每月销售金额前200名的1048目录外的药品，实行限量使用（系统自动控制），每月评估用量，目录外的药品用量下降10.5个百分点。累计为患者节约费用1114.3万元。做到合理计划、合适库存；采取“固定数量、定期配送”病区大输液；加强近效期药品检查、登记、汇总、评估、到期处理；每天下午下班前各药房对常用、易混淆、贵重的药品电脑库存数、实物数进行核对、登记，提高处方调配准确率；加强药占比、日人均药品使用、材料费比例控制管理，提高社会效益；组织药品、卫生材料供货公司来院召开廉洁会议，签署廉洁合同，规范医院药品采购、使用等环节，阻止和拒绝商业贿赂。获2014年度肥东县人民医院第二季度“服务之星”、2014年度肥东县人民医院“十佳医生”称号。获合肥市五一劳动奖章。

（工会）

索　引

本索引采用主题分析索引法，按索引词首字汉语拼音的字母顺序排列，同声同韵按声调、同音同字按笔画顺序排列，如果首字相同顺序按第二字音序排列，依次类推。索引词后的阿拉伯数字表示所在页码，数字后的a、b、c分别表示该页文字的左右栏，数字后没有字母的表示该索引词所在版面的通栏。图表资料没收录该索引中。

A

安置帮教　115b
艾滋病患者生活救助　274c
爱国主义教育基地　260b
“安全用药月”宣传活动　220b
安全保障　279b　239b　210b
安全管理　205b
安全环保　134b
安全生产　310c　302a　288b　185b　188a
安全生产管理　166a
安全生产监管　220b　184a
安全生产月活动　187b
安全生产责任制　225b
安全文化建设　226a
案件执行　106c
案件执行工作调研　70a

B

办信办案　46b
拜访企业　137b
班子建设　202a
帮扶救助工作　86a
包件　180c
保灌溉　152c
保护耕地　302a
保卫工作　79b
保障民生　192b
保障重点工程　176c
报刊　180b
报刊征订　62c
比赛　61b
编研成果　268c　64a
编印通讯　62b
编制年度发展计划　216a
标准化班组创建　187a
标准化建设　229b
宾馆改造　79a
部队管理　120c

C

村“两委”换届选举　48a
财政和金融　21b
财政改革　192c
财政监督　193b
财政预算执行审计　224a
参与县城公交改制　194b
参政议政　97a

残疾人扶贫工程 277a
残疾人基本情况 276b
测绘测量 163b
测土配方施肥补贴项目 141b
查办职务犯罪 108b
查处无证生产特种设备企业 220c
查封7家隐患企业 132a
拆迁安置 132a 134a
拆迁安置房建设调研 69b
拆迁恢复楼建设 165c
拆迁恢复楼建设统计 172b
产品开发 211c
产业发展 313b
产业结构 323a
产业结构调整 310a
超限超载治理 185a
车购税 195b
车辆淘汰 79b
城管队伍建设 168b
城市低收入家庭认定 274c
城市供气 165c
城市供水 165a
城乡低保 274a
城乡居民合作医疗 256c
程斌获书法二等奖 221a
出刊 61b
滁河干渠水环境治理及生态修复 151c
创建“青春引航大讲堂” 91c
创建全省残疾人工作示范县 277c
创新社会管理 318c
春运 187a
从业人员资格申报 166b
村企一体为为民服务中心 281b
存贷款营销 209c
撮镇片棚户区改造 155b
撮镇物流园区路网 164a

D

对外经济和旅游 21a
打击传销 111c 132c
打击犯罪 111b
档案管理 50b 78b
党的群众路线教育实践活动 47a 63a 107a 268a 316c
党费收支 50b
党管人才 51a
党外人士 57a
党员电教远教 52a
党员发展 50b
道德模范评选 55a
道路交通安全源头管理 112b
队伍建设 60b 113b 116a 185a 189c 316b 290a 203c 213c
对台及海外统战 57a
“单独两孩”政策 271c
打击非法传销 220c
打击非法开采加工砂石 318b
打造平安社区 283b
大型文化活动 260c
大型沼气工程项目 149b
代理金融 180a
代理速递 180c
岱山湖避雷亭 233c
档案数字化建设 79c
档案宣传 78b
党风廉政工作 238b 202b
党风廉政建设 65a 107b 288c 299c 196b
党建工作 205c
党史地方志年鉴工作会议 268b
党史宣传 63b
党员队伍建设 65a
党员三项教育 283c
党组织建设 64b
道德模范 290c
道路建设 185a
道路运输市场管理 183c
稻田秸秆旋耕腐熟还田技术 141b
德育工作 237a
灯饰亮化 164a
登山比赛 88a
地方志工作迈入新常态 268a
地方志宣传
68b地籍管理 218c

地质环境 218c
第三次全国经济普查 231a
电力设施和电能保护 126c
电视新闻 264b
电视专题 264a
电网建设 189a
电子平台建设 230c
电子商务 154b 180b
动物防疫 310b 285a
督查督办 147c 44b
督查指导 272a
堵截电信诈骗 207c
堵截假美元结汇业务 208c
堵截假身份证开户 207b
堵截伪造身份证件办理借记卡激活业务 208a
对公存款 204a
对外宣传 66b
多管齐下抢占市场 205a

E

2014红盾网剑专项整治 220c

F

法律援助 115c
反腐倡廉宣传教育 46a
非公企业和社会组织党建 50a
非公有制经济 57b
肥东县三级干部会议议 44a
服务基层党组织 49a
“访民情、解民忧、惠民生”活动 49c
“法治肥东”创建 103c
《防震减灾法》执法检查 70b
发挥参谋助手作用 70b
发挥老干部作用 60b
发票管理 195c
发展各类市场主体 219b
法律监督 108c
法制监察 162c
法制宣传 100b 162c
繁华大道东延 163c
反恐防暴 187c
反贪污贿赂工作调研 70a
反洗钱工作 205c
防范处理邪教 104c
防震减灾 253b
房地产投资 169b
肥东一中新校区 164c
分销 180c
丰宝生态农业示范园 297c
丰富百姓文化生活 283b
丰富纳税服务外延内涵 198b
风险管理 212a
伏缺蔬菜 141c
扶持大学生村官创业 91a
扶持小微企业 212a
扶贫工作 302c
扶贫开发 140b
服务保障 44b
服务妇女就业创业 89b
服务立行 203b
服务农村 252b
服务群众 192a
服务县域经济 210a
服务效果群众说了算 229a
服务与管理 278c
妇联系统干部培训 87c

G

工业、建筑业 20a
固定资产投资 224c
国内贸易 21b
干部工资审批 50b
干部监督 51b
干部教育培训 51b
公共法律服务实体平台建设 115c
公务员管理 51a
改善金融生态环境 210b
改善民生 296c 289b
改制企业移交社区管理 155b
干部队伍建设 237c 107b
干部培训 78b
高校毕业生就业服务 227a

高中阶段教育 236c
高中考禁噪 174b
个人存款 204a
个险方面 213b
各税管理 195b
耕地保护 218a
工程质量管理 165c
工会干部队伍建设 86c
工业经济 319b 297b
工业经济运行 125b
工业投资 125c
工作例会 268a
工作新常态 63a
公共体育设施 238c
公共文化服务信息化建设 260c
公路养护 183c 184a
购房消费贷款 212a
古城中心水厂配套管网工程 165b
关爱妇女儿童 89a
关爱员工 206a
关工宣传 62a
关注民生 83a
广播电视设备安装 264c
广播宣传 264a
广泛宣传 281c
规范城市集贸市场价格行为 221c
规范性文件制定清理101a
规划编制 218b 216b
规划管理 163b
规划建设 280a
规模养殖 146b
国家粮食丰产科技工程 141a
国家绿色能源县项目 149a
国家卫计委调研 256b
国税收入 195a
国营危桥改造 151c
国有担保公司 194c
国有土地上房屋征收补偿 172b
国有资产处置 194b
国有资产管理 194a

H

“河长制” 310c
“河长制”工作 173b
“河长制”工作调研 70a
函件 180b
夯实基础设施 176b
行业分析 213b
行业管理 267c
合肥商贸物流园 154a
合芜铁路 186a
后勤保障 120b 121b
化解行政争议 101b
化解信访积案 77b
环巢湖旅游 267b
环巢湖生态示范区建设 134c
环巢湖示范区治理 217a
环境监测 174b
环境卫生 167c
环境宣传教育 174c
环境影响评价制度 173c
环境整治 281a 292b 294b 307b 320c
环境综合整治 296b
恢复楼建设 311c
惠残民生工程 276b
惠民菜篮子工程 223c
惠民资助 236b
惠农政策 140b
活动载体 65a
获奖作品 95c

J

交通和邮电通信 21a
教育和科技 22a
监督检查 46a
检务督察 110b
精神文明创建 53b
教学科研58b
“讲文明树新风”公益广告宣传 55b
机构编制管理与服务 76b
机关建设 146c

机械行业协会工作　126c
基本公共卫生服务　257b
基层场所建设　185c
基层党建　297a
基层党组织建设　314c
基层建设　196a
基层团组织建设　90b
基层武装规范化建设　118c
基层组织建设　97c
基础工程　285b
基础设施建设　320b　307a　302b　299b　283a　257c　226b
极端天气　232b
集团客户中心　178c
集邮　180c
集镇升级改造　295c
集中授权防范风险　210c
计划生育　302a　132c
计生工作　323c　298c　288b
技术播出　264c
技术服务　271b
绩效管理　196b
加挂食品药品监督管理牌子　219b
加强少先队建设　91b
家庭教育专题培训　87b
价格监测　223b
价格监督检查　223a
价格认证　223b
价格调控目标　221a
坚持惩防并举　109b
建立涉企收费清单制度　222a
建设信访信息系统　77b
建设职工书屋　85b
建议与提案办理　75b
建筑项目合同备案管理　166c
践行党的群众路线　228b
奖励扶助　372b
交通规划　162b
教师　61a
教育教学　307c
教育科研　238a
教育培训　198c
教育投资　302c
接待工作　79a
接待客商　137a
秸秆禁烧　298b　285b　140c
节能管理　79b　174b
节能降耗　126a
巾帼志愿活动　89a
金秋助学　86b
金融服务　201b　211b
金融服务进企业　207a
金融监管　195a
金融利民服务　302c
金融生态建设　201a
金融知识普及宣传活动　205c
进乡入村服务　212b
京福高铁长临河站前广场　165a
经果林产业　145c
经济建设　322c
经济普查　131a
经济责任审计　224b
经营管理　189b
经营亮点　203a
敬老院管理　274b
九届十次常委会议　81b
九届十一次常委会议　81b
九届十二次常委会议　81b
九届十三次常委会议　82a
九届十四次常委会议　82a
九届十五次常委会议　82a
救灾救济　274c
就业教育　276c
就业再就业　228c
剧场　262c
聚焦生态文明建设　82b
军事训练　118c
军事执勤　119c

K

“科普日”活动　254a
开通市场监督管理局网站　221a
开展“311”党建试点　220c

开展群众路线教育实践活动 231a 70b
开展融资 194a
开展三个创建 257c康复和辅具中心建设 277a
康复救助工程 276c
抗旱规划工程建设项目 151c
科技“三下乡”活动 254a
科技创新 252a
科普惠农 254c
科协组织建设 255a
科学民主决策 100c
客户服务 178a
课程 61a
矿政管理 218c

L

离任村干部生活补助 48b
理论学习 52b
廉政文化建设 46a
律师工作 115c
联合办班 58b
“两非”案件 271c
“两个普遍”工作 85b
“两化融合”工作 126a
来信来访 77a
劳动保障监察执法 228b
劳动竞赛 85a
劳模工作 85a
劳务输出 154c
老干部党支部建设 60b
老干部活动中心建设 60b
老干部生活待遇 60a
老干部信访接待工作 60a
老干部政治待遇 59a
老科协 255b
老龄工作 275b
立案信访 106c
廉政建设 198c 64b
梁园河付店-南街段治理 151c
粮仓建设 156a
粮食储备库复建 301c
粮食生产加工 156a
粮食收购与存储 155c
粮油高产创建 141a
林业 310b
林业执法 145b
临时价格补贴 221b
临时救助 275a
领导接访阅信 77a
刘玉成家庭获合肥市“最美家庭”称号 318c
流动人口 271b
六打六治专项行动 226b
路网建设 134b 163c
路政管理 184c
落实惠民政策 198b
落实价格改革措施 221c
落实税收优惠政策 195b
落实责任制 152a
旅游景点 324b
旅游项目建设 267a
绿道规划162b
绿道项目 183b
绿化工程 294a

M

民族宗教 57b
“每周一课”学习制度 205b
美好乡村 290a 140c
美好乡村建设 284a 287c 294a 296b 298a 307a 310b 320c
门户网站 75b
免费复印 229b
苗木花卉产业 145c
民办学校收费管理 222c
民兵组织整顿 118b
民商事审判 166b
民生工程 283a 285c 288a 292a 294b 314a 316c 317c 320c 323a
民生工作 301c
民生社保 132b
民主考评百名科长及基层市场监管所 221a
民族体育 278a
名胜特产 285c

N

农村党风廉政建设 46b
纳税服务 195c
纳税评估 195b
内部管理 202b
内控管理 203b
内审稽核 210c
年度报告获全国十佳荣誉 109c
农产品电子商务 143c
农村道路建设调研 70a
农村环境整治 304b
农村环境综合整治 298a 316b
农村数字电影放映 261c
农村土地确权登记颁证 140b
农村饮水安全工程 151b
农村沼气服务网点项目 149a
农机安全 143a
农机购置补贴 143b
农机社会化服务 142c
农机市场 143a
农机新机具新技术示范推广 142c
农机作业水平 142c
农家乐创建 267b
农家书屋 261a
农民工维权 166c
农时农机化生产 143c
农田水利基本建设工作 151b
农业 285a 292a 299a 304b 306b
农业产业 289a
农业产业化 297b
农业发展 318a
农业现代化 301b
农业招商引资 143c
女干部队伍建设 89c
女企业家协会召开会议 88a

P

普法宣传教育 115a
盘活资产 155b
培训 61b 278b
培养农村青年致富“领头雁” 91c
培育服务理念 210c
贫困大学生助学资金 97b
平安建设 102c
平安石塘建设 308a
平安校园建设 237c
评选表彰 269b
普法宣传 86c

Q

全民文化月 53b
群众路线教育实践活动 78b 86c 97a 111a 196a
“7.1”调图 187c
企业改制 127a 155b 211a
企业管理 158c 176c
企业家培训 97b
企业文化建设 159a 213c
企业资质 166b
企业自主创新 125c
启动乡镇志编修 268c
气候概况 232a
气候特征 232a
气象基本建设 233a
气象基础业务 232c
气象为农服务 233b
气象汛期业务 233a
千万亩森林增长工程 285a
强化监督 230b
强化网络运行 176b
墙改及发展散装水泥工作 166c
侨务 279c
青春建功美好乡村建设行动 90b
青少年机器人大赛 254c
青少年科技创新 254c
青少年普法教育 62b
青少年思想引领 90a
清算清欠 197b
全程代理 229c
全国体育场地普查 239c
全民健身活动 238c

全民素质教育 253c
群团组织活动 65b
群众路线教育 63a

R

人民调解 115b
软弱涣散村党组织集中整顿 48b
人口、人民生活和社会保障 22b
人才队伍建设 257c
人才引智 227b
人防宣传教育 126b
人口抽样调查 231c
人口动态 271b
人口与计划生育 311a
日常营销积分制 180c

S

社会主义核心价值观宣传 54b
社区党建 40b
社区矫正 115c
设施建设 59a
师资培训 59a
生态环保 23b
“三线三边”环境治理 56a
“赛马”活动 206c
“三八”妇女节表彰会 87c
“三线三边”环境卫生整治 288a
“守合同重信用”单位评选 219c
“双亮”活动 86a
“双五”争创 86a
《食品安全法》执法检查 70b
11.7亿元境外人民币业务 207a
三边三线治理 131c
三产服务业 320a
三品认证 142b
三十埠河治理 151c
三线三边 184c
森林旅游业 145c
商合杭铁路 186b
商会活动 97b
商品房价格 171a
上级交办审计 224c
社会保障 227c 298b 307c
社会大局持续平稳 104a
社会福利 275b
社会抚养费征收调研 70a
社会事务管理 275c
社会事业 289c 292c 300a 311b 314a 316a 321a
社会主义核心价值观宣传 95b
社区换届 132c
社区建设 309b
社区科普益民计划 254b
社区文化 132c
申报审批 195a
审计文化建设 225c
审计项目质量评审 188c
生产管理 188c
生态肥东建设 173a
生态建设 314a
生态文明建设 299c
师德教育 237b
师资队伍 237b
施工队伍管理培训 166b
十届三次执委（扩大）会议 97a
实施“两纲” 88b
实施品牌战略 219c
食品安全“五进”活动 220a
食品安全整治 220a
食品加工用盐管理 157a
食盐结构调整 156b
世行生态家园项目 148a
世行生态模式建设 149b
市场行为监督 166a
市场监管 154b
市场体系建设 154b
市场拓展 203c
市场销售 170a
市场运行监测 154c
市容市貌专项治理 167a
市委书记吴存荣到梁园调研 302c
事业单位登记管理 77a
事业单位分类改革 76a

事业单位人才招聘 227c
收费政策管理 222b
收入分配制度改革 227b
手机银行业务 210a
首届湖星杯掼蛋大赛 212c
书展 61b
疏散基地建设 122b
蔬菜产品质量安全 142b
双拥工作 275a
水库除险加固工程 151b
水利兴修 297c
水运 184b
税收宣传 198a
税务稽查 195c
税政管理 198a
司法民主建设 107c
司法为民 106c
思想政治工作 118a 120a
思想政治建设 64a
思想政治教育 121b
送温暖 97c 212c
诉讼监督 109b

T

提升群众安全感满意度 112c
统计调查 50b
太阳能示范建设 148a
特产 305c特色产业 279a
特色园区 142a
提高妇女儿童健康水平 257a
提升服务质量 205a
提升审计质量 225a
体检 61b
体育成绩 239a
体质监测 239b
调度大建设资金 194a
调整部分市场监管职能 219b
调整资产结构 204b
通村公路项目 183b
统计法制建设 232b
统计服务 231c
统计基层基础建设 232a
图书馆 260a
土地报批 131c 218b
土地承包经营权确权登记颁证 308c
土地复垦 292c
土地管理 135c
土地交易 218b
土地利用 218b
土地利用和土地执法工作调研 70a
土地流转 294a 301b
土地整治 218a
团险 213c
推进标准化战略 219c
推进农村合作组织团建 91b
推进企业申报工作 232a
推进青年就业创业 90c
推进医改 256b
推进执法规范化 109c
推进质量强县工作 219c
拓宽企业融资渠道 219c
拓展青年联谊交友平台 91b

W

为民服务 58a
为民服务全程代理和村邮站 49b
未成年人思想道德建设 55a
文化建设 53a 302b 323b
文明单位创建管理 56a 310c
问责追究 45b
文化和卫生 22a
慰问帮扶 59c
外向型经济 154c
王沟村整村推进项目 287b
网格营服中心 179b
网络建设 177b
危桥改造项目 183b
违法经营案件查办 220a
维护金融稳定 201b
维稳工作 302a
卫生集中整治 205c
卫生监督执法 258b

卫生职业教育 258c
文保工作 261a
文化产业发展调研 69b
文化馆 261b
文化惠民 281b
文化市场管理 261b
文化事业 304c 318a
文明创建 64b 155c 185b 196b 233b 298c
文艺创作 96a 262a
文艺队伍建设 95b
文艺惠民活动 95a
文艺赛事 95a
污染防治 173c
污染物减排 173a
污染治理 307b
污水治理 164b
五保供养 274a
武装 65b
武装工作会议 119b
物业管理79b

X

学历教育 58b
新闻宣传 53a
信息报送 44b
信息平台 198a
选派干部到村任职 49b
选聘优秀高校毕业生到村任职 50a
选调生管理 50b
希望工程助学行动 98c
县城管理 168a
县道改建项目 183a
县医院新院 164c
县域控规 162a
县长办公会 74a
县政府常务会议 73a
县政府全体会议 73a
县志首发式 268b
现代农业 295b 315b 320a
现代农业示范园区 141c
乡村面貌 316a
乡容村貌 313c
乡镇考核 231c
响导农贸城 292b
项目编报 278a
项目储备 194b
项目化运作助推发展 88b
项目建设 157c 216b 236b
项目申报 216c
项目投资 299b 320a
项目资金争取和国债项目管理 216c
消防监督 121c
小城镇建设 164b
小额贷款 212b
小额信贷 212a
小讲坛 290b
小街巷改造 164a
小农水项目 285c
校园公益讲堂 180b
协编项目 162b
协同创建全国残疾人文化体育示范市 277b
新网工程 155a
新闻报道 66a
新型农业经营主体 143c
新增国家级水利风景区 267a
信贷基础管理年活动 209a
信贷融资 194c
信访工作 155c
信访维稳工作 237c
信息管理 272a
行政处罚案件群众公议 101b
行政复议和行政应诉 101c
行政审判 106b
行政审批制度改革 100c
行政体制改革 76a
行政执法案卷评查 101b
刑事案件侦破工作调研 70a
刑事审判 106a
修订完善预案 152b
宣传活动 278b
宣传教育 77b
宣传信息工作 71a
宣传营销 267c

学雷锋志愿服务活动 254b
学前教育 236c
学生竞赛成绩 237a
学术活动 255a
学校特色创建 238a
学校体育 239c
学员 61a
寻找“最美家庭” 87a
汛前安全大检查 152b

Y

“一村一警”包村联系工作 112c
以文辅政 44b
优化发展环境 46a
“12345政府服务直通车” 229c
“一书三证”管理 163a
严控信贷风险 209a
盐业宣传 156c
盐业专项整治 156c
盐政管理 156b
央企合作 217b
养殖业投入 147a
养殖业污染治理 147b
药械化妆品市场整治 220b
业务培训 77b 100a
一村一品 142a
医疗救助 274b
依法行政示范单位 140a
依法行政示范单位创建 101a
依法维权 88c
依法治档 78b
义务教育 236c
艺体教育 237a银保 213c
银企对接会 97b
营销网络主体建设 158a
营院建设 119c
应急救援 226c
用好县级定价权 221b
优抚安置 275a
优化审计环境 224c
优惠政策 146b
优质服务 189b 212c
有线电视 265b
渔业 147a
预约服务 229a
园林绿化 164a
员工培训 212c

Z

综合 19b
周六大课堂 58b
主体班培训 58b
“智慧110”系统启用和“天网工程”验收 112a
“中国好人榜”评选 55a
政治建警 111a
志愿服务工作 55b
治安管控 111c
中华经典诵读活动 55a
专项治理行动 46b
自身建设 47a 52b
作风效能督查 45b
再生资源回收 155a
再造流程减环节 229b
在建项目 131a
造林大户 145c
债务还本付息 194b
展演 61b
战训 120b
招商成果 138b
招商活动 137a
招商引资 131a 133c 135b 292c 301a 306c 319a
招商政策 137a
沼渣沼液综合利用 148c
阵地建设 254b
镇域环境综合整治 318b
争创群众满意服务窗口 228b
征兵工作 119a
征管水平 197b
征迁安置 320b
征收管理 197c
整治绿化专项行动 164b

政法队伍建设 105b
政府信息公开 101a
政府债务分类管理 194b
政务督查 75b
政务信息及环境信访 173a
政协议案 64a
政协议案办理 269a
支撑市政工程 176a
支持城镇化建设 207b
支持粮食收储 208b
支持农村基础设施建设 209a
知识产权 252c
执法监察 218b
执法监督 105a
执法检查 201c
执行货币政策 201a
职称评定 227b
职工技术创新 85b
职工民主管理 86a
职业卫生监管 226a
植树造林 145a 296a 301b
植树周活动 146a
志愿服务活动 90b
制定三年发展规划 205b
制度建设 230a
中共肥东县委十一届七次全委（扩大）会议 44c
中共肥东县委十一届八次全委（扩大）会 44a
中小微企业监测点 97c
众兴泵站技改（二期）工程 152a
重大传染病病人医疗救治 257a
重大项目 137c 523c
重点工程 317b
重点工程建设 275c
重点工程项目 183b
重点行业（领域）监管 225c
重点配套工程 133c
重点青少年群体服务管理 90a
重点项目 133b
重点项目建设 314c
重点项目推进 310a
主席协商会 82a
主要工作 213a
主要经济指标
助农服务 204b
助农取款点建设 207a
助推工业经济发展 82b
注重细节便民 229a
专卖执法主体建设 157a
专业队伍建设 122c
专业培训 237b
转变文风会风 189b
资本市场 194c
资金保障 281a
资源管理 145a
自办文艺刊物 95b
宗教调查 279b
综合实力 137b
综合治理 272c
综治基层基础不断夯实 102a
综治维稳 288b 294c298c 305a 323b
总行办公大楼建成使用 212b
组建投诉举报维权指挥中心 219b
组织指导学生朗诵征文比赛 62a
做大做强融资平台公司 194b